国内外经典教材辅导系列·理工类

郑君里《信号与系统》（第3版）笔记和课后习题（含考研真题）详解

（修订版）

主编：圣才考研网

www.100xuexi.com

中国石化出版社

内 容 提 要

本书是《信号与系统》(第3版)(郑君里主编,高等教育出版社)的学习辅导书。本书遵循第3版的章目编排,共分为12章,每章由三部分组成:第一部分为复习笔记,总结本章的重难点内容;第二部分为课后习题详解,对第3版的习题进行了详细的分析和解答;第三部分为名校考研真题详解,精选名校考研真题,并提供详细的解答。

购书即可免费享受一个月大礼包增值服务【本书电子书(手机版、电脑版)、全国名校信号与系统考研真题电子书】。手机扫码(本书封面右上角)免费领取本书大礼包。

图书在版编目(CIP)数据

郑君里《信号与系统》(第3版)笔记和课后习题(含考研真题)详解/圣才考研网主编.—2版.—北京:中国石化出版社,2017.11
(国内外经典教材辅导系列)
ISBN 978-7-5114-4737-1

Ⅰ.①郑… Ⅱ.①圣… Ⅲ.①信号系统-高等学校-教学参考资料 Ⅳ.①TN911.6

中国版本图书馆CIP数据核字(2017)第284921号

中国石化出版社出版发行
地址:北京市朝阳区吉市口路9号
邮编:100020 电话:(010)59964500
发行部电话:(010)59964526
http://www.sinopec-press.com
E-mail:press@sinopec.com
武汉市新华印刷有限责任公司印刷
全国各地新华书店经销
*
787×1092毫米16开本25.25印张640千字
2018年1月第2版 2018年1月第1次印刷
定价:68.00元

序　言

我国各大院校一般都把国内外通用的权威教科书作为本科生和研究生学习专业课程的参考教材，这些教材甚至被很多考试(特别是硕士和博士招生考试)和培训项目作为指定参考书。为了帮助读者更好地学习专业课，我们有针对性地编著了一套与国内外教材配套的复习资料，并提供配套的名师讲堂和题库。

郑君里主编的《信号与系统》(第3版)(高等教育出版社)被列为普通高等教育"九五"国家级重点教材，是我国众多高校采用的信号与系统优秀教材，也被众多高校指定为"电子信息类"专业考研参考书目。

作为该教材的配套辅导书，本书具有以下几个方面的特点：

1. 整理名校笔记，浓缩内容精华。在参考了国内外名师讲授郑君里《信号与系统》的课堂笔记基础上，本书每章的复习笔记部分对该章的重难点进行了整理，因此，本书的内容几乎浓缩了配套教材的知识精华。

2. 解析课后习题，提供详尽答案。本书参考大量信号与系统相关资料，对郑君里《信号与系统》(第3版)的课后习题进行了详细的分析和解答。

3. 精选考研真题，巩固重难点知识。为了方便考生复习备考，本书精选了南开大学、西安电子科技大学、北京邮电大学、电子科技大学、华中科技大学、中国科学技术大学、中国科学院、武汉大学、北京交通大学、中山大学、武汉理工大学等多所名校近年的考研真题，并提供详细的解答。

购书即可免费享受一个月大礼包增值服务。手机扫码(本书封面右上角)免费领取本书大礼包。具体包括：①本书电子书(手机版、电脑版)；②全国名校信号与系统考研真题电子书。

圣才考研网(www.100xuexi.com)是圣才学习网旗下的考研考博专业网站，提供全国各高校理工类专业考研考博辅导班【一对一辅导(面授/网授)、网授精讲班等】、电子书、题库(免费下载，送手机版)、全套资料(历年真题及答案、笔记讲义等)、理工类国内外经典教材名师讲堂、考研教辅图书等。

考研辅导：kaoyan.100xuexi.com(圣才考研网)
官方总站：www.100xuexi.com(圣才学习网)

圣才学习网编辑部

目　录

第1章　绪　论 …… (1)
1.1　复习笔记 …… (1)
1.2　课后习题详解 …… (3)
1.3　名校考研真题详解 …… (16)
第2章　连续时间系统的时域分析 …… (25)
2.1　复习笔记 …… (25)
2.2　课后习题详解 …… (27)
2.3　名校考研真题详解 …… (47)
第3章　傅里叶变换 …… (52)
3.1　复习笔记 …… (52)
3.2　课后习题详解 …… (55)
3.3　名校考研真题详解 …… (96)
第4章　拉普拉斯变换、连续时间系统的 s 域分析 …… (110)
4.1　复习笔记 …… (110)
4.2　课后习题详解 …… (112)
4.3　名校考研真题详解 …… (159)
第5章　傅里叶变换应用于通信系统——滤波、调制与抽样 …… (171)
5.1　复习笔记 …… (171)
5.2　课后习题详解 …… (173)
5.3　名校考研真题详解 …… (193)
第6章　信号的矢量空间分析 …… (197)
6.1　复习笔记 …… (197)
6.2　课后习题详解 …… (199)
6.3　名校考研真题详解 …… (219)
第7章　离散时间系统的时域分析 …… (222)
7.1　复习笔记 …… (222)
7.2　课后习题详解 …… (223)
7.3　名校考研真题详解 …… (244)
第8章　z 变换、离散时间系统的 z 域分析 …… (248)
8.1　复习笔记 …… (248)
8.2　课后习题详解 …… (251)
8.3　名校考研真题详解 …… (279)

第 9 章　离散傅里叶变换以及其他离散正交变换 …… (290)
9. 1　复习笔记 …… (290)
9. 2　课后习题详解 …… (292)
9. 3　名校考研真题详解 …… (314)
第 10 章　模拟与数字滤波器 …… (317)
10. 1　复习笔记 …… (317)
10. 2　课后习题详解 …… (319)
10. 3　名校考研真题详解 …… (347)
第 11 章　反馈系统 …… (349)
11. 1　复习笔记 …… (349)
11. 2　课后习题详解 …… (351)
11. 3　名校考研真题详解 …… (375)
第 12 章　系统的状态变量分析 …… (378)
12. 1　复习笔记 …… (378)
12. 2　课后习题详解 …… (379)
12. 3　名校考研真题详解 …… (397)

第1章　绪　论

1.1　复习笔记

一、信号

信号是消息的表现形式和载体，消息是信号的具体内容。

信号从不同角度可以分为4类：确定性信号与随机信号；周期信号与非周期信号；连续时间信号与离散时间信号；一维信号与多维信号。

1. 典型的连续信号(见表1－1－1)

表1－1－1　典型的信号及表示形式

典型信号	表示形式
指数信号	$f(t)=Ke^{at},\ a\in R$
正弦信号	$f(t)=K\sin(\omega t+\theta)$
复指数信号	$f(t)=Ke^{st}=Ke^{(\sigma+j\omega)t}$
抽样信号	$\mathrm{Sa}(t)=\frac{\sin t}{t}$
钟形信号(高斯函数)	$f(t)=Ee^{-(\frac{t}{\tau})^2}$

2. 信号的运算

(1)时移

$f(t)\to f(t+t_0)$，若 $t_0>0$，则 $f(t)$ 的波形沿时间轴向左移动；反之，则向右移动。

(2)反褶

$f(t)\to f(-t)$，把 $f(t)$ 的波形以 $t=0$ 为轴反褶过来。

(3)尺度变换

$f(t)\to f(at)$ (a 为正实系数)，若 $a>1$，则 $f(t)$ 的波形沿时间轴被压缩；反之，则被扩展。

3. 阶跃函数和冲激函数

(1)单位阶跃信号 $u(t)$

$$u(t)=\begin{cases}0, & t<0\\ 1, & t>0\end{cases}$$

在跳变点 $t=0$ 处，函数值未定义，或在 $t=0$ 处规定函数值 $u(0)=\frac{1}{2}$。

(2)单位冲激信号 $\delta(t)$

$$\begin{cases}\int_{-\infty}^{\infty}\delta(t)\mathrm{d}t=1\\ \delta(t)=0 \qquad t\neq 0\end{cases}$$

冲激函数的性质：

①抽样性：$\int_{-\infty}^{\infty}\delta(t)f(t)\mathrm{d}t=\int_{-\infty}^{\infty}\delta(t)f(0)\mathrm{d}t=f(0)\int_{-\infty}^{\infty}\delta(t)\mathrm{d}t=f(0)$

②奇偶性：$\delta(-t)=\delta(t)$

③尺度运算：$\delta(at)=\dfrac{1}{|a|}\delta(t)$

④微积分性质：$\delta(t)=\dfrac{\mathrm{d}}{\mathrm{d}t}u(t)$，$\int_{-\infty}^{t}\delta(\tau)\mathrm{d}\tau=u(t)$

⑤冲激偶：

$$\int_{-\infty}^{t}\delta'(\tau)\mathrm{d}\tau=\delta(t)\qquad\int_{-\infty}^{\infty}\delta'(\tau)\mathrm{d}\tau=0\qquad\delta'(-t)=-\delta'(t)$$

$$\int_{-\infty}^{\infty}f(t)\delta'(t)\mathrm{d}t=-f'(0)\qquad f(t)\delta'(t)=f(0)\delta'(t)-f'(0)\delta(t)$$

⑥卷积性质：$f(t)*\delta(t)=f(t)\qquad f(t-t_1)*\delta(t)=f(t-t_1)$

$$f(t)*\delta(t-t_2)=f(t-t_2)\qquad f(t-t_1)*\delta(t-t_2)=f(t-t_1-t_2)$$

4. 信号的分解

(1)直流分量+交流分量：$f(t)=f_{\mathrm{D}}+f_{\mathrm{A}}(t)$

(2)偶分量+奇分量：$f(t)=\dfrac{1}{2}[f(t)+f(-t)]+\dfrac{1}{2}[f(t)-f(-t)]$

其中，偶分量$f_{\mathrm{e}}(t)=\dfrac{1}{2}[f(t)+f(-t)]$；奇分量$f_{\mathrm{o}}(t)=\dfrac{1}{2}[f(t)-f(-t)]$。

(3)脉冲分量的叠加

冲激信号的叠加：$f(t)=\int_{-\infty}^{\infty}f(t_1)\delta(t-t_1)\mathrm{d}t_1$

阶跃信号的叠加：$f(t)=f(0)u(t)+\int_{0}^{\infty}\dfrac{\mathrm{d}f(t_1)}{\mathrm{d}t_1}u(t-t_1)\mathrm{d}t_1$(较少用)

(4)实部分量+虚部分量

瞬时值为复数的信号$f(t)$可分解为：$f(t)=f_{\mathrm{r}}(t)+\mathrm{j}f_{\mathrm{i}}(t)$

(5)正交函数分量的叠加：如傅里叶级数。

二、系统

1. 系统概念及分类(见表1-1-2)

表1-1-2 系统的概念及分类

要点	具体内容
概念	系统是由若干相互作用和相互依赖的事物组合而成的具有特定功能的整体
分类（数学模型差异）	连续时间系统与离散时间系统
	线性系统与非线性系统
	时变系统与时不变系统
	集总参数系统与分布参数系统
	可逆系统与不可逆系统
	即时系统与动态系统

系统模型如下：

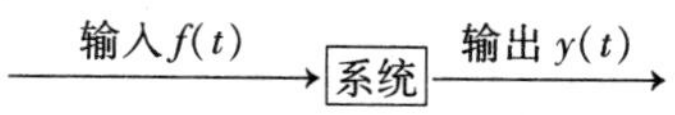

输入信号经过不同系统可得到不同输出信号，具体见表1-1-3。

表 1-1-3　不同系统特性

不同系统	性质
线性系统	线性指叠加性和齐次性，即若 $f_1(t)\to y_1(t)$，$f_2(t)\to y_2(t)$，则 $a_1f_1(t)+a_2f_2(t)\to a_1y_1(t)+a_2y_2(t)$，其中，$a_1$、$a_2$ 为常数
时不变性系统	若 $f(t)\to y(t)$，则 $f(t-t_0)\to y(t-t_0)$
因果系统	因果系统在 t_0 时刻的响应只与 $t=t_0$ 和 $t<t_0$ 时刻的输入有关，否则为非因果系统
稳定系统	若输入 $f(t)$ 有界，则输出 $y(t)$ 也有界，即 BIBO

1.2　课后习题详解

1-1　分别判断图 1-2-1 所示各波形是连续时间信号还是离散时间信号，若是离散时间信号是否为数字信号？

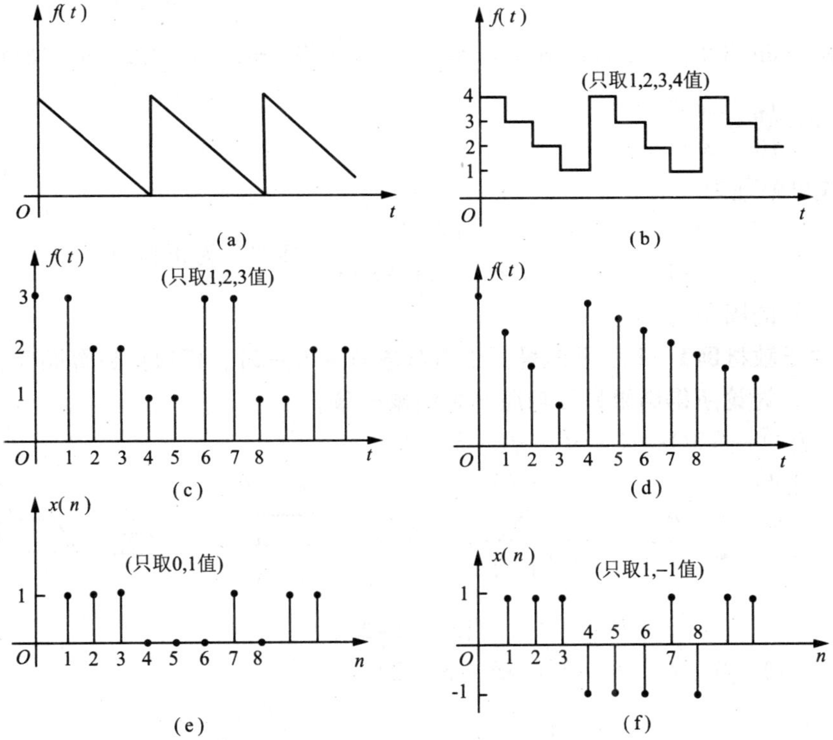

图 1-2-1

解：(a)连续时间信号(模拟信号)；(b)连续时间信号(量化信号)；(c)离散时间信号(数字信号)；(d)离散时间信号(抽样信号)；(e)离散时间信号(数字信号)；(f)离散时间信号(数字信号)。

1-2　分别判断下列各函数式属于何种信号。(重复习题 1-1 题所问。)

(1) $e^{-\alpha t}\sin(\omega t)$；(2) e^{-nT}；(3) $\cos(n\pi)$；(4) $\sin(n\omega_0)$ (ω_0 为任意值)；(5) $\left(\frac{1}{2}\right)^n$

以上各式中 n 为正整数。

解：(1) $e^{-\alpha t}\sin(\omega t)$ 时间、幅值均连续取值，故为连续时间信号(模拟信号)；

(2) e^{-nT} 时间离散、幅值连续，故为离散时间信号(抽样信号)；

(3) $\cos(n\pi)$ 时间、幅值均离散，故为离散时间信号(数字信号)；

(4) $\sin(n\omega_0)$ 时间离散、幅值连续，故为离散时间信号（抽样信号）；

(5) $(\frac{1}{2})^n$ 时间离散、幅值连续，故为离散时间信号（抽样信号）。

1-3　分别求下列各周期信号的周期 T。

(1) $\cos(10t)-\cos(30t)$；(2) e^{j10t}；(3) $[5\sin(8t)]^2$；

(4) $\sum_{n=0}^{\infty}(-1)^n[u(t-nT)-u(t-nT-T)]$（$n$ 为正整数）。

解：(1)分量 $\cos(10t)$ 的周期 $T_1=\frac{2\pi}{10}=\frac{\pi}{5}$，分量 $\cos(30t)$ 的周期 $T_2=\frac{\pi}{15}$，两者的最小公倍数是$\frac{\pi}{5}$，所以此信号的周期为 $T=\frac{\pi}{5}$。

(2)因为 $e^{j10t}=\cos(10t)+j\sin(10t)$，所以此信号周期为 $T=\frac{2\pi}{10}=\frac{\pi}{5}$。

(3)因为 $[5\sin(8t)]^2=25\sin^2(8t)=25\times\frac{1-\cos(16t)}{2}=12.5-12.5\cos(16t)$，所以此信号的周期为 $T=\frac{2\pi}{16}=\frac{\pi}{8}$。

(4)原式可整理为

$$\begin{cases}1, & 2nT<t<(2n+1)T\\ -1, & (2n+1)T<t<(2n+2)T\end{cases}\quad \text{其中 } n \text{ 为正整数}$$

所以此信号的周期为 $2T$。

1-4　对于教材例 1-1 所示信号，由 $f(t)$ 求 $f(-3t-2)$，但改变运算顺序，先求 $f(3t)$ 或先求 $f(-t)$，讨论所得结果是否与原例之结果一致。

解法一：$f(t)\to f(3t)\to f(-3t)\to f(-3t-2)$

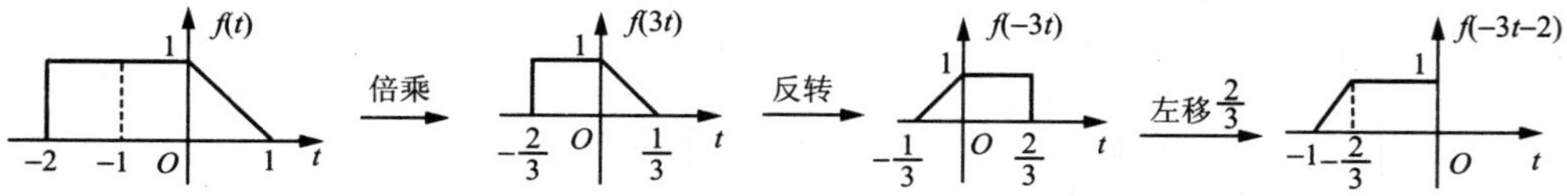

图 1-2-2

解法二：$f(t)\to f(-t)\to f(-3t)\to f(-3t-2)$

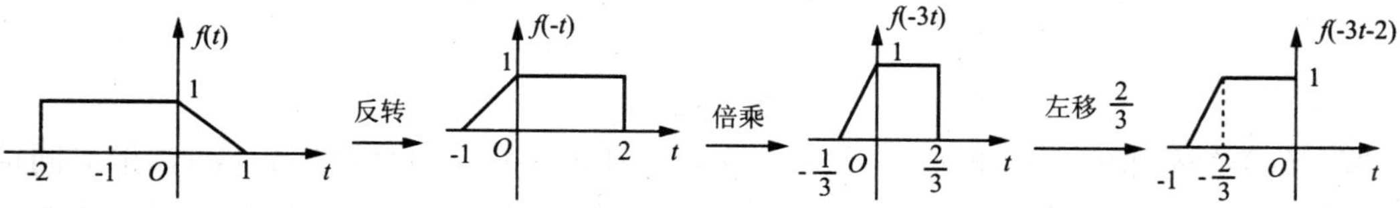

图 1-2-3

所得结果一致。

1-5　已知 $f(t)$，为求 $f(t_0-at)$ 应按下列哪种运算求得正确结果（式中 t_0，a 都为正值）？

(1) $f(-at)$ 左移 t_0；(2) $f(at)$ 右移 t_0；(3) $f(at)$ 左移$\frac{t_0}{a}$；(4) $f(-at)$ 右移$\frac{t_0}{a}$。

解：正确答案是(4)。

(1) $f(-at)\xrightarrow{\text{左移 } t_0}f[-a(t+t_0)]=f(-at-at_0)$；

(2) $f(at) \xrightarrow{\text{右移 } t_0} f[a(t-t_0)] = f(at - at_0)$；

(3) $f(at) \xrightarrow{\text{左移} \frac{t_0}{a}} f\left[a\left(t+\frac{t_0}{a}\right)\right] = f(at+t_0)$；

(4) $f(-at) \xrightarrow{\text{右移} \frac{t_0}{a}} f\left[-a\left(t-\frac{t_0}{a}\right)\right] = f(t_0 - at)$。

1-6　绘出下列各信号的波形：

(1) $\left[1+\frac{1}{2}\sin(\Omega t)\right]\sin(8\Omega t)$；

(2) $[1+\sin(\Omega t)]\sin(8\Omega t)$。

解：(1)高频信号 $\sin(8\Omega t)$ 的周期 $T=\frac{2\pi}{8\Omega}$，与其相乘的信号作为信号包络，波形如图 1-2-4(a)所示。

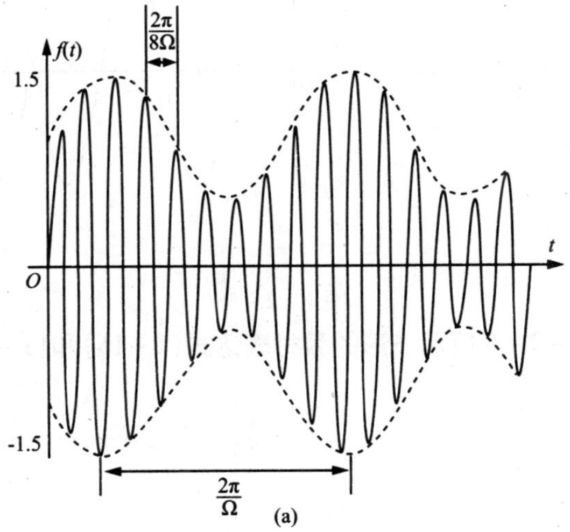

图 1-2-4

(2)高频信号的周期 $T=\frac{2\pi}{8\Omega}$，波形如图 1-2-4(b)所示。

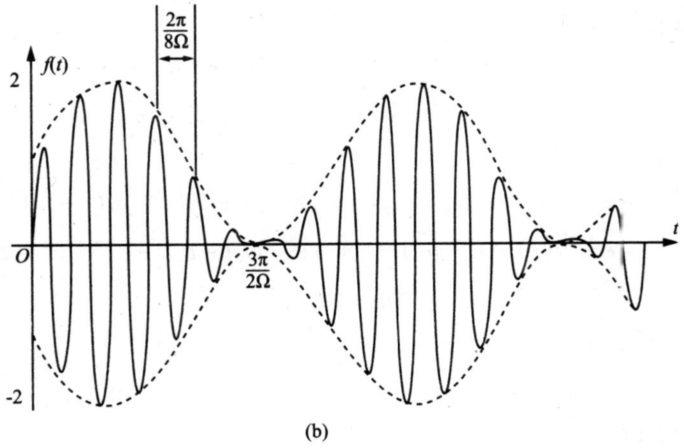

图 1-2-4

1－7　绘出下列各信号的波形。

(1) $[u(t)-u(t-T)]\sin\left(\frac{4\pi}{T}t\right)$；**(2)** $[u(t)-2u(t-T)+u(t-2T)]\sin\left(\frac{4\pi}{T}t\right)$。

解：(1)由于 $u(t)-u(t-T)=\begin{cases}1, & 0<t<T\\ 0, & 其他\end{cases}$，而信号 $\sin\left(\frac{4\pi}{T}t\right)$ 的周期为 $\frac{T}{2}$，故只需画出信号 $\sin\left(\frac{4\pi}{T}t\right)$ 在区间 $[0, T]$ 上的波形如图 1－2－5(a)所示。

(2)原式 $=\{u(t)-u(t-T)-[u(t-T)-u(t-2T)]\}\sin\left(\frac{4\pi}{T}t\right)$，信号 $\sin\left(\frac{4\pi}{T}t\right)$ 的周期为 $\frac{T}{2}$，截取信号 $\sin\left(\frac{4\pi}{T}t\right)$ 在区间 $[0, T]$ 上的波形，且在区间 $[T, 2T]$ 上将其反相，所得波形如图 1－2－5(b)所示。

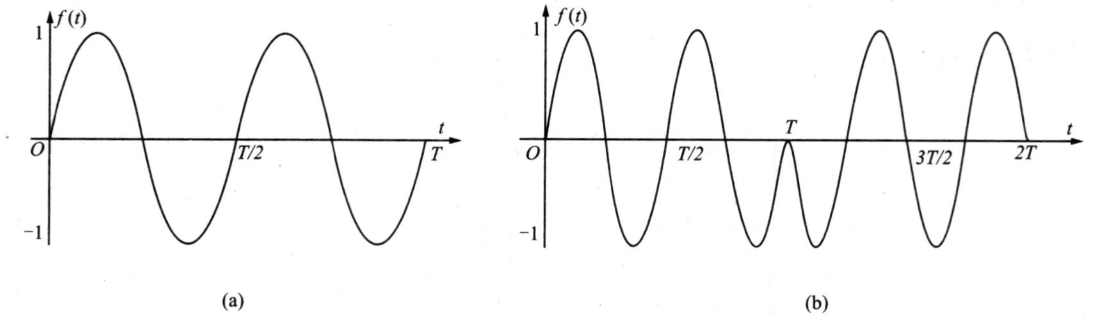

图 1－2－5

1－8　试将描述图 1－2－6 所示波形的教材表达式(1－16)和(1－17)改用阶跃信号表示。

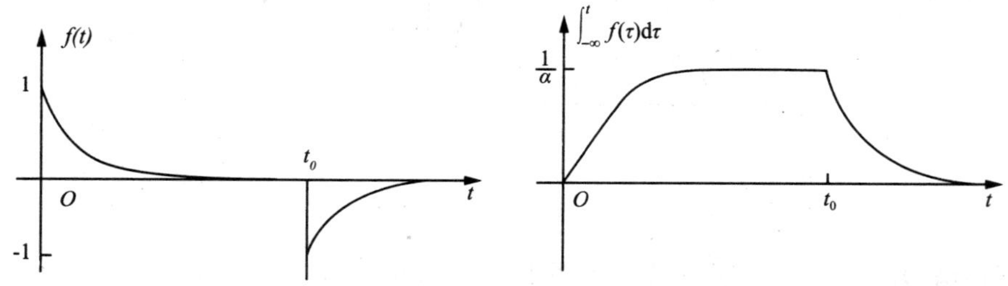

图 1－2－6

解：(1)表达式(1－16)为

$$f(t)=\begin{cases}e^{-\alpha t} & (当\ 0<t<t_0)\\ e^{-\alpha t}-e^{-\alpha(t-t_0)} & (当\ t_0\leqslant t<\infty)\end{cases}$$

改用阶跃信号可表示为

$$\begin{aligned}f(t)&=e^{-\alpha t}[u(t)-u(t-t_0)]+[e^{-\alpha t}-e^{-\alpha(t-t_0)}]u(t-t_0)\\&=e^{-\alpha t}u(t)-e^{-\alpha t}u(t-t_0)+e^{-\alpha t}u(t-t_0)-e^{-\alpha(t-t_0)}u(t-t_0)\\&=e^{-\alpha t}u(t)-e^{-\alpha(t-t_0)}u(t-t_0)\end{aligned}$$

(2)表达式(1－17)为

$$\int_{-\infty}^{t} f(\tau)\,d\tau=\begin{cases}\frac{1}{\alpha}(1-e^{-\alpha t}) & (当\ 0<t<t_0)\\ \frac{1}{\alpha}(1-e^{-\alpha t})-\frac{1}{\alpha}[1-e^{-\alpha(t-t_0)}] & (当\ t_0\leqslant t<\infty)\end{cases}$$

改用阶跃信号可表示为

$$\int_{-\infty}^{t} f(\tau)\mathrm{d}\tau = \frac{1}{\alpha}(1-\mathrm{e}^{-\alpha t})[u(t)-u(t-t_0)] + \left\{\frac{1}{\alpha}(1-\mathrm{e}^{-\alpha t}) - \frac{1}{\alpha}[1-\mathrm{e}^{-\alpha(t-t_0)}]\right\}u(t-t_0)$$

$$= \frac{1}{\alpha}(1-\mathrm{e}^{-\alpha t})u(t) - \frac{1}{\alpha}[1-\mathrm{e}^{-\alpha(t-t_0)}]u(t-t_0)$$

1－9　粗略绘出下列各函数式的波形图。

(1)$f(t)=(2-\mathrm{e}^{-t})u(t)$；　　(2)$f(t)=(3\mathrm{e}^{-t}+6\mathrm{e}^{-2t})u(t)$；

(3)$f(t)=(5\mathrm{e}^{-t}-5\mathrm{e}^{-3t})u(t)$；　　(4)$f(t)=\mathrm{e}^{-t}\cos(10\pi t)[u(t-1)-u(t-2)]$。

解：题(1)、(2)、(3)、(4)信号波形，分别如图1－2－7(a)、(b)、(c)、(d)所示。

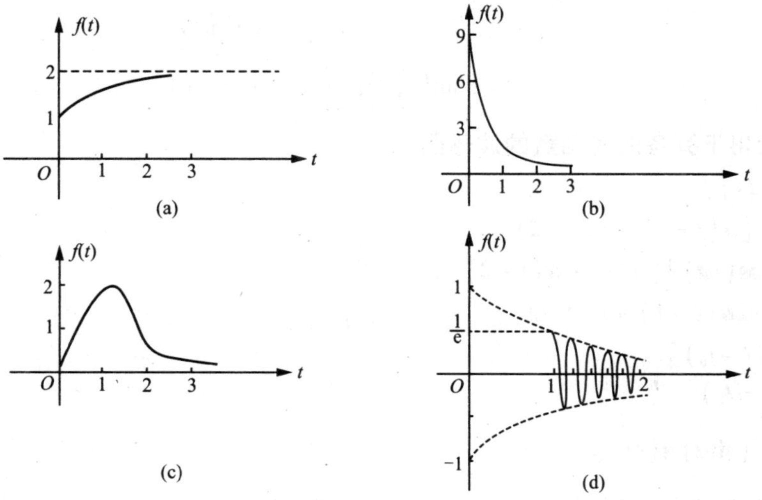

图1－2－7

1－10　写出图1－2－8(a)、(b)、(c)所示各波形的函数式。

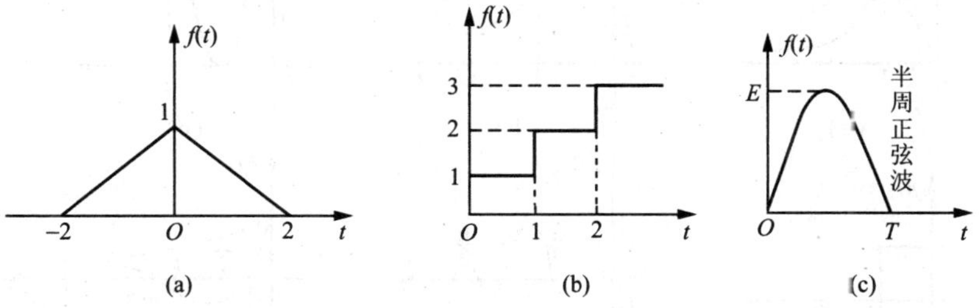

图1－2－8

解：(1)图1－2－8(a)可得

$$f(t)=\begin{cases}1+\frac{1}{2}t, & (-2\leqslant t\leqslant 0)\\ 1-\frac{1}{2}t, & (0<t\leqslant 2)\\ 0, & (\text{其他})\end{cases}$$

$$=\left(1-\frac{|t|}{2}\right)[u(t+2)-u(t-2)]$$

(2)由图1－2－8(b)可得

$$f(t)=\begin{cases}0 & (t\leqslant 0)\\ 1 & (0<t\leqslant 1)\\ 2 & (1<t\leqslant 2)\\ 3 & (t>2)\end{cases}$$

$$=[u(t)-u(t-1)]+2[u(t-1)-u(t-2)]+3u(t-2)$$

$$=u(t)+u(t-1)+u(t-2)$$

(3)由图 1－2－8(c)可得

$$f(t)=\begin{cases}E\sin\left(\dfrac{\pi}{T}t\right) & (0\leqslant t\leqslant T)\\ 0 & (\text{其他})\end{cases}$$

$$=E\sin\left(\frac{\pi}{T}t\right)[u(t)-u(t-T)]$$

1－11　绘出下列各时间函数的波形图。

(1) $te^{-t}u(t)$；

(2) $e^{-(t-1)}[u(t-1)-u(t-2)]$；

(3) $[1+\cos(\pi t)][u(t)-u(t-2)]$；

(4) $u(t)-2u(t-1)+u(t-2)$；

(5) $\dfrac{\sin[a(t-t_0)]}{a(t-t_0)}$；

(6) $\dfrac{d}{dt}[e^{-t}(\sin t)u(t)]$。

解： 各时间函数的波形图如图 1－2－9(a)～(f)所示。

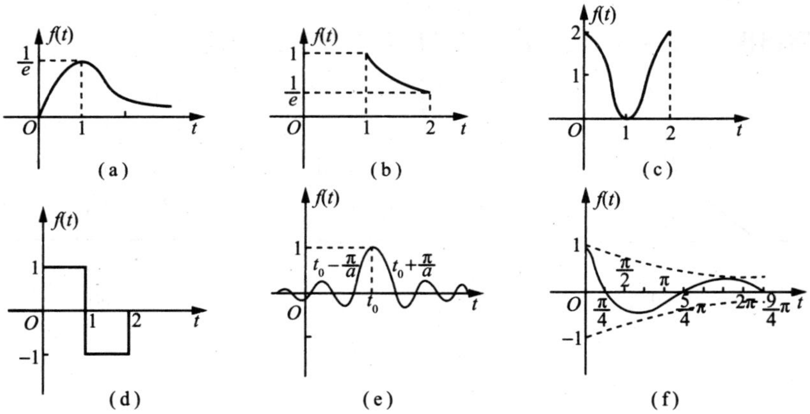

图 1－2－9

1－12　绘出下列各时间函数的波形图，注意它们的区别。

(1) $t[u(t)-u(t-1)]$；

(2) $t\cdot u(t-1)$；

(3) $t[u(t)-u(t-1)]+u(t-1)$；

(4) $(t-1)u(t-1)$；

(5) $-(t-1)[u(t)-u(t-1)]$；

(6) $t[u(t-2)-u(t-3)]$；

(7) $(t-2)[u(t-2)-u(t-3)]$。

解： 信号的波形分别为图 1－2－10(a)～(g)所示。

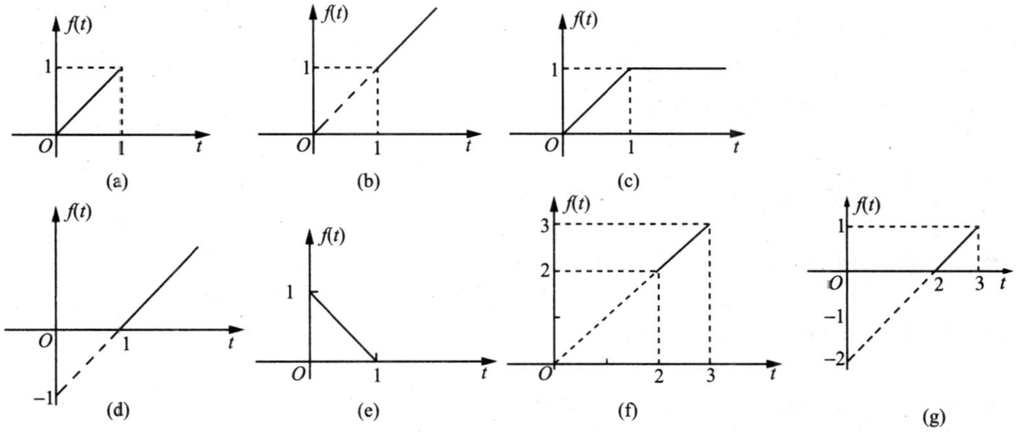

图 1－2－10

1－13　绘出下列各时间函数的波形图，注意它们的区别。

(1) $f_1(t)=\sin(\omega t)\cdot u(t)$；　　**(2)** $f_2(t)=\sin[\omega(t-t_0)]\cdot u(t)$；

(3) $f_3(t)=\sin(\omega t)\cdot u(t-t_0)$；　　**(4)** $f_4(t)=\sin[\omega(t-t_0)]\cdot u(t-t_0)$。

解： 信号波形分别为图 1－2－11(a)～(d)所示。

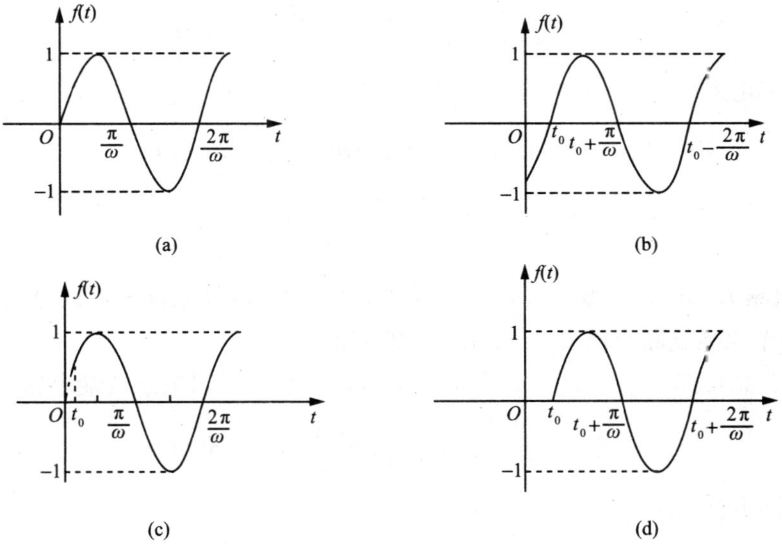

图 1－2－11

1－14　应用冲激信号的抽样特性，求下列表示式的函数值。

(1) $\int_{-\infty}^{\infty} f(t-t_0)\delta(t)\,dt$；　　**(2)** $\int_{-\infty}^{\infty} f(t_0-t)\delta(t)\,dt$；

(3) $\int_{-\infty}^{\infty} \delta(t-t_0)u\left(t-\frac{t_0}{2}\right)dt$；　　**(4)** $\int_{-\infty}^{\infty} \delta(t-t_0)u(t-2t_0)\,dt$；

(5) $\int_{-\infty}^{\infty} (e^{-t}+t)\delta(t+2)\,dt$；　　**(6)** $\int_{-\infty}^{\infty} (t+\sin t)\delta\left(t-\frac{\pi}{6}\right)dt$；

(7) $\int_{-\infty}^{\infty} e^{-j\omega t}[\delta(t)-\delta(t-t_0)]\,dt$。

解： 利用性质 $\int_{-\infty}^{\infty}\delta(t-t_0)f(t)\,dt=\int_{-\infty}^{\infty}\delta(t-t_0)f(t_0)\,dt=f(t_0)$ 得：

(1) $\int_{-\infty}^{\infty} f(t-t_0)\delta(t)\mathrm{d}t = f(-t_0)$;

(2) $\int_{-\infty}^{\infty} f(t_0-t)\delta(t)\mathrm{d}t = f(t_0)$;

(3) $\int_{-\infty}^{\infty} \delta(t-t_0)u\left(t-\frac{t_0}{2}\right)\mathrm{d}t = u\left(t_0-\frac{t_0}{2}\right) = u\left(\frac{t_0}{2}\right)$;

(4) $\int_{-\infty}^{\infty} \delta(t-t_0)u(t-2t_0)\mathrm{d}t = u(-t_0)$;

(5) $\int_{-\infty}^{\infty} (\mathrm{e}^{-t}+t)\delta(t+2)\mathrm{d}t = \mathrm{e}^2-2$;

(6) $\int_{-\infty}^{\infty} (t+\sin t)\delta\left(t-\frac{\pi}{6}\right)\mathrm{d}t = \frac{\pi}{6}+\sin\left(\frac{\pi}{6}\right) = \frac{1}{2}+\frac{\pi}{6}$;

(7) $\int_{-\infty}^{\infty} \mathrm{e}^{-\mathrm{j}\omega t}[\delta(t)-\delta(t-t_0)]\mathrm{d}t = 1-\mathrm{e}^{-\mathrm{j}\omega t_0}$。

1－15　电容 C_1 与 C_2 串联，以阶跃电压源 $v(t)=Eu(t)$ 串联接入，试分别写出回路中的电流 $i(t)$、每个电容两端电压 $v_{C1}(t)$、$v_{C2}(t)$ 的表示式。

解： 根据题意可知，电容 C_1、C_2 和电压源 $v(t)$ 串联，可得回路电流

$$i(t)=\frac{C_1C_2}{C_1+C_2}\cdot\frac{\mathrm{d}v(t)}{\mathrm{d}t}=\frac{C_1C_2}{C_1+C_2}\cdot E\delta(t)$$

则电容两端电压 $v_{C1}(t)$、$v_{C2}(t)$ 分别为

$$v_{C1}(t)=\frac{1}{C_1}\int_{-\infty}^{t}i(t)\mathrm{d}t=\frac{C_2E}{C_1+C_2}u(t)$$

$$v_{C2}(t)=\frac{1}{C_2}\int_{-\infty}^{t}i(t)\mathrm{d}t=\frac{C_1E}{C_1+C_2}u(t)$$

1－16　电感 L_1 与 L_2 并联，以阶跃电流源 $i(t)=Iu(t)$ 并联接入，试分别写出电感两端电压 $v(t)$、每个电感支路电流 $i_{L1}(t)$、$i_{L2}(t)$ 的表示式。

解： 根据题意可知，电感 L_1、L_2 和电流源 $i(t)$ 并联，可得电感两端电压

$$v(t)=\frac{L_1L_2}{L_1+L_2}\cdot\frac{\mathrm{d}i(t)}{\mathrm{d}t}=\frac{L_1L_2}{L_1+L_2}\cdot I\delta(t)$$

则电感支路电流 $i_{L1}(t)$、$i_{L2}(t)$ 分别为

$$i_{L1}(t)=\frac{1}{L_1}\int_{-\infty}^{t}v(t)\mathrm{d}t=\frac{L_2I}{L_1+L_2}u(t)$$

$$i_{L2}(t)=\frac{1}{L_2}\int_{-\infty}^{t}v(t)\mathrm{d}t=\frac{L_1I}{L_1+L_2}u(t)$$

1－17　分别指出下列各波形的直流分量等于多少。

(1)全波整流 $f(t)=|\sin(\omega t)|$；　(2) $f(t)=\sin^2(\omega t)$；

(3) $f(t)=\cos(\omega t)+\sin(\omega t)$；　(4)升余弦 $f(t)=K[1+\cos(\omega t)]$。

解： (1)信号 $\sin(\omega t)$ 的周期为 $\frac{2\pi}{\omega}$，则信号 $|\sin(\omega t)|$ 的周期为 $T=\frac{\pi}{\omega}$，所以直流分量

$$f_D=\frac{1}{T}\int_0^T f(t)\mathrm{d}t=\frac{\omega}{\pi}\int_0^{\frac{\pi}{\omega}}|\sin(\omega t)|\mathrm{d}t=\frac{\omega}{\pi}\int_0^{\frac{\pi}{\omega}}\sin(\omega t)\mathrm{d}t=-\frac{\omega}{\pi}\cdot\frac{1}{\omega}\cos(\omega t)\Big|_0^{\frac{\pi}{\omega}}=\frac{2}{\pi}$$

(2) 由 $f(t)=\sin^2(\omega t)=\dfrac{1-\cos(2\omega t)}{2}$ 可知，周期 $T=\dfrac{\pi}{\omega}$。

因为 $\cos(2\omega t)$ 在一个周期内的平均值为零，所以直流分量

$$f_D=\frac{1}{T}\int_0^T f(t)\,dt=\frac{\omega}{\pi}\int_0^{\frac{\pi}{\omega}}\left[\frac{1}{2}-\frac{1}{2}\cos(2\omega t)\right]dt=\frac{\omega}{\pi}\int_0^{\frac{\pi}{\omega}}\frac{1}{2}dt=\frac{1}{2}$$

(3) $f(t)$ 的周期 $T=\dfrac{2\pi}{\omega}$，而在 $\left[0,\dfrac{2\pi}{\omega}\right]$ 内 $\cos(\omega t)$ 和 $\sin(\omega t)$ 的积分均为零，所以 $f_D=0$。

(4) $f(t)$ 的周期 $T=\dfrac{2\pi}{\omega}$，在 $\left[0,\dfrac{2\pi}{\omega}\right]$ 内 $\cos(\omega t)$ 积分为零，所以 $f_D=K$。

1-18　粗略绘出图 1-2-12 所示各波形的偶分量和奇分量。

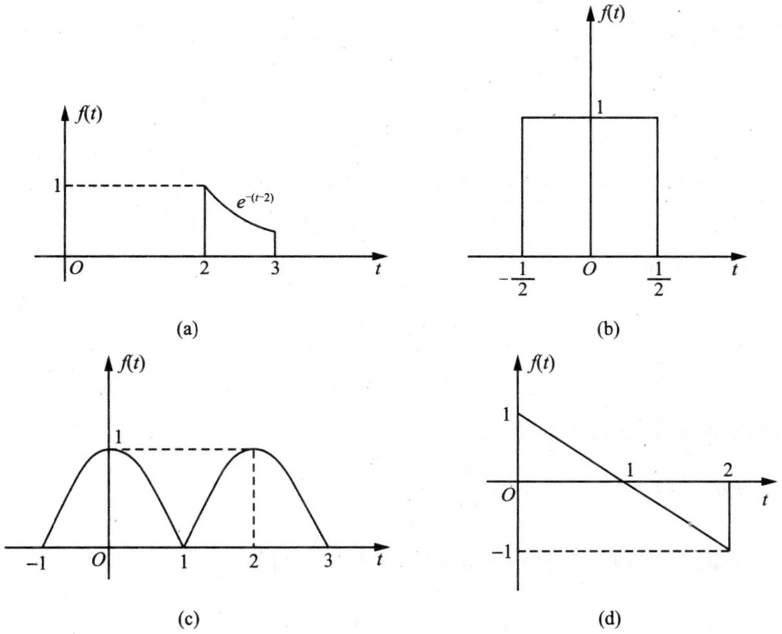

图 1-2-12

解： 信号的偶分量 $f_e(t)=\dfrac{1}{2}[f(t)+f(-t)]$，奇分量 $f_o(t)=\dfrac{1}{2}[f(t)-f(-t)]$。

(a) 由图 1-2-12(a) 可知，$f_e(t)$ 和 $f_o(t)$ 的波形如图 1-2-13(a) 所示。

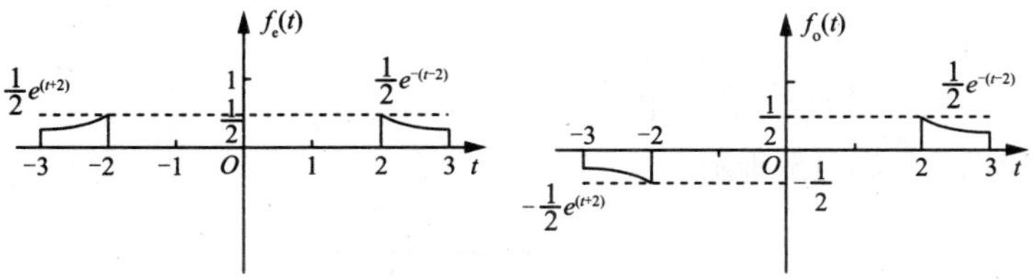

图 1-2-13(a)

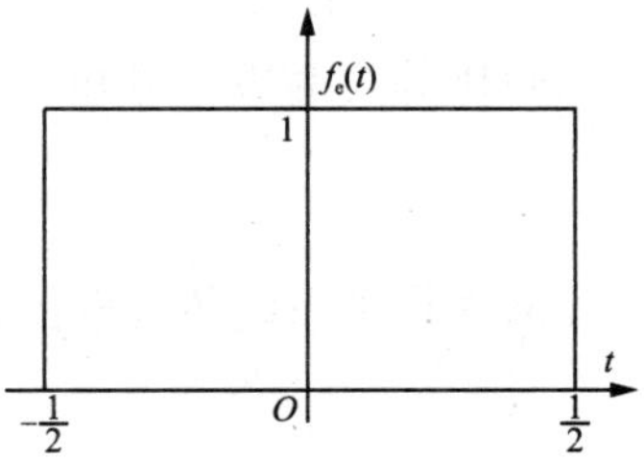

图 1-2-13(b)

(b) 由图 1-2-12(b) 可知，信号 $f(t)$ 为偶函数，即 $f(t)=f(-t)$，所以其 $f_e(t)=f(t)$，$f_o(t)=0$，即偶分量为其本身，奇分量为 0，$f_e(t)$ 的波形如图 1-2-13(b) 所示。

(c) 先作出 $f(-t)$ 的波形如图 1-2-13(c_1) 所示。

则可得$f_e(t)$和$f_o(t)$的波形如图 1－2－13(c_2)所示。

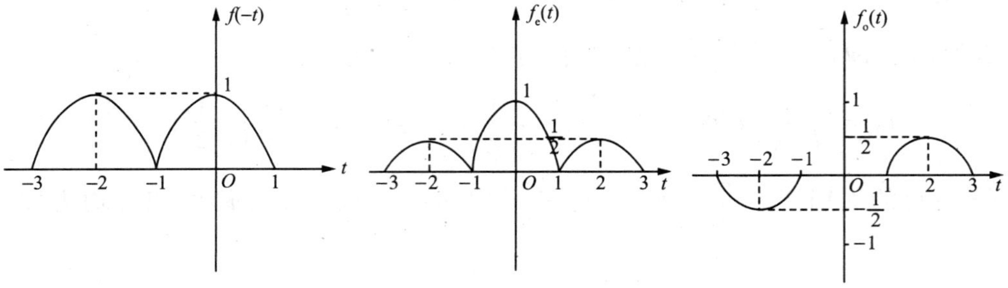

(c_1) (c_2)

图 1－2－13

(d)先作出$f(-t)$的波形如图 1－2－13(d_1)所示。

则可得$f_e(t)$和$f_o(t)$的波形如图 1－2－13(d_2)所示。

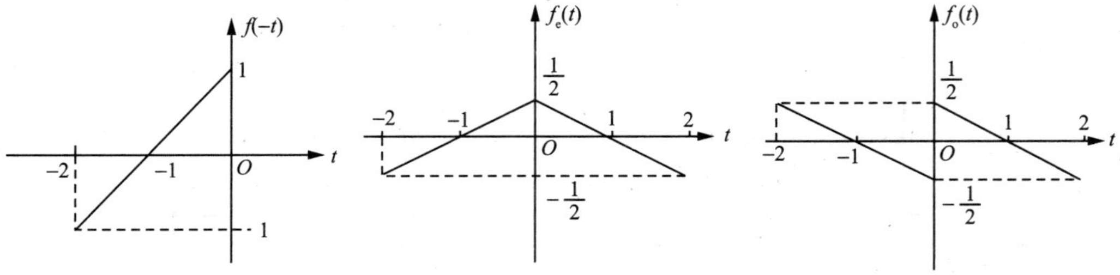

(d_1) (d_2)

图 1－2－13

1－19 绘出下列系统的仿真框图。

(1) $\frac{d}{dt}r(t)+a_0r(t)=b_0e(t)+b_1\frac{d}{dt}e(t)$；

(2) $\frac{d^2}{dt^2}r(t)+a_1\frac{d}{dt}r(t)+a_0r(t)=b_0e(t)+b_1\frac{d}{dt}e(t)$。

解：(1)取中间变量$q(t)$，使$\frac{d}{dt}q(t)+a_0q(t)=e(t)$ ①

激励信号$e(t)$与中间变量$q(t)$的关系，如图 1－2－14 所示。

将①代入原方程，得

$$\frac{d}{dt}r(t)+a_0r(t)=\left[b_0\frac{d}{dt}q(t)+b_1\frac{d^2}{dt^2}q(t)\right]+a_0\left[b_0q(t)+b_1\frac{d}{dt}q(t)\right] \quad ②$$

对比等式两边，可知

$$r(t)=b_0q(t)+b_1\frac{d}{dt}q(t)$$

从而得到系统仿真框图，如图 1－2－15 所示。

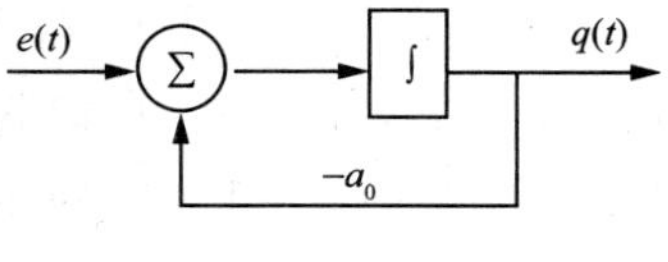

图 1－2－14

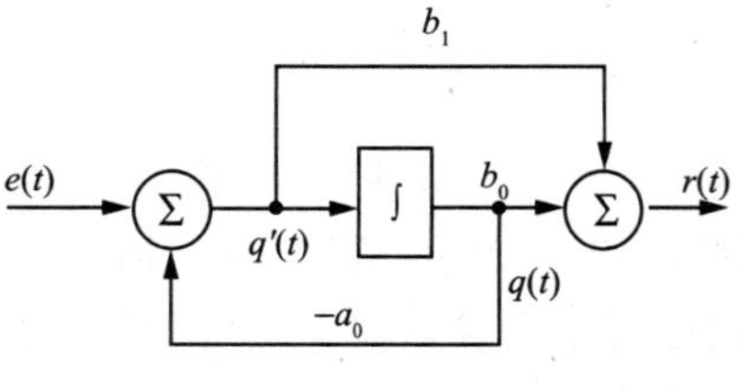

图 1－2－15

(2)取中间变量 $q(t)$，使 $\frac{d^2}{dt^2}q(t)+a_1\frac{d}{dt}q(t)+a_0q(t)=e(t)$ ①

激励信号 $e(t)$ 与中间变量 $q(t)$ 的关系，如图 1－2－16 所示。

将式①代入原方程，可得

$$r(t)=b_0q(t)+b_1\frac{d}{dt}q(t)$$

从而得到系统仿真框图，如图 1－2－17 所示。

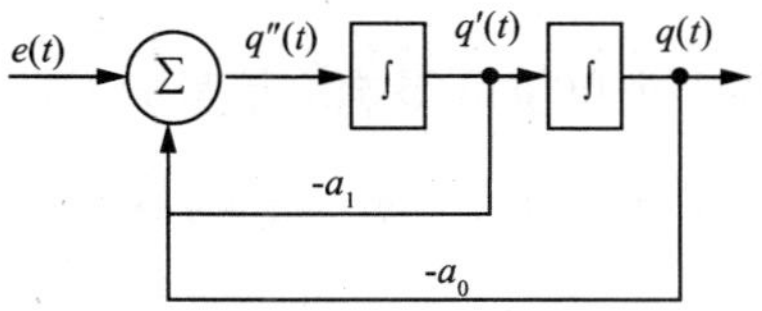

图 1－2－16

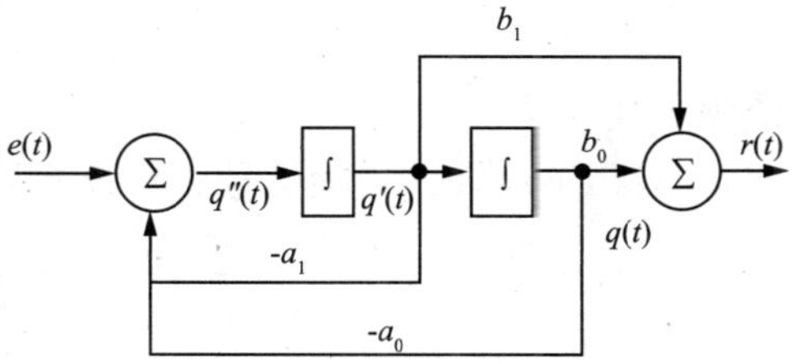

图 1－2－17

1－20　判断下列系统是否为线性的、时不变的、因果的。

(1) $r(t)=\frac{de(t)}{dt}$；　　**(2)** $r(t)=e(t)u(t)$；

(3) $r(t)=\sin[e(t)]u(t)$；　　**(4)** $r(t)=e(1-t)$；

(5) $r(t)=e(2t)$；　　**(6)** $r(t)=e^2(t)$；

(7) $r(t)=\int_{-\infty}^{t}e(\tau)d\tau$；　　**(8)** $r(t)=\int_{-\infty}^{5t}e(\tau)d\tau$。

解：(1)令 $r_1(t)=\frac{de_1(t)}{dt}$，$r_2(t)=\frac{de_2(t)}{dt}$，则

$$c_1r_1(t)+c_2r_2(t)=c_1\frac{de_1(t)}{dt}+c_2\frac{de_2(t)}{dt}=\frac{d}{dt}[c_1e_1(t)+c_2e_2(t)]$$

系统满足线性关系。

又 $\frac{de(t-t_0)}{dt}=\frac{de(t-t_0)}{d(t-t_0)}=r(t-t_0)$，满足时不变性。

由 $r(t)=\frac{de(t)}{dt}$ 可知，系统在 t_0 时刻的响应与 $t>t_0$ 时的输入无关，因此系统满足因果性。

综上，系统是线性、时不变、因果的。

(2)令 $r_1(t)=e_1(t)u(t)$，$r_2(t)=e_2(t)u(t)$，则

$$\begin{aligned}c_1r_1(t)+c_2r_2(t)&=c_1e_1(t)u(t)+c_2e_2(t)u(t)\\&=[c_1e_1(t)+c_2e_2(t)]u(t)\end{aligned}$$

系统满足线性关系。

又 $r(t-t_0)=e(t-t_0)u(t-t_0)\neq e(t-t_0)u(t)$，故系统时变。

由 $r(t)=e(t)u(t)$ 知，系统响应只与当前激励有关，因此系统满足因果性。

综上，系统是线性、时变、因果的。

(3)令 $r_1(t)=\sin[e_1(t)]u(t)$，$r_2(t)=\sin[e_2(t)]u(t)$，则

$$c_1r_1(t)+c_2r_2(t)=c_1\sin[e_1(t)]u(t)+c_2\sin[e_2(t)]u(t)$$
$$\neq\sin[c_1e_1(t)+c_2e_2(t)]u(t)$$

系统不满足线性关系。

又 $r(t-t_0)=\sin[e(t-t_0)]u(t-t_0)\neq\sin[e(t-t_0)]u(t)$，故系统时变。

由 $r(t)=\sin[e(t)]u(t)$ 可知，系统响应只与当前激励有关，因此系统满足因果性。

综上，系统是非线性、时变、因果的。

(4)令 $r_1(t)=e_1(1-t)$，$r_2(t)=e_2(1-t)$，则

$$c_1r_1(t)+c_2r_2(t)=c_1e_1(1-t)+c_2e_2(1-t)$$

系统满足线性关系。

由 $r(t)=e(1-t)$ 知，激励信号 $e(t)$ 反褶后再右移 1 个单位可得响应信号 $r(t)$。

因为 $e(t-t_0)\xrightarrow{\text{先反褶，再右移1个单位}}e(-t+1-t_0)\neq r(t-t_0)=e(-t+1+t_0)$，故系统时变。

当 $t=0$ 时，$r(0)=e(1-0)=e(1)$，0 时刻的响应取决于将来输入，故系统不满足因果条件。

综上，系统是线性、时变、非因果的。

(5)令 $r_1(t)=e_1(2t)$，$r_2(t)=e_2(2t)$，则

$$c_1r_1(t)+c_2r_2(t)=c_1e_1(2t)+c_2e_2(2t)$$

系统满足线性关系。

又 $r(t-t_0)=e[2(t-t_0)]\neq f[e(t-t_0)]=e(2t-t_0)$，故系统时变。

因为 $t=1$ 时，$r(1)=e(2)$，响应取决于将来值，不满足因果要求，所以系统为非因果系统。

综上，系统是线性、时变、非因果的。

(6)令 $r_1(t)=e_1^2(t)$，$r_2(t)=e_2^2(t)$，则

$$c_1r_1(t)+c_2r_2(t)=c_1e_1^2(t)+c_2e_2^2(t)\neq[c_1e_1(t)+c_2e_2(t)]^2$$

系统不满足线性关系。

又 $r(t-t_0)=e^2(t-t_0)$，故系统为时不变系统。

因为响应 $r(t)=e^2(t)$ 只与输入的当前值有关，所以系统是因果的。

综上，系统是非线性、时不变、因果的。

(7)令 $r_1(t)=\int_{-\infty}^{t}e_1(\tau)\mathrm{d}\tau, r_2(t)=\int_{-\infty}^{t}e_2(\tau)\mathrm{d}\tau$,则

$$c_1r_1(t)+c_2r_2(t)=c_1\int_{-\infty}^{t}e_1(\tau)\mathrm{d}\tau+c_2\int_{-\infty}^{t}e_2(\tau)\mathrm{d}\tau=\int_{-\infty}^{t}c_1e_1(\tau)\mathrm{d}\tau+\int_{-\infty}^{t}c_2e_2(\tau)\mathrm{d}\tau$$
$$=\int_{-\infty}^{t}[c_1e_1(\tau)+c_2e_2(\tau)]\mathrm{d}\tau$$

系统满足线性关系。

作替换有 $\int_{-\infty}^{t}e(\tau-t_0)\mathrm{d}\tau\xlongequal{\tau-t_0=\alpha}\int_{-\infty}^{t}e(\alpha)\mathrm{d}(\alpha+t_0)$，则

$$\int_{-\infty}^{t}e(\alpha)\mathrm{d}(\alpha+t_0)=\int_{-\infty}^{t-t_0}e(\alpha+t_0)\mathrm{d}(\alpha+t_0)=\int_{-\infty}^{t-t_0}e(\tau)\mathrm{d}\tau=r(t-t_0)$$

故系统满足时不变特性。

由 $r(t)=\int_{-\infty}^{t}e(\tau)\mathrm{d}\tau$ 知,响应只与当前及以前的输入有关,故系统满足因果性。

综上，系统是线性、时不变、因果的。

(8) 令 $r_1(t) = \int_{-\infty}^{5t} e_1(\tau)\mathrm{d}\tau, r_2(t) = \int_{-\infty}^{5t} e_2(\tau)\mathrm{d}\tau$，则

$$c_1r_1(t) + c_2r_2(t) = c_1\int_{-\infty}^{5t} e_1(\tau)\mathrm{d}\tau + c_2\int_{-\infty}^{5t} e_2(\tau)\mathrm{d}\tau = \int_{-\infty}^{5t}[c_1e_1(\tau) - c_2e_2(\tau)]\mathrm{d}\tau$$

系统满足线性关系。

又 $\int_{-\infty}^{5t} e(\tau - t_0)\mathrm{d}\tau \xlongequal{\tau - t_0 = \alpha} \int_{-\infty}^{5t-t_0} e(\alpha)\mathrm{d}\alpha = r\left(t - \frac{t_0}{5}\right) \neq r(t - t_0)$，故系统时变。

当 $t = 1$ 时，$r(1) = \int_{-\infty}^{5} e(\tau)\mathrm{d}\tau$，响应与未来输入有关，因此系统不满足因果特性。

综上，系统是线性、时变、非因果的。

1－21　判断下列系统是否是可逆的。若可逆，给出它的逆系统；若不可逆，指出使该系统产生相同输出的两个输入信号。

(1) $r(t) = e(t-5)$；　　**(2)** $r(t) = \frac{\mathrm{d}}{\mathrm{d}t}e(t)$；

(3) $r(t) = \int_{-\infty}^{t} e(\tau)\mathrm{d}\tau$；　　**(4)** $r(t) = e(2t)$。

解：若系统在不同激励信号作用下产生不同的响应，则该系统可逆。

(1)可逆，逆系统为 $r(t) = e(t+5)$；

(2)不可逆，因为若 $e_1(t) = t+1$，$e_2(t) = t$，则 $r(t) = \frac{\mathrm{d}}{\mathrm{d}t}e_1(t) = \frac{\mathrm{d}}{\mathrm{d}t}e_2(t) = 1$，不同激励产生相同的响应，系统不可逆；

(3)可逆，逆系统为 $r(t) = \frac{\mathrm{d}}{\mathrm{d}t}e(t)$；

(4)可逆，逆系统为 $r(t) = e(\frac{t}{2})$。

1－22　若输入信号为 $\cos(\omega_0 t)$，为使输出信号中分别包含以下频率成分：

(1) $\cos(2\omega_0 t)$；　**(2)** $\cos(3\omega_0 t)$；　**(3)直流。**

请你分别设计相应的系统(尽可能简单)满足此要求，给出系统输出与输入的约束关系式。讨论这三种要求有何共同性、相应的系统有何共同性。

解：(1)系统模型为：$r(t) = e(2t)$；

(2)系统模型为：$r(t) = e(3t)$；

(3)系统模型为：$r(t) = e(t) + c$(c 为非零常数)。

三个要求的共性是：输入信号经过系统后，有新的频率分量产生。

三个系统的共性是：都可以改变输入信号的频率或增加新的频率分量。

1－23　有一线性时不变系统，当激励 $e_1(t) = u(t)$ 时，响应 $r_1(t) = \mathrm{e}^{-\alpha t}u(t)$，试求当激励 $e_2(t) = \delta(t)$ 时，响应 $r_2(t)$ 的表示式(假定起始时刻系统无储能)。

解：由于该系统为线性时不变系统，起始时刻系统无储能，故系统的响应为零状态响应。又因为

$$\delta(t) = \frac{\mathrm{d}u(t)}{\mathrm{d}t} \Rightarrow e_2(t) = \frac{\mathrm{d}}{\mathrm{d}t}e_1(t)$$

利用线性时不变系统的微分特性知

$$r_2(t)=\frac{\mathrm{d}}{\mathrm{d}t}r_1(t)=\frac{\mathrm{d}}{\mathrm{d}t}[\mathrm{e}^{-\alpha t}u(t)]=-\alpha\mathrm{e}^{-\alpha t}u(t)+\mathrm{e}^{-\alpha t}\delta(t)$$
$$=\delta(t)-\alpha\mathrm{e}^{-\alpha t}u(t)$$

1-24　证明 δ 函数的尺度运算特性满足 $\delta(at)=\frac{1}{|a|}\delta(t)$。（提示：利用教材图 1-28，当以 t 为自变量时脉冲底宽为 τ，而改以 at 为自变量时底宽变成 $\frac{\tau}{a}$，借此关系以及偶函数特性即可求出以上结果。）

证明： 首先以 t 为横轴，脉冲底宽为 τ，高度为 $\frac{1}{\tau}$，作 $\delta(t)$ 的矩形逼近图形，如图 1-2-18 所示。

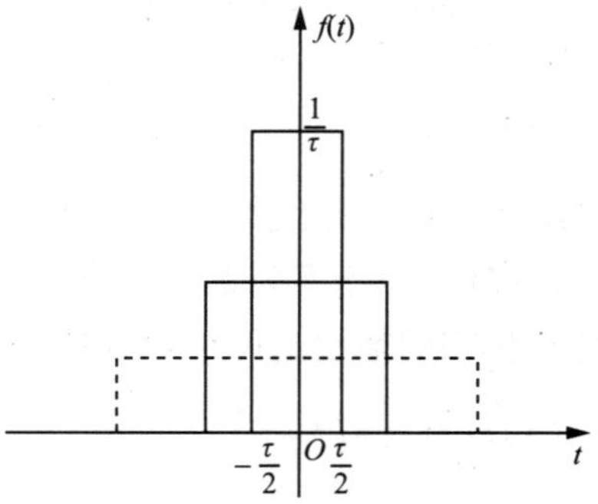

图 1-2-18

再以 at（假设 $a>0$）为横轴作相同的图形时，底宽变成 $\frac{\tau}{a}$，但是要保证矩形的高度保持不变，则有矩形的面积变为原来的 $\frac{1}{a}$ 倍，即 $\delta(at)=\frac{1}{a}\delta(t)$。因为 $\delta(t)$ 是偶函数，所以当 $a<0$ 时有 $\delta(at)=\delta(-at)=-\frac{1}{a}\delta(t)$。即从作用效果上来讲

$$\delta(at)=\frac{1}{|a|}\delta(t)$$

命题得证。

1.3　名校考研真题详解

一、选择题

1．信号 $(\sin 2t+\cos 5t)^2$ 的周期是（　　）。［电子科技大学 2013 研］

A．$\frac{\pi}{5}$　　B．$\frac{\pi}{2}$

C．2π　　D．不是周期信号

【答案】C

【解析】将 $(\sin 2t+\cos 5t)^2$ 展开可得

$$\frac{1-\cos 4t}{2}+\frac{1}{2}\sin 7t-\frac{1}{2}\sin 3t+\frac{1+\cos 10t}{2}$$

由此可知上式四项的周期分别为 $\frac{2\pi}{4}$，$\frac{2\pi}{7}$，$\frac{2\pi}{3}$，$\frac{2\pi}{10}$，最小公倍数为 2π，因此信号周期为 2π。

2．$\int_{-\infty}^{0}\mathrm{e}^{-t}\delta(2-t)\mathrm{d}t$ 的值为（　　）。［武汉大学 2015 研］

A．不确定　　B．e^{-2}　　C．0　　D．e^{2}

【答案】C

【解析】由冲激信号的抽样特性可知

$$\int_{-\infty}^{0}\mathrm{e}^{-t}\delta(2-t)\mathrm{d}t=\mathrm{e}^{-2}\int_{-\infty}^{0}\delta(t-2)\mathrm{d}t=\mathrm{e}^{-2}u(t-2)\big|_{-\infty}^{0}=0$$

3. 积分 $\int_{0_-}^{t}(t-2)\delta(t)\mathrm{d}t$ 等于(　　)。[武汉科技大学 2017 研]

A. $-2\delta(t)$　　B. $-2u(t)$

C. $u(t-2)$　　D. $-2\delta(t-2)$

【答案】B

【解析】根据冲激函数的性质有

$$\int_{0_-}^{t}(t-2)\delta(t)\mathrm{d}t=\int_{0_-}^{t}-2\delta(t)\mathrm{d}t=-2u(t)$$

4. $y(t)=5\cos\left(3t+\frac{\pi}{2}\right)+3\cos\left(2t+\frac{\pi}{3}\right)$的周期是(　　)。[西南交通大学 2014 研]

A. $\frac{\pi}{6}$　　B. $\frac{\pi}{3}$　　C. 2π　　D. ∞

【答案】C

【解析】第一项周期为 $T_1=\frac{2\pi}{3}$，第二项周期 $T_2=\frac{2\pi}{2}=\pi$，两者公倍数是 2π，因此 $y(t)$ 的周期为 2π。

5. 下列各表达式中错误的是(　　)。[武汉科技大学 2017 研]

A. $\delta'(t)=-\delta'(-t)$　　B. $\int_{-\infty}^{t}\delta'(\tau)\mathrm{d}\tau=\delta(t)$

C. $\int_{-\infty}^{\infty}\delta'(t)\mathrm{d}t=0$　　D. $\delta'(t-t_0)=\delta'(t_0-t)$

【答案】D

【解析】对于 D 项由冲激偶函数性质可知

$$\delta'(t-t_0)=\delta'[(-1)(t_0-t)]=-\delta'(t_0-t)$$

6. 若信号 $f(t)=\sin(2t)+\cos(3t)$，则 $f(t)$ 是(　　)。[中国科学院大学 2022 研]

A. 周期信号，周期为 2π　　B. 周期信号，周期为 3π

C. 周期信号，周期为 π　　D. 非周期信号

【答案】A

【解析】$\sin(2t)$ 的周期为 $T_1=2\pi/\omega_1=2\pi/2=\pi$；$\cos(3t)$ 的周期为 $T_2=2\pi/\omega_2=2\pi/3$。T_1 与 T_2 的最小公倍数 $T=2\pi$。所以 $f(t)$ 是周期信号，周期为 2π。

7. 若 $f(t)$ 为系统的输入激励，$y(t)$ 为系统的输出响应，$y(0)$ 为系统的初始状态，下列那个输出响应所对应的系统是线性系统(　　)。[西南交通大学 2014 研]

A. $y(t)=5y^2(0)+3f(t)$

B. $y(t)=3y(0)+2f(t)+\frac{\mathrm{d}f(t)}{\mathrm{d}t}$

C. $y(t)=2y(0)f(t)+2f(t)$

D. $y(t)=4y(0)+2f^2(t)$

【答案】B

【解析】对于微分方程形式的系统而言，线性系统中不会出现输入、输出的乘积形式，也不会出现输入本身、输出本身的乘积形式。

8. 系统 $y(t)=\begin{cases}0 & t<2\\ x(t)+x(t+2) & t>2\end{cases}$ 是(　　)。[电子科技大学 2013 研]

A. 非线性、时不变、非因果、稳定

B. 线性、时变、非因果、稳定

C. 非线性、时变、因果、非稳定

D. 线性、时不变、非因果、稳定

【答案】B

【解析】①线性

设系统算子为 T，则 $c_1x_1(t)+c_2x_2(t)$ 通过系统后的结果 $T[c_1x_1(t)+c_2x_2(t)]$ 为

$$c_1y_1(t)+c_2y_2(t)=\begin{cases}0 & t<2\\ c_1x(t)+c_2x(t+2)+c_1x_1(t+2)+c_2x_2(t+2) & t>2\end{cases}$$

因此系统是线性的。

②时不变性

令 $t\to t-t_0$，则经过算子 T 后 $T[x(t-t_0)]$ 为

$$y(t)=\begin{cases}0 & t<2\\ x(t-t_0)+x(t-t_0+2) & t>2\end{cases}$$

而

$$y(t-t_0)=\begin{cases}0 & t-t_0<2\\ x(t-t_0)+x(t-t_0+2) & t-t_0>2\end{cases}$$

比较以上两式有 $y(t-t_0)\neq T[x(t-t_0)]$，因此系统是时变的。

③因果性

令 $t=3$ 有 $y(3)=x(3)+x(5)$，说明当前响应与未来激励相关，因此系统是非因果的。

④稳定性

若 $x(t)$ 有界，则 $y(t)=x(t)+x(t+2)$ 显然也是有界的，因此该系统是稳定的。

综上所述，该系统是线性、时变、非因果、稳定系统。

二、填空题

1. 计算积分 $\int_{-\infty}^{\infty}e^{-t}\delta'(t)\,dt=$______。[北京邮电大学 2016 研]

【答案】1

【解析】已知冲激偶积分公式

$$\int_{-\infty}^{\infty}f(t)\delta'(t)\,dt=-f'(0)$$

故

$$\int_{-\infty}^{\infty}e^{-t}\delta'(t)\,dt=-(e^{-t})'\big|_{t=0}=(e^{-t})\big|_{t=0}=1$$

2. 某连续时间系统的输入为 $x(t)$，零状态响应为 $y_m(t)=3x(t)+4$，试判断该连续时间系统是否为线性系统______，是否为非时变系统______。[北京交通大学 2015 研]

【答案】否；是

【解析】因为 $3[x_1(t)+x_2(t)]+4\neq[3x_1(t)+4]+[3x_2(t)+4]=y_1(t)+y_2(t)$，因此该系统是非线性的；又因为 $3x(t-t_0)+4=y(t-t_0)$，因此该系统是非时变的。

3. $\int_0^3[u(t)-u(t-2)]\cdot\delta(2t-3)\,dt=$______。[北京交通大学 2015 研]

【答案】$\frac{1}{2}$

【解析】依题意有

$$\begin{aligned}&\int_0^3[u(t)-u(t-2)]\cdot\delta(2t-3)\mathrm{d}t\\=&\int_0^3\left[u\left(\frac{3}{2}\right)-u\left(\frac{3}{2}-2\right)\right]\cdot\delta(2t-3)\mathrm{d}t\\=&\frac{1}{2}\int_0^3\delta\left(t-\frac{3}{2}\right)\mathrm{d}t=\frac{1}{2}\end{aligned}$$

4．积分 $\int_{-\infty}^{\infty}\sin 2t\delta'(t-1)\mathrm{d}t$ 的值 =______。[华中科技大学 2012 研]

【答案】$-2\cos 2$

【解析】根据冲击偶函数的性质有

$$\begin{aligned}&\int_{-\infty}^{\infty}\sin 2t\delta'(t-1)\mathrm{d}t\\=&\int_{-\infty}^{\infty}\sin 2t|_{t=0}\cdot\delta'(t-1)-(\sin 2t)'|_{t=0}\cdot\delta(t-1)\mathrm{d}t\\=&\int_{-\infty}^{\infty}-2\cos 2\delta(t-1)\mathrm{d}t\\=&-2\cos 2\end{aligned}$$

三、判断题

1．$\delta(at)=\delta(t)/a$。(　　)[中国科学院大学 2022 研]

【答案】错

【解析】$\delta(at)=\delta(t)/|a|$。

2．信号 $x(t)$ 经过一个连续时间系统的输出为 $y(t)=\frac{1}{T}\int_{t-\frac{T}{2}}^{t+\frac{T}{2}}x(\tau)\mathrm{d}\tau$，$T$ 为非零实常数，该系统是因果系统。[北京邮电大学 2016 研]

【答案】错

【解析】因果系统是指系统在 t_0 时刻的响应只与 $t=t_0$ 和 $t<t_0$ 时刻的输入有关，而该连续时间系统输出 $y(t)$ 在 t 时刻的响应与时间段 $t-\frac{T}{2}<t_i<t+\frac{T}{2}$ 内的输入均有关，因此该系统是非因果系统。

3．两个线性时不变系统相级联的先后顺序不影响总的输入输出关系。(　　)[中山大学 2010 研]

【答案】对

【解析】线性时不变系统级联，总的系统函数相当于各个系统函数相卷积，根据卷积的性质，卷积的次序是可以交换的。

4．卷积可用于非线性时不变系统。(　　)[南京大学 2010 研]

【答案】错

【解析】设激励信号为 $e(t)$，系统的零状态响应为 $r(t)$，则

$$r(t)=H[e(t)]=H[\int_{-\infty}^{\infty}e(\tau)\delta(t-\tau)\mathrm{d}\tau]$$

$$=\int_{-\infty}^{\infty}e(\tau)H[\delta(t-\tau)]\mathrm{d}\tau$$

$$=\int_{-\infty}^{\infty}e(\tau)h(t-\tau)\mathrm{d}\tau$$

此运算是线性时不变系统的输入和系统函数的卷积运算，因此若要满足上式，则系统必须要有叠加性，即要求是线性的；应用于非线性系统时，由于违反了叠加定理，因此不能使用。

四、简答题

分析系统 $y(t)=f(1-t)$ 的线性、因果和时变特性。［西安电子科技大学 2017 研］

答：(1)线性

设系统算子为 T，则 $c_1f_1(t)+c_2f_2(t)$ 通过系统后的结果 $T[c_1f_1(t)+c_2f_2(t)]$ 为

$$c_1f_1(1-t)+c_2f(1-t)=c_1y_1(t)+c_2y_2(t)$$

因此系统是线性的。

(2)因果性

令 $t=0$ 有 $y(0)=f(1)$，说明当前响应与未来激励相关，因此系统是非因果的。

(3)时不变

令 $t\to t-t_0$，则经过算子 T 后 $T[f(t-t_0)]$ 为

$$f(1-t-t_0)$$

而

$$y(t-t_0)=f[1-(t-t_0)]=f(1-t+t_0)$$

比较以上两式有 $y(t-t_0)\neq T[f(t-t_0)]$，因此系统是时变的。

综上所述，该系统是线性、非因果、时变系统。

五、画图题

1. 已知函数 $f_1\left(-\frac{1}{2}t\right)$ 和 $f_2(t)$ 的波形如图 1-3-1 所示。画出 $y_1(t)=f_1(t+1)u(-t)$ 和 $y_2(t)=f_2(5-3t)$ 的波形。［西安电子科技大学 2017 研］

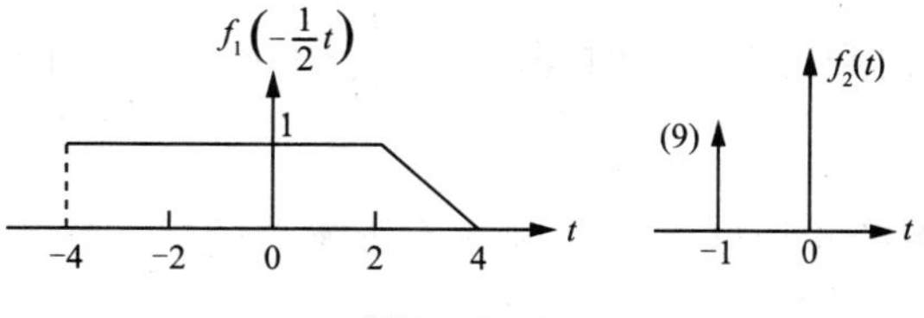

图 1-3-1

答：$y_1(t)$ 的波形如图 1-3-2 所示。

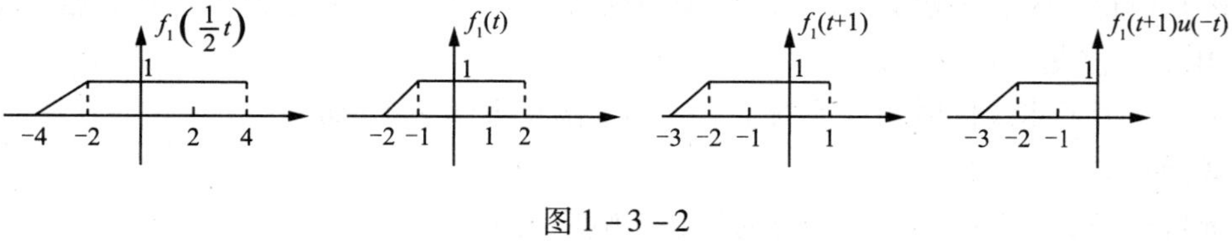

图 1-3-2

根据 $f_2(t)$ 的波形图可知，$f_2(t)=9\delta(t+1)$，因此 $y_2(t)$ 的表达式为

$$y_2(t)=f_2(5-3t)=3\delta(t-2)$$

则 $y_2(t)$ 的波形图如图 1－3－3 所示。

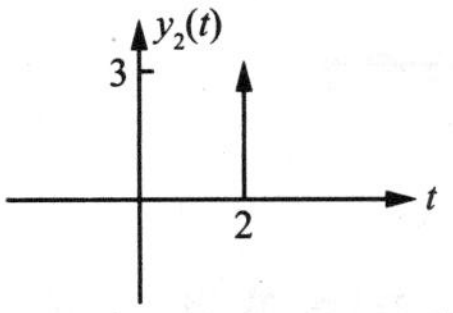

图 1－3－3

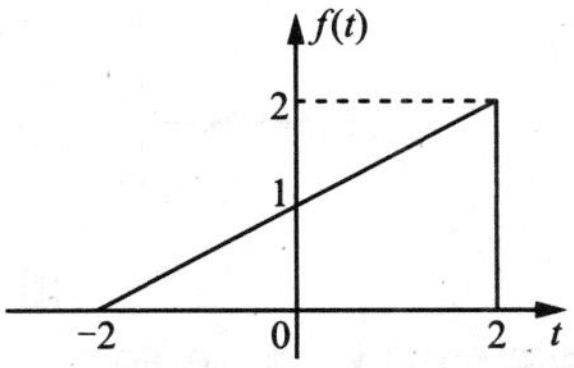

图 1－3－4

2. 已知 $f(t)$ 波形如图 1－3－4 所示，请画出信号 $f_1(t)=f(2-t)\varepsilon(4-t)$ 的波形图。［武汉大学 2015 研］

答： 将 $f(t)$ 先翻转然后右移两个单位后取 $t<4$ 的部分即可，如图 1－3－5 所示。

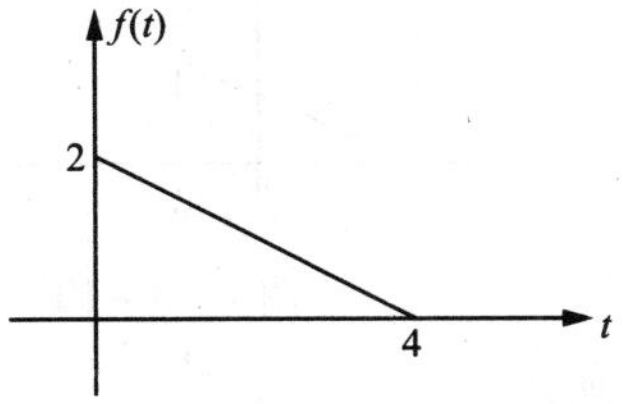

图 1－3－5

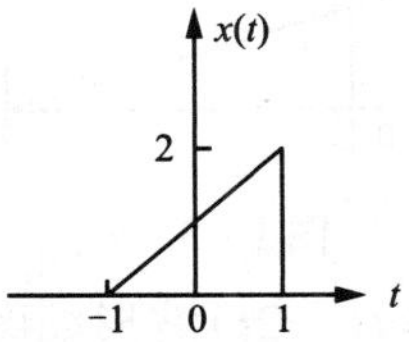

图 1－3－6

3. 信号 $x(t)$ 如图 1－3－6 所示，画出信号 $y(t)=2x\left(-\frac{1}{3}t+\frac{2}{3}\right)$ 的图形。［北京邮电大学 2012 研］

答： $y(t)=2x\left[-\frac{1}{3}(t-2)\right]$ 如图 1－3－7(d) 所示。

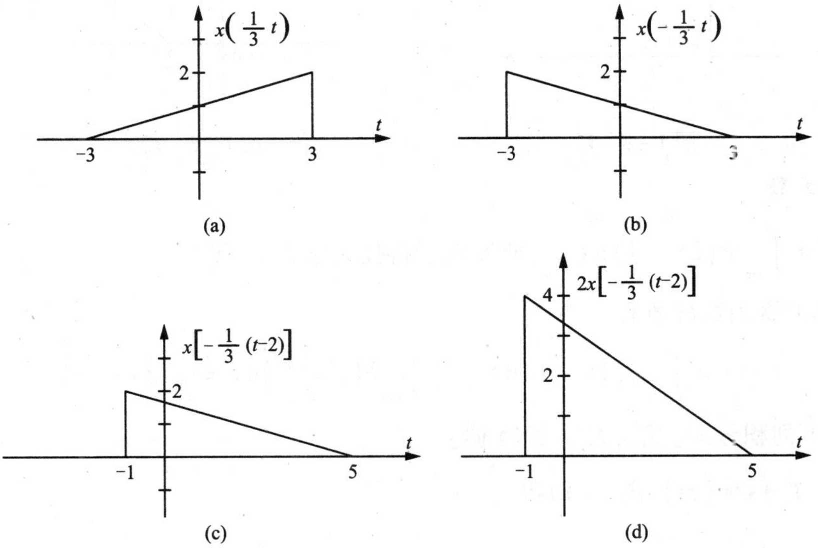

图 1－3－7

4. 粗略画出函数式 $\frac{\sin 2\pi(t-t_0)}{2\pi(t-t_0)}$ 的波形图。［中山大学 2011 研］

答： 此函数是 Sa 函数的尺度变换和位移变换，函数式的波形图如图 1－3－8 所示。

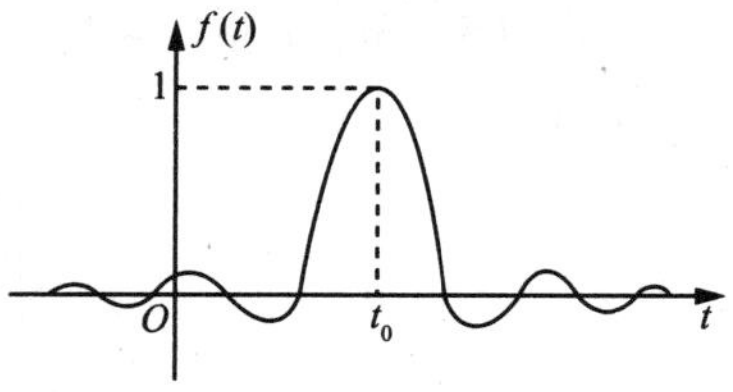

图 1－3－8

5. 已知$f(t)$的波形如图 1－3－9 所示，试画出$f(5-2t)$的波形。［武汉理工大学 2010 研］

答： 由$f(t)$的波形可知$f(-t)$波形如图 1－3－10 所示。

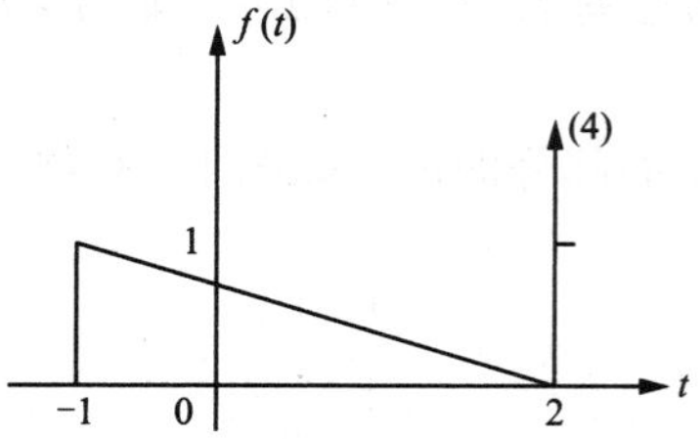

图 1－3－9

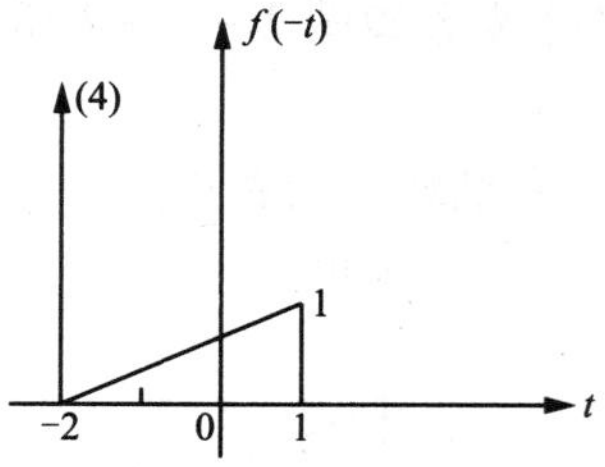

图 1－3－10

由$f(-t)$波形得$f(-2t)$波形如图 1－3－11 所示。

由以上得$f(5-2t)=f\left[-2\left(t-\frac{5}{2}\right)\right]$波形如图 1－3－12 所示。

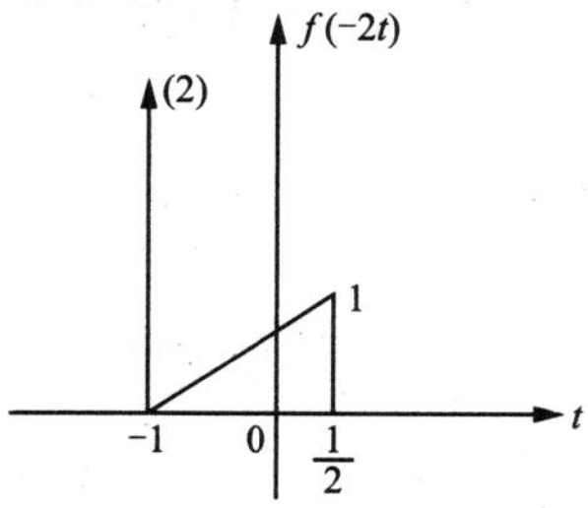

图 1－3－11

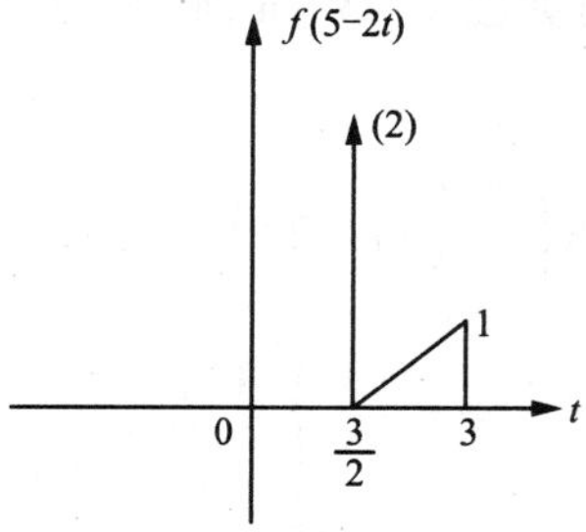

图 1－3－12

六、计算题

1. $f_1(t)=\int_{-\infty}^{t}\delta(2\tau-1)\mathrm{d}\tau$。［西安电子科技大学 2017 研］

解： 根据冲激函数性质有

$$f_1(t)=\int_{-\infty}^{t}\delta(2\tau-1)\mathrm{d}\tau=\frac{1}{2}\int_{-\infty}^{t}\delta\left(\tau-\frac{1}{2}\right)\mathrm{d}\tau=\frac{1}{2}u\left(t-\frac{1}{2}\right)$$

2. 计算下列积分。［武汉大学 2015 研］

(1) $\int_{-\infty}^{\infty}[t^2+\cos(\pi t)]\delta(t-1)\mathrm{d}t$

(2) $\int_{-\infty}^{\infty}\mathrm{e}^{-t}\delta(2t-2)\mathrm{d}t$

解： (1)

$$\int_{-\infty}^{+\infty}[t^2+\cos(\pi t)]\delta(t-1)\mathrm{d}t=\int_{-\infty}^{+\infty}[1+\cos\pi]\delta(t-1)\mathrm{d}t=0$$

(2)

$$\int_{-\infty}^{+\infty} e^{-t}\delta(2t-2)\,dt = \int_{-\infty}^{+\infty} \frac{1}{e}\delta[2(t-1)]\,dt = \frac{1}{e}\cdot\frac{1}{2}\int_{-\infty}^{+\infty}\delta(t-1)\,dt = \frac{1}{2e}$$

3. 任意信号是如何分解成无穷多个单位阶跃信号或无穷多的单位冲激信号的？请阐述之。［武汉大学2015研］

答： 以冲激响应为例，这种分解思路是先把信号$f(t)$分解成宽度为Δt的矩形窄脉冲之和，任意时刻$k\Delta t$的矩形脉冲幅度为$f(k\Delta t)$。假设$f(t)$为因果信号，则$f(t)$可表示为

$$f(t) = f_0(t) + f_1(t) + f_2(t) + \cdots + f_k(t) + \cdots$$

$$\equiv \sum_{k=0}^{n} f(k\Delta t)[u(t-k\Delta t) - u(t-(k+1)\Delta t)]$$

$$\equiv \sum_{k=0}^{n} \frac{1}{\Delta t} f(k\Delta t)[u(t-k\Delta t) - u(t-(k+1)\Delta t)]\Delta t$$

令窄脉冲宽度$\Delta t \to 0$，并对其取极限，得到

$$f(t) = \lim_{\Delta t\to 0}\sum_{k=0}^{n} \frac{1}{\Delta t} f(k\Delta t)[u(t-k\Delta t) - u(t-(k+1)\Delta t)]\Delta t$$

$$= \lim_{\Delta t\to 0}\sum_{k=0}^{n} f(k\Delta t)\delta(t-k\Delta t)\Delta t$$

此时$k\Delta t \to \tau$，$\Delta t \to d\tau$，$\sum\limits_{k=0}^{n} \to \int_0^t$，即求和运算变为积分运算。于是，用冲激函数表示任意信号的积分形式为

$$f(t) = \int_0^t f(\tau)\delta(t-\tau)\,d\tau$$

同理，任意信号用阶跃函数表示为

$$f(t) = f_0(t) + \int_{0_+}^{t} f'(\tau)u(t-\tau)\,d\tau$$

4. 已知信号如图1-3-13所示。

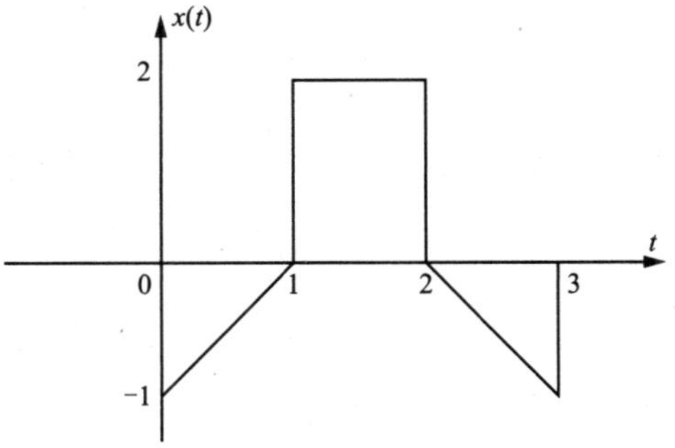

图1-3-13

(1)求$x(t)$与$\frac{dx(t)}{dt}$的表达式

(2)画出$\frac{dx(t)}{dt}$的图形

(3)画出$x(2-t)u(-t)$的图形。［电子科技大学2013研］

解：(1)根据$x(t)$的波形可以直接写出$x(t)$的表达式为

$$x(t)=(t-1)[u(t)-u(t-1)]+2[u(t-1)-u(t-2)]+(2-t)[u(t-2)-u(t-3)]$$
$$=(t-1)u(t)-(t-3)u(t-1)-tu(t-2)+(t-2)u(t-3)$$

因此$\frac{\mathrm{d}x(t)}{\mathrm{d}t}$的表达式为

$$\frac{\mathrm{d}x(t)}{\mathrm{d}t}=[u(t)-u(t-1)]-[u(t-2)-u(t-3)]-\delta(t)+2\delta(t-1)-2\delta(t-2)+\delta(t-3)$$

(2)$\frac{\mathrm{d}x(t)}{\mathrm{d}t}$的图形如图 1－3－14 所示。

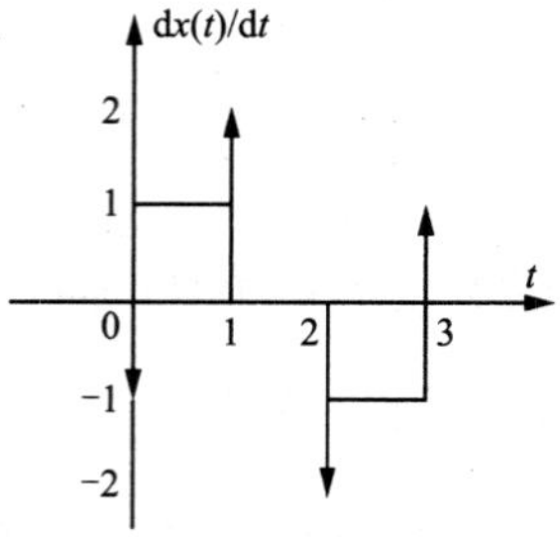

图 1－3－14

(3)利用信号的基本运算方法可得 $x(2-t)u(-t)$的图形如图 1－3－15 所示。

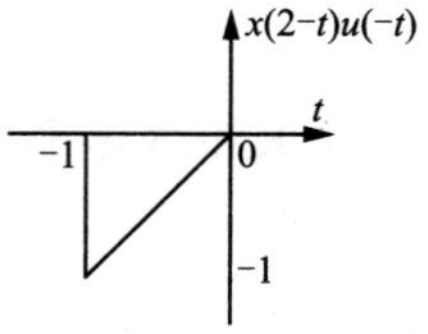

图 1－3－15

第2章 连续时间系统的时域分析

2.1 复习笔记

一、微分方程的建立

微分方程是描述和分析连续时间系统的有力工具。对给定的具体系统进行电路分析，按照元件的约束条件可建立相应的微分方程。LTI 系统一般可用高阶的微分方程表示

$$C_0\frac{\mathrm{d}^n r(t)}{\mathrm{d}t^n}+C_1\frac{\mathrm{d}^{n-1}r(t)}{\mathrm{d}t^{n-1}}+\cdots+C_{n-1}\frac{\mathrm{d}r(t)}{\mathrm{d}t}+C_n r(t)$$

$$=E_0\frac{\mathrm{d}^m e(t)}{\mathrm{d}t^m}+E_1\frac{\mathrm{d}^{m-1}e(t)}{\mathrm{d}t^{m-1}}+\cdots+E_{m-1}\frac{\mathrm{d}e(t)}{\mathrm{d}t}+E_m e(t)$$

二、系统响应的求解(见表2-1-1)

表2-1-1 LTI 系统方程解的分析

方法	分类	具体内容
时域经典法	齐次解	表示系统的自由响应，由系统自身特性决定
	特解	表示系统的强迫响应，只与外加激励函数的形式有关
卷积法	零输入响应	没有外加激励信号的作用，只由起始状态(0_-状态)所产生的响应
	零状态响应	不考虑起始时刻系统储能的作用，由系统的外加激励信号所产生的响应
极限法	瞬态响应	当$t\to\infty$时，系统响应中趋于0的分量
	稳态响应	当$t\to\infty$时，系统响应中保留下来的分量

注：a. 自由响应和零输入响应都满足齐次方程的解，但是系数完全不同，零输入响应的系数仅由起始储能情况决定，而自由响应的系数要同时依从于起始状态和激励信号。

b. 自由响应由两部分组成，其中，一部分由起始状态决定，另一部分由激励信号决定，二者都与系统的自身参数有关；当系统0_-状态为零，则零输入响应为零，但自由响应可以不为零。

c. 零输入响应在0_-时刻到0_+时刻不跳变，此时刻若发生跳变，可能为零状态响应分量。

三、冲激响应和阶跃响应及其性质(见表2-1-2)

表2-1-2 冲激响应和阶跃响应及其性质

要点	具体内容
单位冲激响应$h(t)$	系统在单位冲激信号$\delta(t)$的激励下所产生的零状态响应
单位阶跃响应$g(t)$	系统在单位阶跃信号$u(t)$的激励下所产生的零状态响应
性质	$h(t)$和$g(t)$之间存在微积分关系：$h(t)=\frac{\mathrm{d}}{\mathrm{d}t}g(t),g(t)=\int_{-\infty}^{t}h(\tau)\mathrm{d}\tau$
	对于因果系统，当$t<0$时，$h(t)=0$或$g(t)=0$

续表

要点	具体内容
性质	对于稳定系统，有 $\int_{-\infty}^{\infty} \mid h(t) \mid \mathrm{d}t < \infty$
	对于无记忆系统，有 $h(t) = K\delta(t)$
	对于可逆系统，即 $h(t)$是可逆系统，$h_1(t)$是 $h(t)$的逆系统，有 $h(t) * h_1(t) = \delta(t)$

四、卷积及其性质

1. 卷积的定义

$$y(t) = x(t) * h(t) = \int_{-\infty}^{\infty} x(\tau)h(t-\tau)\mathrm{d}\tau$$

2. 卷积的性质

(1)交换律、结合律和分配律

$$f_1(t) * f_2(t) = f_2(t) * f_1(t)$$

$$[f_1(t) * f_2(t)] * f_3(t) = f_1(t) * [f_2(t) * f_3(t)]$$

$$f_1(t) * [f_2(t) + f_3(t)] = f_1(t) * f_2(t) + f_1(t) * f_3(t)$$

(2)卷积的微分和积分

$$\frac{\mathrm{d}}{\mathrm{d}t}[f_1(t) * f_2(t)] = f_1(t) * \frac{\mathrm{d}}{\mathrm{d}t}f_2(t) = \frac{\mathrm{d}}{\mathrm{d}t}f_1(t) * f_2(t)$$

$$\int_{-\infty}^{t} [f_1(\tau) * f_2(\tau)]\mathrm{d}\tau = f_1(t) * \int_{-\infty}^{t} f_2(\tau)\mathrm{d}\tau = f_2(t) * \int_{-\infty}^{t} f_1(\tau)\mathrm{d}\tau$$

(3)与冲激函数、阶跃函数的卷积

$$f(t) * \delta(t) = f(t) \qquad f(t) * \delta'(t) = f'(t)$$

$$f(t) * \delta^{(k)}(t) = f^{(k)}(t) \qquad f(t) * \delta(t-t_0) = f(t-t_0)$$

$$f(t) * u(t) = \int_{-\infty}^{t} f(\tau)\mathrm{d}\tau$$

(4)卷积的多阶导数或多重积分运算规律

设 $s(t) = f_1(t) * f_2(t)$，则有 $s^{(i)}(t) = f_1^{(j)}(t) * f_2^{(i-j)}(t)$。其中，$i$、$j$ 取正整数时为导数的阶次，i、j 取负整数时为积分的重数。

五、利用卷积分析通信系统多径失真的消除办法

在无线通信系统中，当接收机从正常途径收到发射信号时，可能还有其他寄生的传输路径，例如从发射机经某些建筑物反射到达接收端，产生所谓“回波”现象。回波系统的冲激响应表达式为 $h(t) = \delta(t) + a\delta(t-T)$，或对多个回声有 $h(t) = \sum_{m=0}^{N} a_m\delta(t-T_m)$。

为了从含有干扰信号的回波系统中取出正常信号，需要设计一个“逆系统”进行补偿，逆系统的冲激响应以 $h_i(t)$表示，则

$$e(t) = r(t) * h_i(t) = e(t) * [h(t) * h_i(t)]$$

经推导可得

$$h_i(t) = \sum_{k=0}^{\infty} (-a)^k \delta(t-kT)$$

可根据具体环境要求，将 k 值取若干有限项即可满足消除回声的要求。

2.2 课后习题详解

2-1 对图 2-2-1 所示电路图分别列写求电压 $v_o(t)$ 的微分方程表示。

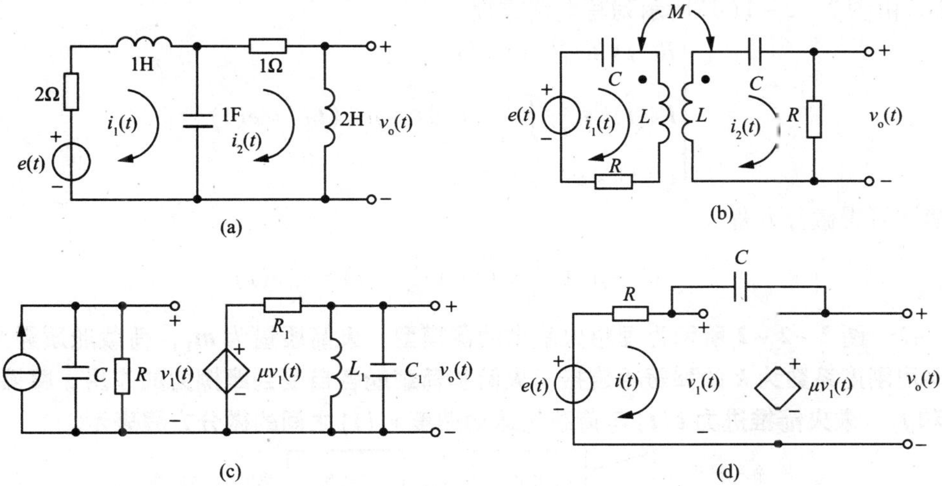

图 2-2-1

解：(1)由图 2-2-1(a)所示可列写两个网孔的 KVL 方程

$$\begin{cases} 2i_1(t)+\dfrac{\mathrm{d}}{\mathrm{d}t}i_1(t)+\int_{-\infty}^{t}i_1(\tau)\mathrm{d}\tau-\int_{-\infty}^{t}i_2(\tau)\mathrm{d}\tau=e(t) & ① \\ \int_{-\infty}^{t}[i_2(\tau)-i_1(\tau)]\mathrm{d}\tau+i_2(t)=-v_o(t) & ② \end{cases}$$

又 $v_o(t)=2\dfrac{\mathrm{d}}{\mathrm{d}t}i_2(t)$ ③

联立式①②③可得微分方程

$$2\frac{\mathrm{d}^3}{\mathrm{d}t^3}v_o(t)+5\frac{\mathrm{d}^2}{\mathrm{d}t^2}v_o(t)+5\frac{\mathrm{d}}{\mathrm{d}t}v_o(t)+3v_o(t)=2\frac{\mathrm{d}}{\mathrm{d}t}e(t)$$

(2)图 2-2-1(b)为双耦合电路，列出微分方程

$$\begin{cases} \dfrac{1}{C}\int_{-\infty}^{t}i_1(\tau)\mathrm{d}\tau+L\dfrac{\mathrm{d}i_1(t)}{\mathrm{d}t}-M\dfrac{\mathrm{d}i_2(t)}{\mathrm{d}t}+Ri_1(t)=e(t) \\ \dfrac{1}{C}\int_{-\infty}^{t}i_2(\tau)\mathrm{d}\tau+L\dfrac{\mathrm{d}i_2(t)}{\mathrm{d}t}-M\dfrac{\mathrm{d}i_1(t)}{\mathrm{d}t}+Ri_2(t)=0 \\ v_o(t)=Ri_2(t) \end{cases}$$

化简方程组可得微分方程

$$(L^2-M^2)\frac{\mathrm{d}^4}{\mathrm{d}t^4}v_o(t)+2RL\frac{\mathrm{d}^3}{\mathrm{d}t^3}v_o(t)+\left(\frac{2L}{C}+R^2\right)\frac{\mathrm{d}^2}{\mathrm{d}t^2}v_o(t)+\frac{2R}{C}\frac{\mathrm{d}}{\mathrm{d}t}v_o(t)+\frac{1}{C^2}v_o(t)$$

$$=MR\frac{\mathrm{d}^2}{\mathrm{d}t^2}e(t)$$

(3)由图 2-2-1(c)所示列写电路方程，得

$$\begin{cases} \dfrac{C\mathrm{d}v_1(t)}{\mathrm{d}t}+\dfrac{v_1(t)}{R}=i(t) \\ v_o(t)+R_1\left[\dfrac{1}{L_1}\int_{-\infty}^{t}v_o(t)\mathrm{d}t+C_1\dfrac{\mathrm{d}}{\mathrm{d}t}v_o(t)\right]=\mu v_1(t) \end{cases}$$

消元可得微分方程

$$CC_1\frac{d^3}{dt^3}v_o(t)+\left(\frac{C_1}{R}+\frac{C}{R_1}\right)\frac{d^2}{dt^2}v_o(t)+\left(\frac{C}{L_1}+\frac{1}{R_1R}\right)\frac{d}{dt}v_o(t)+\frac{1}{RL_1}v_o(t)=\frac{\mu}{R_1}\frac{d}{dt}i(t)$$

(d)由图2－2－1(d)所示列写电路方程

$$\begin{cases}Ri(t)+v_1(t)=e(t)\\ Ri(t)+\dfrac{1}{C}\displaystyle\int_{-\infty}^{t}i(\tau)d\tau+\mu v_1(t)=e(t)\\ v_o(t)=\mu v_1(t)\end{cases}$$

消元可得微分方程

$$(1-\mu)C\frac{d}{dt}v_o(t)+\frac{1}{R}v_o(t)=\frac{\mu}{R}e(t)$$

2－2　图2－2－2所示为理想火箭推动器模型。火箭质量为 m_1，荷载舱质量为 m_2，两者中间用刚度系数为 k 的弹簧相连接。火箭和荷载舱各自受到摩擦力的作用，摩擦系数分别为 f_1 和 f_2。求火箭推进力 $e(t)$ 与荷载舱运动速度 $v_2(t)$ 之间的微分方程表示。

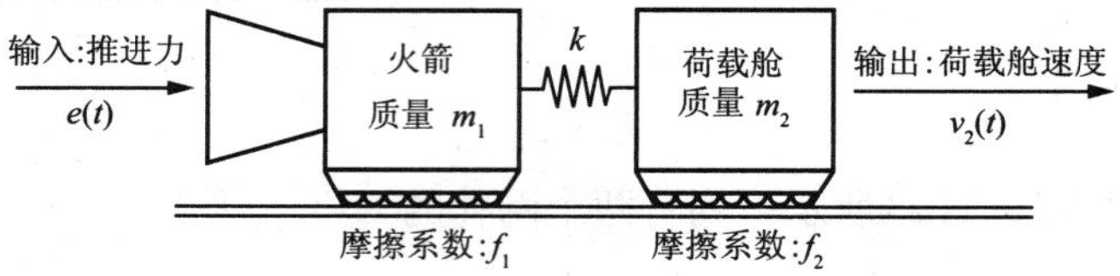

图2－2－2

解：设 m_1 的速度为 $v_1(t)$，对 m_1、m_2 进行受力分析，如图2－2－3所示。

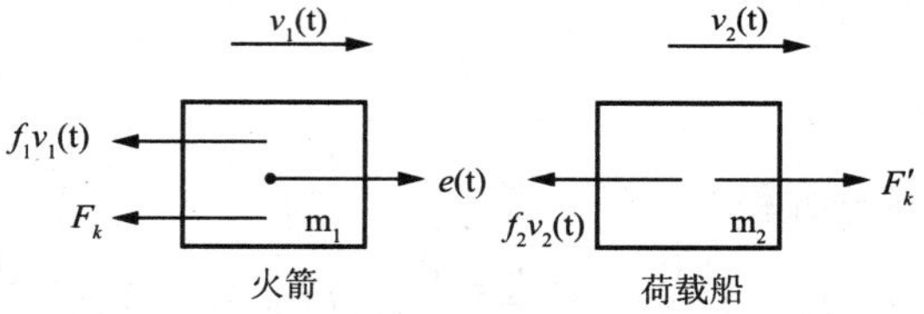

图2－2－3

其中，F_k 为弹簧对火箭的张力，F'_k 为弹簧对荷载舱的张力，且

$$F_k=F'_k=k\int_{-\infty}^{t}[v_1(\tau)-v_2(\tau)]d\tau$$

根据牛顿第二定律，分别对 m_1，m_2 建立方程有

$$\begin{cases}e(t)-f_1v_1(t)-F_k=m_1\dfrac{dv_1(t)}{dt}\\ F'_k-f_2v_2(t)=m_2\dfrac{dv_2(t)}{dt}\end{cases}$$

消元可得微分方程

$$\frac{d^3}{dt^3}v_2(t)+\frac{m_1f_2+m_2f_1}{m_1m_2}\frac{d^2}{dt^2}v_2(t)+\frac{f_1f_2+k(m_1+m_2)}{m_1m_2}\frac{d}{dt}v_2(t)+\frac{(f_1+f_2)k}{m_1m_2}v_2(t)=\frac{k}{m_1m_2}e(t)$$

2－3　图2－2－4是汽车底盘缓冲装置模型图，汽车底盘的高度 $z(t)=y(t)+y_0$，其中 y_0 是弹簧不受任何力时的位置。缓冲器等效为弹簧与减震器并联组成，刚度系数和阻尼系数分别为 k 和 f。由于路面的凹凸不平[表示为 $x(t)$ 的起伏]通过缓冲器间接作用到汽车底盘，使汽车振动减弱。求汽车底盘的位移量 $y(t)$ 和路面不平度 $x(t)$ 之间的微分方程。

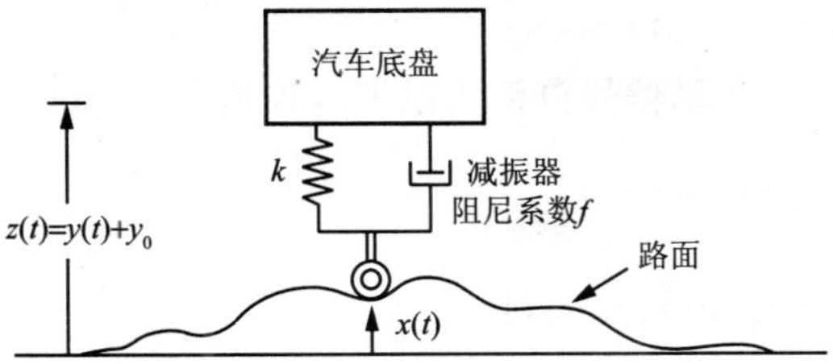

图 2－2－4

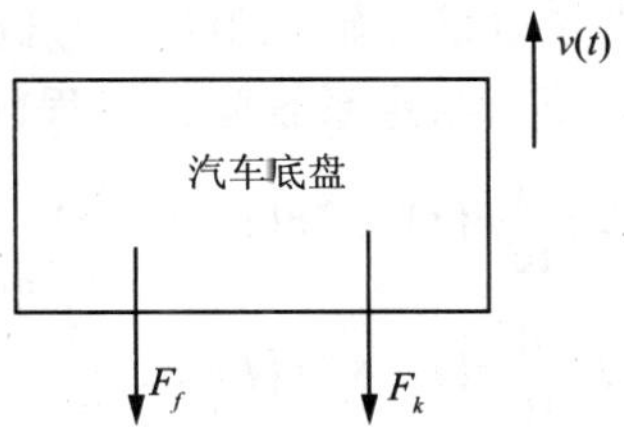

图 2－2－5

解：对汽车底盘进行受力分析。

设汽车底盘运动速度为 $v(t)$，方向向上；F_k 为弹簧对汽车底盘的拉力，方向向下；F_f 为减震器阻尼力，方向向下，如图 2－2－5 所示。

汽车底盘的加速度：$a(t)=\frac{\mathrm{d}v(t)}{\mathrm{d}t}=\frac{\mathrm{d}}{\mathrm{d}t}\left[\frac{\mathrm{d}y(t)}{\mathrm{d}t}\right]=\frac{\mathrm{d}^2y(t)}{\mathrm{d}t^2}$ ①

因弹簧的位移量为 $x(t)-y(t)$，所以拉力为：$F_k(t)=k[y(t)-x(t)]$ ②

减震器对汽车底盘的作用力：$F_f(t)=f\frac{\mathrm{d}}{\mathrm{d}t}[y(t)-x(t)]$ ③

由牛顿第二定律知：$F_k(t)+F_f(t)=-ma(t)$

将式①②③代入上式，可得微分方程

$$\frac{\mathrm{d}^2}{\mathrm{d}t^2}y(t)+\frac{f}{m}\frac{\mathrm{d}}{\mathrm{d}t}y(t)+\frac{k}{m}y(t)=\frac{f}{m}\frac{\mathrm{d}}{\mathrm{d}t}x(t)+\frac{k}{m}x(t)$$

2－4 已知系统相应的齐次方程及其对应的 0_+ 状态条件，求系统的零输入响应。

(1) $\frac{\mathrm{d}^2}{\mathrm{d}t^2}r(t)+2\frac{\mathrm{d}}{\mathrm{d}t}r(t)+2r(t)=0$ 给定：$r(0_+)=1$，$r'(0_+)=2$；

(2) $\frac{\mathrm{d}^2}{\mathrm{d}t^2}r(t)+2\frac{\mathrm{d}}{\mathrm{d}t}r(t)+r(t)=0$ 给定：$r(0_+)=1$，$r'(0_+)=2$；

(3) $\frac{\mathrm{d}^3}{\mathrm{d}t^3}r(t)+2\frac{\mathrm{d}^2}{\mathrm{d}t^2}r(t)+\frac{\mathrm{d}}{\mathrm{d}t}r(t)=0$ 给定：$r(0_+)=r'(0_+)=0$，$r''(0_+)=1$。

解：(1) 系统的特征方程为：$\alpha^2+2\alpha+2=0$

特征根为：$\alpha_1=-1+\mathrm{j}$，$\alpha_2=-1-\mathrm{j}$

故零输入响应可设为：$r_{zi}(t)=\mathrm{e}^{-t}(A_1\cos t+A_2\sin t)\quad(t\geqslant 0_+)$

代入初始条件得：$A_1=1$，$A_2=3$

则系统的零输入响应：$r_{zi}(t)=\mathrm{e}^{-t}(\cos t+3\sin t)\quad(t>0)$。

(2) 系统的特征方程为：$\alpha^2+2\alpha+1=0$

特征根为：$\alpha_1=\alpha_2=-1$

故零输入响应可设为：$r_{zi}(t)=A_1\mathrm{e}^{-t}+A_2t\mathrm{e}^{-t}\quad(t\geqslant 0_+)$

代入初始条件得：$A_1=1$，$A_2=3$

则系统的零输入响应：$r_{zi}(t)=(3t+1)\mathrm{e}^{-t}\quad(t>0)$。

(3) 系统的特征方程为：$\alpha^3+2\alpha^2+\alpha=0$

特征根为：$\alpha_1=0$，$\alpha_2=\alpha_3=-1$

故零输入响应可设为：$r_{zi}(t)=A_1+A_2\mathrm{e}^{-t}+A_3t\mathrm{e}^{-t}\quad(t\geqslant 0_+)$

代入初始条件得：$A_1=1$，$A_2=-1$，$A_3=-1$

则系统的零输入响应：$r_{zi}(t)=1-(t+1)e^{-t}\quad(t>0)$。

2-5　给定系统微分方程、起始状态以及激励信号分别为以下两种情况：

(1) $\frac{d}{dt}r(t)+2r(t)=e(t)$，$r(0_-)=0$，$e(t)=u(t)$；

(2) $\frac{d}{dt}r(t)+2r(t)=3\frac{d}{dt}e(t)$，$r(0_-)=0$，$e(t)=u(t)$。

试判断在起始点是否发生跳变，据此对(1)(2)分别写出其 $r(0_+)$ 值。

解： 当微分方程右端包含 $\delta(t)$ 及其各阶导数时，系统从 0_- 状态到 0_+ 状态发生跳变。

(1)将 $e(t)=u(t)$ 代入原方程得

$$\frac{d}{dt}r(t)+2r(t)=u(t)$$

因方程右端不包含 $\delta(t)$ 及其导数项，故 $r(t)$ 在 $t=0$ 处连续，即 $r(0_+)=r(0_-)=0$。

(2)将 $e(t)=u(t)$ 代入原方程得

$$\frac{d}{dt}r(t)+2r(t)=3\delta(t)$$

因方程右端包含 $\delta(t)$，故 $r(t)$ 在 $t=0$ 处发生跳变。由冲激函数匹配法知，方程右端存在 $3\delta(t)$ 时，方程左端 $\frac{d}{dt}r(t)$ 必定包含 $3\delta(t)$，因此 $r(t)$ 在 0_- 到 0_+ 时刻有 $3\Delta u(t)$ 存在，从而有 $r(0_+)-r(0_-)=3$，已知 $r(0_-)=0$，则 $r(0_+)=3+r(0_-)=3$。

2-6　给定系统微分方程

$$\frac{d^2}{dt^2}r(t)+3\frac{d}{dt}r(t)+2r(t)=\frac{d}{dt}e(t)+3e(t)$$

若激励信号和起始状态为：$e(t)=u(t)$，$r(0_-)=1$，$r'(0_-)=2$。

试求它的完全响应，并指出其零输入响应、零状态响应、自由响应、强迫响应各分量。

解： 方程的特征方程为：$\alpha^2+3\alpha+2=0$

特征根为：$\alpha_1=-1$，$\alpha_2=-2$

得零输入响应　　$r_{zi}(t)=A_1e^{-t}+A_2e^{-2t}\ (t>0)$　　①

由已知条件可得

$$\begin{cases}r_{zi}(0_+)=r_{zi}(0_-)=r(0_-)=1\\ r'_{zi}(0_+)=r'_{zi}(0_-)=r'(0_-)=2\end{cases}$$

将其代入式①得：$A_1=4$，$A_2=-3$

故零输入响应为

$$r_{zi}(t)=4e^{-t}-3e^{-2t}\quad(t>0)$$

将 $e(t)=u(t)$ 代入原方程得：$r''_{zs}(t)+3r'_{zs}(t)+2r_{zs}(t)=\delta(t)+3u(t)$　　②

方程右端包含 $\delta(t)$，所以 $r_{zs}(t)$ 在 0_- 到 0_+ 状态跳变。

利用冲激函数匹配法，则

$$\begin{cases}r''_{zs}(t)=a\delta(t)+b\Delta u(t)\\ r'_{zs}(t)=a\Delta u(t)\\ r_{zs}(t)=at\Delta u(t)\end{cases}$$

将上述式子代入式②得 $a=1$

故 $r'_{zs}(0_+)=r'_{zs}(0_-)+1=1\quad r_{zs}(0_+)=r_{zs}(0_-)=0$。

由上面所求特征根知齐次解为

$$r_{zsh}(t)=B_1e^{-t}+B_2e^{-2t}\quad(t>0)$$

又因 $t>0$ 时，$e(t)=u(t)=1$，故设特解为：$r_{zsp}(t)=p\quad(t>0)$

将特解代入原式，解得：$p=\frac{3}{2}$

故零状态响应 $r_{zs}(t)=B_1e^{-t}+B_2e^{-2t}+\frac{3}{2}\quad(t>0)$ ③

将 $r'_{zs}(0_+)$、$r_{zs}(0_+)$代入③，可得

$$r_{zs}(t)=-2e^{-t}+\frac{1}{2}e^{-2t}+\frac{3}{2}\quad(t>0)$$

所以全响应为

$$r(t)=r_{zi}(t)+r_{zs}(t)=2e^{-t}-\frac{5}{2}e^{-2t}+\frac{3}{2}\quad(t>0)$$

其中，自由响应为 $2e^{-t}-\frac{5}{2}e^{-2t}(t>0)$，强迫响应为$\frac{3}{2}(t>0)$。

2-7 电路如图 2-2-6 所示，$t=0$ 以前开关位于"1"，已进入稳态，$t=0$ 时刻，S_1 与 S_2 同时自"1"转至"2"，求输出电压 $v_O(t)$ 的完全响应，并指出其零输入、零状态、自由、强迫各响应分量(E 和 I_S 各为常量)。

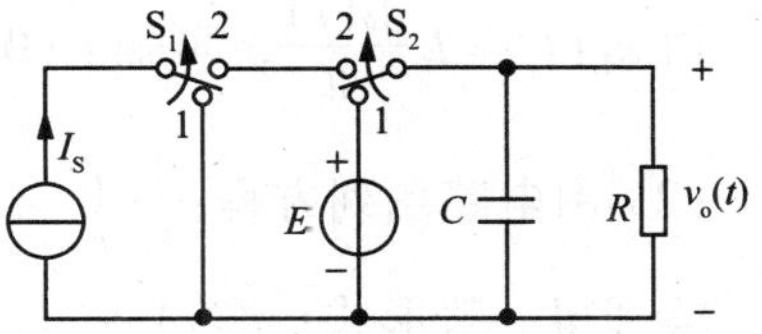

图 2-2-6

解：换路前，系统处于稳态，因而有 $v_o(0_-)=E$；换路后，由于电容两端电压不会发生突变，所以

$$v_o(0_+)=v_o(0_-)=E$$

列写 $t\geqslant0_+$后的电路方程：$C\frac{dv_o(t)}{dt}+\frac{v_o(t)}{R}=e(t)$ ①

其中，$e(t)=I_Su(t)$。

(1)求零输入响应

由方程①可知，系统特征方程为：$C\alpha+\frac{1}{R}=0$，则特征根为：$\alpha=-\frac{1}{RC}$

故设零输入响应为：$v_{zi}(t)=Ae^{-\frac{t}{RC}}\quad(t>0)$

将 $v_{zi}(0_+)=v_0(0_-)=E$ 代入上式得：$A=E$

所以 $v_{zi}(t)=Ee^{-\frac{t}{RC}}\quad(t>0)$。

(2)求零状态响应

由 $e(t)=I_S$ 可设特解为 B，代入方程①得：$B=RI_S$

故零状态响应设为 $v_{zs}(t)=Ce^{-\frac{t}{RC}}+RI_S\quad(t>0)$

由冲激函数匹配法可得 $v_{zi}(0_+)=v_{zi}(0_-)=0$，代入上式得：$C=-RI_S$

所以 $v_{zs}(t)=-RI_Se^{-\frac{t}{RC}}+RI_S\quad(t>0)$。

(3)全响应为：$v_o(t)=(E-RI_S)e^{-\frac{t}{RC}}+RI_S\quad(t>0)$

自由响应分量为：$(E-RI_S)e^{-\frac{t}{RC}}\quad(t>0)$

强迫响应分量为：$RI_S\quad(t>0)$。

2-8　图2-2-7所示电路，$t<0$ 时，开关位于“1”且已达到稳态，$t=0$ 时刻，开关自“1”转至“2”。

(1)试从物理概念判断 $i(0_-)$，$i'(0_-)$ 和 $i(0_+)$，$i'(0_+)$；

(2)写出 $t\geq 0_+$ 时间内描述系统的微分方程表示，求 $i(t)$ 的完全响应。

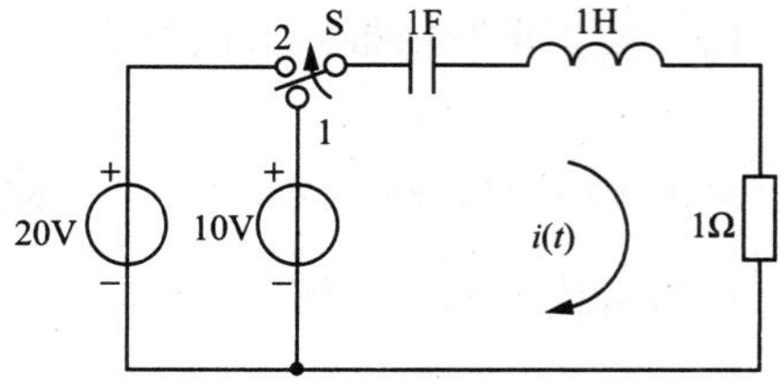

图2-2-7

解：(1)开关位于“1”时电路达到稳态，由于回路中有电容器，因此有电感两端的电压 $u_L(t)=0$，回路电流 $i(0_-)=0$。

由 $u_L(t)=L\dfrac{di(t)}{dt}$，可知 $i'(0_-)=0$；

开关转至“2”时，电容两端电压不变，所以$v_C(0_+)=v_C(0_-)$；

由 $i(t)=C\dfrac{dv(t)}{dt}$，可知 $i(0_+)=i(0_-)=0$；

故换路后电阻两端电压为0，又因为电容两端电压为10 V，则电感两端电压为10 V。

由 $u_L(t)=L\dfrac{di(t)}{dt}$，可知 $i'(0_+)=10$ A。

(2)由电路图列方程：$\dfrac{1}{C}\displaystyle\int_{-\infty}^{t} i(\tau)d\tau + L\dfrac{di(t)}{dt} + Ri(t) = e(t)$

整理得一般形式：$i''(t)+i'(t)+i(t)=e'(t)$　①

$t\geq 0$ 时，将 $e(t)=20u(t)$ 代入①，得

$$\frac{d^2}{dt^2}i(t)+\frac{d}{dt}i(t)+i(t)=20\delta(t)$$

所以 $t\geq 0_+$ 时，上式可化为：　$\dfrac{d^2}{dt^2}i(t)+\dfrac{d}{dt}i(t)+i(t)=0(t\geq 0_+)$

特征方程为有：$\alpha^2+\alpha+1=0$

特征根为：$\alpha_1=-\dfrac{1}{2}+\dfrac{\sqrt{3}}{2}j$，$\alpha_2=-\dfrac{1}{2}-\dfrac{\sqrt{3}}{2}j$

齐次解为：$i(t)\ =A_1e^{\alpha_1 t}+A_2e^{\alpha_2 t}$

由初始条件 $i(0_+)=0$，$i'(0_+)=10$

解得：$A_1=j\dfrac{10}{\sqrt{3}}$，$A_2=-j\dfrac{10}{\sqrt{3}}$

所以完全响应为：$i(t)=j\dfrac{10}{\sqrt{3}}e^{\left(-\frac{1}{2}+\frac{\sqrt{3}}{2}j\right)t}-j\dfrac{10}{\sqrt{3}}e^{\left(-\frac{1}{2}-\frac{\sqrt{3}}{2}j\right)t}=\dfrac{20}{\sqrt{3}}e^{-\frac{1}{2}t}\sin\left(\dfrac{\sqrt{3}}{2}t\right)u(t)$。

2-9　求下列微分方程描述的系统冲激响应 $h(t)$ 和阶跃响应 $g(t)$。

(1)$\dfrac{d}{dt}r(t)+3r(t)=2\dfrac{d}{dt}e(t)$；

(2)$\dfrac{d^2}{dt^2}r(t)+\dfrac{d}{dt}r(t)+r(t)=\dfrac{d}{dt}e(t)+e(t)$；

(3)$\dfrac{d}{dt}r(t)+2r(t)=\dfrac{d^2}{dt^2}e(t)+3\dfrac{d}{dt}e(t)+3e(t)$。

解：(1)将冲激响应 $h(t)$ 代入方程，得

$$\frac{\mathrm{d}}{\mathrm{d}t}h(t)+3h(t)=2\delta'(t) \qquad ①$$

故方程齐次解为 $h(t)=A\mathrm{e}^{-3t} \quad (t\geqslant 0_+)$ ②

由冲激函数匹配法，设

$$\begin{cases}\dfrac{\mathrm{d}}{\mathrm{d}t}h(t)=a\delta'(t)+b\delta(t)+c\Delta u(t)\\ h(t)=a\delta(t)+b\Delta u(t)\end{cases}$$

上述方程组代入①，可得：$a=2$，$b=-6$

故有 $h(0_+)=h(0_-)+b=-6$；

代入式②得 $A=-6$。

又 $a=2$，$h(t)$中含有 $2\delta(t)$，所以系统的冲激响应为

$$h(t)=2\delta(t)-6\mathrm{e}^{-3t}u(t)$$

阶跃响应为：$g(t)=\int_{-\infty}^{t}h(\tau)\mathrm{d}\tau=\int_{-\infty}^{t}[2\delta(\tau)-6\mathrm{e}^{-3\tau}u(\tau)]\mathrm{d}\tau=2\mathrm{e}^{-3t}u(t)$

(2)系统的阶跃响应方程为

$$\frac{\mathrm{d}^2}{\mathrm{d}t^2}g(t)+\frac{\mathrm{d}}{\mathrm{d}t}g(t)+g(t)=\frac{\mathrm{d}}{\mathrm{d}t}u(t)+u(t)=\delta(t)+u(t) \qquad ①$$

特征方程为：$\alpha^2+\alpha+1=0$

特征根为：$\alpha_1=-\frac{1}{2}+\frac{\sqrt{3}}{2}\mathrm{j}$，$\alpha_2=-\frac{1}{2}-\frac{\sqrt{3}}{2}\mathrm{j}$

齐次解为：$g_{\mathrm{h}}(t)=A_1\mathrm{e}^{\alpha_1 t}+A_2\mathrm{e}^{\alpha_2 t}$

设特解为 $g_{\mathrm{p}}(t)=B$，代入方程①，解得 $B=1$。

故系统全响应形式为

$$g(t)=A_1\mathrm{e}^{\alpha_1 t}+A_2\mathrm{e}^{\alpha_2 t}+1$$

由冲激函数匹配法可设

$$\begin{cases}g''(t)=a\delta(t)+b\Delta u(t)\\ g'(t)=a\Delta u(t)\end{cases}$$

代入阶跃响应方程①得：$a=1$

故 $g'(0_+)=g'(0_-)+a=1$，$g(0_+)=g(0_-)=0$。

将其代入 $g(t)=A_1\mathrm{e}^{\alpha_1 t}+A_2\mathrm{e}^{\alpha_2 t}+1$，得

$$A_1=-\frac{1}{2}-\frac{1}{2\sqrt{3}}\mathrm{j},\quad A_2=-\frac{1}{2}+\frac{1}{2\sqrt{3}}\mathrm{j}$$

故系统阶跃响应为

$$g(t)=\left[-\mathrm{e}^{-\frac{1}{2}t}\cos\left(\frac{\sqrt{3}}{2}t\right)+\frac{1}{\sqrt{3}}\mathrm{e}^{-\frac{1}{2}t}\sin\left(\frac{\sqrt{3}}{2}t\right)+1\right]u(t)$$

系统冲激响应为

$$h(t)=\frac{\mathrm{d}g(t)}{\mathrm{d}t}=\left[\mathrm{e}^{-\frac{1}{2}t}\cos\left(\frac{\sqrt{3}}{2}t\right)+\frac{1}{\sqrt{3}}\mathrm{e}^{-\frac{1}{2}t}\sin\left(\frac{\sqrt{3}}{2}t\right)\right]u(t)$$

(3)系统的冲激响应方程为

$$\frac{\mathrm{d}h(t)}{\mathrm{d}t}+2h(t)=\delta''(t)+3\delta'(t)+3\delta(t) \qquad ①$$

故解的形式为：$h(t)=Ae^{-2t}\quad(t\geqslant 0_+)$

由冲激函数匹配法，设

$$\begin{cases}\dfrac{d}{dt}h(t)=a\delta''(t)+b\delta'(t)+c\delta(t)+d\Delta u(t)\\ h(t)=a\delta'(t)+b\delta(t)+c\Delta u(t)\end{cases} \qquad ②$$

将式②代入式①得：$a=b=c=1$，$h(0_+)=h(0_-)+c=1$，则可解得 $A=1$，且 $h(t)$ 中含有 $\delta(t)$、$\delta'(t)$，故冲激响应为

$$h(t)=\delta'(t)+\delta(t)+e^{-2t}u(t)$$

阶跃响应

$$g(t)=\int_{-\infty}^{t}h(\tau)d\tau=\delta(t)+\left(\frac{3}{2}-\frac{1}{2}e^{-2t}\right)u(t)。$$

2-10　一因果性的 LTI 系统，其输入、输出用下列微分-积分方程表示：

$$\frac{d}{dt}r(t)+5r(t)=\int_{-\infty}^{\infty}e(\tau)f(t-\tau)d\tau-e(t)$$

其中 $f(t)=e^{-t}u(t)+3\delta(t)$，求该系统的单位冲激响应 $h(t)$。

解：原微分方程可变换为 $\dfrac{d}{dt}r(t)+5r(t)=e(t)*f(t)-e(t)$。

令 $e(t)=\delta(t)$，则$\dfrac{d}{dt}h(t)+5h(t)=e^{-t}u(t)+2\delta(t)$。

引入微分算子 p，则 $e^{-t}u(t)=\dfrac{1}{p+1}\delta(t)$，从而有

$$(p+5)h(t)=\frac{1}{p+1}\delta(t)+2\delta(t)$$

则 $h(t)=\dfrac{1}{(p+1)(p+5)}\delta(t)+\dfrac{2}{p+5}\delta(t)=\left(\dfrac{-1/4}{p+5}+\dfrac{1/4}{p+1}\right)\delta(t)+\dfrac{2}{p+5}\delta(t)$

$$=\left(-\frac{1}{4}e^{-5t}+\frac{1}{4}e^{-t}+2e^{-5t}\right)u(t)=\left(\frac{7}{4}e^{-5t}+\frac{1}{4}e^{-t}\right)u(t)$$

2-11　设系统的微分方程表示为

$$\frac{d^2}{dt^2}r(t)+5\frac{d}{dt}r(t)+6r(t)=e^{-t}u(t)$$

求使完全响应为 $r(t)=Ce^{-t}u(t)$ 时的系统起始状态 $r(0_-)$ 和 $r'(0_-)$，并确定常数 C 值。

解：由算子法知：$(p^2+5p+6)r(t)=\dfrac{1}{p+1}\delta(t)$

故系统的零状态响应

$$r_{zs}(t)=\frac{1}{p^2+5p+6}\cdot\frac{1}{p+1}\delta(t)=\frac{1}{(p+1)(p+2)(p+3)}\delta(t)$$

$$=\left(\frac{\frac{1}{2}}{p+1}+\frac{-1}{p+2}+\frac{\frac{1}{2}}{p+3}\right)\delta(t)$$

由原微分方程知，特征根为 -2，-3，所以零输入响应可表示为

$$r_{zi}(t)=A_1e^{-2t}+A_2e^{-3t}(t>0)$$

由已知系统的完全响应 $r(t)=Ce^{-t}u(t)$，故

$$r_{zs}(t)=r(t)-r_{zi}(t)=Ce^{-t}u(t)-A_1e^{-2t}u(t)-A_2e^{-3t}u(t)$$
$$=\left(\frac{C}{p+1}+\frac{-A_1}{p+2}+\frac{-A_2}{p+3}\right)\delta(t)$$
$$=\left(\frac{\frac{1}{2}}{p+1}+\frac{-1}{p+2}+\frac{\frac{1}{2}}{p+3}\right)\delta(t)$$

所以 $A_1=1$，$A_2=-\frac{1}{2}$，$C=\frac{1}{2}$。

系统的初始状态为

$$r(0_-)=r_{zi}(0_+)=\left(e^{-2t}-\frac{1}{2}e^{-3t}\right)\bigg|_{t=0}=\frac{1}{2}$$
$$r'(0_-)=r'_{zi}(0_+)=\frac{d}{dt}\left(e^{-2t}-\frac{1}{2}e^{-3t}\right)\bigg|_{t=0}=-\frac{1}{2}$$

2-12　有一系统对激励为 $e_1(t)=u(t)$ 时的完全响应为 $r_1(t)=2e^{-t}u(t)$，对激励为 $e_2(t)=\delta(t)$ 时的完全响应为 $r_2(t)=\delta(t)$。

(1)求该系统的零输入响应 $r_{zi}(t)$；

(2)系统的起始状态保持不变，求其对于激励为 $e_3(t)=e^{-t}u(t)$ 的完全响应 $r_3(t)$。

解：(1)由题意可知 $e_2(t)=\frac{d}{dt}e_1(t)$，所以 $r_{zs2}(t)=\frac{d}{dt}r_{zs1}(t)$。

由于是同一系统，零输入响应均为 $r_{zi}(t)$，可得方程组

$$\begin{cases}r_1(t)=r_{zi}(t)+r_{zs1}(t)=2e^{-t}u(t) & ①\\ r_2(t)=r_{zi}(t)+r_{zs2}(t)=\delta(t) & ②\end{cases}$$

式②-①得

$$r_{zs2}(t)-r_{zs1}(t)=r'_{zs1}(t)-r_{zs1}(t)=\delta(t)-2e^{-t}u(t)$$

由微分算子法知 $(p-1)r_{zs1}(t)=\left(1-\frac{2}{p+1}\right)\delta(t)$，则

$$r_{zs1}(t)=\frac{1}{p-1}\left(1-\frac{2}{p+1}\right)\delta(t)=\frac{1}{p+1}\delta(t)=e^{-t}u(t)$$

将 $r_{zs1}(t)$ 代入式①得

$$r_{zi}(t)=r_1(t)-r_{zs1}(t)=2e^{-t}u(t)-e^{-t}u(t)=e^{-t}u(t)$$

(2)由于系统的初始状态不变，则系统的零输入响应不变，由题意知激励为 $\delta(t)$ 时，全响应为 $\delta(t)$，所以，系统的单位冲激响应为

$$h(t)=\delta(t)-e^{-t}u(t)$$

当激励为 $e_3(t)=e^{-t}u(t)$ 时，其零状态响应为

$$r_{zs3}(t)=e_3(t)*h(t)=e^{-t}u(t)*[\delta(t)-e^{-t}u(t)]=e^{-t}u(t)-te^{-t}u(t)$$

故全响应为

$$r_3(t)=r_{zi}(t)+r_{zs3}(t)=(2-t)e^{-t}u(t)。$$

2-13　求下列各函数 $f_1(t)$ 与 $f_2(t)$ 的卷积 $f_1(t)*f_2(t)$

(1)$f_1(t)=u(t)$，$f_2(t)=e^{-\alpha t}u(t)$；

(2)$f_1(t)=\delta(t)$，$f_2(t)=\cos(\omega t+45°)$；

(3)$f_1(t)=(1+t)[u(t)-u(t-1)]$，$f_2(t)=u(t-1)-u(t-2)$；

(4)$f_1(t)=\cos(\omega t)$，$f_2(t)=\delta(t+1)-\delta(t-1)$；

(5)$f_1(t)=\mathrm{e}^{-\alpha t}u(t)$，$f_2(t)=(\sin t)u(t)$。

解：（1）根据卷积微分和积分性质有 $f_1(t)*f_2(t)=\dfrac{\mathrm{d}f_1(t)}{\mathrm{d}t}*\left[\int_{-\infty}^{t}f_2(\tau)\mathrm{d}\tau\right]=\left[\int_{-\infty}^{t}f_1(\tau)\mathrm{d}\tau\right]*\dfrac{\mathrm{d}f_2(t)}{\mathrm{d}(t)}$

故

$$u(t)*\mathrm{e}^{-\alpha t}u(t)=\frac{\mathrm{d}}{\mathrm{d}t}u(t)*\left[\int_{-\infty}^{t}\mathrm{e}^{-\alpha\tau}u(\tau)\mathrm{d}\tau\right]=\delta(t)*\left[\frac{1}{\alpha}-\frac{1}{\alpha}\mathrm{e}^{-\alpha t}\right]u(t)$$
$$=\frac{1}{\alpha}(1-\mathrm{e}^{-\alpha t})u(t)$$

(2)$f_2(t)*f_1(t)=\cos(\omega t+45°)*\delta(t)=\cos(\omega t+45°)$

$$(3)\ f_1(t)*f_2(t)=\int_{-\infty}^{t}f_1(\tau)\mathrm{d}\tau*\frac{\mathrm{d}}{\mathrm{d}t}f_2(t)$$
$$=\left[\int_{0}^{t}(1+\tau)\mathrm{d}\tau-\int_{1}^{t}(1+\tau)\mathrm{d}\tau\right]*[\delta(t-1)-\delta(t-2)]$$
$$=\left[\left(\frac{1}{2}t^2+t\right)u(t)-\left(\frac{1}{2}t^2+t-\frac{3}{2}\right)\cdot u(t-1)\right]*[\delta(t-1)-\delta(t-2)]$$
$$=\left(\frac{1}{2}t^2-\frac{1}{2}\right)u(t-1)+(-t^2+t+2)u(t-2)+\left(\frac{1}{2}t^2-t-\frac{3}{2}\right)u(t-3)$$
$$=\begin{cases}0 & (t<1)\\ \frac{1}{2}t^2-\frac{1}{2} & (1<t<2)\\ -\frac{1}{2}t^2+t+\frac{3}{2} & (2<t<3)\\ 0 & (t>3)\end{cases}$$

(4)已知$\begin{cases}\cos(A+B)=\cos A\cos B-\sin A\sin B\\ \cos(A-B)=\cos A\cos B+\sin A\sin B\end{cases}$，因此求卷积并化简得

$$f_1(t)*f_2(t)=\cos\omega t*[\delta(t+1)-\delta(t-1)]=\cos[\omega(t+1)]-\cos[\omega(t-1)]$$
$$=-2(\sin\omega)\sin(\omega t)$$

$$(5)\ f_1(t)*f_2(t)=\int_{-\infty}^{\infty}\sin(\tau)u(\tau)\cdot\mathrm{e}^{-\alpha(t-\tau)}u(t-\tau)\mathrm{d}\tau=\int_{0}^{t}\sin\tau\cdot\mathrm{e}^{-\alpha(t-\tau)}\mathrm{d}\tau$$
$$=\int_{0}^{t}\left(\frac{\mathrm{e}^{\mathrm{j}\tau}-\mathrm{e}^{-\mathrm{j}\tau}}{2\mathrm{j}}\right)\mathrm{e}^{-\alpha(t-\tau)}\mathrm{d}\tau=\frac{1}{2\mathrm{j}}\int_{0}^{t}[\mathrm{e}^{\mathrm{j}\tau-\alpha(t-\tau)}-\mathrm{e}^{-\mathrm{j}\tau-\alpha(t-\tau)}]\mathrm{d}\tau$$
$$=\frac{\alpha\sin t-\cos t+\mathrm{e}^{-\alpha t}}{\alpha^2+1}u(t)$$

2-14　求下列两组卷积，并注意相互间的区别。

(1)$f(t)=u(t)-u(t-1)$，求 $s(t)=f(t)*f(t)$；

(2)$f(t)=u(t-1)-u(t-2)$，求 $s(t)=f(t)*f(t)$。

解：(1) $s(t)=f(t)*f(t)=\int_{-\infty}^{t}f(\tau)\mathrm{d}\tau*\dfrac{\mathrm{d}}{\mathrm{d}t}f(t)$

$$=[tu(t)-(t-1)u(t-1)]*[\delta(t)-\delta(t-1)]$$

$$=tu(t)-(t-1)u(t-1)-(t-1)u(t-1)+(t-2)u(t-2)$$
$$=tu(t)-2(t-1)u(t-1)+(t-2)u(t-2)$$
$$=t[u(t)-u(t-1)]-(t-2)[u(t-1)-u(t-2)]$$

波形如图 2-2-8(a)所示。

(2) $s(t)=f(t)*f(t)=\frac{\mathrm{d}f(t)}{\mathrm{d}t}*\int_{-\infty}^{t}f(\tau)\mathrm{d}\tau$

$$=[\delta(t-1)-\delta(t-2)]*[(t-1)u(t-1)-(t-2)u(t-2)]$$
$$=(t-2)[u(t-2)-u(t-3)]-(t-4)[u(t-3)-u(t-4)]$$

波形如图 2-2-8(b)所示。

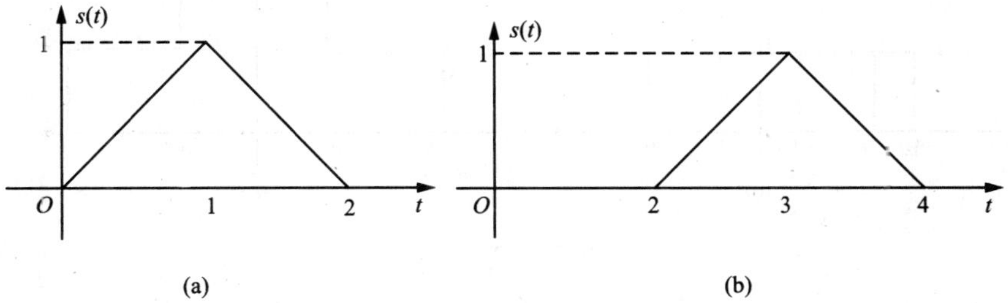

图 2-2-8

从图形看出两者的区别为：将 $s_1(t)$ 右移 2 个单位将得到 $s_2(t)$。

2-15　已知 $f_1(t)=u(t+1)-u(t-1)$，$f_2(t)=\delta(t+5)+\delta(t-5)$，$f_3(t)=\delta\left(t+\frac{1}{2}\right)+\delta\left(t-\frac{1}{2}\right)$，画出下列各卷积波形。

(1) $s_1(t)=f_1(t)*f_2(t)$；

(2) $s_2(t)=f_1(t)*f_2(t)*f_2(t)$；

(3) $s_3(t)=\{[f_1(t)*f_2(t)][u(t+5)-u(t-5)]\}*f_2(t)$；

(4) $s_4(t)=f_1(t)*f_3(t)$。

解： (1) $s_1(t)=f_1(t)*f_2(t)$

$$=[u(t+1)-u(t-1)]*[\delta(t+5)+\delta(t-5)]$$
$$=[u(t+6)-u(t+4)]+[u(t-4)-u(t-6)]$$

波形如图 2-2-9(a)所示。

(2) $s_2(t)=f_1(t)*f_2(t)*f_2(t)=s_1(t)*f_2(t)$

$$=[u(t+11)-u(t+9)]+2[u(t+1)-u(t-1)]+[u(t-9)-u(t-11)]$$

波形如图 2-2-9(b)所示。

(3) $s_3(t)=\{[f_1(t)*f_2(t)][u(t+5)-(t-5)]\}*f_2(t)$

$$=\{s_1(t)[u(t+5)-u(t-5)]\}*f_2(t)$$
$$=[u(t+5)-u(t+4)+u(t-4)-u(t-5)]*[\delta(t+5)+\delta(t-5)]$$
$$=[u(t+10)-u(t+9)]+[u(t+1)-u(t-1)]+[u(t-9)-u(t-10)]$$

波形如图 2-2-9(c)所示。

(4) $s_4(t)=f_1(t)*f_3(t)$

$$=[u(t+1)-u(t-1)]*\left[\delta\left(t+\frac{1}{2}\right)+\delta\left(t-\frac{1}{2}\right)\right]$$
$$=u\left(t+\frac{3}{2}\right)-u\left(t-\frac{1}{2}\right)+u\left(t+\frac{1}{2}\right)-u\left(t-\frac{3}{2}\right)$$

波形如图 2－2－9(d)所示。

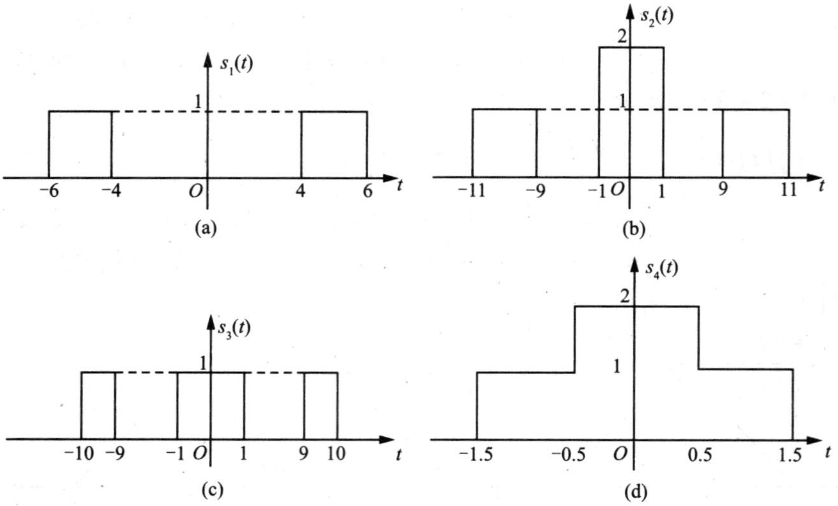

图 2－2－9

2－16　设 $r(t)=e^{-t}u(t) * \sum_{k=-\infty}^{\infty}\delta(t-3k)$，证明 $r(t)=Ae^{-t}$，$0\leqslant t\leqslant 3$，并求出 A 值。

解： 由于 $t\in[0,\ 3]$，因此

$$\begin{aligned} r(t) &= e^{-t}u(t) * \sum_{k=-\infty}^{\infty}\delta(t-3k) \\ &= \sum_{k=-\infty}^{0} e^{-(t-3k)}u(t-3k) \\ &= e^{-t}+e^{-(t+3)}+e^{-(t+6)}+\cdots \\ &= e^{-t}\cdot\frac{1-\lim\limits_{N\to\infty}(e^{-3})^{N}}{1-e^{-3}}=\frac{1}{1-e^{-3}}\cdot e^{-t} \end{aligned}$$

则 $A=\dfrac{1}{1-e^{-3}}$。

2－17　已知某一 LTI 系统对输入激励 $e(t)$ 的零状态响应

$$r_{zs}(t)=\int_{t-2}^{\infty}e^{t-\tau}e(\tau-1)d\tau$$

求该系统的单位冲激响应。

解： 由于 $r_{zs}(t)=e(t)*h(t)=\int_{-\infty}^{\infty}e(\tau)h(t-\tau)d\tau$

又 $r_{zs}(t)=\int_{t-2}^{\infty}e^{t-\tau}e(\tau-1)d\tau=\int_{-\infty}^{\infty}e^{t-\tau}e(\tau-1)u[\tau-(t-2)]d\tau$

$$\xlongequal{\text{设}\tau-1=k}\int_{-\infty}^{\infty}e(k)e^{t-k-1}u(k-t+3)dk=\int_{-\infty}^{\infty}e(\tau)h(t-\tau)d\tau$$

因此 $h(t)=e^{t-1}u(-t+3)$。

2－18　某 LTI 系统，输入信号 $e(t)=2e^{-3t}u(t)$，在该输入下的响应为 $r(t)$，即 $r(t)=H[e(t)]$，又已知

$$H\left[\frac{\mathrm{d}}{\mathrm{d}t}e(t)\right] = -3r(t) + \mathrm{e}^{-2t}u(t)$$

求该系统的单位冲激响应 $h(t)$。

解：由$\frac{\mathrm{d}}{\mathrm{d}t}e(t) = \frac{\mathrm{d}}{\mathrm{d}t}[2\mathrm{e}^{-3t}u(t)] = -6\mathrm{e}^{-3t}u(t) + 2\delta(t) = -3e(t) + 2\delta(t)$，可得

$$H\left[\frac{\mathrm{d}}{\mathrm{d}t}e(t)\right] = H[-3e(t) + 2\delta(t)] = -3r(t) + 2h(t)$$

又 $H\left[\frac{\mathrm{d}}{\mathrm{d}t}e(t)\right] = -3r(t) + \mathrm{e}^{-2t}u(t)$

所以 $h(t) = \frac{1}{2}\mathrm{e}^{-2t}u(t)$。

2－19　对图 2－2－10 所示的各组函数，用图解的方法粗略画出 $f_1(t)$ 与 $f_2(t)$ 卷积的波形，并计算卷积积分 $f_1(t) * f_2(t)$。

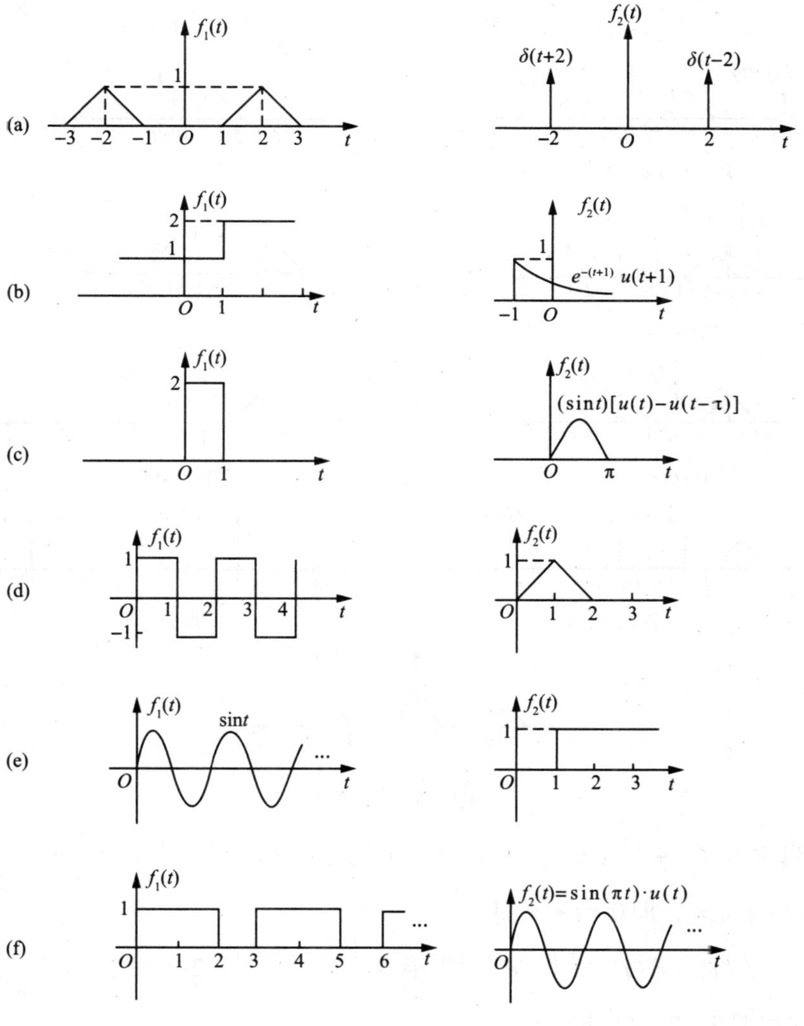

图 2－2－10

解：(a)①当 $-\infty < t+2 \leqslant -3$，即 $-\infty < t \leqslant -5$ 时，$f_1(t) * f_2(t) = 0$；

②当 $-3 < t+2 \leqslant -2$，即 $-5 < t \leqslant -4$ 时，$f_1(t) * f_2(t) = t+5$；

③当 $-2<t+2\leqslant -1$，即 $-4<t\leqslant -3$ 时，$f_1(t)*f_2(t)=-t-3$；

④当 $-1<t+2\leqslant 1$，即 $-3<t\leqslant -1$ 时，$f_1(t)*f_2(t)=0$；

⑤当 $1<t+2\leqslant 2$，即 $-1<t\leqslant 0$ 时，$f_1(t)*f_2(t)=2(t+1)$；

⑥当 $2<t+2\leqslant 3$，即 $0<t\leqslant 1$ 时，$f_1(t)*f_2(t)=2(1-t)$；

⑦当 $-1<t-2\leqslant 1$，即 $1<t\leqslant 3$ 时，$f_1(t)*f_2(t)=0$；

⑧当 $1<t-2\leqslant 2$，即 $3<t\leqslant 4$ 时，$f_1(t)*f_2(t)=t-3$；

⑨当 $2<t-2\leqslant 3$，即 $4<t\leqslant 5$ 时，$f_1(t)*f_2(t)=-t+5$；

⑩当 $3<t-2<\infty$，即 $t>5$ 时，$f_1(t)*f_2(t)=0$。

卷积积分的图解如图 2-2-11(a)所示。

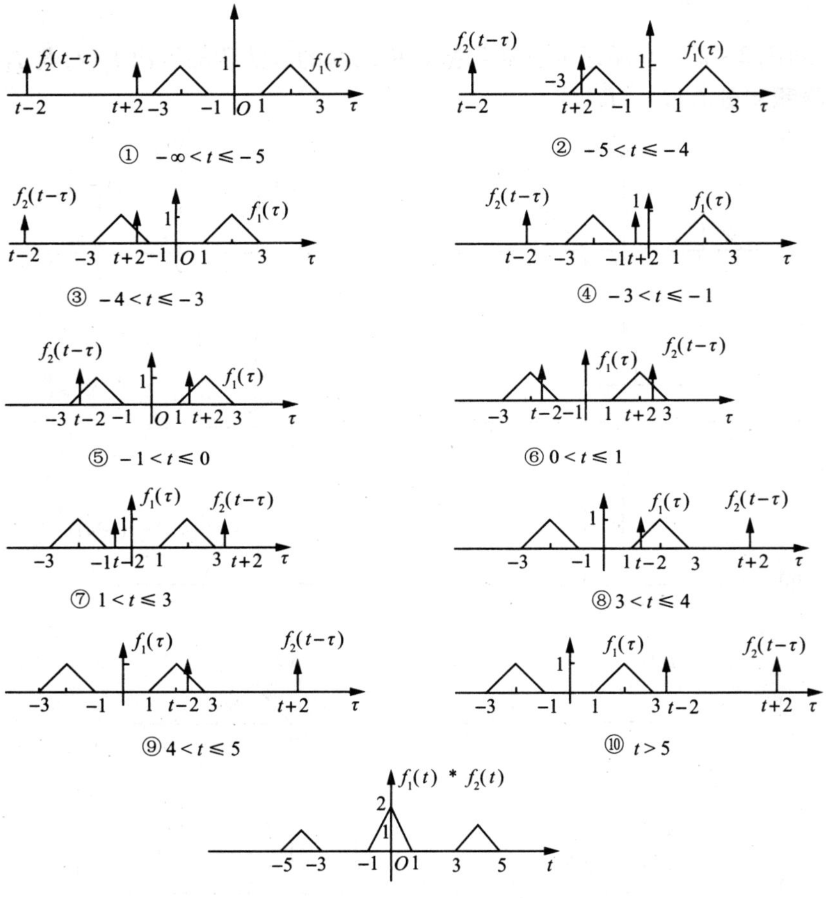

图 2-2-11(a)

(b) ① 当 $-\infty<t+1\leqslant 1$，即 $-\infty<t\leqslant 0$ 时，$f_1(t)*f_2(t)=\int_{-\infty}^{t+1}e^{-(t-\tau+1)}d\tau=1$；

②当 $1<t+1<\infty$，即 $0<t<\infty$ 时

$$f_1(t)*f_2(t)=\int_{-\infty}^{1}e^{-(t-\tau+1)}d\tau+\int_{1}^{t+1}e^{-(t-\tau+1)}\cdot 2d\tau=2-e^{-t}$$

卷积图解如图 2-2-11(b)所示。

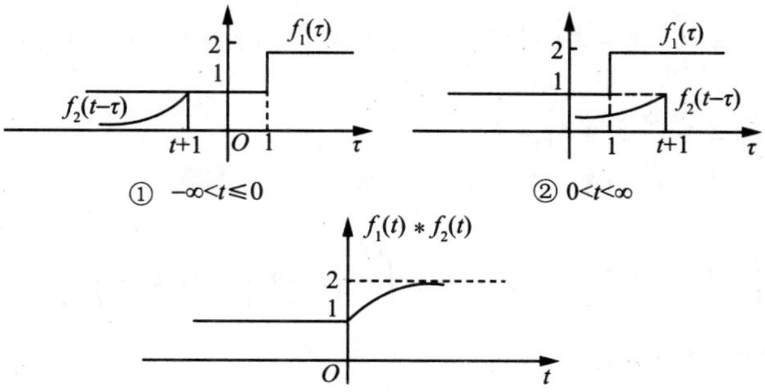

图 2－2－11(b)

(c)①当 $-\infty<t\leqslant 0$ 时，$f_1(t)*f_2(t)=0$；

②当 $0<t\leqslant 1$ 时，$f_1(t)*f_2(t)=\int_0^t 2\cdot\sin(t-\tau)\mathrm{d}\tau=2-2\cos t$；

③当 $t>1$ 且 $t-\pi\geqslant 0$，即 $1<t\leqslant\pi$ 时，有

$$f_1(t)*f_2(t)=\int_0^1 2\sin(t-\tau)\mathrm{d}\tau=2[\cos(t-1)-\cos t]$$

④当 $0<t-\pi\leqslant 1$，即 $\pi<t\leqslant\pi+1$ 时，有

$$f_1(t)*f_2(t)=\int_{t-\pi}^1 2\sin(t-\tau)\mathrm{d}\tau=2[\cos(t-1)+1]$$

⑤当 $t-\pi>1$，即 $t>\pi+1$ 时，$f_1(t)*f_2(t)=0$。

卷积图解如图 2－2－11(c)所示。

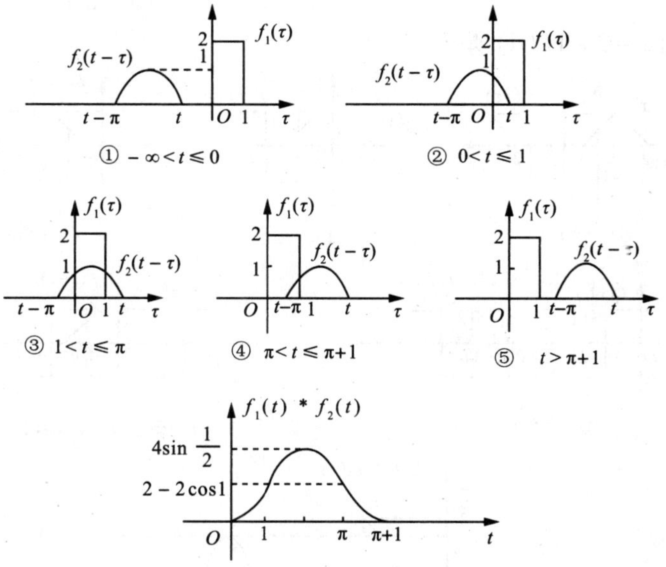

图 2－2－11(c)

(d)①当 $t\leqslant 0$ 时

$$f_1(t)*f_2(t)=0$$

②当 $0<t\leqslant 1$ 时

$$f_1(t)*f_2(t)=\int_0^t(t-\tau)\mathrm{d}\tau=\frac{1}{2}t^2$$

③当 $1<t\leqslant 2$ 时

$$f_1(t)*f_2(t)=\int_0^{t-1}[-(t-\tau)+2]\mathrm{d}\tau+\int_{t-1}^{1}(t-\tau)\mathrm{d}\tau+\int_1^t(t-\tau)(-1)\mathrm{d}\tau$$

$$=-\frac{3}{2}t^2+4t-2$$

④当 $2<t\leqslant 3$ 时

$$f_1(t)*f_2(t)=\int_{t-2}^{1}[-(t-\tau)+2]\mathrm{d}\tau+\int_1^{t-1}(t-\tau-2)\mathrm{d}\tau+\int_{t-1}^{2}(-t+\tau)\mathrm{d}\tau+\int_2^t(t-\tau)\mathrm{d}\tau$$

$$=2t^2-10t+12$$

⑤由以上推广，当 n 为奇数，且 $n<t\leqslant n+1(n\geqslant 2)$ 时

$$f_1(t)*f_2(t)=\int_{t-2}^{n-1}(-\tau+t-2)\mathrm{d}\tau+\int_{n-1}^{t-1}(\tau-t+2)\mathrm{d}\tau+\int_{t-1}^{n}(t-\tau)\mathrm{d}\tau+\int_n^t(\tau-t)\mathrm{d}\tau$$

$$=-2\left(t-\frac{2n+1}{2}\right)^2+\frac{1}{2}$$

当 n 为偶数，且 $n<t\leqslant n+1(n\geqslant 2)$ 时

$$f_1(t)*f_2(t)=\int_{t-2}^{n-1}(\tau-t+2)\mathrm{d}\tau+\int_{n-1}^{t-1}(-\tau+t-2)\mathrm{d}\tau+\int_{t-1}^{n}(\tau-t)\mathrm{d}\tau+\int_n^t(t-\tau)\mathrm{d}\tau$$

$$=2\left(t-\frac{2n+1}{2}\right)^2-\frac{1}{2}$$

结合以上 n 为奇数或 n 为偶数的情况，可得对于 $n<t<n+1$，$(n\geqslant 2)$ 时有

$$f_1(t)*f_2(t)=(-1)^n\left[2\left(t-\frac{2n+1}{2}\right)^2-\frac{1}{2}\right]$$

卷积图解如图 2－2－11(d)所示。

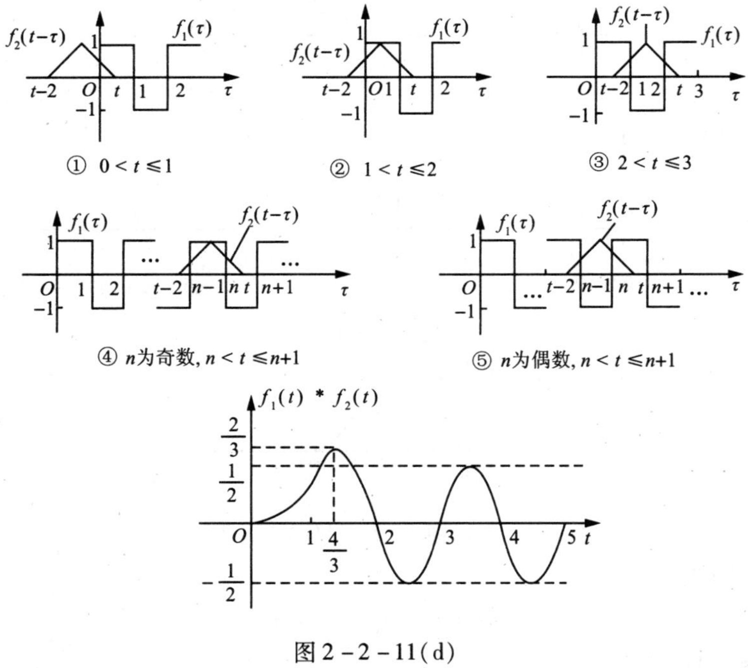

图 2－2－11(d)

(e)由题意可得

$$\frac{\mathrm{d}f_2(t)}{\mathrm{d}t}=\delta(t-1)$$

又$\int_{-\infty}^{t} f_1(\tau)\mathrm{d}\tau = (1-\cos t)u(t) = g(t)$

则由卷积性质可得

$$f_1(t) * f_2(t) = \int_{-\infty}^{t} f_1(\tau)\mathrm{d}\tau * \frac{\mathrm{d}f_2(t)}{\mathrm{d}t} = \int_{0}^{t} \sin t \mathrm{d}t * \delta(t-1) = (1-\cos t)u(t) * \delta(t-1)$$

当 $t-1 \leqslant 0$，即 $t \leqslant 1$ 时，$f(t)=0$；

当 $t-1>0$，即 $t>1$ 时，$f(t)=g(t) * \delta(t-1)=[1-\cos(t-1)]u(t-1)$。

卷积结果如图 2-2-11(e)所示。

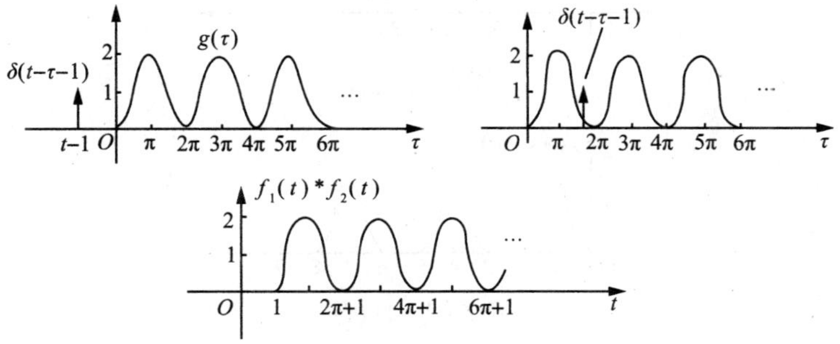

图 2-2-11(e)

(f)由题意可得

$$\frac{\mathrm{d}}{\mathrm{d}t} f_1(t) = \delta(t) - \delta(t-2) + \delta(t-3) - \delta(t-5) + \cdots$$

$$\int_{-\infty}^{t} f_2(\tau)\mathrm{d}\tau = \frac{1}{\pi}(1-\cos(\pi t))u(t) = g(t)$$

可将$\frac{\mathrm{d}}{\mathrm{d}t} f_1(t)$看成周期为 3 的函数，$g(t)$的周期为 2。

利用卷积性质:$f_1(t) * f_2(t) = \frac{\mathrm{d}}{\mathrm{d}t} f_1(t) * \int_{-\infty}^{t} f_2(\tau)\mathrm{d}\tau$

①$\frac{\mathrm{d}}{\mathrm{d}t} f_1(t)$的第一个周期与 $g(t)$卷积的结果为

$$\frac{\mathrm{d}}{\mathrm{d}t} f_1(t) * g(t) = \frac{1}{\pi}(1-\cos(\pi t))[u(t)-u(t-2)]$$

②$\frac{\mathrm{d}}{\mathrm{d}t} f_1(t)$的第二个周期与 $g(t)$卷积的结果为

$$\frac{\mathrm{d}}{\mathrm{d}t} f_1(t) * g(t) = \frac{1}{\pi}(1+\cos(\pi t))[u(t-3)-u(t-5)]$$

③由此推广可得，$\frac{\mathrm{d}}{\mathrm{d}t} f_1(t)$的第 n 个周期与 $g(t)$卷积的结果为

$$\frac{\mathrm{d}}{\mathrm{d}t} f_1(t) * g(t) = \frac{1}{\pi}[1+(-1)^n \cos(\pi t)][u(t-3n+3)-u(t-3n+1)]$$

卷积图解如图 2-2-11(f)所示。

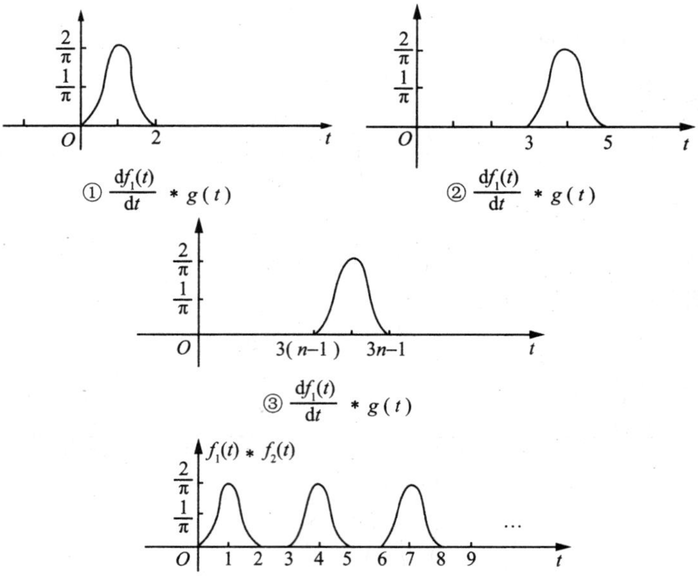

图 2－2－11(f)

2－20　图 2－2－12 所示系统是由几个“子系统”组成，各子系统的冲激响应分别为

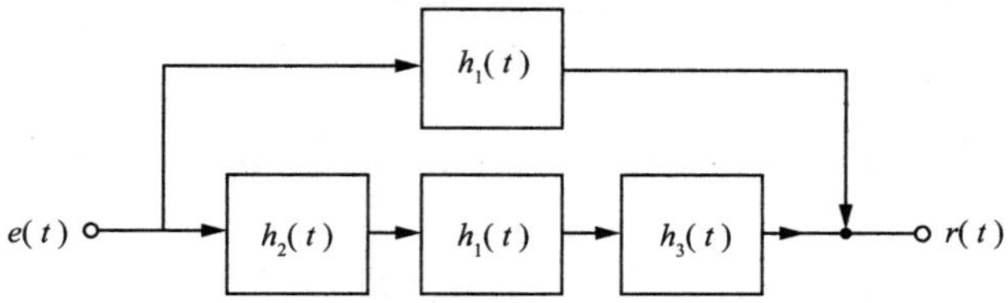

图 2－2－12

$$\boldsymbol{h_1(t)=u(t)}\text{（积分器）}$$

$$\boldsymbol{h_2(t)=\delta(t-1)}\text{（单位延时）}$$

$$\boldsymbol{h_3(t)=-\delta(t)}\text{（倒相器）}$$

试求总的系统的冲激响应 $\boldsymbol{h(t)}$。

解： 总的冲激响应

$$\begin{aligned}h(t)&=h_1(t)+h_2(t)*h_1(t)*h_3(t)\\&=u(t)+\delta(t-1)*u(t)*[-\delta(t)]=u(t)-u(t-1)\end{aligned}$$

2－21　已知系统的冲激响应 $\boldsymbol{h(t)=e^{-2t}u(t)}$

(1) 若激励信号为：$\boldsymbol{e(t)=e^{-t}[u(t)-u(t-2)]+\beta\delta(t-2)}$

式中 $\boldsymbol{\beta}$ 为常数，试决定响应 $\boldsymbol{r(t)}$；

(2) 若激励信号表示为：$\boldsymbol{e(t)=x(t)[u(t)-u(t-2)]+\beta\delta(t-2)}$

式中 $\boldsymbol{x(t)}$ 为任意 $\boldsymbol{t}$ 函数，若要求系统在 $\boldsymbol{t>2}$ 的响应为零，试确定 $\boldsymbol{\beta}$ 值应等于多少？

解： (1) $r(t)=e(t)*h(t)=\{e^{-t}[u(t)-u(t-2)]+\beta\delta(t-2)\}*[e^{-2t}u(t)]$

利用积分图解法可知：

①当 $t\geqslant 2$ 时

$$\begin{aligned}r(t)&=e^{-t}[u(t)-u(t-2)]*e^{-2t}u(t)+\beta\delta(t-2)*e^{-2t}u(t)\\&=\int_0^2 e^{-2(t-\tau)}e^{-\tau}d\tau+\beta e^{-2(t-2)}\\&=e^{-2t}(\beta e^4+e^2-1)\end{aligned}$$

②当 $t<0$ 时，两者卷积为0；而当 $0<t<2$ 时为

$$r(t) = e^{-t}u(t) * e^{-2t}u(t) = \int_0^t e^{-2(-\tau+t)} \cdot e^{-\tau}d\tau = e^{-t} - \epsilon^{-2t}$$

因此
$$r(t) = \begin{cases} e^{-t} - e^{-2t}, & 0<t<2 \\ e^{-2t}(\beta e^4 + e^2 - 1), & t \geqslant 2 \end{cases}$$

(2)由题(1)可知，当 $t>2$ 时

$$r(t) = \int_0^2 e^{-2(t-\tau)}x(\tau)d\tau + \beta e^{-2(t-2)} = e^{-2t}\left[\beta e^4 + \int_0^2 e^{2\tau}x(\tau)d\tau\right]$$

要使此时 $r(t) = 0$,则有 $\beta = -e^{-4}\int_0^2 e^{2\tau}x(\tau)d\tau$。

2-22　如果把施加于系统的激励信号 $e(t)$ 按图 2-2-13 那样分解为许多阶跃信号的叠加，设阶跃响应为 $g(t)$，$e(t)$ 的初始值为 $e(0_+)$，在 t_1 时刻阶跃信号的幅度为 $\Delta e(t_1)$。试写出以阶跃响应的叠加取和而得到的系统响应近似式；证明，当取 $\Delta t_1 \to 0$ 的极限时，响应 $r(t)$ 的表示式为

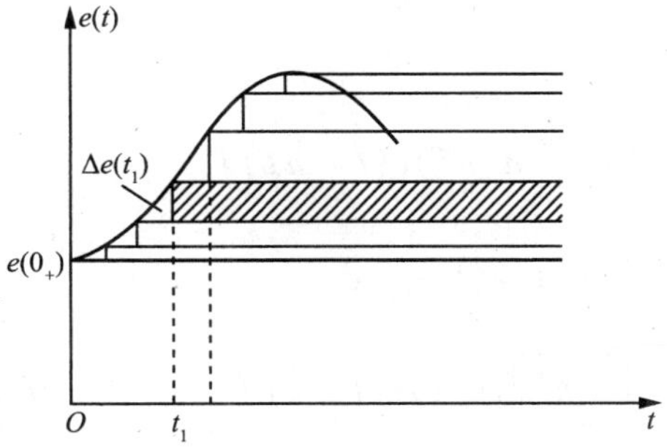

图 2-2-13

$$\boldsymbol{r(t) = e(0_+)g(t) + \int_{0_+}^t \frac{de(\tau)}{d\tau}g(t-\tau)d\tau}$$

[此式称为杜阿美尔积分，参看教材第一章式(1-63)以及2.7节(一)。]

解：根据教材式(1-63)可知，当 $\Delta t_1 \to 0$ 时，可将信号 $f(t)$ 表示为

$$f(t) = f(0)u(t) + \int_0^\infty \frac{df(t_1)}{dt_1}u(t-t_1)dt_1$$

假设系统的冲激响应为 $h(t)$，则当系统的激励信号为阶跃信号 $u(t)$时，系统响应为

$$\begin{aligned} r(t) &= h(t) * e(t) \\ &= h(t) * \left[e(0_+)u(t) + \int_0^\infty \frac{de(\tau)}{d\tau}u(t-\tau)d\tau\right] \\ &= e(0_+)[h(t) * u(t)] + \int_0^\infty \frac{de(\tau)}{d\tau}[h(t) * u(t-\tau)]d\tau \end{aligned}$$

题目已知阶跃响应为 $g(t)$，因此有

$$h(t) * u(t) = g(t)$$
$$h(t) * u(t-\tau) = g(t-\tau)$$

代入 $r(t)$的表示式可得

$$r(t) = e(0_+)g(t) + \int_{0_+}^t \frac{de(\tau)}{d\tau}g(t-\tau)d\tau$$

2-23　若一个 LTI 系统的冲激响应为 $h(t)$，激励信号是 $e(t)$，响应是 $r(t)$。试证明

此系统可以用图 2－2－14 所示的方框图近似模拟。

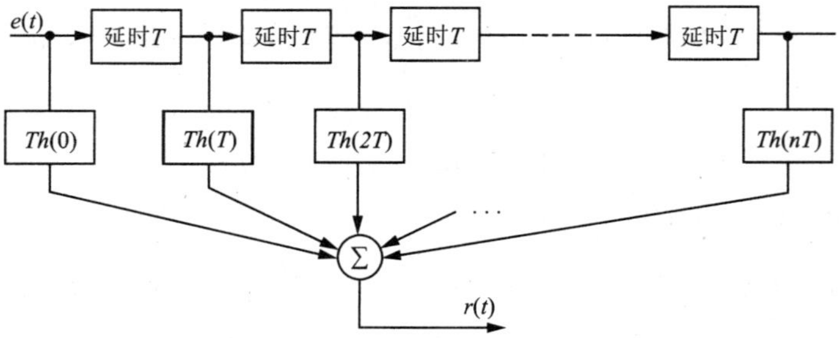

图 2－2－14

证明：根据该方框图可写出 $r(t)$ 与 $e(t)$ 的关系式为

$$r(t) = Th(0)e(t) + Th(T)e(t-T) + Th(2T)e(t-2T) + \cdots\cdots + Th(nT)e(t-nT) + \cdots = \sum_{n=0}^{\infty} h(nT)e(t-nT)T$$

当 T 趋于 0 时，有

$$r(t) = \lim_{T\to 0}\sum_{n=0}^{\infty} h(nT)e(t-nT)T = \int_0^{\infty} h(\tau)e(t-\tau)\mathrm{d}\tau = \int_{-\infty}^{\infty} h(\tau)u(\tau)e(t-\tau)\mathrm{d}\tau = [h(t)u(t)] * e(t)$$

因此，当 T 较小时，可以用题图所示的方框图近似模拟冲激响应为 $h(t)$，激励信号是 $e(t)$，响应是 $r(t)$ 的 LTI 系统。

2－24　若线性系统的响应 $r(t)$ 分别用以下各算子符号式表达，且系统起始状态为零，写出各问的时域表达式。

(1) $\dfrac{A}{p+\alpha}\delta(t)$；(2) $\dfrac{A}{(p+\alpha)^2}\delta(t)$；(3) $\dfrac{A}{(p+\alpha)(p+\beta)}\delta(t)$。

解：(1) $H(p)=\dfrac{A}{p+\alpha}$，特征根为 $s=-\alpha$，因此 $h(t)=A\mathrm{e}^{-\alpha t}u(t)$，则 $\dfrac{A}{p+\alpha}\delta(t)=A\mathrm{e}^{-\alpha t}u(t)$。

(2) $H(p)=\dfrac{A}{(p+\alpha)^2}$，特征根 $s_1=s_2=-\alpha$，因此 $h(t)=At\mathrm{e}^{-\alpha t}u(t)$，则 $\dfrac{A}{(p+\alpha)^2}\delta(t)=At\mathrm{e}^{-\alpha t}u(t)$。

(3) $H(p)=\dfrac{A}{(p+\alpha)(p+\beta)}=\dfrac{A}{\alpha-\beta}\left(\dfrac{1}{p+\beta}-\dfrac{1}{p+\alpha}\right)$，特征根为 $-\alpha$、$-\beta$，均为一阶，故

$$h(t)=\frac{A}{\alpha-\beta}(\mathrm{e}^{-\beta t}-\mathrm{e}^{-\alpha t})u(t)$$

则 $\dfrac{A}{(p+\alpha)(p+\beta)}\delta(t)=\dfrac{A}{\alpha-\beta}(\mathrm{e}^{-\beta t}-\mathrm{e}^{-\alpha t})u(t)$。

2－25　设 $H(p)$ 是线性时不变系统的传输算子，且系统起始状态为零，试证明：

$$[H(p)\delta(t)]\mathrm{e}^{-\alpha t}=H(p+\alpha)\delta(t)$$

证明：设 $H(p)$ 对应的冲激响应为 $h_1(t)$，$H(p+\alpha)$ 对应的冲激响应为 $h_2(t)$，有

$$H(p)=\frac{N(p)}{D(p)}=\frac{E_0p^m+E_1p^{m-1}+\cdots+E_{m-1}p+E_m}{C_0p^n+C_1p^{n-1}+\cdots+C_{n-1}p+C_n}$$

因为系统起始状态为零，所以有

$$H(p)=\frac{k_1}{p+\lambda_1}+\frac{k_2}{p+\lambda_2}+\cdots+\frac{k_{n-1}}{p+\lambda_{n-1}}+\frac{k_n}{p+\lambda_n}$$

$$H(p+\alpha)=\frac{k_1}{p+\alpha+\lambda_1}+\frac{k_2}{p+\alpha+\lambda_2}+\cdots+\frac{k_{n-1}}{p+\alpha+\lambda_{n-1}}+\frac{k_n}{p-\alpha+\lambda_n}$$

则

$$h_1(t)=H(p)\delta(t)=\sum_{i=1}^{n}k_i\mathrm{e}^{-\lambda_i t}$$

$$h_2(t)=H(p+\alpha)\delta(t)=\sum_{i=1}^{n}k_i\mathrm{e}^{-(\alpha-\lambda_i)t}=\sum_{i=1}^{n}k_i\mathrm{e}^{-\lambda_i t}\cdot\mathrm{e}^{-\alpha t}$$

即 $h_1(t)\cdot\mathrm{e}^{-\alpha t}=h_2(t)$

则 $[H(p)\delta(t)]\mathrm{e}^{-\alpha t}=H(p+\alpha)\delta(t)$，命题得证。

2.3 名校考研真题详解

一、选择题

1. 以下单位冲激响应中，(　　)不对应稳定系统。[武汉科技大学 2017 研]

A. $h(t)=\cos tu(t)$　　B. $h(t)=t\mathrm{e}^{-t}u(t)$

C. $h(t)=\mathrm{e}^{2t}u(-t+2)$　　D. $h(t)=\sin t/t$

【答案】A

【解析】利用 $\int_{-\infty}^{+\infty}|h(t)|^2\mathrm{d}t$ 来判断系统是否稳定，即当 t 趋向于正负无穷时，若 $h(t)\neq 0$，则系统必然是不稳定的，而 $\lim\limits_{t\to+\infty}\cos tu(t)\neq 0$，因此 $h(t)=\cos tu(t)$ 不对应稳定系统。

2. 下列表达式中正确的是(　　)。[中山大学 2010 研]

A. $\delta(2t)=\delta(t)$　　B. $\delta(2t)=\frac{1}{2}\delta(t)$　　C. $\delta(2t)=2\delta(t)$　　D. $\delta(2t)=\delta\left(\frac{2}{t}\right)$

【答案】B

【解析】根据单位冲激函数的时间尺度变换性质，有 $\delta(at)=\frac{1}{|a|}\delta(t)$。

二、填空题

1. 卷积积分 $tu(t)*u(t-2)$ 的值为______。[武汉大学 2015 研]

【答案】$\frac{1}{2}(t-2)^2u(t-2)$

【解析】本题用时域解答需先知道卷积公式 $tu(t)*u(t)=\frac{1}{2}t^2u(t)$，则原式可化为

$$tu(t)*u(t-2)=tu(t)*u(t)*\delta(t-2)=\frac{1}{2}t^2u(t)*\delta(t-2)=\frac{1}{2}(t-2)^2u(t-2)$$

此外也可以先求两式的拉氏变换，相乘后取反变换即可得卷积结果。

2. 某连续时间 LTI 系统，若系统的输入 $x(t)=u(t)-u(t-1)$，冲激响应 $h(t)=2[u(t)-u(t-2)]$，则该系统的零状态响应 $y_{zs}(t)$ 在 $t=2$ 时刻的值 $y_{zs}(2)=$______。

［北京交通大学 2015 研］

【答案】2

【解析】解法一：依题意有

$$y_{zs}(2)=\int_{-\infty}^{+\infty}x(\tau)\cdot h(-\tau+t)\mathrm{d}\tau\Big|_{t=2}$$

$$=\int_{-\infty}^{+\infty}[u(\tau)-u(\tau-1)]\cdot 2[u(-\tau+2)-u(-\tau)]\mathrm{d}\tau$$

$$=2\int_0^1 u(-\tau+2)-u(-\tau)\mathrm{d}\tau=2\int_0^1 1\,\mathrm{d}\tau=2$$

解法二：根据题意，可得零状态响应为

$$y_{zs}(2)=y_{zs}(t)\big|_{t=2}=[x(t)*h(t)]\big|_{t=2}$$

$$=\{[u(t)-u(t-1)]*2[u(t)-u(t-2)]\}\big|_{t=2}$$

$$=2\{tu(t)-(t-2)u(t-2)-(t-1)u(t-1)+(t-3)u(t-3)\}\big|_{t=2}$$

$$=2$$

3．卷积积分$(2t+1)*[u(t)-u(t-1)]=$______。［华中科技大学 2012 研］

【答案】$2t$

【解析】根据时域卷积的定义可知

$$\int_{-\infty}^{+\infty}[2(t-\tau)+1]\cdot[u(\tau)-u(\tau-1)]\mathrm{d}\tau$$

$$=\int_0^1 -2\tau+2t+1\mathrm{d}\tau$$

$$=[-\tau^2+(2t+1)\tau]\big|_0^1$$

$$=2t$$

三、判断题

1．系统的冲激响应$h(t)$是指系统对输入$\delta(t)$的响应。(　　)［中国科学院大学 2022 研］

【答案】错

【解析】系统输入是单位冲激函数$\delta(t)$的零状态响应。

2．信号经过线性时不变系统，其输出不会产生与输入信号频率成分不同的频率分量。(　　)［北京邮电大学 2016 研］

【答案】对

【解析】线性时不变系统的输出响应中只包含激励信号的频率成分，不会产生新的频率分量。

3．如果$x(t)$和$h(t)$是奇函数，则$y(t)=x(t)*h(t)$是偶函数。(　　)［北京邮电大学 2016 研］

【答案】对

【解析】因为$x(t)$和$h(t)$为奇函数，$y(t)=x(t)*h(t)$，则

$$y(-t)=x(-t)*h(-t)=[-x(t)]*[-h(t)]=x(t)*h(t)=y(t)$$

因此$y(t)=x(t)*h(t)$是偶函数。

四、计算题

1．已知函数$f_1(t)$和$f_2(t)$波形如图 2－3－1 所示，求$f(t)=f_1(t)*f_2(t)$的表达式，并

画出 $f(t)$ 的波形图。［西安电子科技大学 2017 研］

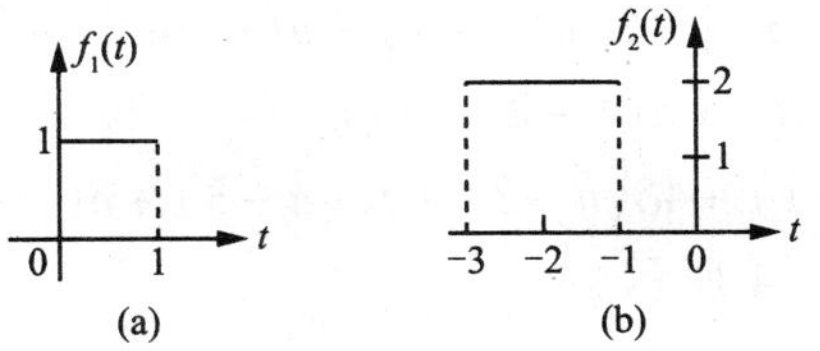

图 2－3－1

解： 利用图解法求解二者卷积：

(1) 当 $t<-3$ 时，$f_1(t)*f_2(t)=0$；

(2) 当 $-3\leqslant t<-2$ 时，$f_1(t)*f_2(t)=\int_{-3}^{t}2\mathrm{d}t=2(t+3)$；

(3) 当 $-2\leqslant t<-1$ 时，$f_1(t)*f_2(t)=\int_{-1+t}^{t}2\mathrm{d}t=2$；

(4) 当 $-1\leqslant t<0$ 时，$f_1(t)*f_2(t)=\int_{t-1}^{-1}2\mathrm{d}t=-2t$；

(5) 当 $t\geqslant 0$ 时，$f_1(t)*f_2(t)=0$。

因此 $f(t)$ 的表达式为

$$f(t)=\begin{cases}0, & t<-3 \text{ 或 } t\geqslant 0\\ 2(t+3), & -3\leqslant t<-2\\ 2, & -2\leqslant t<-1\\ -2t, & -1\leqslant t<0\end{cases}$$

其波形图如图 2－3－2 所示。

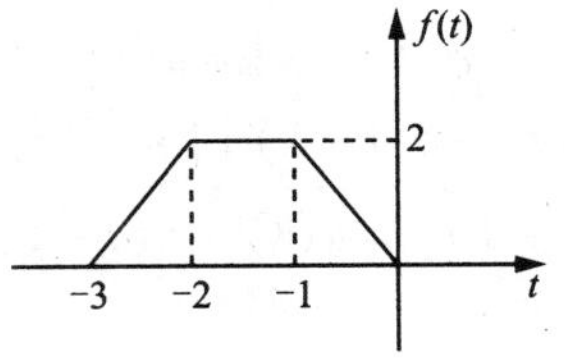

图 2－3－2

2. 一个互联线性时不变离散系统如图 2－3－3 所示，它的子系统的单位样值响应分别为

$$\boldsymbol{h_1(n)=\delta(n)+2\delta(n-1)+\delta(n-2),\ h_2(n)=u(n),\ h_3(n)=u(n-3)}$$

联系 $y(n)$ 和 $x(n)$ 的总系统的单位样值响应记为 $h(n)$。

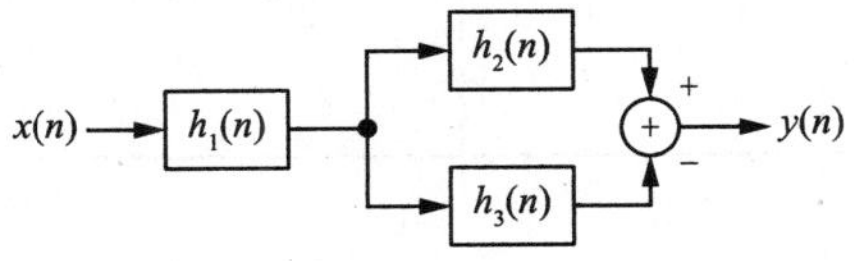

图 2－3－3

(1) 将 $h(n)$ 用 $h_1(n)$，$h_2(n)$ 和 $h_3(n)$ 表示出来。

(2) 用 (1) 的结果具体计算 $h(n)$，并画出 $h(n)$ 的波形图。［北京邮电大学 2016 研］

解： (1) 由系统框图可知

$$h(n)=h_1(n)*[h_2(n)-h_3(n)]$$

(2) 将 $h_1(n)$，$h_2(n)$ 和 $h_3(n)$ 表达式代入 (1) 中可知

$$
\begin{aligned}
h(n) &= [\delta(n)+2\delta(n-1)+\delta(n-2)] * [u(n)-u(n-3)] \\
&= [u(n)-u(n-3)]+2[u(n-1)-u(n-4)]+[u(n-2)-u(n-5)] \\
&= u(n)+2u(n-1)+u(n-2)-u(n-3)-2u(n-4)-u(n-5) \\
&= \delta(n)+3\delta(n-1)+4\delta(n-2)+3\delta(n-3)+\delta(n-4)
\end{aligned}
$$

$h(n)$的波形图如图 2－3－4 所示。

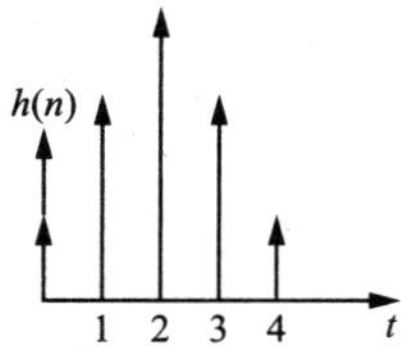

图 2－3－4

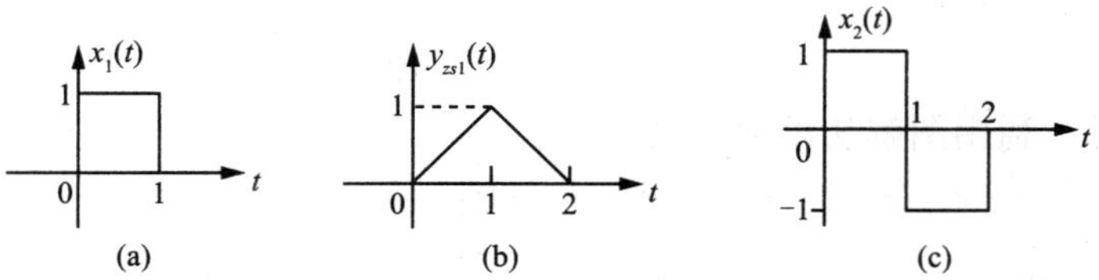

图 2－3－5

3. 某 LTI 系统的输入 $x_1(t)$ 与零状态相应 $y_{zs1}(t)$ 分别如图 2－3－5 中(a)与(b)所示：

(1)求系统的冲激响应 $h(t)$、并画出 $h(t)$ 的波形。

(2)当输入为如图 2－3－5 中图(c)所示的信号 $x_2(t)$ 时，画出系统的零状态响应 $y_{zs2}(t)$ 的波形。［西南交通大学 2014 研］

解：(1)根据图形可写出 $x_1(t)$ 与 $y_{zs1}(t)$ 的函数式为

$$
\begin{aligned}
y_{zs1} &= t[u(t)-u(t-1)]+(2-t)[u(t-1)-u(t-2)] \\
&= tu(t) * [\delta(t)-2\delta(t-1)+\delta(t-2)] \\
x_1(t) &= u(t)-u(t-1) = u(t) * [\delta(t)-\delta(t-1)]
\end{aligned}
$$

利用公式 $u(t) * u(t) = tu(t)$，可得

$$
\begin{aligned}
y_{zs1} &= tu(t) * [\delta(t)-2\delta(t-1)+\delta(t-2)] \\
&= u(t) * [\delta(t)-\delta(t-1)] * u(t) * [\delta(t)-\delta(t-1)] \\
&= \{u(t) * [\delta(t)-\delta(t-1)]\} * x_1(t)
\end{aligned}
$$

因此 $h(t) = u(t) * [\delta(t)-\delta(t-1)] = u(t)-u(t-1)$

图形如图 2－3－6 所示。

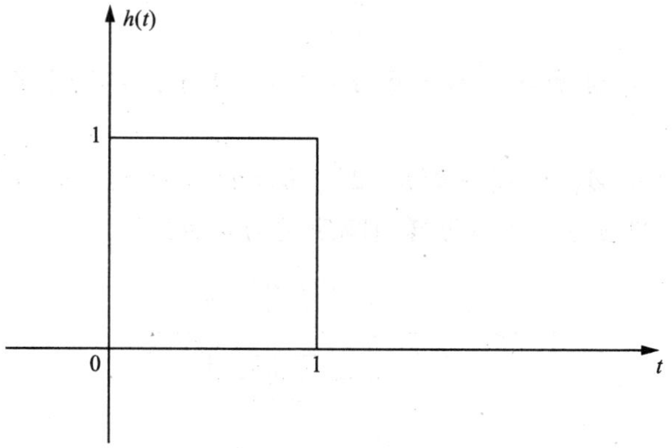

图 2－3－6

(2)根据 LTI 系统特性可知

$$
\begin{aligned}
x_2(t) &= x_1(t)-x_1(t-1) \\
y_{zs2}(t) &= y_{zs1}(t)-y_{zs1}(t-1)
\end{aligned}
$$

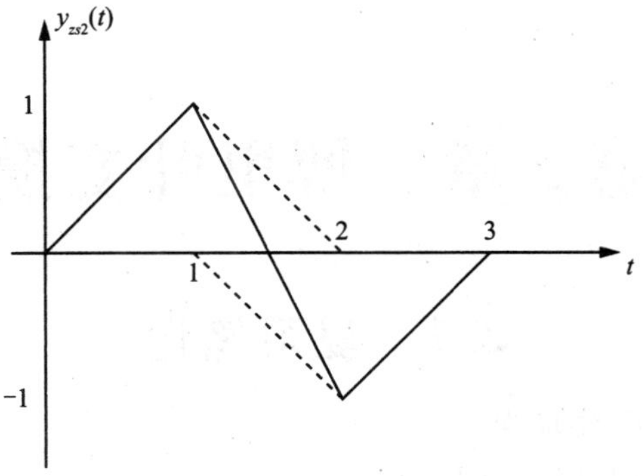

图 2－3－7

4. 已知 $x(t)=\begin{cases}1 & 2<|t|<3\\0 & |t|<2\text{ 或 }|t|>3\end{cases}$ 和 $h(t)=\begin{cases}1 & 3<|t|<4\\0 & |t|<3\text{ 或 }|t|>4\end{cases}$，画出 $y(t)=x(t)*h(t)$ 的图形。［电子科技大学 2013 研］

解： 利用图解法求解二者卷积，因为 $x(t)$ 与 $h(t)$ 都是偶对称的，故只需求一边的卷积：

(1) 当 $t<-7$ 或 $-5\leqslant t<-2$ 时，$x(t)*h(t)=0$；

(2) 当 $-7\leqslant t<-6$ 时，$x(t)*h(t)=\int_{-4}^{3+t}1\mathrm{d}t=7+t$；

(3) 当 $-6\leqslant t<-5$ 时，$x(t)*h(t)=\int_{2+t}^{-3}1\mathrm{d}t=-5-t$；

(4) 当 $-2\leqslant t<-1$ 时，$x(t)*h(t)=\int_{-4}^{-2+t}1\mathrm{d}t=2+t$；

(5) 当 $-1\leqslant t<0$ 时，$x(t)*h(t)=\int_{-3+t}^{-3}1\mathrm{d}t=-t$。

因此根据对称性可以画出其波形图如图 2－3－8 所示。

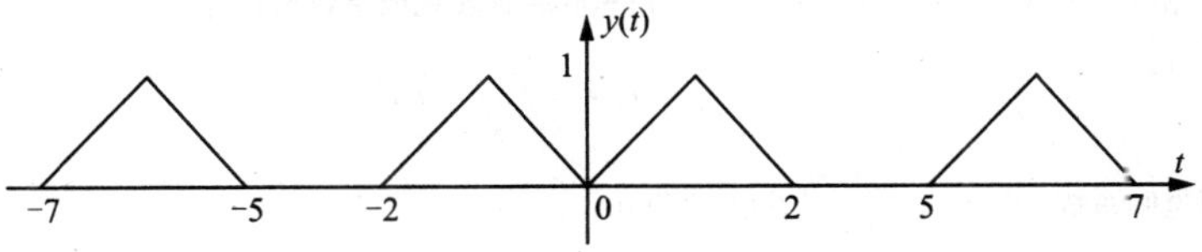

图 2－3－8

第 3 章　傅里叶变换

3.1　复习笔记

一、周期信号的傅里叶级数

1. 三角函数形式的傅里叶级数(见表 3 - 1 - 1)

表 3 - 1 - 1　周期信号的傅里叶级数

<table>
<tr><th>要点</th><th colspan="2">具体内容</th></tr>
<tr><td rowspan="4">三角函数形式的傅里叶级数</td><td colspan="2">周期函数 $f(t)$ 可以由三角函数的线性组合来表示，若 $f(t)$ 的周期为 T_1，角频率为 $\omega_1=\frac{2\pi}{T_1}$，则傅里叶级数展开表达式为：
$$f(t)=a_0+a_1\cos\omega_1 t+b_1\sin\omega_1 t+a_2\cos 2\omega_1 t+b_2\sin 2\omega_1 t+\dots$$ $$=a_0+\sum_{n=1}^{\infty}[a_n\cos n\omega_1 t+b_n\sin n\omega_1 t]$$</td></tr>
<tr><td>直流分量</td><td>$a_0=\frac{1}{T_1}\int_{t_0}^{t_0+T_1}f(t)\mathrm{d}t$</td></tr>
<tr><td>余弦分量的幅度</td><td>$a_n=\frac{2}{T_1}\int_{t_0}^{t_0+T_1}f(t)\cos(n\omega_1 t)\mathrm{d}t$</td></tr>
<tr><td>正弦分量的幅度</td><td>$b_n=\frac{2}{T_1}\int_{t_0}^{t_0+T_1}f(t)\sin(n\omega_1 t)\mathrm{d}t$</td></tr>
<tr><td>指数形式的傅里叶级数</td><td colspan="2">①根据欧拉公式，可将三角函数形式的傅里叶级数转化成指数形式为：
$$f(t)=\sum_{n=-\infty}^{\infty}F(n\omega_1)e^{jn\omega_1 t}$$
②傅里叶系数：$F_n=\frac{1}{T_1}\int_{t_0}^{t_0+T_1}f(t)e^{-jn\omega_1 t}\mathrm{d}t$</td></tr>
<tr><td>各系数之间关系</td><td colspan="2">$F_0=a_0$，$F_n=(a_n-jb_n)/2$，$F_{-n}=(a_n+jb_n)/2$，$a_n=F_{-n}+F_n$，$b_n=j(F_n-F_{-n})$</td></tr>
</table>

2. 函数的对称性与傅里叶系数的关系

(1)偶函数的傅里叶级数中不含有正弦项，只可能含有直流项和余弦项；

(2)奇函数的傅里叶级数中不含有余弦项和直流项，只可能含有正弦项；

(3)奇谐函数的傅里叶级数中只可能包含基波和奇次谐波的正弦、余弦项，而不会含有偶次谐波项。

二、傅里叶变换

傅里叶变换与傅里叶反变换的公式

$$F(\omega)=\int_{-\infty}^{\infty}f(t)e^{-j\omega t}\mathrm{d}t \qquad f(t)=\frac{1}{2\pi}\int_{-\infty}^{\infty}F(\omega)e^{j\omega t}\mathrm{d}\omega$$

1. 傅里叶变换的基本性质

(1)对称性　若 $f(t)\leftrightarrow F(\omega)$，则 $F(t)\leftrightarrow 2\pi f(-\omega)$。

(2)线性　若$f_i(t)\leftrightarrow F_i(\omega)(i=1,2,...,n)$，则$\sum_{i=1}^{n}a_if_i(t)\leftrightarrow\sum_{i=1}^{n}a_iF_i(\omega)$。其中，$a_i$为常数，$n$为正整数。

(3)奇偶虚实性

无论$f(t)$是实函数或复函数，若$f(t)\leftrightarrow F(\omega)$，则都满足以下性质

$$f(-t)\leftrightarrow F(-\omega)\qquad f^*(t)\leftrightarrow F^*(-\omega)\qquad f^*(-t)\leftrightarrow F^*(\omega)$$

(4)尺度变换特性　若$f(t)\leftrightarrow F(\omega)$，则$f(at)\leftrightarrow\frac{1}{|a|}F\left(\frac{\omega}{a}\right)$。

(5)时移特性　若$f(t)\leftrightarrow F(\omega)$，则$f(t-t_0)\leftrightarrow F(\omega)e^{-j\omega t_0}$。

(6)频移特性　若$f(t)\leftrightarrow F(\omega)$，则$f(t)e^{j\omega_0 t}\leftrightarrow F(\omega-\omega_0)$。

(7)微分特性

①时域微分特性

若$f(t)\leftrightarrow F(\omega)$，则$\frac{\mathrm{d}f(t)}{\mathrm{d}t}\leftrightarrow \mathrm{j}\omega F(\omega)$，$\frac{\mathrm{d}^nf(t)}{\mathrm{d}t^n}\leftrightarrow(\mathrm{j}\omega)^nF(\omega)$。

②频域微分特性

若$f(t)\leftrightarrow F(\omega)$，则$\frac{\mathrm{d}F(\omega)}{\mathrm{d}\omega}\leftrightarrow -\mathrm{j}tf(t)$，$\frac{\mathrm{d}^nF(\omega)}{\mathrm{d}\omega^n}\leftrightarrow(-\mathrm{j}t)^nf(t)$。

(8)积分特性　若$f(t)\leftrightarrow F(\omega)$,则$\int_{-\infty}^{t}f(\tau)\mathrm{d}\tau\leftrightarrow\frac{F(\omega)}{\mathrm{j}\omega}+\pi F(0)\delta(\omega)$。

(9)卷积特性(卷积定理)

①时域卷积定理：时域卷积↔频域相乘

若$f_1(t)\leftrightarrow F_1(\omega)$，$f_2(t)\leftrightarrow F_2(\omega)$，则$f_1(t)*f_2(t)\leftrightarrow F_1(\omega)F_2(\omega)$。

②频域卷积定理：时域相乘↔频域卷积

若$f_1(t)\leftrightarrow F_1(\omega)$，$f_2(t)\leftrightarrow F_2(\omega)$，则$f_1(t)\cdot f_2(t)\leftrightarrow\frac{1}{2\pi}F_1(\omega)*F_2(\omega)$。

2. 常用信号的傅里叶变换

表3-1-2　常用信号的傅里叶变换

时域	频域	时域	频域
$\delta(t)$	1	$e^{j\omega_0 t}$	$2\pi\delta(\omega-\omega_0)$
$u(t)$	$\frac{1}{j\omega}+\pi\delta(\omega)$	$\cos(\omega_0 t)$	$\pi[\delta(\omega+\omega_0)+\delta(\omega-\omega_0)]$
$\mathrm{sgn}(t)$	$\frac{2}{j\omega}$	$\sin(\omega_0 t)$	$j\pi[\delta(\omega+\omega_0)-\delta(\omega-\omega_0)]$
$e^{-at}u(t)$，$a>0$	$\frac{1}{a+j\omega}$	$e^{-a\|t\|}$，$a>0$	$\frac{2a}{a^2+\omega^2}$
$E\left[u\left(t+\frac{\tau}{2}\right)-u\left(t-\frac{\tau}{2}\right)\right]$	$E\tau\,\mathrm{Sa}\left(\frac{\omega\tau}{2}\right)$	$Ee^{-\left(\frac{t}{\tau}\right)^2}$	$\sqrt{\pi}E\tau e^{-\left(\frac{\omega\tau}{2}\right)^2}$

三、周期信号的傅里叶变换

一般周期信号$f(t)$的傅里叶变换为$f(t)\leftrightarrow 2\pi\sum_{n=-\infty}^{\infty}F_n\delta(\omega-n\omega_1)$

其中，$F_n=\frac{1}{T_1}\int_{-\frac{T_1}{2}}^{\frac{T_1}{2}}f(t)e^{-jn\omega_1 t}\mathrm{d}t$，$T_1$为信号的周期。

四、抽样信号的傅里叶变换及抽样定理

令连续信号$f(t)\leftrightarrow F(\omega)$，抽样脉冲序列$p(t)\leftrightarrow P(\omega)$，时域抽样后信号$f_S(t)\leftrightarrow F_S(\omega)$，频域抽样后信号$f_1(t)\leftrightarrow F_1(\omega)$，抽样周期为$T_S$，抽样频率$\omega_S=\frac{2\pi}{T_S}$。

1. 时域抽样

即$f_S(t)=f(t)p(t)$，由频域卷积定理，有

$$F_S(\omega)=\sum_{n=-\infty}^{\infty}P_nF(\omega-n\omega_S)$$

2. 频域抽样

即$F_1(\omega)=F(\omega)P(\omega)$，由时域卷积定理，有

$$f_1(t)=f(t)*p(t)$$

3. 时域抽样定理

一个频带受限信号$f(t)$，若频谱只占据$[-\omega_m,\omega_m]$区间，则信号$f(t)$可以用等间隔的抽样值唯一地表示。抽样间隔必须不大于$\frac{1}{2f_m}$(其中$\omega_m=2\pi f_m$)，或者说，最低抽样频率为$2f_m$。

4. 频域抽样定理

若$f(t)$是时间受限信号，它集中在$[-t_m,t_m]$的时间范围内，若在频域内以不大于$\frac{1}{2t_m}$的频率间隔对$f(t)$的频谱$F(\omega)$进行抽样，则抽样后的频谱$F_1(\omega)$可惟一地表示原信号。

5. 周期信号和抽样信号的特性

表 3-1-3　周期信号和抽样信号的特性

时域	频域
周期信号 周期为T_1	离散频谱 离散间隔为$\omega_1=\frac{2\pi}{T_1}$
抽样信号(离散) 抽样间隔$T_S=\frac{2\pi}{\omega_S}$	重复频谱(周期) 重复周期为ω_S

五、雷达测距原理，雷达信号的频谱

设雷达的射频脉冲的持续时间为T_0，发送信号的周期为T_1，目标与雷达之间的距离为d(以m为单位)，光速为c，τ代表往返时间，则有

$$\tau=\frac{2d}{c}$$

为考察测距精度质量给出以下两个指标数据：

1. 距离分辨力

雷达能够可靠测量的两目标距离最小间隔Δd将受到T_0所限，即$\Delta d=\frac{cT_0}{2}$。也即邻近目标回波信号应在脉冲持续时间T_0结束之后到达，不得过早。

2. 距离模糊性

雷达能够测量的最大不混淆目标距离d_{max}将受到T_1所限，即$d_{max}=\frac{cT_1}{2}$。这表明回波信

号必须在发射下一个脉冲之前回到雷达接收机。

3.2 课后习题详解

3 -1 求图 3 -2 -1 所示对称周期矩形信号的傅里叶级数(三角形式与指数形式)。

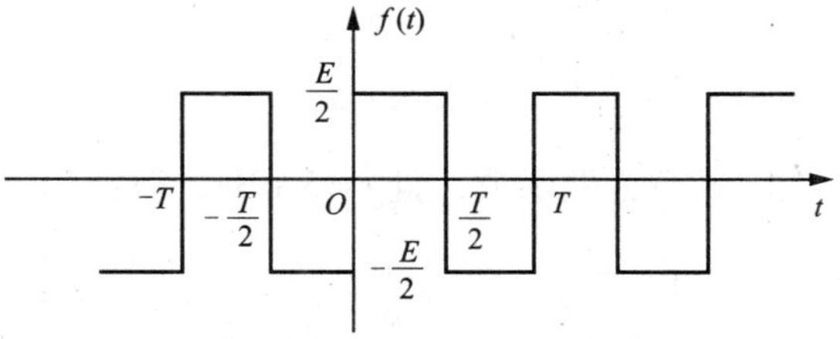

图 3 -2 -1

解：(1)三角形式

由图 3 -2 -1 可知，$f(t)$为奇函数且无直流分量，故有 $a_0 = a_n = 0$

又因为该信号为奇谐信号，故只有奇次分量，有

$$
\begin{aligned}
b_n &= \frac{4}{T}\int_0^{\frac{T}{2}} f(t)\sin(n\omega_1 t)\,dt \\
&= \frac{4}{T}\int_0^{\frac{T}{2}} \frac{E}{2}\sin(n\omega_1 t)\,dt \\
&= \frac{-2E}{n\omega_1 T}\cos(n\omega_1 t)\Big|_0^{\frac{T}{2}} \\
&= \frac{E}{n\pi}[1-\cos(n\pi)] \\
&= \begin{cases} 0, & n=2,4,\cdots \\ \dfrac{2E}{n\pi}, & n=1,3\cdots \end{cases}
\end{aligned}
$$

其中 $\omega_1 = \frac{2\pi}{T}$，所以三角形式的傅里叶级数为

$$f(t) = \frac{2E}{\pi}\left[\sin(\omega_1 t) + \frac{1}{3}\sin(3\omega_1 t) + \frac{1}{5}\sin(5\omega_1 t) + \cdots\right]$$

(2)指数形式

因为

$$F_n = -\frac{1}{2}jb_n = \begin{cases} 0, & n=0,\ \pm 2,\ \pm 4,\ \cdots \\ -\dfrac{jE}{n\pi}, & n=\pm 1,\ \pm 3,\ \pm 5,\ \cdots \end{cases}$$

所以指数形式的傅里叶级数为

$$
\begin{aligned}
f(t) &= \sum_{n=-\infty}^{\infty} F_n e^{jn\omega t} \\
&= -\frac{jE}{\pi}e^{j\omega t} + \frac{jE}{\pi}e^{-j\omega t} - \frac{jE}{3\pi}e^{j3\omega t} + \frac{jE}{3\pi}e^{-j3\omega t} + \cdots，其中\ \omega = \frac{2\pi}{T}
\end{aligned}
$$

3 -2 周期矩形信号如图 3 -2 -2 所示。

若重复频率 $f = 5$ kHz；脉宽 $\tau = 20$ μs；幅度 $E = 10$ V；

求直流分量大小以及基波、二次和三次谐波的有效值。

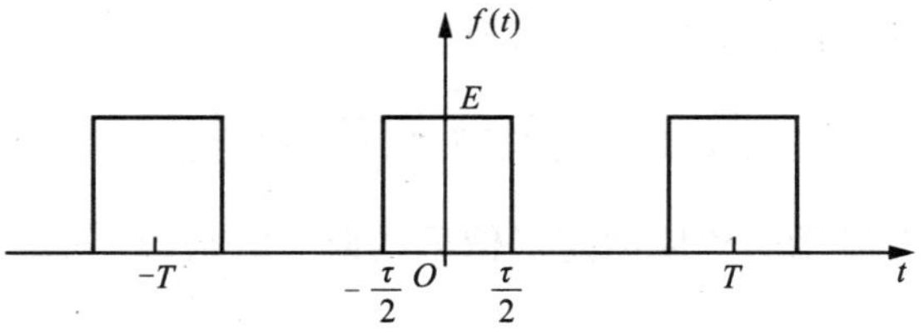

图 3－2－2

解： 由图 3－2－2 可知，$f(t)$ 为偶函数，且 $f=5$ kHz，得：$T=\frac{1}{f}=200\ \mu s$

所以 $a_0=\frac{1}{T}\int_{-\frac{T}{2}}^{\frac{T}{2}}f(t)\mathrm{d}t=\frac{1}{T}\int_{-\frac{\tau}{2}}^{\frac{\tau}{2}}E\mathrm{d}t=\frac{\tau}{T}E=\frac{20}{200}\times 10=1\ \mathrm{V}$

$$a_n=\frac{2}{T_1}\int_{t_0}^{t_0+T_1}f(t)\cos(n\omega t)\mathrm{d}t=\frac{2}{T}\int_{-\frac{\tau}{2}}^{\frac{\tau}{2}}E\cos(n\omega t)\mathrm{d}t$$

$$=\frac{2}{T}\frac{E}{n\omega}\sin(n\omega t)\Big|_{\frac{-\tau}{2}}^{\frac{\tau}{2}}=\frac{20}{n\pi}\sin\frac{n\pi}{10},n=1,2,3\cdots$$

$$b_n=0$$

直流分量为 1 V；

基波分量为 $a_1\sin(\omega t)$，其有效值为 $\frac{\sqrt{2}}{2}a_1=\frac{10}{\pi}\sqrt{2}\sin(\frac{\pi}{10})\approx 1.39$ V；

二次谐波为 $a_2\sin(2\omega t)$，其有效值为 $\frac{\sqrt{2}}{2}a_2=\frac{5}{\pi}\sqrt{2}\sin(\frac{\pi}{5})\approx 1.32$ V；

三次谐波为 $a_3\sin(3\omega t)$，其有效值为 $\frac{\sqrt{2}}{2}a_3=\frac{10}{3\pi}\sqrt{2}\sin(\frac{3\pi}{10})\approx 1.21$ V。

3－3　若周期矩形信号 $f_1(t)$ 和 $f_2(t)$ 波形如图 3－2－2 所示，$f_1(t)$ 的参数为 $\tau=0.5\ \mu s$，$T=1\ \mu s$，$E=1$ V；$f_2(t)$ 的参数为 $\tau=1.5\ \mu s$，$T=3\ \mu s$，$E=3$ V，分别求：

(1) $f_1(t)$ 的谱线间隔和带宽(第一零点位置)，频率单位以 kHz 表示；

(2) $f_2(t)$ 的谱线间隔和带宽；

(3) $f_1(t)$ 与 $f_2(t)$ 的基波幅度之比；

(4) $f_1(t)$ 基波与 $f_2(t)$ 三次谐波幅度之比。

解： 由题 3－2 的结论、再由三角与指数系数关系 $F_n=\frac{1}{2}(a_n-\mathrm{j}b_n)$，$f(t)$ 的傅里叶级数可表示为

$$f(t)=\frac{E\tau}{T}\sum_{n=-\infty}^{\infty}\frac{\sin\left(n\omega\frac{\tau}{2}\right)}{n\omega\cdot\frac{\tau}{2}}\mathrm{e}^{\mathrm{j}n\omega t}=\frac{E\tau}{T}\sum_{n=-\infty}^{\infty}\mathrm{Sa}\left(\frac{n\omega\tau}{2}\right)\mathrm{e}^{\mathrm{j}n\omega t}\qquad 其中，\omega=\frac{2\pi}{T}$$

(1) $f_1(t)$ 的谱线间隔 $\omega_1=\frac{2\pi}{T}$，则

$$f_1=\frac{\omega_1}{2\pi}=\frac{1}{T}=\frac{1}{1\ \mu s}=1000\ \mathrm{kHz}$$

带宽：$\Delta f_1=\frac{1}{\tau}=\frac{1}{0.5\ \mu s}=2000$ kHz。

(2) $f_2(t)$ 的谱线间隔 $f_2=\frac{1}{T}=\frac{1}{3\ \mu s}=\frac{1000}{3}$ kHz

带宽：$\Delta f_2=\frac{1}{\tau}=\frac{1}{1.5\ \mu s}=\frac{2000}{3}$ kHz。

(3)由题3－2可知 $a_n=\frac{2E}{n\pi}\sin\left(\frac{n\pi\tau}{T}\right)$，所以

$f_1(t)$的基波幅度为：$A_{11}=\frac{2\times1}{\pi}\left|\sin\left(\frac{\pi\times0.5\ \mu s}{1\mu s}\right)\right|=\frac{2}{\pi}$

$f_2(t)$的基波幅度为：$A_{21}=\frac{2\times3}{\pi}\left|\sin\left(\frac{\pi\times1.5\ \mu s}{3\ \mu s}\right)\right|=\frac{6}{\pi}$

故 $A_{11}:A_{21}=\frac{2}{\pi}:\frac{6}{\pi}=1:3$。

(4)$f_2(t)$的三次谐波幅度为：$A_{23}=\frac{2\times3}{3\times\pi}\left|\sin\left(\frac{3\pi\times1.5\ \mu s}{3\ \mu s}\right)\right|=\frac{2}{\pi}$

故 $A_{11}:A_{23}=\frac{2}{\pi}:\frac{2}{\pi}=1:1$。

3－4　求图3－2－3所示周期三角信号的傅里叶级数并画出频谱图。

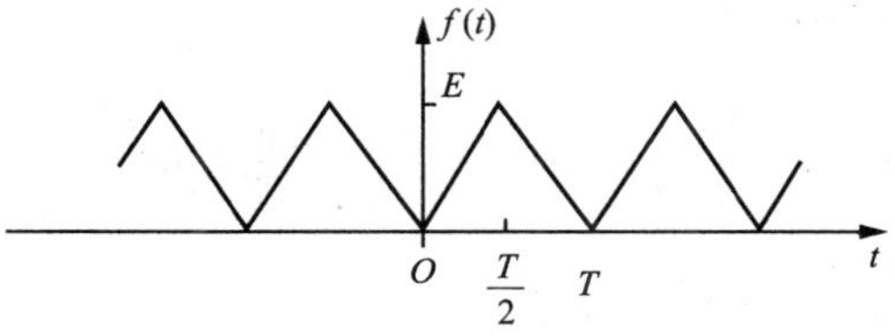

图3－2－3

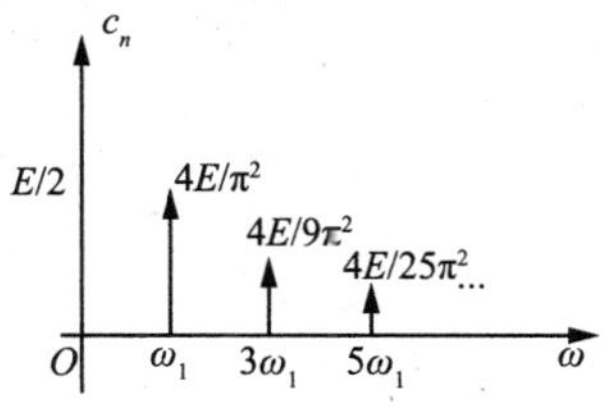

图3－2－4

解：由图3－2－3可知，$f(t)$为偶函数，故 $b_n=0$，且

$$a_0=\frac{1}{T}\int_{-\frac{T}{2}}^{\frac{T}{2}}f(t)\mathrm{d}t=\frac{E}{2}$$

$$a_n=\frac{2}{T}\int_{-\frac{T}{2}}^{\frac{T}{2}}f(t)\cos(n\omega_1t)\mathrm{d}t,\qquad \omega_1=\frac{2\pi}{T}$$

$$=\frac{4}{T}\int_0^{\frac{T}{2}}\frac{2E}{T}t\cos(n\omega_1t)\mathrm{d}t$$

$$=\frac{8E}{T^2}\cdot\frac{1}{n\omega_1}\left[t\sin(n\omega_1t)\Big|_0^{\frac{T}{2}}-\int_0^{\frac{T}{2}}\sin(n\omega_1t)\mathrm{d}t\right]$$

$$=\frac{8E}{T^2}\cdot\frac{1}{(n\omega_1)^2}\left[\cos\left(\frac{n\omega_1T}{2}\right)-1\right]$$

$$=\begin{cases}0, & n\text{为偶数}\\ -\frac{4E}{(n\pi)^2}, & n\text{为奇数}\end{cases}$$

所以$f(t)$的傅里叶级数可表示为

$$f(t)=\frac{E}{2}-\frac{4E}{\pi^2}\left[\cos(\omega_1t)+\frac{1}{3^2}\cos(3\omega_1t)+\frac{1}{5^2}\cos(5\omega_1t)+\cdots\right],\ \text{其中}\ \omega_1=\frac{2\pi}{T}$$

其频谱如图3－2－4所示。

3－5　求图3－2－5所示半波余弦信号的傅里叶级数。若 $E=10$ V，$f=10$ kHz，大致画出幅度谱。

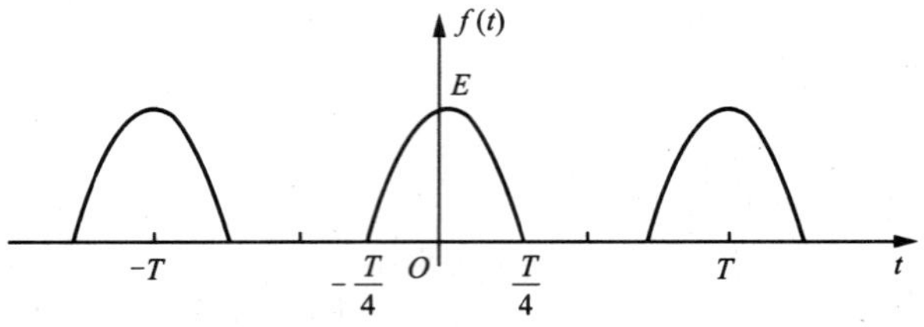

图 3-2-5

解： 由图 3-2-5 可知，$f(t)$为偶函数，其中 $\omega=\dfrac{2\pi}{T}$，因而 $b_n=0$，且

$$a_0=\frac{1}{T}\int_{-\frac{T}{2}}^{\frac{T}{2}}f(t)\mathrm{d}t=\frac{1}{T}\int_{-\frac{T}{4}}^{\frac{T}{4}}E\cos(\omega t)\mathrm{d}t=\frac{E}{\pi}$$

结合三角函数变换$\begin{cases}\cos A\cos B=\dfrac{1}{2}[\cos(A+B)+\cos(A-B)]\\ \sin(A+B)=\sin A\cos B+\cos A\sin B\end{cases}$,可求解并化简 a_n 得

$$\begin{aligned}a_n&=\frac{2}{T}\int_{-\frac{T}{2}}^{\frac{T}{2}}f(t)\cos(n\omega t)\mathrm{d}t\\&=\frac{2E}{T}\int_0^{\frac{T}{4}}\left\{\cos\left[(n+1)\frac{2\pi}{T}t\right]+\cos\left[(n-1)\frac{2\pi}{T}t\right]\right\}\mathrm{d}t\\&=\frac{E}{\pi}\left[\frac{\sin\left(\frac{n+1}{2}\right)\pi}{n+1}+\frac{\sin\left(\frac{n-1}{2}\right)\pi}{n-1}\right]\\&=-\frac{2E}{\pi}\cdot\frac{1}{n^2-1}\cos\frac{n\pi}{2}\\&=\begin{cases}\dfrac{E}{2}, & n=1\\ 0, & n=3,\ 5\cdots\\ \dfrac{2E}{(1-n^2)\pi}\cos\dfrac{n\pi}{2}, & n=2,\ 4\cdots\end{cases}\end{aligned}$$

所以其傅里叶级数可表示为

$$f(t)=\frac{E}{\pi}+\frac{E}{2}\cos(\omega t)+\frac{2E}{3\pi}\cos(2\omega t)-\frac{2E}{15\pi}\cos(4\omega t)+\frac{2E}{35\pi}\cos(6\omega t)-\frac{2E}{63\pi}\cos(8\omega t)+\cdots$$

若 $E=10$ V，$f=10$ kHz，则幅度谱如图 3-2-6 所示。

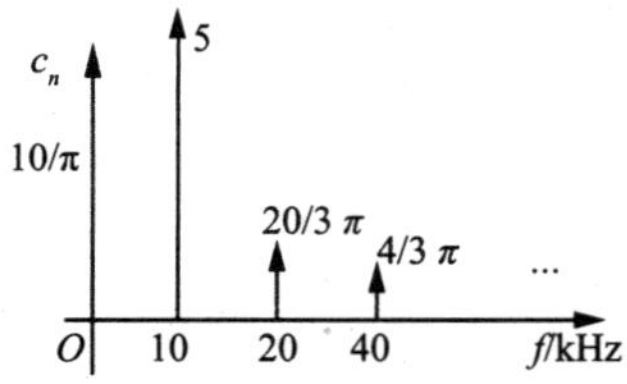

图 3-2-6

3-6 求图 3-2-7 所示周期锯齿信号的指数形式傅里叶级数，并大致画出频谱图。

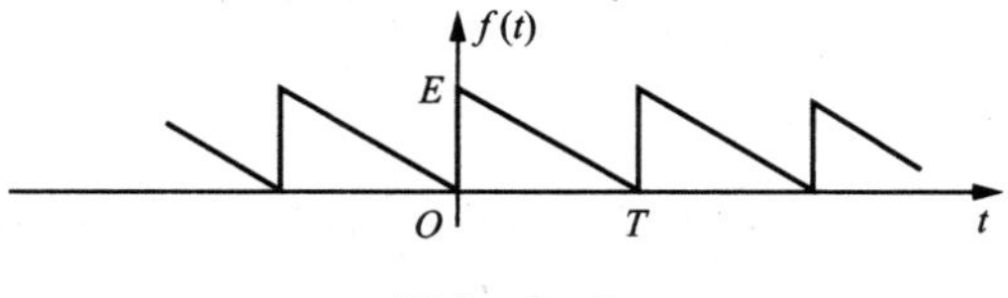

图 3-2-7

解： 信号指数形式的傅里叶级数为

$$f(t)=\sum_{n=-\infty}^{\infty}F_n\mathrm{e}^{\mathrm{j}n\omega t}$$

其中
$$F_n = \frac{1}{T}\int_0^T f(t)\mathrm{e}^{-\mathrm{j}n\omega t}\mathrm{d}t, \qquad \omega = \frac{2\pi}{T}$$
$$= \frac{1}{T}\int_0^T \left(-\frac{E}{T}t + E\right)\mathrm{e}^{-\mathrm{j}n\omega t}\mathrm{d}t$$
$$= \frac{E}{T^2}\cdot\frac{1}{\mathrm{j}n\omega}t\mathrm{e}^{-\mathrm{j}n\omega t}\Big|_0^T$$
$$= -\mathrm{j}\frac{E}{2n\pi}, n = \pm 1, \pm 2\cdots$$
$$F_0 = a_0 = \frac{1}{T}\int_0^T f(t)\mathrm{d}t = \frac{1}{T}\int_0^T\left(-\frac{E}{T}t + E\right)\mathrm{d}t = \frac{E}{2}$$
所以
$$f(t) = \frac{E}{2} - \mathrm{j}\frac{E}{2\pi}\mathrm{e}^{\mathrm{j}\omega t} + \mathrm{j}\frac{E}{2\pi}\mathrm{e}^{-\mathrm{j}\omega t} - \mathrm{j}\frac{E}{4\pi}\mathrm{e}^{\mathrm{j}2\omega t} + \mathrm{j}\frac{E}{4\pi}\mathrm{e}^{-\mathrm{j}2\omega t}\cdots$$
$$= \frac{E}{2} + \frac{E}{\pi}\left[\sin(\omega t) + \frac{1}{2}\sin(2\omega t) + \cdots\right]$$
幅度谱和相位谱，如图 3－2－8(a)和(b)所示。

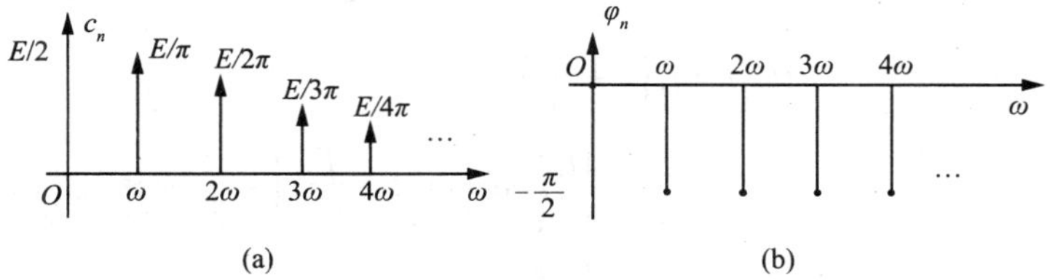

图 3－2－8

3－7 利用信号 $f(t)$ 的对称性，定性判断图 3－2－9 中各周期信号的傅里叶级数中所含有的频率分量。

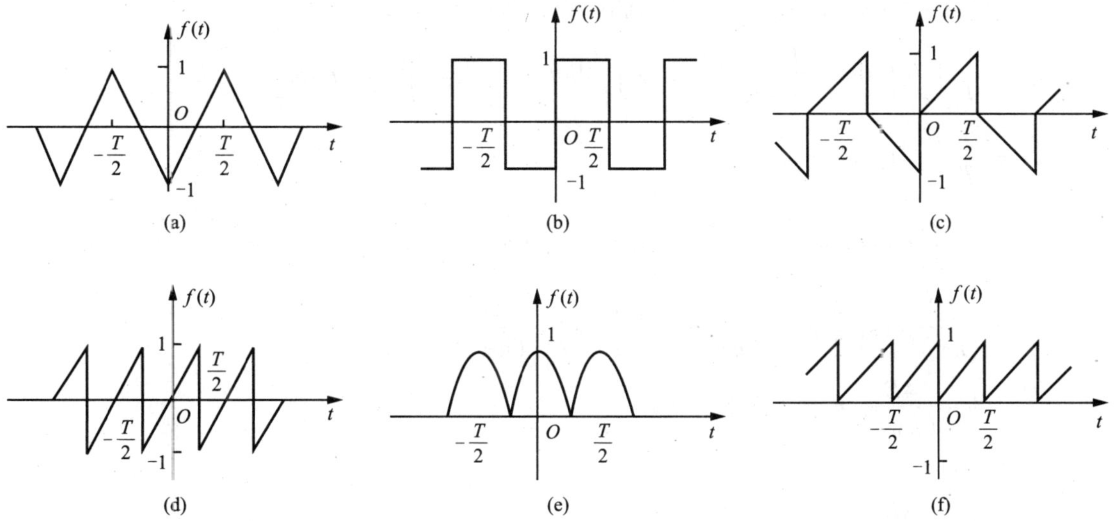

图 3－2－9

解：(1)图(a)中 $f(t)$ 为偶函数，同时也是奇谐函数，故只含有基波和奇次谐波的余弦分量。
(2)图(b)中 $f(t)$ 为奇函数，同时也是奇谐函数，故只含有基波和奇次谐波的正弦分量。
(3)图(c)中 $f(t)$ 为奇谐函数，故只含有基波和奇次谐波分量。
(4)图(d)中 $f(t)$ 为奇函数，故只含有正弦分量。

(5)图(e)中$f(t)$既为偶函数又为偶谐函数，故只含直流和偶次谐波的余弦分量。

(6)图(f)中$f(t)$为偶谐函数，故只含有直流和偶次谐波分量。

3－8　求图3－2－10中两种周期信号的傅里叶级数。

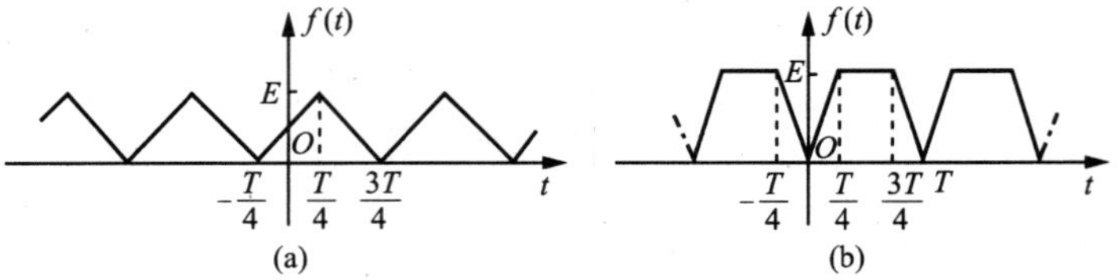

图3－2－10

解：(1)图3－2－10(a)是图3－2－3中信号平移T/4的结果，设图3－2－3中信号为$f_1(t)$，则

$$f(t)=f_1\left(t+\frac{T}{4}\right)$$

因为
$$f_1(t)=\frac{E}{2}-\frac{4E}{\pi^2}\left[\cos\omega t+\frac{1}{3^2}\cos(3\omega t)+\frac{1}{5^2}\cos(5\omega t)+\cdots\right]$$

所以
$$\begin{aligned}f(t)&=f_1\left(t+\frac{T}{4}\right)\\&=\frac{E}{2}-\frac{4E}{\pi^2}\left\{\cos\left[\omega\left(t+\frac{T}{4}\right)\right]+\frac{1}{3^2}\cos\left[3\omega\left(t+\frac{T}{4}\right)\right]+\ldots\right\}\\&=\frac{E}{2}+\frac{4E}{\pi^2}\left\{\sin(\omega t)-\frac{1}{3^2}\sin(3\omega t)+\ldots\right\}\end{aligned}$$

其中，$\omega=\frac{2\pi}{T}$。

(2)由图3－2－10(b)可知，$f(t)$为偶函数，所以$b_n=0$，且

$$a_0=\frac{1}{T}\int_0^T f(t)\,\mathrm{d}t=\frac{1}{T}\left[\int_0^{\frac{T}{4}}\frac{4E}{T}t\,\mathrm{d}t+\int_{\frac{T}{4}}^{\frac{3}{4}T}E\,\mathrm{d}t+\int_{\frac{3}{4}T}^{T}\left(-\frac{4E}{T}t+4E\right)\mathrm{d}t\right]=\frac{3}{4}E$$

$$\begin{aligned}a_n&=\frac{2}{T}\int_0^T f(t)\cos(n\omega t)\,\mathrm{d}t\\&=\frac{8E}{T^2}\int_0^{\frac{T}{4}}t\cos(n\omega t)\,\mathrm{d}t+\frac{2E}{T}\int_{\frac{T}{4}}^{\frac{3}{4}T}\cos(n\omega t)\,\mathrm{d}t+\frac{8E}{T}\int_{\frac{3}{4}T}^{T}\cos(n\omega t)\,\mathrm{d}t-\frac{8E}{T^2}\int_{\frac{3}{4}T}^{T}t\cos(n\omega t)\,\mathrm{d}t\\&=\frac{2E}{(n\pi)^2}\cos\left(\frac{n}{2}\pi\right)+\frac{2E}{(n\pi)^2}\cos\left(\frac{3}{2}n\pi\right)-\frac{4E}{(n\pi)^2}\\&=\begin{cases}-\dfrac{4E}{(n\pi)^2}, & n=1,3,5,\cdots\\0, & n=4,8\cdots\\-\dfrac{8E}{(n\pi)^2}, & n=2,6,10\cdots\end{cases}\\&=-\frac{4E}{(n\pi)^2}\left(1-\cos\frac{n}{2}\pi\right),n=1,2,3\cdots\end{aligned}$$

所以$f(t)=\frac{3}{4}E-\frac{4E}{\pi^2}\left[\cos\omega t+\frac{1}{2}\cos(2\omega t)+\frac{1}{9}\cos(3\omega t)+\frac{1}{25}\cos(5\omega t)+\cdots\right]$，$\omega=\frac{2\omega}{T}$。

3－9　求图3－2－11所示周期余弦切顶脉冲波的傅里叶级数，并求直流分量I_0以及基

波和 k 次谐波的幅度(I_1 和 I_k)。

(1)θ=任意值；(2)θ=60°；(3)θ=90°。

[提示：$i(t)=I_m\dfrac{\cos(\omega_1 t)-\cos\theta}{1-\cos\theta}$，$\omega_1$ 为 $i(t)$ 的重复角频率]

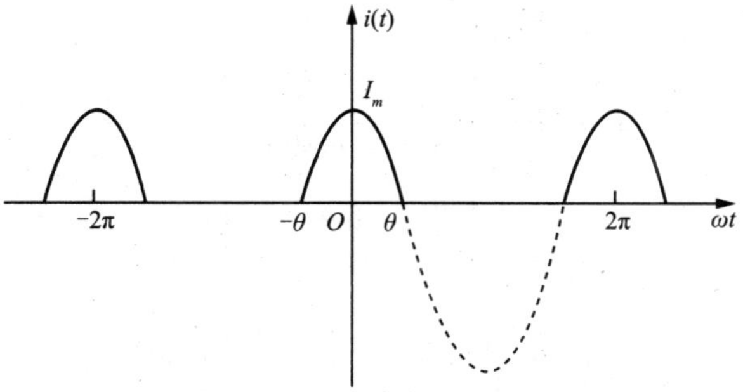

图 3-2-11

解：(1)图 3-2-11 所示的信号可表示为 $i(t)=I_m\dfrac{\cos(\omega_1 t)-\cos\theta}{1-\cos\theta}$，$\omega_1$ 为 $i(t)$ 的重复角频率，由于信号为偶函数，所以 $b_n=0$。

直流分量
$$I_0=\frac{1}{T}\int_{-\frac{T}{2}}^{\frac{T}{2}}i(t)\mathrm{d}t,T=\frac{2\pi}{\omega_1}$$
$$=\frac{\omega_1}{2\pi}\int_{-\frac{\theta}{\omega_1}}^{\frac{\theta}{\omega_1}}\cdot\frac{I_m}{1-\cos\theta}[\cos(\omega_1 t)-\cos\theta]\mathrm{d}t$$
$$=\frac{I_m\cdot\omega_1}{2\pi(1-\cos\theta)}\left[\frac{1}{\omega_1}\sin(\omega_1 t)\Big|_{-\frac{\theta}{\omega_1}}^{\frac{\theta}{\omega_1}}-t\cos\theta\Big|_{-\frac{\theta}{\omega_1}}^{\frac{\theta}{\omega}}\right]$$
$$=\frac{I_m\omega_1}{2\pi(1-\cos\theta)}\left(\frac{1}{\omega_1}2\sin\theta-\frac{2\theta}{\omega_1}\cos\theta\right)=\frac{I_m(\sin\theta-\theta\cos\theta)}{\pi(1-\cos\theta)}$$

基波幅度
$$I_1=a_1=\frac{2}{T}\int_{-\frac{T}{2}}^{\frac{T}{2}}\frac{I_m}{(1-\cos\theta)}[\cos(\omega_1 t)-\cos\theta]\cos(\omega_1 t)\mathrm{d}t$$
$$=\frac{I_m(\theta-\sin\theta\cdot\cos\theta)}{\pi(1-\cos\theta)}$$

k 次谐波幅度
$$I_k=a_k=\frac{2}{T}\int_{-\frac{T}{2}}^{\frac{2}{T}}\frac{I_m}{(1-\cos\theta)}[\cos(\omega_1 t)-\cos\theta]\cos(k\omega_1 t)\mathrm{d}t$$
$$=\frac{2I_m(\sin k\theta\cdot\cos\theta-k\cos k\theta\cdot\sin\theta)}{k\pi(k^2-1)(1-\cos\theta)}$$

(2)当 $\theta=60°$时

直流分量
$$I_0=a_0=\frac{I_m\left(\sin60°-\frac{\pi}{3}\cos60°\right)}{\pi(1-\cos60°)}=I_m\cdot\frac{\sqrt{3}-\frac{\pi}{3}}{\pi}\approx0.22I_m$$

基波幅度
$$I_1=a_1=\frac{I_m\left(\frac{\pi}{3}-\sin60°\cos60°\right)}{\pi(1-\cos60°)}=I_m\cdot\frac{\frac{2\pi}{3}-\frac{\sqrt{3}}{2}}{\pi}\approx0.39I_m$$

k 次谐波幅度
$$I_k=a_k=\frac{2I_m\left(\sin\frac{k\pi}{3}\cos60°-k\cos\frac{k\pi}{3}\sin60°\right)}{k\pi(k^2-1)(1-\cos60°)}$$

$$=\frac{2I_m\left(\sin\frac{k\pi}{3}-\sqrt{3}k\cos\frac{k\pi}{3}\right)}{k\pi(k^2-1)},k=2,\ 3,\ \cdots$$

(3)当 $\theta=90°$时

直流分量

$$I_0=a_0=\frac{I_m\left(\sin 90°-\frac{\pi}{2}\cos 90°\right)}{\pi(1-\cos 90°)}=\frac{I_m}{\pi}$$

基波幅度
$$I_1=a_1=\frac{I_m\left(\frac{\pi}{2}-\sin 90°\cos 90°\right)}{\pi(1-\cos 90°)}=\frac{I_m}{2}$$

k 次谐波幅度
$$I_k=a_k=\frac{2I_m\left(\sin\frac{k\pi}{2}\cos 90°-k\cos\frac{k\pi}{2}\sin 90°\right)}{k\pi(k^2-1)}=\frac{2I_m\cos\frac{k\pi}{2}}{\pi(1-k^2)},k=2,\ 3,\ \cdots$$

3－10　已知周期函数 $f(t)$ 前四分之一周期的波形如图 3－2－12 所示。根据下列各种情况的要求画出 $f(t)$ 在一个周期 $(0<t<T)$ 内的波形。

(1) $f(t)$ 是偶函数，只含有偶次谐波；

(2) $f(t)$ 是偶函数，只含有奇次谐波；

(3) $f(t)$ 是偶函数，含有偶次和奇次谐波；

(4) $f(t)$ 是奇函数，只含有偶次谐波，

(5) $f(t)$ 是奇函数，只含有奇次谐波；

(6) $f(t)$ 是奇函数，含有偶次和奇次谐波。

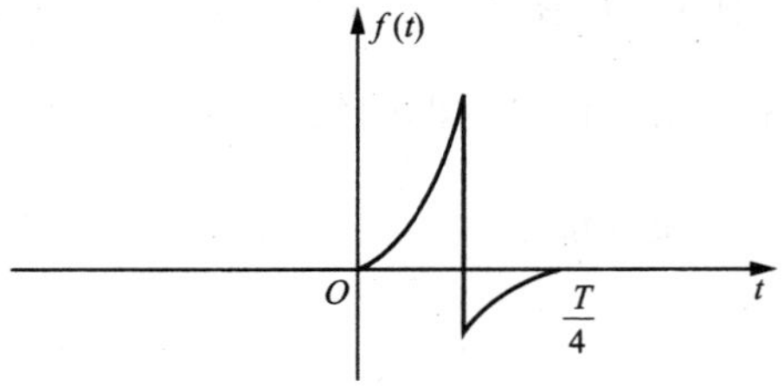

图 3－2－12

解： (1) $f(t)$ 为偶函数，且为偶谐函数，可画出在 $(0,T)$ 内波形如图 3－2－13(a)所示；

(2) $f(t)$ 为偶函数，且为奇谐函数，可画出在 $(0,T)$ 内波形如图 3－2－13(b)所示；

(3) $f(t)$ 为偶函数，且不为偶谐函数和奇谐函数，可画出在 $(0,T)$ 内波形如图 3－2－13(c)所示；

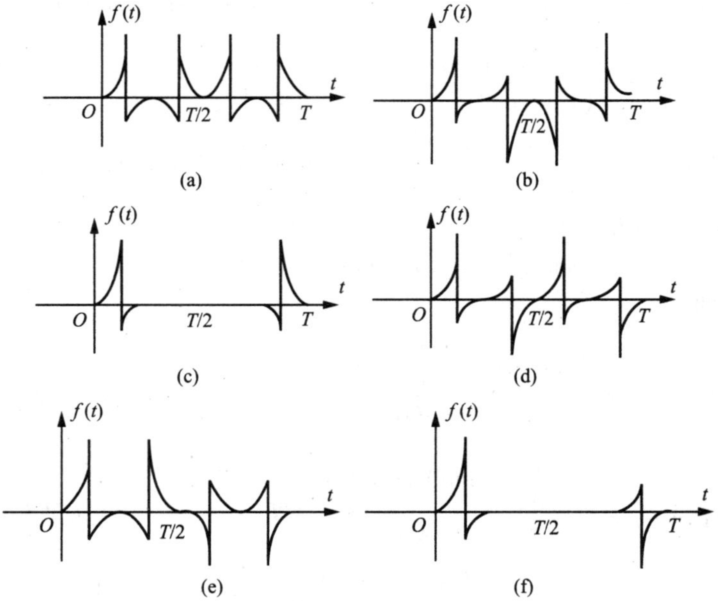

图 3－2－13

(4)$f(t)$为奇函数，且为偶谐函数，可画出在$(0,T)$内波形如图 3－2－13(d)所示；

(5)$f(t)$为奇函数，且为奇谐函数，可画出在$(0,T)$内波形如图 3－2－13(e)所示；

(6)$f(t)$为奇函数，且不为偶谐函数和奇谐函数，可画出在$(0,T)$内波形如图 3－2－13(f)所示。

3－11　求图 3－2－14 所示周期信号的傅里叶级数的系数，图(a)求 a_n，b_n；图(b)求 F_n。

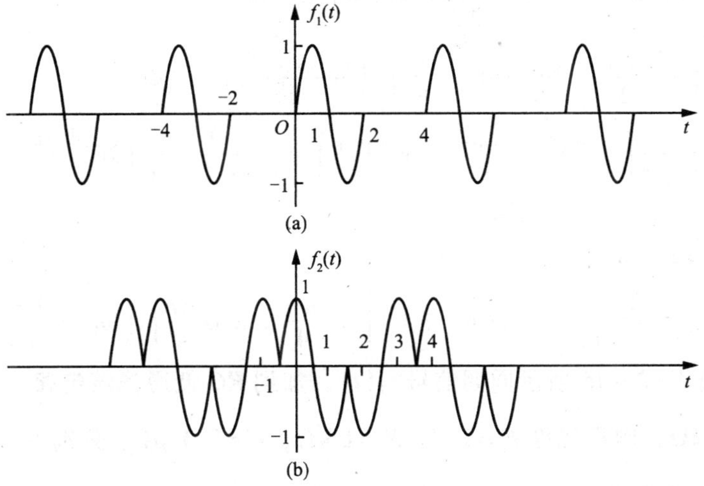

图 3－2－14

解：(a)由图 3－2－14(a)可知，$f(t)$的周期为 4，在一个周期内的表达式为

$$f_1(t)=\sin(\pi t)[u(t)-u(t-2)]\qquad(0\leqslant t\leqslant 4)$$

$$a_0=\frac{1}{T}\int_0^T f_1(t)\,\mathrm{d}t=\frac{1}{4}\int_0^4 f_1(t)\,\mathrm{d}t=0$$

$$\begin{aligned}a_n&=\frac{2}{4}\int_0^4 f_1(t)\cos\left(\frac{n}{2}\pi t\right)\mathrm{d}t\\&=\frac{1}{2}\int_0^2\sin(\pi t)\cos\left(\frac{n}{2}\pi t\right)\mathrm{d}t\\&=\frac{1}{4}\int_0^2\left[\sin\left(\pi t+\frac{n\pi}{2}t\right)+\sin\left(\pi t-\frac{n\pi}{2}t\right)\right]\mathrm{d}t\\&=\frac{2}{(n^2-4)\pi}(\cos n\pi-1)=\begin{cases}0, & n\text{ 为偶数}\\ \dfrac{4}{(4-n^2)\pi}, & n\text{ 为奇数}\end{cases}\end{aligned}$$

$$\begin{aligned}b_n&=\frac{2}{4}\int_0^2\sin(\pi t)\cdot\sin\left(\frac{n\pi}{2}t\right)\mathrm{d}t\\&=\frac{1}{4}\int_0^2\left[\cos\left(\pi-\frac{n\pi}{2}\right)t-\cos\left(\pi+\frac{n\pi}{2}\right)t\right]\mathrm{d}t=\begin{cases}0, n\neq 2\\ \dfrac{1}{2}, n=2\end{cases}\end{aligned}$$

所以$f(t)=\dfrac{4}{\pi}\left[\dfrac{1}{3}\cos(\omega_1 t)-\dfrac{1}{5}\cos(3\omega_1 t)-\dfrac{1}{21}\cos(5\omega_1 t)-\cdots\right]+\dfrac{1}{2}\sin(2\omega_1 t)$，其中 $\omega_1=\dfrac{2\pi}{T}=\dfrac{\pi}{2}$。

(b)由图 3－2－14(b)可知$f_2(t)=f_1\left(t+\dfrac{1}{2}\right)-f_1\left(t-\dfrac{3}{2}\right)$

$$
\begin{aligned}
F_n &= \frac{1}{T}\int_0^T f_2(t)\,\mathrm{e}^{-\mathrm{j}n\omega_1 t}\mathrm{d}t \\
&= \frac{1}{4}\int_{-\frac{1}{2}}^{\frac{3}{2}}\sin\pi\left(t+\frac{1}{2}\right)\mathrm{e}^{-\mathrm{j}n\frac{\pi}{2}t}\mathrm{d}t - \frac{1}{4}\int_{\frac{3}{2}}^{\frac{7}{2}}\sin\pi\left(t-\frac{3}{2}\right)\mathrm{e}^{-\mathrm{j}n\frac{\pi}{2}t}\mathrm{d}t \\
&= \frac{1}{4}\int_{-\frac{1}{2}}^{\frac{3}{2}}\cos(\pi t)\,\mathrm{e}^{-\mathrm{j}n\frac{\pi}{2}t}\mathrm{d}t - \frac{1}{4}\int_{\frac{3}{2}}^{\frac{7}{2}}\cos(\pi t)\,\mathrm{e}^{-\mathrm{j}n\frac{\pi}{2}t}\mathrm{d}t \\
&= \frac{1}{4}\int_{-\frac{1}{2}}^{\frac{3}{2}}\left(\frac{\mathrm{e}^{\mathrm{j}\pi t}+\mathrm{e}^{-\mathrm{j}\pi t}}{2}\right)\mathrm{e}^{-\mathrm{j}n\frac{\pi}{2}t}\mathrm{d}t - \frac{1}{4}\int_{\frac{3}{2}}^{\frac{7}{2}}\left(\frac{\mathrm{e}^{\mathrm{j}\pi t}+\mathrm{e}^{-\mathrm{j}\pi t}}{2}\right)\mathrm{e}^{-\mathrm{j}n\frac{\pi}{2}t}\mathrm{d}t \\
&= \frac{1}{(8-4n)\mathrm{j}\pi}\left[2\mathrm{e}^{\mathrm{j}\frac{3(2-n)}{4}\pi} - \mathrm{e}^{\mathrm{j}\frac{n-2}{4}\pi} - \mathrm{e}^{\mathrm{j}\frac{7(2-n)}{4}\pi}\right] - \frac{1}{(8+4n)\mathrm{j}\pi}\left[2\mathrm{e}^{-\mathrm{j}\frac{3(2+n)}{4}\pi} - \mathrm{e}^{\mathrm{j}\frac{n+2}{4}\pi} - \mathrm{e}^{-\mathrm{j}\frac{7(2+n)}{4}\pi}\right] \\
&= \frac{-2\mathrm{e}^{-\mathrm{j}\frac{3}{4}n\pi} + \mathrm{e}^{\mathrm{j}\frac{3}{4}n\pi} + \mathrm{e}^{-\mathrm{j}\frac{7}{4}n\pi}}{(4-n^2)\pi} \\
&= \sin\frac{n\pi}{2}\frac{2}{(n^2-4)\pi}\left[\cos(n\pi)-1\right]\left[\sin\frac{n\pi}{4}+\mathrm{j}\cos\frac{\pi n}{4}\right],\left(\omega_1=\frac{2\pi}{T}=\frac{\pi}{2}\right)。
\end{aligned}
$$

3－12　如图 3－2－15 所示周期信号 $v_{\mathrm{i}}(t)$，加到 RC 低通滤波电路。已知 $v_{\mathrm{i}}(t)$ 的重复频率 $f_1=\dfrac{1}{T}=1\ \mathrm{kHz}$，电压幅度 $E=1\ \mathrm{V}$，$R=1\ \mathrm{k\Omega}$，$C=0.1\ \mu\mathrm{F}$。分别求：

(1) 稳态时电容两端电压之直流分量、基波和五次谐波之幅度；

(2) 求上述各分量与 $v_{\mathrm{i}}(t)$ 相应分量的比值，讨论此电路对各频率分量响应的特点。

(提示：利用电路课所学正弦稳态交流电路的计算方法分别求各频率分量之响应。)

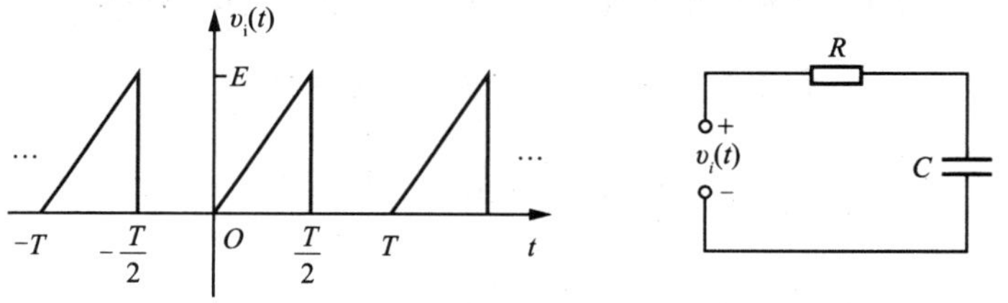

图 3－2－15

解：(1) 周期电压源信号 $v_i(t)$ 的傅里叶级数系数为

$$
a_0 = \frac{1}{T}\int_0^{\frac{T}{2}}\frac{2E}{T}t\mathrm{d}t = \frac{E}{4}
$$

$$
\begin{aligned}
a_n &= \frac{2}{T}\int_0^{\frac{T}{2}} v_{\mathrm{i}}(t)\cos(n\omega_1 t)\mathrm{d}t \\
&= \frac{2}{T}\int_0^{\frac{T}{2}}\frac{2E}{T}t\cos(n\omega_1 t)\mathrm{d}t = \begin{cases} -\dfrac{2E}{n^2\pi^2}, n=1,3\cdots \\ 0, n=2,4\cdots \end{cases}
\end{aligned}
$$

$$
b_n = \frac{2}{T}\int_0^{\frac{T}{2}}\frac{2E}{T}t\sin(n\omega_1 t)\mathrm{d}t = \begin{cases} \dfrac{E}{n\pi}, n=1,3\cdots \\ -\dfrac{E}{n\pi}, n=2,4\cdots \end{cases}
$$

$\omega_1=\dfrac{2\pi}{T}$，所以

$$v_i(t)=\frac{E}{4}-\frac{2E}{\pi^2}\cos(\omega_1 t)+\frac{E}{\pi}\sin(\omega_1 t)-\frac{E}{2\pi}\sin(2\omega_1 t)-\frac{2E}{9\pi^2}\cos(3\omega_1 t)$$

$$+\frac{E}{3\pi}\sin(3\omega_1 t)-\frac{E}{4\pi}\sin(4\omega_1 t)-\frac{2E}{25\pi^2}\cos(5\omega_1 t)+\frac{E}{5\pi}\sin(5\omega_1 t)+\cdots$$

则 $v_i(t)$ 的直流分量为：$v_{i0}=a_0=\frac{E}{4}=0.25\ \text{V}$

$v_i(t)$ 的基波分量的幅度为：$v_{i1}=\sqrt{\left(\frac{2E}{\pi^2}\right)^2+\left(\frac{E}{\pi}\right)^2}=\sqrt{\frac{4}{\pi^4}+\frac{1}{\pi^2}}\approx 0.377\ \text{V}$

$v_i(t)$ 的五次谐波分量的幅度为：$v_{i5}=\sqrt{\left(\frac{2E}{25\pi^2}\right)^2+\left(\frac{E}{5\pi}\right)^2}=0.064\ \text{V}$。

由图 3－2－15 可知，电路的频响函数为

$$H(j\omega)=\frac{v_o}{v_i}=\frac{\frac{1}{\mathrm{j}\omega C}}{R+\frac{1}{\mathrm{j}\omega C}}$$

故对应的电容两端电压的各分量为：

直流分量　　$\omega=0$，$v_{o0}=v_{i0}=0.25\ \text{V}$

基波分量　　$\omega=\omega_1=2000\pi\ \text{rad/s}$

$$v_{o1}=v_{i1}\cdot|H(\mathrm{j}\omega_1)|=\sqrt{\frac{4}{\pi^4}+\frac{1}{\pi^2}}\cdot\left|\frac{\frac{1}{\mathrm{j}\cdot 2000\pi\cdot 10^{-7}}}{1000+\frac{1}{\mathrm{j}\cdot 2000\pi\cdot 10^{-7}}}\right|\approx 0.305\ \text{V}$$

五次谐波分量

$$v_{o5}=v_{i5}\cdot|H(\mathrm{j}5\omega_1)|=\sqrt{\frac{4}{625\pi^4}+\frac{1}{25\pi^2}}\cdot\left|\frac{\frac{1}{\mathrm{j}\cdot 10000\pi\cdot 10^{-7}}}{1000+\frac{1}{\mathrm{j}\cdot 10000\pi\cdot 10^{-7}}}\right|\approx 0.018\ \text{V}$$

(2) 由题(1)可知 $v_o(t)$ 的直流分量与 $v_i(t)$ 的直流分量之比为：$\frac{v_{o0}}{v_{i0}}=1$

基波幅度之比为：$\frac{v_{o1}}{v_{i1}}=|H(\mathrm{j}\omega_1)|=0.847$

五次谐波幅度之比为：$\frac{v_{o5}}{v_{i5}}=|H(\mathrm{j}5\omega_1)|=0.303$

此 RC 积分电路对高频分量衰减大，对低频分量衰减小，故为一个低通滤波器。

3－13　学习电路课时已知，LC 谐振电路具有选择频率的作用，当输入正弦信号频率与 LC 电路的谐振频率一致时，将产生较强的输出响应，而当输入信号频率适当偏离时，输出响应相对值很弱，几乎为零(相当于窄带通滤波器)。利用这一原理可从非正弦周期信号中选择所需的正弦频率成分。图 3－2－16 所示 RLC 并联电路和电流源 $i_1(t)$ 都是理想模型。已知电路的谐振频率为 $f_0=\frac{1}{2\pi\sqrt{LC}}=100\ \text{kHz}$，$R=100\ \text{k}\Omega$ 谐振电路品质因数 Q 足够高(可滤除邻近频率成分)。$i_1(t)$ 为周期矩形波，幅度为 1 mA。当 $i_1(t)$ 的参数(τ，T)为下列情况时，粗略地画出输出电压 $v_2(t)$ 的波形，并注明幅度值。

(1) $\tau=5\ \mu s$，$T=10\ \mu s$；(2) $\tau=10\ \mu s$，$T=20\ \mu s$；(3) $\tau=15\ \mu s$，$T=30\ \mu s$。

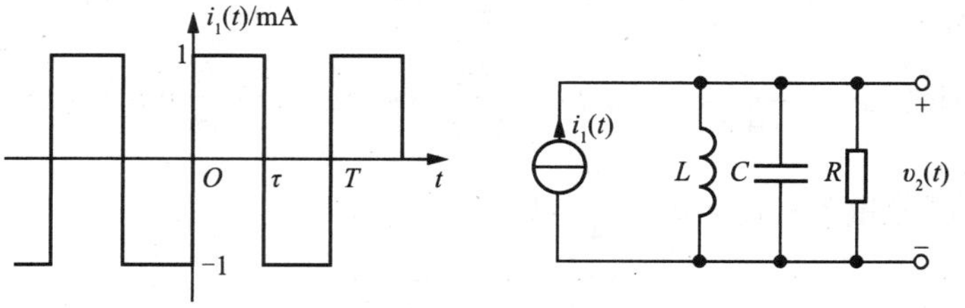

图 3－2－16

解：由图 3－2－16 可知，$a_0=0, a_n=0, b_n=\dfrac{2}{T}\int_0^T i_1(t)\sin(n\omega_1 t)\mathrm{d}t=\dfrac{4\times10^{-3}}{n\pi}\sin^2\left(\dfrac{n\omega_1\tau}{2}\right)$。

所以 $i_1(t)=\sum\limits_{n=1}^{\infty}\dfrac{4\times10^{-3}}{n\pi}\sin^2\left(\dfrac{n\omega_1\tau}{2}\right)\sin(n\omega_1 t)$。

(1) 当 $T=10\ \mu s$，有 $\omega_1=\dfrac{2\pi}{T}=2\pi\times10^5$ Hz　　$f_1=\dfrac{\omega_1}{2\pi}=10^5$ Hz $=100$ kHz。

因为 $f_1=f_0$，所以输入 $i_1(t)$ 中的基波分量引起谐振，其余频率分量可认为被滤除（Q 足够高），故有 $v_2(t)=R\cdot I_1\sin(\omega_1 t)=10^5\times\dfrac{4}{\pi}\times10^{-3}\sin(\omega_1 t)\approx127\sin(\omega_1 t)$ V。波形如图 3－2－17(a) 所示。

(2) 当 $T=20\ \mu s$ 时，有 $f_1=\dfrac{1}{T}=5\times10^4$ Hz $=50$ kHz，$\omega_1=2\pi f_1=10^5\pi$ rad/s。

此时电路产生的输出电压 $v_2(t)$ 主要是由 $i_1(t)$ 中的二次谐波分量引起的，该二次谐波分量幅度为 $I_2=\dfrac{4}{2\pi}\times10^{-3}\sin^2\left(\dfrac{2\times\omega_1\tau}{2}\right)=\dfrac{4}{2\pi}\times10^{-3}\sin^2(\pi)$ A $=0$ A，即由二次谐波所引起的响应为 0，又因其它谐波分量引起的电压很弱，所以输出电压 $v_2(t)$ 近似为 0，波形如图 3－2－17(b) 所示。

(3) 当时 $T=30\ \mu s$ 时，有 $f_1=\dfrac{1}{T}=\dfrac{100}{3}$ kHz，$\omega_1=2\pi f_2=\dfrac{2}{3}\pi\times10^5$ rad/s。

因为 $f_0=3f_1$，所以此时电路的谐振主要由 $i_1(t)$ 中的三次谐波分量引起，其幅度为

$$I_3=\frac{4}{3\pi}\times10^{-3}\sin^2\left(\frac{3\omega_1\tau}{2}\right)=\left[\frac{4}{3\pi}\times10^{-3}\times\sin^2\left(\frac{3}{2}\pi\right)\right]\text{A}=\frac{4}{3\pi}\times10^{-3}\ \text{A}$$

引起的响应为 $v_2(t)=R\cdot I_3\sin(3\omega_1 t)=10^5\times\dfrac{4}{3\pi}\times10^{-3}\sin(3\omega_1 t)=42.4\sin(3\omega_1 t)$ V。

波形如图 3－2－17(c) 所示。

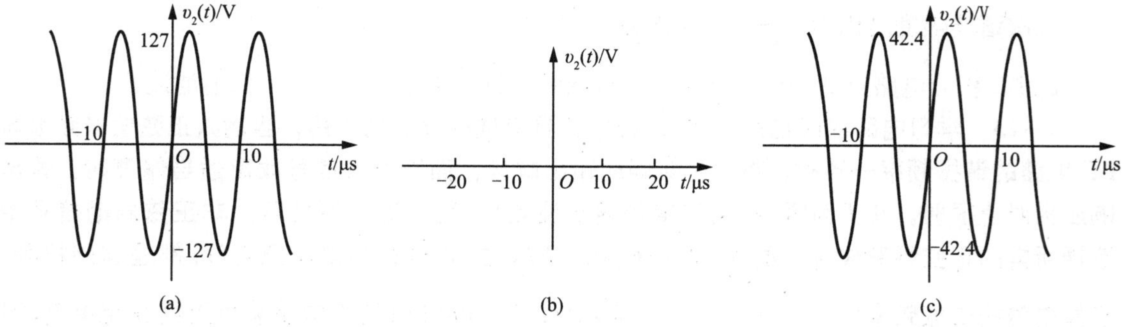

图 3－2－17

3－14　若信号波形和电路结构仍如图 3－2－16 所示，波形参数为 $\tau=5\mu s$，$T=10\mu s$。

(1)适当设计电路参数，能否分别从矩形波中选出以下频率分量的正弦信号：50 kHz，100 kHz，150 kHz，200 kHz，300 kHz，400 kHz？

(2)对于那些不能选出的频率成分，试分别利用其他电路(示意表明)获得所需频率分量的信号(提示：需用到电路、模拟电路、数字电路等课程的综合知识，可行方案可能不止一种)。

解：(1)因 $T=10\ \mu s$，故基频为：$f_1=\frac{1}{T}=100$ kHz。

由于 $i_1(t)$ 中只可能包含 100 kHz 的整数倍频率的谐波成分，因此，不可能从该矩形波中选出 100 kHz 的非整数倍频率，如 50 kHz，150 kHz。

又 $i_1(t)=\sum_{n=1}^{\infty}\frac{4}{n\pi}\times 10^{-3}\sin^2\left(\frac{n\omega_1\tau}{2}\right)\sin(n\omega_1 t)$，其中 $\omega_1=2\pi\times 10^5$ rad/s，$\tau=5\ \mu s$。

当 n 为 2 和 4 时，二次谐波和四次谐波的幅度均为 0，因此，也不可能从该矩形波中选出 200 kHz 和 400kHz 的正弦信号。

综上可得，电路只能从矩形波中选出 100 kHz 和 300 kHz 的正弦分量。

(2)要获得 50 kHz、150 kHz、200 kHz 及 400 kHz 频率分量的信号，可利用图 3－2－18 所示电路。

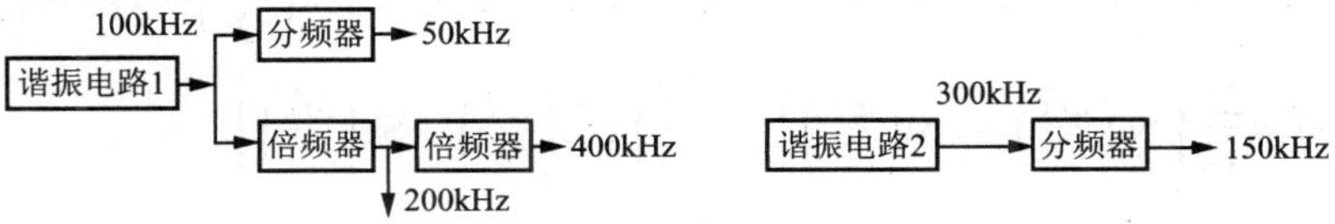

图 3－2－18

3－15　求图 3－2－19 所示半波余弦脉冲的傅里叶变换，并画出频谱图。

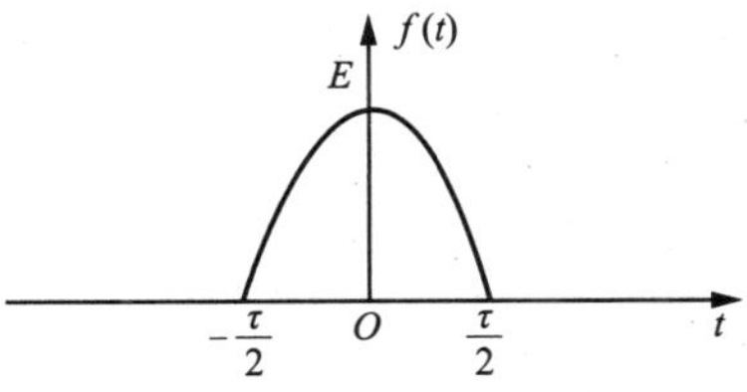

图 3－2－19

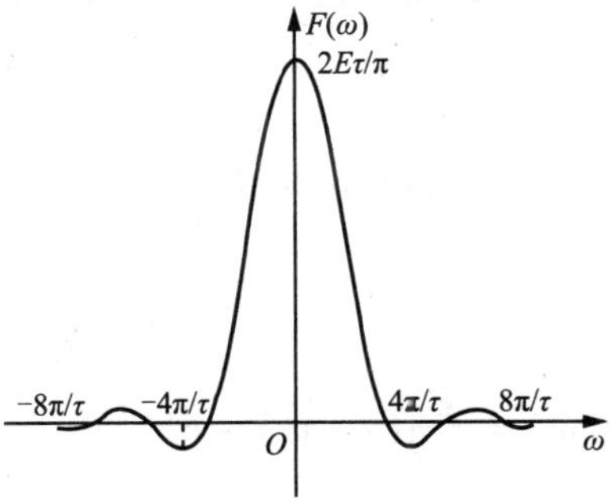

图 3－2－20

解：由图 3－2－19 可知，$f(t)=E\cos\left(\frac{\pi}{\tau}t\right)\left[u\left(t+\frac{\tau}{2}\right)-u\left(t-\frac{\tau}{2}\right)\right]$。

根据定义可得，其傅里叶变换为

$$F(\omega)=\int_{-\frac{\tau}{2}}^{\frac{\tau}{2}}E\cos\left(\frac{\pi}{\tau}t\right)e^{-j\omega t}dt=\frac{E}{2}\int_{-\frac{\tau}{2}}^{\frac{\tau}{2}}\left[e^{-j\frac{\pi}{\tau}t}+e^{j\frac{\pi}{\tau}t}\right]e^{-j\omega t}dt$$

$$=\frac{E}{2}\int_{-\frac{\tau}{2}}^{\frac{\tau}{2}}\left[e^{j\left(\frac{\pi}{\tau}-\omega\right)t}+e^{-j\left(\frac{\pi}{\tau}+\omega\right)t}\right]dt$$

$$=\frac{2E\pi\tau\cos\left(\frac{\omega\tau}{2}\right)}{\pi^2-\omega^2\tau^2}$$

频谱图如图 3－2－20 所示。

3－16　求图 3－2－21 所示锯齿脉冲与单周正弦脉冲的傅里叶变换。

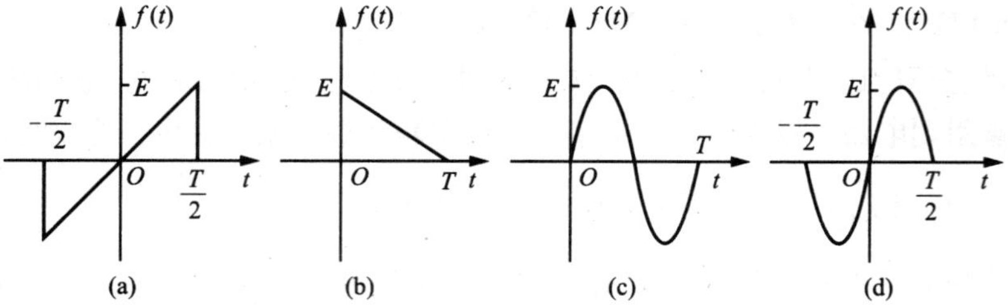

图 3－2－21

解：(a)由图 3－2－21(a)可知，$f(t)=\frac{2E}{T}t$，$(-\frac{T}{2}\leqslant t\leqslant\frac{T}{2})$。

则

$$f'(t)=\frac{2E}{T}\left[u\left(t+\frac{T}{2}\right)-u\left(t-\frac{T}{2}\right)\right]-E\left[\delta\left(t+\frac{T}{2}\right)+\delta\left(t-\frac{T}{2}\right)\right]$$

两边取傅里叶变换，有

$$\mathrm{j}\omega F(\omega)=\frac{2E}{T}\cdot T\mathrm{Sa}\left(\frac{\omega T}{2}\right)-E(\mathrm{e}^{\mathrm{j}(\frac{\omega T}{2})}+\mathrm{e}^{\mathrm{j}(-\frac{\omega T}{2})})=2E\mathrm{Sa}\left(\frac{\omega T}{2}\right)-2E\cos\left(\frac{\omega T}{2}\right)$$

从而$F(\omega)=\frac{2E}{\mathrm{j}\omega}\left[\mathrm{Sa}\left(\frac{\omega T}{2}\right)-\cos\left(\frac{\omega T}{2}\right)\right]=\mathrm{j}\frac{2E}{\omega}\left[\cos\left(\frac{\omega T}{2}\right)-\mathrm{Sa}\left(\frac{\omega T}{2}\right)\right]$

$$F(0)=\int_{-\frac{T}{2}}^{\frac{T}{2}}\frac{2E}{T}t\mathrm{e}^{\mathrm{j}0t}\mathrm{d}t=\frac{E}{T}\cdot t^2\Big|_{-\frac{T}{2}}^{\frac{T}{2}}=0$$

(b)由图 3－2－21(b)可知，$f'(t)=E\delta(t)-\frac{E}{T}[u(t)-u(t-T)]$。

所以

$$\begin{aligned}\mathrm{j}\omega F(\omega)&=E-\frac{E}{T}\left[\pi\delta(\omega)+\frac{1}{\mathrm{j}\omega}\right]+\frac{E}{T}\left[\pi\delta(\omega)+\frac{1}{\mathrm{j}\omega}\right]\mathrm{e}^{-\mathrm{j}\omega T}\\&=E-\frac{E}{T}\times\frac{1}{\mathrm{j}\omega}(1-\mathrm{e}^{-\mathrm{j}\omega T})\end{aligned}$$

从而 $F(\omega)=\frac{E}{\omega^2 T}(1-\mathrm{j}\omega T-\mathrm{e}^{-\mathrm{j}\omega T})$。

$$F(0)=\int_0^T-\frac{E}{T}t+E\mathrm{d}t=-\frac{E}{2T}t^2\Big|_0^T+Et\Big|_0^T=\frac{ET}{2}$$

(c)由图 3－2－21(c)可知，$f(t)=E\sin(\omega_0 t)$，$t\in[0,\ T]$，$\omega_0=\frac{2\pi}{T}$，则其傅里叶变换

$$\begin{aligned}F(\omega)&=\int_{-\infty}^{\infty}f(t)\mathrm{e}^{-\mathrm{j}\omega t}\mathrm{d}t=\int_0^T E\sin(\omega_0 t)\mathrm{e}^{-\mathrm{j}\omega t}\mathrm{d}t\quad(\omega_0=\frac{2\pi}{T})\\&=\int_0^T\frac{E}{2\mathrm{j}}[\mathrm{e}^{\mathrm{j}(\omega_0-\omega)t}-\mathrm{e}^{-\mathrm{j}(\omega_0+\omega)t}]\mathrm{d}t=\frac{E}{2\mathrm{j}}\left[\frac{\mathrm{e}^{\mathrm{j}(\omega_0-\omega)T}-1}{\mathrm{j}(\omega_0-\omega)}+\frac{\mathrm{e}^{-\mathrm{j}(\omega_0+\omega)T}-1}{\mathrm{j}(\omega_0+\omega)}\right]\\&=\frac{1-\mathrm{e}^{-\mathrm{j}\omega T}}{\omega_0^2-\omega^2}\cdot\omega_0 E=\mathrm{j}\frac{2\omega_0 E\sin\frac{\omega T}{2}}{\omega_0^2-\omega^2}\mathrm{e}^{-\mathrm{j}\frac{\omega T}{2}},\text{其中 }\omega_0 T=2\pi\text{、}\mathrm{e}^{\pm\mathrm{j}\omega_0 T}=1\end{aligned}$$

根据傅里叶变换定义知 $F(\omega_0)=\int_{-\infty}^{\infty}f(t)\mathrm{e}^{-\mathrm{j}\omega_0 t}\mathrm{d}t=\int_0^T E\sin(\omega_0 t)\mathrm{e}^{-\mathrm{j}\omega_0 t}\mathrm{d}t=\frac{ET}{2\mathrm{j}}$。

(d) 由图 3-2-21(d) 可知，$f(t)=E\sin(\omega_1 t)\left[u\left(t+\frac{T}{2}\right)-u\left(t-\frac{T}{2}\right)\right]$，$\omega_1=\frac{2\pi}{T}$，则

$$f''(t)=-E\omega_1^2\sin(\omega_1 t)\left[u\left(t+\frac{T}{2}\right)-u\left(t-\frac{T}{2}\right)\right]-E\omega_1\left[\delta\left(t+\frac{T}{2}\right)-\delta\left(t-\frac{T}{2}\right)\right]$$

$$=-\omega_1^2 f(t)-E\omega_1\left[\delta\left(t+\frac{T}{2}\right)-\delta\left(t-\frac{T}{2}\right)\right]$$

两边同时取傅里叶变换，有

$$(\mathrm{j}\omega)^2F(\omega)=-\omega_1^2F(\omega)-E\omega_1\left(\mathrm{e}^{\mathrm{j}\frac{\omega T}{2}}-\mathrm{e}^{-\mathrm{j}\frac{\omega T}{2}}\right)$$

则 $F(\omega)=\mathrm{j}\dfrac{2E\omega_1\sin\left(\frac{\omega T}{2}\right)}{\omega^2-\omega_1^2}$，$\omega_1=\frac{2\pi}{T}$，其中 $F(\omega_1)=\mathrm{j}\cdot\dfrac{2E\omega_1\cdot\frac{T}{2}\cdot\cos\left(\frac{\omega_1 T}{2}\right)}{2\omega_1}=\dfrac{ET}{2\mathrm{j}}$。

3-17　图 3-2-22 所示各波形的傅里叶变换可在本章教材正文或附录中找到，利用这些结果给出各波形频谱所占带宽 B_f（频谱图或频谱包络图的第一零点值），注意图中的时间单位都为 μs。

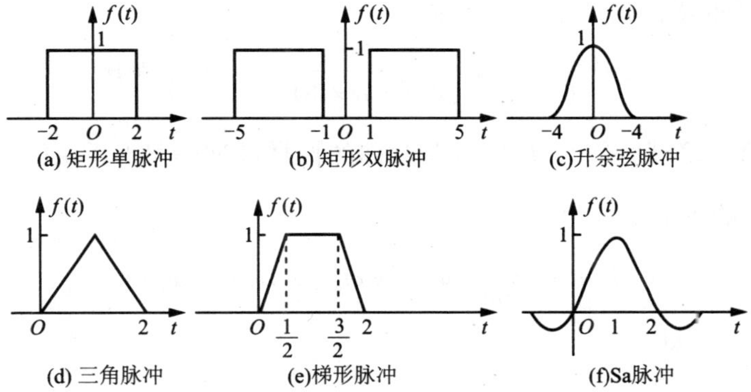

图 3-2-22

解： (a) 由图 3-2-22(a) 可知，$f(t)$ 为矩形单脉冲信号，其频谱函数为

$$F(\omega)=E\tau\mathrm{Sa}\left(\frac{\omega\tau}{2}\right)$$

脉冲宽度 $\tau=4$ μs，所以 $F(\omega)$ 的第一个零点为 $f=\frac{1}{\tau}=0.25$ MHz，带宽 $B_f=0.25$ MHz。

(b) 由图 3-2-22(b) 可知

$$F(\omega)=E\tau\mathrm{Sa}\left(\frac{\omega\tau}{2}\right)\left(\mathrm{e}^{\mathrm{j}\frac{3\tau}{4}\omega}+\mathrm{e}^{-\mathrm{j}\frac{3\tau}{4}\omega}\right)=2E\tau\,\mathrm{Sa}\left(\frac{\omega\tau}{2}\right)\cos\left(\frac{3\omega}{4}\tau\right)$$

该 $F(\omega)$ 的包络仍为抽样函数，其带宽 $B_f=\frac{1}{\tau}=\frac{1}{4}$ MHz $=250$ kHz。

(c) 由图 3-2-22(c) 可知

$$F(\omega)=\frac{E\tau}{2}\cdot\frac{\mathrm{Sa}\left(\frac{\omega\tau}{2}\right)}{1-\left(\frac{\omega\tau}{2\pi}\right)^2},\text{其中 } E=1,\tau=8\ \mu\mathrm{s}$$

因 $F(\omega)$ 的第一零点处 $f=\frac{2}{\tau}$，故带宽为

$$B_f=\frac{2}{\tau}=0.25\ \mathrm{MHz}$$

(d)由图 3-2-22(d)可知，$f(t)$为偶对称的三角脉冲信号向右平移半个脉宽的结果，又已知偶对称三角脉冲的频谱函数为$\frac{E\tau}{2}\cdot \mathrm{Sa}^2\left(\frac{\omega\tau}{4}\right)$，所以$f(t)$的频谱

$$F(\omega) = \frac{E\tau}{2}\mathrm{Sa}^2\left(\frac{\omega\tau}{4}\right)\cdot e^{-j\frac{\omega\tau}{2}}$$

因平移不改变信号的频带宽度，故带宽为

$$B_f = \frac{2}{\tau} = \frac{2}{2\times 10^{-6}}\mathrm{Hz} = 1\ \mathrm{MHz}$$

(e)由图 3-2-22(e)可知，$f(t)$是偶对称的梯形脉冲信号右移半个脉宽的结果，已知梯形脉冲信号的频谱函数为

$$F(\omega) = \frac{8E}{(\tau-\tau_1)\omega^2}\sin\left[\frac{\omega(\tau+\tau_1)}{4}\right]\sin\left[\frac{\omega(\tau-\tau_1)}{4}\right]$$

第一个零点$f=\frac{2}{\tau+\tau_1}$。

因平移不改变带宽，故$f(t)$的带宽为

$$B_f = \frac{2}{\tau+\tau_1} = \frac{2}{(2+1)\times 10^{-6}}\mathrm{Hz} = \frac{2}{3}\ \mathrm{MHz}$$

(f)由图 3-2-22(f)可知，$f(t)$为偶对称的抽样脉冲信号 $\mathrm{Sa}(\omega_c t)$右移$\frac{\pi}{\omega_c}$个单位的结果，已知 $\mathrm{Sa}(\omega_c t)$的频谱函数为

$$F(\omega) = \frac{\pi}{\omega_c}[u(\omega+\omega_c) - u(\omega-\omega_c)]$$

第一个零点在$f=\frac{\omega_c}{2\pi}$。

因平移不改变带宽，故$f(t)$的带宽为

$$B_f = \frac{\omega_c}{2\pi} = \frac{10^6\pi}{2\pi}\ \mathrm{Hz} = 0.5\ \mathrm{MHz}$$

3-18　“升余弦滚降信号”的波形如图 3-2-23(a)所示，它在 t_2 到 t_3 的时间范围内以升余弦的函数规律滚降变化。

设 $t_3-\frac{\tau}{2}=\frac{\tau}{2}-t_2=t_0$，升余弦脉冲信号的表示式可以写成

$$f(t)=\begin{cases} E & \left(|t|<\frac{\tau}{2}-t_0\right) \\ \frac{E}{2}\left[1+\cos\frac{\pi\left(t-\frac{\tau}{2}+t_0\right)}{2t_0}\right] & \left(\frac{\tau}{2}-t_0\leqslant |t| \leqslant \frac{\tau}{2}+t_0\right) \end{cases}$$

或写作

$$f(t)=\begin{cases} E & \left(|t|<\frac{\tau}{2}-t_0\right) \\ \frac{E}{2}\left[1-\sin\frac{\pi\left(|t|-\frac{\tau}{2}\right)}{k\tau}\right] & \left(\frac{\tau}{2}-t_0\leqslant |t| \leqslant \frac{\tau}{2}+t_0\right) \end{cases}$$

其中，滚降系数 $k=\frac{t_0}{\left(\frac{\tau}{2}\right)}=\frac{2t_0}{\tau}$

求此信号的傅里叶变换式，并画频谱图。讨论 $k=0$ 和 $k=1$ 两种特殊情况的结果。

[提示：将 $f(t)$ 分解为 $f_1(t)$ 和 $f_2(t)$ 之和，如图 3 -2 -23(b)，分别求傅里叶变换再相加。]

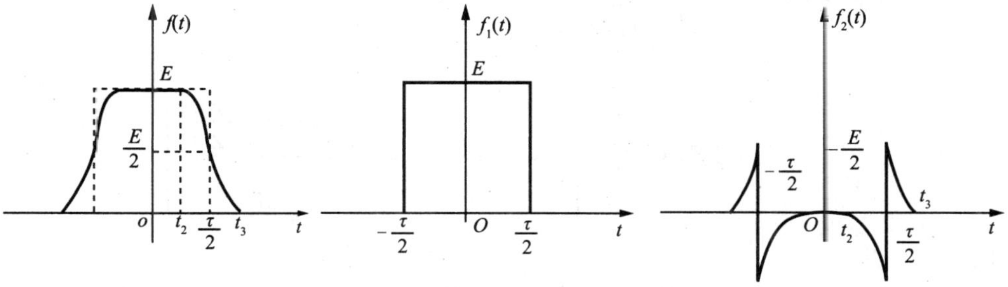

(a)升余弦滚降信号的波形　　(b)升余弦滚降信号的分解

图 3 -2 -23

解：由图 3 -2 -23 可知，$f(t)=f_1(t)+f_2(t)$，其中 $F_1(\omega)=E\tau\,\mathrm{Sa}\left(\frac{\omega\tau}{2}\right)$。

设函数
$$g(t)=\begin{cases}\frac{E}{2}\left[1-\sin\left(\frac{\pi t}{k\tau}\right)\right], & (0<t<t_0)\\ -\frac{E}{2}\left[1+\sin\left(\frac{\pi t}{k\tau}\right)\right], & (-t_0<t<0)\end{cases}$$

则有 $f_2(t)=g\left(t-\frac{\tau}{2}\right)+g\left(-t-\frac{\tau}{2}\right)$，$g(t)$ 为奇函数，其波形如图 3 -2 -24(a)所示，其傅里叶变换为

$$G(\omega)=\int_{-\infty}^{\infty}g(t)\mathrm{e}^{-\mathrm{j}\omega t}\mathrm{d}t$$

$$=\int_0^{+\infty}\frac{E}{2}\left[1-\sin\left(\frac{\pi t}{k\tau}\right)\right]\mathrm{e}^{-\mathrm{j}\omega t}\mathrm{d}t-\int_{-\infty}^{0}\frac{E}{2}\left[1+\sin\left(\frac{\pi t}{k\tau}\right)\right]\mathrm{e}^{-\mathrm{j}\omega t}\mathrm{d}t$$

$$\xlongequal{\text{后式 }t=-x}\int_0^{+\infty}\frac{E}{2}\left[1-\sin\left(\frac{\pi t}{k\tau}\right)\right]\mathrm{e}^{-\mathrm{j}\omega t}\mathrm{d}t-\int_0^{+\infty}\frac{E}{2}\left[1-\sin\left(\frac{\pi x}{k\tau}\right)\right]\mathrm{e}^{\mathrm{j}\omega x}\mathrm{d}x$$

$$=-2\mathrm{j}\int_0^{\infty}\frac{E}{2}\left[1-\sin\left(\frac{\pi t}{k\tau}\right)\right]\sin(\omega t)\mathrm{d}t$$

$$=-\mathrm{j}E\left[\int_0^{t_0}\sin(\omega t)\mathrm{d}t-\int_0^{t_0}\sin\left(\frac{\pi t}{k\tau}\right)\sin(\omega t)\mathrm{d}t\right]$$

$$\xlongequal{t_0=\frac{k\tau}{2}}-\mathrm{j}E\left\{-\frac{1}{\omega}\left[\cos\left(\frac{k\omega\tau}{2}\right)-1\right]+\frac{1}{2}\int_0^{\frac{k\tau}{2}}\left[\cos\left(\frac{\pi t}{k\tau}+\omega t\right)-\cos\left(\frac{\pi t}{k\tau}-\omega t\right)\right]\mathrm{d}t\right\}$$

$$=-\mathrm{j}E\left\{-\frac{1}{\omega}\left[\cos\left(\frac{k\omega\tau}{2}\right)-1\right]+\frac{1}{2}\frac{\sin\left[\left(\frac{\pi}{k\tau}+\omega\right)\cdot\frac{k\tau}{2}\right]}{\frac{\pi}{k\tau}+\omega}-\frac{1}{2}\frac{\sin\left[\left(\frac{\pi}{k\tau}-\omega\right)\cdot\frac{k\tau}{2}\right]}{\frac{\pi}{k\tau}-\omega}\right\}$$

$$=-\mathrm{j}E\left\{-\frac{1}{\omega}\left[\cos\left(\frac{k\omega\tau}{2}\right)-1\right]+\frac{1}{2}\frac{\left(\frac{\pi}{k\tau}-\omega\right)\sin\left[\left(\frac{\pi}{k\tau}+\omega\right)\cdot\frac{k\tau}{2}\right]-\left(\frac{\pi}{k\tau}+\omega\right)\sin\left[\left(\frac{\pi}{k\tau}-\omega\right)\frac{k\tau}{2}\right]}{\left(\frac{\pi}{k\tau}\right)^2-\omega^2}\right\}$$

$$=-\mathrm{j}E\left\{-\frac{1}{\omega}\left[\cos\left(\frac{k\omega\tau}{2}\right)-1\right]-\frac{\omega\cos\left(\frac{k\omega\tau}{2}\right)}{\left(\frac{\pi}{k\tau}\right)^2-\omega^2}\right\}$$

所以，根据平移性质可得$f_2(t)$的傅里叶变换为

$$\begin{aligned}F_2(\omega) &= G(\omega)[e^{-j\omega\cdot\frac{\tau}{2}} - e^{j\omega\cdot\frac{\tau}{2}}] \\ &= -2j\sin\left(\frac{\omega\tau}{2}\right)G(\omega) \\ &= 2E\sin\left(\frac{\omega\tau}{2}\right)\left\{\frac{1}{\omega}\left[\cos\left(\frac{k\omega\tau}{2}\right)-1\right]+\frac{\omega\cos\left(\frac{k\omega\tau}{2}\right)}{\left(\frac{\pi}{k\tau}\right)^2-\omega^2}\right\}\end{aligned}$$

从而

$$\begin{aligned}F(\omega) &= F_1(\omega)+F_2(\omega) \\ &= E\tau\,\mathrm{Sa}\left(\frac{\omega\tau}{2}\right)+2E\sin\left(\frac{\omega\tau}{2}\right)\left\{\frac{1}{\omega}\left[\cos\left(\frac{k\omega\tau}{2}\right)-1\right]+\frac{\omega\cos\left(\frac{k\omega\tau}{2}\right)}{\left(\frac{\pi}{k\tau}\right)^2-\omega^2}\right\} \\ &= E\tau\,\mathrm{Sa}\left(\frac{\omega\tau}{2}\right)\left[\cos\left(\frac{k\omega\tau}{2}\right)+\frac{\omega^2\cos\left(\frac{k\omega\tau}{2}\right)}{\left(\frac{\pi}{k\tau}\right)^2-\omega^2}\right] \\ &= E\tau\,\mathrm{Sa}\left(\frac{\omega\tau}{2}\right)\cdot\frac{\cos\left(\frac{k\omega\tau}{2}\right)}{1-\left(\frac{k\omega\tau}{\pi}\right)^2}\end{aligned}$$

其频谱图如图 3－2－24(b)所示。

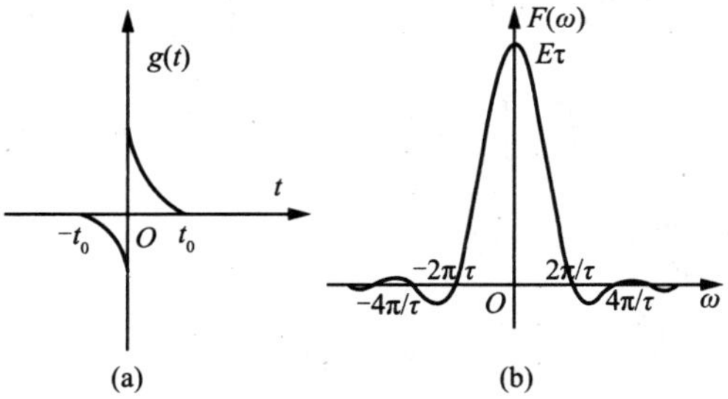

图 3－2－24

当$k=\dfrac{2t_0}{\tau}=0$时，$f(t)=f_1(t)$，$F(\omega)=F_1(\omega)=E\tau\,\mathrm{Sa}\left(\dfrac{\omega\tau}{2}\right)$；

当$k=\dfrac{2t_0}{\tau}=1$时，$f(t)$是升余弦脉冲信号，$F(\omega)=E\tau\,\mathrm{Sa}\left(\dfrac{\omega\tau}{2}\right)\dfrac{\cos\frac{\omega\tau}{2}}{1-\left(\frac{\omega\tau}{\pi}\right)^2}$。

3－19　求图 3－2－25 所示 $F(\omega)$ 的傅里叶逆变换 $f(t)$。

解： $F(\omega)=|F(\omega)|e^{j\varphi(\omega)}$

(a)由图 3－2－25(a)可知

$$|F(\omega)| = A[u(\omega+\omega_0)-u(\omega-\omega_0)]$$
$$\varphi(\omega) = \omega t_0[u(\omega+\omega_0)-u(\omega-\omega_0)]$$

则 $F(\omega)=Ae^{j\omega t_0}[u(\omega+\omega_0)-u(\omega-\omega_0)]$。

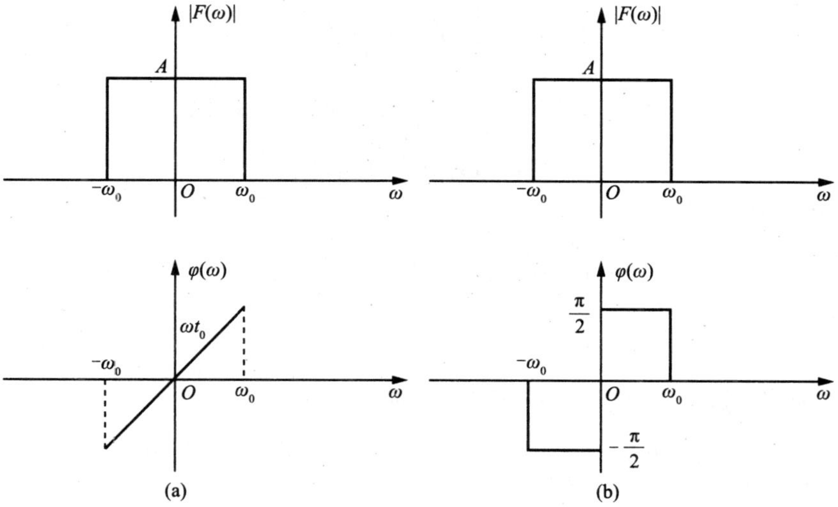

图 3-2-25

根据傅里叶逆变换的定义可知

$$
\begin{aligned}
f(t) &= \frac{1}{2\pi}\int_{-\omega_0}^{\omega_0} A\mathrm{e}^{\mathrm{j}\omega t_0}\cdot \mathrm{e}^{\mathrm{j}\omega t}\mathrm{d}\omega \\
&= \frac{1}{2\pi}\frac{A}{\mathrm{j}(t+t_0)}\left[\mathrm{e}^{\mathrm{j}(t+t_0)\omega_0}-\mathrm{e}^{-\mathrm{j}(t+t_0)\omega_0}\right] \\
&= \frac{A}{\pi(t+t_0)}\sin[\omega_0(t+t_0)] = \frac{A\omega_0}{\pi}\mathrm{Sa}[\omega_0(t+t_0)]
\end{aligned}
$$

(b)由图 3-2-25(b)可知

$$|F(\omega)| = A[u(\omega+\omega_0)-u(\omega-\omega_0)]$$

$$\varphi(\omega) = -\frac{\pi}{2}[u(\omega+\omega_0)-u(\omega)] + \frac{\pi}{2}[u(\omega)-u(\omega-\omega_0)]$$

则 $F(\omega)=A\mathrm{e}^{\mathrm{j}(-\frac{\pi}{2})}[u(\omega+\omega_0)-u(\omega)]+A\mathrm{e}^{\mathrm{j}\frac{\pi}{2}}[u(\omega)-u(\omega-\omega_0)]$，同理得

$$
\begin{aligned}
f(t) &= \frac{1}{2\pi}\int_{-\infty}^{\infty}F(\omega)\mathrm{e}^{\mathrm{j}\omega t}\mathrm{d}\omega = \frac{1}{2\pi}\left[\int_{-\omega_0}^{0}A\mathrm{e}^{-\mathrm{j}\frac{\pi}{2}}\mathrm{e}^{\mathrm{j}\omega t}\mathrm{d}\omega + \int_{0}^{\omega_0}A\mathrm{e}^{\mathrm{j}\frac{\pi}{2}}\mathrm{e}^{\mathrm{j}\omega t}\mathrm{d}\omega\right] \\
&= \frac{A}{2\pi}\mathrm{j}\left[\int_{-\omega_0}^{0}(-\mathrm{e}^{\mathrm{j}\omega t})\mathrm{d}\omega + \int_{0}^{\omega_0}\mathrm{e}^{\mathrm{j}\omega t}\mathrm{d}\omega\right] = \frac{A}{2\pi}\left[-\frac{1}{t}\mathrm{e}^{\mathrm{j}\omega t}\Big|_{-\omega_0}^{0} + \frac{1}{t}\mathrm{e}^{\mathrm{j}\omega t}\Big|_{0}^{\omega_0}\right] \\
&= \frac{A}{\pi t}[\cos(\omega_0 t)-1] = -\frac{2A}{\pi t}\sin^2\frac{\omega_0 t}{2}
\end{aligned}
$$

3-20　函数 $f(t)$ 可以表示成偶函数 $f_e(t)$ 与奇函数 $f_o(t)$ 之和，试证明：

(1)若 $f(t)$ 是实函数，且 $\mathscr{F}[f(t)]=F(\omega)$，则

$$\mathscr{F}[f_e(t)] = \mathrm{Re}[F(\omega)]$$

$$\mathscr{F}[f_o(t)] = \mathrm{jIm}[F(\omega)]$$

(2)若 $f(t)$ 是复函数，可表示为

$$f(t) = f_r(t) + \mathrm{j}f_i(t)$$

且

$$\mathscr{F}[f(t)] = F(\omega)$$

则

$$\mathscr{F}[f_r(t)] = \frac{1}{2}[F(\omega) + F^*(-\omega)]$$

$$\mathscr{F}[f_i(t)] = \frac{1}{2\mathrm{j}}[F(\omega) - F^*(-\omega)]$$

其中 $$F^*(-\omega) = \mathscr{F}[f^*(t)]$$

解：（1）由题意可知

$$\mathscr{F}[f(-t)] = \int_{-\infty}^{\infty} f(-t)\mathrm{e}^{-\mathrm{j}\omega t}\mathrm{d}t] \xlongequal{\tau=-t} \int_{\infty}^{-\infty} -f(\tau)\mathrm{e}^{\mathrm{j}\omega\tau}\mathrm{d}\tau$$

$$= \int_{-\infty}^{\infty} f(t)\mathrm{e}^{\mathrm{j}\omega t}\mathrm{d}t$$

因为$f(t)$为实函数，所以有$f(t)=f^*(t)$，则

$$\int_{-\infty}^{\infty} f(t)\mathrm{e}^{\mathrm{j}\omega t}\mathrm{d}t = \int_{-\infty}^{\infty} f^*(t)(\mathrm{e}^{-\mathrm{j}\omega t})^*\mathrm{d}t = \int_{-\infty}^{\infty}[f(t)\mathrm{e}^{-\mathrm{j}\omega t}]^*\mathrm{d}t$$

$$= \int_{-\infty}^{\infty}[f(t)\mathrm{e}^{-\mathrm{j}\omega t}\mathrm{d}t]^* = F^*(\omega)$$

即$\mathscr{F}[f(-t)] = F^*(\omega)$。

又偶分量为：$f_e(t) = \frac{1}{2}[f(t)+f(-t)]$，奇分量为：$f_o(t) = \frac{1}{2}[f(t)-f(-t)]$

故$\mathscr{F}[f_e(t)] = \frac{1}{2}[F(\omega)+F^*(\omega)] = \mathrm{Re}[F(\omega)]$；

$\mathscr{F}[f_o(t)] = \frac{1}{2}[F(\omega)-F^*(\omega)] = \mathrm{jIm}[F(\omega)]$。

（2）设$f(t)=f_r(t)+\mathrm{j}f_i(t)$

因为 $F(\omega) = \int_{-\infty}^{\infty} f(t)\mathrm{e}^{-\mathrm{j}\omega t}\mathrm{d}t$，所以 $F^*(-\omega) = \int_{-\infty}^{\infty}[f(t)\mathrm{e}^{\mathrm{j}\omega t}]^*\mathrm{d}t = \int_{-\infty}^{\infty} f^*(t)\mathrm{e}^{-\mathrm{j}\omega t}\mathrm{d}t$

两式左右相加：$F(\omega) + F^*(-\omega) = \int_{-\infty}^{\infty}[f(t)+f^*(t)]\mathrm{e}^{-\mathrm{j}\omega t}\mathrm{d}t = 2\int_{-\infty}^{\infty} f_r(t)\mathrm{e}^{-\mathrm{j}\omega t}\mathrm{d}t$

两式左右相减：$F(\omega) - F^*(-\omega) = \int_{-\infty}^{\infty}[f(t)-f^*(t)]\mathrm{e}^{-\mathrm{j}\omega t}\mathrm{d}t = 2\mathrm{j}\int_{-\infty}^{\infty} f_i(t)\mathrm{e}^{-\mathrm{j}\omega t}\mathrm{d}t$

因此，$\mathscr{F}[f_r(t)] = \frac{1}{2}[F(\omega)+F^*(-\omega)]$，$\mathscr{F}[f_i(t)] = \frac{1}{2\mathrm{j}}[F(\omega)-F^*(-\omega)]$。

3－21　对图 3－2－26 所示波形，若已知$\mathscr{F}[f_1(t)] = F_1(\omega)$，利用傅里叶变换的性质求$f_1(t)$以$\frac{t_0}{2}$为轴反褶后所得$f(t)$的傅里叶变换。

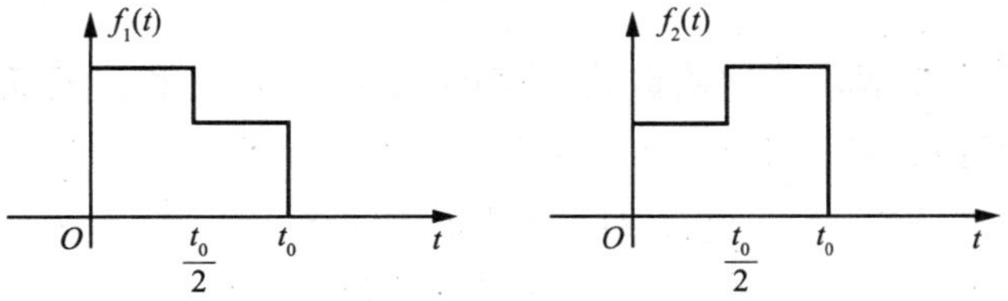

图 3－2－26

解：由图 3－2－26 可知

$$f_2(t) = f_1(-t+t_0) = f_1[-(t-t_0)]$$

根据傅里叶变换的尺度变换和时移性质，有

$$\mathscr{F}[f(at)] = \frac{1}{|a|}F\left(\frac{\omega}{a}\right), \mathscr{F}[f(t-t_0)] = F(\omega)e^{-j\omega t_0}$$

所以$\mathscr{F}[f_2(t)] = F_1(-\omega)e^{-j\omega t_0}$。

3－22　利用时域与频域的对称性，求下列傅里叶变换的时间函数。

(1) $F(\omega)=\delta(\omega-\omega_0)$

(2) $F(\omega)=u(\omega+\omega_0)-u(\omega-\omega_0)$

(3) $F(\omega)=\begin{cases}\dfrac{\omega_0}{\pi} & (|\omega|\leqslant\omega_0)\\ 0 & (\text{其他})\end{cases}$

解：根据对称性，若$f(t)\leftrightarrow F(\omega)$，则 $F(t)\leftrightarrow 2\pi f(-\omega)$。

(1)因 $\delta(t)\leftrightarrow 1$，$\delta(t+\omega_0)\leftrightarrow e^{j\omega\omega_0}$

由对称性，有

$$e^{j\omega_0 t}\leftrightarrow 2\pi\delta(-\omega+\omega_0) = 2\pi\delta(\omega-\omega_0) = 2\pi F(\omega)$$

所以时间函数为：$f(t)=\dfrac{1}{2\pi}e^{j\omega_0 t}$。

(2)因 $u(t+\omega_0)-u(t-\omega_0)\leftrightarrow 2\omega_0\mathrm{Sa}(\omega_0\omega)$

由对称性，有

$$\begin{aligned}2\omega_0\mathrm{Sa}(\omega_0 t) &\leftrightarrow 2\pi[u(-\omega+\omega_0)-u(-\omega-\omega_0)]\\ &= 2\pi[u(\omega+\omega_0)-u(\omega-\omega_0)]\end{aligned}$$

即$\dfrac{\omega_0}{\pi}\mathrm{Sa}(\omega_0 t)\leftrightarrow u(\omega+\omega_0)-u(\omega-\omega_0)=F(\omega)$

所以时间函数为：$f(t)=\dfrac{\omega_0}{\pi}\mathrm{Sa}(\omega_0 t)$。

(3)由题意可知

$$F(t) = \begin{cases}\dfrac{\omega_0}{\pi} & (|t|\leqslant\omega_0)\\ 0 & (\text{其他})\end{cases} = \frac{\omega_0}{\pi}[u(t+\omega_0)-u(t-\omega_0)]$$

则$\mathscr{F}[F(t)]=\dfrac{2\omega_0^2}{\pi}\mathrm{Sa}(\omega_0\omega)=2\pi f(-\omega)$

$$f(\omega)=\frac{\omega_0^2}{\pi^2}\mathrm{Sa}(\omega_0\omega)$$

所以时间函数为：$f(t)=\dfrac{\omega_0^2}{\pi^2}\mathrm{Sa}(\omega_0 t)$。

3－23　若已知矩形脉冲的傅里叶变换，利用时移特性求图 3－2－27 所示的傅里叶变换，并大致画出幅度谱。

解：设门函数$f_1(t)=u(t+\frac{\tau}{2})-u(t-\frac{\tau}{2})$，则$\mathscr{F}[f_1(t)]=\tau\,\mathrm{Sa}(\frac{\omega\tau}{2})$。

由图 3－2－27，又$f(t)=f_1(t+\frac{\tau}{2})-f_1(t-\frac{\tau}{2})$，则根据傅里叶变换的时移性质，可得

$$\mathscr{F}[f(t)] = E\tau\,\mathrm{Sa}\left(\frac{\omega\tau}{2}\right)\left(e^{\frac{j\omega\tau}{2}}-e^{\frac{-j\omega\tau}{2}}\right) = 2jE\tau\,\mathrm{Sa}\left(\frac{\omega\tau}{2}\right)\sin\left(\frac{\omega\tau}{2}\right)$$

幅度谱图如图 3－2－28 所示。

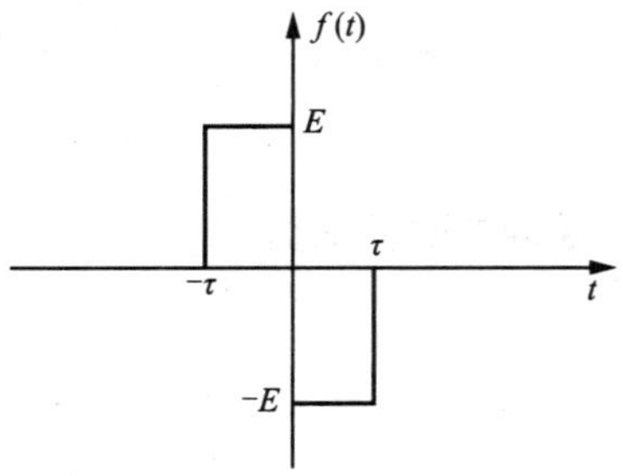

图 3 - 2 - 27

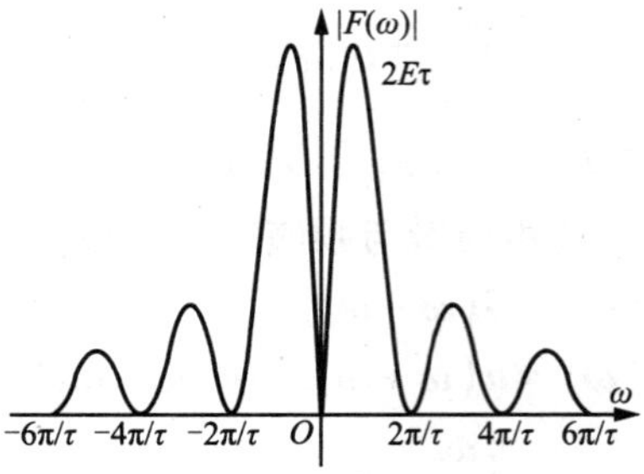

图 3 - 2 - 28

3 - 24　求图 3 - 2 - 29 所示三角形调幅信号的频谱。

解： 设三角形脉冲信号为 $f_1(t)$，则

$$f(t) = f_1(t)\cos(\omega_0 t)$$

所以　$F(\omega) = \frac{1}{2}[F_1(\omega+\omega_0) + F_1(\omega-\omega_0)]$

又三角脉冲信号的傅里叶变换为

$$F_1(\omega) = \frac{\tau_1}{2}\mathrm{Sa}^2(\frac{\omega\tau_1}{4})$$

所以　$F(\omega) = \frac{\tau_1}{4}[\mathrm{Sa}^2\frac{(\omega+\omega_0)\tau_1}{4} + \mathrm{Sa}^2\frac{(\omega-\omega_0)\tau_1}{4}]$

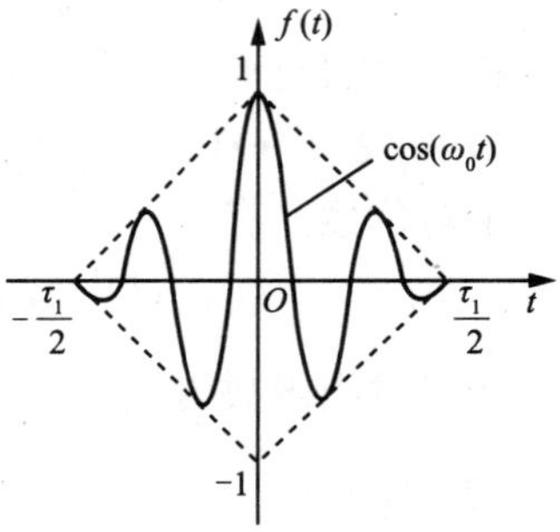

图 3 - 2 - 29

3 - 25　图 3 - 2 - 30 所示信号 $f(t)$，已知其傅里叶变换式 $\mathscr{F}[f(t)] = F(\omega) = |F(\omega)| e^{j\varphi(\omega)}$，利用傅里叶变换的性质(不作积分运算)，求：

(1) $\varphi(\omega)$；(2) $F(0)$；(3) $\int_{-\infty}^{\infty} F(\omega)\mathrm{d}\omega$；(4) $\mathscr{F}^{-1}\{Re[F(\omega)]\}$ 之图形。

解： 设三角形脉冲信号 $f_1(t)$，其脉宽 $\tau = 4$，幅度 $E = 2$，则

$$f(t) = f_1(t-1)$$

故 $\mathscr{F}[f(t)] = F(\omega) = F_1(\omega)e^{-j\omega} = 4\mathrm{Sa}^2(\omega)e^{-j\omega}$。

(1) 由 $F(\omega) = |F(\omega)| e^{j\varphi(\omega)} = 4\mathrm{Sa}^2(\omega)e^{-j\omega}$，可得：$\varphi(\omega) = -\omega$。

(2) $F(0) = 4\mathrm{Sa}^2(0) = 4$。

(3) 由 $f(0) = \frac{1}{2\pi}\int_{-\infty}^{\infty} F(\omega)\mathrm{d}\omega$，可得：$\int_{-\infty}^{\infty} F(\omega)\mathrm{d}\omega = 2\pi f(0) = 2\pi$。

(4) 由题 3 - 20(1) 可知，$\mathscr{F}[f_e(t)] = \mathrm{Re}[F(\omega)]$，故有

$$\mathscr{F}^{-1}\{\mathrm{Re}[F(\omega)]\} = f_e(t) = \frac{1}{2}[f(t) + f(-t)]$$

其波形图如图 3 - 2 - 31 所示。

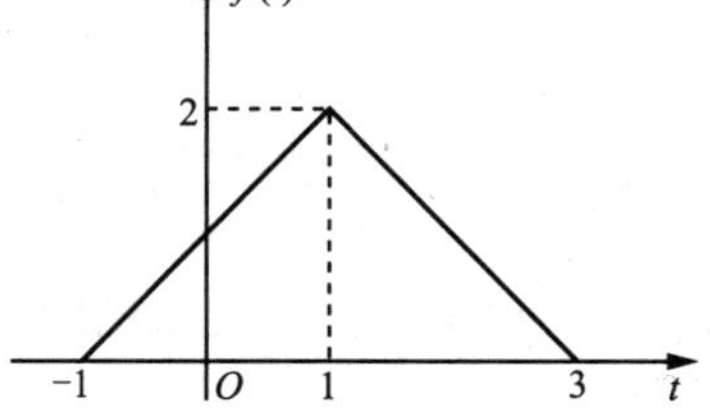

图 3 - 2 - 30

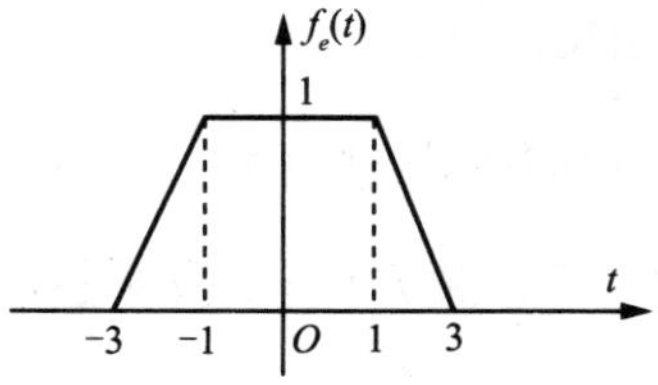

图 3 - 2 - 31

3－26　利用微分定理求图 3－2－32 所示梯形脉冲的傅里叶变换，并大致画出 $\tau=2\tau_1$ 情况下该脉冲的频谱图。

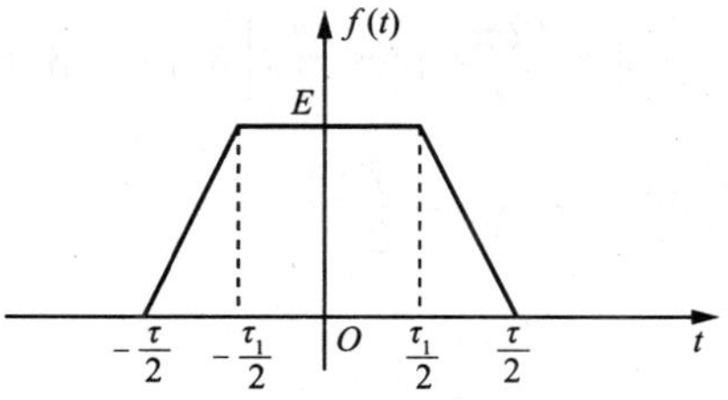

图 3－2－32

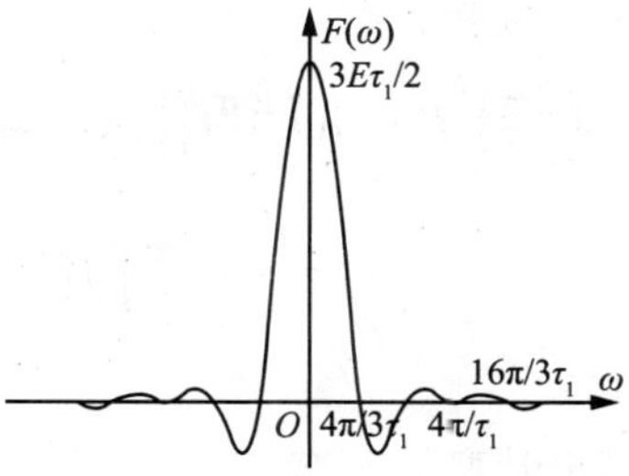

图 3－2－33

解：由图 3－2－32 可知

$$f(t)=\frac{2E}{\tau-\tau_1}\left(t+\frac{\tau}{2}\right)\left[u\left(t+\frac{\tau}{2}\right)-u\left(t+\frac{\tau_1}{2}\right)\right]+E\left[u\left(t+\frac{\tau_1}{2}\right)-u\left(t-\frac{\tau_1}{2}\right)\right]+$$

$$\frac{2E}{\tau-\tau_1}\left(\frac{\tau}{2}-t\right)\left[u\left(t-\frac{\tau_1}{2}\right)-u\left(t-\frac{\tau}{2}\right)\right]$$

对 $f(t)$ 进行两次求导，可得

$$f''(t)=\frac{2E}{\tau-\tau_1}\left[\delta\left(t+\frac{\tau}{2}\right)+\delta\left(t-\frac{\tau}{2}\right)\right]-\frac{2E}{\tau-\tau_1}\left[\delta\left(t+\frac{\tau_1}{2}\right)+\delta\left(t-\frac{\tau_1}{2}\right)\right]$$

两边进行傅里叶变换，有

$$(\mathrm{j}\omega)^2F(\omega)=\frac{2E}{\tau-\tau_1}\left(\mathrm{e}^{\mathrm{j}\frac{\omega\tau}{2}}+\mathrm{e}^{-\mathrm{j}\frac{\omega\tau}{2}}-\mathrm{e}^{\mathrm{j}\frac{\omega\tau_1}{2}}-\mathrm{e}^{-\mathrm{j}\frac{\omega\tau_1}{2}}\right)$$

即

$$\begin{aligned}F(\omega)&=\frac{2E}{(\mathrm{j}\omega)^2(\tau-\tau_1)}\left(\mathrm{e}^{\mathrm{j}\frac{\omega\tau}{2}}+\mathrm{e}^{-\mathrm{j}\frac{\omega\tau}{2}}-\mathrm{e}^{\mathrm{j}\frac{\omega\tau_1}{2}}-\mathrm{e}^{-\mathrm{j}\frac{\omega\tau_1}{2}}\right)\\&=-\frac{4E}{\omega^2(\tau-\tau_1)}\left(\cos\frac{\omega\tau}{2}-\cos\frac{\omega\tau_1}{2}\right)\\&=\frac{8E}{\omega^2(\tau-\tau_1)}\sin\frac{\omega(\tau+\tau_1)}{4}\sin\frac{\omega(\tau-\tau_1)}{4}\\&=\frac{E(\tau+\tau_1)}{2}\mathrm{Sa}\frac{\omega(\tau+\tau_1)}{4}\mathrm{Sa}\frac{\omega(\tau-\tau_1)}{4}\end{aligned}$$

当 $\tau=2\tau_1$ 时，$F(\omega)=\frac{3E\tau_1}{2}\mathrm{Sa}\frac{3\omega\tau_1}{4}\mathrm{Sa}\frac{\omega\tau_1}{4}$。

其频谱图如图 3－2－33 所示。

3－27　利用微分定理求图 3－2－34 所示半波正弦脉冲 $f(t)$ 及其二阶导数 $\frac{\mathrm{d}^2f(t)}{\mathrm{d}t^2}$ 的频谱。

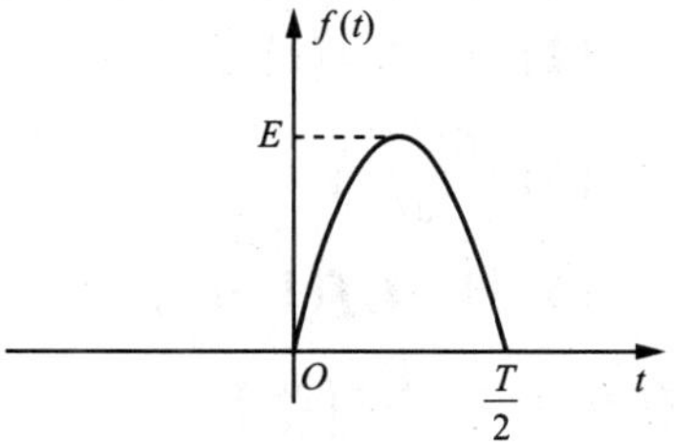

图 3－2－34

解：由图 3－2－34 可知，$f(t)=E\sin(\omega_0 t)\left[u(t)-u(t-\frac{T}{2})\right]$，其中 $\omega_0=\frac{2\pi}{T}$。

对 $f(t)$ 求两次导，有

$$f''(t)=-\left(\frac{2\pi}{T}\right)^2 E\cdot\sin\left(\frac{2\pi}{T}t\right)\left[u(t)-u(t-\frac{T}{2})\right]+\left(\frac{2\pi}{T}E\right)\cos\frac{2\pi}{T}t\left[\delta(t)-\delta(t-\frac{T}{2})\right]$$

$$=-\left(\frac{2\pi}{T}\right)^2 f(t)+\frac{2\pi}{T}E\left[\delta(t)+\delta\left(t-\frac{T}{2}\right)\right]$$

两边取傅里叶变换，有

$$(\mathrm{j}\omega)^2F(\omega)=-\left(\frac{2\pi}{T}\right)^2F(\omega)+\frac{2\pi}{T}E(1+\mathrm{e}^{-\mathrm{j}\frac{\omega T}{2}})$$

所以 $F(\omega)=\dfrac{\frac{2\pi E}{T}\cdot(1+\mathrm{e}^{-\mathrm{j}\frac{\omega T}{2}})}{\frac{4\pi^2}{T^2}-\omega^2}$

利用微分性质，可得到二阶导数的傅里叶变换，为

$$\frac{\mathrm{d}^2}{\mathrm{d}t^2}f(t)\xleftrightarrow{\mathscr{F}}(\mathrm{j}\omega)^2F(\omega)=-\frac{\frac{2\pi\omega^2E}{T}(1+e^{-\mathrm{j}\frac{\omega T}{2}})}{\frac{4\pi^2}{T^2}-\omega^2}=-\frac{E\omega_0\omega^2}{\omega_0^2-\omega^2}(1+\mathrm{e}^{-\mathrm{j}\pi\frac{\omega}{\omega_0}})$$

3－28　(1) 已知 $\mathscr{F}[\mathrm{e}^{-at}u(t)]=\frac{1}{a+\mathrm{j}\omega}$，求 $f(t)=t\mathrm{e}^{-at}u(t)$ 的傅里叶变换。

(2) 证明 $tu(t)$ 的傅里叶变换为 $\mathrm{j}\pi\delta'(\omega)+\frac{1}{(\mathrm{j}\omega)^2}$。

(提示：利用频域微分定理。)

解：(1) 已知 $\mathrm{e}^{-at}\leftrightarrow\frac{1}{a+\mathrm{j}\omega}$，由频域微分性质可得

$$t\mathrm{e}^{-at}u(t)\leftrightarrow\mathrm{j}\frac{\mathrm{d}}{\mathrm{d}\omega}\left(\frac{1}{a+\mathrm{j}\omega}\right)=\frac{1}{(a+\mathrm{j}\omega)^2}$$

(2) 已知 $u(t)\leftrightarrow\pi\delta(\omega)+\frac{1}{\mathrm{j}\omega}$，由频域微分性质可得

$$tu(t)\leftrightarrow\mathrm{j}\frac{\mathrm{d}}{\mathrm{d}\omega}\left[\pi\delta(\omega)+\frac{1}{\mathrm{j}\omega}\right]=\mathrm{j}\pi\delta'(\omega)+\frac{1}{(\mathrm{j}\omega)^2}$$

3－29　若已知 $\mathscr{F}[f(t)]=F(\omega)$，利用傅里叶变换的性质确定下列信号的傅里叶变换：

(1) $tf(2t)$；　(2) $(t-2)f(t)$；

(3) $(t-2)f(-2t)$；　(4) $t\frac{\mathrm{d}f(t)}{\mathrm{d}t}$；

(5) $f(1-t)$；　(6) $(1-t)f(1-t)$；　(7) $f(2t-5)$。

解：(1) 由尺度变换性质，有 $f(2t)\leftrightarrow\frac{1}{2}F\left(\frac{\omega}{2}\right)$

又由频域微分性质，有

$$tf(2t) \leftrightarrow \mathrm{j} \cdot \frac{\mathrm{d}}{\mathrm{d}\omega}\left[\frac{1}{2}F\left(\frac{\omega}{2}\right)\right] = \frac{1}{2}\mathrm{j}\,\frac{\mathrm{d}F\left(\frac{\omega}{2}\right)}{\mathrm{d}\omega}$$

(2) $(t-2)f(t) = tf(t) - 2f(t)$

由频域微分性质，有 $tf(t) \leftrightarrow \mathrm{j}\,\frac{\mathrm{d}F(\omega)}{\mathrm{d}\omega}$

所以 $(t-2)f(t) \leftrightarrow \mathrm{j}\,\frac{\mathrm{d}F(\omega)}{\mathrm{d}\omega} - 2F(\omega)$。

(3) $(t-2)f(-2t) = tf(-2t) - 2f(-2t)$

由尺度变换性质，有 $f(-2t) \leftrightarrow \frac{1}{2}F\left(-\frac{\omega}{2}\right)$

又由频域微分性质，有 $tf(-2t) \leftrightarrow \frac{1}{2}\mathrm{j}\,\frac{\mathrm{d}F\left(-\frac{\omega}{2}\right)}{\mathrm{d}\omega}$

所以 $(t-2)f(-2t) \leftrightarrow \frac{1}{2}\mathrm{j}\,\frac{\mathrm{d}F\left(-\frac{\omega}{2}\right)}{\mathrm{d}\omega} - F\left(-\frac{\omega}{2}\right)$。

(4) 由时域微分性质，有 $\frac{\mathrm{d}}{\mathrm{d}t}f(t) \leftrightarrow (\mathrm{j}\omega)F(\omega)$

又由频域微分性质，有

$$t\,\frac{\mathrm{d}}{\mathrm{d}t}f(t) \leftrightarrow \mathrm{j}\,\frac{\mathrm{d}}{\mathrm{d}\omega}[\mathrm{j}\omega F(\omega)] = -F(\omega) - \omega\,\frac{\mathrm{d}F(\omega)}{\mathrm{d}\omega}$$

(5) 由时延性质，有 $f(t+1) \leftrightarrow F(\omega)\mathrm{e}^{\mathrm{j}\omega}$

又由尺度变换性质，有 $f(-t+1) \leftrightarrow F(-\omega)\mathrm{e}^{-\mathrm{j}\omega}$。

(6) $(1-t)f(1-t) = f(1-t) - tf(1-t)$

由题(5)可知 $f(1-t) \leftrightarrow F(-\omega)\mathrm{e}^{-\mathrm{j}\omega}$

又由频域微分性质，有

$$tf(1-t) \leftrightarrow \mathrm{j}\,\frac{\mathrm{d}}{\mathrm{d}\omega}[F(-\omega)\mathrm{e}^{-\mathrm{j}\omega}] = \mathrm{j}\left[\frac{\mathrm{d}F(-\omega)}{\mathrm{d}\omega}\mathrm{e}^{-\mathrm{j}\omega} - \mathrm{j}F(-\omega)\mathrm{e}^{-\mathrm{j}\omega}\right]$$

所以 $(1-t)f(1-t) \leftrightarrow F(-\omega)\mathrm{e}^{-\mathrm{j}\omega} - \mathrm{j}\left[\frac{\mathrm{d}F(-\omega)}{\mathrm{d}\omega}\mathrm{e}^{-\mathrm{j}\omega} - \mathrm{j}F(-\omega)\mathrm{e}^{-\mathrm{j}\omega}\right] = -\mathrm{j}\,\frac{\mathrm{d}F(-\omega)}{\mathrm{d}\omega}\mathrm{e}^{-\mathrm{j}\omega}$

(7) 由尺度变换，有 $f(2t) \leftrightarrow \frac{1}{2}F\left(\frac{\omega}{2}\right)$

又由时延性质，有

$$f\left[2\left(t-\frac{5}{2}\right)\right] = f(2t-5) \leftrightarrow \frac{1}{2}F\left(\frac{\omega}{2}\right)\mathrm{e}^{-\mathrm{j}\frac{5}{2}\omega}$$

3－30　试分别利用下列几种方法证明

$$\mathscr{F}[u(t)] = \pi\delta(\omega) + \frac{1}{\mathrm{j}\omega}$$

(1) 利用符号函数 $\left[u(t) = \frac{1}{2} + \frac{1}{2}\mathrm{sgn}(t)\right]$；

(2) 利用矩形脉冲取极限 $(\tau \to \infty)$；

(3) 利用积分定理 $\left[u(t) = \int_{-\infty}^{t} \delta(\tau)\,\mathrm{d}\tau\right]$；

(4)利用单边指数函数取极限[$u(t)=\lim\limits_{a\to 0}e^{-at}$，$t\geqslant 0$]。

证明：(1)$\mathscr{F}\left[\dfrac{1}{2}\right]=\pi\delta(\omega)$，$\mathscr{F}[\operatorname{sgn}(t)]=\dfrac{2}{j\omega}$

由线性性质，可得

$$\mathscr{F}[u(t)]=\mathscr{F}\left[\frac{1}{2}+\frac{1}{2}\operatorname{sgn}(t)\right]=\mathscr{F}\left[\frac{1}{2}\right]+\mathscr{F}\left[\frac{1}{2}\operatorname{sgn}(t)\right]=\pi\delta(\omega)+\frac{1}{j\omega}$$

命题得证。

(2)由题意，可得

$$u(t)=\lim_{\tau\to\infty}[u(t)-u(t-\tau)]$$

$$\mathscr{F}[u(t)-u(t-\tau)]=\int_0^{\tau}e^{-j\omega t}dt=\frac{1}{j\omega}-\frac{1}{j\omega}e^{-j\omega\tau}$$

所以

$$\mathscr{F}[u(t)]=\lim_{\tau\to\infty}\left(\frac{1}{j\omega}-\frac{1}{j\omega}e^{-j\omega\tau}\right)=\frac{1}{j\omega}-\lim_{\tau\to\infty}\left[\frac{1}{j\omega}(\cos\omega\tau-j\sin\omega\tau)\right]$$

$$=\frac{1}{j\omega}+\lim_{\tau\to\infty}\frac{\sin\omega\tau}{\omega}=\frac{1}{j\omega}+\lim_{\tau\to\infty}[\tau\,\mathrm{Sa}(\omega\tau)]$$

根据冲激函数的定义，有

$$\lim_{\tau\to\infty}\frac{\tau}{\pi}\mathrm{Sa}(\omega\tau)=\delta(\omega)$$

所以$\mathscr{F}[u(t)]=\dfrac{1}{j\omega}+\pi\delta(\omega)$。

命题得证。

(3)$u(t)=\int_{-\infty}^{t}\delta(t)dt$，$\delta(t)\leftrightarrow 1$

由积分性质，有

$$\mathscr{F}[u(t)]=\frac{1}{j\omega}\mathscr{F}[\delta(t)]+\pi\delta(0)\delta(\omega)=\frac{1}{j\omega}+\pi\delta(\omega)$$

命题得证。

(4)由 $e^{-at}u(t)\leftrightarrow\dfrac{1}{a+j\omega}=\dfrac{a}{a^2+\omega^2}-j\dfrac{\omega}{a^2+\omega^2}$，可得

$$\mathscr{F}[u(t)]=\mathscr{F}[\lim_{a\to 0}e^{-at}u(t)]=\lim_{a\to 0}\left[\frac{a}{a^2+\omega^2}-j\frac{\omega}{a^2+\omega^2}\right]$$

根据常用信号双边指数脉冲的傅里叶变换知

$$Ee^{-a|t|}\overset{\mathscr{F}}{\longleftrightarrow}\frac{2aE}{a^2+\omega^2}\Rightarrow\frac{1}{2}e^{-a|t|}\overset{\mathscr{F}}{\longleftrightarrow}\frac{a}{a^2+\omega^2}$$

故对于$\lim\limits_{a\to 0}\dfrac{a}{a^2+\omega^2}$而言，当$a\to 0$时，即当$\dfrac{1}{2}e^{-a|t|}$中$a\to 0$时的傅里叶变换，而其傅里叶变换为

$$\frac{1}{2}e^{-0\times|t|}=\frac{1}{2}\leftrightarrow\pi\delta(\omega)$$

而$\lim\limits_{a\to 0}\dfrac{\omega}{a^2+\omega^2}=\dfrac{1}{\omega}$

所以$\mathscr{F}[u(t)]=\dfrac{1}{\mathrm{j}\omega}+\pi\delta(\omega)$。

命题得证。

3－31　已知图3－2－35中两矩形脉冲$f_1(t)$及$f_2(t)$，且

$$\mathscr{F}[f_1(t)]=E_1\tau_1\mathrm{Sa}\left(\frac{\omega\tau_1}{2}\right)\qquad\mathscr{F}[f_2(t)]=E_2\tau_2\mathrm{Sa}\left(\frac{\omega\tau_2}{2}\right)$$

(1)画出$f_1(t)*f_2(t)$的图形；

(2)求$f_1(t)*f_2(t)$的频谱，并与习题3－26所用的方法进行比较。

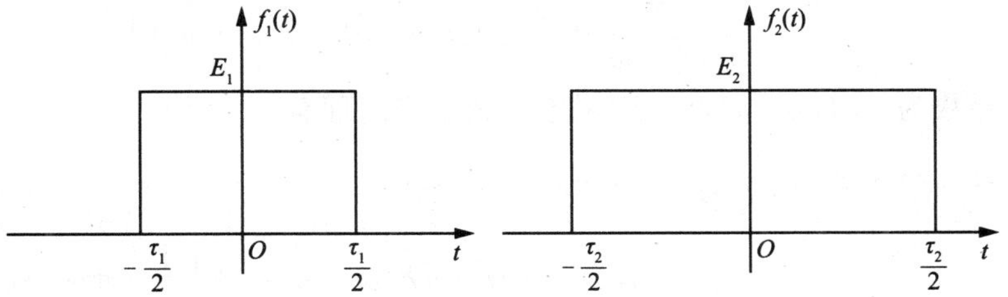

图3－2－35

解：(1)由图3－2－35可知

$$f_1(t)=E_1\left[u\left(t+\frac{\tau_1}{2}\right)-u\left(t-\frac{\tau_1}{2}\right)\right]$$

$$f_2(t)=E_2\left[u\left(t+\frac{\tau_2}{2}\right)-u\left(t-\frac{\tau_2}{2}\right)\right]$$

假设$\tau_1>\tau_2$，$f_1(t)*f_2(t)$的波形图如图3－2－36所示。

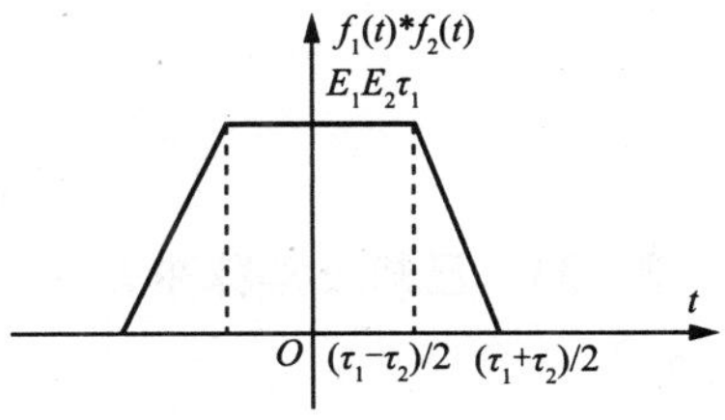

图3－2－36

(2)因为$\mathscr{F}[f_1(t)]=E_1\tau_1\mathrm{Sa}\left(\dfrac{\omega\tau_1}{2}\right)$，$\mathscr{F}[f_2(t)]=E_2\tau_2\mathrm{Sa}\left(\dfrac{\omega\tau_2}{2}\right)$，所以由卷积定理，有

$$\begin{aligned}\mathscr{F}[f_1(t)*f_2(t)]&=\mathscr{F}[f_1(t)]\cdot\mathscr{F}[f_2(t)]\\&=E_1E_2\tau_1\tau_2\mathrm{Sa}\left(\frac{\omega\tau_1}{2}\right)\mathrm{Sa}\left(\frac{\omega\tau_2}{2}\right)\end{aligned}$$

为便于和题3－26结论项比较，将两题符号对应如下(该题所有变量上加“^”)

$$\frac{\tau_1+\tau_2}{2}=\frac{\hat{\tau}}{2}\quad\frac{\tau_1-\tau_2}{2}=\hat{\tau}_1\quad E_1E_2\tau_1=\hat{E}$$

代入式中，可得

$$F(\omega)=\frac{1}{2}\hat{E}(\hat{\tau}+\hat{\tau}_1)\mathrm{Sa}\left[\frac{\omega(\hat{\tau}+\hat{\tau}_1)}{4}\right]\mathrm{Sa}\left[\frac{\omega(\hat{\tau}-\hat{\tau}_1)}{4}\right]$$

和题3－26结论完全相同。从计算方法上，3－26利用傅里叶变换的时域微分特性和已知冲激函数的傅里叶变换，本题运用卷积特性和已知矩形脉冲的傅里叶变换，由于从形状上矩形脉冲比冲激函数“更接近”梯形脉冲，所以本题方法也更简单。

3－32　已知阶跃函数和正弦、余弦函数的傅里叶变换

$$\mathscr{F}[u(t)]=\frac{1}{\mathrm{j}\omega}+\pi\delta(\omega)$$

$$\mathscr{F}[\cos(\omega_0t)]=\pi[\delta(\omega+\omega_0)+\delta(\omega-\omega_0)]$$

$$\mathscr{F}[\sin(\omega_0t)]=\mathrm{j}\pi[\delta(\omega+\omega_0)-\delta(\omega-\omega_0)]$$

求单边正弦函数和单边余弦函数的傅里叶变换。

解： 单边正弦函数为 $\sin(\omega_0 t)u(t)$，则根据频域卷积定理有

$$\begin{aligned}\mathscr{F}[\sin\omega_0 t\cdot u(t)] &= \frac{1}{2\pi}\mathscr{F}[\sin\omega_0 t]*\mathscr{F}[u(t)]\\ &= \frac{1}{2\pi}\cdot \mathrm{j}\pi[\delta(\omega+\omega_0)-\delta(\omega-\omega_0)]*\left[\frac{1}{\mathrm{j}\omega}+\pi\delta(\omega)\right]\\ &= \frac{\mathrm{j}}{2}\left[\frac{1}{\mathrm{j}(\omega+\omega_0)}-\frac{1}{\mathrm{j}(\omega-\omega_0)}\right]+\frac{\pi}{2}\mathrm{j}[\delta(\omega+\omega_0)-\delta(\omega-\omega_0)]\\ &= \frac{\omega_0}{\omega_0^2-\omega^2}+\frac{\pi}{2}\mathrm{j}[\delta(\omega+\omega_0)-\delta(\omega-\omega_0)]\end{aligned}$$

单边余弦函数为 $\cos(\omega_0 t)u(t)$，则根据频域卷积定理有

$$\begin{aligned}\mathscr{F}[\cos(\omega_0 t)\cdot u(t)] &= \frac{1}{2\pi}\mathscr{F}[\cos\omega_0 t]*\mathscr{F}[u(t)]\\ &= \frac{1}{2\pi}\cdot \pi[\delta(\omega+\omega_0)+\delta(\omega-\omega_0)]*\left[\frac{1}{\mathrm{j}\omega}+\pi\delta(\omega)\right]\\ &= \frac{1}{2}\left[\frac{1}{\mathrm{j}(\omega+\omega_0)}+\frac{1}{\mathrm{j}(\omega-\omega_0)}\right]+\frac{\pi}{2}[\delta(\omega+\omega_0)+\delta(\omega-\omega_0)]\\ &= \frac{-\mathrm{j}\omega}{\omega^2-\omega_0^2}+\frac{\pi}{2}[\delta(\omega+\omega_0)+\delta(\omega-\omega_0)]\end{aligned}$$

3-33　已知三角脉冲 $f_1(t)$ 的傅里叶变换为

$$F_1(\omega)=\frac{E\tau}{2}\mathrm{Sa}^2\left(\frac{\omega\tau}{4}\right)$$

试利用有关定理求 $f_2(t)=f_1\left(t-\frac{\tau}{2}\right)\cos(\omega_0 t)$ 的傅里叶变换 $F_2(\omega)$。$f_1(t)$，$f_2(t)$ 的波形如图 3-2-37 所示。

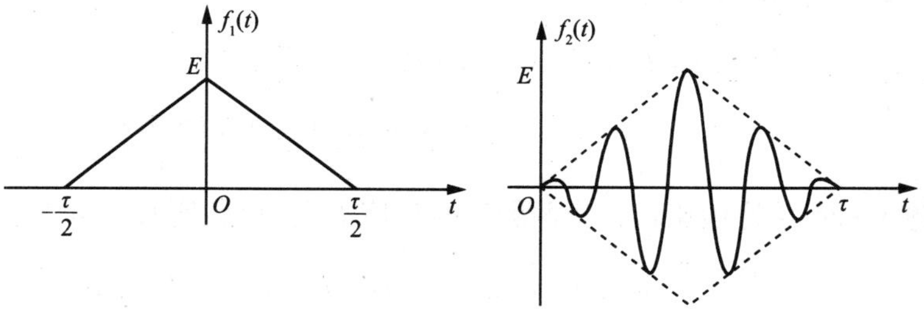

图 3-2-37

解： 因为 $F_1(\omega)=\frac{E\tau}{2}\mathrm{Sa}^2\left(\frac{\omega\tau}{4}\right)$，根据时移特性，有

$$f_1\left(t-\frac{\tau}{2}\right)\leftrightarrow\frac{E\tau}{2}\mathrm{Sa}^2\left(\frac{\omega\tau}{4}\right)\mathrm{e}^{-\mathrm{j}\frac{\omega\tau}{2}}$$

由于 $\cos(\omega_0 t)\leftrightarrow\pi[\delta(\omega+\omega_0)+\delta(\omega-\omega_0)]$，则根据频域卷积定理有

$$\begin{aligned}F_2(\omega) &= \frac{1}{2\pi}\times\left[\frac{E\tau}{2}\mathrm{Sa}^2\left(\frac{\omega\tau}{4}\right)\mathrm{e}^{-\mathrm{j}\frac{\omega\tau}{2}}\right]*\{\pi[\delta(\omega+\omega_0)]+[\delta(\omega-\omega_0)]\}\\ &= \frac{E\tau}{4}\left\{\mathrm{Sa}^2\left[\frac{(\omega+\omega_0)\tau}{4}\right]\mathrm{e}^{-\mathrm{j}\frac{(\omega+\omega_0)}{2}\tau}+\mathrm{Sa}^2\left[\frac{(\omega-\omega_0)\tau}{4}\right]\mathrm{e}^{-\mathrm{j}\frac{(\omega-\omega_0)}{2}\tau}\right\}\\ &= \frac{E\tau}{4}\mathrm{e}^{-\mathrm{j}\frac{\omega\tau}{2}}\left\{\mathrm{Sa}^2\left[\frac{(\omega+\omega_0)\tau}{4}\right]\mathrm{e}^{-\mathrm{j}\frac{\omega_0\tau}{2}}+\mathrm{Sa}^2\left[\frac{(\omega-\omega_0)\tau}{4}\right]\mathrm{e}^{\mathrm{j}\frac{\omega_0\tau}{2}}\right\}\end{aligned}$$

3－34　若 $f(t)$ 的频谱 $F(\omega)$ 如图 3－2－38 所示，利用卷积定理粗略画出 $f(t)\cos(\omega_0 t)$，$f(t)\mathrm{e}^{\mathrm{j}\omega_0 t}$，$f(t)\cos(\omega_1 t)$ 的频谱（注明频谱的边界频率）。

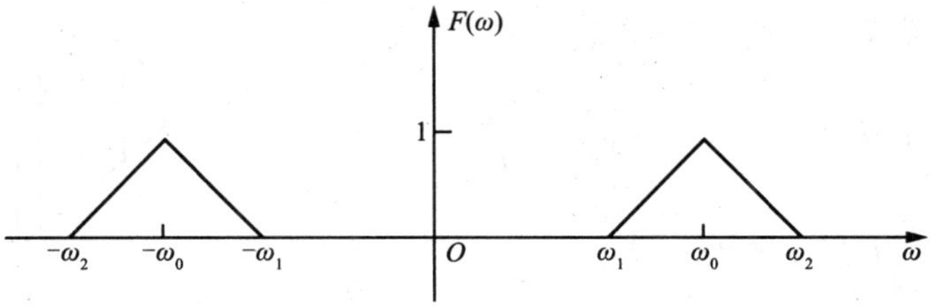

图 3－2－38

解：由频域卷积定理，有

$$\mathscr{F}[f_1(t)f_2(t)] = \frac{1}{2\pi}F_1(\omega) * F_2(\omega)$$

又 $\mathscr{F}[\cos(\omega_0 t)] = \pi[\delta(\omega+\omega_0)+\delta(\omega-\omega_0)]$，$\mathscr{F}[\mathrm{e}^{\mathrm{j}\omega_0 t}] = 2\pi\delta(\omega-\omega_0)$

所以

$$F_1(\omega) = \mathscr{F}[f(t)\cos(\omega_0 t)] = \frac{1}{2\pi}F(\omega) * \pi[\delta(\omega+\omega_0)+\delta(\omega-\omega_0)]$$

$$= \frac{1}{2}[F(\omega+\omega_0)+F(\omega-\omega_0)]$$

$$F_2(\omega) = \mathscr{F}[f(t)\mathrm{e}^{\mathrm{j}\omega_0 t}] = \frac{1}{2\pi}F(\omega) * 2\pi\delta(\omega-\omega_0) = F(\omega-\omega_0)$$

$$F_3(\omega) = \mathscr{F}[f(t)\cos(\omega_1 t)] = \frac{1}{2\pi}F(\omega) * \pi[\delta(\omega+\omega_1)+\delta(\omega-\omega_1)]$$

$$= \frac{1}{2}[F(\omega+\omega_1)+F(\omega-\omega_1)]$$

三个频谱图如图 3－2－39(a)(b)(c)所示。

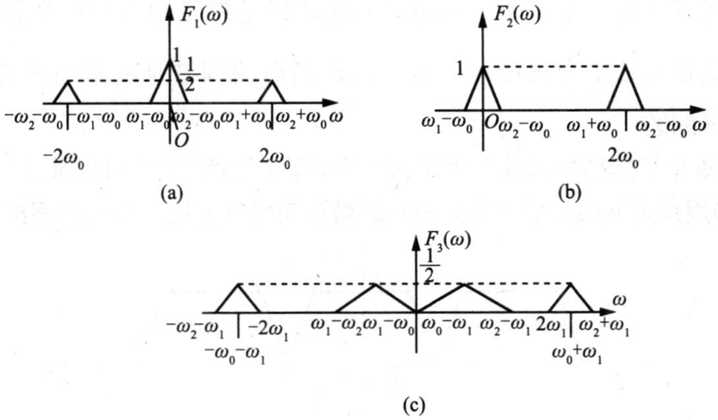

图 3－2－39

3－35　求图 3－2－40 所示信号的频谱（包络为三角脉冲，载波为对称方波）。并说明与图 3－2－29 信号频谱的区别。

解：由图 3－2－40 可知，$f(t) = f_1(t)\cdot f_2(t)$

其中，$f_1(t)$为三角脉冲，且 $F_1(\omega)=\frac{\tau_1}{2}\mathrm{Sa}^2\left(\frac{\omega\tau_1}{4}\right)$；$f_2(t)$为周期 $T_0=2\tau$的对称方波，且

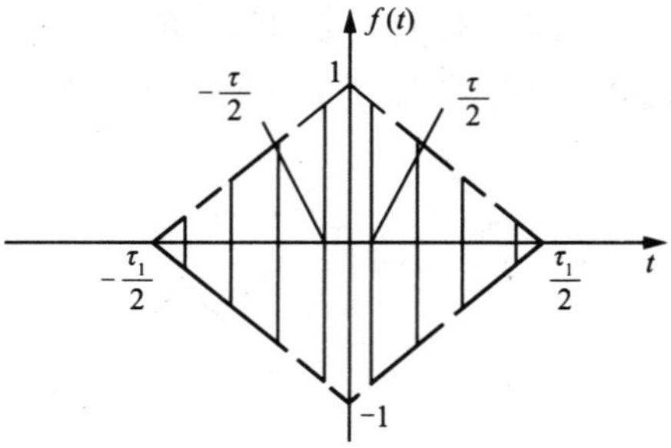

图 3－2－40

$$F_2(\omega)=\sum_{n=-\infty}^{\infty}2\pi F_n\delta(\omega-n\omega_0),\omega_0=\frac{2\pi}{T_0}$$

$$\begin{aligned}F_n&=\frac{1}{T_0}\int_{-\frac{T_0}{2}}^{\frac{T_0}{2}}f_2(t)\mathrm{e}^{-\mathrm{j}n\omega_0 t}\mathrm{d}t\\&=\frac{1}{2\tau}\left[\int_{-\frac{\tau}{2}}^{\frac{\tau}{2}}\mathrm{e}^{-\mathrm{j}\frac{n\pi}{\tau}t}\mathrm{d}t-\int_{\frac{\tau}{2}}^{\frac{3\tau}{2}}\mathrm{e}^{-\mathrm{j}n\frac{\pi t}{\tau}}\mathrm{d}t\right]\\&=\frac{1}{n\pi}\sin\left(\frac{n\pi}{2}\right)+\frac{\mathrm{j}\mathrm{e}^{-\mathrm{j}\frac{n\pi}{2}}}{2n\pi}[1-\cos(n\pi)]\\&=\begin{cases}0, & n=\pm 2,\pm 4,\cdots\\ \dfrac{2\sin\left(\dfrac{n\pi}{2}\right)}{n\pi}, & n=\pm 1,\pm 3,\cdots\end{cases}=\begin{cases}\dfrac{2}{n\pi}, & n=\pm 1,\pm 5,\pm 9,\cdots\\ -\dfrac{2}{n\pi}, & n=\pm 3,\pm 7,\pm 11,\cdots\end{cases}\end{aligned}$$

所以

$$F_2(\omega)=\sum_{n=-\infty}^{\infty}\frac{4(-1)^{n+1}}{2n-1}\delta\left[\omega-\frac{(2n-1)}{\tau}\pi\right]$$

由频域卷积定理，有

$$\begin{aligned}\mathscr{F}[f(t)]&=\mathscr{F}[f_1(t)f_2(t)]\\&=\frac{1}{2\pi}F_1(\omega)*F_2(\omega)\\&=\sum_{n=-\infty}^{\infty}\frac{(-1)^{n+1}\cdot\tau_1}{(2n-1)\pi}\cdot\mathrm{Sa}^2\left\{\frac{1}{4}\cdot\left[\omega-\frac{(2n-1)}{\tau}\pi\right]\cdot\tau_1\right\}\end{aligned}$$

题 3－24 中载波只有一个频率，调制后的频谱只是将三角脉冲的频谱搬移到 ω_0 处，本题中的周期方波包含无数个奇次谐波分量，故调制后的频谱是将三角脉冲信号的频谱以$\frac{2\pi}{\tau}$为周期重复平移得到的。

3－36　已知单个梯形脉冲和单个余弦脉冲的傅里叶变换(见教材附录三)，求图 3－2－41 所示周期梯形信号和周期全波余弦信号的傅里叶级数和傅里叶变换。并示意画出它们的频谱图。

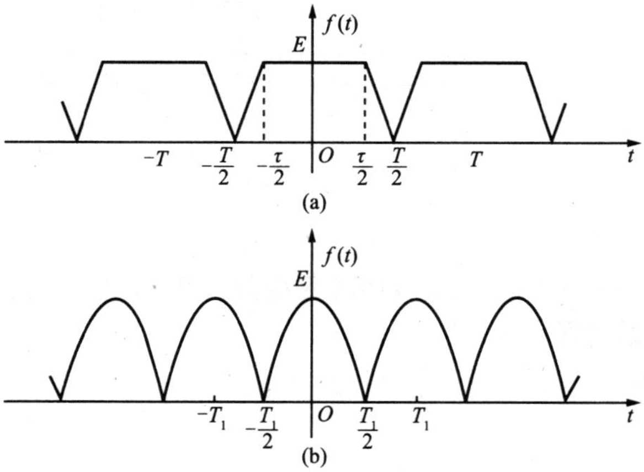

图 3－2－41

解：(1)由附录三查得，单个梯形脉冲的傅里叶变换为

$$F_1(\omega) = \frac{8E}{(T-\tau)\omega^2}\sin\left[\frac{\omega(T+\tau)}{4}\right]\sin\left[\frac{\omega(T-\tau)}{4}\right]$$

周期信号 $f(t)$ 傅里叶级数的系数

$$F_n = \frac{1}{T}F_1(\omega)\Big|_{\omega=n\omega_1} = \frac{2ET}{n^2\pi^2(T-\tau)}\sin\left[\frac{n\pi(T+\tau)}{2T}\right]\sin\left[\frac{n\pi(T-\tau)}{2T}\right]，（其中 \omega_1 = \frac{2\pi}{T}）$$

则 $f(t)$ 的傅里叶级数为

$$f(t) = \sum_{n=-\infty}^{\infty} F_n e^{jn\omega_1 t} = \sum_{n=-\infty}^{\infty} F_n e^{j\frac{2n\pi}{T}\cdot t}$$

傅里叶变换为

$$F(\omega) = 2\pi \sum_{n=-\infty}^{\infty} F_n \delta\left(\omega - \frac{2n\pi}{T}\right)$$

其频谱图如图 3－2－42(a)所示。

(2)由附录三查得，单个余弦脉冲傅里叶变换为

$$F_1(\omega) = \frac{2ET_1}{\pi}\frac{\cos\left(\frac{\omega T_1}{2}\right)}{\left[1-\left(\frac{\omega T_1}{\pi}\right)^2\right]}$$

周期信号 $f(t)$ 傅里叶级数的系数

$$F_n = \frac{1}{T_1}F_1(\omega)\Big|_{\omega=n\omega_1} = \frac{2E}{\pi}\cdot\frac{\cos(n\pi)}{1-4n^2} = (-1)^n\cdot\frac{2E}{\pi(1-4n^2)}，（其中 \omega_1 = \frac{2\pi}{T_1}）$$

则 $f(t)$ 的傅里叶级数为

$$f(t) = \sum_{n=-\infty}^{\infty} F_n e^{j\omega\frac{2\pi}{T_1}t}$$

傅里叶变换为

$$F(\omega) = 2\pi \sum_{n=-\infty}^{\infty} F_n \delta\left(\omega - n\cdot\frac{2\pi}{T_1}\right)$$

其频谱图如图 3－2－42(b)所示。

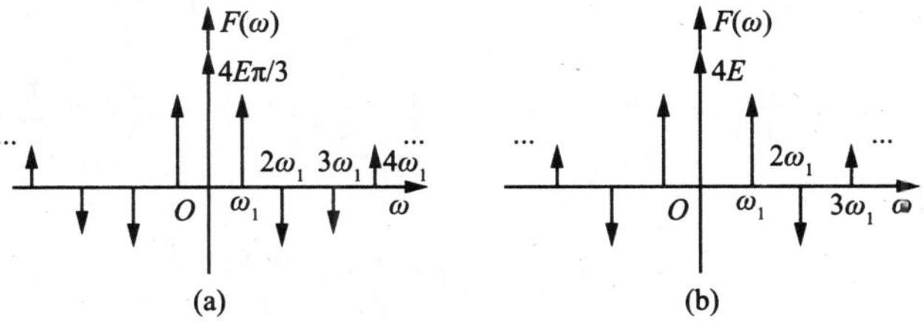

图 3－2－42

3－37　已知矩形脉冲和余弦脉冲信号的傅里叶变换(见教材附录三)，根据傅里叶变换的定义和性质，利用三种以上的方法计算图 3－2－43 所示各脉冲信号的傅里叶变换，并比较三种方法。

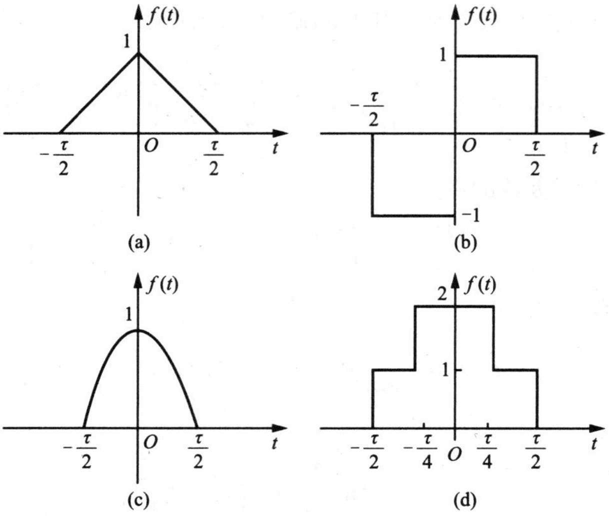

图 3－2－43

解：（1）①解法一

由图 3－2－43(a)可知

$$f(t)=\begin{cases}\frac{2}{\tau}t+1, & -\frac{\tau}{2}<t\leqslant 0\\ -\frac{2}{\tau}t+1, & 0<t\leqslant\frac{\tau}{2}\end{cases}$$

根据定义，则有

$$\begin{aligned}F(\omega)&=\int_{-\frac{\tau}{2}}^{0}\left(\frac{2}{\tau}t+1\right)e^{-j\omega t}dt+\int_{0}^{\frac{\tau}{2}}\left(-\frac{2}{\tau}t+1\right)e^{-j\omega t}dt\\&=\int_{0}^{\frac{\tau}{2}}\left(1-\frac{2}{\tau}t\right)e^{j\omega t}dt+\int_{0}^{\frac{\tau}{2}}\left(1-\frac{2}{\tau}t\right)e^{-j\omega t}dt\\&=2\int_{0}^{\frac{\tau}{2}}\left(1-\frac{2}{\tau}t\right)\cos\omega t\,dt\\&=\frac{\tau}{2}Sa^2\left(\frac{\omega\tau}{4}\right)\end{aligned}$$

②解法二

对$f(t)$求导，有

$$f'(t)=\frac{2}{\tau}\left[u\left(t+\frac{\tau}{2}\right)-u(t)\right]-\frac{2}{\tau}\left[u(t)-u\left(t-\frac{\tau}{2}\right)\right]$$

由时移性质，有

$$u\left(t+\frac{\tau}{2}\right)-u(t)\leftrightarrow\frac{\tau}{2}Sa\left(\frac{\omega\tau}{4}\right)e^{j\frac{\omega\tau}{4}}$$

$$u(t)-u\left(t-\frac{\tau}{2}\right)\leftrightarrow\frac{\tau}{2}Sa\left(\frac{\omega\tau}{4}\right)e^{-j\frac{\omega\tau}{4}}$$

所以

$$F(\omega)=\frac{1}{j\omega}\cdot Sa\left(\frac{\omega\tau}{4}\right)\cdot\left(e^{j\frac{\omega\tau}{4}}-e^{-j\frac{\omega\tau}{4}}\right)=\frac{2}{\omega}Sa\left(\frac{\omega\tau}{4}\right)\sin\left(\frac{\omega\tau}{4}\right)=\frac{\tau}{2}Sa^2\left(\frac{\omega\tau}{4}\right)$$

③解法三

对$f(t)$进行二次求导，有

$$f''(t) = \frac{2}{\tau}\left[\delta\left(t+\frac{\tau}{2}\right)+\delta\left(t-\frac{\tau}{2}\right)\right]-\frac{4}{\tau}\delta(t)$$

两边进行傅里叶变换，有

$$(\mathrm{j}\omega)^2F(\omega) = \frac{2}{\tau}(\mathrm{e}^{\mathrm{j}\frac{\omega\tau}{2}}+\mathrm{e}^{-\mathrm{j}\frac{\omega\tau}{2}})-\frac{4}{\tau} = \frac{4}{\tau}\left[\cos\left(\frac{\omega\tau}{2}\right)-1\right] = -\frac{8}{\tau}\sin^2\left(\frac{\omega\tau}{4}\right)$$

所以

$$F(\omega) = \frac{8}{\omega^2\tau}\sin^2\left(\frac{\omega\tau}{4}\right) = \frac{\tau}{2}\mathrm{Sa}^2\left(\frac{\omega\tau}{4}\right)$$

(2)①解法一

由图3-2-43(b)可知

$$f(t) = \begin{cases}-1, & -\frac{\tau}{2}<t<0\\ 1, & 0<t<\frac{\tau}{2}\end{cases}$$

根据定义，则有

$$\begin{aligned}F(\omega) &= \int_{-\frac{\tau}{2}}^{0}[-\mathrm{e}^{-\mathrm{j}\omega t}]\mathrm{d}t+\int_{0}^{\frac{\tau}{2}}\mathrm{e}^{-\mathrm{j}\omega t}\mathrm{d}t\\ &= \frac{1}{\mathrm{j}\omega}\mathrm{e}^{-\mathrm{j}\omega t}\Big|_{-\frac{\tau}{2}}^{0}-\frac{1}{\mathrm{j}\omega}\mathrm{e}^{-\mathrm{j}\omega t}\Big|_{0}^{\frac{\tau}{2}}\\ &= \frac{2}{\mathrm{j}\omega}\left[1-\cos\left(\frac{\omega\tau}{2}\right)\right] = \frac{\omega\tau^2}{4\mathrm{j}}\mathrm{Sa}^2\left(\frac{\omega\tau}{4}\right)\end{aligned}$$

②解法二

因为

$$f(t) = \left[u(t)-u\left(t-\frac{\tau}{2}\right)\right]-\left[u\left(t+\frac{\tau}{2}\right)-u(t)\right]$$

且由时移性质，有

$$u(t)-u\left(t-\frac{\tau}{2}\right)\leftrightarrow\frac{\tau}{2}\mathrm{Sa}\left(\frac{\omega\tau}{4}\right)\mathrm{e}^{-\mathrm{j}\frac{\omega\tau}{4}}$$

$$u\left(t+\frac{\tau}{2}\right)-u(t)\leftrightarrow\frac{\tau}{2}\mathrm{Sa}\left(\frac{\omega\tau}{4}\right)\mathrm{e}^{\mathrm{j}\frac{\omega\tau}{4}}$$

所以

$$F(\omega) = \frac{\tau}{2}\mathrm{Sa}\left(\frac{\omega\tau}{4}\right)(\mathrm{e}^{-\mathrm{j}\frac{\omega\tau}{4}}-\mathrm{e}^{\mathrm{j}\frac{\omega\tau}{4}}) = -\mathrm{j}\tau Sa\left(\frac{\omega\tau}{4}\right)\sin\left(\frac{\omega\tau}{4}\right) = \frac{\omega\tau^2}{4\mathrm{j}}\mathrm{Sa}^2\left(\frac{\omega\tau}{4}\right)$$

③解法三

对$f(t)$进行求导，有

$$f'(t) = 2\delta(t)-\left[\delta\left(t+\frac{\tau}{2}\right)+\delta\left(t-\frac{\tau}{2}\right)\right]$$

两边进行傅里叶变换

$$(\mathrm{j}\omega)F(\omega) = 2-(\mathrm{e}^{\mathrm{j}\frac{\omega\tau}{2}}+\mathrm{e}^{-\mathrm{j}\frac{\omega\tau}{2}}) = 2-2\cos\left(\frac{\omega\tau}{2}\right) = 4\sin^2\left(\frac{\omega\tau}{4}\right)$$

所以

$$F(\omega)=\frac{\omega\tau^2}{4\mathrm{j}}\mathrm{Sa}^2\left(\frac{\omega\tau}{4}\right)$$

(3)①解法一

由图 3－2－43(c)可知

$$f(t)=\cos\frac{\pi}{\tau}t,\ -\frac{\tau}{2}<t<\frac{\tau}{2}$$

根据定义，则有

$$\begin{aligned}F(\omega)&=\int_{-\frac{\tau}{2}}^{\frac{\tau}{2}}\cos\left(\frac{\pi}{\tau}t\right)\mathrm{e}^{-\mathrm{j}\omega t}\mathrm{d}t\\&=\frac{1}{2}\left[\int_{-\frac{\tau}{2}}^{\frac{\tau}{2}}\mathrm{e}^{\mathrm{j}\left(\frac{\pi}{\tau}-\omega\right)t}\mathrm{d}t+\int_{-\frac{\tau}{2}}^{\frac{\tau}{2}}\mathrm{e}^{-\mathrm{j}\left(\frac{\pi}{\tau}+\omega\right)t}\mathrm{d}t\right]\\&=\frac{\sin\left(\frac{\pi}{2}-\frac{\omega\tau}{2}\right)}{\frac{\pi}{\tau}-\omega}+\frac{\sin\left(\frac{\pi}{2}+\frac{\omega\tau}{2}\right)}{\frac{\pi}{\tau}+\omega}\\&=\frac{\cos\left(\frac{\omega\tau}{2}\right)}{\frac{\pi}{\tau}-\omega}+\frac{\cos\left(\frac{\omega\tau}{2}\right)}{\frac{\pi}{\tau}+\omega}=\frac{2\tau}{\pi}\cdot\frac{\cos\left(\frac{\omega\tau}{2}\right)}{1-\left(\frac{\omega\tau}{\pi}\right)^2}\end{aligned}$$

②解法二

由附录三可知，幅值为 E，宽度为τ的偶对称单脉冲余弦信号的傅里叶变换为

$$F(\omega)=\frac{2E\tau}{\pi}\cdot\frac{\cos\left(\frac{\omega\tau}{2}\right)}{\left[1-\left(\frac{\omega\tau}{\pi}\right)^2\right]}$$

由图可知$f(t)$的幅值为 1，宽度为τ，所以其傅里叶变换为

$$F(\omega)=\frac{2\tau}{\pi}\frac{\cos\left(\frac{\omega\tau}{2}\right)}{1-\left(\frac{\omega\tau}{\pi}\right)^2}$$

③解法三

对$f(t)$进行二次求导，有

$$f''(t)=-\frac{\pi^2}{\tau^2}f(t)+\frac{\pi}{\tau}\delta\left(t+\frac{\tau}{2}\right)+\frac{\pi}{\tau}\delta\left(t-\frac{\tau}{2}\right)$$

两边进行傅里叶变换，有

$$(\mathrm{j}\omega)^2F(\omega)=-\frac{\pi^2}{\tau^2}F(\omega)+\frac{\pi}{\tau}\left(\mathrm{e}^{\mathrm{j}\frac{\omega\tau}{2}}+\mathrm{e}^{-\mathrm{j}\frac{\omega\tau}{2}}\right)$$

所以

$$F(\omega)=\frac{2\tau}{\pi}\cdot\frac{\cos\left(\frac{\omega\tau}{2}\right)}{1-\left(\frac{\omega\tau}{\pi}\right)^2}$$

(4)①解法一

由图 3－2－43(d)可知

$$f(t)=\begin{cases}1, \frac{\tau}{4}<|t|<\frac{\tau}{2}\\ 2, |t|<\frac{\tau}{4}\\ 0, |t|>\frac{\tau}{2}\end{cases}$$

根据定义，则有

$$\begin{aligned}F(\omega)&=\int_{-\frac{\tau}{2}}^{-\frac{\tau}{4}}\mathrm{e}^{-\mathrm{j}\omega t}\mathrm{d}t+\int_{-\frac{\tau}{4}}^{\frac{\tau}{4}}2\cdot\mathrm{e}^{-\mathrm{j}\omega t}\mathrm{d}t+\int_{\frac{\tau}{4}}^{\frac{\tau}{2}}\mathrm{e}^{-\mathrm{j}\omega t}\mathrm{d}t\\&=\int_{-\frac{\tau}{2}}^{\frac{\tau}{4}}\mathrm{e}^{-\mathrm{j}\omega t}\mathrm{d}t+\int_{-\frac{\tau}{4}}^{\frac{\tau}{2}}\mathrm{e}^{-\mathrm{j}\omega t}\mathrm{d}t\\&=\frac{2\sin\left(\frac{\omega\tau}{4}\right)+2\sin\left(\frac{\omega\tau}{2}\right)}{\omega}\\&=\frac{\tau}{2}\mathrm{Sa}\left(\frac{\omega\tau}{4}\right)\left[1+2\cos\left(\frac{\omega\tau}{4}\right)\right]\end{aligned}$$

②解法二

$$f(t)=\left[u(t+\frac{\tau}{2})-u(t-\frac{\tau}{2})\right]+\left[u(t+\frac{\tau}{4})-u(t-\frac{\tau}{4})\right]$$

$$u(t+\frac{\tau}{2})-u(t-\frac{\tau}{2})\leftrightarrow\tau\,\mathrm{Sa}\left(\frac{\omega\tau}{2}\right)$$

$$u(t+\frac{\tau}{4})-u(t-\frac{\tau}{4})\leftrightarrow\frac{\tau}{2}\mathrm{Sa}\left(\frac{\omega\tau}{4}\right)$$

故

$$\begin{aligned}F(\omega)&=\tau\,\mathrm{Sa}\left(\frac{\omega\tau}{2}\right)+\frac{\tau}{2}\mathrm{Sa}\left(\frac{\omega\tau}{4}\right)=\frac{2}{\omega}\left[\sin\left(\frac{\omega\tau}{2}\right)+\sin\left(\frac{\omega\tau}{4}\right)\right]\\&=\frac{2}{\omega}\sin\left(\frac{\omega\tau}{4}\right)\left[2\cos\left(\frac{\omega\tau}{4}\right)+1\right]=\frac{\tau}{2}\mathrm{Sa}\left(\frac{\omega\tau}{4}\right)\left[1+2\cos\left(\frac{\omega\tau}{4}\right)\right]\end{aligned}$$

③解法三

对$f(t)$求导，有

$$f'(t)=\delta(t+\frac{\tau}{4})+\delta(t+\frac{\tau}{2})-\delta(t-\frac{\tau}{2})-\delta(t-\frac{\tau}{4})$$

两边进行傅里叶变换，有

$$\mathrm{j}\omega F(\omega)=\mathrm{e}^{\mathrm{j}\frac{\omega\tau}{2}}-\mathrm{e}^{-\mathrm{j}\frac{\omega\tau}{2}}+\mathrm{e}^{\mathrm{j}\frac{\omega\tau}{4}}-\mathrm{e}^{-\mathrm{j}\frac{\omega\tau}{4}}$$

故

$$\begin{aligned}F(\omega)&=\frac{1}{\mathrm{j}\omega}\left[2\mathrm{j}\sin\left(\frac{\omega\tau}{2}\right)+2\mathrm{j}\sin\left(\frac{\omega\tau}{4}\right)\right]\\&=\frac{2}{\omega}\left[\sin\left(\frac{\omega\tau}{2}\right)+\sin\left(\frac{\omega\tau}{4}\right)\right]\\&=\frac{\tau}{2}\mathrm{Sa}\left(\frac{\omega\tau}{4}\right)\left[2\cos\left(\frac{\omega\tau}{4}\right)+1\right]\end{aligned}$$

3－38　已知三角形、升余弦脉冲的频谱(见教材附录三)。大致画出图 3－2－44 中各脉冲被冲激抽样后信号的频谱(抽样间隔为 T_S，令 $T_S=\frac{\tau}{8}$)。

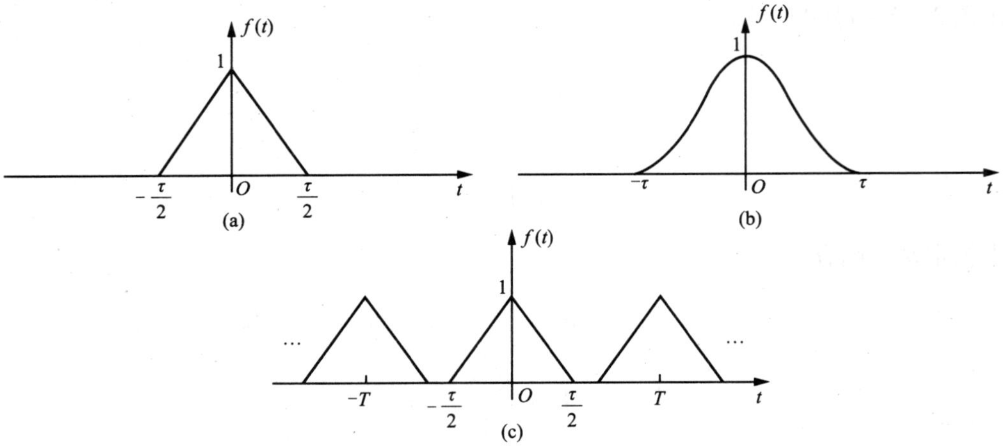

图 3－2－44

解：对时域信号进行冲激抽样，抽样间隔为 T_S，可表示为

$$f_S(t)=f(t)\sum_{n=-\infty}^{\infty}\delta(t-nT_S)$$

其频谱

$$F_S(\omega)=\frac{1}{T_S}\sum_{n=-\infty}^{\infty}F(\omega-n\omega_S)。$$

(1)图 3－2－44(a)为三角脉冲，其傅里叶变换为

$$F(\omega)=\frac{\tau}{2}\text{Sa}^2\left(\frac{\omega\tau}{4}\right)$$

第一个零点 $\omega=\frac{4\pi}{\tau}$，且 $T_S=\frac{\tau}{8}$，$\omega_S=\frac{2\pi}{T_S}=\frac{16\pi}{\tau}$，所以冲激抽样后信号的频谱为

$$F_S(\omega)=\frac{1}{T_S}\sum_{n=-\infty}^{\infty}F(\omega-n\omega_S)=4\sum_{n=-\infty}^{\infty}\text{Sa}^2\left[\frac{\tau\left(\omega-n\frac{16\pi}{\tau}\right)}{4}\right]$$

其频谱图大致如图 3－2－45(a)所示。

(2)图 3－2－44(b)为升余弦脉冲信号，其傅里叶变换为

$$F(\omega)=E\tau\cdot\frac{\text{Sa}(\omega\tau)}{1-\left(\frac{\omega\tau}{\pi}\right)^2}$$

第一个零点 $\omega=\frac{2\pi}{\tau}$，且 $T_S=\frac{\tau}{8}$，$\omega_S=\frac{2\pi}{T_S}=\frac{16\pi}{\tau}$，所以冲激抽样后信号的频谱为

$$F_S(\omega)=\frac{1}{T_S}\sum_{n=-\infty}^{\infty}F(\omega-n\omega_S)=8\sum_{n=-\infty}^{\infty}\frac{\text{Sa}(\omega\tau-16n\pi)}{1-\left(\frac{\omega\tau}{\pi}-16n\right)^2}$$

其频谱图大致如图 3－2－45(b)所示。

(3)图 3－2－44(c)为周期信号，相当于图 3－2－44(a)中的信号进行周期延拓，故 $F_n=\frac{1}{T}F_0(\omega)\Big|_{\omega=n\omega_1}=\frac{\tau}{2T}\text{Sa}^2\left(\frac{n\omega_1\tau}{4}\right)$，其频谱为

$$F(\omega)=\frac{\omega_1\tau}{2}\sum_{n=-\infty}^{\infty}\text{Sa}^2\left(\frac{n\omega_1\tau}{4}\right)\delta(\omega-n\omega_1),\omega_1=\frac{2\pi}{T}$$

其大致波形如图 3－2－45(c)所示。

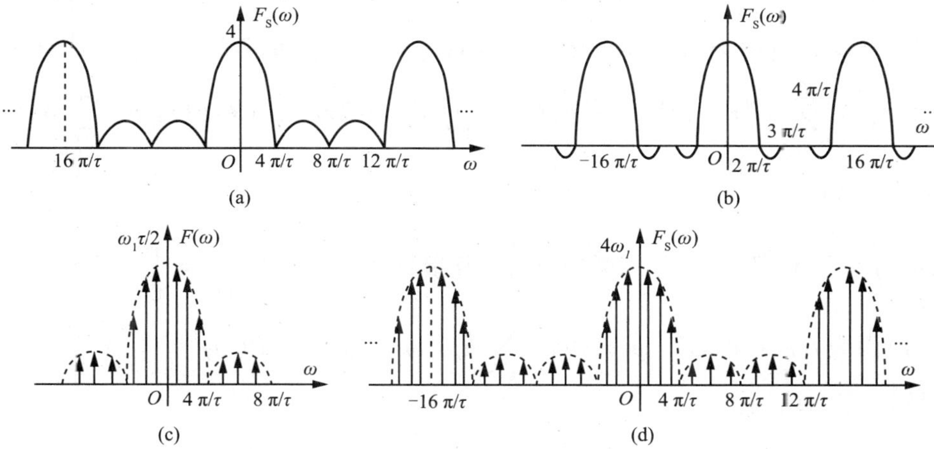

图 3－2－45

因 $F_S(\omega)=\frac{1}{T_S}\sum_{n=-\infty}^{\infty}F(\omega-n\omega_S)$，所以冲激抽样后信号的频谱图如图 3－2－45(d)所示。

3－39　确定下列信号的最低抽样率与奈奎斯特间隔：

(1) $\mathrm{Sa}(100t)$；　　(2) $\mathrm{Sa}^2(100t)$；

(3) $\mathrm{Sa}(100t)+\mathrm{Sa}(50t)$；　　(4) $\mathrm{Sa}(100t)+\mathrm{Sa}^2(60t)$。

解：(1) 由 $\mathrm{Sa}(100t)\leftrightarrow\frac{\pi}{100}[u(\omega+100)-u(\omega-100)]$ 可知，信号的最大角频率为 $\omega_m=100$，所以最低抽样率为 $2f_m=\frac{\omega_m}{\pi}=\frac{100}{\pi}$，奈奎斯特抽样间隔为 $\frac{\pi}{\omega_m}=\frac{\pi}{100}$。

(2) 由 $\mathrm{Sa}^2(100t)\leftrightarrow\frac{\pi}{100}\left[1-\frac{|\omega|}{200}\right]$，$|\omega|<200$ 可知，信号最大角频率为 $\omega_m=200$，所以最低抽样率为 $2f_m=\frac{200}{\pi}$，奈奎斯特抽样间隔为 $\frac{\pi}{200}$。

(3) 由 $\mathrm{Sa}(50t)\leftrightarrow\frac{\pi}{50}[u(\omega+50)-u(\omega-50)]$，$\mathrm{Sa}(100t)\leftrightarrow\frac{\pi}{100}[u(\omega+100)-u(\omega-100)]$ 可知，信号最大角频率为 $\omega_m=100$，所以最低抽样率为 $2f_m=\frac{\omega_m}{\pi}=\frac{100}{\pi}$，奈奎斯特抽样间隔为 $\frac{\pi}{\omega_m}=\frac{\pi}{100}$。

(4) 由 $\mathrm{Sa}^2(60t)\leftrightarrow\frac{\pi}{60}\left(1-\frac{|\omega|}{120}\right)$，$|\omega|<120$ 可知，信号最大角频率为 $\omega_m=120$，所以最低抽样率为 $2f_m=\frac{120}{\pi}$，奈奎斯特抽样间隔为 $\frac{\pi}{120}$。

3－40　若 $\mathscr{F}[f(t)]=F(\omega)$，$p(t)$ 是周期信号，基波频率为 ω_0，$p(t)=\sum_{n=-\infty}^{\infty}a_n e^{jn\omega_0 t}$。

(1) 令 $f_p(t)=f(t)p(t)$，求相乘信号的傅里叶变换表达式 $F_p(\omega)=\mathscr{F}[f_p(t)]$；

(2) 若 $F(\omega)$ 图形如图 3－2－46 所示，当 $p(t)$ 的函

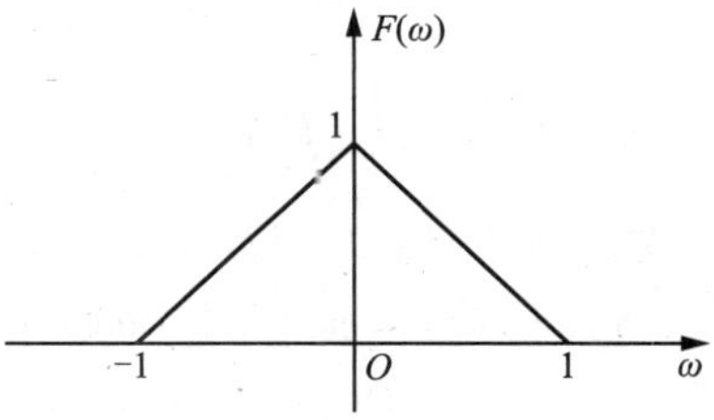

图 3－2－46

数表达式为 $p(t)=\cos(\frac{t}{2})$ 或以下各小题时，分别求 $F_p(\omega)$ 的表达式并画出频谱图；

(3)$p(t)=\cos t$；(4)$p(t)=\cos(2t)$；(5)$p(t)=(\sin t)\sin(2t)$；(6)$p(t)=\cos(2t)-\cos t$；(7)$p(t)=\sum_{n=-\infty}^{\infty}\delta(t-\pi n)$；(8)$p(t)=\sum_{n=-\infty}^{\infty}\delta(t-2\pi n)$；(9)$p(t)=\sum_{n=-\infty}^{\infty}\delta(t-2\pi n)-\frac{1}{2}\sum_{n=-\infty}^{\infty}\delta(t-\pi n)$；

(10)$p(t)$ 是图 3-2-2 所示周期矩形波，其参数为 $T=\pi$，$\tau=\frac{T}{3}=\frac{\pi}{3}$，$E=1$。

解：(1)因为 $f(t)\leftrightarrow F(\omega)\quad p(t)\leftrightarrow 2\pi\sum_{n=-\infty}^{\infty}a_n\delta(\omega-n\omega_0)=P(\omega)$

由频域卷积定理，有

$$F_p(\omega)=\frac{1}{2\pi}F(\omega)*P(\omega)=\frac{1}{2\pi}F(\omega)*2\pi\sum_{n=-\infty}^{\infty}a_n\delta(\omega-n\omega_0)=\sum_{n=-\infty}^{\infty}a_nF(\omega-n\omega_0)$$

(2)当 $p(t)=\cos\left(\frac{t}{2}\right)$ 时

$$P(\omega)=\pi\left[\delta\left(\omega+\frac{1}{2}\right)+\delta\left(\omega-\frac{1}{2}\right)\right]$$

则 $F_p(\omega)=\frac{1}{2}\left[F(\omega+\frac{1}{2})+F(\omega-\frac{1}{2})\right]$。

频谱如图 3-2-47(b)所示。

(3)当 $p(t)=\cos t$ 时

$$P(\omega)=\pi[\delta(\omega+1)+\delta(\omega-1)]$$

则 $F_p(\omega)=\frac{1}{2}[F(\omega+1)+F(\omega-1)]$。

频谱如图 3-2-47(c)所示。

(4)当 $p(t)=\cos(2t)$ 时

$$P(\omega)=\pi[\delta(\omega+2)+\delta(\omega-2)]$$

则 $F_p(\omega)=\frac{1}{2}[F(\omega+2)+F(\omega-2)]$。

频谱如图 3-2-47(d)所示。

(5)当 $p(t)=\sin t\cdot\sin(2t)$ 时

$$P(\omega)=\frac{1}{2\pi}\cdot \mathrm{j}\pi[\delta(\omega+1)-\delta(\omega-1)]*\mathrm{j}\pi[\delta(\omega+2)-\delta(\omega-2)]$$

$$=-\frac{\pi}{2}[\delta(\omega+3)+\delta(\omega-3)-\delta(\omega+1)-\delta(\omega-1)]$$

则 $F_p(\omega)=\frac{1}{4}[F(\omega+1)+F(\omega-1)-F(\omega+3)-F(\omega-3)]$。

频谱如图 3-2-47(e)所示。

(6)当 $p(t)=\cos(2t)-\cos t$ 时

$$P(\omega)=\pi[\delta(\omega+2)+\delta(\omega-2)-\delta(\omega+1)-\delta(\omega-1)]$$

则 $F_p(\omega)=\frac{1}{2}[F(\omega+2)+F(\omega-2)-F(\omega+1)-F(\omega-1)]$。

频谱如图 3-2-47(f)所示。

(7)当 $p(t)=\sum_{n=-\infty}^{\infty}\delta(t-n\pi)$时

$$P(\omega)=2\sum_{n=-\infty}^{\infty}\delta(\omega-2n)$$

则 $F_{\mathrm{p}}(\omega)=\frac{1}{2\pi}F(\omega)*2\sum_{n=-\infty}^{\infty}\delta(\omega-2n)=\frac{1}{\pi}\sum_{n=-\infty}^{\infty}F(\omega-2n)$。

频谱如图 3-2-47(g)所示。

(8)当 $p(t)=\sum_{n=-\infty}^{\infty}\delta(t-2\pi n)$ 时

$$P(\omega)=\sum_{n=-\infty}^{\infty}\delta(\omega-n)$$

则 $F_{\mathrm{p}}(\omega)=\frac{1}{2\pi}\sum_{n=-\infty}^{\infty}F(\omega-n)$。

频谱如图 3-2-47(h)所示。

(9)当 $p(t)=\sum_{n=-\infty}^{\infty}\delta(t-2\pi n)-\frac{1}{2}\sum_{n=-\infty}^{\infty}\delta(t-\pi n)$ 时

$$P(\omega)=\sum_{n=-\infty}^{\infty}\delta(\omega-n)-\sum_{n=-\infty}^{\infty}\delta(\omega-2n)$$

则 $F_{\mathrm{p}}(\omega)=\frac{1}{2\pi}\left[\sum_{n=-\infty}^{\infty}F(\omega-n)-\sum_{n=-\infty}^{\infty}F(\omega-2n)\right]$

频谱如图 3-2-47(i)所示。

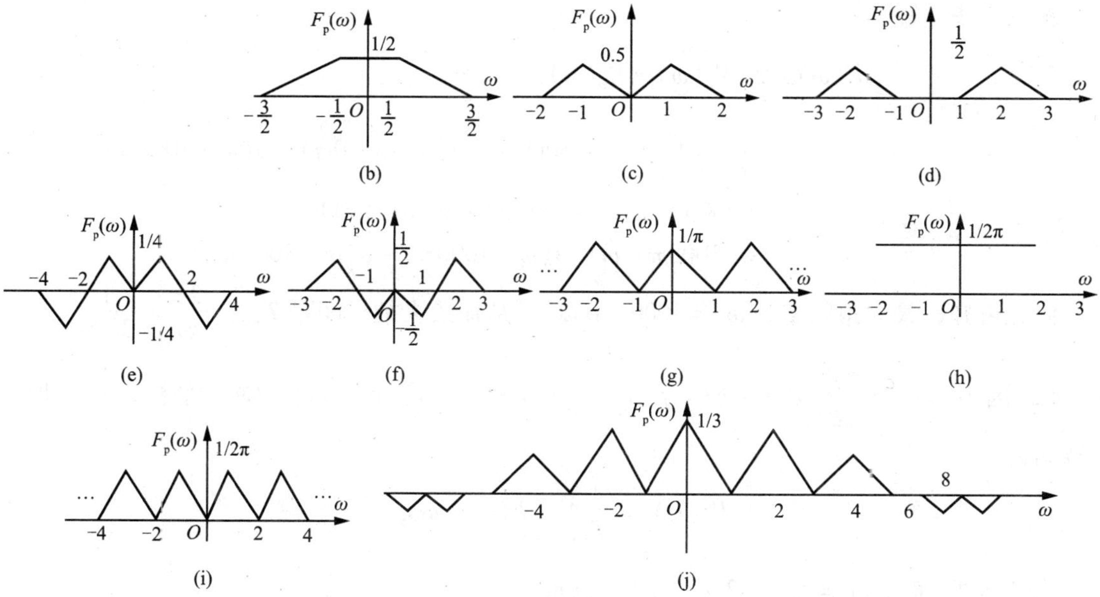

图 3-2-47

(10)当 $p(t)$为周期矩形波，且 $T=\pi$，$\tau=\frac{T}{3}=\frac{\pi}{3}$，$E=1$ 时，其傅里叶系数

$$F_n=\frac{E\tau}{T}\mathrm{Sa}\left(\frac{n\omega_1\tau}{2}\right)=\frac{1}{3}\mathrm{Sa}\left(\frac{n\pi}{3}\right)\quad\left(\omega_1=\frac{2\pi}{T}=2\right)$$

则傅里叶变换为

$$P(\omega)=2\pi\sum_{n=-\infty}^{\infty}\frac{1}{3}\mathrm{Sa}\left(\frac{n\pi}{3}\right)\delta(\omega-2n)=\frac{2\pi}{3}\sum_{n=-\infty}^{\infty}\mathrm{Sa}\left(\frac{n\pi}{3}\right)\delta(\omega-2n)$$

所以

$$F_{\mathrm{p}}(\omega)=\frac{1}{2\pi}F(\omega)*P(\omega)=\frac{1}{3}\sum_{n=-\infty}^{\infty}\frac{\sin(n\pi/3)}{n\pi/3}F(\omega-2n)$$

频谱如图 3－2－47(j)所示。

3－41　系统如图 3－2－48 所示，$f_1(t)=\mathrm{Sa}(1000\pi t)$，$f_2(t)=\mathrm{Sa}(2000\pi t)$，$p(t)=\sum_{n=-\infty}^{\infty}\delta(t-nT)$，$f(t)=f_1(t)f_2(t)$，$f_S(t)=f(t)p(t)$。

(1)为从 $f_S(t)$ 无失真恢复 $f(t)$，求最大抽样间隔 $T_{\max}$；

(2)当 $T=T_{\max}$ 时，画出 $f_S(t)$ 的幅度谱 $|F_S(\omega)|$。

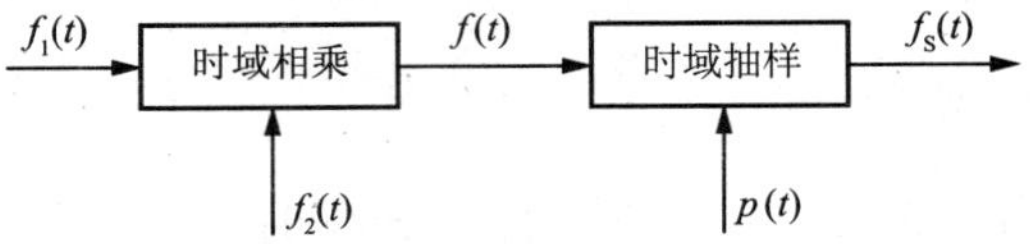

图 3－2－48

解：(1)因为 $f_1(t)=\mathrm{Sa}(1000\pi t)$，$f_2(t)=\mathrm{Sa}(2000\pi t)$，所以

$$F_1(\omega)=10^{-3}[u(\omega+1000\pi)-u(\omega-1000\pi)]$$

$$F_2(\omega)=\frac{1}{2}\times10^{-3}[u(\omega+2000\pi)-u(\omega-2000\pi)]$$

根据卷积定理，有

$$\begin{aligned}F(\omega)&=\frac{1}{2\pi}F_1(\omega)*F_2(\omega)\\&=\frac{1}{4\pi}\times10^{-6}\{(\omega+3000\pi)[u(\omega+3000\pi)-u(\omega+1000\pi)]\\&\quad+2000\pi[u(\omega+1000\pi)-u(\omega-1000\pi)]\\&\quad+(3000\pi-\omega)[u(\omega-1000\pi)-u(\omega-3000\pi)]\}\end{aligned}$$

由此可知，最大角频率为 $\omega_m=3000\pi$ rad/s，从而最大抽样间隔 $T_{\max}=\dfrac{2\pi}{2\omega_{\mathrm{m}}}=\dfrac{1}{3000}$ s。

(2)因为 $p(t)=\sum_{n=-\infty}^{\infty}\delta(t-nT)$，$f_S(t)=f(t)\cdot p(t)$ 是对于 $f(t)$ 的冲激抽样信号，所以其频谱为

$$F_S(\omega)=\frac{1}{T_S}\sum_{n=-\infty}^{\infty}F(\omega-n\omega_S)$$

当 $T_S=T_{\max}$ 时，$\omega_S=\dfrac{2\pi}{T_{\max}}=2\omega_{\mathrm{m}}=6000\pi$ rad/s。

其幅度谱 $|F_S(\omega)|$ 如图 3－2－49 所示。

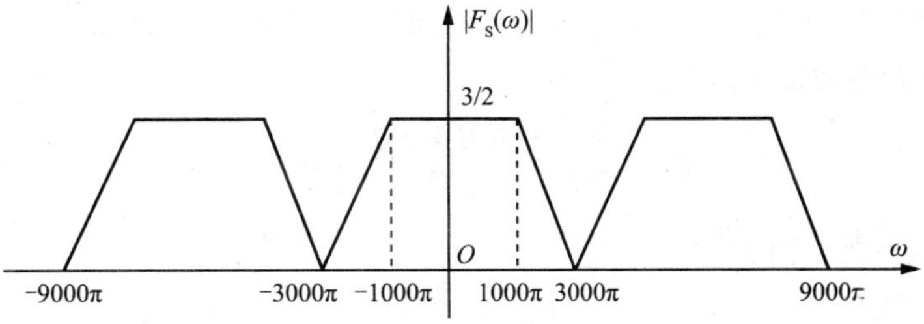

图 3－2－49

3－42　若连续信号 $f(t)$ 的频谱 $F(\omega)$ 是带状的($\omega_1 \sim \omega_2$)，如图 3－2－50 所示。

(1) 利用卷积定理说明当 $\omega_2 = 2\omega_1$ 时，最低抽样率只要等于 ω_2 就可以使抽样信号不产生频谱混叠；

(2) 证明带通抽样定理，该定理要求最低抽样率 ω_S 满足下列关系

$$\omega_S = \frac{2\omega_2}{m}$$

其中 m 为不超过 $\dfrac{\omega_2}{\omega_2 - \omega_1}$ 的最大整数。

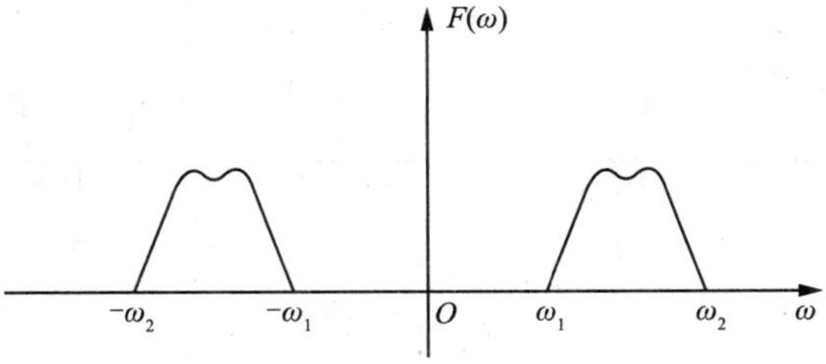

图 3－2－50

解：(1) 对连续信号进行冲激抽样后得到的抽样信号为

$$f_S(t) = f(t) \cdot \sum_{n=-\infty}^{\infty} \delta(t - nT)$$

则

$$F_S(\omega) = \frac{1}{2\pi} F(\omega) * \frac{2\pi}{T} \sum_{n=-\infty}^{\infty} \delta\left(\omega - n \cdot \frac{2\pi}{T}\right)$$

$$= \frac{1}{T} \sum_{n=-\infty}^{\infty} F(\omega - n\omega_S) \quad \left(\omega_S = \frac{2\pi}{T}\right)$$

当 $\omega_2 = 2\omega_1 = \omega_S$ 时，采用 $\omega_S = \omega_2$ 的频率进行抽样，所得 $F_S(\omega)$ 如图 3－2－51(a) 所示，可见频谱并未发生混叠。

(2) 设 $\omega_2 - \omega_1 = B$，又 m 为不超过 $\dfrac{\omega_2}{\omega_2 - \omega_1}$ 的最大整数，故

$$\omega_2 = mB + kB, 0 \leqslant k < 1$$

$$\omega_1 = (m-1)B + kB$$

又设 $F(\omega)$ 经过 n 次右移后叠加得到图 3－2－51(b)，若没有混叠，则

$$\begin{cases} -\omega_2 + n\omega_S \geqslant \omega_2 \\ -\omega_1 + n\omega_S \leqslant \omega_1 + \omega_S \end{cases} \Rightarrow \begin{cases} \omega_S \geqslant \dfrac{2\omega_2}{n} \\ \omega_S \leqslant \dfrac{2\omega_1}{n-1} \end{cases}$$

由图3-2-51(b)可知，要在两波形之间无混叠地插入L_n，则ω_S至少要为$2B$，这样波形L移至L_n时最大整数值n应满足

$$n \leqslant \frac{2\omega_2}{2B} = \frac{mB + kB}{B} = m + k$$

因$0 \leqslant k < 1$，故$n = m$，则有

$$\begin{cases} \omega_S \geqslant \dfrac{2\omega_2}{m} \\ \omega_S \leqslant \dfrac{2\omega_1}{m-1} \end{cases}$$

又因为$\dfrac{2\omega_1}{m-1} = \dfrac{2(m-1)B + 2kB}{m-1} = 2B + \dfrac{2kB}{m-1}$，$\dfrac{2\omega_2}{m} = \dfrac{2mB + 2kB}{m} = 2B + \dfrac{2kB}{m}$

从而$\dfrac{2\omega_1}{m-1} > \dfrac{2\omega_2}{m}$。

因此，最低抽样频率：$\omega_S = \dfrac{2\omega_2}{m}$。

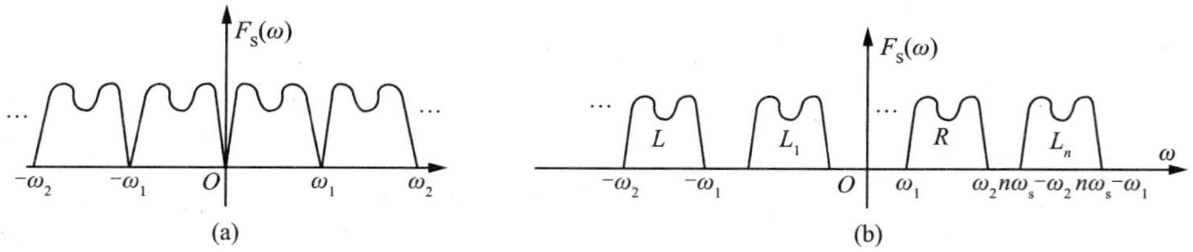

图3-2-51

3.3 名校考研真题详解

一、选择题

1. 下列说法正确的是(　　)。[武汉大学2015研]

A. 零状态响应是指系统没有激励时的响应

B. 信号时移只会对幅度谱有影响

C. 信号$3e^{-2t}u(t)$为能量信号

D. 一个信号存在拉氏变换就一定存在傅氏变换

【答案】C

【解析】A项，初始状态为0的响应称为零状态响应；B项，信号的时移只对相位谱有影响，而不是幅度谱；C项，$\int_{-\infty}^{+\infty}|3e^{-2t}u(t)|^2dt$是有限值，因此是能量信号；D项，拉普拉斯变换是傅里叶变换的延伸，存在傅里叶变换一定就存在拉普拉斯变换，反之则不一定。

2. 设$f(t) \overset{\mathscr{F}}{\longleftrightarrow} F(j\omega)$，若$f_1(t) \overset{\mathscr{F}}{\longleftrightarrow} \frac{1}{2}F\left(j\frac{\omega}{2}\right)e^{-j\frac{5}{2}\omega}$，则$f_1(t)$为(　　)。[武汉科技大学2017研]

A. $f(2t-5)$　　B. $f(2t-10)$　　C. $f(-2t+5)$　　D. $f(-2t+10)$

【答案】A

【解析】根据傅里叶尺度变换性质有$f(2t) \overset{\mathscr{F}}{\longleftrightarrow} \frac{1}{2}F\left(j\frac{\omega}{2}\right)$，再根据时移特性有

$$f\left[2\left(t-\frac{5}{2}\right)\right]\stackrel{\mathscr{F}}{\longleftrightarrow}\frac{1}{2}F\left(\mathrm{j}\,\frac{\omega}{2}\right)\mathrm{e}^{-\mathrm{j}\frac{5}{2}\omega}$$

故 $f_1(t)=f(2t-5)$。

3. 信号 $t\frac{\mathrm{d}f(t)}{\mathrm{d}t}$ 的傅里叶变换为(　　)。[西南交通大学 2014 研]

A. $F(\omega)+\omega\frac{\mathrm{d}F(\omega)}{\mathrm{d}\omega}$

B. $-F(\omega)+\omega\frac{\mathrm{d}F(\omega)}{\mathrm{d}\omega}$

C. $F(\omega)-\omega\frac{\mathrm{d}F(\omega)}{\mathrm{d}\omega}$

D. $-F(\omega)-\omega\frac{\mathrm{d}F(\omega)}{\mathrm{d}\omega}$

【答案】D

【解析】根据傅里叶变换的时域微分性质及频域微分性质可知

$$tf(t)\stackrel{\mathscr{F}}{\longleftrightarrow}\mathrm{j}\frac{\mathrm{d}F(\omega)}{\mathrm{d}\omega}$$

$$\frac{\mathrm{d}f(t)}{\mathrm{d}t}\stackrel{\mathscr{F}}{\longleftrightarrow}\mathrm{j}\omega F(\omega)$$

所以 $t\frac{\mathrm{d}f(t)}{\mathrm{d}t}\stackrel{\mathscr{F}}{\longleftrightarrow}\mathrm{j}\frac{\mathrm{d}[\mathrm{j}\omega F(\omega)]}{\mathrm{d}\omega}=-F(\omega)-\omega\frac{\mathrm{d}F(\omega)}{\mathrm{d}\omega}$。

4. 下列傅里叶变换错误的是(　　)。[中国科学院大学 2022 研]

A. $1\stackrel{\mathscr{F}}{\longleftrightarrow}2\pi\delta(\omega)$

B. $e^{j\omega_0 t}\stackrel{\mathscr{F}}{\longleftrightarrow}2\pi\delta(\omega-\omega_0)$

C. $\cos(\omega_0 t)\stackrel{\mathscr{F}}{\longleftrightarrow}\pi[\delta(\omega+\omega_0)+\delta(\omega-\omega_0)]$

D. $\sin(\omega_0 t)\stackrel{\mathscr{F}}{\longleftrightarrow}\mathrm{j}\pi[\delta(\omega+\omega_0)+\delta(\omega-\omega_0)]$

【答案】D

【解析】D 项，$\sin(\omega_0 t)\stackrel{\mathscr{F}}{\longleftrightarrow}\mathrm{j}\pi[\delta(\omega+\omega_0)-\delta(\omega-\omega_0)]$。

5. 信号 $x(t)$ 的傅里叶变换为 $X(\mathrm{j}\omega)=\begin{cases}1, & |\omega|<2\\ 0, & |\omega|>2\end{cases}$，则 $x(t)$ 为(　　)。[西南交通大学 2014 研]

A. $\frac{\sin 2t}{2t}$　　B. $\frac{\sin 2t}{\pi t}$　　C. $\frac{\sin 4t}{4t}$　　D. $\frac{\sin 4t}{\pi t}$

【答案】B

【解析】根据傅里叶对称性质可知

$$\frac{\sin\frac{t\tau}{2}}{\pi t}\stackrel{\mathscr{F}}{\longleftrightarrow}g_\tau(\omega)$$

则 $\frac{\sin 2t}{\pi t}\stackrel{\mathscr{F}}{\longleftrightarrow}g_4(\omega)=X(\mathrm{j}\omega)$，即 $x(t)=\frac{\sin 2t}{\pi t}$。

6. 信号 $x(t)=tu(t)-2(t-1)u(t-1)+(t-2)u(t-2)$，信号 $y(t)=x(t+1)*\sum_{k=-\infty}^{\infty}\delta(t-4k)$ 的傅里叶级数的系数应满足(　　)。[电子科技大学 2013 研]

A. $\mathrm{Im}\{a_k\}=0$，$a_{-k}=a_k$

B. $\mathrm{Re}\{a_k\}=0$，$a_{-k}=a_k$

C. $\mathrm{Im}\{a_k\}=0$，$a_{-k}=-a_k$

D. $\mathrm{Re}\{a_k\}=0$，$a_{-k}=-a_k$

【答案】A

【解析】已知 $x(t)$，则可以画出 $x(t+1)$ 的表达式为

$$x(t+1)=(t+1)u(t+1)-2tu(t)+(t-1)u(t-1)$$

其波形如图 3-3-1 所示。

则 $y(t)$ 的波形如图 3-3-2 所示。

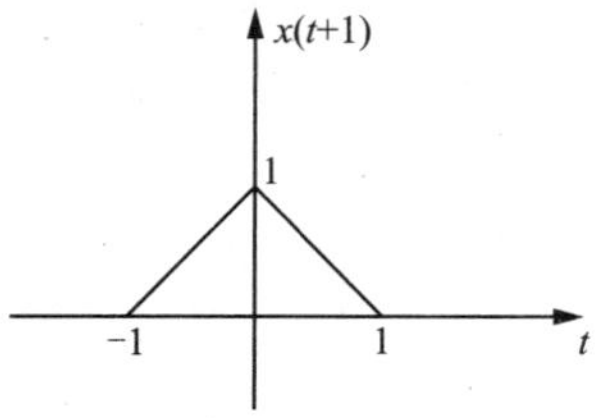

图 3-3-1

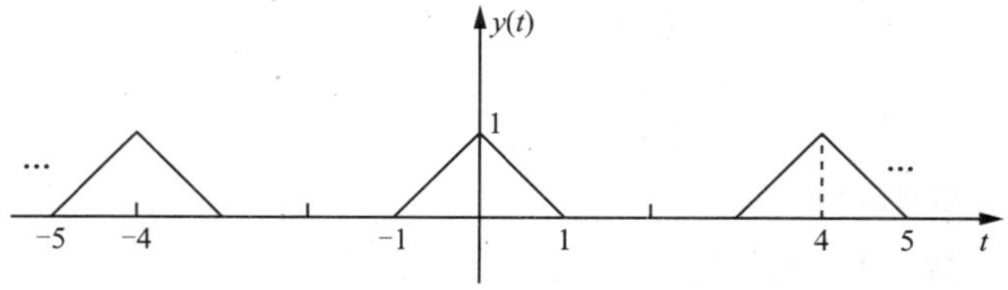

图 3-3-2

因此 $y(t)$ 为实偶函数，则傅里叶系数也是实偶的，即 $\mathrm{Im}\{a_k\}=0$，$a_{-k}=a_k$。

7. 若周期信号 $x(n)$ 是实信号和奇信号，则其傅里叶级数系数 a_k 是(　　)。[西南交通大学 2014 研]

A. 实且偶　　B. 实且为奇　　C. 纯虚且偶　　D. 纯虚且奇

【答案】D

【解析】根据傅里叶级数性质可知：$x(n)$ 是实信号和奇信号，则其傅里叶级数系数纯虚且奇，$x(n)$ 是实信号和偶信号，则其傅里叶级数系数实且偶。

二、填空题

1. 连续信号 $x(t)=\sin\omega t$ 的平均功率为______，全波整流信号 $x(t)=|\sin\omega t|$ 的直流分量为______。[北京邮电大学 2016 研]

【答案】$\dfrac{1}{2}$；$\dfrac{2}{\pi}$

【解析】周期信号 $x(t)$ 的平均功率为

$$P=\frac{1}{T}\int_0^T|x(t)|^2\mathrm{d}t=\frac{\omega}{2\pi}\int_0^{\frac{2\pi}{\omega}}\sin^2(\omega t)\mathrm{d}t=\frac{1}{2}$$

全波整流信号 $x(t)$ 的直流分量为

$$V_D=\frac{1}{T}\int_0^T x(t)\mathrm{d}t=\frac{\omega}{\pi}\int_0^{\frac{\pi}{\omega}}\sin\omega t\mathrm{d}t=\frac{2}{\pi}$$

2. 已知话音信号 $x(t)$ 的带宽是 4kHz，对其进行理想抽样，最低抽样率为______ kHz；对 $x(t)\cos(8000\pi t)$ 进行理想抽样，则最低抽样率为______ kHz。[北京邮电大学 2016 研]

【答案】8kHz；16kHz

【解析】根据奈奎斯特抽样定理可知，当抽样频率 $f_s>2f_m$ 时，抽样信号即可无失真恢复，因此对 $x(t)$ 的抽样频率为 8kHz。根据傅里叶频域卷积定理可知

$$x(t)\cos(8000\pi t)\overset{\mathscr{F}}{\longleftrightarrow}\frac{1}{2\pi}\{X(\omega)*\pi[\delta(\omega+8000\pi)+\delta(\omega-8000\pi)]\}$$

故其频谱向右扩展了 $\dfrac{8000\pi}{2\pi}$Hz，则抽样频率为 $2\times(4\text{kHz}+4\text{kHz})=16\text{kHz}$。

3. 信号 $\dfrac{\sin\pi t}{\pi t}*\dfrac{\sin 2\pi t}{\pi(t-1)}$ 的傅里叶变换为______。[华中科技大学 2012 研]

【答案】$[u(\omega+\pi)-u(\omega-\pi)]e^{-j\omega}$

【解析】根据常用傅里叶变换对知

$$\frac{\sin\frac{2\pi}{2}t}{\pi t}\overset{\mathscr{F}}{\longleftrightarrow}g_{2\pi}(\omega)$$

再根据傅里叶时移性质可知

$$\frac{\sin 2\pi t}{\pi(t-1)}=\frac{\sin\frac{4\pi}{2}(t-1)}{\pi(t-1)}\overset{\mathscr{F}}{\longleftrightarrow}g_{4\pi}(\omega)e^{-j\omega}$$

最后根据傅里叶时域卷积定理有

$$\frac{\sin\pi t}{\pi t}*\frac{\sin 2\pi t}{\pi(t-1)}\overset{\mathscr{F}}{\longleftrightarrow}g_{2\pi}(\omega)\cdot g_{4\pi}(\omega)e^{-j\omega}=g_{2\pi}(\omega)e^{-j\omega}=[u(\omega+\pi)-u(\omega-\pi)]e^{-j\omega}$$

4. 已知某连续 LTI 系统的频率响应 $H(j\omega)=\begin{cases}1\cdot e^{-j\omega t_d}, & |\omega|<\omega_c\\ 0, & 其他\end{cases}$，则其冲激响应 $h(t)=$______。[北京交通大学 2015 研]

【答案】$\frac{\sin\omega_c(t-t_d)}{\pi(t-t_d)}$

【解析】由已知 $g_\tau(t)\overset{\mathscr{F}}{\longleftrightarrow}\tau\mathrm{Sa}\left(\frac{\omega\tau}{2}\right)$，根据对称性可知，$\frac{\sin\omega_c t}{\pi t}\overset{\mathscr{F}}{\longleftrightarrow}g_{2\omega_c}(\omega)$，再根据频移特性可得

$$\frac{\sin\omega_c(t-t_d)}{\pi(t-t_d)}\overset{\mathscr{F}}{\longleftrightarrow}g_{2\omega_c}(\omega)e^{-j\omega t_d}$$

5. 频谱函数 $\cos\omega$ 所对应的时间函数为______。[北京邮电大学 2016 研]

【答案】$\frac{1}{2}[\delta(t-1)+\delta(t+1)]$

【解析】根据题意，即求 $\cos\omega$ 的傅里叶逆变换，由傅里叶变换的对称性质知

$$\cos t\overset{\mathscr{F}}{\longleftrightarrow}\pi[\delta(\omega-1)+\delta(\omega+1)]$$

$$\pi[\delta(t-1)+\delta(t+1)]\overset{\mathscr{F}}{\longleftrightarrow}2\pi\cos(-\omega)$$

即 $\cos\omega$ 所对应的时间函数为 $\frac{1}{2}[\delta(t-1)+\delta(t+1)]$。

6. 已知 $f(t)$ 的频带宽度为 $\Delta\omega$，则 $f(3t-1)$ 的频带宽度为______。[武汉大学 2015 研]

【答案】$3\Delta\omega$

【解析】由傅里叶尺度变换特性 $\mathscr{F}[f(at)]=\frac{1}{|a|}F\left(\frac{\omega}{a}\right)$ 可知，$f(3t-1)$ 较 $f(t)$ 而言是在时域上压缩了 3 倍，则频谱就会扩展 3 倍，即 $3\Delta\omega$。

7. 已知某周期信号 $\tilde{x}(t)=2\cos(2\pi t-3)+\sin(6\pi t)$，则其平均功率 $P=$______。[北京交通大学 2015 研]

【答案】$\frac{5}{2}$

【解析】由欧拉公式可得

$$2\cos(2\pi t-3)=e^{-j3}\cdot e^{j2\pi t}+e^{j3}\cdot e^{-j2\pi t}$$

$$\sin(6\pi t)=\frac{1}{2j}\cdot e^{j6\pi t}-\frac{1}{2j}\cdot e^{-j6\pi t}$$

则 $2\cos(2\pi t-3)$ 的傅里叶级数为 $F_1=e^{-j3}$，$F_{-1}=e^{j3}$；$\sin(6\pi t)$ 的傅里叶级数为 $F_3=\frac{1}{2j}$，$F_{-3}=\frac{-1}{2j}$，而周期信号的平均功率为

$$\sum_{n=-\infty}^{+\infty}|F_n|^2=1+1+\frac{1}{4}+\frac{1}{4}=\frac{5}{2}$$

8．已知信号 $x(t)$ 的最高频率 f_0(Hz)，则对信号 $x(t)x(2t)$ 抽样时，其频谱不混迭的最大抽样间隔 $T_{max}=$______(s)。[北京交通大学2015研]

【答案】$\frac{1}{6f_0}$

【解析】由傅里叶尺度变换性质可知 $x(2t)$ 的最高频率为 $2f_0$，再由时域相乘频域卷积性质可知，$x(t)x(2t)$ 的最高频率为 $3f_0$，故根据奈奎斯特抽样定理可得 $f_s=6f_0$，即 $T_{max}=\frac{1}{6f_0}$(s)。

三、判断题

连续非周期信号的频谱也是连续非周期的。(　　)[中山大学2010研]

【答案】对

【解析】连续非周期信号的频谱是连续非周期性的；周期性连续时间信号的频谱是非周期离散的；非周期离散的时间信号的频谱是周期性连续的；周期性离散的时间信号的频谱是周期性离散的。

四、计算题

1．已知 $f(t)$ 的频谱 $F(j\omega)=\begin{cases}2, & |\omega|<2\\ 0, & |\omega|>2\end{cases}$。分别求信号 $f_1(t)=f(2t)$，$f_2(t)=f(t)\cos(2t)$ 和 $f_3(t)=f\left(\frac{1}{2}t\right)*f(t)$ 的奈奎斯特角频率。[西安电子科技大学2017研]

解：由题意可知 $f(t)$ 的最大角频率为 2rad/s。

(1)由傅里叶尺度变换性质可知，$f(2t)$ 的频谱相较于 $f(t)$ 扩展了2倍，因此 $f(2t)$ 的最大角频率为 $2\times2=4$rad/s，则奈奎斯特角频率为 8rad/s。

(2)根据傅里叶频域卷积性质可知

$$F_2(j\omega)=\frac{1}{2}[F[j(\omega+2)]+F[j(\omega-2)]]$$

因此 $f_2(t)$ 的最大角频率为 4rad/s，则奈奎斯特角频率为 8rad/s。

(3)由傅里叶尺度变换性质可知，$f\left(\frac{1}{2}t\right)$ 的频谱相较于 $f(t)$ 压缩了2倍，因此 $f(2t)$ 的最大角频率为 $2\times0.5=1$rad/s，再根据傅里叶时域卷积定理可知，$f_3(t)$ 的最大角频率与 $f\left(\frac{1}{2}t\right)$ 相等，即 1rad/s，则奈奎斯特角频率为 2rad/s。

2．已知周期信号 $f(t)=1-\frac{1}{2}\cos\left(\frac{\pi}{4}t-\frac{2\pi}{3}\right)+\frac{1}{4}\sin\left(\frac{\pi}{3}t-\frac{\pi}{6}\right)$。

(1)求信号 $f(t)$ 的基波周期 T；

(2) 画出 $f(t)$ 三角函数形式的振幅谱和相位谱(即单边谱);

(3) 确定 $f(t)$ 的功率。[西安电子科技大学 2017 研]

解:(1)$f(t)$ 中第二项周期 $T_1=\frac{2\pi}{\pi/4}=8$,第三项周期 $T_2=\frac{2\pi}{\pi/3}=6$,取最小公倍数有 $T=24$。

(2)$f(t)$ 可表示为

$$\begin{aligned}f(t)&=1-\frac{1}{2}\cos\left(\frac{\pi}{4}t+\frac{\pi}{3}-\pi\right)+\frac{1}{4}\sin\left(\frac{\pi}{3}t-\frac{2\pi}{3}+\frac{\pi}{2}\right)\\&=1+\frac{1}{2}\cos\left(\frac{\pi}{4}t+\frac{\pi}{3}\right)+\frac{1}{4}\cos\left(\frac{\pi}{3}t-\frac{2\pi}{3}\right)\end{aligned}$$

基波频率 $\Omega=\frac{2\pi}{24}=\frac{\pi}{12}$,因此三角函数级数的系数 c_n 为

$$\begin{cases}c_0=1, & \varphi_0=0\\ c_3=\frac{1}{2}, & \varphi_3=\frac{\pi}{3}\\ c_4=\frac{1}{4}, & \varphi_4=-\frac{2\pi}{3}\end{cases}$$

其振幅谱与相位谱分别如图 3-3-3 所示。

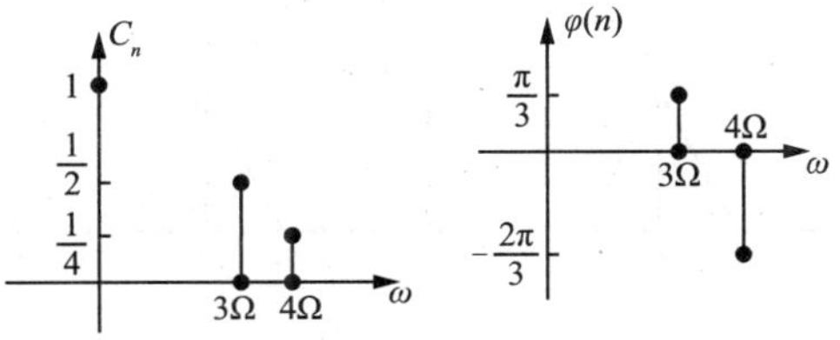

图 3-3-3

(3)根据周期信号的功率求解公式知

$$P=(c_0)^2+\frac{1}{2}\sum_{n=1}^{\infty}|c_n|^2=1+\frac{1}{8}+\frac{1}{32}=\frac{37}{32}$$

3. 计算 $\mathrm{sgn}(t^2-1)$ 的 Fourier 变换。[中国科学技术大学 2015 研]

解:根据符号函数的定义,$\mathrm{sgn}(t^2-1)$ 为

$$\mathrm{sgn}(t^2-1)=\begin{cases}1, & |t|>1\\ -1, & |t|<1\end{cases}$$

则 $\mathrm{sgn}(t^2-1)$ 可表示为 $1-2g_2(t)$。

根据常用傅里叶变换对有

$$g_2(t)\overset{\mathscr{F}}{\longleftrightarrow}2\mathrm{Sa}(\omega)$$

则 $\mathrm{sgn}(t^2-1)$ 的傅里叶变换为

$$2\pi\delta(\omega)-4\mathrm{Sa}(\omega)$$

4. 已知抑制载波双边带幅度调制的原理框图如图 3-3-4(a)所示,图中 $f(t)$ 为低频的调制信号,其频谱 $F(\mathrm{j}\omega)$ 如图 3-3-4(b)所示。$f(t)$ 经调制高频的载波信号 $c(t)=\cos\omega_c t$,得到已调信号 $y(t)$。已调信号 $y(t)$ 通过如图 3-3-4(c)所示的同步解调器,得到最终输出信号 $f_1(t)$。请分别画出已调信号 $y(t)$,解调器中的 $f_0(t)$,和解调器输出信号 $f_1(t)$ 对应的频谱图,并给出 $f_1(t)$ 与 $f(t)$ 关系。[西安电子科技大学 2017 研]

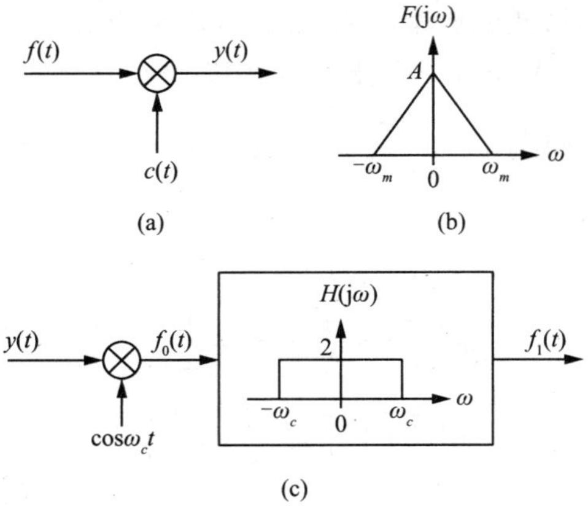

图 3－3－4

解：已知 $c(t)=\cos\omega_c t\overset{\mathscr{F}}{\longleftrightarrow}\pi[\delta(\omega+\omega_c)+\delta(\omega-\omega_c)]$，根据傅里叶频域卷积定理可知

$$f(t)\cdot c(t)\overset{\mathscr{F}}{\longleftrightarrow}\frac{1}{2\pi}F(\mathrm{j}\omega)*C(\mathrm{j}\omega)=\frac{1}{2}\{F[\mathrm{j}(\omega+\omega_c)]+F[\mathrm{j}(\omega-\omega_c)]\}$$

因为 $c(t)$ 为高频信号，而 $f(t)$ 为低频信号，故 $\omega_c\gg\omega_m$，故可画出 $y(t)$ 对应的频谱图如图 3－3－5 所示。

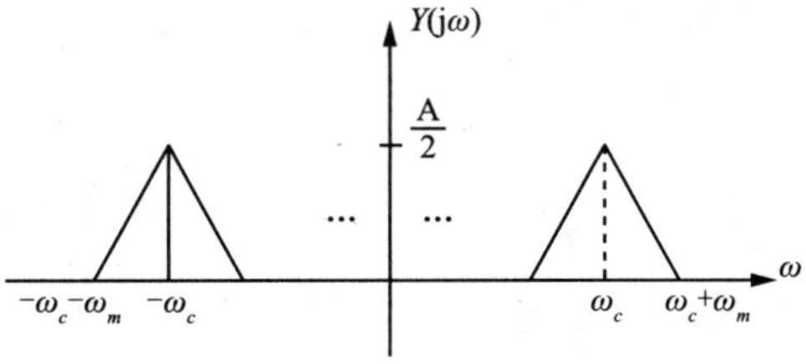

图 3－3－5

同理可得

$$y(t)\cdot c(t)\overset{\mathscr{F}}{\longleftrightarrow}\frac{1}{2\pi}Y(\mathrm{j}\omega)*C(\mathrm{j}\omega)=\frac{1}{2}\{Y[\mathrm{j}(\omega+\omega_c)]+Y[\mathrm{j}(\omega-\omega_c)]\}$$

因此 $f_0(t)$ 对应的频谱图如图 3－3－6 所示。

由 $F_1(\mathrm{j}\omega)=F_0(\mathrm{j}\omega)H(\mathrm{j}\omega)$ 可得 $f_1(t)$ 的对应频谱图如图 3－3－7 所示。

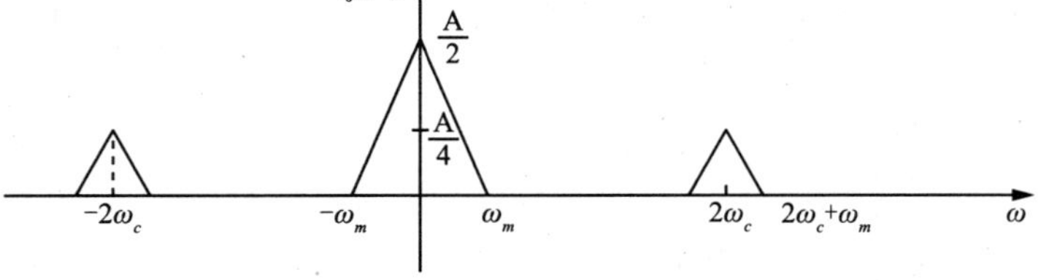

图 3－3－6

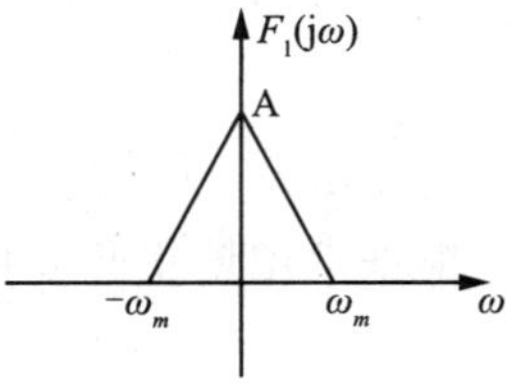

图 3－3－7

对比 $f_1(t)$ 与 $f(t)$ 的对应频谱图可知，$f_1(t)=f(t)$。

5. 一理想低通滤波器的频率响应 $H(\mathrm{j}\omega)=\begin{cases}1-\dfrac{|\omega|}{3}, & |\omega|<3\mathrm{rad/s}\\ 0, & |\omega|>3\mathrm{rad/s}\end{cases}$，若输入 $f(t)=\sum\limits_{n=-\infty}^{\infty}3\mathrm{e}^{\mathrm{j}n\left(t-\frac{\pi}{2}\right)}$，求输出 $y(t)$。［武汉科技大学 2017 研］

解：由 $f(t)$ 表达式可知，$f(t)$ 是一个 $T=2\pi$，$\Omega=1\text{rad/s}$ 的周期函数，而 $H(\mathrm{j}\omega)$ 是一个截止频率为 3rad/s 的低通滤波器，因此 $f(t)$ 中只有 $n=0$，$n=\pm1$，$n=\pm2$ 时的分量能够通过 $H(\mathrm{j}\omega)$，因此输出为

$$\begin{aligned} y(t) &= 3\cdot H(\mathrm{j}0)+3\mathrm{e}^{\mathrm{j}\left(t-\frac{\pi}{2}\right)}\cdot H(\mathrm{j}\cdot 1)+3\mathrm{e}^{-\mathrm{j}\left(t-\frac{\pi}{2}\right)}\cdot H[\mathrm{j}\cdot(-1)]+3\mathrm{e}^{2\mathrm{j}\left(t-\frac{\pi}{2}\right)}\cdot H(\mathrm{j}\cdot 2)+ \\ &\quad 3\mathrm{e}^{-2\mathrm{j}\left(t-\frac{\pi}{2}\right)}\cdot H[\mathrm{j}\cdot(-2)] \\ &= 3+2\mathrm{e}^{\mathrm{j}\left(t-\frac{\pi}{2}\right)}+2\mathrm{e}^{-\mathrm{j}\left(t-\frac{\pi}{2}\right)}+\mathrm{e}^{2\mathrm{j}\left(t-\frac{\pi}{2}\right)}+\mathrm{e}^{-2\mathrm{j}\left(t-\frac{\pi}{2}\right)} \\ &= 3+4\cos\left(t-\frac{\pi}{2}\right)+2\cos(2t-\pi) \\ &= 3+4\sin t-2\cos 2t \end{aligned}$$

6. 如图 3-3-8(a) 所示系统，已知 $f(t)$ 的傅里叶变换 $F(\mathrm{j}\omega)$ 如图 3-3-8(b) 所示，子系统的 $H(\mathrm{j}\omega)=\mathrm{j}\operatorname{sgn}(\omega)$，求零状态响应 $y(t)$。［武汉科技大学 2017 研］

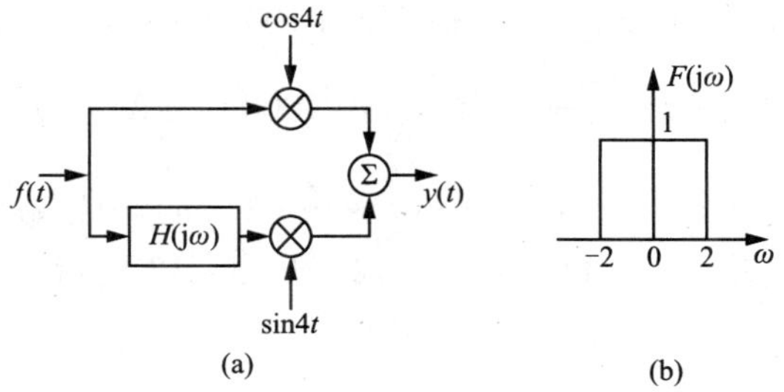

图 3-3-8

解：设 $y_1(t)=f(t)\cos 4t$，则

$$Y_1(\mathrm{j}\omega)=\frac{1}{2}\{F[\mathrm{j}(\omega-4)+[\mathrm{j}(\omega+4)]\}$$

设 $x(t)=f(t)*h(t)$，则

$$X(\mathrm{j}\omega)=H(\mathrm{j}\omega)F(\mathrm{j}\omega)=\mathrm{j}\operatorname{sgn}(\omega)F(\mathrm{j}\omega)=\mathrm{j}[g_2(\omega-1)-g_2(\omega+1)]$$

设 $y_2=x(t)\sin 4t$，则

$$Y_2(\mathrm{j}\omega)=\frac{1}{2}[g_2(\omega-5)-g_2(\omega-3)-g_2(\omega+3)+g_2(\omega+5)]$$

则

$$Y(\mathrm{j}\omega)=Y_1(\mathrm{j}\omega)+Y_2(\mathrm{j}\omega)=[g_2(\omega-5)+g_2(\omega+5)]=g_2(\omega)*[\delta(\omega-5)+\delta(\omega+5)]$$

由对称性知

$$\frac{1}{\pi}\mathrm{Sa}(t)\xleftrightarrow{\mathscr{L}^{-1}}g_2(\omega)$$

$$\frac{1}{\pi}\cos 5t\xleftrightarrow{\mathscr{L}^{-1}}\delta(\omega-5)+\delta(\omega+5)$$

根据傅里叶频域卷积定理可知

$$y(t)=2\pi\cdot\frac{1}{\pi}\mathrm{Sa}(t)\cdot\frac{1}{\pi}\cos 5t=\frac{1}{\pi}\mathrm{Sa}(t)\cos 5t$$

7. 某辐度调制的接收系统如图 3-3-9 所示，若输入信号 $x(t)$ 的频谱 $X(\mathrm{j}\omega)$ 如图 3-3-10 所示，载波 $c(t)=\cos(1000t)$，$-\infty<t<+\infty$。

(1) 试求解输入信号 $x(t)$ 的时域表示式。

(2) 试画出下图所示系统中信号 $c(t)$，$z(t)$ 和 $y(t)$ 的频谱图。［北京交通大学 2015 研］

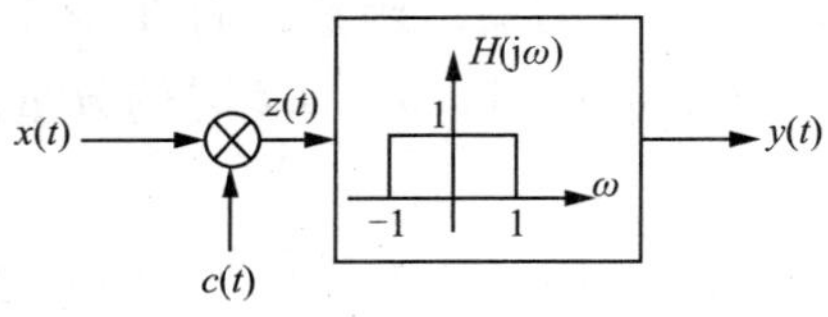

图 3－3－9

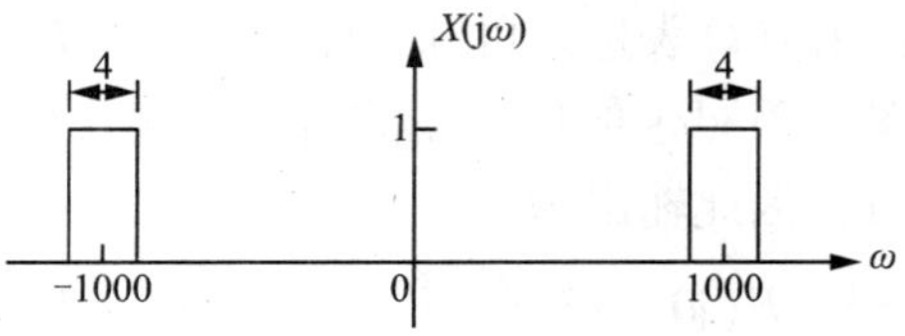

图 3－3－10

解：(1) $X(\mathrm{j}\omega)$ 可表示为

$$X(\mathrm{j}\omega)=g_4(\omega)*[\delta(\omega+1000)+\delta(\omega-1000)]$$

根据频域卷积定理可知

$$x(t)=2\pi\cdot\frac{\sin 2t}{\pi t}\cdot\left(\frac{1}{\pi}\cos 1000t\right)=\frac{2\sin(2t)\cos(1000t)}{\pi t}$$

(2) 由系统框图可知

$$c(t)=\cos(1000t)\xleftrightarrow{\mathscr{F}}\pi[\delta(\omega+1000)+\delta(\omega-1000)]$$

$$z(t)=x(t)\cdot c(t)\xleftrightarrow{\mathscr{F}}\frac{1}{2}\{X[\mathrm{j}(\omega+1000)]+X[\mathrm{j}(\omega-1000)]\}$$

$$y(t)=z(t)\cdot c(t)\cdot h(t)\xleftrightarrow{\mathscr{F}}Z(\mathrm{j}\omega)\cdot H(\mathrm{j}\omega)$$

它们的频谱图分别如图 3－3－11、3－3－12、3－3－13 所示。

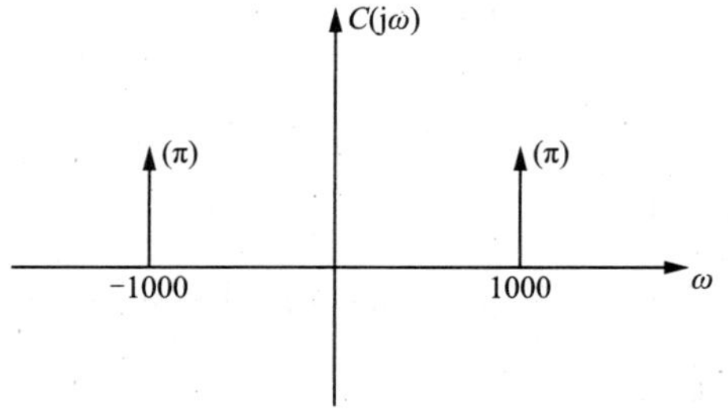

图 3－3－11

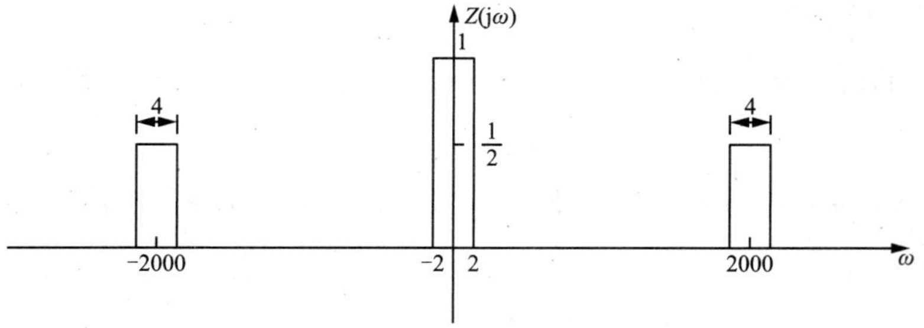

图 3－3－12

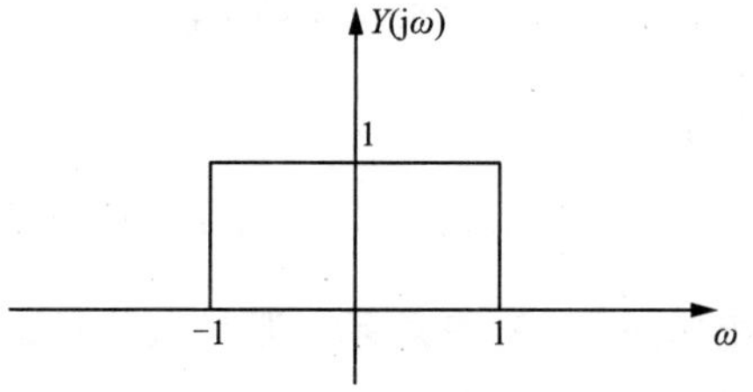

图 3－3－13

8. 计算$\dfrac{\sin 4\pi t}{\pi t}\cos 2\pi t$ 的傅里叶变换。［电子科技大学 2013 研］

解：已知傅里叶变换对有

$$\frac{\sin 4\pi t}{\pi t}\overset{\mathscr{F}}{\longleftrightarrow} g_{8\pi}(\omega)$$

$$\cos 2\pi t\overset{\mathscr{F}}{\longleftrightarrow}\pi[\delta(\omega-2\pi)+\delta(\omega+2\pi)]$$

根据傅里叶频域卷积定理可知

$$\frac{\sin 4\pi t}{\pi t}\cos 2\pi t\overset{\mathscr{F}}{\longleftrightarrow}\frac{1}{2}g_{8\pi}(\omega)*[\delta(\omega+2\pi)+\delta(\omega-2\pi)]$$

$$=\frac{1}{2}[g_{8\pi}(\omega+2\pi)+g_{8\pi}(\omega-2\pi)]$$

$$=\begin{cases}1 & |\omega|<2\pi\\ \dfrac{1}{2} & 2\pi<|\omega|<6\pi\\ 0 & 其他\end{cases}$$

9. 系统如图 3－3－14 所示，输入信号以及冲激响应为

$$x(t)=1+2\cos 2\pi t+\sin\frac{\pi t}{2},\ h_1(t)=\delta(t),\ h_2(t)=\frac{\sin 4\pi t}{\pi t},\ h_3(t)=\frac{\mathrm{d}}{\mathrm{d}t}\left(\frac{\sin\pi t}{\pi t}\right)$$

求输出 $y(t)$。［电子科技大学 2013 研］

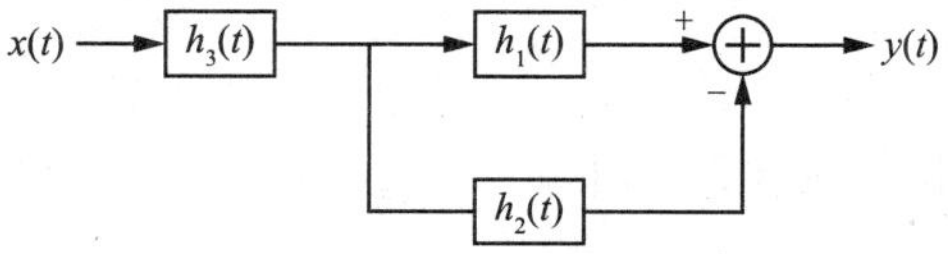

图 3－3－14

解：结合傅里叶时域微分性质可得 $h_3(t)$ 的傅里叶变换为

$$H_3(\mathrm{j}\omega)=\mathrm{j}\omega g_{2\pi}(\omega)$$

而 $x(t)$ 的傅里叶变换为

$$X(\mathrm{j}\omega)=2\pi\delta(\omega)+2\pi[\delta(\omega+2\pi)+\delta(\omega-2\pi)]+\mathrm{j}\pi\left[\delta\left(\omega+\frac{\pi}{2}\right)-\delta\left(\omega-\frac{\pi}{2}\right)\right]$$

故

$$X(\mathrm{j}\omega)\cdot H_3(\mathrm{j}\omega)=\mathrm{j}\omega\cdot\mathrm{j}\pi\left[\delta\left(\omega+\frac{\pi}{2}\right)-\delta\left(\omega-\frac{\pi}{2}\right)\right]=\frac{\pi^2}{2}\left[\delta\left(\omega+\frac{\pi}{2}\right)+\delta\left(\omega-\frac{\pi}{2}\right)\right]$$

又已知 $h_1(t)-h_2(t)\overset{\mathscr{F}}{\longleftrightarrow}1-g_{8\pi}(\omega)$，因此 $h_1(t)$ 与 $h_2(t)$ 组成的系统是截止频率为 4π 的理想高通滤波器，因此输出 $Y(\mathrm{j}\omega)=0$，即 $y(t)=0$。

10. 信号 $x(t)$ 的傅里叶变换为 $X(\mathrm{j}\omega)$，$x(t)$ 如图 3－3－15 所示，计算：

（1）$\int_{-\infty}^{+\infty}X(\mathrm{j}\omega)\mathrm{d}\omega$；

（2）$\int_{-\infty}^{+\infty}\mathrm{j}\omega X(\mathrm{j}\omega)\mathrm{d}\omega$；

（3）$\int_{-\infty}^{+\infty}\mathrm{Re}\{X(\mathrm{j}\omega)\}e^{\mathrm{j}2\omega}\mathrm{d}\omega$。［电子科技大学 2013 研］

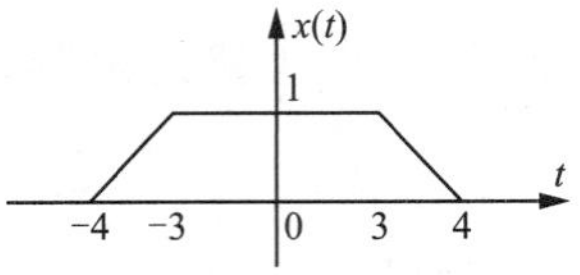

图 3-3-15

解：(1)根据傅里叶逆变换可知

$$x(t)=\frac{1}{2\pi}\int_{-\infty}^{+\infty}X(\mathrm{j}\omega)\mathrm{e}^{\mathrm{j}\omega t}\mathrm{d}\omega$$

故

$$\int_{-\infty}^{+\infty}X(\mathrm{j}\omega)\mathrm{d}\omega=2\pi x(0)=2\pi$$

(2)根据傅里叶时域微分性质可知

$$\frac{\mathrm{d}x(t)}{\mathrm{d}t}\stackrel{\mathscr{F}}{\longleftrightarrow}\mathrm{j}\omega X(\mathrm{j}\omega)$$

则

$$\int_{-\infty}^{+\infty}\mathrm{j}\omega X(\mathrm{j}\omega)\mathrm{d}\omega=2\pi\cdot\frac{\mathrm{d}x(t)}{\mathrm{d}t}\bigg|_{t=0}=0$$

(3)因为 $x(t)$ 是实信号，则通过奇偶分解可知

$$Ev\{x(t)\}\stackrel{\mathscr{F}}{\longleftrightarrow}\mathrm{Re}\{X(\mathrm{j}\omega)\}$$

得

$$\int_{-\infty}^{+\infty}\mathrm{Re}\{X(\mathrm{j}\omega)\}\mathrm{e}^{\mathrm{j}2\omega}\mathrm{d}\omega=2\pi Ev\{x(t)\}\big|_{t=2}=\pi[x(t)+x(-t)]\big|_{t=2}=2\pi$$

11. 已知信号 $x_1(t)=\frac{\sin 3\pi t\sin 2\pi t}{\pi t^2}$，$x_2(t)=\frac{\sin\pi t}{\pi t}$，对信号 $y(t)=x_1(t)x_2(t)$ 进行单位冲击采样后获得信号 $y_p(t)=\sum_{n=-\infty}^{+\infty}y(nT)\delta(t-nT)$，试确定采样周期 T 的范围，确保可以由信号 $y_p(t)$ 无失真的还原出信号 $y(t)$。[电子科技大学2013研]

解：已知傅里叶变换对

$$\begin{cases}\dfrac{\sin 3\pi t}{\pi t}\stackrel{\mathscr{F}}{\longleftrightarrow}g_{6\pi}(\omega)\\\dfrac{\sin 2\pi t}{\pi t}\stackrel{\mathscr{F}}{\longleftrightarrow}g_{4\pi}(\omega)\\\dfrac{\sin\pi t}{\pi t}\stackrel{\mathscr{F}}{\longleftrightarrow}g_{2\pi}(\omega)\end{cases}$$

由此可知

$$X_1(\mathrm{j}\omega)=\frac{1}{2}\cdot g_{6\pi}(\omega)*g_{4\pi}(\omega)\Rightarrow X_1(\mathrm{j}\omega)=0\quad|\omega|>5\pi$$

$$X_2(\mathrm{j}\omega)=g_{2\pi}(\omega)\Rightarrow X_2(\mathrm{j}\omega)=0\quad|\omega|>\pi$$

同理可得

$$y(t)=x_1(t)x_2(t)\stackrel{\mathscr{F}}{\longleftrightarrow}\frac{1}{2\pi}X_1(\mathrm{j}\omega)*X_2(\mathrm{j}\omega)=Y(\mathrm{j}\omega)\Rightarrow Y(\mathrm{j}\omega)=0\quad|\omega|>6\pi$$

因此根据奈奎斯特抽样定理可得

$$\omega_m = 6\pi \Rightarrow \omega_s > 12\pi \Rightarrow T < \frac{1}{6}$$

12. 图 3－3－16 所示系统。

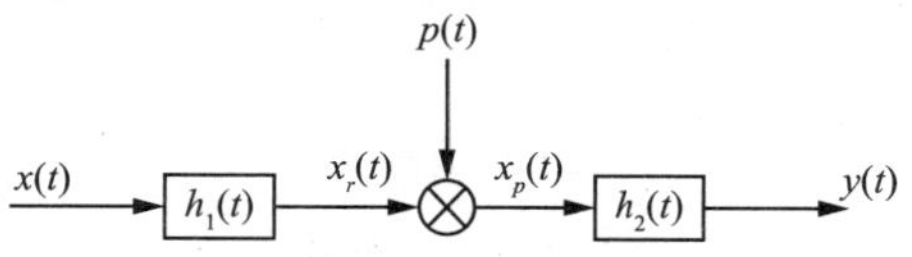

图 3－3－16

其中：

$$\boldsymbol{x(t) = \frac{(\sin 100t)^2}{\pi t^2},\ h_1(t) = \frac{\sin 100t}{100\pi t},\ x_p(t) = x_r(t) \otimes p(t),\ p(t) = \sum_{n=-\infty}^{\infty} \delta(t - 0.02\pi n)}$$

$h_2(t) = \mathrm{e}^{-\left(\frac{t}{2}\right)^2}$ 试回答以下问题：

(1) 求 $x(t)$ 及 $h_1(t)$ 的傅里叶变换；

(2) 求 $x_r(t)$、$p(t)$ 以及 $x_p(t)$ 的频谱函数，并画出频谱图；

(3) 求 $y(t)$。［华中科技大学 2012 研］

解：(1) 由常用傅里叶变换对 $\frac{\sin 100t}{\pi t} \stackrel{\mathscr{F}}{\longleftrightarrow} g_{200}(\omega)$ 可得 $h_1(t)$ 的傅里叶变换为

$$H_1(\mathrm{j}\omega) = \frac{1}{100} g_{200}(\omega)$$

根据频域卷积定理可得

$$x(t) = \pi \cdot \frac{\sin 100t}{\pi t} \cdot \frac{\sin 100t}{\pi t} \stackrel{\mathscr{F}}{\longleftrightarrow} \frac{1}{2} g_{200}(\omega) * g_{200}(\omega)$$

计算卷积得

$$X(\mathrm{j}\omega) = \left(100 - \frac{|\omega|}{2}\right) g_{400}(\omega)$$

(2) 由 (1) 可知

$$\begin{aligned} X_r(\mathrm{j}\omega) &= X(\mathrm{j}\omega) \cdot H_1(\mathrm{j}\omega) \\ &= \left(100 - \frac{|\omega|}{2}\right) g_{400}(\omega) \cdot \frac{1}{100} g_{200}(\omega) \\ &= \left(1 - \frac{|\omega|}{200}\right) g_{200}(\omega) \end{aligned}$$

脉冲信号 $p(t)$ 的周期为 $T = 0.02\pi$，$\Omega = \frac{2\pi}{T} = 100$，则 $p(t)$ 的频谱为

$$P(\mathrm{j}\omega) = \Omega \sum_{n=-\infty}^{\infty} \delta(\omega - n\Omega) = 100 \sum_{n=-\infty}^{\infty} \delta(\omega - 100n)$$

根据频域卷积定理可得

$$X_p(\mathrm{j}\omega) = \frac{100}{2\pi} \cdot \sum_{n=-\infty}^{\infty} \left(1 - \frac{|\omega - 100n|}{200}\right) g_{200}(\omega - 100n) = \frac{75}{\pi}$$

$X_r(\mathrm{j}\omega)$、$P(\mathrm{j}\omega)$、$X_p(\mathrm{j}\omega)$ 的频谱图如图 3－3－17 所示。

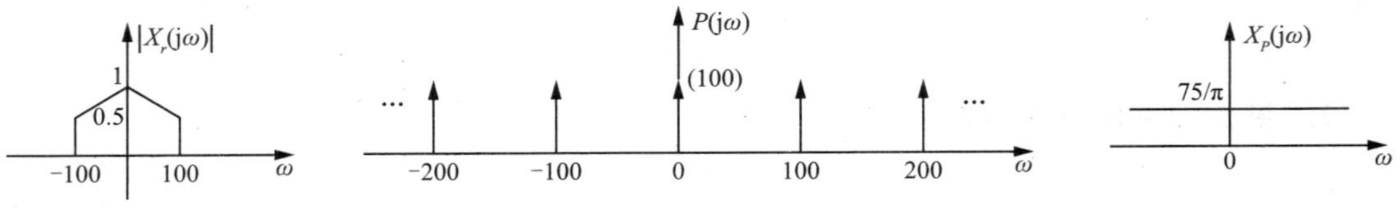

图 3 – 3 – 17

(3) 因为 $X_p(\mathrm{j}\omega)=\dfrac{75}{\pi}$，故 $x_p(t)=\dfrac{75}{\pi}\delta(t)$，根据时域卷积定理有

$$y(t)=x_p(t)*h_2(t)=\frac{75}{\pi}\delta(t)*\mathrm{e}^{-\left(\frac{t}{2}\right)^2}=\frac{75}{\pi}\mathrm{e}^{-\left(\frac{t}{2}\right)^2}$$

五、证明题

1. 已知 $x(t)$ 是因果实信号，$x(t)$ 的傅里叶变换为 $X(\mathrm{j}\omega)$，$X(\mathrm{j}\omega)=R(\mathrm{j}\omega)+\mathrm{j}I(\mathrm{j}\omega)$，其中，$R(\mathrm{j}\omega)$ 是 $X(\mathrm{j}\omega)$ 的实部，$I(\mathrm{j}\omega)$ 是 $X(\mathrm{j}\omega)$ 的虚部，证明：

$$\int_0^{+\infty}x^2(t)\,\mathrm{d}t=\frac{2}{\pi}\int_0^{+\infty}R^2(\mathrm{j}\omega)\,\mathrm{d}\omega=\frac{2}{\pi}\int_0^{+\infty}I^2(\mathrm{j}\omega)\,\mathrm{d}\omega$$

[电子科技大学 2013 研]

证明： 因为 $x(t)$ 是实信号，所以由实信号奇偶分解性质可知

$$Ev\{x(t)\}\overset{\mathscr{F}}{\longleftrightarrow}R(\mathrm{j}\omega),\quad Od\{x(t)\}\overset{\mathscr{F}}{\longleftrightarrow}\mathrm{j}I(\mathrm{j}\omega)$$

由能量定理和 $x(t)$ 是因果信号可知

$$\int_{-\infty}^{+\infty}x^2(t)\,\mathrm{d}t=\int_0^{+\infty}x^2(t)\,\mathrm{d}t=\int_{-\infty}^{0}x^2(-t)\,\mathrm{d}t=\int_{-\infty}^{+\infty}x^2(-t)\,\mathrm{d}t$$

$$\begin{aligned}\int_{-\infty}^{+\infty}\{Ev\{x(t)\}\}^2\mathrm{d}t&=\int_{-\infty}^{+\infty}\left(\frac{x(t)+x(-t)}{2}\right)^2\mathrm{d}t\\&=\int_{-\infty}^{+\infty}\frac{x^2(t)+x^2(-t)}{4}\mathrm{d}t\\&=\frac{1}{2}\int_0^{+\infty}x^2(t)\,\mathrm{d}t\\&=\frac{1}{2\pi}\int_{-\infty}^{+\infty}R^2(\mathrm{j}\omega)\,\mathrm{d}\omega\end{aligned}$$

因此可得 $\int_0^{+\infty}x^2(t)\,\mathrm{d}t=\dfrac{1}{\pi}\int_{-\infty}^{+\infty}R^2(\mathrm{j}\omega)\,\mathrm{d}\omega$，则

$$\begin{aligned}\int_{-\infty}^{+\infty}\{Od\{x(t)\}\}^2\mathrm{d}t&=\int_{-\infty}^{+\infty}\left(\frac{x(t)-x(-t)}{2}\right)^2\mathrm{d}t\\&=\int_{-\infty}^{+\infty}\frac{x^2(t)+x^2(-t)}{4}\mathrm{d}t\\&=\frac{1}{2}\int_0^{+\infty}x^2(t)\,\mathrm{d}t\\&=\frac{1}{2\pi}\int_{-\infty}^{+\infty}I^2(\mathrm{j}\omega)\,\mathrm{d}\omega\end{aligned}$$

因此可得 $\int_0^{+\infty}x^2(t)\,\mathrm{d}t=\dfrac{1}{\pi}\int_{-\infty}^{+\infty}I^2(\mathrm{j}\omega)\,\mathrm{d}\omega$。

由于 $x(t)$ 是实信号，所以 $R(\mathrm{j}\omega)$ 是偶信号，$I(\mathrm{j}\omega)$ 是奇信号，则

$$\int_{-\infty}^{+\infty} R^2(\mathrm{j}\omega)\,\mathrm{d}\omega = 2\int_{0}^{+\infty} R^2(\mathrm{j}\omega)\,\mathrm{d}\omega,\ \int_{-\infty}^{+\infty} I^2(\mathrm{j}\omega)\,\mathrm{d}\omega = 2\int_{0}^{+\infty} I^2(\mathrm{j}\omega)\,\mathrm{d}\omega$$

证明完毕。

2. 输入信号 $x(t)$ 是周期信号，基本周期为 $T=1$，线性时不变系统的频率响应 $H(\mathrm{j}\omega)$ 如图 3－3－18 所示。若输出 $y(t)=x(t)$，证明输入信号 $x(t)$ 的傅里叶级数的系数 a_k 应满足：

$$a_k = 0 \quad |k| \neq 1 \text{ 且 } |k| \neq 2$$

［电子科技大学 2013 研］

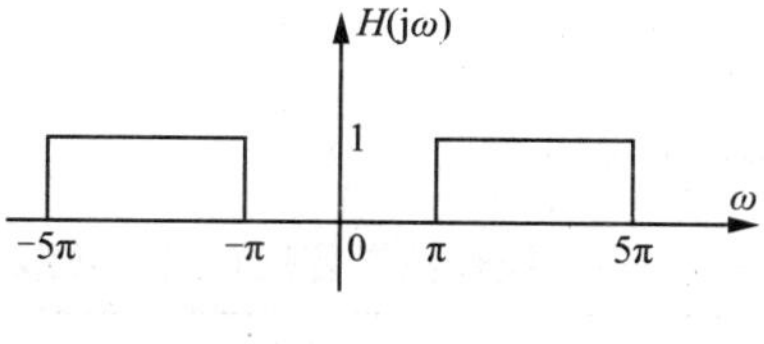

图 3－3－18

解： $x(t)$ 的基本周期 $T=1$ 可得

$$\omega_0 = 2\pi \Rightarrow x(t) = \sum_{k=-\infty}^{+\infty} a_k \mathrm{e}^{\mathrm{j}k2\pi t} = y(t) = \sum_{k=-\infty}^{+\infty} a_k H(\mathrm{j}k2\pi)\mathrm{e}^{\mathrm{j}k2\pi t}$$

由于 $H(\mathrm{j}k2\pi)$ 仅在 $|k|=1$ 或 $|k|=2$ 时取值为 1，则为了满足上式，必须要使 $x(t)$ 的傅里叶级数系数满足在 $|k|\neq 1$ 和 $|k|\neq 2$ 时为 0，即 $a_k=0 \quad |k|\neq 1$ 且 $|k|\neq 2$。

第4章　拉普拉斯变换、连续时间系统的 s 域分析

4.1　复习笔记

一、拉普拉斯变换

1. 定义及其收敛域(见表4－1－1)

表4－1－1　拉普拉斯变换定义及收敛域

要点	具体内容
双边拉普拉斯变换	$\begin{cases} F(s)=\int_{-\infty}^{\infty}f(t)e^{-st}dt \\ f(t)=\frac{1}{2\pi j}\int_{\sigma-j\infty}^{\sigma+j\infty}F(s)e^{st}ds \end{cases}$
单边拉普拉斯变换	$\begin{cases} F(s)=\int_{0}^{\infty}f(t)e^{-st}dt \\ f(t)=\left[\frac{1}{2\pi j}\int_{\sigma-j\infty}^{\sigma+j\infty}F(s)e^{st}ds\right]u(t) \end{cases}$
收敛域	因为 $F(s)=\int_{-\infty}^{\infty}f(t)e^{-st}dt=\int_{-\infty}^{\infty}f(t)e^{-\sigma t}e^{-j\omega t}dt$，所以欲使此积分存在，则 $f(t)e^{-\sigma t}$ 必须满足绝对可积条件。在 s 平面(或称复平面)上使 $f(t)e^{-\sigma t}$ 满足绝对可积条件的取值范围称为 $f(t)$ 或 $F(s)$ 的收敛域

2. 拉普拉斯变换的基本性质

令 $f_1(t)\leftrightarrow F_1(s)$，$\mathrm{Re}[s]>\sigma_1$，$f_2(t)\leftrightarrow F_2(s)$，$\mathrm{Re}[s]>\sigma_2$，$f(t)\leftrightarrow F(s)$，$\mathrm{Re}[s]>\sigma_0$。

(1)线性性质

$$K_1f_1(t)+K_2f_2(t)\leftrightarrow K_1F_1(s)+K_2F_2(s),\mathrm{Re}[s]>\max(\sigma_1,\sigma_2)$$

(2)时域或 s 域平移

$$f(t-t_0)u(t-t_0)\leftrightarrow e^{-st_0}F(s),t_0>0,\mathrm{Re}[s]>\sigma_0$$

$$f(t)e^{-at}\leftrightarrow F(s+a),\mathrm{Re}[s]>\sigma_0+\mathrm{Re}[a]$$

(3)尺度变换

$$f(at)\leftrightarrow\frac{1}{a}F\left(\frac{s}{a}\right),a>0,\mathrm{Re}[s]>a\sigma_0$$

(4)微分特性

$$\frac{df(t)}{dt}\leftrightarrow sF(s)-f(0),\text{收敛域至少为 }\mathrm{Re}[s]>\sigma_0$$

$$-tf(t)\leftrightarrow\frac{dF(s)}{ds},\mathrm{Re}[s]>\sigma_0$$

(5)积分特性

$$\int_{-\infty}^{t}f(\tau)d\tau\leftrightarrow\frac{F(s)}{s}+\frac{f^{(-1)}(0)}{s},\text{收敛域至少为 }\mathrm{Re}[s]>\max(\sigma_0,0)$$

$$\frac{f(t)}{t} \leftrightarrow \int_s^{\infty} F(s)\mathrm{d}s, \mathrm{Re}[s] > \sigma_0$$

(6)卷积特性

$f_1(t) * f_2(t) \leftrightarrow F_1(s)F_2(s)$，收敛域至少为 $\mathrm{Re}[s] > \max(\sigma_1, \sigma_2)$

$$f_1(t)f_2(t) \leftrightarrow \frac{1}{2\pi \mathrm{j}}[F_1(s) * F_2(s)], \mathrm{Re}[s] > \sigma_1 + \sigma_2$$

(7)初值定理

$\lim\limits_{t \to 0_+} f(t) = f(0_+) = \lim\limits_{s \to \infty} sF(s)$，$F(s)$ 为真分式

(8)终值定理

$\lim\limits_{t \to \infty} f(t) = \lim\limits_{s \to 0} sF(s)$，$s=0$ 在收敛域内

3. 常用信号的拉普拉斯变换

表 4-1-2 常用信号的拉普拉斯变换

$f(t)$，$t>0$	$F(s)$	$f(t)$，$t>0$	$F(s)$
$\delta(t)$	1	e^{-at}	$\frac{1}{s+a}$
$u(t)$	$\frac{1}{s}$	$\sin\omega t$	$\frac{\omega}{s^2+\omega^2}$
t^n	$\frac{n!}{s^{n+1}}$	$\cos\omega t$	$\frac{s}{s^2+\omega^2}$
$t\sin\omega t$	$\frac{2\omega s}{(s^2+\omega^2)^2}$	$t\cos\omega t$	$\frac{s^2-\omega^2}{(s^2+\omega^2)^2}$

4. 拉普拉斯逆变换

(1)部分分式展开法求解

首先将 $F(s)$ 展开成部分分式之和的形式，再对各部分分式分别取逆变换后叠加即可得出 $f(t)$。

(2)留数定理求解

将拉氏逆变换的积分运算转化为求被积函数 $F(s)\mathrm{e}^{st}$ 在围线中所有极点的留数之和。

$$\mathscr{L}^{1}[F(s)] = \frac{1}{2\pi \mathrm{j}}\int_{\sigma-\mathrm{j}\infty}^{\sigma+\mathrm{j}\infty} F(s)\mathrm{e}^{st}\mathrm{d}s = \sum_{\text{极点}}[F(s)\mathrm{e}^{st}\text{ 的留数}]$$

若 p_i 为一阶级点，则在极点 $s=p_i$ 处的留数为

$$r_i = [(s-p_i)F(s)\mathrm{e}^{st}]\big|_{s=p_i}$$

若 p_i 为 k 阶级点，则在极点 $s=p_i$ 处的留数为

$$r_i = \frac{1}{(k-1)!}\left[\frac{\mathrm{d}^{k-1}}{\mathrm{d}s^{k-1}}(s-p_i)^k F(s)\mathrm{e}^{st}\right]\Bigg|_{s=p_i}$$

5. 拉普拉斯变换与傅里叶变换的关系

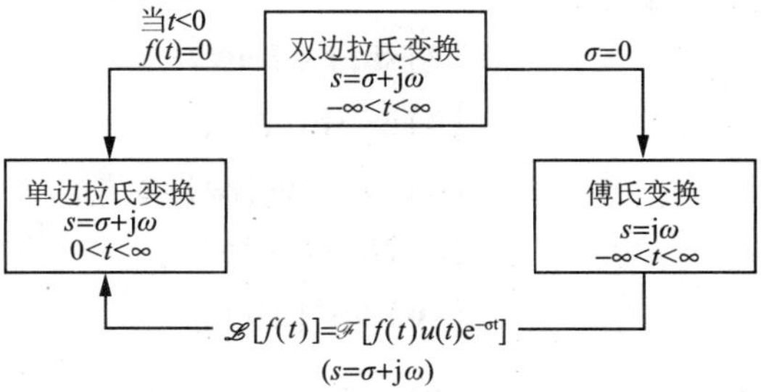

图 4-1-1

二、系统函数与系统特性

1. 系统函数

系统的零状态响应的拉氏变换与激励的拉氏变换之比称为系统函数，即

$$H(s) = \frac{R_{zs}(s)}{E(s)}$$

且冲激响应 $h(t) \leftrightarrow H(s)$。

2. 零极点分布

$$H(s) = \frac{N(s)}{D(s)} = \frac{K(s-z_1)(s-z_2)\cdots(s-z_m)}{(s-p_1)(s-p_2)\cdots(s-p_n)}$$

系统函数 $H(s)$ 的分母多项式之根构成极点，分子多项式的根是零点。在 s 平面上，用"○"表示零点，用"×"表示极点。由 $H(s)$ 的全部零极点构成的图称为系统的零极点分布图。根据系统的零极点分布可以分析系统的时域响应与频响特性。

3. 全通函数

如果一个系统函数的极点位于左半平面，零点位于右半平面，而且零点与极点对于 $j\omega$ 轴互为镜像，这种系统函数称为全通函数，此系统则称为全通系统或全通网络。它的幅频特性是常数。

4. 最小相移函数

零点仅位于左半平面或 $j\omega$ 轴的网络函数称为"最小相移函数"，该网络称为"最小相移网络"。非最小相移函数可以表示为最小相移函数与全通函数的乘积，即非最小相移网络可以用最小相移网络与全通网络的级联来代替。

5. 线性系统的稳定性

稳定系统是对任意的有界输入，其零状态响应也是有界的。

(1)稳定系统的时域判决条件为

$$\int_{-\infty}^{\infty} |H(t)| \, dt \leqslant M$$

(2)对于因果系统，稳定系统的 s 域判决条件：

①若 $H(s)$ 的全部极点均位于 s 左半平面，则系统稳定。

②若 $H(s)$ 的极点落在 s 右半平面或在虚轴上有二阶(含二阶)以上的极点，则系统不稳定。

③若 $H(s)$ 的极点位于 s 平面的虚轴上且只有一阶，则系统处于临界稳定。

4.2 课后习题详解

4-1 求下列函数的拉氏变换

(1) $1-e^{-\alpha t}$;

(2) $\sin t + 2\cos t$;

(3) te^{-2t};

(4) $e^{-t}\sin(2t)$;

(5) $(1+2t)e^{-t}$;

(6) $[1-\cos(\alpha t)]e^{-\beta t}$;

(7) t^2+2t;

(8) $2\delta(t)-3e^{-7t}$;

(9) $e^{-\alpha t}\sinh(\beta t)$;

(10) $\cos^2(\Omega t)$;

(11) $\frac{1}{\beta-\alpha}(e^{-\alpha t}-e^{-\beta t})$;

(12) $e^{-(t+a)}\cos(\omega t)$;

(13) $te^{-(t-2)}u(t-1)$；

(14) $e^{-\frac{t}{a}}f\left(\frac{t}{a}\right)$，设已知$\mathscr{L}[f(t)]=F(s)$；

(15) $e^{-at}f\left(\frac{t}{a}\right)$，设已知$\mathscr{L}[f(t)]=F(s)$；

(16) $t\cos^3(3t)$； **(17)** $t^2\cos(2t)$；

(18) $\frac{1}{t}(1-e^{-\alpha t})$； **(19)** $\frac{e^{-3t}-e^{-5t}}{t}$；

(20) $\frac{\sin(at)}{t}$

解：(1) $\mathscr{L}[1-e^{-\alpha t}]=\frac{1}{s}-\frac{1}{s+\alpha}=\frac{\alpha}{s(s+\alpha)}$；

(2) $\mathscr{L}[\sin t+2\cos t]=\frac{1}{s^2+1}+\frac{2s}{s^2+1}=\frac{2s+1}{s^2+1}$；

(3) $\mathscr{L}[te^{-2t}]=-\frac{d}{ds}\left[\frac{1}{s+2}\right]=\frac{1}{(s+2)^2}$；

(4) 因 $\mathscr{L}[\sin(2t)]=\frac{2}{s^2+4}$，故 $\mathscr{L}[e^{-t}\sin(2t)]=\frac{2}{(s+1)^2+4}$；

(5) 因 $\mathscr{L}[1+2t]=\frac{1}{s}-\frac{d}{ds}\left(\frac{2}{s}\right)=\frac{s+2}{s^2}$，故 $\mathscr{L}[(1+2t)e^{-t}]=\frac{s+3}{(s+1)^2}$；

(6) 因 $\mathscr{L}[1-\cos(\alpha t)]=\frac{1}{s}-\frac{s}{s^2+\alpha^2}$，故 $\mathscr{L}[[1-\cos(\alpha t)]e^{-\beta t}\}=\frac{1}{s+\beta}-\frac{s+\beta}{(s+\beta)^2+\alpha^2}$；

(7) $\mathscr{L}[t^2+2t]=\frac{d^2}{ds^2}\left(\frac{1}{s}\right)-\frac{d}{ds}\left(\frac{2}{s}\right)=\frac{2}{s^3}+\frac{2}{s^2}$；

(8) $\mathscr{L}[2\delta(t)-3e^{-7t}]=2-\frac{3}{s+7}$；

(9) 因 $\mathscr{L}[\sinh(\beta t)]=\frac{\beta}{s^2-\beta^2}$，故 $\mathscr{L}[e^{-\alpha t}\sinh(\beta t)]=\frac{\beta}{(s+\alpha)^2-\beta^2}$；

(10) $\mathscr{L}[\cos^2(\Omega t)]=\mathscr{L}\left[\frac{1}{2}+\frac{1}{2}\cos(2\Omega t)\right]=\frac{1}{2}\left(\frac{1}{s}+\frac{s}{s^2+4\Omega^2}\right)$；

(11) $\mathscr{L}\left[\frac{1}{\beta-\alpha}(e^{-\alpha t}-e^{-\beta t})\right]=\frac{1}{\beta-\alpha}\left(\frac{1}{s+\alpha}-\frac{1}{s+\beta}\right)=\frac{1}{(s+\alpha)(s+\beta)}$；

(12) $\mathscr{L}[e^{-(a+t)}\cos(\omega t)]=e^{-a}\mathscr{L}[e^{-t}\cos(\omega t)]=\frac{(s+1)e^{-a}}{(s+1)^2+\omega^2}$；

(13) 因$te^{-(t-2)}u(t-1)=e[(t-1)e^{-(t-1)}+e^{-(t-1)}]u(t-1)$，故

$$\mathscr{L}[te^{-(t-2)}u(t-1)]=\mathscr{L}[e(t-1)e^{-(t-1)}u(t-1)]+e\mathscr{L}[e^{-(t-1)}u(t-1)]$$
$$=\frac{e^{-(s-1)}}{(s+1)^2}+\frac{e^{-(s-1)}}{s+1}=\frac{(s+2)e^{-(s-1)}}{(s+1)^2}$$

(14) 因 $\mathscr{L}[e^{-t}f(t)]=F(s+1)$，故 $\mathscr{L}\left[e^{\frac{-t}{a}}f\left(\frac{t}{a}\right)\right]=aF(as+1)$；

(15) 因 $\mathscr{L}\left[f\left(\frac{t}{a}\right)\right]=aF(as)$，故 $\mathscr{L}\left[e^{-at}f\left(\frac{t}{a}\right)\right]=aF[a(s+a)]=aF(as+a^2)$；

(16) 因 $\cos^3(3t)=\cos(3t)\cdot\frac{1+\cos(6t)}{2}=\frac{1}{2}\cos 3t+\frac{1}{2}\times\frac{1}{2}[\cos(6t+3t)+\cos(6t-3t)]=$

$\frac{1}{4}\cos(9t)+\frac{3}{4}\cos(3t)$，故

$$\mathscr{L}[\cos^3(3t)]=\frac{s}{4(s^2+81)}+\frac{3s}{4(s^2+9)}$$

则

$$\mathscr{L}[t\cos^3(3t)]=-\frac{\mathrm{d}}{\mathrm{d}s}\left[\frac{s}{4(s^2+81)}+\frac{3s}{4(s^2+9)}\right]=\frac{1}{4}\left[\frac{3s^2-27}{(s^2+9)^2}+\frac{s^2-81}{(s^2+81)^2}\right]$$

(17)因 $\mathscr{L}[\cos(2t)]=\frac{s}{s^2+4}$，故 $\mathscr{L}[t^2\cos(2t)]=\frac{\mathrm{d}^2}{\mathrm{d}s^2}\left(\frac{s}{s^2+4}\right)=\frac{2s^3-24s}{(s^2+4)^3}$；

(18)因 $\mathscr{L}[1-\mathrm{e}^{-\alpha t}]=\frac{1}{s}-\frac{1}{s+\alpha}$，故

$$\mathscr{L}\left[\frac{1}{t}(1-\mathrm{e}^{-\alpha t})\right]=\int_s^{\infty}\left(\frac{1}{s_1}-\frac{1}{s_1+\alpha}\right)\mathrm{d}s_1=\ln(s+\alpha)-\ln s=\ln\frac{s+\alpha}{s};$$

(19)因，$\mathscr{L}[\mathrm{e}^{-3t}-\mathrm{e}^{-5t}]=\frac{1}{s+3}-\frac{1}{s+5}$，故

$$\mathscr{L}\left[\frac{1}{t}(\mathrm{e}^{-3t}-\mathrm{e}^{-5t})\right]=\int_s^{\infty}\left(\frac{1}{s_1+3}-\frac{1}{s_1+5}\right)\mathrm{d}s_1=\ln\frac{s+5}{s+3};$$

(20)因 $\mathscr{L}[\sin(at)]=\frac{a}{s^2+a^2}$，故

$$\mathscr{L}\left[\frac{1}{t}\sin(at)\right]=\int_s^{\infty}\frac{a}{s_1^2+a^2}\mathrm{d}s_1=\int_s^{\infty}\frac{1}{\left(\frac{s_1}{a}\right)^2+1}\mathrm{d}\left(\frac{s_1}{a}\right)=\frac{\pi}{2}-\arctan\frac{s}{a}$$

4-2 求下列函数的拉氏变换，考虑能否借助于延时定理。

(1) $f(t)=\begin{cases}\sin(\omega t)\ (当\ 0<t<\frac{T}{2}) \\ 0 \quad (t\ 为其他值)\end{cases}$；$T=2\frac{\pi}{\omega}$

(2) $f(t)=\sin(\omega t+\varphi)$。

解：(1)根据题意可得

$$f(t)=\sin(\omega t)\left[u(t)-u\left(t-\frac{T}{2}\right)\right]$$
$$=\sin(\omega t)u(t)+\sin\left[\omega\left(t-\frac{T}{2}\right)\right]u\left(t-\frac{T}{2}\right)$$

由延时定理可得

$$\mathscr{L}[f(t)]=\mathscr{L}[\sin(\omega t)u(t)]+\mathscr{L}\left\{\sin\left[\omega\left(t-\frac{T}{2}\right)\right]u\left(t-\frac{T}{2}\right)\right\}$$
$$=\frac{\omega}{s^2+\omega^2}+\frac{\omega}{s^2+\omega^2}\mathrm{e}^{-\frac{Ts}{2}}=\frac{\omega}{s^2+\omega^2}(1+\mathrm{e}^{-\frac{Ts}{2}})$$

(2)由于 $\sin(\omega t+\varphi)=\sin(\omega t)\cos\varphi+\cos(\omega t)\sin\varphi$，所以

$$\mathscr{L}[\sin(\omega t+\varphi)]=\mathscr{L}[\sin(\omega t)\cos\varphi]+\mathscr{L}[\cos(\omega t)\sin\varphi]$$
$$=\frac{\omega\cos\varphi}{s^2+\omega^2}+\frac{s\sin\varphi}{s^2+\omega^2}=\frac{\omega\cos\varphi+s\sin\varphi}{s^2+\omega^2}$$

4-3 求下列函数的拉氏变换，注意阶跃函数的跳变时间。

(1) $f(t)=\mathrm{e}^{-t}u(t-2)$；　　**(2)** $f(t)=\mathrm{e}^{-(t-2)}u(t-2)$；

(3) $f(t)=e^{-(t-2)}u(t)$；　　**(4)** $f(t)=\sin(2t)\cdot u(t-1)$；

(5) $f(t)=(t-1)[u(t-1)-u(t-2)]$。

解：(1)因为 $f(t)=e^{-t}u(t-2)=e^{-2}\cdot e^{-(t-2)}u(t-2)$

所以 $\mathscr{L}[f(t)]=\dfrac{1}{s+1}\cdot e^{-2(s+1)}$。

(2) $\mathscr{L}[f(t)]=\dfrac{1}{s+1}\cdot e^{-2s}$。

(3)因为 $f(t)=e^{2}\cdot e^{-t}u(t)$，所以 $\mathscr{L}[f(t)]=e^{2}\cdot\dfrac{1}{s+1}=\dfrac{e^{2}}{s+1}$。

(4)因为 $f(t)=\sin[2(t-1)+2]u(t-1)$

$=\sin[2(t-1)]\cdot\cos2\cdot u(t-1)+\cos[2(t-1)]\sin2\cdot u(t-1)$

所以 $\mathscr{L}[f(t)]=\cos2\cdot\mathscr{L}\{\sin[2(t-1)]\cdot u(t-1)\}+\sin2\cdot\mathscr{L}\{\cos[2(t-1)]\cdot u(t-1)\}$

$=\cos2\cdot\dfrac{2}{s^{2}+4}e^{-s}+\sin2\cdot\dfrac{s}{s^{2}+4}e^{-s}=\dfrac{2\cos2+s\sin2}{s^{2}+4}\cdot e^{-s}$。

(5)因为 $f(t)=(t-1)\cdot u(t-1)-(t-2)u(t-2)-u(t-2)$

所以 $\mathscr{L}[f(t)]=\dfrac{1}{s^{2}}e^{-s}-\dfrac{1}{s^{2}}\cdot e^{-2s}-\dfrac{1}{s}\cdot e^{-2s}=\dfrac{1}{s^{2}}[1-(1+s)e^{-s}]\cdot e^{-s}$。

4-4　求下列函数的拉普拉斯逆变换。

(1) $\dfrac{1}{s+1}$；　　**(2)** $\dfrac{4}{2s+3}$；

(3) $\dfrac{4}{s(2s+3)}$；　　**(4)** $\dfrac{1}{s(s^{2}+5)}$；

(5) $\dfrac{3}{(s+4)(s+2)}$；　　**(6)** $\dfrac{3s}{(s+4)(s+2)}$；

(7) $\dfrac{1}{s^{2}+1}+1$；　　**(8)** $\dfrac{1}{s^{2}-3s+2}$；

(9) $\dfrac{1}{s(RCs+1)}$；　　**(10)** $\dfrac{1-RCs}{s(1+RCs)}$；

(11) $\dfrac{\omega}{(s^{2}+\omega^{2})}\cdot\dfrac{1}{(RCs+1)}$；　　**(12)** $\dfrac{4s+5}{s^{2}+5s+6}$；

(13) $\dfrac{100(s+50)}{(s^{2}+201s+200)}$；　　**(14)** $\dfrac{(s+3)}{(s+1)^{3}(s+2)}$；

(15) $\dfrac{A}{s^{2}+K^{2}}$；　　**(16)** $\dfrac{1}{(s^{2}+3)^{2}}$；

(17) $\dfrac{s}{(s+a)[(s+\alpha)^{2}+\beta^{2}]}$；　　**(18)** $\dfrac{s}{(s^{2}+\omega^{2})[(s+\alpha)^{2}+\beta^{2}]}$；

(19) $\dfrac{e^{-s}}{4s(s^{2}+1)}$；　　**(20)** $\ln\left(\dfrac{s}{s+9}\right)$。

解：(1) $\mathscr{L}^{1}\left(\dfrac{1}{s+1}\right)=e^{-t}(t\geqslant0)$

(2) $\mathscr{L}^{1}[\dfrac{4}{2s+3}]=\mathscr{L}^{1}\left[\dfrac{2}{s+\dfrac{3}{2}}\right]=2e^{-\frac{3}{2}t}(t\geqslant0)$

(3) 由 $\frac{4}{s(2s+3)}=\frac{4}{3}\left(\frac{1}{s}-\frac{1}{s+\frac{3}{2}}\right)$ 得

$$\mathscr{L}^{1}\left[\frac{4}{s(2s+3)}\right]=\frac{4}{3}\mathscr{L}^{1}\left(\frac{1}{s}\right)-\frac{4}{3}\mathscr{L}^{1}\left(\frac{1}{s+\frac{3}{2}}\right)$$

$$=\frac{4}{3}(1-e^{-\frac{3}{2}t})\ (t\geqslant 0)$$

(4) 由 $\frac{1}{s(s^2+5)}=\frac{1}{5}\left(\frac{1}{s}-\frac{s}{s^2+5}\right)$ 得

$$\mathscr{L}^{1}\left[\frac{1}{s(s^2+5)}\right]=\frac{1}{5}\mathscr{L}^{1}\left(\frac{1}{s}\right)-\frac{1}{5}\mathscr{L}^{1}\left(\frac{s}{s^2+5}\right)$$

$$=\frac{1}{5}[1-\cos(\sqrt{5}t)]\ (t\geqslant 0)$$

(5) 由 $\frac{3}{(s+4)(s+2)}=\frac{3}{2}\left(\frac{1}{s+2}-\frac{1}{s+4}\right)$ 得

$$\mathscr{L}^{1}\left[\frac{3}{(s+4)(s+2)}\right]=\frac{3}{2}\mathscr{L}^{1}\left(\frac{1}{s+2}\right)-\frac{3}{2}\mathscr{L}^{1}\left(\frac{1}{s+4}\right)$$

$$=\frac{3}{2}(e^{-2t}-e^{-4t})\ (t\geqslant 0)$$

(6) 由 $\frac{3s}{(s+4)(s+2)}=\frac{6}{s+4}-\frac{3}{s+2}$ 得

$$\mathscr{L}^{1}\left[\frac{3s}{(s+4)(s+2)}\right]=\mathscr{L}^{1}\left(\frac{6}{s+4}\right)-\mathscr{L}^{1}\left(\frac{3}{s+2}\right)$$

$$=6e^{-4t}-3e^{-2t}\ (t\geqslant 0)$$

(7) $\mathscr{L}^{1}\left[\frac{1}{s^2+1}+1\right]=\sin t+\delta(t)\ (t\geqslant 0)$

(8) 由 $\frac{1}{s^2-3s+2}=\frac{1}{s-2}-\frac{1}{s-1}$ 得

$$\mathscr{L}^{1}\left[\frac{1}{s^2-3s+2}\right]=\mathscr{L}^{1}\left(\frac{1}{s-2}\right)-\mathscr{L}^{1}\left(\frac{1}{s-1}\right)$$

$$=e^{2t}-e^{t}\ (t\geqslant 0)$$

(9) 由 $\frac{1}{s(RCs+1)}=\frac{1}{s}-\frac{1}{s+\frac{1}{RC}}$ 得

$$\mathscr{L}^{1}\left[\frac{1}{s(RCs+1)}\right]=1-e^{-\frac{t}{RC}}\ (t\geqslant 0)$$

(10) 由 $\frac{1-RCs}{s(1+RCs)}=\frac{1}{s}-\frac{2}{s+\frac{1}{RC}}$ 得

$$\mathscr{L}^{1}\left[\frac{1-RCs}{s(1+RCs)}\right]=1-2e^{-\frac{t}{RC}}\ (t\geqslant 0)$$

(11) 由 $\frac{\omega}{(s^2+\omega^2)}\cdot\frac{1}{(RCs+1)}=\frac{\omega}{s^2+\omega^2}\cdot\frac{\frac{1}{RC}}{s+\frac{1}{RC}}=\frac{RC\omega}{1+(RC\omega)^2}\left(\frac{1}{s+\frac{1}{RC}}-\frac{s}{s^2+\omega^2}+\frac{\frac{1}{RC\omega}\cdot\omega}{s^2+\omega^2}\right)$

得：$\mathscr{L}^{-1}\left[\frac{\omega}{(s^2+\omega^2)}\cdot\frac{1}{(RCs+1)}\right]=\frac{RC\omega}{1+(RC\omega)^2}\left[\mathrm{e}^{\frac{-t}{RC}}-\cos(\omega t)+\frac{1}{RC\omega}\sin(\omega t)\right](t\geqslant 0)$

(12) 由$\frac{4s+5}{s^2+5s+6}=\frac{7}{s+3}-\frac{3}{s+2}$得

$$\mathscr{L}^{-1}\left[\frac{4s+5}{s^2+5s+6}\right]=7\mathrm{e}^{-3t}-3\mathrm{e}^{-2t}(t\geqslant 0)$$

(13) 由$\frac{100(s+50)}{s^2+201s+200}=\frac{100(s+50)}{(s+1)(s+200)}=\frac{100}{199}\left(\frac{49}{s+1}+\frac{150}{s+200}\right)$得

$$\mathscr{L}^{-1}\left[\frac{100(s+50)}{s^2+201s+200}\right]=\frac{100}{199}(49\mathrm{e}^{-t}+150\mathrm{e}^{-200t})(t\geqslant 0)$$

(14) 利用部分分式展开法有

$$\frac{s+3}{(s+1)^3(s+2)}=\frac{k_1}{s+2}+\frac{k_2}{(s+1)^3}+\frac{k_3}{(s+1)^2}+\frac{k_4}{s+1}$$

则

$$k_1=\frac{s+3}{(s+1)^3}\bigg|_{s=-2}=-1 \qquad k_2=\frac{s+3}{s+2}\bigg|_{s=-1}=2$$

$$k_3=\frac{\mathrm{d}}{\mathrm{d}s}\left(\frac{s+3}{s+2}\right)\bigg|_{s=-1}=-1 \qquad k_4=\frac{1}{2}\frac{\mathrm{d}^2}{\mathrm{d}s^2}\left(\frac{s+3}{s+2}\right)\bigg|_{s=-1}=1$$

故 $\mathscr{L}^{-1}\left[\frac{s+3}{(s+1)^3(s+2)}\right]=-\mathrm{e}^{-2t}u(t)+(t^2-t+1)\mathrm{e}^{-t}u(t)$

(15) $\mathscr{L}^{-1}\left[\frac{A}{s^2+K^2}\right]=\frac{A}{K}\cdot\mathscr{L}^{-1}\left[\frac{K}{s^2+K^2}\right]=\frac{A}{K}\sin(Kt)(t\geqslant 0)$

(16) 由 $\mathscr{L}^{-1}\left[\frac{s}{(s^2+3)^2}\right]=\frac{1}{2\sqrt{3}}t\sin(\sqrt{3}t)$和时域积分性质得

$$\mathscr{L}^{-1}\left[\frac{1}{(s^2+3)^2}\right]=\int_0^t\frac{1}{2\sqrt{3}}\tau\sin(\sqrt{3}\tau)\mathrm{d}\tau$$

$$=\frac{\sqrt{3}}{18}\sin(\sqrt{3}t)-\frac{t}{6}\cos(\sqrt{3}t)(t\geqslant 0)$$

(17) 令$\frac{s}{(s+a)[(s+\alpha)^2+\beta^2]}=\frac{k_1}{s+a}+\frac{k_2s+k_3}{(s+\alpha)^2+\beta^2}$，则

$$\frac{s}{(s+a)[(s+\alpha)^2+\beta^2]}=\frac{(k_1+k_2)s^2+(2\alpha k_1+ak_2+k_3)s+(\alpha^2+\beta^2)k_1+ak_3}{(s+a)[(s+\alpha)^2+\beta^2]}$$

解得：$k_1=\frac{-a}{(a-\alpha)^2+\beta^2}$，$k_2=\frac{a}{(a-\alpha)^2+\beta^2}$，$k_3=\frac{\alpha^2+\beta^2}{(a-\alpha)^2+\beta^2}$

从而$\frac{s}{(s+a)[(s+\alpha)^2+\beta^2]}$

$$=\frac{\frac{-a}{(a-\alpha)^2+\beta^2}}{s+a}+\frac{\frac{as}{(a-\alpha)^2+\beta^2}+\frac{\alpha^2+\beta^2}{(a-\alpha)^2+\beta^2}}{(s+\alpha)^2+\beta^2}$$

$$=\frac{\frac{-a}{(a-\alpha)^2+\beta^2}}{s+a}+\frac{\frac{a}{(a-\alpha)^2+\beta^2}(s+\alpha)}{(s+\alpha)^2+\beta^2}+\frac{\frac{\alpha^2+\beta^2-a\alpha}{(a-\alpha)^2+\beta^2}\cdot\frac{1}{\beta}\cdot\beta}{(s+\alpha)^2+\beta^2}$$

所以$\mathscr{L}^{1}\left\{\frac{s}{(s+a)[(s+\alpha)^2+\beta^2]}\right\}$

$$=\frac{-a}{(\alpha-a)^2+\beta^2}\left\{e^{-at}-\left[\cos(\beta t)+\frac{\alpha^2+\beta^2-a\alpha}{a\beta}\sin(\beta t)\right]e^{-\alpha t}\right\}(t\geqslant0)$$

(18)利用部分分式展开法，有

$$F(s)=\frac{K_1}{s-j\omega}+\frac{K_1^*}{s+j\omega}+\frac{K_2}{s+\alpha-j\beta}+\frac{K_2^*}{s+\alpha+j\beta}$$

则

$$K_1=(s-j\omega)F(s)\mid_{s=j\omega}=\frac{1}{2[(a+j\omega)^2+\beta^2]}=\frac{\frac{1}{2}(\alpha^2+\beta^2-\omega^2)-j\alpha\omega}{(\alpha^2+\beta^2-\omega^2)^2+4\alpha^2\omega^2}$$

$$K_2=(s+\alpha-j\beta)F(s)\mid_{s=-\alpha+j\beta}=\frac{-\alpha+j\beta}{4\alpha\beta^2+j2\beta(\alpha^2+\omega^2-\beta^2)}$$

$$=\frac{-\frac{1}{2}(\alpha^2+\beta^2-\omega^2)+j\frac{1}{2}\cdot\frac{\alpha}{\beta}(\alpha^2+\omega^2+\beta^2)}{(\alpha^2+\beta^2-\omega^2)^2+(2\alpha\omega)^2}$$

所以

$$\mathscr{L}^{1}[F(s)]=\frac{\alpha^2+\beta^2-\omega^2}{(\alpha^2+\beta^2-\omega^2)^2+(2\alpha\omega)^2}\cos\omega t+\frac{2\alpha\omega}{(\alpha^2+\beta^2-\omega^2)^2+(2\alpha\omega)^2}\sin\omega t-$$

$$\left[\frac{\alpha^2+\beta^2-\omega^2}{(\alpha^2+\beta^2-\omega^2)^2+(2\alpha\omega)^2}\cos\beta t+\frac{\alpha}{\beta}\cdot\frac{\alpha^2+\beta^2+\omega^2}{(\alpha^2+\beta^2-\omega^2)^2+(2\alpha\omega)^2}\sin\beta t\right]e^{-\alpha t}(t\geqslant0)$$

(19)由$\frac{1}{4s(s^2+1)}=\frac{1}{4}\left(\frac{1}{s}-\frac{s}{s^2+1}\right)$得

$$\mathscr{L}^{1}\left[\frac{1}{4s(s^2+1)}\right]=\frac{1}{4}(1-\cos t)u(t)$$

$$\mathscr{L}^{1}\left[\frac{e^{-s}}{4s(s^2+1)}\right]=\frac{1}{4}[1-\cos(t-1)]u(t-1)$$

(20) 因 $\ln\left(\frac{s}{s+9}\right)=\ln s-\ln(s+9)=\int_s^{\infty}\left(\frac{1}{s_1+9}-\frac{1}{s_1}\right)ds_1$

又 $\mathscr{L}^{1}\left[\frac{1}{s+9}-\frac{1}{s}\right]=e^{-9t}-1$

根据 s 域的积分性质有 $\mathscr{L}^{1}\left[\ln\frac{s}{s+9}\right]=\frac{1}{t}(e^{-9t}-1)(t\geqslant0)$。

4-5　分别求下列函数的逆变换的初值与终值。

(1) $\frac{(s+6)}{(s+2)(s+5)}$；　　　**(2)** $\frac{(s+3)}{(s+1)^2(s+2)}$。

解：初值定理：$\lim\limits_{t\to0_+}f(t)=\lim\limits_{s\to\infty}sF(s)$

终值定理：$\lim\limits_{t\to\infty}f(t)=\lim\limits_{s\to0}sF(s)$

$$(1)f(0_+)=\lim_{s\to\infty}sF(s)=\lim_{s\to\infty}\frac{s(s+6)}{(s+2)(s+5)}=\lim_{s\to\infty}\frac{s^2+6s}{s^2+7s+10}=1$$

$$f(\infty)=\lim_{s\to 0}sF(s)=\lim_{s\to 0}\frac{s^2+6s}{s^2+7s+10}=0$$

$$(2)f(0_+)=\lim_{s\to\infty}sF(s)=\lim_{s\to\infty}\frac{s(s+3)}{(s+1)^2(s+2)}=0$$

$$f(\infty)=\lim_{s\to 0}sF(s)=\lim_{s\to 0}\frac{s(s+3)}{(s+1)^2(s+2)}=0$$

4-6　图4-2-1所示电路，$t=0$以前，开关S闭合，已进入稳定状态；$t=0$时，开关打开，求$v_r(t)$并讨论R对波形的影响。

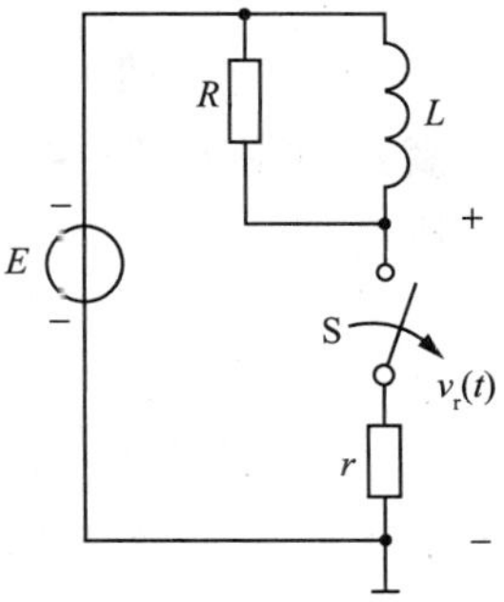

图4-2-1

解： 因$t=0$时，开关打开，根据KVL可知$t\geqslant 0$时的微分方程为

$$L\frac{\mathrm{d}i_L(t)}{\mathrm{d}t}+Ri_L(t)=0$$

由图4-2-1可知　$i_L(0_-)=\frac{E}{r}$

对微分方程取拉氏变换，得　$L[sI_L(s)-i_L(0_-)]+RI_L(s)=0$

整理可得 $I_L(s)=\frac{\frac{E}{r}\cdot L}{Ls+R}=\frac{\frac{E}{r}}{s+\frac{R}{L}}$

取拉式逆变换，则 $i_L(t)=\frac{E}{r}\mathrm{e}^{-\frac{R}{L}t}u(t)$

由　$v_r(t)=E+R\cdot i_L(t)$

可得　$v_r(t)=E+R\cdot\frac{E}{r}\mathrm{e}^{-\frac{R}{L}t}=E\left(1+\frac{R}{r}\mathrm{e}^{-\frac{R}{L}t}\right)u(t)$

其波形如图4-2-2所示，显然，R越大，$v_r(t)$衰减得越快。

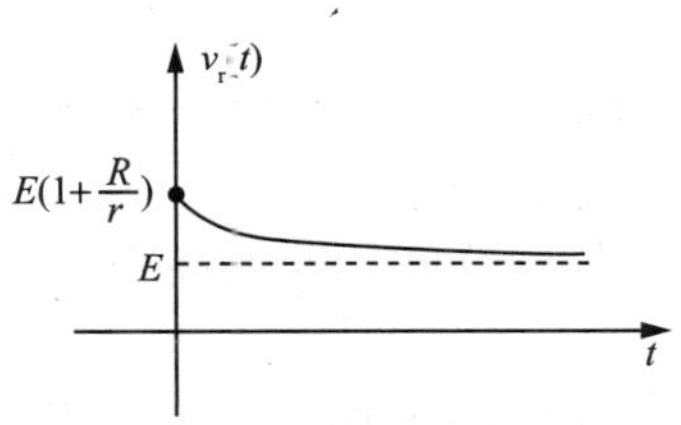

图4-2-2

4-7　图4-2-3所示电路，$t=0$时，开关S闭合，求$v_C(t)$。

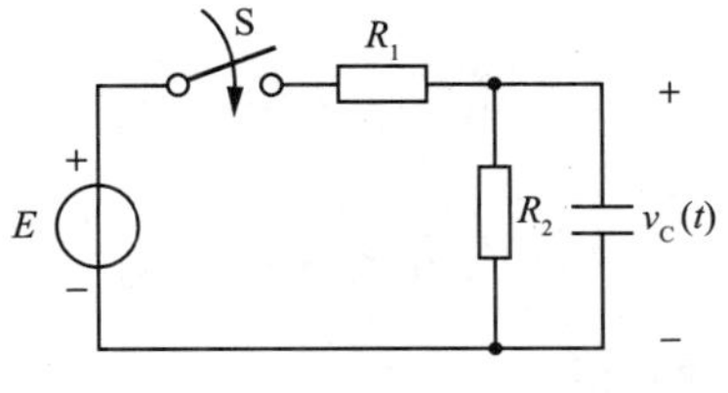

图4-2-3

解： 由图4-2-3可知，$v_C(0_-)=0$

当$t=0$时，开关S闭合，则$t\geqslant 0$时的微分方程为

$$R_1\left[\frac{v_C(t)}{R_2}+C\frac{\mathrm{d}v_C(t)}{\mathrm{d}t}\right]+v_C(t)=E$$

对方程两边取拉氏变换，得

$$R_1\left[\frac{1}{R_2}\cdot V_C(s)+sCV_C(s)\right]+V_C(s)=\frac{E}{s}$$

则　$$V_C(s)=\frac{R_2E}{R_1+R_2}\left[\frac{1}{s}-\frac{1}{s+(R_1+R_2)/(R_1R_2C)}\right]$$

所以　$$v_C(t)=\frac{R_2E}{R_1+R_2}(1-\mathrm{e}^{-\frac{R_1+R_2}{R_1R_2C}t})u(t)$$

4-8　图4-2-4所示RC分压器，$t=0$时，开关S闭合，接入直流电压E，求$v_2(t)$并讨论以下三种情况的结果。

(1)$R_1C_1=R_2C_2$；(2)$R_1C_1>R_2C_2$；(3)$R_1C_1<R_2C_2$。

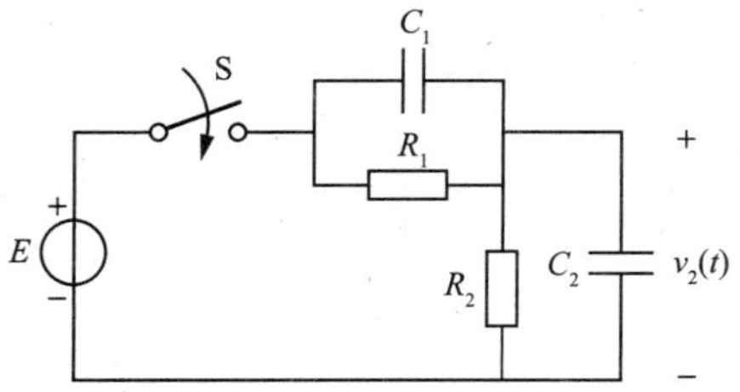

图 4－2－4

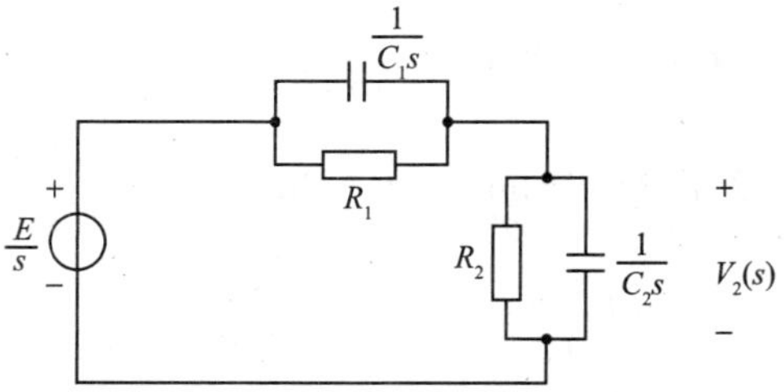

图 4－2－5

解：由图 4－2－4 可画出开关闭合后的电路 s 域等效电路，如图 4－2－5 所示。则有

$$V_2(s)=\frac{\frac{R_2}{C_2 s}\bigg/\left(\frac{1}{C_2 s}+R_2\right)}{\frac{R_1}{C_1 s}\bigg/\left(\frac{1}{C_1 s}+R_1\right)+\frac{R_2}{C_2 s}\bigg/\left(\frac{1}{C_2 s}+R_2\right)}\cdot\frac{E}{s}$$

$$=\frac{R_2+R_1R_2C_1 s}{R_1+R_2+R_1R_2(C_1+C_2)s}\cdot\frac{E}{s}$$

$$=E\left[\frac{R_2}{(R_1+R_2)s}+\left(\frac{C_1}{C_1+C_2}-\frac{R_2}{R_1+R_2}\right)\cdot\frac{R_1R_2(C_1+C_2)}{R_1+R_2+R_1R_2(C_1+C_2)s}\right]$$

故

$$v_2(t)=E\left[\frac{R_2}{R_1+R_2}+\left(\frac{C_1}{C_1+C_2}-\frac{R_2}{R_1+R_2}\right)e^{-\frac{R_1+R_2}{R_1R_2(C_1+C_2)}t}\right]u(t)$$

当 $t=0$ 时，开关接通瞬间，初始值为 $v_2(0_+)=\lim\limits_{s\to\infty}sV_2(s)=\frac{C_1E}{C_1+C_2}$，即初始值按电容分压；当 $t\to+\infty$ 时，稳态值为 $v_2(\infty)=\lim\limits_{s\to 0}sV_2(s)=\frac{R_2E}{R_1+R_2}$，即稳态值按电阻分压。

其中 $v_2(0_+)-v_2(\infty)=\frac{E(R_1C_1-R_2C_2)}{(C_1+C_2)(R_1+R_2)}$，则：

(1)若 $R_1C_1=R_2C_2$，则$\frac{C_1E}{C_1+C_2}=\frac{R_2E}{R_1+R_2}$，初始值等于稳态值，波形幅度恒定；

(2)若 $R_1C_1>R_2C_2$，则$\frac{C_1E}{C_1+C_2}>\frac{R_2E}{R_1+R_2}$，初始值大于稳态值，波形幅度以指数形式衰减到稳态值；

(3)若 $R_1C_1<R_2C_2$，则$\frac{C_1E}{C_1+C_2}<\frac{R_2E}{R_1+R_2}$，初始值小于稳态值，波形幅度以指数形式增长到稳态值。

4－9　图 4－2－6 所示 RLC 电路 $t=0$ 时开关 S 闭合，求电流 $i(t)$。(已知$\frac{1}{2RC}<\frac{1}{\sqrt{LC}}$)

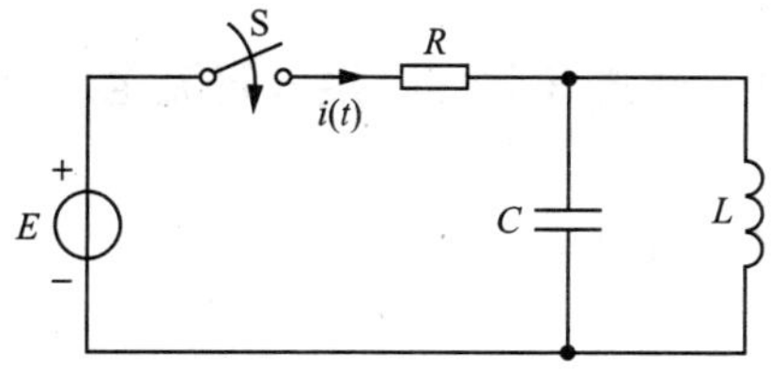

图 4－2－6

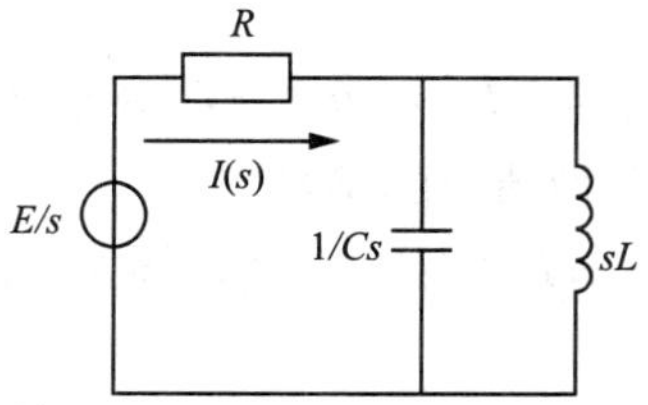

图 4－2－7

解：由图 4-2-6 可画出 $t \geqslant 0$ 时的 s 域等效电路，如图 4-2-7 所示。

由图 4-2-7 可得
$$I(s) \cdot \left(R + \frac{\frac{1}{Cs} \cdot sL}{\frac{1}{Cs} + sL} \right) = \frac{E}{s}$$

所以
$$I(s) = \frac{E}{s} \cdot \frac{CLs^2 + 1}{CLRs^2 + Ls + R} = E\left[\frac{1/R}{s} - \frac{1}{R^2 C} \cdot \frac{1}{\left(s + \frac{1}{2RC}\right)^2 + \frac{1}{LC} - \frac{1}{4R^2C^2}} \right]$$

记 $\alpha = \frac{1}{2RC}$，$\omega_0 = \frac{1}{\sqrt{LC}}$，$\omega^2 = \omega_0^2 - \alpha^2$

则
$$I(s) = \frac{E}{R}\left[\frac{1}{s} - \frac{2\alpha}{\omega} \cdot \frac{\omega}{(s+\alpha)^2 + \omega^2} \right]$$

故
$$i(t) = \frac{E}{R}\left[1 - \frac{2\alpha}{\omega} \cdot \mathrm{e}^{-\alpha t} \cdot \sin(\omega t) \right] \cdot u(t)$$

4-10　求图 4-2-8 所示电路的系统函数 $H(s)$ 和冲激响应 $h(t)$，设激励信号为电压 $e(t)$、响应信号为电压 $r(t)$。

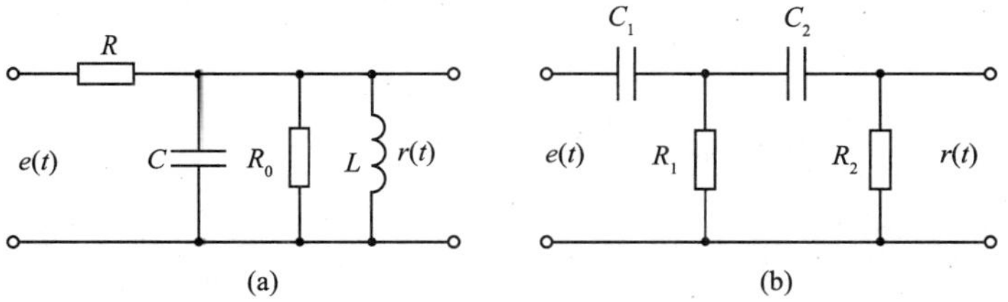

图 4-2-8

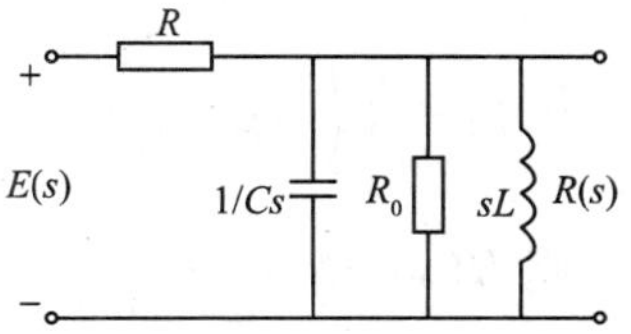

图 4-2-9(a)

解：(1) 由图 4-2-8(a) 画出电路的 s 域等效电路，如图 4-2-9(a) 所示。

由图 4-2-9(a)，得
$$\left(sC + \frac{1}{R_0} + \frac{1}{sL} \right) \cdot R(s) = \frac{E(s) - R(s)}{R}$$

则
$$H(s) = \frac{R(s)}{E(s)} = \frac{1}{RC} \cdot \frac{s}{s^2 + \frac{R + R_0}{RCR_0}s + \frac{1}{LC}}$$

记 $\alpha = \frac{R + R_0}{2RR_0C}$，$\omega_0 = \frac{1}{\sqrt{LC}}$，$\omega^2 = \omega_0^2 - \alpha^2$，且设 $\alpha < \omega_0$，则

$$H(s) = \frac{1}{RC} \cdot \frac{s}{s^2 + 2\alpha s + \omega_0^2} = \frac{1}{RC} \cdot \frac{(s+\alpha) - \alpha}{(s+\alpha)^2 + \omega^2}$$

故
$$h(t) = \frac{1}{RC} \cdot \mathrm{e}^{-\alpha t} \cdot \left[\cos(\omega t) - \frac{\alpha}{\omega}\sin(\omega t) \right] \cdot u(t)$$

当 $\alpha > \omega_0$ 时，定义 $\omega = \alpha^2 - \omega_0^2$，则

$$\begin{aligned} H(s) &= \frac{s}{RC(s^2 + 2\alpha s + \omega_0^2)} \\ &= \frac{1}{RC}\left[\frac{s}{(s+\alpha)^2 - \omega^2} \right] \\ &= \frac{1}{2RC\omega}\left(\frac{\alpha + \omega}{s + \alpha + \omega} - \frac{\alpha - \omega}{s + \alpha - \omega} \right) \end{aligned}$$

逆变换，可得

$$h(t)=\frac{1}{2RC\omega}[(\alpha+\omega)e^{-(\alpha+\omega)t}-(\alpha-\omega)e^{-(\alpha-\omega)t}]u(t)$$

(2)由图 4-2-8(b)画出电路的 s 域等效电路，如图 4-2-9(b)所示。

由图 4-2-9(b)，列出节点电流方程，得

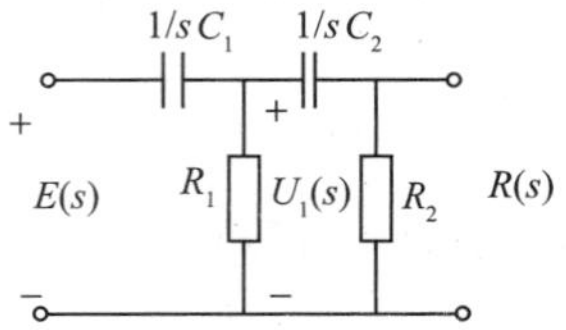

图 4-2-9(b)

$$\begin{cases}\left(\frac{1}{R_1}+sC_1+sC_2\right)U_1(s)-sC_2R(s)=sC_1E(s)\\ -sC_2U_1(s)+\left(\frac{1}{R_2}+sC_2\right)R(s)=0\end{cases}$$

解得：$\frac{R_1R_2C_1C_2s^2+(R_1C_1+R_1C_2+R_2C_2)s+1}{R_1R_2C_2s}R(s)=sC_1E(s)$

所以系统函数为

$$H(s)=\frac{R(s)}{E(s)}=\frac{R_1R_2C_1C_2s^2}{R_1R_2C_1C_2s^2+(R_1C_1+R_1C_2+R_2C_2)s+1}$$

记 $\alpha=\frac{1}{R_1R_2C_1C_2}$，$\beta=R_1C_1+R_1C_2+R_2C_2$

则 $H(s)=\frac{s^2}{s^2+\alpha\beta s+\alpha}$。

记 $p_1=\frac{\alpha}{2}\left(-\beta+\sqrt{\beta^2-\frac{4}{\alpha}}\right)$，$p_2=\frac{\alpha}{2}\left(-\beta-\sqrt{\beta^2-\frac{4}{\alpha}}\right)$

则 $H(s)=1+\frac{1}{p_2-p_1}\left(\frac{p_1\alpha\beta+\alpha}{s-p_1}-\frac{p_2\alpha\beta+\alpha}{s-p_2}\right)$。

故 $h(t)=\delta(t)+\frac{1}{p_2-p_1}[(p_1\alpha\beta+\alpha)e^{p_1t}-(p_2\alpha\beta+\alpha)e^{p_2t}]u(t)$。

4-11　电路如图 4-2-10 所示，$t=0$ 以前开关位于“1”，电路已进入稳定状态，$t=0$ 时开关从“1”倒向“2”，求电流 $i(t)$ 的表示式。

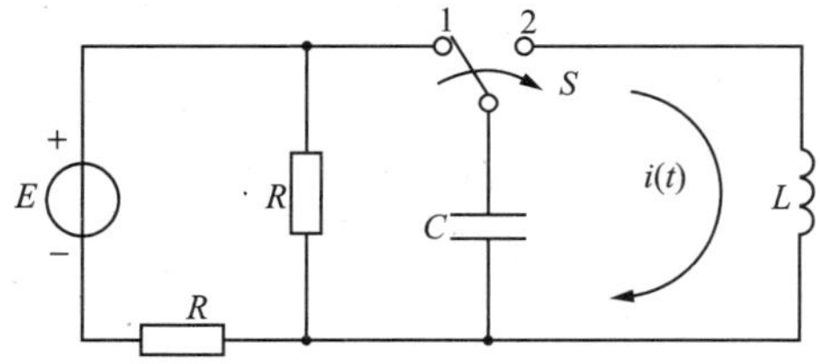

图 4-2-10

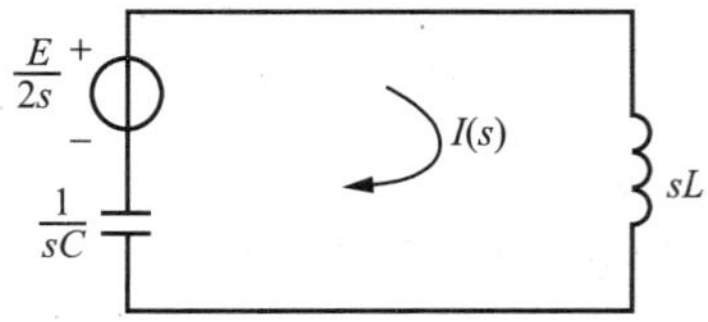

图 4-2-11

解：开关 S 位于“1”达到稳态时，有 $i_L(0_-)=0$，$v_C(0_-)=\frac{E}{2}$；

$t=0$ 时倒向“2”，此时电路的 s 域等效模型如图 4-2-11 所示。

列出电路方程，得　$\left(sL+\frac{1}{sC}\right)\cdot I(s)=\frac{E}{2}\cdot\frac{1}{s}$

则 $I(s)=\frac{\frac{E}{2L}}{s^2+\frac{1}{LC}}$，故

$$i(t)=\frac{E\sqrt{LC}}{2L}\sin\left(\frac{1}{\sqrt{CL}}t\right)\cdot u(t)$$

4－12 电路如图4－2－12所示，$t=0$以前电路元件无储能，$t=0$时开关闭合，求电压$v_2(t)$的表示式和波形。

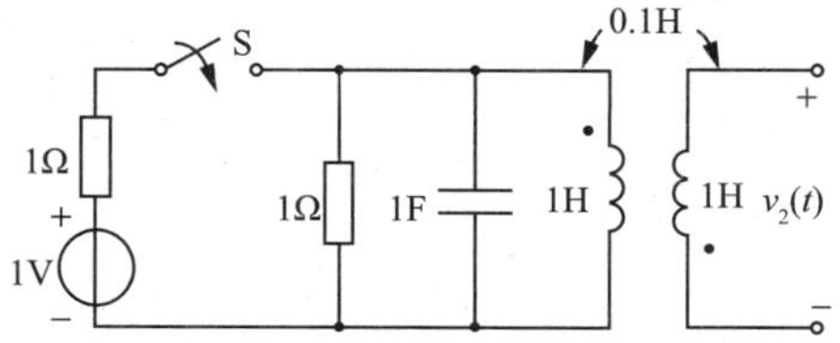

图4－2－12

解：由图4－2－12可画出电路的s域等效模型，如图4－2－13所示。

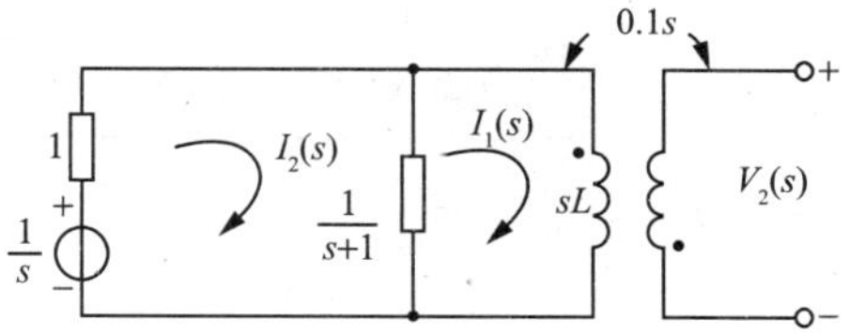

图4－2－13

$t\geqslant 0$时，回路电压方程为

$$\begin{cases}\left(s+\dfrac{1}{s+1}\right)I_1(s)-\dfrac{1}{s+1}I_2(s)=0\\ \left(1+\dfrac{1}{s+1}\right)I_2(s)-\dfrac{1}{s+1}I_1(s)=\dfrac{1}{s}\end{cases}$$

解得：$I_1(s)=\dfrac{\frac{1}{s}}{s^2+2s+1}=\dfrac{1}{s(s+1)^2}$

故 $V_2(s)=-0.1s\cdot I_1(s)=-\dfrac{0.1}{(s+1)^2}$

从而 $v_2(t)=-0.1te^{-t}u(t)$

其波形如图4－2－14所示。

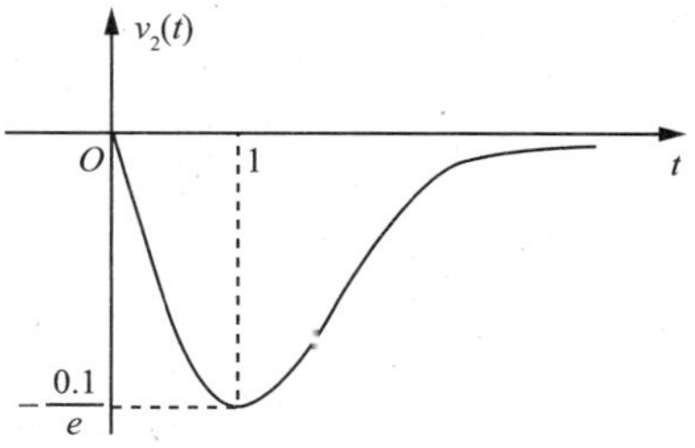

图4－2－14

4－13 分别写出图4－2－15(a)～(c)所示电路的系统函数$H(s)=\dfrac{V_2(s)}{V_1(s)}$

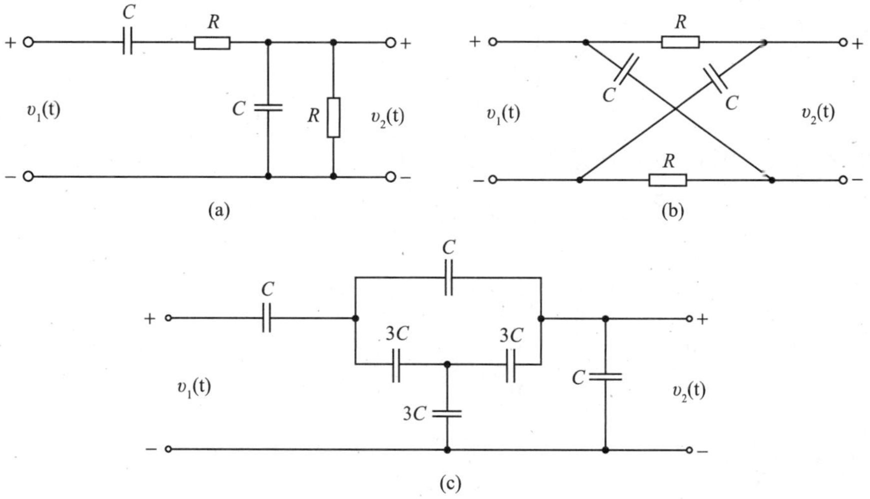

图4－2－15

解：根据图4－2－15(a)～(c)分别画出其电路的s域模型，如图4－2－16(a)～(c)所示。

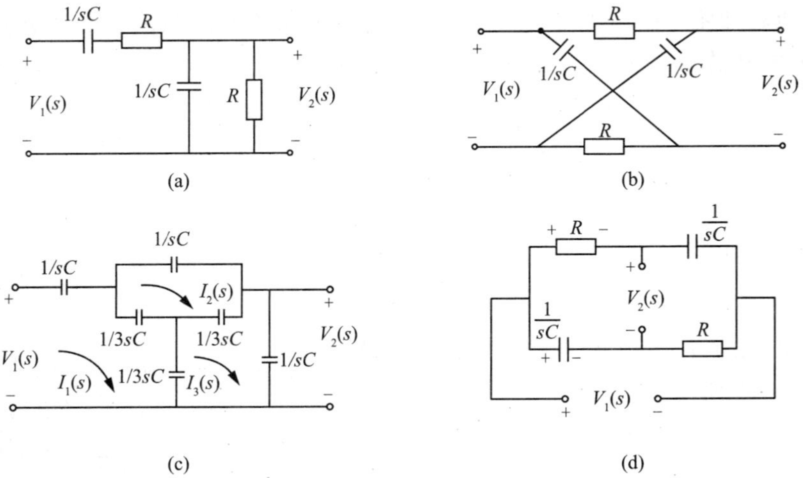

图 4－2－16

（1）由图 4－2－16（a）可直接写出系统函数

$$H(s)=\frac{V_2(s)}{V_1(s)}=\frac{R\cdot\frac{1}{sC}\Big/\left(R+\frac{1}{sC}\right)}{R\cdot\frac{1}{sC}\Big/\left(R+\frac{1}{sC}\right)+R+\frac{1}{sC}}=\frac{RCs}{R^2C^2s^2+3RCs+1}$$

$$=\frac{s}{RC\left(s^2+\frac{3}{RC}s+\frac{1}{R^2C^2}\right)}$$

（2）由图 4－2－16（b）可得该电路图的等效图 4－2－16（d），则

$$V_2(s)=\frac{V_1(s)}{R+\frac{1}{sC}}\cdot\frac{1}{sC}-\frac{V_1(s)}{R+\frac{1}{sC}}\cdot R$$

故

$$H(s)=\frac{V_2(s)}{V_1(s)}=\frac{\frac{1}{sC}-R}{R+\frac{1}{sC}}=-\frac{s-\frac{1}{RC}}{s+\frac{1}{RC}}$$

（3）由图 4－2－16（c）列写回路电压方程，得

$$\begin{cases}\frac{5}{3sC}I_3(s)-\frac{1}{3sC}I_1(s)-\frac{1}{3sC}I_2(s)=0\\ \frac{5}{3sC}I_1(s)-\frac{1}{3sC}I_3(s)-\frac{1}{3sC}I_2(s)=V_1(s)\\ \frac{5}{3sC}I_2(s)-\frac{1}{3sC}I_3(s)-\frac{1}{3sC}I_1(s)=0\end{cases}$$

解得：$I_3(s)=\frac{1}{6}sCV_1(s)$

则 $V_2(s)=\frac{1}{sC}I_3(s)=\frac{1}{6}V_1(s)$，故

$$H(s)=\frac{V_2(s)}{V_1(s)}=\frac{1}{6}$$

4－14　试求图 4－2－17 所示互感电路的输出信号 $v_R(t)$。假设输入信号 $e(t)$ 分别为以

下两种情况：

(1)冲激信号 $e(t)=\delta(t)$；(2)阶跃信号 $e(t)=u(t)$。

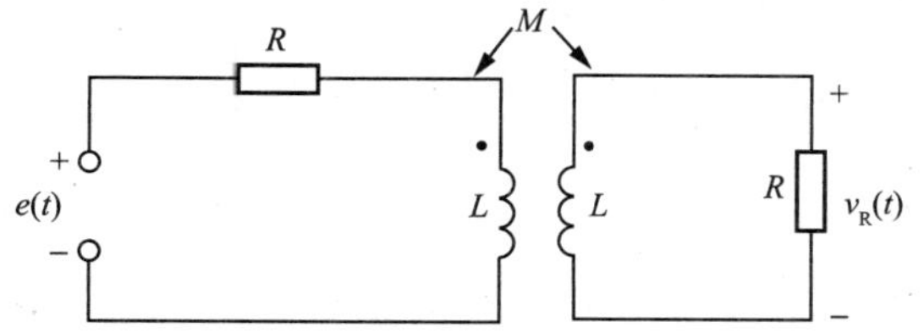

图 4－2－17

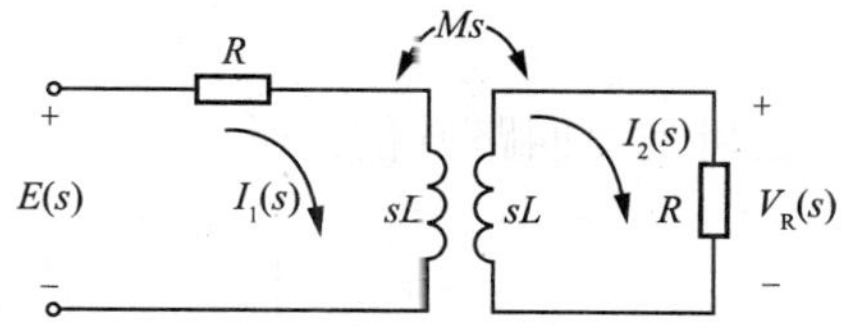

图 4－2－18

解： 由图 4－2－17 画出电路的 s 域模型，如图 4－2－18 所示。

故可列写回路电压方程，得

$$\begin{cases}(R+sL)I_1(s)-sMI_2(s)=E(s)\\ -sMI_1(s)+(R+sL)I_2(s)=0\end{cases}$$

解得：$I_2(s)=\dfrac{sME(s)}{[R+s(L-M)][R+s(L+M)]}$

则 $V_R(s)=RI_2(s)=\dfrac{sRME(s)}{[R+s(L-M)][R+s(L+M)]}$

(1)当 $e(t)=\delta(t)$ 时，$E(s)=1$，则

$$V_R(s)=\frac{sRM}{[R+s(L-M)][R+s(L+M)]}=\frac{\frac{\frac{R}{2}}{L-M}}{s+\frac{R}{L-M}}-\frac{\frac{\frac{R}{2}}{L+M}}{s+\frac{R}{L-M}}$$

故 $v_R(t)=\dfrac{R}{2}\left(\dfrac{1}{L-M}e^{-\frac{R}{L-M}t}-\dfrac{1}{L+M}e^{-\frac{R}{L+M}t}\right)u(t)$

(2)当 $e(t)=u(t)$ 时，$E(s)=\dfrac{1}{s}$，则

$$V_R(s)=\frac{RM}{[R+s(L-M)][R+s(L+M)]}=\frac{-\frac{1}{2}}{s+\frac{R}{L-M}}+\frac{\frac{1}{2}}{s+\frac{R}{L+M}}$$

故 $v_R(t)=\dfrac{1}{2}(e^{-\frac{R}{L+M}t}-e^{-\frac{R}{L-M}t})u(t)$

4－15　激励信号 $e(t)$ 波形如图 4－2－19(a)所示，电路如图 4－2－19(b)所示，起始时刻 L 中无储能，求 $v_2(t)$ 的表示式和波形。

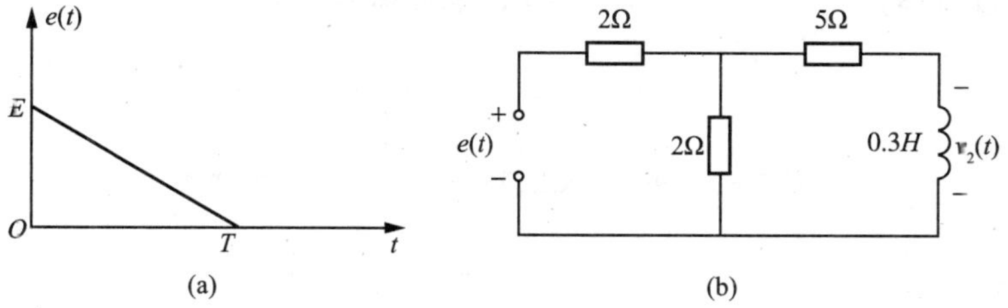

图 4－2－19

解： 由图 4－2－19(b)画出电路的 s 域等效模型，如图 4－2－20 所示。

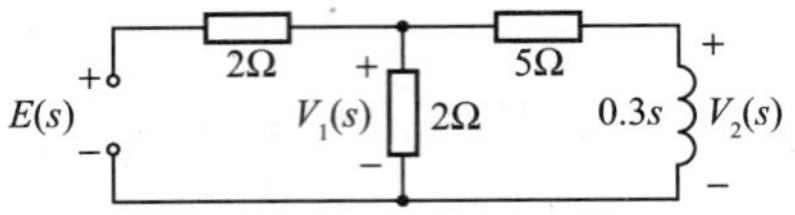

图 4 - 2 - 20

故可列写回路方程，得

$$\begin{cases}\dfrac{0.3s}{5+0.3s}V_1(s)=V_2(s)\\\left(\dfrac{V_1(s)}{2}+\dfrac{V_1(s)}{5+0.3s}\right)\times 2+V_1(s)=E(s)\end{cases}$$

解得：$V_2(s)=\dfrac{s}{2s+40}E(s)$ ①

由题意知，$e(t)=\dfrac{E}{T}(T-t)[u(t)-u(t-T)]$

则 $e'(t)=E\delta(t)-\dfrac{E}{T}[u(t)-u(t-T)]$

故 $E(s)=\dfrac{E}{s}-\dfrac{1}{s}\cdot\dfrac{E}{T}\cdot\dfrac{1}{s}(1-e^{-sT})=\dfrac{E}{s}-\dfrac{E}{T}\cdot\dfrac{1}{s^2}(1-e^{-sT})$。

代入式①得

$$V_2(s)=\frac{E}{2s+40}-\frac{E}{2T}\cdot\frac{1}{s^2+20s}(1-e^{-sT})$$

$$=\frac{\frac{E}{2}}{s+20}+\frac{E}{2T}\left(\frac{-\frac{1}{20}}{s}+\frac{\frac{1}{20}}{s+20}\right)(1-e^{-sT})$$

故 $v_2(t)=\dfrac{E}{2}e^{-20t}\cdot u(t)-\dfrac{E}{40T}\{(1-e^{-20t})\cdot u(t)-[1-e^{-20(t-T)}]\cdot u(t-T)\}$

其波形如图 4 - 2 - 21 所示。

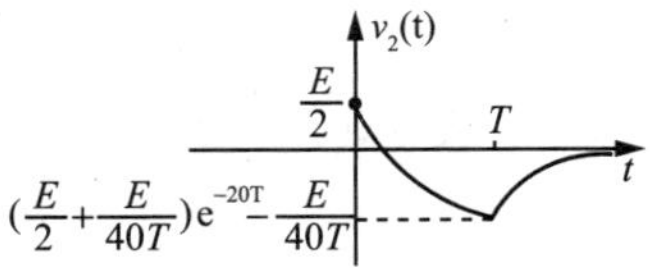

图 4 - 2 - 21

4 - 16　电路如图 4 - 2 - 22 所示，注意图中 $kv_2(t)$ 是受控源，试求 (1) 系统函数 $H(s)=\dfrac{V_3(s)}{V_1(s)}$；(2) 若 $k=2$，求冲激响应。

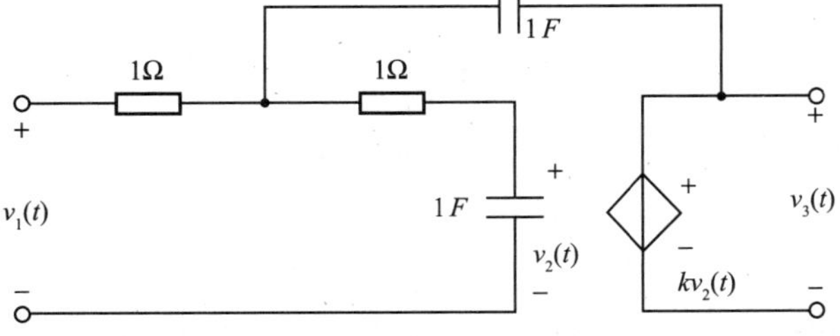

图 4 - 2 - 22

解： 由图 4－2－22 可画出电路的 s 域等效模型，如图 4－2－23 所示。

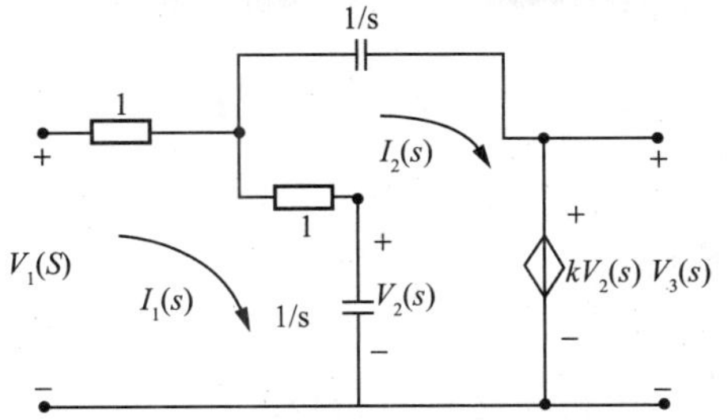

图 4－2－23

(1) 列写电路方程，得

$$\begin{cases}\left(2+\dfrac{1}{s}\right)I_1(s)-\left(1+\dfrac{1}{s}\right)I_2(s)=V_1(s)\\ -\left(1+\dfrac{1}{s}\right)I_1(s)+\left(1+\dfrac{2}{s}\right)I_2(s)=-kV_2(s)\\ V_2(s)=\dfrac{1}{s}[I_1(s)-I_2(s)]\\ V_3(s)=kV_2(s)\end{cases}$$

解得：$V_3(s)=\dfrac{kV_1(s)}{s^2+(3-k)s+1}$

则系统函数为 $$H(s)=\frac{V_3(s)}{V_1(s)}=\frac{k}{s^2+(3-k)s+1}$$

(2) 当 $k=2$ 时，

$$H(s)=\frac{2}{s^2+s+1}=\frac{4\sqrt{3}}{3}\cdot\frac{\frac{\sqrt{3}}{2}}{\left(s+\frac{1}{2}\right)^2+\left(\frac{\sqrt{3}}{2}\right)^2}$$

故冲激响应为

$$h(t)=\mathscr{L}^{-1}[H(s)]=\frac{4}{\sqrt{3}}e^{-\frac{1}{2}t}\sin\left(\frac{\sqrt{3}}{2}t\right)u(t)$$

4－17　在图 4－2－24 所示电路中，$C_1=1\text{F}$，$C_2=2\text{F}$，$R=2\Omega$，起始条件 $v_{C_1}(0_-)=E$，方向如图示，$t=0$ 时开关闭合，求：

(1) 电流 $i_1(t)$；(2) 讨论 $t=0_-$ 与 $t=0_+$ 瞬间，电容 C_2 两端电荷发生的变化。

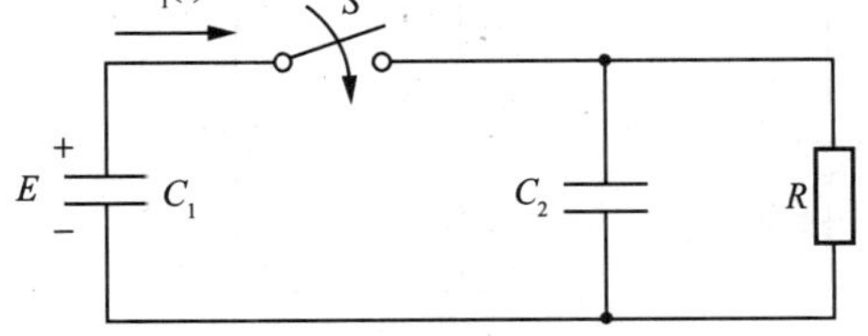

图 4－2－24

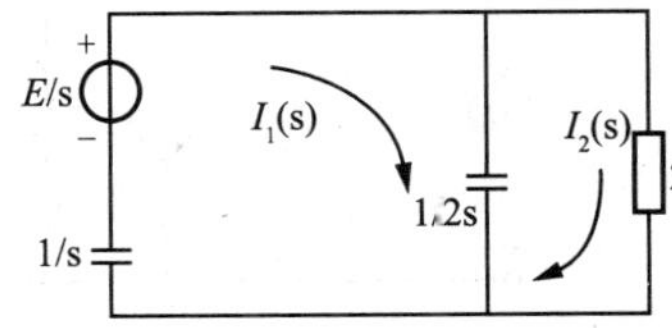

图 4－2－25

解： 由图 4－2－24 画出电路的 s 域等效模型，如图 4－2－25 所示。

(1) 列写回路方程，得

$$\begin{cases}\dfrac{3}{2s}I_1(s)-\dfrac{1}{2s}I_2(s)=\dfrac{E}{s}\\ -\dfrac{1}{2s}I_1(s)+\left(\dfrac{1}{2s}+2\right)I_2(s)=0\end{cases}$$

解得：$I_1(s)=\dfrac{4s+1}{6s+1}\cdot E=\dfrac{2E}{3}\left[1+\dfrac{1}{12}\cdot\dfrac{1}{s+\dfrac{1}{6}}\right]$

取逆变换，则 $i_1(t)=\dfrac{2}{3}E\left[\delta(t)+\dfrac{1}{12}e^{-\frac{t}{6}}u(t)\right]$。

(2) 当时 $t=0_-$ 时，$v_{C_2}(0_-)=0$，当 $t\geqslant 0_+$ 时

$$V_{C_2}(s)=V_{C_1}(s)=\frac{E}{s}-\frac{1}{s}\cdot I_1(s)=\frac{E}{3}\cdot\frac{1}{s+\dfrac{1}{6}}$$

故 $v_{C_2}(t)=\dfrac{E}{3}e^{-\frac{t}{6}}\cdot u(t)$

所以 $v_{C_2}(0_+)=\dfrac{E}{3}$。

根据 $Q_2=C_2v_{C_2}$ 可知，在 $t=0_-$ 与 $t=0_+$ 瞬间电容 C_2 两端电荷变化量为

$$\Delta Q=[v_{C_2}(0_+)-v_{C_2}(0_-)]\cdot C_2=\frac{2E}{3}$$

4－18　图 4－2－26 所示电路中有三个受控源，求系统函数 $H(s)=\dfrac{E_o(s)}{E_i(s)}$。

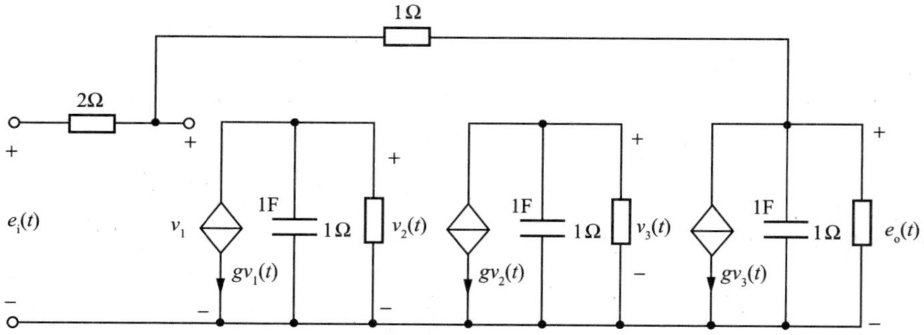

图 4－2－26

解： 由图 4－2－26 画出电路的 s 域模型，如图 4－2－27 所示。

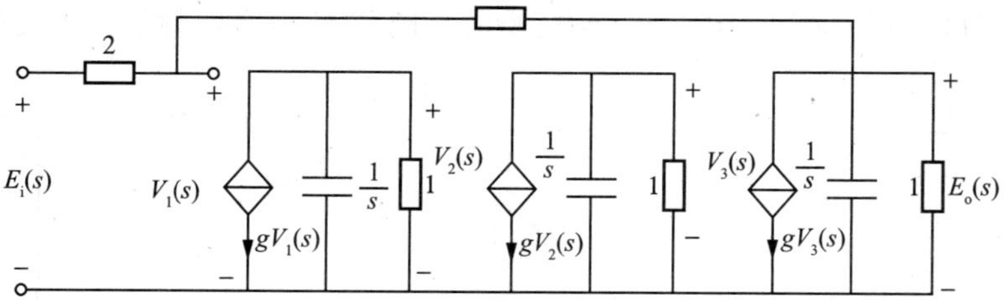

图 4－2－27

列出电路方程组，得

$$
\begin{cases}
\dfrac{V_1(s)-E_0(s)}{1}=\dfrac{E_1(s)-V_1(s)}{2}\\
(s+1)V_2(s)=-gV_1(s)\\
(s+1)V_3(s)=-gV_2(s)\\
(s+1)E_o(s)-[V_1(s)-E_o(s)]=-gV_3(s)
\end{cases}
$$

解方程组，得系统函数为

$$
H(s)=\frac{E_o(s)}{E_i(s)}=\frac{1}{\dfrac{3(s+1)^2(s+2)}{(s+1)^2-g^3}-2}=\frac{s^2+2s+1-g^3}{3s^3+10s^2+11s+4+2g^3}
$$

4－19　因果周期信号$f(t)=f(t)u(t)$，周期为T，若第一周期时间信号为$f_1(t)=f(t)[u(t)-u(t-T)]$，它的拉氏变换为$\mathscr{L}[f_1(t)]=F_1(s)$，求$\mathscr{L}[f(t)]=F(s)$表达式。(提示：可借助级数性质$\sum\limits_{n=0}^{\infty}a^n=\dfrac{1}{1-a}$化简。)

解：根据题意可得

$$
f(t)=\sum_{k=0}^{\infty}f_1(t-kT)=f_1(t)+f_1(t-T)+f_1(t-2T)+\cdots
$$

则$f(t)$的拉氏变换为

$$
\begin{aligned}
\mathscr{L}[f(t)]=F(s)&=\mathscr{L}\left[\sum_{k=0}^{\infty}f_1(t-kT)\right]=\sum_{k=0}^{\infty}\mathscr{L}[f_1(t-kT)]\\
&=\sum_{k=0}^{\infty}F_1(s)\mathrm{e}^{-skT}=F_1(s)\sum_{k=0}^{\infty}\mathrm{e}^{-skT}=\frac{F_1(s)}{1-\mathrm{e}^{-sT}}
\end{aligned}
$$

4－20　求图4－2－28所示周期矩形脉冲和正弦全波整流脉冲的拉氏变换(利用上题结果)。

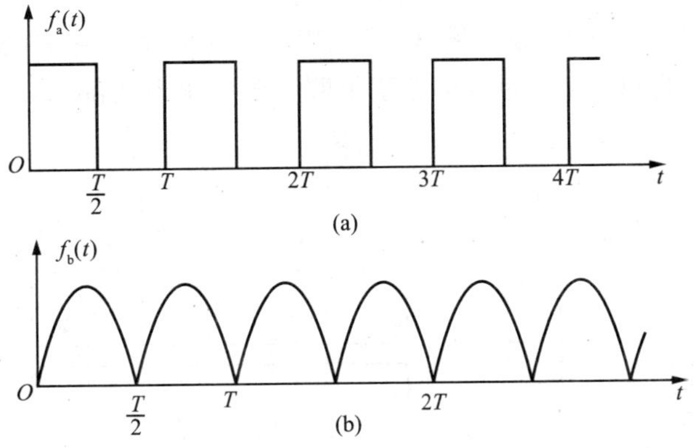

图4－2－28

解：(1)由图4－2－28(a)可知，$f_a(t)$的第一个周期时间信号为

$$
f_1(t)=u(t)-u\left(t-\frac{T}{2}\right)
$$

由$F_1(s)=\dfrac{1}{s}(1-\mathrm{e}^{-\frac{T}{2}s})$，可得

$$
F(s)=\frac{F_1(s)}{1-\mathrm{e}^{-sT}}=\frac{1-\mathrm{e}^{-\frac{T}{2}s}}{s(1-\mathrm{e}^{-sT})}=\frac{1}{s(1+\mathrm{e}^{-\frac{T}{2}s})}
$$

(2)由图4－2－28(b)可知，$f_b(t)$的第一个周期时间信号为

$$f_1(t)=\sin(\omega t)\cdot\left[u(t)-u\left(t-\frac{T}{2}\right)\right]$$
$$=\sin(\omega t)\cdot u(t)+\sin\left[\omega\left(t-\frac{T}{2}\right)\right]\cdot u\left(t-\frac{T}{2}\right)$$

由 $\mathscr{L}[f_1(t)]=F_1(s)=\frac{\omega}{s^2+\omega^2}+\frac{\omega}{s^2+\omega^2}\cdot e^{-\frac{T}{2}s}$，可得

$$F(s)=\frac{F_1(s)}{1-e^{-\frac{T}{2}s}}=\frac{\omega}{s^2+\omega^2}\cdot\frac{1+e^{-\frac{T}{2}s}}{1-e^{-\frac{T}{2}s}}$$

4-21　将连续信号 $f(t)$ 以时间间隔 T 进行冲激抽样得到 $f_s(t)=f(t)\delta_T(t)$，$\delta_T(t)=\sum\limits_{n=0}^{\infty}\delta(t-nT)$，求：

(1)抽样信号的拉氏变换 $\mathscr{L}[f_s(t)]$；(2)若 $f(t)=e^{-at}u(t)$，求 $\mathscr{L}[f_s(t)]$。

解：(1)对 $f(t)$ 以周期 T 进行冲激抽样，有

$$f_s(t)=f(t)\delta_T(t)=f(t)\sum_{n=0}^{\infty}\delta(t-nT)=\sum_{n=0}^{\infty}f(nT)\delta(t-nT)$$
$$=f(0)\delta(t)+f(T)\delta(t-T)+f(2T)\delta(t-2T)+\cdots$$

对上式取拉氏变换，得

$$\mathscr{L}[f_s(t)]=f(0)+f(T)e^{-sT}+f(2T)e^{-s2T}+\cdots$$
$$=\sum_{n=0}^{\infty}f(nT)e^{-snT}$$

(2)根据题(1)的结论，当 $f(t)=e^{-at}$ 时，$f(nT)=e^{-anT}$，有

$$\mathscr{L}[f_s(t)]=\sum_{n=0}^{\infty}f(nT)e^{-snT}=\sum_{n=0}^{\infty}e^{-anT}e^{-snT}=\sum_{n=0}^{\infty}e^{-nT(s+a)}=\frac{1}{1-e^{-(a+s)T}}$$

4-22　当 $F(s)$ 极点(一阶)落于图 4-2-29 所示 s 平面图中各方框所处位置时，画出对应的 $f(t)$ 波形(填入方框中)。图中给出了示例，此例极点实部为正，波形是增长振荡。

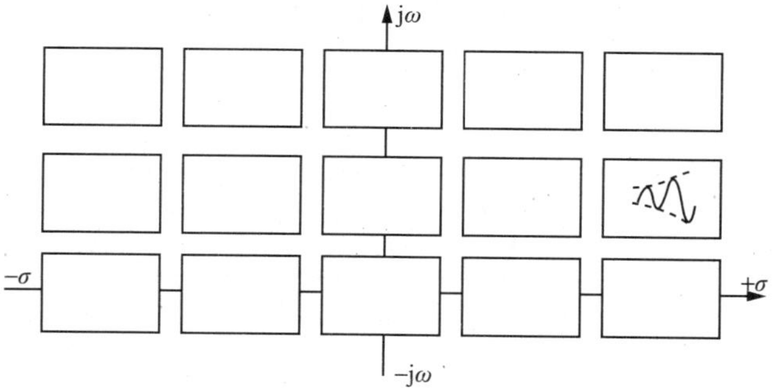

图 4-2-29

解：系统函数极点分布与原函数波形的对应关系：

(1)极点 $s=0$，$f(t)$ 为阶跃函数；

(2)极点位于 s 平面的实轴，$f(t)$ 具有指数函数形式，其中

①若位于正实轴，即 $\sigma>0$，则 $f(t)$ 为单调增的指数函数；

②若位于负实轴，即 $\sigma<0$，则 $f(t)$ 为单调减的指数函数；

(3)若极点是 s 平面虚轴上的一对共轭极点，即 $s=\pm j\omega$，则 $f(t)$ 为等幅振荡形式，且随着 $|\omega|$ 增大振荡频率增加；

(4)若极点是 s 左半平面的共轭极点，即 $s=\sigma\pm j\omega(\sigma<0)$，则 $f(t)$ 为衰减振荡，其包络是单调减的指数形式；

(5)若极点是 s 右半平面的共轭极点，即 $s=\sigma\pm j\omega(\sigma>0)$，则 $f(t)$ 为增幅振荡，其包络是单调增的指数形式。

综上可知，极点的实部 σ 决定原函数波形的幅度特性，虚部 ω 决定原函数波形的振荡频率。由此可得波形图，如图 4－2－30 所示。

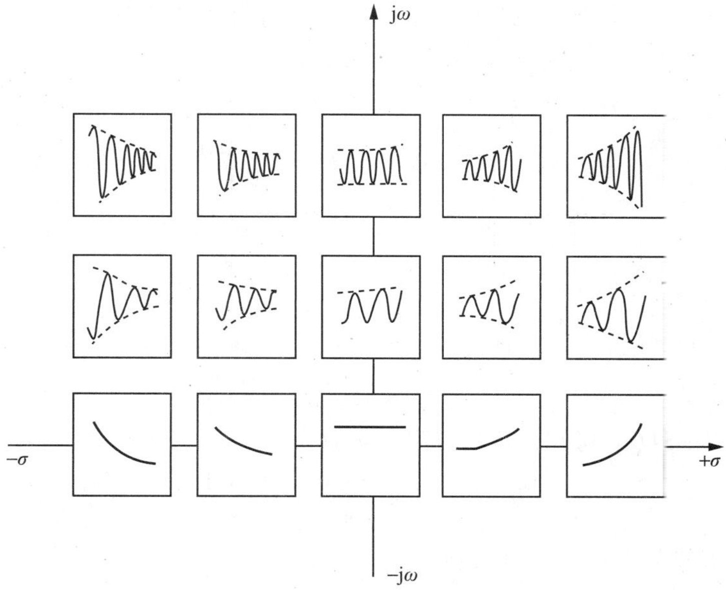

图 4－2－30

4－23　求图 4－2－31 所示各网络的策动点阻抗函数，在 s 平面示出其零、极点分布。若激励电压为冲激函数 $\delta(t)$，求其响应电流的波形。

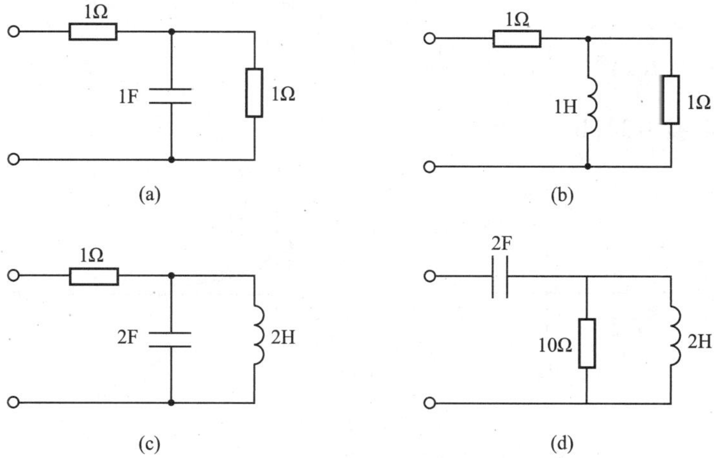

图 4－2－31

解：根据电路图可写出相应的网络策动点阻抗函数 $H(s)=\dfrac{V(s)}{I(s)}$，并画出零极点分布。

(1)由图 4－2－31(a)可知，策动点阻抗函数为

$$H(s)=1+\frac{\frac{1}{s}}{1+\frac{1}{s}}=\frac{s+2}{s+1}$$

其零极点分布如图4-2-32(a_1)所示。

当激励电压为$\delta(t)$时，$V(s)=1$，则

$$I(s)=\frac{V(s)}{Z(s)}=\frac{1}{H(s)}=\frac{s+1}{s+2}=1-\frac{1}{s+2}$$

所以 $$i(t)=\mathscr{L}^{-1}[I(s)]=\delta(t)-e^{-2t}u(t)$$

其波形如图4-2-32(a_2)所示。

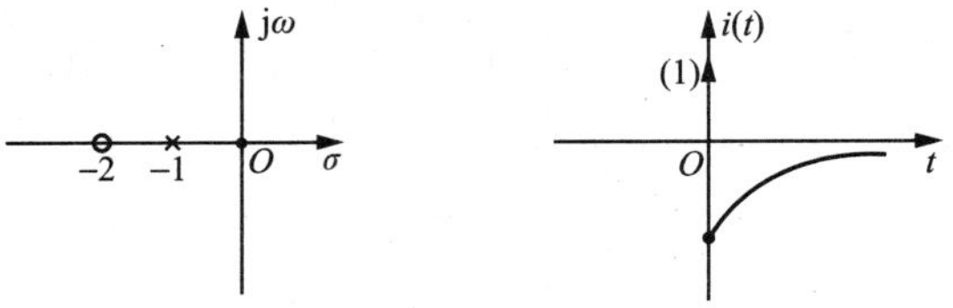

(a_1) (a_2)

图4-2-32

(2)由图4-2-31(b)可知，策动点阻抗函数为

$$H(s)=1+\frac{s\cdot 1}{s+1}=\frac{2s+1}{s+1}$$

其零极点分布如图4-2-32(b_1)所示。

当激励为$\delta(t)$时，$V(s)=1$，则

$$I(s)=\frac{V(s)}{Z(s)}=\frac{1}{H(s)}=\frac{s+1}{2s+1}=\frac{1}{2}+\frac{\frac{1}{4}}{s+\frac{1}{2}}$$

所以$i(t)=\mathscr{L}^{-1}[I(s)]=\frac{1}{2}\delta(t)+\frac{1}{4}e^{-\frac{1}{2}t}u(t)$

其波形如图4-2-32(b_2)所示。

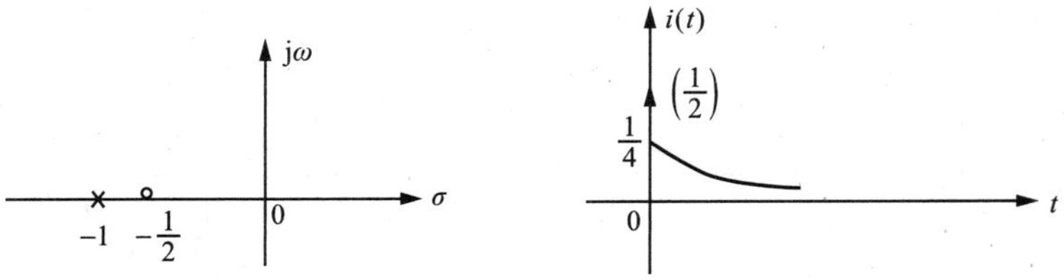

(b_1) (b_2)

图4-2-32

(3)由图4-2-31(c)可知，策动点阻抗函数为

$$H(s)=1+\frac{2s\cdot\frac{1}{2s}}{2s+\frac{1}{2s}}=1+\frac{2s}{4s^2+1}=\frac{4s^2+2s+1}{4s^2+1}$$

其零极点分布如图4-2-32(c_1)所示。

当激励为$\delta(t)$时，$V(s)=1$，则

$$I(s)=\frac{V(s)}{Z(s)}=\frac{1}{H(s)}=\frac{4s^2+1}{4s^2+2s+1}=\frac{s^2+\frac{1}{4}}{s^2+\frac{1}{2}s+\frac{1}{4}}$$

$$=1-\frac{\frac{1}{2}\left(s+\frac{1}{4}\right)}{\left(s+\frac{1}{4}\right)^2+\left(\frac{\sqrt{3}}{4}\right)^2}+\frac{1}{2\sqrt{3}}\frac{\frac{\sqrt{3}}{4}}{\left(s+\frac{1}{4}\right)^2+\left(\frac{\sqrt{3}}{4}\right)^2}$$

所以

$$i(t)=\mathscr{L}^{-1}[I(s)]=\delta(t)-\frac{1}{2}\cos\left(\frac{\sqrt{3}}{4}t\right)e^{-\frac{1}{4}t}u(t)+\frac{\sqrt{3}}{6}\sin\left(\frac{\sqrt{3}}{4}t\right)e^{-\frac{t}{4}}u(t)$$

$$=\delta(t)+\frac{\sqrt{3}}{3}\sin\left(\frac{\sqrt{3}}{4}t-\frac{\pi}{3}\right)e^{-\frac{t}{4}}u(t)$$

其波形如图 4-2-32(c_2)所示。

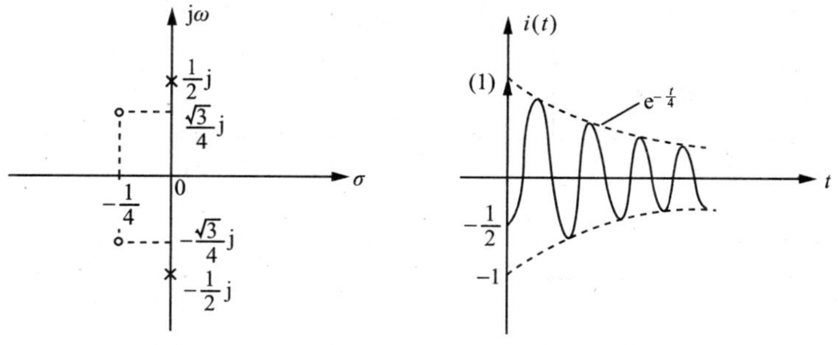

(c_1) (c_2)

图 4-2-32

(4)由图 4-2-31(d)可知，策动点阻抗函数为

$$H(s)=\frac{1}{2s}+\frac{2s\cdot10}{2s+10}=\frac{2s+10+2s\cdot20s}{2s(2s+10)}=\frac{10s^2+\frac{1}{2}s+\frac{5}{2}}{s(s+5)}$$

其零极点分布如图 4-2-32(d_1)所示。

当激励为 $\delta(t)$ 时，$V(s)=1$，则

$$I(s)=\frac{V(s)}{Z(s)}=\frac{1}{H(s)}=\frac{s(s+5)}{10s^2+\frac{1}{2}s+\frac{5}{2}}$$

$$=\frac{1}{10}\left[1+\frac{99}{20}\cdot\frac{s+\frac{1}{40}}{\left(s+\frac{1}{40}\right)^2+\left(\frac{\sqrt{399}}{40}\right)^2}-\frac{299}{20\sqrt{399}}\cdot\frac{\frac{\sqrt{399}}{40}}{\left(s+\frac{1}{40}\right)^2+\left(\frac{\sqrt{399}}{40}\right)^2}\right]$$

所以

$$i(t)=\mathscr{L}^{-1}[I(s)]$$

$$=\frac{1}{10}\left\{\delta(t)+\left[\frac{99}{20}\cos\left(\frac{\sqrt{399}}{40}t\right)-\frac{299}{20\sqrt{399}}\sin\left(\frac{\sqrt{399}}{40}t\right)\right]e^{-\frac{1}{40}t}u(t)\right\}$$

其波形如图 4-2-32(d_2)所示。

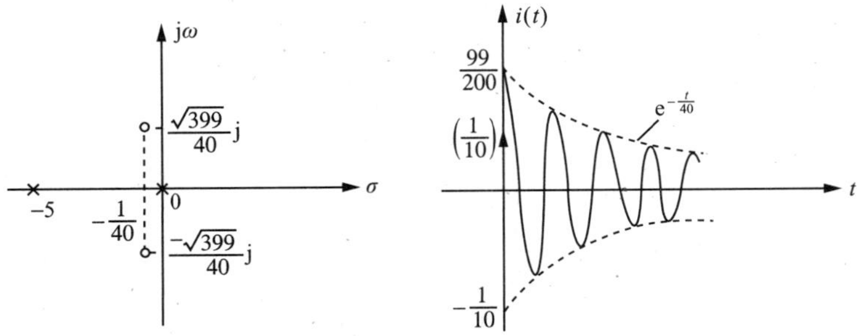

(d₁)　　(d₂)

图 4 -2 -32

4 -24　求图 4 -2 -33 所示各网络的电压转移函数 $H(s)=\frac{V_2(s)}{V_1(s)}$，在 s 平面示出其零、极点分布，若激励信号 $v_1(t)$ 为冲激函数 $\delta(t)$，求响应 $v_2(t)$ 的波形。

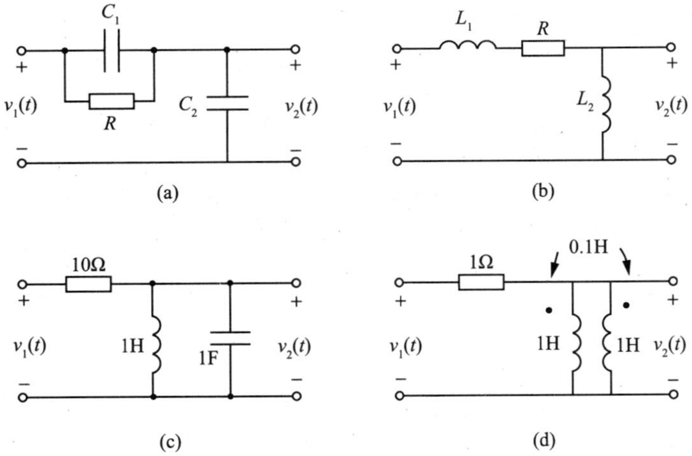

图 4 -2 -33

解：(1) 由图 4 -2 -33(a) 可知，电压转移函数为

$$H(s)=\frac{V_2(s)}{V_1(s)}=\frac{\frac{1}{sC_2}}{\frac{1}{sC_2}+\frac{\frac{1}{sC_1}\cdot R}{\frac{1}{sC_1}+R}}=\frac{C_1}{C_1+C_2}\cdot\frac{s+\frac{1}{RC_1}}{s+\frac{1}{R(C_1+C_2)}}$$

其零极点分布如图 4 -2 -34(a_1) 所示。

当激励为 $\delta(t)$ 时，$V_1(s)=1$，则

$$V_2(s)=H(s)\cdot 1=\frac{C_1}{C_1+C_2}\left[1+\frac{C_2}{RC_1(C_1+C_2)}\cdot\frac{1}{s+\frac{1}{R(C_1+C_2)}}\right]$$

所以 $v_2(t)=\mathscr{L}^{-1}[V_2(s)]=\frac{C_1}{C_1+C_2}\left[\delta(t)+\frac{C_2}{RC_1(C_1+C_2)}e^{-\frac{t}{R(C_1+C_2)}}u(t)\right]$

其波形如图 4 -2 -34(a_2) 所示。

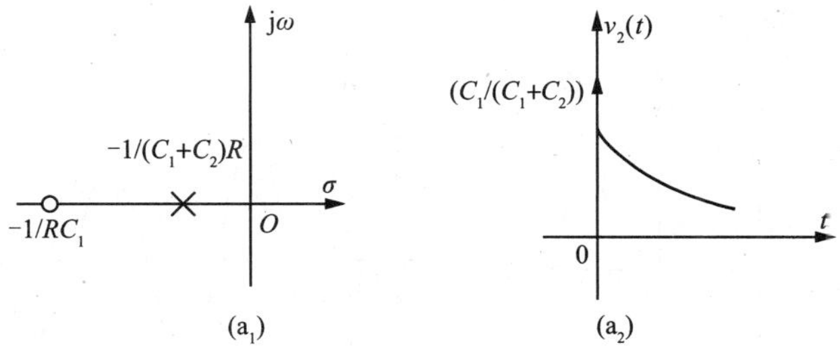

(a_1) (a_2)

图 4 -2 -34

(2)由图 4 -2 -33(b)可知，电压转移函数为

$$H(s)=\frac{V_2(s)}{V_1(s)}=\frac{sL_2}{R+sL_1+sL_2}=\frac{L_2}{L_1+L_2}\cdot\frac{s}{s+\dfrac{R}{L_1+L_2}}$$

其零极点分布如图 4 -2 -34(b_1)所示。

当激励为 $\delta(t)$ 时，$V_1(s)=1$，则

$$V_2(s)=V_1(s)H(s)$$

$$=H(s)=\frac{L_2}{L_1+L_2}\cdot\frac{s}{s+\dfrac{R}{L_1+L_2}}=\frac{L_2}{L_1+L_2}\left[1-\frac{R}{L_1+L_2}\cdot\frac{1}{s-\dfrac{R}{L_1+L_2}}\right]$$

所以 $v_2(t)=\mathscr{L}^{-1}[V_2(s)]=\dfrac{L_2}{L_1+L_2}\left[\delta(t)-\dfrac{R}{L_1+L_2}e^{-\frac{R}{L_1+L_2}t}u(t)\right]$

其波形如图 4 -2 -34(b_2)所示。

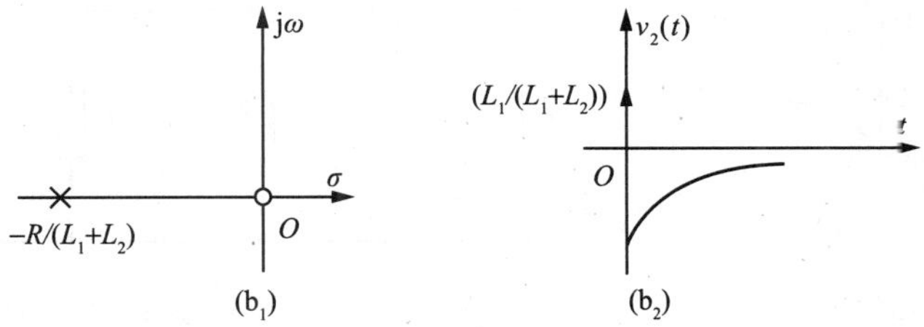

(b_1) (b_2)

图 4 -2 -34

(3)由图 4 -2 -33(c)可知，电压转移函数为

$$H(s)=\frac{1}{s+\dfrac{1}{s}}\cdot\frac{1}{10+\dfrac{1}{s+\dfrac{1}{s}}}=\frac{s}{10s^2+s+10}$$

$$=\frac{1}{10}\left[\frac{s+\dfrac{1}{20}}{\left(s+\dfrac{1}{20}\right)^2+\left(\dfrac{\sqrt{399}}{20}\right)^2}-\frac{1}{\sqrt{399}}\cdot\frac{\dfrac{\sqrt{399}}{20}}{\left(s+\dfrac{1}{20}\right)^2+\left(\dfrac{\sqrt{399}}{20}\right)^2}\right]$$

其零极点分布如图 4 -2 -34(c_1)所示。

当激励为 $\delta(t)$ 时，$V_1(s)=1$，则

$$V_2(s)=H(s)\cdot V_1(s)=H(s)$$

所以 $v_2(t)=\dfrac{1}{10}e^{-\frac{1}{20}t}\left[\cos\left(\dfrac{\sqrt{399}}{20}t\right)-\dfrac{1}{\sqrt{399}}\sin\left(\dfrac{\sqrt{399}}{20}t\right)\right]\cdot u(t)$。

其波形如图 4－2－34(c_2)所示。

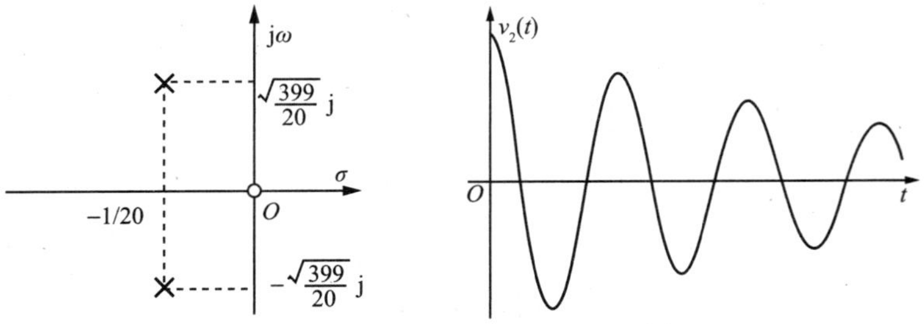

(c_1) (c_2)

图 4－2－34

(4)由图 4－2－33(d)可知，电压转移函数为

$$H(s)=\frac{V_2(s)}{V_1(s)}=\frac{0.1s}{s+1}=\frac{1}{10}\left(1-\frac{1}{s+1}\right)$$

其零极点分布如图 4－2－34(d_1)所示。

当激励为 $\delta(t)$ 时，$V_1(s)=1$，则

$$V_2(s)=H(s)=\frac{1}{10}\left(1-\frac{1}{s+1}\right)$$

所以 $v_2(t)=\frac{1}{10}[\delta(t)-e^{-t}u(t)]$。

其波形如图 4－2－34(d_2)所示。

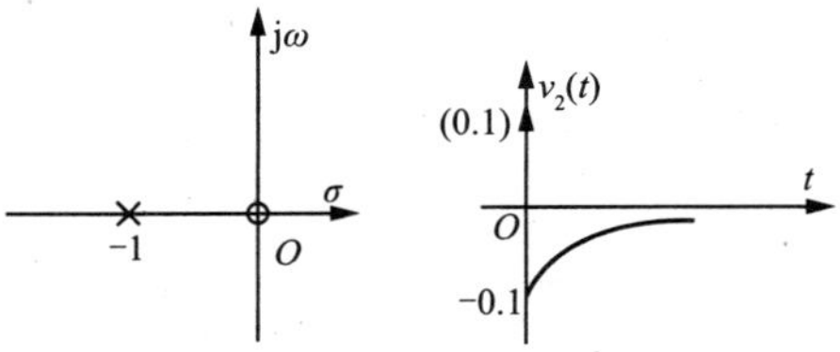

(d_1) (d_2)

图 4－2－34

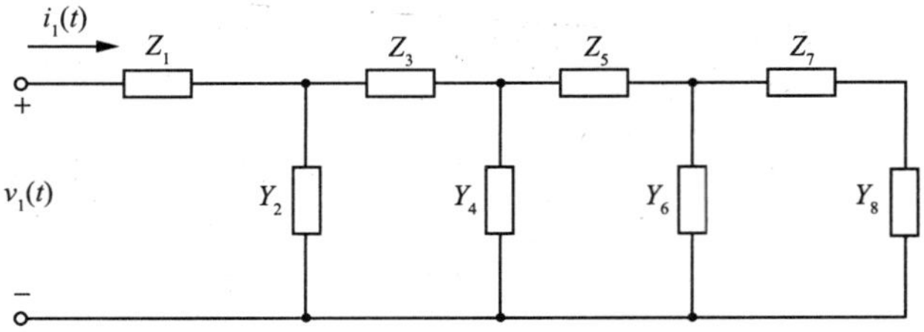

图 4－2－35

4－25　写出图 4－2－35 所示梯形网络的策动点阻抗函数 $Z(s)=\frac{V_1(s)}{I_1(s)}$，图中串臂(横接)的符号 Z 表示其阻抗，并臂(纵接)的符号 Y 表示其导纳。

解：由图 4－2－35 可得策动点阻抗函数

$$Z(s)=\frac{V_1(s)}{I_1(s)}=Z_1+\cfrac{1}{Y_2+\cfrac{1}{Z_3+\cfrac{1}{Y_4+\cfrac{1}{Z_5+\cfrac{1}{Y_6+\cfrac{1}{Z_7+\cfrac{1}{Y_8}}}}}}}$$

4－26　写出图 4－2－36 所示各梯形网络的电压转移函数 $H(s)=\frac{V_2(s)}{V_1(s)}$，在 s 平面示出其零、极点分布。

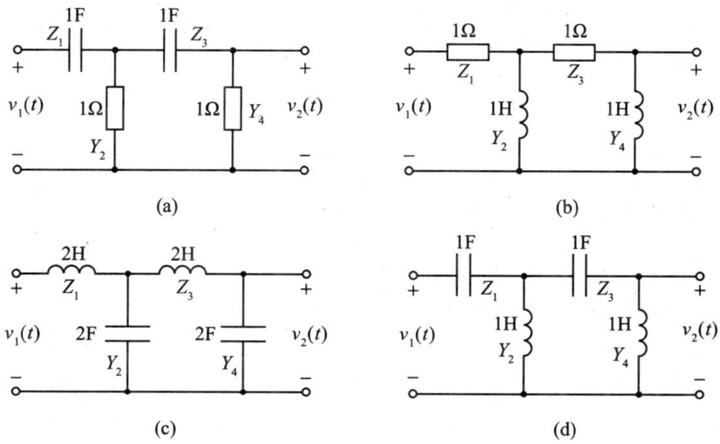

图 4－2－36

解：（1）由图 4－2－36（a）可得电压转移函数

$$H(s)=\frac{V_2(s)}{V_1(s)}=\frac{\frac{1}{s}+1}{\frac{1}{s}+2}\cdot\frac{1}{\frac{\frac{1}{s}+1}{\frac{1}{s}+2}+\frac{1}{s}}\cdot\frac{1}{\frac{1}{s}+1}=\frac{s^2}{s^2+3s+1}$$

其零极点分布如图 4－2－37（a）所示。

（2）由图 4－2－36（b）可得电压转移函数

$$H(s)=\frac{V_2(s)}{V_1(s)}=\frac{(s+1)s}{s+1+s}\cdot\frac{1}{\frac{(s+1)s}{s+1+s}+1}\cdot\frac{s}{s+1}=\frac{s^2}{s^2+3s+1}$$

其零极点分布如图 4－2－37（b）所示。

（3）由图 4－2－36（c）可得电压转移函数

$$H(s)=\frac{V_2(s)}{V_1(s)}=\frac{\left(\frac{1}{2s}+2s\right)\cdot\frac{1}{2s}}{\frac{1}{2s}+2s+\frac{1}{2s}}\cdot\frac{1}{\frac{\left(\frac{1}{2s}+2s\right)\cdot\frac{1}{2s}}{\frac{1}{2s}+2s+\frac{1}{2s}}+2s}\cdot\frac{\frac{1}{2s}}{\frac{1}{2s}+2s}$$

$$=\frac{1}{16s^4+12s^2+1}$$

$$=\frac{1}{16}\cdot\frac{1}{\left(s^2+\frac{3}{8}\right)^2-\frac{5}{64}}$$

其零极点分布如图 4－2－37（c）所示。

（4）由图 4－2－36（d）可得电压转移函数

$$H(s)=\frac{V_2(s)}{V_1(s)}=\frac{\left(\frac{1}{s}+s\right)\cdot s}{\frac{1}{s}+s+s}\cdot\frac{1}{\frac{\left(\frac{1}{s}+s\right)\cdot s}{\frac{1}{s}+s+s}+\frac{1}{s}}\cdot\frac{s}{\frac{1}{s}+s}$$

$$=\frac{s^3}{s^4+3s^2+1}=\frac{s^4}{\left(s^2+\frac{3}{2}\right)^2-\frac{5}{4}}$$

其零极点分布如图 4－2－37(d)所示。

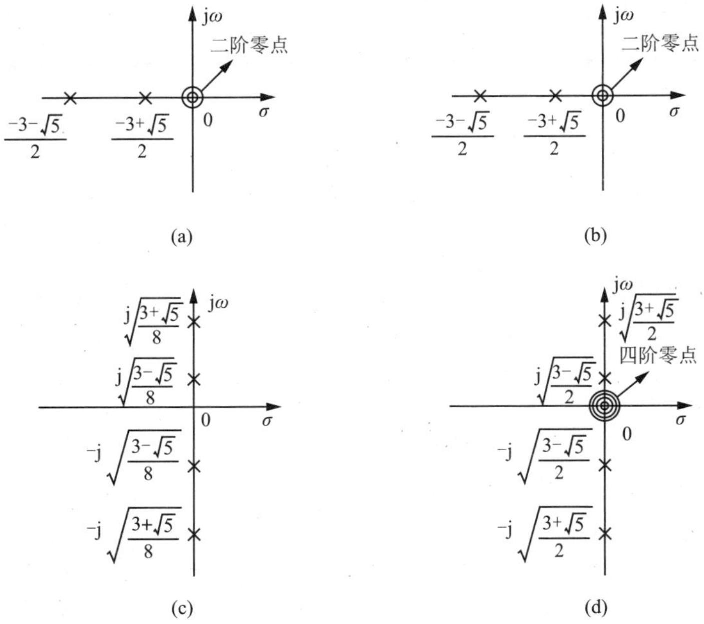

图 4－2－37

4－27　已知激励信号为 $e(t)=e^{-t}$，零状态响应为 $r(t)=\frac{1}{2}e^{-t}-e^{-2t}+2e^{3t}$，求此系统的冲激响应 $h(t)$。

解：根据题意可知

$$E(s)=\mathscr{L}[e(t)]=\mathscr{L}[e^{-t}]=\frac{1}{s+1}$$

$$R_{zs}(s)=\mathscr{L}[r(t)]=\frac{1}{2(s+1)}-\frac{1}{s+2}+\frac{2}{s-3}$$

由 $R_{zs}(s)=E(s)\cdot H(s)$ 可得

$$H(s)=\frac{R_{zs}(s)}{E(s)}=\frac{1}{2}-\frac{s+1}{s+2}+\frac{2(s+1)}{s-3}$$

$$=\frac{3}{2}+\frac{1}{s+2}+\frac{8}{s-3}$$

故 $h(t)=\frac{3}{2}\delta(t)+(e^{-2t}+8e^{3t})u(t)$。

4－28　已知系统阶跃响应为 $g(t)=1-e^{-2t}$，为使其响应为 $r(t)=1-e^{-2t}-te^{-2t}$，求激

励信号 $e(t)$。

解：根据题意可知，阶跃响应

$$g(t)=(1-e^{-2t})\cdot u(t)$$

系统的冲激响应

$$h(t)=\frac{dg(t)}{dt}=(1-e^{-2t})\delta(t)+2e^{-2t}u(t)=2e^{-2t}u(t)$$

故系统函数 $H(s)=\mathscr{L}[h(t)]=\frac{2}{s+2}$。

又已知 $r(t)=1-e^{-2t}-te^{-2t}$，则

$$R_{zs}(s)=\mathscr{L}[r(t)]=\frac{1}{s}-\frac{1}{s+2}-\frac{1}{(s+2)^2}$$

$$故\ E(s)=\frac{R_{zs}(s)}{H(s)}=\frac{\frac{1}{s}-\frac{1}{s+2}-\frac{1}{(s+2)^2}}{\frac{2}{s+2}}=\frac{1}{s}-\frac{1/2}{s+2}$$

从而激励信号 $e(t)=\left(1-\frac{1}{2}e^{-2t}\right)\cdot u(t)$。

4－29　图 4－2－38 所示网络中，$L=2H$，$C=0.1F$，$R=10\ \Omega$。

(1) 写出电压转移函数 $H(s)=\frac{V_2(s)}{E(s)}$；(2) 画出 s 平面零、极点分布；(3) 求冲激响应、阶跃响应。

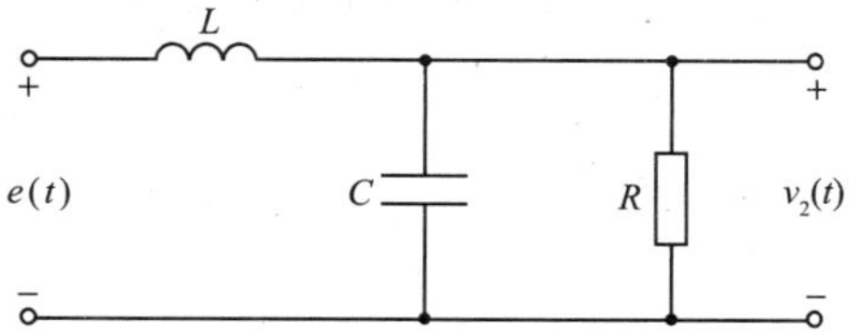

图 4－2－38

解：(1) 由图 4－2－38 可直接写出电压转移函数

$$H(s)=\frac{V_2(s)}{E(s)}=\frac{R\cdot\frac{1}{sC}}{R+\frac{1}{sC}}\cdot\frac{1}{\frac{R\cdot\frac{1}{sC}}{R+\frac{1}{sC}}+sL}=\frac{5}{s^2+s+5}$$

(2) s 平面零极点分布如图 4－2－39 所示。

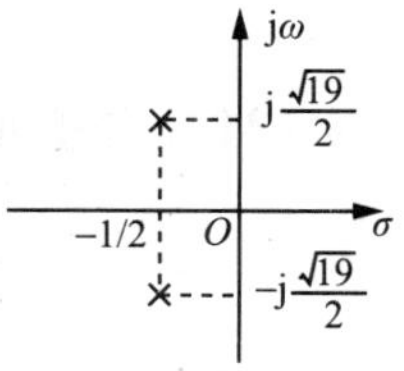

图 4－2－39

(3) 由 (1) 的结论可知

$$H(s)=\frac{5}{s^2+s+5}=\frac{10}{\sqrt{19}}\cdot\frac{\frac{\sqrt{19}}{2}}{\left(s+\frac{1}{2}\right)^2+\left(\frac{\sqrt{19}}{2}\right)^2}$$

取拉式逆变换，则冲激响应为

$$h(t)=\frac{10}{\sqrt{19}}e^{-\frac{t}{2}}\sin\left(\frac{\sqrt{19}}{2}t\right)u(t)$$

又 $G(s)=\frac{1}{s}\cdot H(s)$，则

$$G(s)=\frac{1}{s}\cdot\frac{5}{s^2+s+5}=\frac{1}{s}-\frac{s+\frac{1}{2}}{\left(s+\frac{1}{2}\right)^2+\left(\frac{\sqrt{19}}{2}\right)^2}-\frac{1}{\sqrt{19}}\cdot\frac{\frac{\sqrt{19}}{2}}{\left(s+\frac{1}{2}\right)^2+\left(\frac{\sqrt{19}}{2}\right)^2}$$

故阶跃响应为

$$g(t)=\left\{1-e^{-\frac{t}{2}}\left[\cos\left(\frac{\sqrt{19}}{2}t\right)+\frac{1}{\sqrt{19}}\sin\left(\frac{\sqrt{19}}{2}t\right)\right]\right\}u(t)$$

4－30　若在图 4－2－40 电路中，接入 $e(t)=40(\sin t)u(t)$，求 $v_2(t)$，指出其中的自由响应与强迫响应。

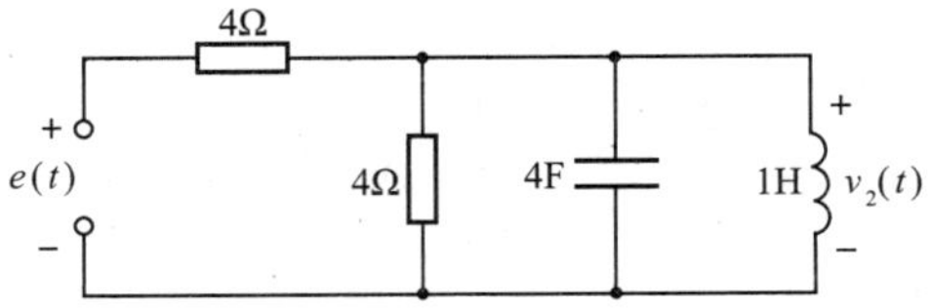

图 4－2－40

解：由图 4－2－40 可知

$$V_2(s)=E(s)\cdot\frac{\frac{1}{1/4+4s+1/s}}{4+\frac{1}{1/4+4s+1/s}}=E(s)\frac{s}{16s^2+2s+4}$$

又 $e(t)=40\sin t\cdot u(t)$，则 $E(s)=\frac{40}{s^2+1}$

所以

$$V_2(s)=\frac{40}{s^2+1}\cdot\frac{s}{16s^2+2s+4}$$

$$=\frac{20}{37}\cdot\frac{1}{s^2+1}-\frac{120}{37}\cdot\frac{s}{s^2+1}+\frac{120}{37}\cdot\frac{s+\frac{1}{16}}{\left(s+\frac{1}{16}\right)^2+\left(\frac{\sqrt{63}}{16}\right)^2}-\frac{200}{37\sqrt{63}}\cdot\frac{\frac{\sqrt{63}}{16}}{\left(s+\frac{1}{16}\right)^2+\left(\frac{\sqrt{63}}{16}\right)^2}$$

因此 $v_2(t)=\mathscr{L}^{-1}[V_2(s)]$

$$=\underbrace{e^{-\frac{t}{16}}\left[\frac{120}{37}\cos\left(\frac{\sqrt{63}}{16}t\right)-\frac{200}{37\sqrt{63}}\sin\left(\frac{\sqrt{63}}{16}t\right)\right]u(t)}_{\text{自由响应}}+\underbrace{\left(\frac{20}{37}\sin t-\frac{120}{37}\cos t\right)u(t)}_{\text{强迫响应}}$$

4－31　如图 4－2－41 所示电路

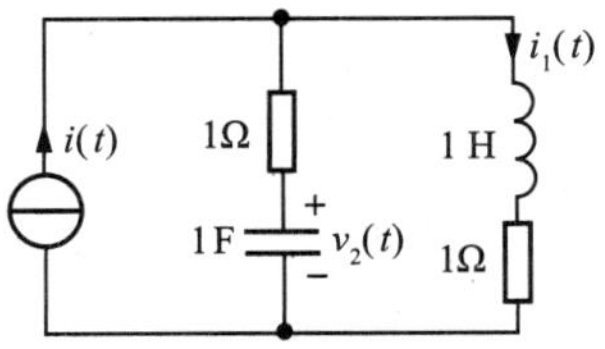

图 4－2－41

(1) 若初始无储能，信号源为 $i(t)$，为求 $i_1(t)$（零状态响应），列写转移函数 $H(s)$；

(2)若初始状态以 $i_1(0)$，$v_2(0)$ 表示(都不等于零)，但 $i(t)=0$(开路)，求 $i_1(t)$(零输入响应)。

解：(1)由图 4－2－41 可得系统的转移函数

$$H(s)=\frac{(s+1)\left(1+\frac{1}{s}\right)}{s+1+1+\frac{1}{s}}\cdot\frac{1}{s+1}=\frac{1}{s+1}$$

(2)当 $i(t)=0$(开路)时，列写微分方程组得

$$\begin{cases}\frac{\mathrm{d}v_2(t)}{\mathrm{d}t}=-i_1(t)\\ v_2(t)=\frac{\mathrm{d}i_1(t)}{\mathrm{d}t}+2i_1(t)\end{cases}$$

对方程组两边取拉氏变换，得

$$\begin{cases}sV_2(s)-v_2(0)=-I_1(s)\\ V_2(s)=sI_1(s)-i_1(0)+2I_1(s)\end{cases}$$

消去 $V_2(s)$，得

$$I_1(s)=\frac{v_2(0)+si_1(0)}{(s+1)^2}=\frac{v_2(0)}{(s+1)^2}+i_1(0)\left[\frac{1}{s+1}-\frac{1}{(s+1)^2}\right]$$

则 $i_1(t)=\mathscr{L}^{-1}[I_1(s)]=[v_2(0)-i_1(0)]t\mathrm{e}^{-t}u(t)+i_1(0)\mathrm{e}^{-t}u(t)$。

4－32　如图 4－2－42 所示电路：

(1)写出电压转移函数 $H(s)=\frac{V_o(s)}{E(s)}$；

(2)若激励信号 $e(t)=\cos(2t)\cdot u(t)$，为使响应中不存在正弦稳态分量，求 LC 约束；

(3)若 $R=1\ \Omega$，$L=1$ H，按第(2)问条件，求 $v_o(t)$。

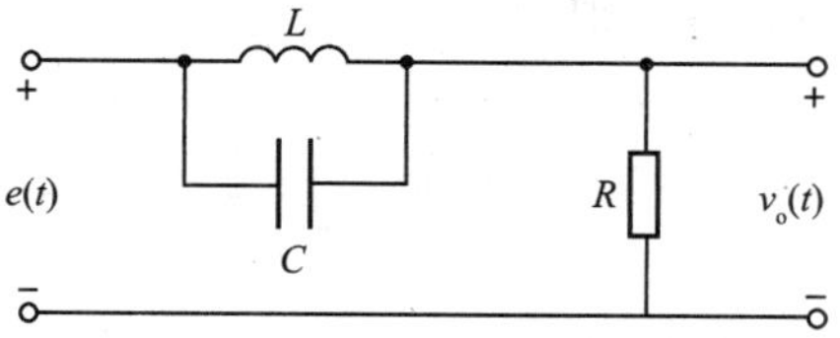

图 4－2－42

解：(1)由图 4－2－42 可直接写出电压转移函数

$$H(s)=\frac{V_o(s)}{E(s)}=\frac{R}{R+\frac{sL\cdot\frac{1}{sC}}{sL+\frac{1}{sC}}}=\frac{s^2+\frac{1}{LC}}{s^2+\frac{1}{RC}s+\frac{1}{LC}}$$

(2)由 $e(t)=\cos(2t)u(t)$，得 $E(s)=\frac{s}{s^2+4}$

则 $V_o(s)=E(s)\cdot H(s)=\dfrac{s\left(s^2+\frac{1}{LC}\right)}{\left(s^2+\frac{1}{RC}s+\frac{1}{LC}\right)(s^2+4)}$　①

要使响应中不存在正弦稳态分量，则分母中不能有(s^2+4)项，则必须满足$s^2+\frac{1}{LC}=s^2+4$，即$LC=\frac{1}{4}$

(3)已知$R=1\ \Omega$，$L=1\ \text{H}$，且$LC=\frac{1}{4}$，则$C=\frac{1}{4}$

代入式①得

$$V_o(s)=\frac{s}{s^2+4s+4}=\frac{1}{s+2}-\frac{2}{(s+2)^2}$$

故$v_o(t)=\mathscr{L}^{-1}[V_o(s)]=(1-2t)\mathrm{e}^{-2t}u(t)$。

4－33　图4－2－43所示电路，若激励信号$e(t)=(3\mathrm{e}^{-2t}+2\mathrm{e}^{-3t})u(t)$，求响应$v_2(t)$并指出响应中的强迫分量、自由分量、瞬态分量与稳态分量。

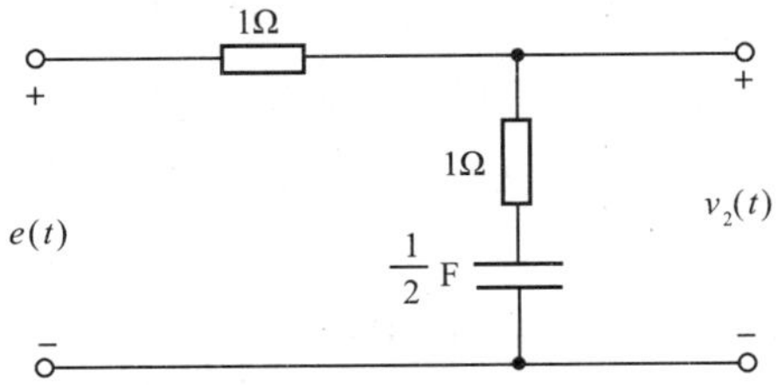

图4－2－43

解：由图4－2－43可直接得到电压转移函数

$$H(s)=\frac{V_2(s)}{E(s)}=\frac{1+\frac{2}{s}}{1+1+\frac{2}{s}}=\frac{s+2}{2s+2}$$

已知$e(t)=(3\mathrm{e}^{-2t}+2\mathrm{e}^{-3t})u(t)$，则

$$E(s)=\mathscr{L}[e(t)]=\frac{3}{s+2}+\frac{2}{s+3}$$

故$V_2(s)=H(s)E(s)=\frac{s+2}{2s+2}\left(\frac{3}{s+2}+\frac{2}{s+3}\right)=\frac{2}{s+1}+\frac{\frac{1}{2}}{s+3}$

则$v_2(t)=\mathscr{L}^{-1}[V_2(s)]=2\mathrm{e}^{-t}u(t)+\frac{1}{2}\mathrm{e}^{-3t}u(t)$。

强迫响应分量：$\frac{1}{2}\mathrm{e}^{-3t}u(t)$

自由响应分量：$2\mathrm{e}^{-t}u(t)$

瞬态响应分量：$(2\mathrm{e}^{-t}+\frac{1}{2}e^{-3t})u(t)$

稳态响应分量：0。

4－34　若激励信号$e(t)$为如图4－2－44(a)所示周期矩形脉冲，$e(t)$施加于图4－2－44(b)所示电路，研究响应$v_o(t)$之特点。已求得$v_o(t)$由瞬态响应$v_{ot}(t)$和稳态响应$v_{os}(t)$两部分组成，其表达式分别为：

$$v_{ot}(t) = -\frac{E(1-e^{-\alpha\tau})}{1-e^{\alpha T}} \cdot e^{-\alpha t}$$

$$v_{os}(t) = \sum_{n=0}^{\infty} v_{os1}(t-nT)\{u(t-nT)-u[t-(n+1)T]\}$$

其中 $v_{os1}(t)$ 为 $v_{os}(t)$ 第一周期的信号

$$v_{os1}(t) = E\left[1-\frac{1-e^{-\alpha(T-\tau)}}{1-e^{-\alpha T}}e^{-\alpha t}\right]u(t) - E[1-e^{-\alpha(t-\tau)}]u(t-\tau)$$

(1) 画出 $v_o(t)$ 波形，从物理概念讨论波形特点；

(2) 试用拉氏变换方法求出上述结果；

(3) 系统函数极点分布和激励信号极点分布对响应结果特点有何影响。

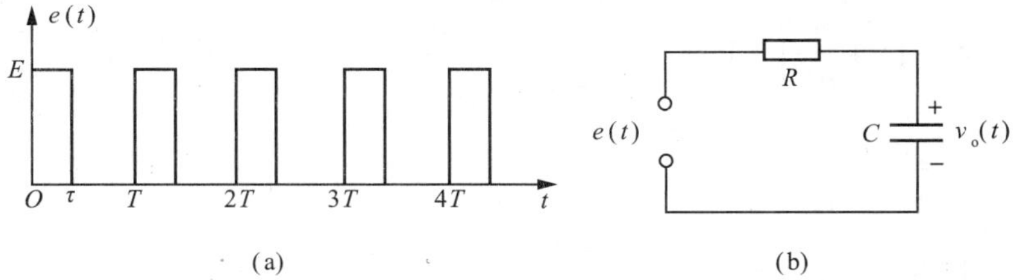

图 4-2-44

解： (1) 图 4-2-44(b) 是一个简单的电容充、放电电路，时间常数 $M=RC$，当 $RC \ll \tau$ 时，$v_o(t)$ 的波形如图 4-2-45(a) 所示；当 $RC \gg \tau$ 时，$v_o(t)$ 的波形如图 4-2-45(b) 所示。

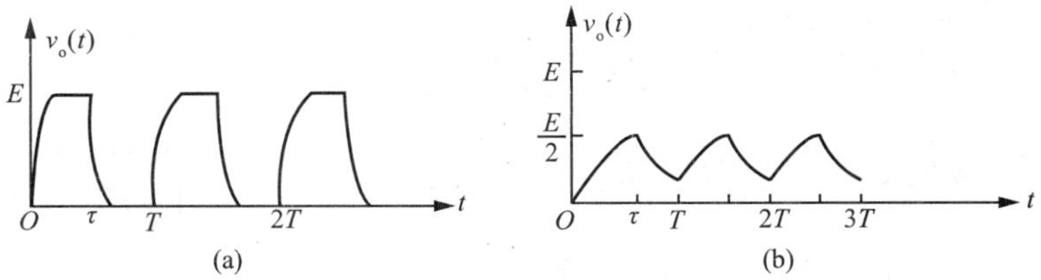

图 4-2-45

从物理概念上讲，$v_o(t)$ 波形显示了一个电容充、放电的过程，在 $(nT, nT+\tau)$ 时间为电容的充电过程；在 $(nT+\tau, (n+1)T)$ 时间为电容的放电过程，时间常数 RC 越小，充、放电速度越快；时间常数 RC 越大，充、放电速度越慢。

(2) 根据图 4-2-44(b) 直接写出系统函数

$$H(s) = \frac{V_o(s)}{E(s)} = \frac{\frac{1}{sC}}{R+\frac{1}{sC}} = \frac{\frac{1}{RC}}{s+\frac{1}{RC}}$$

又 $e(t)$ 是周期脉冲信号，可得

$$E(s) = \frac{E(1-e^{-s\tau})}{s} \cdot \frac{1}{1-e^{-sT}}$$

所以全响应的拉氏变换

$$V_o(s) = H(s)E(s) = \frac{E\frac{1}{RC}(1-e^{-s\tau})}{s\left(s+\frac{1}{RC}\right)} \cdot \frac{1}{1-e^{-sT}}$$

可知 $v_o(t)$ 是周期信号，周期为 T，其第一周期内信号

$$v_{o1}(t)=\mathscr{L}^{-1}\left[\frac{\frac{E}{RC}(1-e^{-s\tau})}{s\left(s+\frac{1}{RC}\right)}\right]=\mathscr{L}^{-1}\left[(1-e^{-s\tau})\cdot\left(\frac{E}{s}-\frac{E}{s+\frac{1}{RC}}\right)\right]$$

$$=E[1-e^{-\frac{t}{RC}}]u(t)-E[1-e^{-\frac{1}{RC}(t-\tau)}]u(t-\tau)$$

故 $v_o(t)=v_{o1}(t)*\sum_{n=0}^{\infty}\delta(t-nT)=\sum_{n=0}^{\infty}v_{o1}(t-nT)$

瞬态响应 $v_{ot}(t)$ 完全由 $H(s)$ 的极点决定，设 $V_{ot}(s)=\dfrac{A}{s+\frac{1}{RC}}$，则

$$A=\left(s+\frac{1}{RC}\right)\cdot V_o(s)\Big|_{s=-\frac{1}{RC}}=\frac{E\cdot\frac{1}{RC}(1-e^{-s\tau})}{s}\cdot\frac{1}{1-e^{-sT}}\Big|_{s=-\frac{1}{RC}}$$

$$=-\frac{E(1-e^{\frac{\tau}{RC}})}{1-e^{\frac{T}{RC}}}$$

令 $\alpha=\dfrac{1}{RC}$，则瞬态响应为

$$v_{ot}(t)=-E\cdot\frac{1-e^{\alpha\tau}}{1-e^{\alpha T}}e^{-\alpha t}u(t)$$

第一周期内的稳态响应 $v_{os1}(t)$ 为

$$v_{os1}(t)=v_{o1}(t)-v_{ot}(t)\qquad\left(\alpha=\frac{1}{RC}\right)$$

$$=E[1-e^{-\alpha t}]u(t)-E[1-e^{-\alpha(t-\tau)}]u(t-\tau)+\frac{E(1-e^{\alpha\tau})}{1-e^{\alpha T}}\cdot e^{-\alpha t}u(t)$$

$$=E\left[1+\left(\frac{1-e^{\alpha\tau}}{1-e^{\alpha T}}-1\right)e^{-\alpha t}\right]u(t)-E[1-e^{-\alpha(t-\tau)}]u(t-\tau)$$

$$=E\left[1+\frac{e^{\alpha T}-e^{\alpha\tau}}{1-e^{\alpha T}}\cdot e^{-\alpha t}\right]u(t)-E[1-e^{-\alpha(t-\tau)}]u(t-\tau)$$

$$=E\left[1+\frac{1-e^{\alpha(\tau-T)}}{e^{-\alpha T}-1}e^{-\alpha t}\right]u(t)-E[1-e^{-\alpha(t-\tau)}]u(t-\tau)$$

$$=E\left[1-\frac{1-e^{-\alpha(T-\tau)}}{1-e^{-\alpha T}}e^{-\alpha t}\right]u(t)-E[1-e^{-\alpha(t-\tau)}]u(t-\tau)$$

即稳态响应

$$v_{os}(t)=v_{os1}(t)[u(t)-u(t-T)]*\sum_{n=0}^{\infty}\delta(t-nT)$$

$$=\sum_{n=0}^{\infty}v_{os1}(t-nT)\{u(t-nT)-u[t-(n+1)T]\}$$

(3) 系统函数的极点分布于 s 左半平面，它直接决定了响应中的瞬态部分；激励信号的所有极点均分布于 $j\omega$ 轴上，它决定着响应中的稳态部分。

4-35　已知网络函数的零、极点分布如图 4-2-46 所示，此外 $H(\infty)=5$，写出网络函数表示式 $H(s)$。

解：由图 4-2-46 可令

$$H(s)=K\frac{s(s+2-\mathrm{j})(s+2+\mathrm{j})}{(s+3)(s+1-\mathrm{j}3)(s+1+\mathrm{j}3)}$$

$$=K\frac{s(s^2+4s+5)}{(s+3)(s^2+2s+10)}(K\text{为系数})$$

因 $H(\infty)=5$，即 $\lim\limits_{s\to\infty}H(s)=K=5$

故 $H(s)=\dfrac{5s(s^2+4s+5)}{(s+3)(s^2+2s+10)}=\dfrac{5(s^3+4s^2+5s)}{s^3+5s^2+16s+30}$

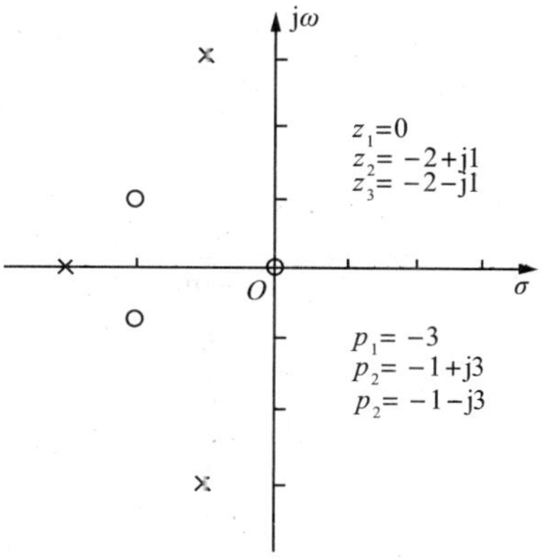

图 4-2-46

4-36　已知网络函数 $H(s)$ 的极点位于 $s=-3$ 处，零点在 $s=-a$，且 $H(\infty)=1$。此网络的阶跃响应中，包含一项为 $K_1\mathrm{e}^{-3t}$。若 a 从 0 变到 5，讨论相应的 K_1 如何随之改变。

解：根据题意可设 $H(s)=K\dfrac{s+a}{s+3}$

由 $H(\infty)=1$，得 $K=1$，则

$$H(s)=\frac{s+a}{s+3}$$

又阶跃响应

$$G(s)=\frac{1}{s}H(s)=\frac{s+a}{s(s+3)}=\frac{a}{3}\cdot\frac{1}{s}-\frac{a-3}{3}\cdot\frac{1}{s+3}$$

故 $g(t)=\mathscr{L}^{-1}[G(s)]=\left(\dfrac{a}{3}-\dfrac{a-3}{3}\mathrm{e}^{-3t}\right)u(t)$。

由题意可知，阶跃响应中包含一项 $K_1\mathrm{e}^{-3t}$，则

$$K_1=-\frac{a-3}{3}$$

因此，当 a 从 0 变到 5 时，K_1 从 1 变到 $-\dfrac{2}{3}$。

4-37　已知图 4-2-47(a) 所示网络的入端阻抗 $Z(s)$ 表示式为

$$Z(s)=\frac{K(s-z_1)}{(s-p_1)(s-p_2)}$$

(1) 写出以元件参数 R，L，C 表示的零、极点 z_1，p_1，p_2 的位置。

(2) 若 $Z(s)$ 零、极点分布如图 4-2-47(b)，且 $Z(\mathrm{j}0)=1$，求 R，L，C 值。

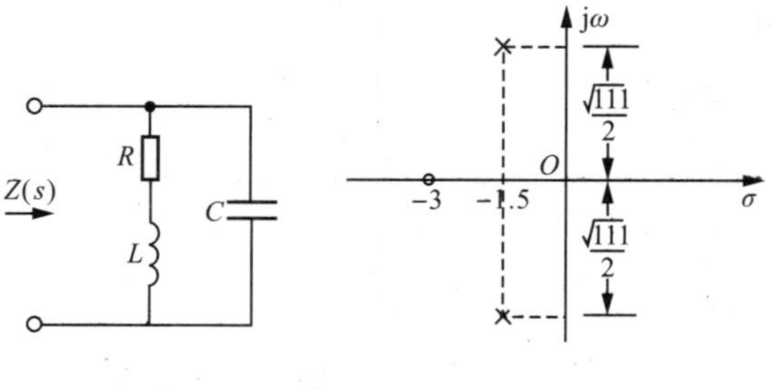

(a)　　(b)

图 4-2-47

解：(1) 由图 4-2-47(a) 可得输入端阻抗

$$Z(s)=\frac{(R+sL)\cdot\frac{1}{sC}}{R+sL+\frac{1}{sC}}=\frac{\frac{1}{C}\left(s+\frac{R}{L}\right)}{s^2+\frac{R}{L}s+\frac{1}{LC}}$$

对比 $Z(s)=\frac{K(s-z_1)}{(s-p_1)(s-p_2)}$知

$$z_1=-\frac{R}{L}$$

$$p_1=\frac{-\frac{R}{L}+\mathrm{j}\sqrt{\frac{4}{LC}-\frac{R^2}{L^2}}}{2}=-\frac{R}{2L}+\mathrm{j}\sqrt{\frac{1}{LC}-\frac{R^2}{4L^2}}$$

$$p_2=p_1^*=-\frac{R}{2L}-\mathrm{j}\sqrt{\frac{1}{LC}-\frac{R^2}{4L^2}}$$

(2)由图 4-2-47(b)有

$$z_1=-3, p_1=-\frac{3}{2}+\frac{\sqrt{111}}{2}\mathrm{j}, p_2=-\frac{3}{2}-\frac{\sqrt{111}}{2}\mathrm{j}$$

即

$$\begin{cases}\frac{R}{L}=3\\ \sqrt{\frac{1}{LC}-\frac{R^2}{4L^2}}=\frac{\sqrt{111}}{2}\end{cases}$$

又 $Z(\mathrm{j}0)=\frac{K(-z_1)}{p_1\cdot p_2}=1=\frac{\frac{R}{LC}}{\frac{1}{LC}}=R$

故 $R=1\Omega$，$L=\frac{1}{3}\mathrm{H}$，$C=\frac{1}{10}\mathrm{F}$。

4-38　给定 $H(s)$ 的零、极点分布如图 4-2-48 所示，令 s 沿 $\mathrm{j}\omega$ 轴移动，由矢量因子的变化分析频响特性，粗略绘出幅频与相频曲线。

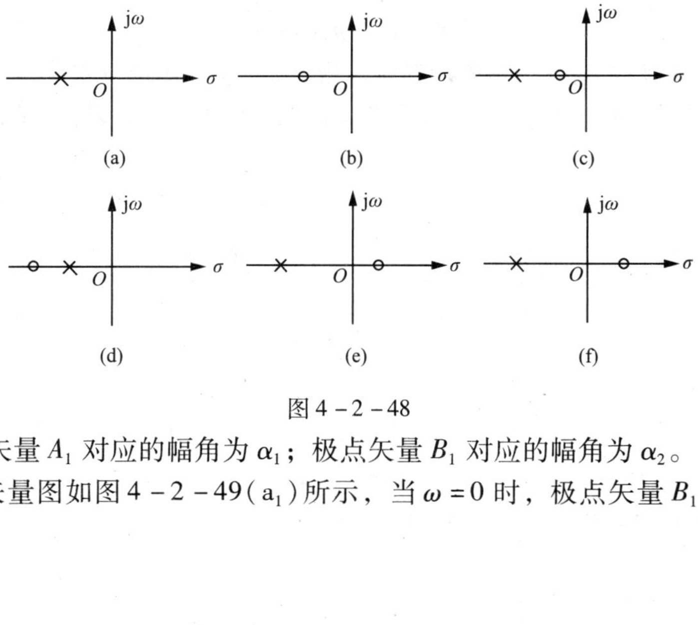

图 4-2-48

解： 设零点矢量 A_1 对应的幅角为 α_1；极点矢量 B_1 对应的幅角为 α_2。

(1)零极点矢量图如图 4-2-49(a_1)所示，当 $\omega=0$ 时，极点矢量 B_1 的长度最短，幅

角$\alpha_2=0$；当$\omega\nearrow$时，有$B_1\nearrow$，$\alpha_2\nearrow$；当$\omega\to\infty$时，$B_1\to\infty$，$\alpha_2\to\frac{\pi}{2}$，幅频、相频特性如图4－2－49(a_2)、(a_3)所示。

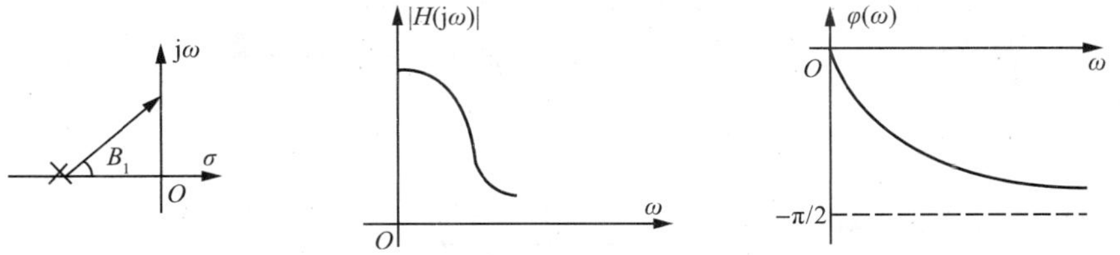

(a_1)　　(a_2)　　(a_3)

图4－2－49

(2)零极点矢量图如图4－2－49(b_1)所示，当$\omega=0$时，A_1最短，幅角$\alpha_1=0$；当$\omega\nearrow$时，有$A_1\nearrow$，$\alpha_1\nearrow$；当$\omega\to\infty$时，$A_1\to\infty$，$\alpha_1\to\frac{\pi}{2}$，幅频、相频特性如图4－2－49(b_2)、(b_3)所示。

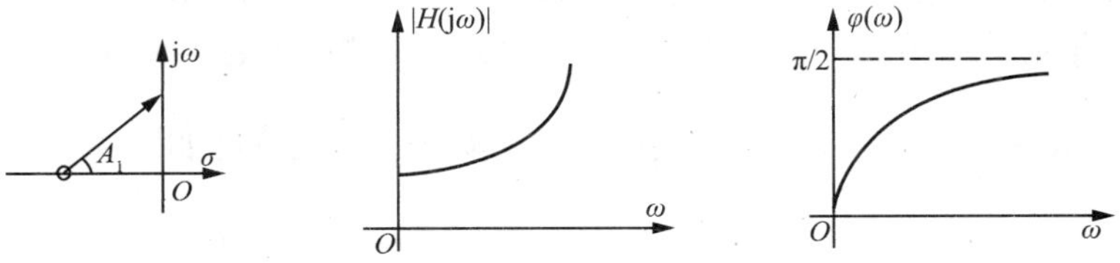

(b_1)　　(b_2)　　(b_3)

图4－2－49

(3)零极点矢量图如图4－2－49(c_1)所示，当$\omega=0$时，A_1、B_1均最短，幅角$\alpha_1=\alpha_2=0$；当$\omega\nearrow$时，有$A_1\nearrow$，$B_1\nearrow$，且有$B_1>A_1$，$\alpha_1\nearrow$，$\alpha_2\nearrow$，且有$\alpha_1>\alpha_2$；当$\omega\to\infty$时，$A_1\to\infty$，$B_1\to\infty$，$\frac{A_1}{B_1}\to1$，$\alpha_1\to\frac{\pi}{2}$，$\alpha_2\to\frac{\pi}{2}$，$\alpha_1-\alpha_2$先增大后趋于0。幅频、相频特性如图4－2－49(c_2)、(c_3)所示。

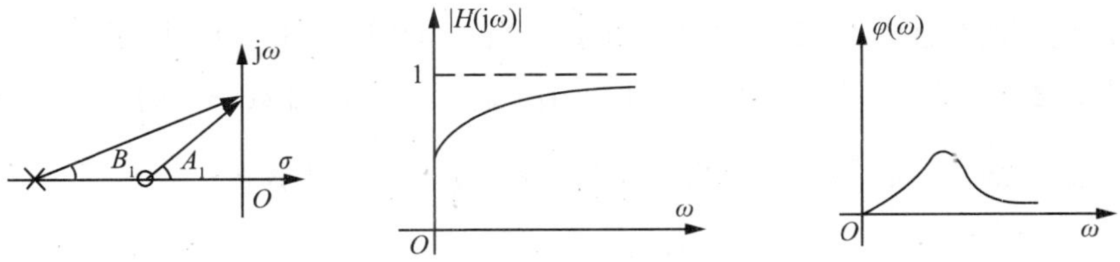

(c_1)　　(c_2)　　(c_3)

图4－2－49

(4)零极点矢量图如图4－2－49(d_1)所示，当$\omega=0$时，A_1、B_1均最短，$\alpha_1=\alpha_2=0$；当$\omega\nearrow$时，有$A_1\nearrow$，$B_1\nearrow$，且有$B_1<A_1$，$\alpha_1\nearrow$，$\alpha_2\nearrow$，且有$\alpha_1<\alpha_2$；当$\omega\to\infty$时，$A_1\to\infty$，$B_1\to\infty$，$\frac{A_1}{B_1}\to1$，$\alpha_1\to\frac{\pi}{2}$，$\alpha_2\to\frac{\pi}{2}$，$\alpha_1-\alpha_2$先减小后趋于0，幅频、相频特性如图4－2－49(d_2)、(d_3)所示。

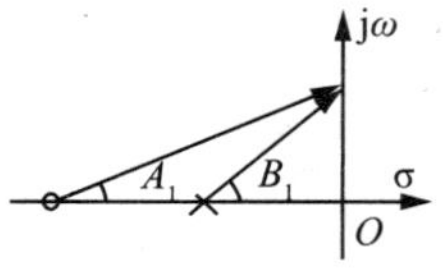

(d₁)

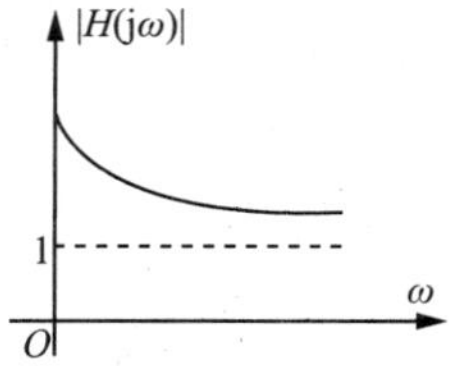

(d₂)

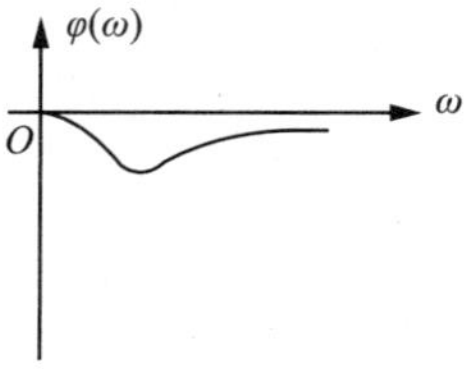

(d₃)

图 4-2-49

(5)零极点矢量图如图 4-2-49(e_1)所示，当 $\omega=0$ 时，A_1、B_1 均最小，$\alpha_1=\pi$，$\alpha_2=0$；当 $\omega\nearrow$ 时，有 $A_1\nearrow$，$B_1\nearrow$ 且有 $B_1>A_1$，$\alpha_1\searrow$，$\alpha_2\nearrow$；当 $\omega\to\infty$ 时，$A_1\to\infty$，$B_1\to\infty$，$\dfrac{A_1}{B_1}\to 1$，$\alpha_1\to\dfrac{\pi}{2}$，$\alpha_2\to\dfrac{\pi}{2}$，$\alpha_1-\alpha_2$ 从 π 趋向于 0。幅频、相频特性如图 4-2-49(e_2)、(e_3)所示。

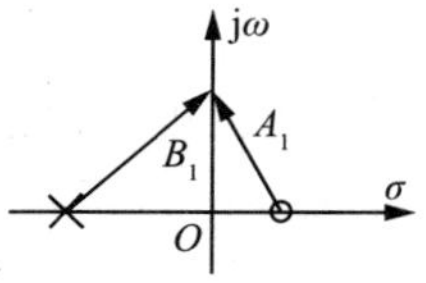

(e₁)

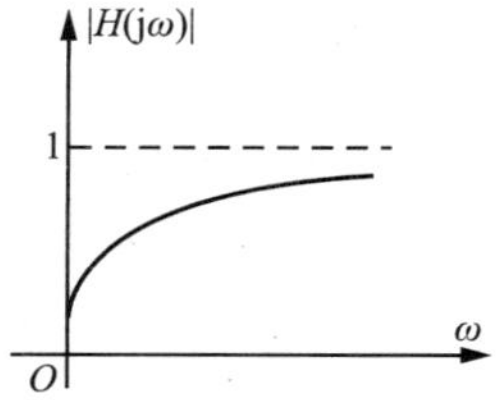

(e₂)

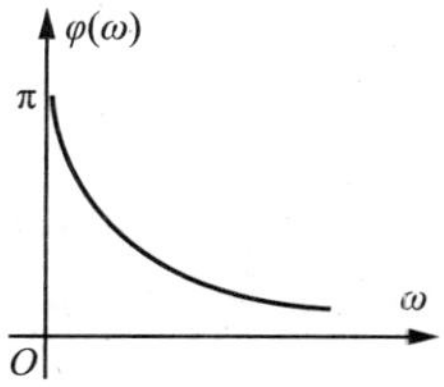

(e₃)

图 4-2-49

(6)零极点矢量图如图 4-2-49(f_1)所示，当 $\omega=0$ 时，A_1、B_1 均最小，$\alpha_1=\pi$，$\alpha_2=0$；当 $\omega\nearrow$ 时，有 $A_1\nearrow$，$B_1\nearrow$ 且有 $B_1>A_1$，$\alpha_1\searrow$，$\alpha_2\nearrow$；当 $\omega\to\infty$ 时，$A_1\to\infty$，$B_1\to\infty$，$\alpha_1\to\dfrac{\pi}{2}$，$\alpha_2\to\dfrac{\pi}{2}$，幅频、相频特性如图 4-2-49($f_2$)、($f_3$)所示。

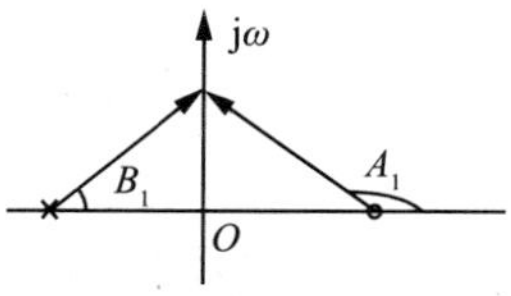

(f₁)

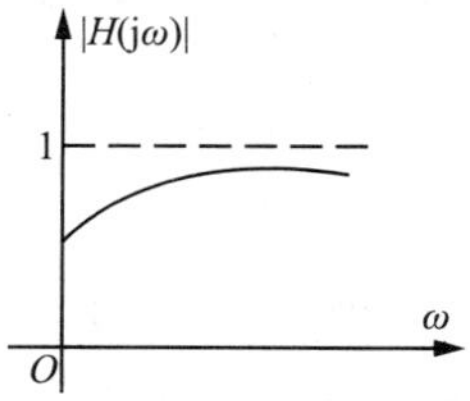

(f₂)

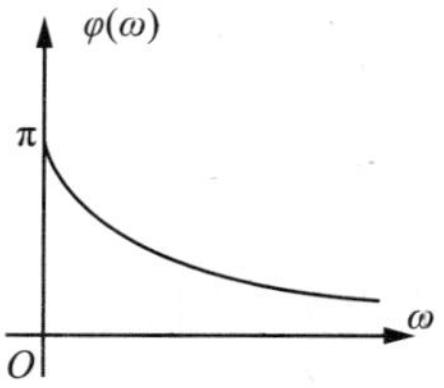

(f₃)

图 4-2-49

4-39　若 $H(s)$ 零、极点分布如图 4-2-50 所示，试讨论它们分别是哪种滤波网络（低通、高通、带通、带阻）。

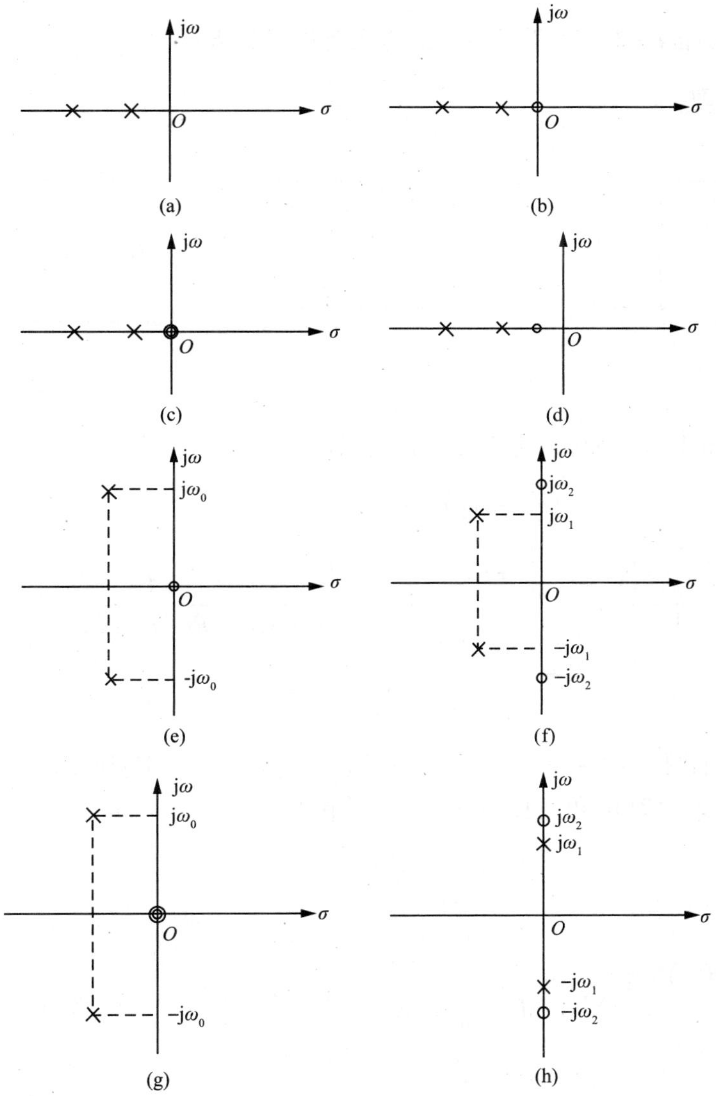

图 4 - 2 - 50

解：由 s 平面几何分析法可得对应于图 4 - 2 - 50(a) ~ (h)的网络幅频响应曲线大致如图 4 - 2 - 51(a) ~ (h)所示。

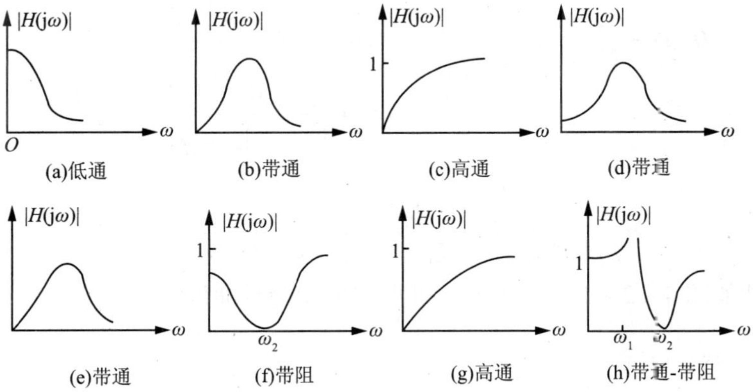

图 4 - 2 - 51

4-40 写出图 4-2-52 所示网络的电压转移函数 $H(s)=\dfrac{V_2(s)}{V_1(s)}$，讨论其幅频响应特性可能为何种类型。

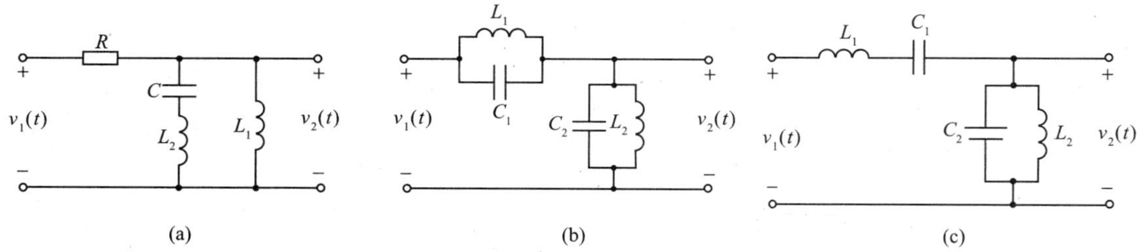

图 4-2-52

解：(1)由图 4-2-52(a)可直接得到电压转移函数

$$H(s)=\frac{V_2(s)}{V_1(s)}=\frac{\dfrac{(\frac{1}{sC}+sL_2)\cdot sL_1}{\frac{1}{sC}+sL_2+sL_1}}{R+\dfrac{(\frac{1}{sC}+sL_2)\cdot sL_1}{\frac{1}{sC}+sL_2+sL_1}}=\frac{L_1L_2Cs^3+L_1s}{L_1L_2Cs^3+RC(L_1+L_2)s^2+L_1s+R}$$

其幅频特性如图 4-2-53(a)所示，可见它可能为带通-带阻网络。

(2)由图 4-2-52(b)可直接得到电压转移函数

$$H(s)=\frac{V_2(s)}{V_1(s)}=\frac{\dfrac{sL_2\cdot\frac{1}{sC_2}}{sL_2+\frac{1}{sC_2}}}{\dfrac{sL_1\cdot\frac{1}{sC_1}}{sL_1+\frac{1}{sC_1}}+\dfrac{sL_2\cdot\frac{1}{sC_2}}{sL_2+\frac{1}{sC_2}}}=\frac{L_1L_2C_1s^2+L_2}{L_1L_2(C_1+C_2)s^2+L_1+L_2}$$

其幅频特性如图 4-2-53(b)所示，可见它可能为带通-带阻网络。

(3)由图 4-2-52(c)可直接得到电压转移函数

$$H(s)=\frac{V_2(s)}{V_1(s)}=\frac{\frac{1}{sC_2}\cdot sL_2}{\frac{1}{sC_2}+sL_2}\cdot\frac{1}{sL_1+\frac{1}{sC_1}+\dfrac{\frac{1}{sC_2}\cdot sL_2}{\frac{1}{sC_2}+sL_2}}$$

$$=\frac{L_2C_1s^2}{L_1L_2C_1C_2s^4+(L_1C_1+L_2C_2+L_2C_1)s^2+1}$$

其幅频特性如图 4-2-53(c)所示，可见它可能为带通网络。

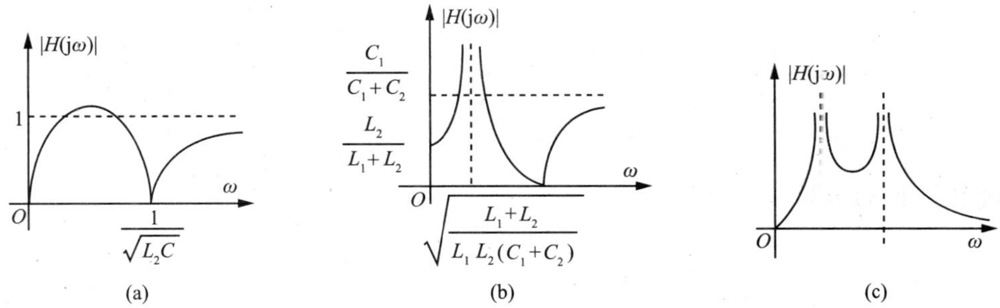

图 4 - 2 - 53

4 - 41　图 4 - 2 - 54 所示格形网络，写出它的电压转移函数 $H(s)=\dfrac{V_2(s)}{V_1(s)}$，画出 s 平面零、极点分布图，讨论它是否为全通网络。

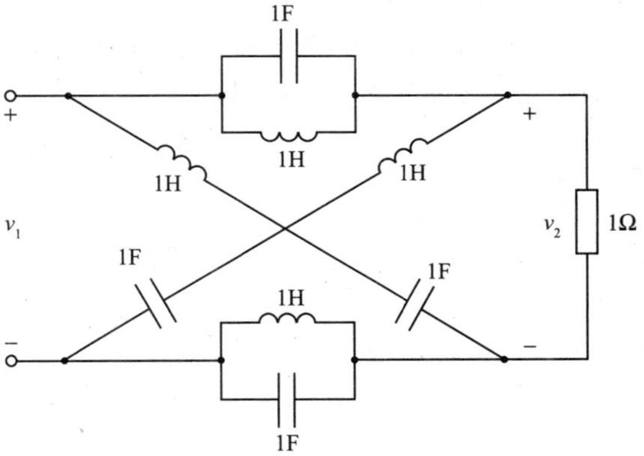

图 4 - 2 - 54

解： 先画出图 4 - 2 - 54 的 s 域电路模型，如图 4 - 2 - 55(a)所示。

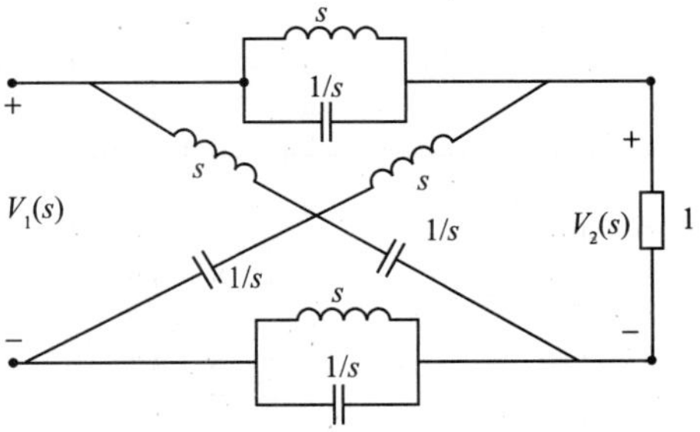

图 4 - 2 - 55(a)

令 $z_1=sL=s$，$z_2=\dfrac{1}{sC}=\dfrac{1}{s}$，则

$$z_1 /\!/ z_2=\frac{z_1z_2}{z_1+z_2}=\frac{s}{s^2+1}$$

对网络模型进行简化，如图 4 - 2 - 55(b)所示。

由戴维南定理，得：

内阻 $Z(s)=2[z_1 /\!/ z_2 /\!/ (z_1+z_2)]=2\left[\left(\dfrac{s}{s^2+1}\right) /\!/ \left(s+\dfrac{1}{s}\right)\right]$

$$=2\cdot\frac{\frac{s}{s^2+1}\cdot\left(s+\frac{1}{s}\right)}{\frac{s}{s^2+1}+s+\frac{1}{s}}=\frac{2s(s^2+1)}{s^4+3s^2+1}$$

等效电源 $V(s)=V_1(s)\cdot\frac{z_1+z_2-z_1/\!/z_2}{z_1+z_2+z_1/\!/z_2}$

$$=V_1(s)\cdot\frac{s+\frac{1}{s}-\frac{s}{s^2+1}}{s+\frac{1}{s}+\frac{s}{s^2+1}}=\frac{s^4+s^2+1}{s^4+3s^2+1}\cdot V_1(s)$$

则 $H(s)=\frac{V_2(s)}{V_1(s)}=\frac{s^4+s^2+1}{s^4+3s^2+1}\cdot\frac{1}{1+\frac{2s(s^2+1)}{s^4+3s^2+1}}=\frac{s^2-s+1}{s^2+s+1}$。

其零极点分布如图 4－2－55(c)所示，由于全通网络特点是极点位于 jω 轴左方，零点位于右方，且零极点关于 jω 轴对称，故此网络为全通网络。

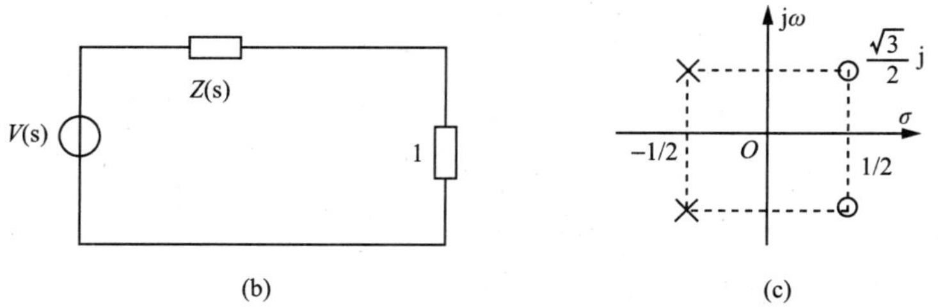

图 4－2－55

4－42　图 4－2－56 所示几幅 s 平面零、极点分布图，分别指出它们是否为最小相移网络函数。如果不是，应由零、极点如何分布的最小相移网络和全通网络来组合。

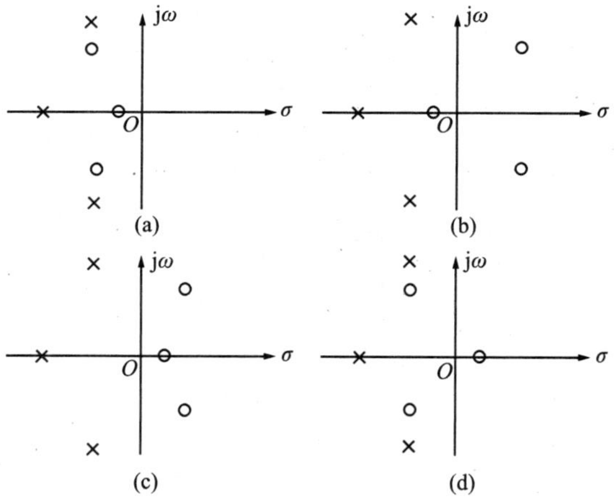

图 4－2－56

解：(1)图 4－2－56(a)所有零点位于左半平面，是最小相移网络；

(2)图 4－2－56(b)为非最小相移网络，可通过最小相移网络图 4－2－57(a_1)与全通网络图 4－2－57(a_2)的级联来实现；

(3)图 4－2－56(c)为非最小相移网络，可通过最小相移网络图 4－2－57(b_1)与全通网络图 4－2－57(b_2)的级联来实现；

(4)图 4－2－56(d)为非最小相移网络，可通过最小相移网络图 4－2－57(c_1)与全通网络图 4－2－57(c_2)的级联来实现。

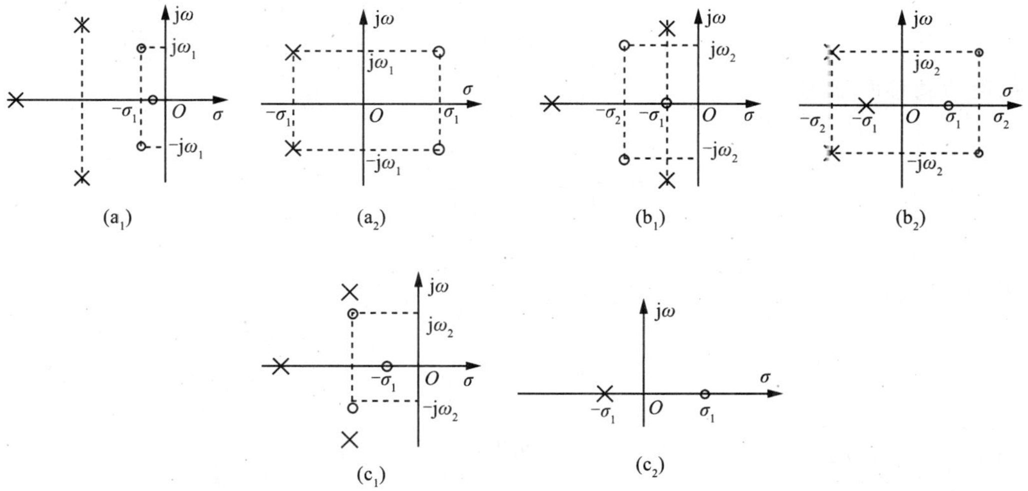

图 4－2－57

4－43　图 4－2－58 所示电路，虚框中是 1∶1∶1 的理想变压器，激励信号为 $v_1(t)$，响应取 $v_2(t)$，写出电压转移函数 $H(s)=\dfrac{V_2(s)}{V_1(s)}$，画出零、极点分布图，指出是否为全通网络。

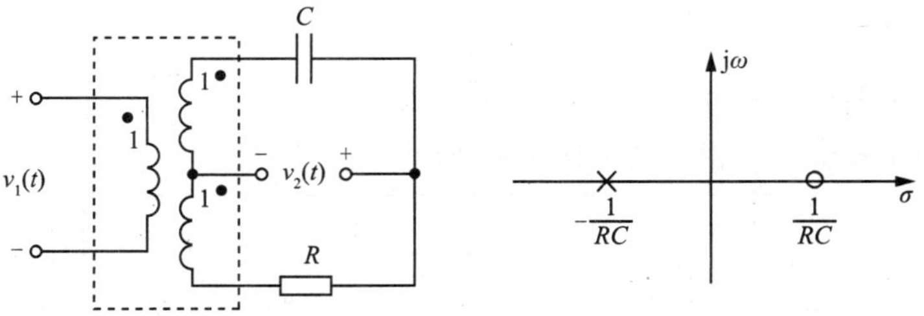

图 4－2－58

解： 由图 4－2－58 可知

$$V_1(s)+V_2(s)=\frac{2V_1(s)}{R+\dfrac{1}{sC}}\cdot R$$

故电压转移函数 $H(s)=\dfrac{V_2(s)}{V_1(s)}=\dfrac{s-\dfrac{1}{RC}}{s+\dfrac{1}{RC}}$

零点 $z=\dfrac{1}{RC}$，极点 $p=-\dfrac{1}{RC}$，其分布互为镜像，故此网络为全通网络。

4－44　图 4－2－59(a)所示格形网络，写出电压转移函数 $H(s)=\dfrac{V_2(s)}{V_1(s)}$。设 $C_1R_1<C_2R_2$，在 s 平面示出 $H(s)$ 零、极点分布，指出是否为全通网络。在网络参数满足什么条件下才能构成全通网络。

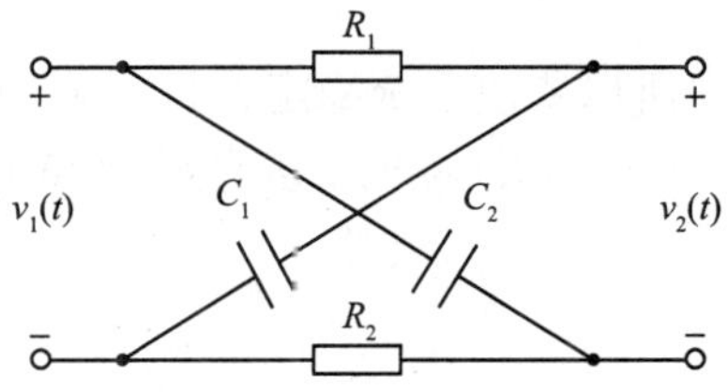

图 4－2－59(a)

解： 由图 4－2－59(a)可得：

$$V_2(s) = V_1(s)\left[\frac{R_1}{R_1+\frac{1}{sC_1}} - \frac{\frac{1}{sC_2}}{R_2+\frac{1}{sC_2}}\right] = V_1(s)\frac{s^2-\frac{1}{R_1R_2C_1C_2}}{\left(s+\frac{1}{R_1C_1}\right)\left(s+\frac{1}{R_2C_2}\right)}$$

故电压转移函数为

$$H(s) = \frac{V_2(s)}{V_1(s)} = \frac{s^2-\frac{1}{R_1R_1C_1C_2}}{\left(s+\frac{1}{R_1C_1}\right)\left(s+\frac{1}{R_2C_2}\right)}$$

其零点 $z_{1,2} = \pm\frac{1}{\sqrt{R_1R_2C_1C_2}}$，极点 $p_1 = -\frac{1}{R_1C_1}$，$p_2 = -\frac{1}{R_2C_2}$

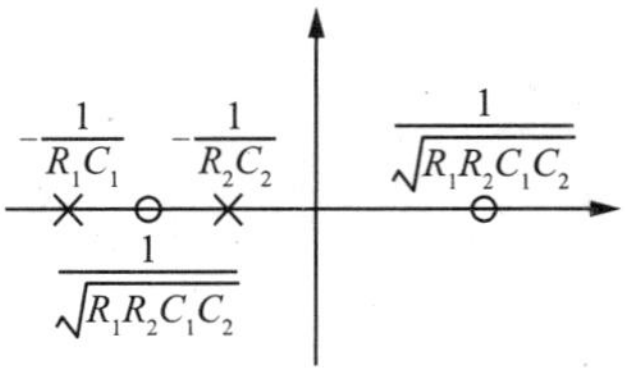

图4-2-59(b)

当$\frac{1}{R_1C_1}\neq\frac{1}{R_2C_2}$时，零极点分布不对称，此网络不是全通网络；

当$\frac{1}{R_1C_1}=\frac{1}{R_2C_2}$时，一对零极点互相抵消，剩下的零极点关于虚轴对称，为全通网络。

4-45　图4-2-60所示反馈系统，回答下列各问：

(1)写出 $H(s)=\frac{V_2(s)}{V_1(s)}$。

(2)K 满足什么条件时系统稳定？

(3)在临界稳定条件下，求系统冲激响应 $h(t)$。

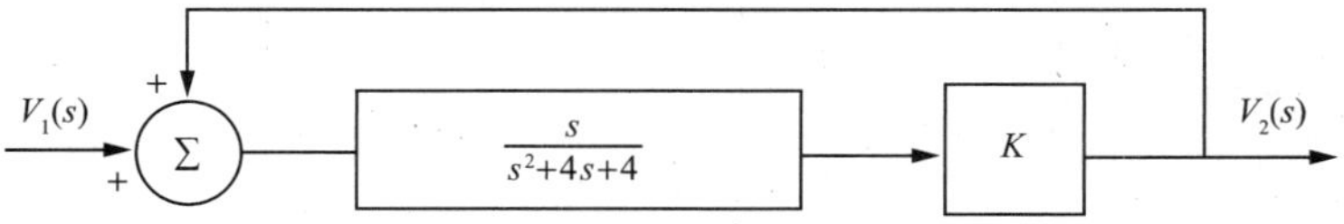

图4-2-60

解：(1)由图4-2-60的反馈系统，得

$$V_2(s) = [V_1(s)+V_2(s)]\frac{Ks}{s^2+4s+4}$$

故 $H(s)=\frac{V_2(s)}{V_1(s)}=\frac{Ks}{s^2+(4-K)s+4}$。

(2)利用罗斯判据，有罗斯阵列

1	4
4-K	0
4	

所以要使系统稳定，只需 $4-K>0$，即 $K<4$。

(3)当 $K=4$ 时，系统临界稳定，则系统函数

$$H(s) = \frac{4s}{s^2+4}$$

冲激响应 $h(t)=\mathscr{L}^{-1}[H(s)]=4\cos(2t)u(t)$。

4－46　图 4－2－61 所示反馈电路，其中 $Kv_2(t)$ 是受控源。

(1) 求电压转移函数 $H(s)=\dfrac{V_o(s)}{V_1(s)}$；

(2) K 满足什么条件时系统稳定？

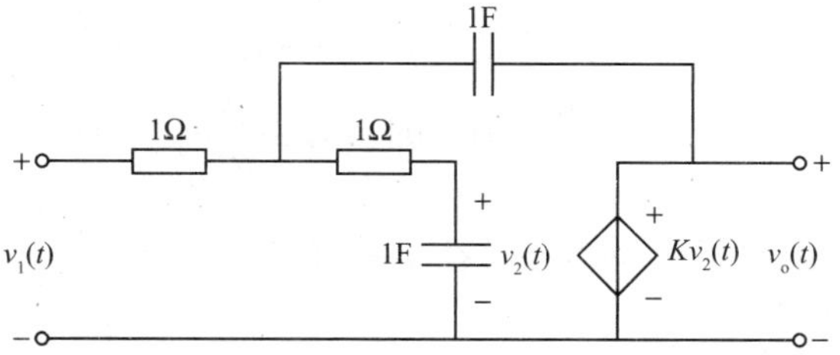

图 4－2－61

解：(1) 由图 4－2－61 可得

$$\begin{cases} V_o(s)=KV_2(s) \\ V_1(s)=\dfrac{V_2(s)+sV_2(s)-V_o(s)}{1/s}+V_2(s)+\dfrac{2V_2(s)}{1/s} \end{cases}$$

消去 $V_2(s)$，有 $V_1(s)=\dfrac{s^2+3s+1-Ks}{K}V_o(s)=\dfrac{s^2+(3-K)s+1}{K}V_o(s)$

故电压转移函数 $H(s)=\dfrac{V_o(s)}{V_1(s)}=\dfrac{K}{s^2+(3-K)s+1}$。

(2) 利用罗斯判据，得罗斯阵列：

1	1
$3-K$	0
1	

要使系统稳定，只需 $3-K>0$，即 $K<3$。

4－47　图 4－2－62 所示反馈系统，其中 $K=\dfrac{\beta Z(s)}{R_i}$。$\beta$，$R_i$ 以及 F 都为常数

$$Z(s)=\frac{s}{C\left(s^2+\dfrac{G}{C}s+\dfrac{1}{LC}\right)}$$

写出系统函数 $H(s)=\dfrac{V_2(s)}{V_1(s)}$，求极点的实部等于零的条件(产生自激振荡)。讨论系统出现稳定、不稳定以及临界稳定的条件，在 s 平面示意绘出这三种情况下极点分布图。

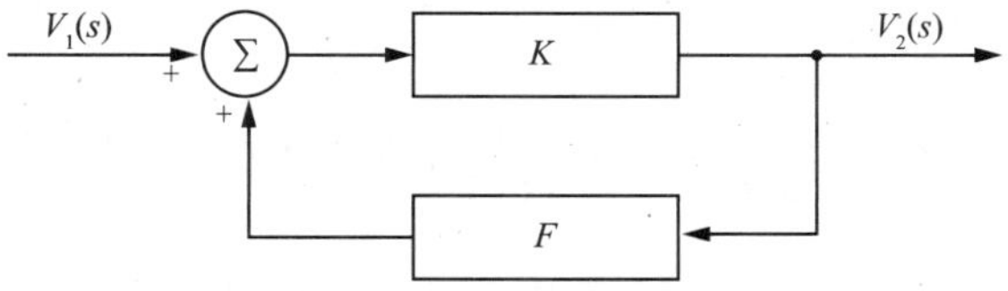

图 4－2－62

解：由图 4－2－62 可得

$$V_2(s)=[V_1(s)+FV_2(s)]\cdot K$$

则 $H(s)=\dfrac{V_2(s)}{V_1(s)}=\dfrac{K}{1-KF}$。

将 $K=\frac{\beta Z(s)}{R_i}$，$Z(s)=\frac{s}{C\left(s^2+\frac{G}{C}s+\frac{1}{LC}\right)}$代入上式，得

$$H(s)=\frac{\beta}{CR_i}\left[\frac{s}{s^2+\left(\frac{G}{C}-\frac{\beta F}{R_iC}\right)s+\frac{1}{LC}}\right]$$

若极点的实部为0，则要求$\frac{G}{C}-\frac{\beta F}{R_iC}=0$，即当 $G=\frac{\beta F}{R_i}$时，系统产生自激振荡。

(1)当系统稳定时，要求极点系统分布在 s 平面左半平面，则$\frac{G}{C}-\frac{\beta F}{R_iC}>0$，即 $G>\frac{\beta F}{R_i}$。

此时极点分布如图 4-2-63(a)所示。

(2)当系统不稳定时，要求$\frac{G}{C}-\frac{\beta F}{R_iC}<0$，即 $G<\frac{\beta F}{R_i}$。

此时极点分布如图 4-2-63(b)所示。

(3)当系统临界稳定时，要求$\frac{G}{C}-\frac{\beta F}{R_iC}=0$，即 $G=\frac{\beta F}{R_i}$。

此时极点分布如图 4-2-63(c)所示。

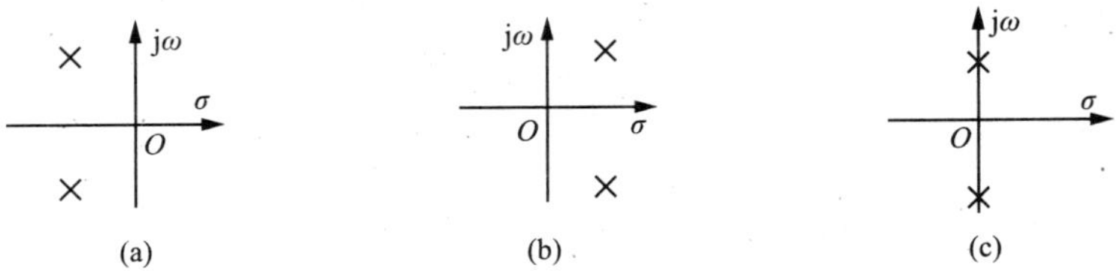

图 4-2-63

4-48　电路如图 4-2-64 所示，为保证稳定工作，求放大器放大系数 A 的变化范围。设放大器输入阻抗为无限大，输出阻抗等于零。

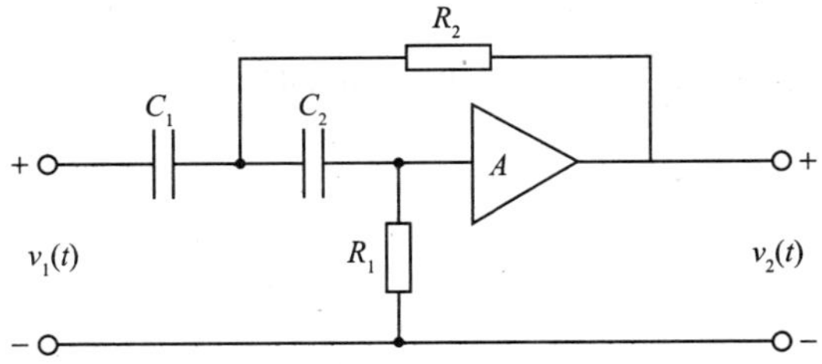

图 4-2-64

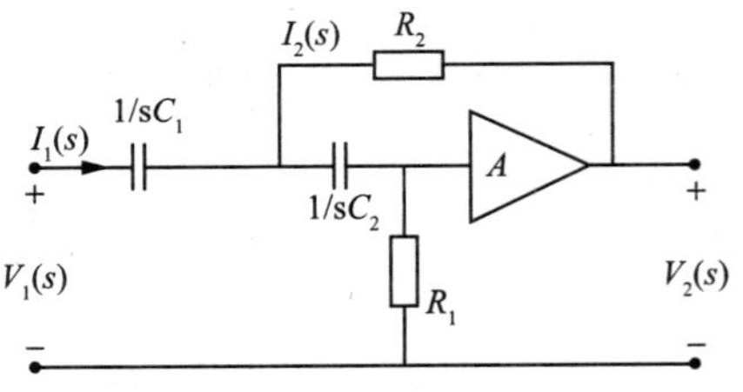

图 4-2-65

解： 由图 4-2-64 可画出电路的 s 域等效电路，如图 4-2-65 所示。

列写电路方程得

$$\begin{cases}V_1(s)=\frac{1}{C_1s}I_1(s)+\left(\frac{1}{C_2s}+R_1\right)[I_1(s)-I_2(s)]\\ V_1(s)=\frac{1}{C_1s}I_1(s)+R_2I_2(s)+V_2(s)\\ \frac{V_2(s)}{A}=R_1[I_1(s)-I_2(s)]\end{cases}$$

化简消去 $I_1(s)$、$I_2(s)$，有

$$V_1(s) = \left[\frac{\left(\frac{1}{sC_1}+\frac{1}{sC_2}+R_1\right)+\frac{1}{sC_1R_2}\left(R_1+\frac{1}{sC_2}\right)}{R_1A} - \frac{1}{sC_1R_2}\right]V_2(s)$$

则电压转移函数

$$H(s) = \frac{V_2(s)}{V_1(s)} = \frac{R_1R_2C_1C_2A \cdot s^2}{R_1R_2C_1C_2s^2+(R_1C_2+R_2C_1+R_2C_2-AR_1C_2)s+1}$$

$$= \frac{As^2}{s^2+\left(\frac{C_1+C_2}{R_1C_1C_2}+\frac{1-A}{R_2C_1}\right)s+\frac{1}{R_1R_2C_1C_2}}$$

要使系统稳定，需使极点位于 s 平面的左半平面，有

$$\frac{C_1+C_2}{R_1C_1C_2}+\frac{1-A}{R_2C_1}>0\text{，即 }A<1+\frac{R_2}{R_1}+\frac{R_2C_1}{R_1C_2}$$

4－49　图 4－2－66 示出互感电路；激励信号为 $v_1(t)$，响应为 $v_2(t)$。

(1) 从物理概念说明此系统是否稳定？

(2) 写出系统转移函数 $H(s)=\frac{V_2(s)}{V_1(s)}$；

(3) 求 $H(s)$ 极点，电路参数满足什么条件下才能使极点落在左半平面？此条件实际上是否能满足？

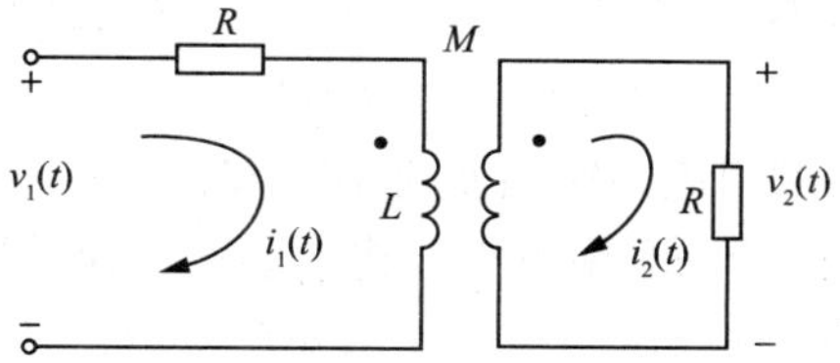

图 4－2－66

解：(1) 题图所示电路包括一个互感器和两个电阻，电阻属于耗能元件，不会影响系统的稳定性。而互感可能无源，也可能有源，若互感无源，同样不会产生能量，系统必然稳定；若互感有源，则系统有可能临界稳定或不稳定。

(2) 画出电路的等效 s 域模型如图 4－2－67 所示。

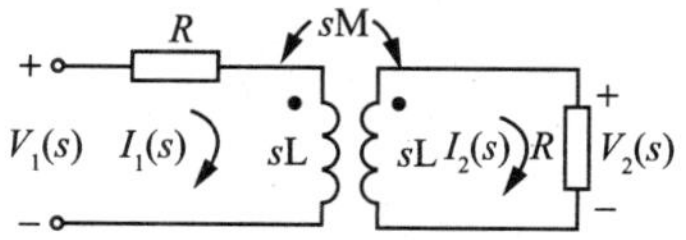

图 4－2－67

由图 4－2－67 可列写回路电压方程

$$\begin{cases}(R+sL)I_1(s)-sMI_2(s)=V_1(s)\\-sMI_1(s)+(R+sL)I_2(s)=0\end{cases}$$

消去 $I_1(s)$，得 $I_2(s)=\frac{sMV_1(s)}{[R+s(L-M)][R+s(L+M)]}$

又 $V_2(s)=I_2(s)\cdot R$，则系统转移函数

$$H(s) = \frac{V_2(s)}{V_1(s)} = \frac{I_2(s)}{V_1(s)}\cdot R = \frac{RM}{L^2-M^2}\cdot\frac{s}{\left(s+\frac{R}{L-M}\right)\left(s-\frac{R}{L+M}\right)}$$

(3) $H(s)$有两个极点，$p_1=-\dfrac{R}{L-M}$，$p_2=-\dfrac{R}{L+M}$

为使极点都落在左半平面，应满足 $p_1<0$ 且 $p_2<0$，即 $L>M$。当互感器是无源器件时，$L>M>0$，两个极点都在左半平面，系统稳定。所以此条件实际上可以满足。

4－50　已知信号表示式为

$$\boldsymbol{f(t)=e^{at}u(-t)+e^{-at}u(t)}$$

式中 $a>0$，试求 $f(t)$ 的双边拉氏变换，给出收敛域。

解：记 $f(t)$ 的双边拉氏变换为 $F_B(s)$，有

$$F_B(s)=\int_{-\infty}^{\infty}f(t)e^{-st}dt=\int_{-\infty}^{0}e^{(a-s)t}dt+\int_{0}^{\infty}e^{-(a+s)t}dt$$

上式第一项当 $\sigma<a$ 时收敛，第二项当 $\sigma>-a$ 时收敛。

故

$$F_B(s)=\frac{1}{a-s}e^{(a-s)t}\Big|_{-\infty}^{0}+\frac{-1}{a+s}e^{-(a+s)t}\Big|_{0}^{\infty}=\frac{1}{a-s}+\frac{1}{a+s}$$

$$=-\frac{2a}{s^2-a^2}=\frac{2a}{a^2-s^2}(-a<\sigma<a)$$

4－51　在教材 2.9 节利用时域卷积方法分析了通信系统多径失真的消除原理，在此，借助拉氏变换方法研究同一个问题。从以下分析可以看出利用系统函数 $H(s)$ 的概念可以比较直观、简便地求得同样的结果。按教材 2.9 节式(2－77)已知

$$\boldsymbol{r(t)=e(t)+ae(t-T)}$$

(1)对上式取拉氏变换，求回波系统的系统函数 $H(s)$；

(2)令 $H(s)H_i(s)=1$，设计一个逆系统，先求它的系统函数 $H_i(s)$；

(3)再取 $H_i(s)$ 的逆变换得到此逆系统的冲激响应 $h_i(t)$，它应当与教材第二章 2.9 节的结果一致。

解：(1) $r(t)=e(t)+ae(t-T)$，对其做拉氏变换得

$$R(s)=E(s)+aE(s)e^{-Ts}$$

所以回波系统的系统函数为

$$H(s)=\frac{R(s)}{E(s)}=1+ae^{-Ts}$$

(2)由 $H(s)H_i(s)=1$，可得

$$H_i(s)=\frac{1}{1+ae^{-Ts}}$$

(3)将 $H_i(s)$ 展开为

$$H_i(s)=\frac{1}{1+ae^{-Ts}}=\sum_{k=0}^{\infty}(-ae^{-Ts})^k=\sum_{k=0}^{\infty}(-a)^ke^{-kTs}$$

取 $H_i(s)$ 的逆变换有

$$h_i(t)=\mathscr{L}^{-1}\left[\sum_{k=0}^{\infty}(-a)^ke^{-kTs}\right]=\sum_{k=0}^{\infty}(-a)^k\delta(t-kT)$$

与教材第 2 章 2.9 节的结果一致。

4.3 名校考研真题详解

一、选择题

以下为 4 个信号的拉普拉斯变换，其中不存在傅里叶变换的信号是(　　)。[武汉大学 2015 研]

A. $\frac{1}{s}$　　B. 1　　C. $\frac{1}{s+3}$　　D. $\frac{1}{s-3}$

【答案】D

【解析】D 选项为$\frac{1}{s-3}$，其时域表达式为 $e^{3t}u(t)$，很显然是不稳定的，不满足绝对可积条件，也就不存在傅里叶变换。

二、填空题

1. 信号 $x(t)=\cos 2t$ 的单边拉普拉斯变换为______。[北京邮电大学 2016 研]

【答案】$\frac{s}{s^2+4}$，$\text{Re}[s]>0$

【解析】由于 $\cos(\beta t)=\frac{1}{2}(e^{j\beta t}+e^{-j\beta t})$，根据拉氏变换的定义式即可求解，该拉氏变换对也是常用变换对。

2. 某连续线性时不变系统的系统函数为 $H(s)=\frac{s}{s+2}$，若用 $e(t)$ 表示输入信号，而 $r(t)$ 表示输出信号，则该系统的微分方程可以表示为______。[北京邮电大学 2016 研]

【答案】$r'(t)+2r(t)=e'(t)$

【解析】由 $H(s)=\frac{s}{s+2}=\frac{R(s)}{E(s)}$，有 $sR(s)+2R(s)=sE(s)$，对应的微分方程即为

$$r'(t)+2r(t)=e'(t)。$$

3. 已知某 LTI 系统模型如下：

$$y''(t)+3y'(t)+2y(t)=f'(t)+4f(t)，\ y'(0_-)=1，\ y(0_-)=0$$

$f(t)=u(t)$，则系统的零状态响应 $y_f(t)$ 为______。[武汉大学 2015 研]

【答案】$(2+e^{-2t}-3e^{-t})u(t)$

【解析】对该微分方程两边取拉普拉斯变换得

$$s^2Y(s)+3sY(s)+2Y(s)=sF(s)+4F(s)$$

则 $H(s)$ 为

$$H(s)=\frac{s+4}{s^2+3s+2}$$

系统的零状态响应为

$$Y(s)=\frac{s+4}{s^2+3s+2}F(s)=\frac{s+4}{s^2+3s+2}\cdot\frac{1}{s}$$

对 $Y(s)$ 取拉氏逆变换得

$$y_f(t)=(2+e^{-2t}-3e^{-t})u(t)$$

4. 已知某 LTI 系统的冲激响应为 $(e^{-t}-e^{-3t})u(t)$，则系统的频率响应 $H(j\omega)$ 为______。[武汉大学 2015 研]

【答案】$\dfrac{2}{(1+\mathrm{j}\omega)(3+\mathrm{j}\omega)}$

【解析】由于已知冲激响应为$(\mathrm{e}^{-t}-\mathrm{e}^{-3t})u(t)$，则系统函数为

$$H(s)=\frac{2}{(s+1)(s+3)}$$

其中$H(s)$的极点都位于左半平面，即系统是稳定的，故系统的频率响应为

$$H(\mathrm{j}\omega)\frac{2}{(1+\mathrm{j}\omega)(3+\mathrm{j}\omega)}$$

5．一连续时间 LTI 系统，，输入输出方程为$y''(t)-y'(t)-2y(t)=x(t)$，如果该系统既不是因果系统也不是稳定系统，它的冲激响应为______。[华中科技大学 2012 研]

【答案】$\dfrac{1}{3}(\mathrm{e}^{-t}-\mathrm{e}^{2t})u(-t)$

【解析】对微分方程两边同时取拉氏变换有

$$s^2Y(s)-sY(s)-2Y(s)=X(s)$$

由此可得系统函数为

$$H(s)=\frac{Y(s)}{X(s)}=\frac{1}{s^2-s-2}=\frac{1}{3}\cdot\frac{1}{s-2}-\frac{1}{3}\cdot\frac{1}{s+1}$$

因为该系统既不是因果系统也不是稳定系统，故收敛域为$\mathrm{Re}\{s\}<-1$，则系统的冲激响应为

$$h(t)=\frac{1}{3}(\mathrm{e}^{-t}-\mathrm{e}^{2t})u(-t)$$

三、判断题

1．最小相移的零点位于 s 平面的右半平面。(　　)[中山大学 2010 研]

【答案】错

【解析】最小相移系统的零点仅位于左半平面或 $\mathrm{j}\omega$ 轴上。

2．双边拉氏变换有左边界 σ_1 和右边界 σ_2，只有 $\sigma_1\geqslant\sigma_2$，双边拉氏变换才存在。(　　)[南京大学 2010 研]

【答案】错

【解析】只有 $\sigma_1<\sigma_2$，两个函数才有共同的收敛区域，双边拉氏变换才存在。

四、计算题

1．已知 $f(t)$ 的单边拉氏变换为 $F(s)$，求 $g(t)=t\mathrm{e}^{-4t}f(2t)$ 的单边拉氏变换 $G(s)$。[西安电子科技大学 2017 研]

解：根据拉普拉斯的尺度变换性质知

$$f(2t)\overset{\mathscr{L}}{\longleftrightarrow}\frac{1}{2}F\left(\frac{s}{2}\right)$$

再根据拉普拉斯频域微分性质得

$$tf(2t)\overset{\mathscr{L}}{\longleftrightarrow}-\frac{\mathrm{d}\left[\frac{1}{2}F\left(\frac{s}{2}\right)\right]}{\mathrm{d}s}$$

最后根据拉普拉斯频移特性可得 $g(t)$ 的单边拉普拉斯变换为

$$G(s)=-\frac{1}{2}\frac{\mathrm{d}\left[F\left(\frac{s+4}{2}\right)\right]}{\mathrm{d}s}$$

2．求象函数$\frac{\pi(1-e^{-2s})}{s^2+\pi^2}$的拉普拉斯反变换，并做出时域波形图。［武汉科技大学 2017 研］

解：已知$\frac{\pi}{s^2+\pi^2}\overset{\mathscr{L}^{-1}}{\longleftrightarrow}\sin\pi t u(t)$，由拉氏变换的时移性质得

$$\frac{\pi(1-e^{-2s})}{s^2+\pi^2}\overset{\mathscr{L}^{-1}}{\longleftrightarrow}\sin\pi t u(t)-\sin\pi(t-2)u(t-2)=\sin\pi t[u(t)-u(t-2)]$$

其时域波形图如图 4－3－1 所示。

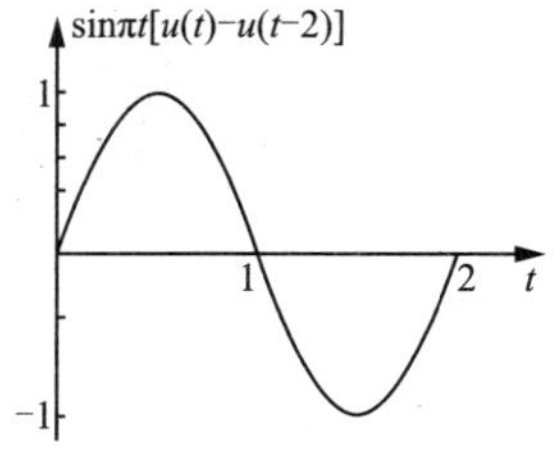

图 4－3－1

3．某系统的微分方程表示为

$$\frac{\mathrm{d}y(t)}{\mathrm{d}t}+3y(t)=3u(t)$$

已知系统全响应$y(t)=\left(1+\frac{1}{2}e^{-3t}\right)u(t)$，试求系统的零输入响应，并指出全响应中的自由响应分量和强迫响应分量。［北京邮电大学 2016 研］

解：依题意知激励信号$x(t)=u(t)$，对系统方程$y'(t)+3y(t)=3u(t)$两边同时进行拉普拉斯变换，得$sY(s)+3Y(s)=3X(s)$，则系统函数$H(s)=\frac{Y(s)}{X(s)}=\frac{3}{s+3}$，系统的零状态响应$Y_{zs}(s)$为

$$Y_{zs}(s)=X(s)\cdot H(s)=\frac{1}{s}\cdot\frac{3}{s+3}=\frac{1}{s}-\frac{1}{s+3}$$

对其进行逆变换，有$y_{zs}(t)=(1-e^{-3t})u(t)$，因此零输入响应为

$$y_{zi}(t)=y(t)-y_{zs}(t)=\frac{3}{2}e^{-3t}u(t)$$

全响应$y(t)$可以改写为

$$y(t)=\frac{3}{2}e^{-3t}-e^{-3t}+1\qquad t>0$$

故自由响应分量为$\frac{3}{2}e^{-3t}-e^{-3t}=\frac{1}{2}e^{-3t}$，强迫响应分量为：1。

4．已知描述系统的微分方程为：

$$y''(t)+5y'(t)+6y(t)=f'(t)+4f(t)$$

求：

(1)系统函数$H(s)$，并判断系统是否稳定；

(2)当$f(t)=e^{-t}u(t)$，$y'(0_-)=1$，$y(0_-)=0$时，系统的全响应。［武汉大学 2015 研］

解：(1)对该微分方程两边取拉普拉斯变换得

$$s^2Y(s)+5sY(s)+6Y(s)=sF(s)+4F(s)$$

则 $H(s)$ 为

$$H(s)=\frac{Y(s)}{F(s)}=\frac{s+4}{s^2+5s+6}$$

易知 $H(s)$ 的极点为 $s_1=-2$，$s_2=-3$，故收敛域为 $\mathrm{Re}[s]>-2$，而此收敛域包含有 $j\omega$ 轴，因而该系统是稳定的。

(2)对方程两边取单边拉普拉斯变换得

$$s^2Y(s)-sy(0_-)-y'(0_-)+5[sY(s)-y(0_-)]+6Y(s)=sF(s)+4F(s)$$

化简得

$$s^2Y(s)+5sY(s)+6Y(s)=(s+5)y(0_-)+y'(0_-)+(s+4)F(s)$$

已知条件 $y'(0_-)=1$，$y(0_-)=0$，且 $F(s)=\dfrac{1}{s+1}$，代入上式得

$$\begin{aligned}Y(s)&=\frac{1}{s^2+5s+6}+\frac{s+4}{s^2+5s+6}\cdot\frac{1}{s+1}\\&=\frac{2s+5}{(s+1)(s+2)(s+3)}\\&=\frac{3}{2}\cdot\frac{1}{s+1}+\frac{-1}{s+2}+\left(-\frac{1}{2}\right)\cdot\frac{1}{s+3}\end{aligned}$$

对上式取拉氏逆变换得全响应 $y(t)$ 为

$$y(t)=\left(\frac{3}{2}e^{-t}-e^{-2t}-\frac{1}{2}e^{-3t}\right)u(t)$$

5. 求频率响应为 $H(\omega)=\dfrac{\omega^2}{5-\omega^2+2j\omega}$ 的连续时间因果 LTI 系统的单位阶跃响应 $s(t)$。[中国科学技术大学 2016 研]

解：根据拉氏变换和傅里叶变换的关系可知

$$H(s)=\frac{-s^2}{5+s^2+2s}$$

则单位阶跃响应为

$$S(s)=\frac{-s}{5+s^2+2s}=\frac{1-2j}{4j}\cdot\frac{1}{s+1-2j}+\frac{1+2j}{-4j}\cdot\frac{1}{s+1+2j}$$

取逆变换有

$$s(t)=\frac{1-2j}{4j}\cdot e^{(-1+2j)t}+\frac{1+2j}{-4j}\cdot e^{(1+2j)t}=e^{-t}\left(\frac{1}{2}\sin 2t-\cos 2t\right)u(t)$$

6. 已知信号 $f(t)$ 的拉氏变换为 $F(s)=\dfrac{1}{s^2+2s+5}$，求下列信号的拉氏变换：

(1) $\int_0^t f(\tau)d\tau$；

(2) $f(2t-4)$。[武汉大学 2015 研]

解：(1)已知 $f(t)\xleftrightarrow{\mathscr{L}}F(s)=\dfrac{1}{s^2+2s+5}$，则根据拉氏变换的时域积分特性有

$$\int_0^t f(\tau)d\tau\xleftrightarrow{\mathscr{L}}\frac{1}{s}F(s)=\frac{1}{s^3+2s^2+5s}$$

(2)依题意，根据拉式变换的尺度变换性质有

$$f(2t)\stackrel{\mathscr{L}}{\longleftrightarrow}\frac{1}{2}F\left(\frac{s}{2}\right)=\frac{1}{2}\cdot\frac{4}{s^2+4s+20}=\frac{2}{s^2+4s+20}$$

再根据时移特性得

$$f(2t-4)=f[2(t-2)]\stackrel{\mathscr{L}}{\longleftrightarrow}\frac{2e^{-2s}}{s^2+4s+20}$$

7. 如图 4-3-2 中(a)所示，系统是通过连接两个相叠的子系统构成的，这两个子系统的冲激响应分别为 $h_1(t)$ 和 $h_2(t)$，且 $h_1(t)=e^{-2t}u(t)$，$h_2(t)=2e^{-t}u(t)$。求出图中(b)所示整个系统的冲激响应 $h(t)$。［武汉大学 2015 研］

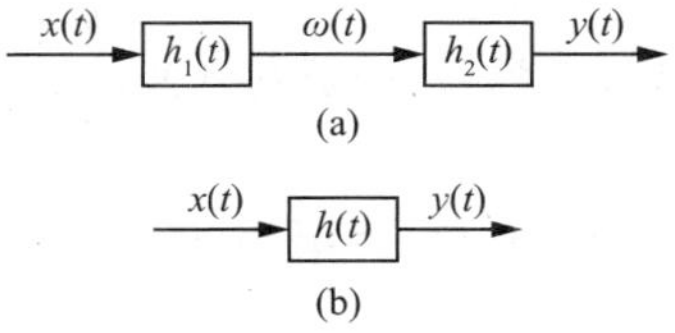

图 4-3-2

解：依题意有，$h_1(t)$ 的系统函数为

$$H_1(s)=\frac{1}{s+2}$$

$h_2(t)$ 的系统函数为

$$H_2(s)=\frac{2}{s+1}$$

根据频域的系统分析方法，$H(s)$ 为

$$H(s)=H_1(s)H_2(s)=\frac{2}{(s+1)(s+2)}=\frac{2}{s+1}+\frac{-2}{s+2}$$

则系统的冲激响应 $h(t)$ 为

$$h(t)=2e^{-t}u(t)-2e^{-2t}u(t)=2(e^{-t}-e^{-2t})u(t)$$

8. 计算 $X(s)$ 的拉氏逆变换：$X(s)=\dfrac{2+2se^{-2s}+4e^{-4s}}{s^2+4s+3}$，$\mathrm{Re}[s]>-1$。［武汉大学 2015 研］

解：已知 $X(s)=\dfrac{2}{s^2+4s+3}+\dfrac{2se^{-2s}}{s^2+4s+3}+\dfrac{4e^{-4s}}{s^2+4s+3}$，将三项部分分式展开得

$$X_1(s)=\frac{1}{s+1}+\frac{-1}{s+3}$$

$$X_2(s)=\left(\frac{-1}{s+1}+\frac{3}{s+3}\right)e^{-2s}$$

$$X_3(s)=\left(\frac{2}{s+1}+\frac{-2}{s+3}\right)e^{-4s}$$

依次对上式取拉氏逆变换得

$$x_1(t)=(e^{-t}-e^{-3t})u(t)$$

$$x_2(t)=[3e^{-3(t-2)}-e^{-(t-2)}]u(t-2)$$

$$x_3(t)=[2e^{-(t-4)}-2e^{-3(t-4)}]u(t-4)$$

故 $X(s)$ 的逆变换为

$$x(t)=x_1(t)+x_2(t)+x_3(t)$$
$$=(e^{-t}-e^{-3t})u(t)+[3e^{-3(t-2)}-e^{-(t-2)}]u(t-2)+[2e^{-(t-4)}-2e^{-3(t-4)}]u(t-4)$$

9. 已知某系统对激励 $x_1(t)=u(t)$ 的完全响应为 $y_1(t)=2e^{-t}u(t)$，对激励 $x_2(t)=\delta(t)$ 的完全响应为 $y_2(t)=\delta(t)$。

(1)求系统的零输入响应；

(2)若系统起始状态不变，求系统对激励 $x_3(t)=e^{-t}u(t)$ 的完全响应 $y_3(t)$。［武汉大学2015研］

解：(1)方法一：根据系统的两组输入输出之间的关系，可列出时域方程组为

$$\begin{cases}y_1(t)=2e^{-t}u(t)=y_{zi}(t)+y_{zs1}(t) & ①\\ y_2(t)=\delta(t)=y_{zi}(t)+y'_{zs1}(t) & ②\end{cases}$$

①′－②得

$$y'_{zi}(t)-y_{zi}(t)=\delta(t)-2e^{-t}u(t)$$

两边同时进行拉氏变换，得

$$sY_{zi}(s)-Y_{zi}(s)=1-\frac{2}{s+1}$$

解得

$$Y_{zi}(s)=\frac{1}{s+1}$$

故得系统的零输入响应为

$$y_{zi}(t)=e^{-t}u(t)$$

方法二：根据系统的两组输入输出之间的关系，可列出频域方程组为

$$\begin{cases}Y_1(s)=\dfrac{2}{s+1}=Y_{zi}(s)+Y_{zs1}(s)=Y_{zi}(s)+\dfrac{1}{s}\cdot H(s) & ①\\ Y_2(s)=1=Y_{zi}(s)+Y_{zs2}(s)=Y_{zi}(s)+1\cdot H(s) & ②\end{cases}$$

$\frac{1}{s}\cdot$②－①得

$$\frac{1}{s}-\frac{2}{s+1}=\left(\frac{1}{s}-1\right)Y_{zi}(s)$$

易得 $Y_{zi}(s)=\frac{1}{s+1}$，即零输入响应为 $y_{zi}(t)=e^{-t}u(t)$

(2)当系统输入为 $x_3(t)=e^{-t}u(t)$ 时，$X(s)=\frac{1}{s+1}$。由(1)可得 $H(s)=\frac{s}{s+1}$，则系统的零状态响应为

$$Y_{zs3}(s)=H(s)X(s)=\frac{s}{s+1}\cdot\frac{1}{s+1}=\frac{s}{(s+1)^2}$$

故完全响应为

$$Y_3(s)=\frac{s}{(s+1)^2}+\frac{1}{s+1}=\frac{2s+1}{(s+1)^2}=\frac{-1}{(s+1)^2}+\frac{2}{s+1}$$

取拉氏反变换得

$$y_3(t)=(2e^{-t}-te^{-t})u(t)$$

10. 已知某因果系统的系统函数为 $H(s)=\dfrac{s+3}{s^2+8s+12}$，输入信号 $x(t)=e^{-3t}u(t)$，初

始条件为 $y(0_-)=1$，$y'(0_-)=3$。求系统的零输入响应、零状态响应、自由响应和强迫响应。［西南交通大学 2014 研］

解：已知

$$H(s)=\frac{s+3}{(s+6)(s+2)}$$

$$x(s)=\frac{1}{s+3}$$

设零输入响应为 $y_{zi}(t)$，根据系统函数 $H(s)$ 的极点：$s_1=-6$，$s_2=-2$，有

$$y_{zi}=c_1\mathrm{e}^{-6t}+c_2\mathrm{e}^{-2t}$$

代入初始条件 $y(0_-)=1$，$y'(0_-)=3$

$$\begin{cases}c_1+c_2=1\\-6c_1-2c_2=3\end{cases}\Rightarrow\begin{cases}c_1=-\dfrac{5}{4}\\c_2=\dfrac{9}{4}\end{cases}$$

$$y_{zi}(t)=\left(-\frac{5}{4}\mathrm{e}^{-6t}+\frac{9}{4}\mathrm{e}^{-2t}\right)u(t)$$

设零状态响应为 $y_{zs}(t)$，则

$$Y_{zs}(s)=X(s)H(s)=\frac{1}{4}\left(\frac{1}{s+2}-\frac{1}{s+6}\right)$$

$$y_{zs}(t)=\frac{1}{4}(\mathrm{e}^{-2t}-\mathrm{e}^{-6t})u(t)$$

因此，系统的全响应为

$$y(t)=y_{zi}(t)+y_{zs}(t)=\left(\frac{5}{2}\mathrm{e}^{-2t}-\frac{3}{2}\mathrm{e}^{-6t}\right)u(t)$$

其中，自由响应分量为

$$\left(\frac{5}{2}\mathrm{e}^{-2t}-\frac{3}{2}\mathrm{e}^{-6t}\right)u(t)$$

强迫响应分量为：0。

11. 已知因果线性时不变系统可由线性常系数微分方程

$$\frac{\mathrm{d}^2y(t)}{\mathrm{d}t^2}+3\frac{\mathrm{d}y(t)}{\mathrm{d}t}+2y(t)=\frac{\mathrm{d}x(t)}{\mathrm{d}t}-2x(t)$$

描述。

(1) 求系统函数 $H(s)$，画出系统的零极点图，并在图上表示出收敛域；

(2) 求系统的单位冲激响应 $h(t)$，判断系统的稳定性；

(3) 若输入 $x(t)=\mathrm{e}^{-t}u(t)$，求系统输出 $y(t)$；

(4) 画出系统的框图表示。［电子科技大学 2013 研］

解：(1) 对方程两边取拉氏变换得

$$s^2Y(s)+3sY(s)+2Y(s)=sX(s)-2X(s)$$

由此可得系统函数为

$$H(s)=\frac{s-2}{s^2+3s+2}$$

故其零点 $s=2$，极点 $p_1=-1$，$p_2=-2$，故收敛域 $\mathrm{Re}\{s\}>-1$，零极点图如图 4-3-3 所示。

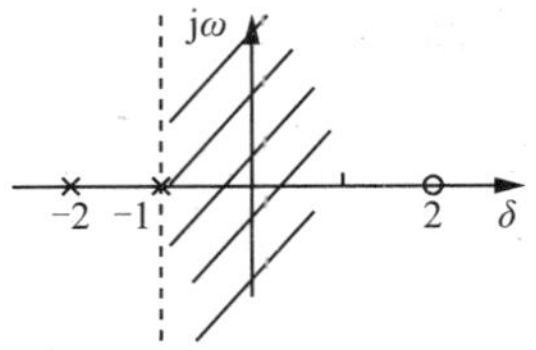

图 4-3-3

(2)对 $H(s)$ 部分分式展开得

$$H(s)=\frac{s-2}{s^2+3s+2}=\frac{-3}{s+1}+\frac{4}{s+2}$$

取逆变换得

$$h(t)=(-3e^{-t}+4e^{-2t})u(t)$$

$H(s)$ 的收敛域包含 jω 轴，因此系统稳定。

(3)对 $x(t)$ 取拉氏变换得

$$X(s)=\frac{1}{s+1}\quad \mathrm{Re}\{s\}>-1$$

因此

$$Y(s)=X(s)H(s)=\frac{s-2}{s^2+3s+2}\cdot\frac{1}{s+1}=\frac{-3}{(s+1)^2}+\frac{4}{s+1}+\frac{-4}{s+2}$$

取逆变换得

$$y(t)=(-3te^{-t}+4e^{-t}-4e^{-2t})u(t)$$

(4)将 $H(s)$ 表述为 $H(s)=\dfrac{s^{-1}-2s^{-2}}{1+3s^{-1}+2s^{-2}}$，则直接形式框图如图 4-3-4 所示。

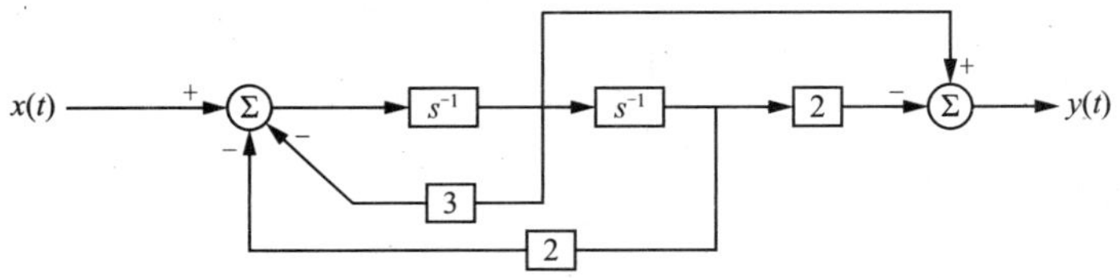

图 4-3-4

12. 已知因果 LTI 系统的方程为

$\dfrac{d^2y(t)}{dt^2}+a\dfrac{dy(t)}{dt}+by(t)=\dfrac{d^2x(t)}{dt^2}+2\dfrac{dx(t)}{dt}+x(t)$，若当输入 $x(t)=1$ 时，输出 $y(t)=0.5$；输入 $x(t)=te^{-t}u(t)$，输出 $y(t)=e^{-t}\sin tu(t)$。试回答以下问题：

(1)确定 a、b 的值并求 $H(s)$ 表达式及其收敛域；

(2)该系统的自由响应一定是暂态响应吗？说明理由；

(3)求该系统的逆系统的阶跃响应；

(4)若该系统与另一因果 LTI 系统 S 并联得到的系统具有 $\delta(t)$ 的冲激响应，求系统 S 的单位冲激响应函数。[华中科技大学 2012 研]

解：(1)对方程两边同时取拉氏变换后，可得系统函数为

$$H(s)=\frac{Y(s)}{X(s)}=\frac{(s+1)^2}{s^2+as+b}$$

已知输入输出的拉氏变换为

$$x(t)=te^{-t}u(t)\overset{\mathscr{L}}{\longleftrightarrow}\frac{1}{(s+1)^2}$$

$$y(t)=e^{-t}\sin tu(t)\overset{\mathscr{L}}{\longleftrightarrow}\frac{1}{(s+1)^2+1}$$

由此可得

$$H(s)=\frac{Y(s)}{X(s)}=\frac{(s+1)^2}{s^2+2s+2}$$

对比可知，$a=b=2$。由于系统是因果的，故收敛域为 $\mathrm{Re}\{s\}>-1$。

(2)由系统函数的分母可见，系统的自由响应具有 $\mathrm{e}^{-t}u(t)$乘以正弦函数的形式，所以自由响应一定是暂态响应。

(3)其逆系统的系统函数为

$$H_1(s)=\frac{s^2+2s+2}{s^2+2s+1}=\frac{(s+1)^2+1}{(s+1)^2}=1+\frac{1}{(s+1)^2},\ \mathrm{Re}\{s\}>-1$$

阶跃响应的象函数

$$S(s)=\frac{1}{s}+\frac{1}{s(s+1)^2}=\frac{2}{s}-\frac{1}{s+1}-\frac{1}{(s+1)^2},\ \mathrm{Re}\{s\}>-1$$

于是阶跃响应 $s(t)=(2-\mathrm{e}^{-t}-t\mathrm{e}^{-t})u(t)$。

(4)设 S 的系统函数为 $H_2(s)$，则

$$\frac{(s+1)^2}{(s+1)^2+1}+H_2(s)=1$$

可得 $H_2(s)=\frac{1}{(s+1)^2+1}$，故系统 S 的冲激响应为

$$h_2(t)=\mathrm{e}^{-t}\sin tu(t)$$

13. 某连续时间 LTI 系统的模拟框图如图 4－3－5 所示。其中 a 为常数。当输入信号为 $x(t)=1$ 时，系统的输出 $y(t)=\frac{3}{4}$。

(1)试确定系统函数 $H(s)$，画出零极点图并标明收敛域；

(2)试求该系统的单位冲激响应 $h(t)$，并判断系统的因果性和稳定性；

(3)该系统是什么类型的滤波器？

(4)写出描述该系统输出关系的微分方程。［电子科技大学 2012 研］

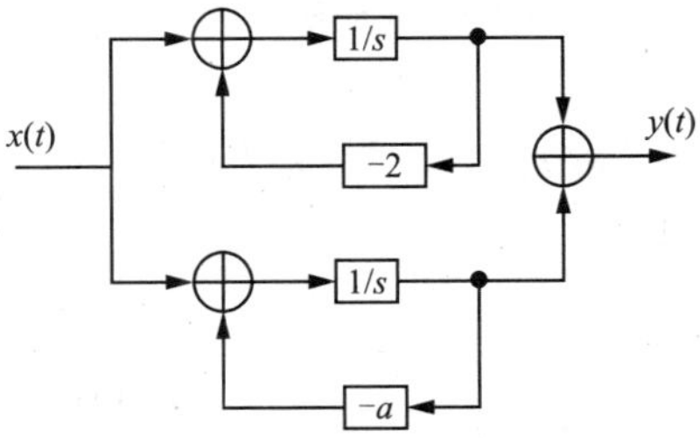

图 4－3－5

答：(1)根据系统模拟框图，围绕相加器列写方程，可得

$$\begin{cases}[X_1(s)-2Y_1(s)]\cdot\frac{1}{s}=Y_1(s)\\ [X_2(s)-2Y_2(s)]\cdot\frac{1}{s}=Y_2(s)\end{cases}$$

系统函数为两个子系统相加得

$$H(s)=\frac{1/s}{1+2/s}+\frac{1/s}{1+a/s}=\frac{2s+2+a}{(s+2)(s+a)}$$

因为当 $x(t)=1=e^{-0t}$ 时，系统的输出 $y(t)=\frac{3}{4}$，故

$$H(0)=\frac{3}{4}\Rightarrow a=4$$

故得

$$H(s)=\frac{2s+6}{(s+2)(s+4)}$$

则极点 $s_1=-2$，$s_2=-4$，零点 $p=-3$。

由极点可知系统函数的收敛域可能为

$$\mathrm{Re}\{s\}>-2 \text{ 或 } \mathrm{Re}\{s\}<-4 \text{ 或 } -4<\mathrm{Re}\{s\}<-2$$

又根据题意当输入信号为 $x(t)=1$ 时，系统的输出 $y(t)=\frac{3}{4}$ 可知，系统稳定，则收敛域应包含虚轴。

故 ROC：$\mathrm{Re}\{s\}>-2$，零极点图与收敛域如图 4-3-6 所示。

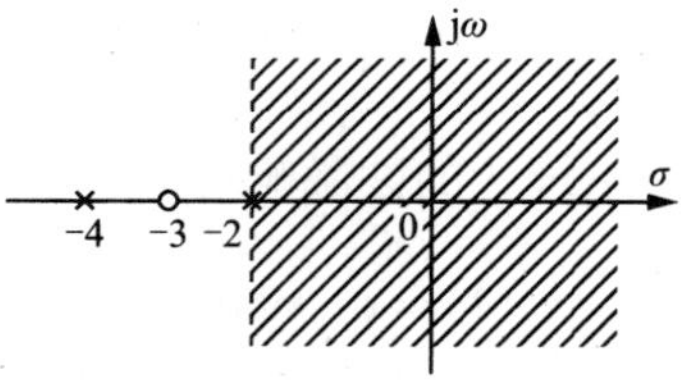

图 4-3-6

(2)由(1)可知系统函数为

$$H(s)=\frac{2s+6}{(s+2)(s+4)},\ \mathrm{ROC}:\mathrm{Re}\{s\}>-2$$

利用部分分式法得

$$H(s)=\frac{1}{s+2}+\frac{1}{s+4},\ \mathrm{Re}\{s\}>-2$$

取逆变换得

$$h(t)=(e^{-2t}+e^{-4t})u(t)$$

因此该系统是因果、稳定系统。

(3)系统频率响应为

$$H(\omega)=H(s)\big|_{s=j\omega}=\frac{2j\omega+6}{(j\omega+2)(j\omega+4)}$$

则 $|H(\omega)|=\sqrt{\frac{4\omega^2+36}{(\omega^2+4)(\omega^2+16)}}$。

令 $\omega^2=t$，$t\in(0,\infty)$，并设根号下函数为 $f(t)=\frac{4t+36}{(t+4)(t+16)}$，则

$$f'(t)=-4t^2-72t-464<0$$

由此说明幅度响应从 $\omega=0$ 处逐渐减少，即该系统是低通滤波器。

(4)由系统函数可以写出系统微分方程为

$$\frac{d^2}{dt^2}y(t)+6\frac{d}{dt}y(t)+8y(t)=2\frac{d}{dt}x(t)+6x(t)$$

14. 试求函数 $F(s)=\dfrac{1}{s(1+e^{-s})}$ 的拉普拉斯逆变换。［武汉理工大学 2010 研］

解： 将 $F(s)$ 化简如下

$$F(s)=\frac{1}{s(1+e^{-s})}=\frac{1-e^{-s}}{s(1+e^{-s})(1-e^{-s})}=\frac{1-e^{-s}}{s(1-e^{-2s})}=\frac{1-e^{-s}}{s}\sum_{n=0}^{+\infty}e^{-2ns}=\sum_{n=0}^{+\infty}\frac{1-e^{-s}}{s}e^{-2ns}$$

令 $G(s)=\dfrac{1-e^{-s}}{s}$，则 $g(t)=u(t)-u(t-1)$，可得

$$F(s)=\sum_{n=0}^{+\infty}G(s)e^{-2ns}$$

$$\mathscr{L}^{-1}[F(s)]=\sum_{n=0}^{+\infty}g(t-2n)=\sum_{n=0}^{+\infty}[u(t-2n)-u(t-2n-1)]$$

15. 求函数 $f(t)=te^{-4t}\cos2(t-1)u(t-1)$ 的拉普拉斯变换。［武汉理工大学 2010 研］

解： 依题意得

$$f(t)=t[e^{-4t}\cos2(t-1)u(t-1)]=\frac{t[e^{-4(t-1)}\cos2(t-1)u(t-1)]}{e^4}$$

令 $g(t)=e^{-4(t-1)}\cos2(t-1)u(t-1)$，$y(t)=e^{-4t}\cos2t$，则

$$f(t)=\frac{tg(t)}{e^4},\ g(t)=y(t-1)u(t-1)$$

而 $Y(s)=\dfrac{s+4}{(s+4)^2+4}$，再由拉普拉斯变换的延时性可得

$$G(s)=e^{-s}Y(s)=\frac{e^{-s}(s+4)}{(s+4)^2+4}$$

由拉普拉斯变换的微分性可得

$$F(s)=\frac{-\dfrac{dG(s)}{ds}}{e^4}$$

$$-\frac{dG(s)}{ds}=-\frac{[-e^{-s}(s+4)+e^{-s}]\cdot[(s+4)^2+4]-(2s+8)\cdot(s+4)\cdot e^{-s}}{[(s+4)^2+4]^2}$$

$$=\frac{e^{-s}[(s+4)^2(s+5)+4s+12]}{[(s+4)^2+4]^2}$$

故

$$F(s)=\frac{e^{-s-4}[(s+4)^2(s+5)+4s+12]}{[(s+4)^2+4]^2}$$

16. 已知某线性非时变系统输入为 $E(s)=\dfrac{s+2}{s-2}$，$\sigma<2$ 时，其零状态输出为 $r(t)=-\dfrac{2}{3}e^{2t}u(-t)+\dfrac{1}{3}e^{-t}u(t)$．试求：

(1) 输入信号 $e(t)$ 的表达式；

(2) 求该系统的单位冲激响应 $h(t)$，并说明其因果性；

(3) 若系统初始条件为 $r(0_-)=0$，$r'(0_-)=1$，输入为单位阶跃信号时，求系统的全响应，并指出其自由分量与受迫分量，暂态分量与稳态分量。［武汉理工大学 2010 研］

解： (1) 已知 $E(s)=\dfrac{s+2}{s-2}=1+\dfrac{4}{s-2}$

由拉普拉斯逆变换可得 $e(t)=4e^{2t}u(t)+\delta(t)$。

(2)记 $r(t)$ 的双边拉氏变换为 $R(s)$，有

$$R(s)=\int_{-\infty}^{+\infty} r(t)e^{-st}dt=\int_{-\infty}^{0} -\frac{2}{3}e^{2t-st}dt+\int_{0}^{+\infty}\frac{1}{3}e^{-t-st}dt$$

$$=-\frac{2}{3}\cdot\frac{1}{2-s}\cdot e^{(2-s)t}\Big|_{-\infty}^{0}+\frac{1}{3}\cdot\frac{-1}{s+1}\cdot e^{-(1+s)t}\Big|_{0}^{+\infty}$$

$$=\frac{2}{3(s-2)}+\frac{1}{3}\cdot\frac{-1}{s+1}\cdot(0-1)$$

$$=\frac{2}{3(s-2)}+\frac{1}{3(s+1)}$$

$$=\frac{s}{(s-2)(s+1)}$$

其中 $-1<\mathrm{Re}[s]<2$，则系统函数为

$$H(s)=\frac{R(s)}{E(s)}=\frac{s}{(s-2)(s+1)}\cdot\frac{s-2}{s+2}=\frac{s}{(s+1)(s+2)}=\frac{2}{s+2}-\frac{1}{s+1}$$

则单位冲激响应为

$$h(t)=(2e^{-2t}-e^{-t})u(t)$$

该系统是因果系统。

(3)由 $H(s)$ 可得描述系统的微分方程为

$$r''(t)+3r'(t)+2r(t)=f'(t)$$

取单边拉氏变换得

$$s^2R(s)-sr(0_-)-r'(0_-)+3sR(s)-3r(0_-)+2R(s)=sF(s)$$

即

$$(s^2+3s+2)R(s)-[sr(0_-)+r'(0_-)+3r(0_-)]=sF(s)$$

可得零输入 $Y_{zi}(s)=\dfrac{sr(0_-)+r'(0_-)+3r(0_-)}{s^2+3s+2}=\dfrac{1}{s^2+3s+2}$.

对上式取拉氏逆变换得

$$y_{zi}(t)=(e^{-t}-e^{-2t})u(t)$$

系统输入为阶跃信号时的拉氏变换为 $\frac{1}{s}$，则系统的零状态响应的拉氏变换为

$$Y_{zs}(s)=\frac{1}{s}\cdot H(s)=\frac{1}{s}\cdot\frac{s}{(s+1)(s+2)}=\frac{1}{(s+1)(s+2)}=\frac{1}{s+1}-\frac{1}{s+2}$$

可得系统的零状态响应为 $y_{zs}(t)=(e^{-t}-e^{-2t})u(t)$；

全响应为 $y(t)=y_{zi}(t)+y_{zs}(t)=(2e^{-t}-2e^{-2t})u(t)$；

自由分量：$(2e^{-t}-2e^{-2t})u(t)$；受迫分量：0。

暂态分量：$(2e^{-t}-2e^{-2t})u(t)$；稳态分量：0。

第 5 章　傅里叶变换应用于通信系统——滤波、调制与抽样

5.1　复习笔记

一、系统函数 $H(j\omega)$

只有当 $H(s)$ 在虚轴上及右半平面无极点时，才有 $H(j\omega)=H(s)|_{s=j\omega}$，也即对于 $H(s)$ 在虚轴上有极点的系统 $H(j\omega)\neq H(s)|_{s=j\omega}$。

二、无失真传输

系统无失真传输是指响应信号与激励信号相比，只是大小与出现的时间不同，而无波形上的变化。设激励信号为 $e(t)$，响应信号为 $r(t)$，则无失真传输的条件是 $r(t)=Ke(t-t_0)$，K 为常数，t_0 为滞后时间，如图 5-1-1 所示。

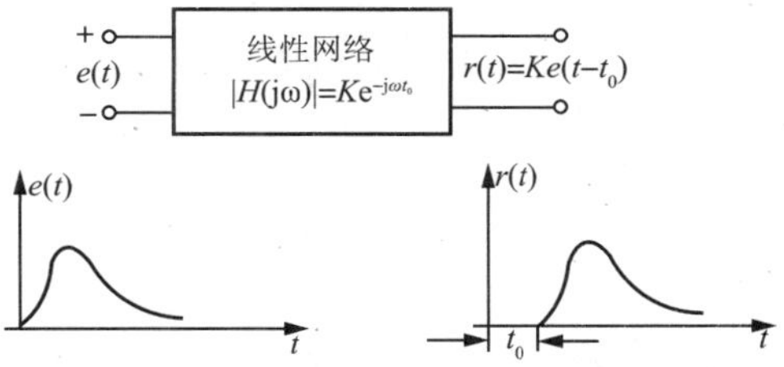

图 5-1-1　线性网络的无失真传输

引起信号失真的原因：系统对信号中各频率分量幅度产生不同程度的衰减，使响应各频率分量的相对幅度发生变化，引起幅度失真；系统对各频率分量产生的相移与频率不成正比，使响应的各频率分量在时间轴上的相对位置产生变化，引起相位失真。

三、滤波

1. 理想低通滤波器

(1) 理想低通滤波器的频域响应

$$H(j\omega) = |H(j\omega)|e^{j\varphi(\omega)}$$

其中，

$$|H(j\omega)| = \begin{cases} 1, & -\omega_c < \omega < \omega_c \\ 0, & \omega\ 其他值 \end{cases},\varphi(\omega) = -t_0\omega$$

(2) 理想低通滤波器的冲激响应

$$h(t) = \frac{\omega_c}{\pi}\frac{\sin[\omega_c(t-t_0)]}{\omega_c(t-t_0)}$$

(3) 理想低通滤波器的阶跃响应

$$r(t) = \frac{1}{2}+\frac{1}{\pi}\text{Si}[\omega_c(t-t_0)],\text{Si}(y) = \int_0^y \frac{\sin x}{x}dx$$

2. 佩利－维纳准则

对于幅度函数$|H(j\omega)|$物理可实现的必要条件

$$\int_{-\infty}^{\infty}\frac{|\ln|H(j\omega)||}{1+\omega^2}d\omega<\infty$$

应当注意：该准则既不允许网络特性在一频带内为零，也限制了幅度特性的衰减速度；在相位特性方面却没有给出约束，因而不是系统物理可实现的充分条件。

3. 带通滤波器

(1)理想带通滤波器的幅频特性在通带内为常数，相频特性应为通过载频点ω_0的直线。

(2)带通滤波器的应用

①调幅信号作用于带通系统。在传输调幅信号过程中，为保证传输波形包络不失真，要求带通系统为理想的带通滤波器。但实际上其频响特性往往不理想，会引起包络失真。

②窗函数的运用。为了观察信号在时域或频域的局部性能，可利用窗函数对信号加窗，加窗是信号处理和通信中的常用技术之一。

四、希尔伯特变换研究系统函数的约束条件

希尔伯特变换对

$$R(\omega)=\frac{1}{\pi}\int_{-\infty}^{\infty}\frac{X(\lambda)}{\omega-\lambda}d\lambda\qquad X(\omega)=-\frac{1}{\pi}\int_{-\infty}^{\infty}\frac{R(\lambda)}{\omega-\lambda}d\lambda$$

该变换对说明具有因果性的系统函数$H(j\omega)$的实部$R(\omega)$被已知的虚部$X(\omega)$唯一确定，反之亦然。

五、调制与解调

1. 调制和解调(见表5－1－1)

表5－1－1　调制和解调

要点		具体内容
已调信号		时域表达式：$f(t)=g(t)\cos(\omega_0 t)$； 频域表达式：$F(\omega)=(1/2)[G(\omega+\omega_0)+G(\omega-\omega_0)]$
调制	本质	频谱搬移
	目的	①为了有效辐射，降低天线尺寸； ②使各种信号经频谱搬移后互不重叠地占据不同的频率范围，节约资源
	方法	AM、AM－SC、SSB、VSB、DSB、FM、PM等
解调	定义	由已调信号恢复原始信号的过程
	方法	同步解调与包络检波解调，二者应用范围和条件不同

2. 脉冲编码调制(PCM)

利用脉冲序列对连续信号进行抽样产生的信号称为脉冲幅度调制(PAM)信号。把连续信号转换成数字(编码)信号进行传输或处理的调制方式称为脉冲编码调制(PCM)。PCM通信系统的简化框图如图5－1－2所示。

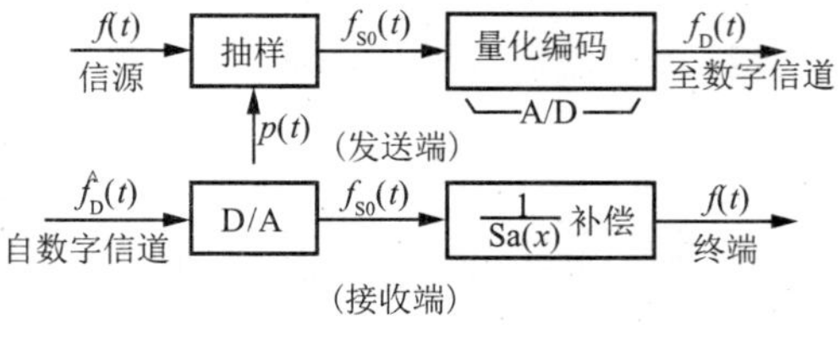

图5－1－2　PCM通信系统简化框图

优点：可以有效地消除或抑制噪声的累积效应，改善通信的可靠性；具有多种信源组合

传输的灵活性，易于实现多路复用；便于实现各种数字信号处理功能和加密、解密等功能。

缺点：PCM 信号比模拟信号占据较宽的频带。

六、频分复用和时分复用(见表 5-1-2)

表 5-1-2 频分复用和时分复用

要点		具体内容
频分复用	发送端	将各种信号经频谱搬移后互不重叠地占据不同的频率范围，利用同一信道同时传输
	接收端	利用滤波器将各路信号分离，再经解调还原各路信号
时分复用	发送端	将各种采样值有序地排列，经由同一信道按排列顺序传送。对于任意一路信号而言，信道仅在采样瞬间被占用，其余时间供其他各路占用
	接收端	采样值由同步检测器进行分离

5.2 课后习题详解

5-1 已知系统函数 $H(j\omega)=\dfrac{1}{j\omega+2}$，激励信号 $e(t)=e^{-3t}u(t)$，试利用傅里叶分析法求响应 $r(t)$。

解：激励信号 $e(t)=e^{-3t}u(t)$，则

$$E(j\omega)=\mathscr{F}[e(t)]=\mathscr{F}[e^{-3t}u(t)]=\frac{1}{j\omega+3}$$

故响应为

$$R(j\omega)=E(j\omega)\cdot H(j\omega)=\frac{1}{j\omega+3}\cdot\frac{1}{j\omega+2}=\frac{1}{j\omega+2}-\frac{1}{j\omega+3}$$

反变换可得

$$r(t)=\mathscr{F}^{1}[R(j\omega)]=(e^{-2t}-e^{-3t})u(t)。$$

5-2 若系统函数 $H(j\omega)=\dfrac{1}{j\omega+1}$，激励为周期信号 $e(t)=\sin t+\sin(3t)$，试求响应 $r(t)$，画出 $e(t)$，$r(t)$ 波形，讨论经传输是否引起失真。

解：激励信号 $e(t)=\sin t+\sin(3t)$，则

$$E(j\omega)=\mathscr{F}[e(t)]=j\pi[\delta(\omega+1)-\delta(\omega-1)]+j\pi[\delta(\omega+3)-\delta(\omega-3)]$$

故响应为

$$\begin{aligned}R(j\omega)&=E(j\omega)\cdot H(j\omega)\\&=\frac{j\pi}{j\omega+1}[\delta(\omega+1)-\delta(\omega-1)]+\frac{j\pi}{j\omega+1}[\delta(\omega+3)-\delta(\omega-3)]\\&=\frac{j\pi}{\sqrt{1+\omega^2}}\cdot e^{-j\tan^{-1}\omega}[\delta(\omega+1)-\delta(\omega-1)+\delta(\omega+3)-\delta(\omega-3)]\\&=\frac{j\pi}{\sqrt{2}}[e^{j\tan^{-1}1}\delta(\omega+1)-e^{-j\tan^{-1}1}\delta(\omega-1)]+\\&\quad\frac{j\pi}{\sqrt{10}}[e^{j\tan^{-1}3}\delta(\omega+3)-e^{-j\tan^{-1}3}\delta(\omega-3)]\end{aligned}$$

反变换，可得

$$
\begin{aligned}
r(t) &= \mathscr{F}^{-1}(R(\mathrm{j}\omega)) \\
&= \frac{1}{\sqrt{2}}\sin(t-\tan^{-1}1)+\frac{1}{\sqrt{10}}\sin(3t-\tan^{-1}3) \\
&= \frac{1}{\sqrt{2}}\sin(t-45°)+\frac{1}{\sqrt{10}}\sin(3t-\arctan 3)
\end{aligned}
$$

两个信号的波形如图 5－2－1(a)、(b)所示。

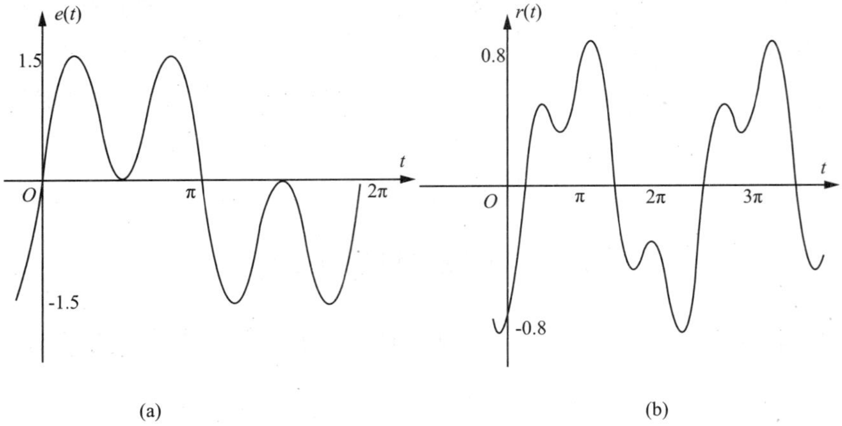

图 5－2－1

由图 5－2－1 可知，传输引起了失真，r(t)既有幅度失真，也有相位失真。

5－3　无损 LC 谐振电路如图 5－2－2 所示，设 $\omega_0=\dfrac{1}{\sqrt{LC}}$，激励信号为电流源 $i(t)$，响应为输出电压 $v(t)$，若 $\mathscr{F}[i(t)]=I(\mathrm{j}\omega)$，$\mathscr{F}[v(t)]=V(\mathrm{j}\omega)$，求：

(1) $H(\mathrm{j}\omega)=\dfrac{V(\mathrm{j}\omega)}{I(\mathrm{j}\omega)}$，$h(t)=\mathscr{F}^{-1}[H(\mathrm{j}\omega)]$；

(2)讨论本题结果与教材例 5－1 的结果有何共同特点。

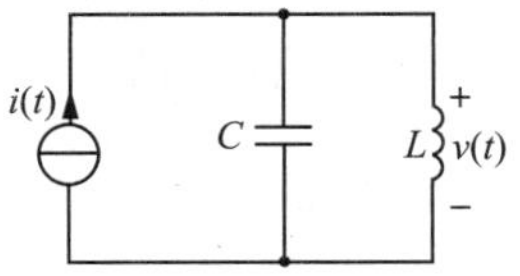

图 5－2－2

解：(1)令输入信号 $i(t)=\delta(t)$，则系统此时的响应 $v(t)$ 即为系统的单位冲激响应 $h(t)$，根据图 5－2－2 可得，当 $t>0$ 时

$$
i(t)=\frac{1}{L}\cdot\int_{-\infty}^{t}v(t)\,\mathrm{d}t+C\frac{\mathrm{d}v(t)}{\mathrm{d}t}=\delta(t)
$$

初始条件 $v'(0_+)=0$，$v(0_+)=\dfrac{1}{C}$

解得微分方程为：$v(t)=\dfrac{1}{C}\cos(\omega_0 t)u(t)$

所以单位冲激响应为：$h(t)=\dfrac{1}{C}\cos(\omega_0 t)u(t)$

则 $H(\mathrm{j}\omega)=\dfrac{\mathrm{j}\omega}{C(\omega_0^2-\omega^2)}+\dfrac{\pi}{2C}[\delta(\omega+\omega_0)+\delta(\omega-\omega_0)]$。

(2)写出电路的 s 域形式，有

$$H(s)=\frac{V(s)}{I(s)}=\frac{Ls\cdot\frac{1}{Cs}}{Ls+\frac{1}{Cs}}=\frac{1}{C}\cdot\frac{s}{s^2+\frac{1}{LC}}$$

记 $H_s(j\omega)=H(s)|_{s=j\omega}=\frac{1}{C}\cdot\frac{j\omega}{\omega_0^2-\omega^2}$，其中 $\omega_0=\frac{1}{\sqrt{LC}}$。

由于 $H(s)$ 的极点位于 $j\omega$ 轴，所以 $H(j\omega)\neq H_s(j\omega)$，与教材例 5－1 结论一致。

5－4　电路如图 5－2－3 所示，写出电压转移函数 $H(s)=\frac{V_2(s)}{V_1(s)}$，为得到无失真传输，元件参数 R_1，R_2，C_1，C_2 应满足什么关系？

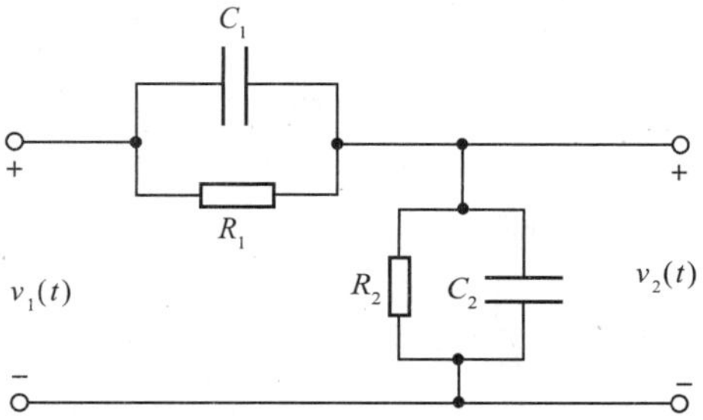

图 5－2－3

解： 由图 5－2－3 可写出系统函数为

$$H(s)=\frac{V_2(s)}{V_1(s)}=\frac{\dfrac{R_2\cdot\frac{1}{sC_2}}{R_2+\frac{1}{sC_2}}}{\dfrac{R_2\cdot\frac{1}{sC_2}}{R_2+\frac{1}{sC_2}}+\dfrac{R_1\cdot\frac{1}{sC_1}}{R_1+\frac{1}{sC_1}}}$$

$$=\frac{C_1s+\frac{1}{R_1}}{(C_1+C_2)s+\frac{R_1+R_2}{R_1R_2}}=\frac{C_1}{C_1+C_2}\cdot\frac{s+\frac{1}{R_1C_1}}{s+\frac{R_1+R_2}{R_1R_2(C_1+C_2)}}$$

则 $H(j\omega)=H(s)|_{s=j\omega}=\frac{C_1}{C_1+C_2}\cdot\frac{j\omega+\frac{1}{R_1C_1}}{j\omega+\frac{R_1+R_2}{R_1R_2(C_1+C_2)}}$

幅频特性 $|H(j\omega)|=\frac{C_1}{C_1+C_2}\sqrt{\frac{\omega^2+(1/R_1C_1)^2}{\omega^2+\left[\frac{R_1+R_2}{R_1R_2(C_1+C_2)}\right]^2}}$

相频特性 $\varphi(\omega)=\arctan(R_1C_1w)-\arctan\left[\frac{R_1R_2(C_1+C_2)}{R_1+R_2}\omega\right]$

为达到无失真传输要求，要求 $|H(j\omega)|$ 为一常数，$\varphi(\omega)$ 为一条通过原点的直线，所以

$$\frac{1}{R_1C_1}=\frac{R_1+R_2}{R_1R_2(C_1+C_2)}，\ 即\ R_1C_1=R_2C_2$$

此时 $\varphi(\omega)=0$，$|H(j\omega)|$为常数，满足无失真传输条件。

5-5 电路如图5-2-4所示，在电流源激励作用下，得到输出电压。写出联系 $i_1(t)$ 与$v_1(t)$的网络函数 $H(s)=\dfrac{V_1(s)}{I_1(s)}$，要使 $v_1(t)$ 与 $i_1(t)$ 波形一样（无失真），确定 R_1 和 R_2（设给定$L=1\text{H}$，$C=1\text{F}$）。传输过程有无时间延迟？

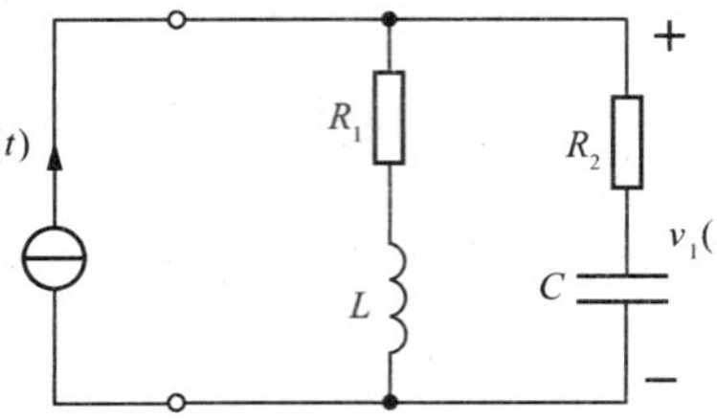

图5-2-4

解： 由图5-2-4可写出 s 域的系统函数为

$$H(s)=\frac{V_1(s)}{I_1(s)}=\frac{1}{\dfrac{1}{R_1+sL}+\dfrac{1}{R_2+\dfrac{1}{sC}}}$$

$$=\frac{R_2LCs^2+(R_1R_2C+L)s+R_1}{LCs^2+(R_1+R_2)Cs+1}$$

将 $L=1\text{H}$，$C=1\text{F}$ 代入，可得

$$H(s)=\frac{R_2\cdot s^2+(R_1R_2+1)s+R_1}{s^2+(R_1+R_2)s+1}$$

$$=\frac{R_2[s^2+(R_1+R_2)s+1]+(1-R_2^2)s+(R_1-R_2)}{s^2+(R_1+R_2)s+1}$$

根据无失真传输条件，则系统冲激响应应为 $h(t)=K\delta(t-t_0)$，即 $H(s)$只有常数项，令$(1-R_2^2)s+(R_1-R_2)=0$，则 $R_1=R_2=1\ \Omega$，此时 $H(s)=1$，$h(t)=\delta(t)$满足无失真传输条件，并且传输过程没有时间延迟。

5-6 一个理想低通滤波器的网络函数如教材式(5-23) $H(j\omega)=|H(j\omega)|e^{j\varphi(\omega)}$，幅度响应与相移响应特性如图5-2-5所示。证明此滤波器对于$\dfrac{\pi}{\omega_c}\delta(t)$和$\dfrac{\sin(\omega_c t)}{\omega_c t}$的响应是一样的。

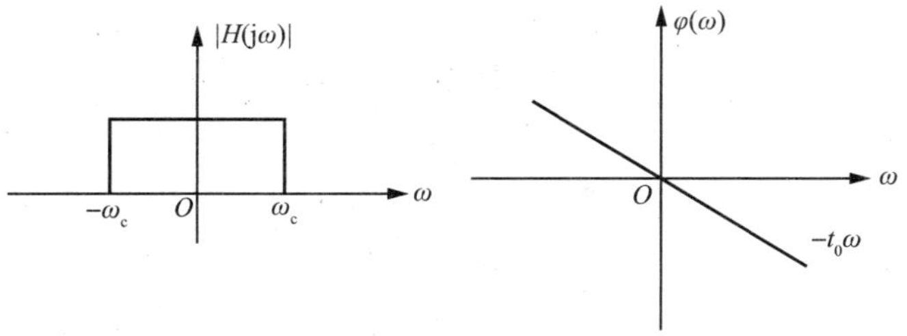

图5-2-5

证明： 根据图5-2-5可写出系统函数的表达式为

$$H(j\omega)=|H(j\omega)|e^{j\varphi(\omega)}=[u(\omega+\omega_c)-u(\omega-\omega_c)]\cdot e^{-j\omega t_0}$$

令 $e_1(t)=\dfrac{\pi}{\omega_c}\delta(t)$，$e_2(t)=\dfrac{\sin(\omega_c t)}{\omega_c t}$，则

$$E_1(j\omega)=\frac{\pi}{\omega_c},E_2(j\omega)=\frac{\pi}{\omega_c}[u(\omega+\omega_c)-u(\omega-\omega_c)]$$

因此有

$$R_1(j\omega)=E_1(j\omega)\cdot H(j\omega)=\frac{\pi}{\omega_c}\cdot[u(\omega+\omega_c)-u(\omega-\omega_c)]\cdot e^{-j\omega t_0}$$

$$R_2(j\omega)=E_2(j\omega)\cdot H(j\omega)=\frac{\pi}{\omega_c}[u(\omega+\omega_c)-u(\omega-\omega_c)]\cdot e^{-j\omega t_0}$$

可见 $R_1(j\omega)=R_2(j\omega)$，所以此滤波器对于$\dfrac{\pi}{\omega_c}\delta(t)$与$\dfrac{\sin(\omega_c t)}{\omega_c t}$的响应是一致的。

5-7 一个理想低通滤波器的系统函数仍如上题（习题 5-6），求此滤波器对于 $\dfrac{\sin(\omega_0 t)}{\omega_0 t}$ 信号的响应。假定 $\omega_0<\omega_c$，ω_c 为滤波器截止频率。

解：根据题 5-6 可知，系统函数为

$$H(j\omega)=|H(j\omega)|e^{j\varphi(\omega)}=[u(\omega+\omega_c)-u(\omega-\omega_c)]\cdot e^{-j\omega t_0}$$

由 $e(t)=\dfrac{\sin(\omega_0 t)}{\omega_0 t}$ 知

$$E(j\omega)=\frac{\pi}{\omega_0}\cdot[u(\omega+\omega_0)-u(\omega-\omega_0)]$$

所以 $R(j\omega)=E(j\omega)\cdot H(j\omega)$

$$=\frac{\pi}{\omega_0}e^{-j\omega t_0}\cdot[u(\omega+\omega_0)-u(\omega-\omega_0)]$$

取反变换，得响应

$$r(t)=\mathscr{F}^{-1}[R(j\omega)]=\frac{1}{2\pi}\int_{-\omega_0}^{\omega_0}\frac{\pi}{\omega_0}e^{-j\omega t_0}e^{j\omega t}d\omega=\frac{\sin[\omega_0(t-t_0)]}{\omega_0(t-t_0)}=Sa[\omega_0(t-t_0)]$$

故滤波器对 $Sa(\omega_0 t)$ 的响应为其延时信号 $Sa[\omega_0(t-t_0)]$。

5-8 已知系统冲激响应 $h(t)=\dfrac{d}{dt}\left[\dfrac{\sin(\omega_c t)}{\pi t}\right]$，系统函数 $H(j\omega)=\mathscr{F}[h(t)]=|H(j\omega)|e^{j\varphi(\omega)}$，试画出 $|H(j\omega)|$ 和 $\varphi(\omega)$ 图形。

解：令 $f(t)=\dfrac{\sin(\omega_c t)}{\pi t}=\dfrac{\sin(\omega_c t)}{\omega_c t}\cdot\dfrac{\omega_c}{\pi}$，因为

$$Sa(\omega_c t)\leftrightarrow\begin{cases}\dfrac{\pi}{\omega_c}, & |\omega|\leqslant\omega_c\\0, & |\omega|>\omega_c\end{cases}$$

所以

$$F(j\omega)=\mathscr{F}[f(t)]=\begin{cases}1, & |\omega|\leqslant\omega_c\\0, & |\omega|>\omega_c\end{cases}$$

根据傅里叶变换的时域微分性质，可得系统函数为

$$H(j\omega)=\mathscr{F}[h(t)]=\mathscr{F}\left\{\frac{d}{dt}\left[\frac{\sin(\omega_c t)}{\pi t}\right]\right\}=j\omega F(j\omega)=\begin{cases}j\omega & |\omega|\leqslant\omega_c\\0 & |\omega|>\omega_c\end{cases}$$

则 $|H(j\omega)| = \begin{cases} |\omega|, & |\omega| \leqslant \omega_c \\ 0, & |\omega| > \omega_c \end{cases}$，$\varphi(\omega) = \begin{cases} \dfrac{\pi}{2} & 0 < \omega < \omega_c \\ -\dfrac{\pi}{2} & -\omega_c < \omega < 0 \\ 0 & 其他 \end{cases}$

$|H(j\omega)|$ 和 $\varphi(\omega)$ 的图形如图 5－2－6(a)、(b)所示。

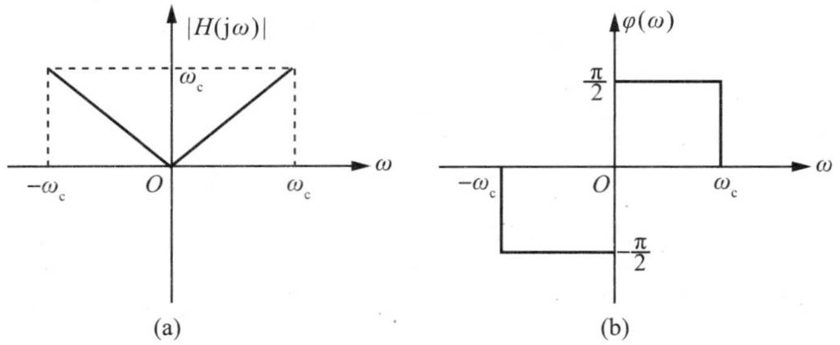

图 5－2－6

5－9　已知理想低通的系统函数表示式为

$$\boldsymbol{H(j\omega) = \begin{cases} 1 & \left(|\omega| < \dfrac{2\pi}{\tau}\right) \\ 0 & \left(|\omega| > \dfrac{2\pi}{\tau}\right) \end{cases}}$$

而激励信号的傅氏变换式为 $E(j\omega) = \tau\,\mathrm{Sa}\left(\dfrac{\omega\tau}{2}\right)$，利用时域卷积定理求响应的时间函数表示式 $r(t)$。

解： 由已知可得

$$h(t) = \mathscr{F}^{-1}[H(j\omega)] = \frac{2}{\tau}\mathrm{Sa}\left(\frac{2\pi}{\tau}t\right)$$

$$e(t) = \mathscr{F}^{-1}[E(j\omega)] = u\left(t + \frac{\tau}{2}\right) - u\left(t - \frac{\tau}{2}\right)$$

所以 $r(t) = e(t) * h(t) = \left[u\left(t + \dfrac{\tau}{2}\right) - u\left(t - \dfrac{\tau}{2}\right)\right] * \dfrac{2}{\tau}\mathrm{Sa}\left(\dfrac{2\pi}{\tau}t\right)$

由 $f(t) * u(t) = \int_{-\infty}^{t} f(\lambda)\mathrm{d}\lambda$，且 $\mathrm{Si}(y) = \int_0^y \dfrac{\sin x}{x}\mathrm{d}x$，可得

$$r(t) = \int_{-\infty}^{t+\frac{\tau}{2}} \frac{2}{\tau}\mathrm{Sa}\left(\frac{2\pi}{\tau}\lambda\right)\mathrm{d}\lambda - \int_{-\infty}^{t-\frac{\tau}{2}} \frac{2}{\tau}\mathrm{Sa}\left(\frac{2\pi}{\tau}\lambda\right)\mathrm{d}\lambda$$

再令 $\dfrac{2\pi}{\tau}\lambda = x$ 得

$$\begin{aligned} r(t) &= \frac{1}{\pi}\int_{-\infty}^{\frac{2\pi}{\tau}\left(t+\frac{\tau}{2}\right)} \mathrm{Sa}(x)\mathrm{d}x - \frac{1}{\pi}\int_{-\infty}^{\frac{2\pi}{\tau}\left(t-\frac{\tau}{2}\right)} \mathrm{Sa}(x)\mathrm{d}x \\ &= \frac{1}{\pi}\int_0^{\frac{2\pi}{\tau}\left(t+\frac{\tau}{2}\right)} \mathrm{Sa}(x)\mathrm{d}x + \frac{1}{\pi}\int_{-\infty}^0 \mathrm{Sa}(x)\mathrm{d}x - \frac{1}{\pi}\int_0^{\frac{2\pi}{\tau}\left(t-\frac{\tau}{2}\right)} \mathrm{Sa}(x)\mathrm{d}x - \frac{1}{\pi}\int_{-\infty}^0 \mathrm{Sa}(x)\mathrm{d}x \\ &= \frac{1}{\pi}\int_0^{\frac{2\pi}{\tau}\left(t+\frac{\tau}{2}\right)} \mathrm{Sa}(x)\mathrm{d}x - \frac{1}{\pi}\int_0^{\frac{2\pi}{\tau}\left(t-\frac{\tau}{2}\right)} \mathrm{Sa}(x)\mathrm{d}x \\ &= \frac{1}{\pi}\left\{\mathrm{Si}\left[\frac{2\pi}{\tau}\left(t + \frac{\tau}{2}\right)\right] - \mathrm{Si}\left[\frac{2\pi}{\tau}\left(t - \frac{\tau}{2}\right)\right]\right\} \end{aligned}$$

5-10　一个理想带通滤波器的幅度特性与相位特性如图 5-2-7 所示。求它的冲激响应，画响应波形，说明此滤波器是否是物理可实现的？

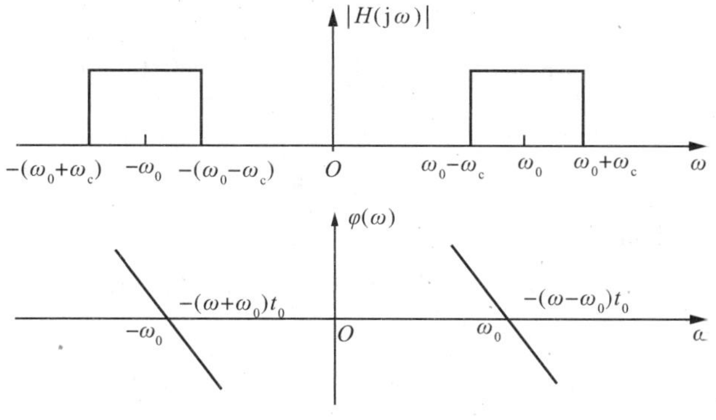

图 5-2-7

解：由图 5-2-7 可知

$$H(j\omega)=\begin{cases}e^{-j(\omega-\omega_0)t_0} & |\omega-\omega_0|\leqslant\omega_c\\ e^{-j(\omega+\omega_0)t_0} & |\omega+\omega_0|\leqslant\omega_c\\ 0 & 其他\end{cases}$$

则系统的冲激响应为

$$h(t)=\frac{1}{2\pi}\left[\int_{-(\omega_c+\omega_0)}^{(\omega_c-\omega_0)} e^{-j(\omega+\omega_0)t_0}\cdot e^{j\omega t}d\omega+\int_{-(\omega_c-\omega_0)}^{(\omega_c+\omega_0)} e^{-j(\omega-\omega_0)t_0}\cdot e^{j\omega t}d\omega\right]$$

令上式第一项 $\omega=\omega'-\omega_0$，第二项 $\omega=\omega'+\omega_0$，可得

$$h(t)=\frac{1}{2\pi}\left[\int_{-\omega_c}^{\omega_c} e^{-j\omega' t_0}e^{j(\omega'-\omega_0)t}d\omega'+\int_{-\omega_c}^{\omega_c} e^{-j\omega' t_0}e^{j(\omega'+\omega_0)t}d\omega'\right]$$

$$=\frac{2\omega_c}{\pi}\mathrm{Sa}[\omega_c(t-t_0)]\cos\omega_0 t$$

响应波形如图 5-2-8 所示。

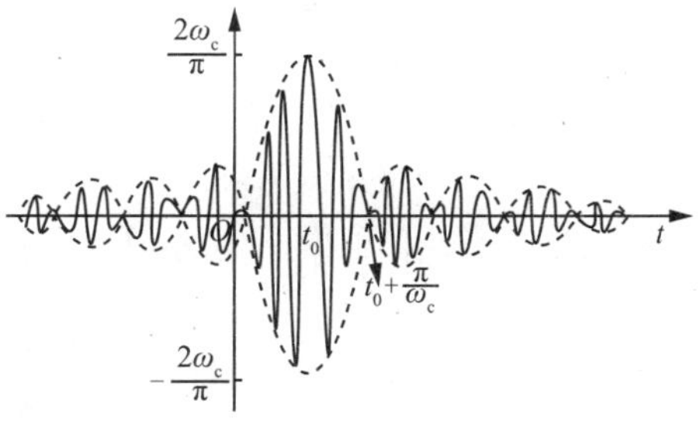

图 5-2-8

从时域上考虑，一个物理可实现系统的冲激响应 $h(t)$ 必须满足因果性，即在 $t<0$ 时必须为零。从图 5-2-8 中可知，$t<0$ 时，$h(t)\neq 0$，所以此滤波器不是物理可实现的。

5-11　图 5-2-9 所示系统，$H_i(j\omega)$ 为理想低通特性

$$\mathrm{H_i}(j\omega)=\begin{cases}e^{-j\omega t_0} & |\omega|\leqslant 1\\ 0 & |\omega|>1\end{cases}$$

若：(1) $v_1(t)$ 为单位阶跃信号 $u(t)$，写出 $v_2(t)$ 表示式；

(2) $v_1(t)=\dfrac{2\sin\left(\dfrac{t}{2}\right)}{t}$**，写出** $v_2(t)$ **表示式。**

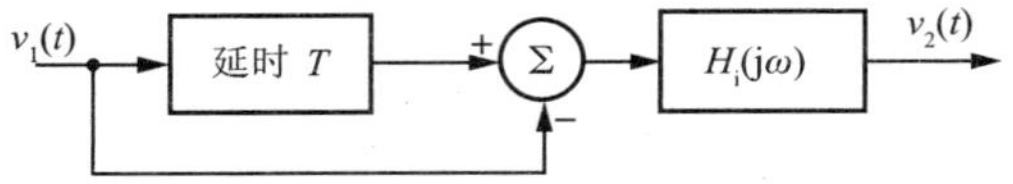

图 5-2-9

解： 由图 5-2-9 可知，系统输出为

$$v_2(t)=[v_1(t-T)-v_1(t)]*h_i(t)$$

根据时域卷积定理，有

$$V_2(j\omega)=[V_1(j\omega)e^{-j\omega T}-V_1(j\omega)]H_i(j\omega)$$

(1)当 $v_1(t)=u(t)$，则 $v_2(t)=[u(t-T)-u(t)]*h_i(t)$。

因为 $h_i(t)=\mathscr{F}^{-1}[H_i(j\omega)]=\dfrac{1}{\pi}\mathrm{Sa}(t-t_0)$，$f(t)*u(t)=\int_{-\infty}^{t}f(\lambda)\mathrm{d}\lambda$，所以

$$\begin{aligned}v_2(t)&=\frac{1}{\pi}\int_{-\infty}^{t-T}\mathrm{Sa}(\lambda-t_0)\mathrm{d}\lambda-\frac{1}{\pi}\int_{-\infty}^{t}\mathrm{Sa}(\lambda-t_0)\mathrm{d}\lambda\\&=\frac{1}{\pi}\int_{-\infty}^{t-t_0-T}\mathrm{Sa}(\lambda')\mathrm{d}\lambda'-\frac{1}{\pi}\int_{-\infty}^{t-t_0}\mathrm{Sa}(\lambda'')\mathrm{d}\lambda''\\&=\frac{1}{\pi}[\mathrm{Si}(t-t_0-T)-\mathrm{Si}(t-t_0)]\end{aligned}$$

(2)当 $v_1(t)=\dfrac{2\sin\left(\dfrac{t}{2}\right)}{t}=\mathrm{Sa}\left(\dfrac{t}{2}\right)$，有

$$V_1(j\omega)=\mathscr{F}[v_1(t)]=\begin{cases}2\pi, & |\omega|<\dfrac{1}{2}\\0, & \text{其他}\end{cases}$$

则 $V_2(j\omega)=V_1(j\omega)H(j\omega)(e^{-j\omega T}-1)=\begin{cases}2\pi e^{-j\omega t_0}(e^{-j\omega T}-1), & |\omega|<\dfrac{1}{2}\\0, & \text{其他}\end{cases}$

取傅里叶反变换，有

$$v_2(t)=\mathscr{F}^{-1}[V_2(j\omega)]=\mathrm{Sa}\left[\frac{1}{2}(t-t_0-T)\right]-\mathrm{Sa}\left[\frac{1}{2}(t-t_0)\right]$$

5-12　写出图 5-2-10 所示系统的系统函数 $H(s)=\dfrac{Y(s)}{X(s)}$**。以持续时间为** τ **的矩形脉冲作为激励** $x(t)$**，求** $\tau\gg T$、$\tau\ll T$、$\tau=T$ **三种情况下的输出信号** $y(t)$ **(从时域直接求或以拉氏变换方法求，讨论所得结果)。**

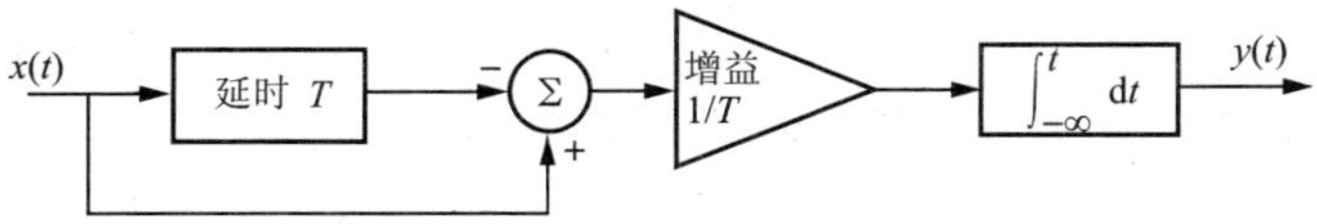

图 5-2-10

解： 由图 5-2-10 可知

$$y(t) = \int_{-\infty}^{t} \frac{1}{T}[x(t_1) - x(t_1 - T)]\mathrm{d}t_1$$

则$\frac{\mathrm{d}}{\mathrm{d}t}y(t) = \frac{1}{T}[x(t) - x(t-T)]$

两边取拉氏变换，有 $sY(s) = \frac{1}{T}[X(s) - \mathrm{e}^{-sT}X(s)]$

故可得系统函数为：$H(s) = \frac{Y(s)}{X(s)} = \frac{1-\mathrm{e}^{-sT}}{sT}$。

又因激励为持续时间为τ的矩形脉冲，即 $x(t) = u(t) - u(t-\tau)$

则此时的响应输出为

$$y(t) = \int_{-\infty}^{t} \frac{1}{T}[u(t_1) - u(t_1 - \tau) - u(t_1 - T) + u(t_1 - \tau - T)]\mathrm{d}t_1$$

$$= \frac{1}{T}[tu(t) - (t-\tau)u(t-\tau) - (t-T)u(t-T) + (t-\tau-T)u(t-\tau-T)]$$

当$\tau \gg T$时，$y(t)$和$x(t)$波形相似，失真较小，而其他两种情况都会发生严重的失真。因为信号$x(t)$经过延时器和增益两个系统后输出$y_1(t) = \frac{1}{T}[x(t) - x(t-T)]$，相当于一个微分电路，微分结果再经过第三个积分系统又可大致恢复原信号。而另外两种情况下，前两个系统不能等效为微分电路，失真严重。

5-13　某低通滤波器具有升余弦幅度传输特性，其相频特性为理想特性。若$H(\mathrm{j}\omega)$表示式为$H(\mathrm{j}\omega) = H_{\mathrm{i}}(\mathrm{j}\omega)\left[\frac{1}{2} + \frac{1}{2}\cos\left(\frac{\pi}{\omega_{\mathrm{c}}}\omega\right)\right]$，其中$H_{\mathrm{i}}(\mathrm{j}\omega)$为理想低通传输特性

$$H_{\mathrm{i}}(\mathrm{j}\omega) = \begin{cases} \mathrm{e}^{-\mathrm{j}\omega t_0} & (|\omega| < \omega_{\mathrm{c}}) \\ 0 & (\omega\text{ 为其他值}) \end{cases}$$

试求此系统的冲激响应，并与理想低通滤波器之冲激响应相比较。

解：已知 $H_{\mathrm{i}}(\mathrm{j}\omega) = \begin{cases} \mathrm{e}^{-\mathrm{j}\omega t_0} & (|\omega| < \omega_{\mathrm{c}}) \\ 0 & (\omega\text{ 为其他值}) \end{cases}$，则

$$h_{\mathrm{i}}(t) = \frac{\omega_{\mathrm{c}}}{\pi}\mathrm{Sa}[\omega_{\mathrm{c}}(t-t_0)]$$

因为

$$H(\mathrm{j}\omega) = H_{\mathrm{i}}(\mathrm{j}\omega)\left[\frac{1}{2} + \frac{1}{2}\cos\left(\frac{\pi}{\omega_{\mathrm{c}}}\omega\right)\right]$$

$$= \frac{1}{2}H_{\mathrm{i}}(\mathrm{j}\omega) + \frac{1}{4}\mathrm{e}^{\mathrm{j}\frac{\pi}{\omega_{\mathrm{c}}}\omega}H_{\mathrm{i}}(\mathrm{j}\omega) + \frac{1}{4}\mathrm{e}^{-\mathrm{j}\frac{\pi}{\omega_{\mathrm{c}}}\omega}H_{\mathrm{i}}(\mathrm{j}\omega)$$

则系统冲激响应为

$$h(t) = \mathscr{F}^{-1}[H(\mathrm{j}\omega)]$$

$$= \frac{1}{2}\mathscr{F}^{-1}[H_{\mathrm{i}}(\mathrm{j}\omega)] + \frac{1}{4}\mathscr{F}^{-1}[\mathrm{e}^{\mathrm{j}\frac{\pi}{\omega_{\mathrm{c}}}\omega}H_{\mathrm{i}}(\mathrm{j}\omega)] + \frac{1}{4}\mathscr{F}^{-1}[\mathrm{e}^{-\mathrm{j}\frac{\pi}{\omega_{\mathrm{c}}}\omega}H_{\mathrm{i}}(\mathrm{j}\omega)]$$

$$= \frac{1}{2}h_{\mathrm{i}}(t) + \frac{1}{4}h_{\mathrm{i}}\left(t + \frac{\pi}{\omega_{\mathrm{c}}}\right) + \frac{1}{4}h_{\mathrm{i}}\left(t - \frac{\pi}{\omega_{\mathrm{c}}}\right)$$

$$= \frac{\omega_{\mathrm{c}}}{2\pi}\left\{\mathrm{Sa}[\omega_{\mathrm{c}}(t-t_0)] + \frac{1}{2}\mathrm{Sa}\left[\omega_{\mathrm{c}}\left(t - t_0 + \frac{\pi}{\omega_{\mathrm{c}}}\right)\right] + \frac{1}{2}\mathrm{Sa}\left[\omega_{\mathrm{c}}\left(t - t_0 - \frac{\pi}{\omega_{\mathrm{c}}}\right)\right]\right\}$$

由上述结果可知，升余弦滤波器的冲激响应是将理想低通滤波器冲激响应 $h_i(t)$ 分别左移、右移$\frac{\omega_c}{\pi}$个单位后和 $h_i(t)$ 分别乘以相应系数的叠加。与理想低通滤波器相比，此系统的冲激响应也有类似的抽样函数的形状，但主瓣更宽，为理想低通滤波器的两倍，同时幅度减小。

5－14　某低通滤波器具有非线性相移特性，而幅频响应为理想特性。若 $H(j\omega)$ 表示式为 $H(j\omega)=H_i(j\omega)e^{-j\Delta\varphi(\omega)}$，其中 $H_i(j\omega)$ 为理想低通传输特性（见上题），$\Delta\varphi(\omega)\ll 1$，并可展开为

$$\Delta\varphi(\omega)=a_1\sin\left(\frac{\omega}{\omega_1}\right)+a_2\sin\left(\frac{2\omega}{\omega_1}\right)+\cdots+a_m\sin\left(\frac{m\omega}{\omega_1}\right)$$

试求此系统的冲激响应，并与理想低通滤波器之冲激响应相比较。

解：利用泰勒公式对 $e^{-j\Delta\varphi(\omega)}$ 进行展开，因为 $\Delta\varphi(\omega)\ll 1$，所以 $e^{-j\Delta\varphi(\omega)}\approx 1-j\Delta\varphi(\omega)$。

又因为 $\Delta\varphi(\omega)=a_1\sin\left(\frac{\omega}{\omega_1}\right)+a_2\sin\left(\frac{2\omega}{\omega_1}\right)+\cdots a_m\sin\left(\frac{m\omega}{\omega_1}\right)$，故

$$\begin{aligned}H(j\omega)&=H_i(j\omega)e^{-j\Delta\varphi(\omega)}\\&=H_i(j\omega)\left[1-ja_1\sin\left(\frac{\omega}{\omega_1}\right)-ja_2\sin\left(\frac{2\omega}{\omega_1}\right)-\cdots-ja_m\sin\left(\frac{m\omega}{\omega_1}\right)\right]\\&=H_i(j\omega)\left[1-\frac{a_1}{2}(e^{j\frac{\omega}{\omega_1}}-e^{-j\frac{\omega}{\omega_1}})-\frac{a_2}{2}(e^{j\frac{2\omega}{\omega_1}}-e^{-j\frac{2\omega}{\omega_1}})-\cdots-\frac{a_m}{2}(e^{j\frac{m\omega}{\omega_1}}-e^{-j\frac{m\omega}{\omega_1}})\right]\end{aligned}$$

取傅里叶反变换，可得

$$\begin{aligned}h(t)&=\mathscr{F}^{1}[H(j\omega)]\\&\approx h_i(t)-\frac{a_1}{2}[h_i(t+\frac{1}{\omega_1})-h_i(t-\frac{1}{\omega_1})]-\cdots-\frac{a_m}{2}[h_i(t+\frac{m}{\omega_1})-h_i(t-\frac{m}{\omega_1})]\\&=h_i(t)+\sum_{k=1}^{m}\frac{a_k}{2}[h_i(t-\frac{k}{\omega_1})-h_i(t+\frac{k}{\omega_1})]\end{aligned}$$

其中，$h_i(t)=\frac{\omega_c}{\pi}\mathrm{Sa}[\omega_c(t-t_0)]$。

从 $h(t)$ 的表达式可知，$h(t)$ 是在 $h_i(t)$ 的两侧出现了 m 对回波，而每对回波的峰值极性相反，故 $h(t)$ 的波形不对称，会引起失真。

5－15　试利用另一种方法证明因果系统的 $R(\omega)$ 与 $X(\omega)$ 被希尔伯特变换相互约束。

（1）已知 $h(t)=h(t)u(t)$，$h_e(t)$ 和 $h_o(t)$ 分别为 $h(t)$ 的偶分量和奇分量，$h(t)=h_e(t)+h_o(t)$，证明：

$$h_e(t)=h_o(t)\mathrm{sgn}(t)$$
$$h_o(t)=h_e(t)\mathrm{sgn}(t)$$

（2）由傅氏变换的奇偶虚实关系已知

$$H(j\omega)=R(\omega)+jX(\omega)$$
$$\mathscr{F}[f_e(t)]=R(\omega),\ \mathscr{F}[f_o(t)]=jX(\omega)$$

利用上述关系证明 $R(\omega)$ 与 $X(\omega)$ 之间满足希尔伯特变换关系。

证明：（1）已知 $h(t)=h(t)u(t)$，故

偶分量：$h_e(t)=\frac{h(t)+h(-t)}{2}=\frac{h(t)u(t)+h(-t)u(-t)}{2}$

奇分量：$h_o(t)=\frac{h(t)-h(-t)}{2}=\frac{h(t)u(t)-h(-t)u(-t)}{2}$

则

$$h_o(t)\operatorname{sgn}(t)=\frac{h(t)u(t)-h(-t)u(-t)}{2}\cdot\operatorname{sgn}(t)$$

$$=\frac{h(t)u(t)+h(-t)u(-t)}{2}=h_e(t)$$

同理可证 $h_o(t)=h_e(t)\cdot\operatorname{sgn}(t)$。

(2)由于 $h_e(t)=h_o(t)\operatorname{sgn}(t)$，$\mathscr{F}[h_e(t)]=R(\omega)$，$\mathscr{F}[h_o(t)]=\mathrm{j}X(\omega)$，因此

$$\mathscr{F}[h_e(t)]=R(\omega)=\mathscr{F}[h_o(t)\operatorname{sgn}(t)]$$

$$=\frac{1}{2\pi}\mathscr{F}[h_o(t)]*\mathscr{F}[\operatorname{sgn}(t)]$$

$$=\frac{1}{2\pi}\mathrm{j}X(\omega)*\frac{2}{\mathrm{j}\omega}=\frac{1}{\pi}\int_{-\infty}^{\infty}\frac{X(\lambda)}{\omega-\lambda}\mathrm{d}\lambda$$

$$\mathscr{F}[h_o(t)]=\mathrm{j}X(\omega)=\mathscr{F}[h_e(t)\operatorname{sgn}(t)]$$

$$=\frac{1}{2\pi}\mathscr{F}[h_e(t)]*\mathscr{F}[\operatorname{sgn}(t)]$$

$$=\frac{1}{2\pi}R(\omega)*\frac{2}{\mathrm{j}\omega}=\frac{1}{\mathrm{j}\pi}\int_{-\infty}^{\infty}\frac{R(\lambda)}{\omega-\lambda}\mathrm{d}\lambda$$

即 $X(\omega)=-\frac{1}{\pi}\int_{-\infty}^{\infty}\frac{R(\lambda)}{\omega-\lambda}\mathrm{d}\lambda$，$R(\omega)=\frac{1}{\pi}\int_{-\infty}^{\infty}\frac{X(\lambda)}{\omega-\lambda}\mathrm{d}\lambda$。

可证 $R(\omega)$ 与 $X(\omega)$ 之间满足希尔伯特变换关系。

5-16　若 $\mathscr{F}[f(t)]=F(\omega)$，令 $Z(\omega)=2F(\omega)U(\omega)$（只取单边的频谱）。试证明

$$z(t)=\mathscr{F}^{-1}[Z(\omega)]=f(t)+\hat{f}(t)$$

其中

$$\hat{f}(t)=\frac{\mathrm{j}}{\pi}\left[\int_{-\infty}^{\infty}\frac{f(\tau)}{t-\tau}\mathrm{d}\tau\right]$$

证明：因 $Z(\omega)=2F(\omega)U(\omega)=F(\omega)+F(\omega)\cdot\operatorname{sgn}(\omega)$，故

$$z(t)=\mathscr{F}^{-1}[Z(\omega)]=\mathscr{F}^{-1}[F(\omega)]+\mathscr{F}^{-1}[F(\omega)\cdot\operatorname{sgn}(\omega)]$$

$$=f(t)+f(t)*\mathscr{F}^{-1}[\operatorname{sgn}(\omega)]$$

$$=f(t)+f(t)*\frac{1}{2\pi}\cdot\frac{2}{\mathrm{j}\cdot(-t)}$$

$$=f(t)+\frac{\mathrm{j}}{\pi}\int_{-\infty}^{\infty}\frac{f(\tau)}{t-\tau}\mathrm{d}\tau=f(t)+\hat{f}(t)$$

5-17　对于图 5-2-11 所示抑制载波调幅信号的频谱，由于 $G(\omega)$ 的偶对称性，使 $F(\omega)$ 在 ω_0 和 $-\omega_0$ 之左右对称，利用此特点，可以只发送频谱如图 5-2-12 所示的信号，称为单边带信号，以节省频带。试证明在接收端用同步解调可以恢复原信号 $G(\omega)$。

证明：将单边带信号 $f_1(t)$ 在时域上乘以载波 $\cos(\omega_0 t)$，则

$$\mathscr{F}[f_1(t)\cos(\omega_0 t)]=\frac{1}{2}[F_1(\omega+\omega_0)+F_1(\omega-\omega_0)]$$

如图 5-2-13 所示。波形为原信号 $G(\omega)$ 与载波为 $2\omega_0$ 的单边带之和，通过截止频率满足 $\omega_m<\omega_c<2\omega_0$ 的低通滤波器即可恢复出原信号。

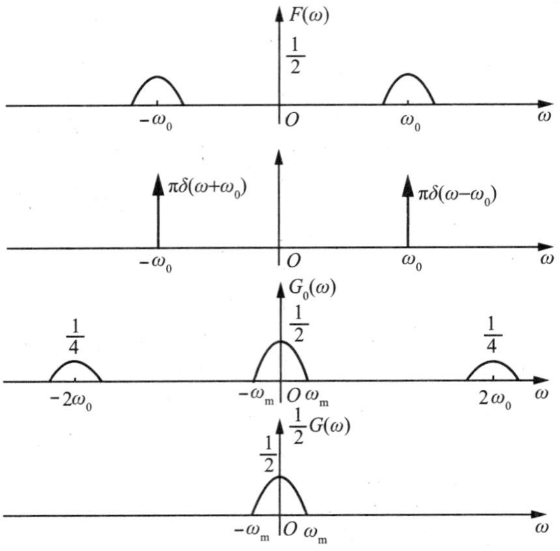

图 5－2－11

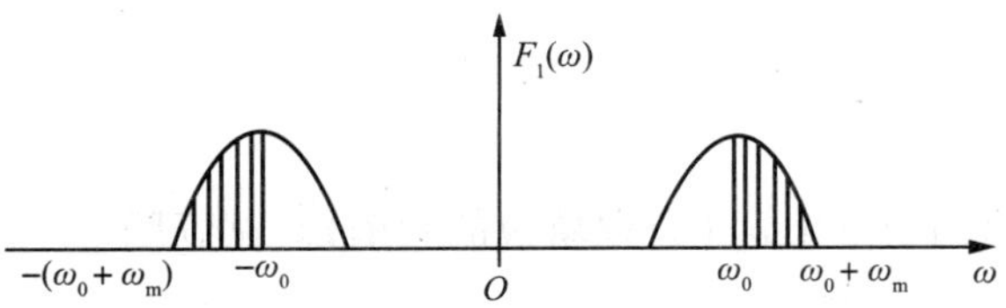

图 5－2－12

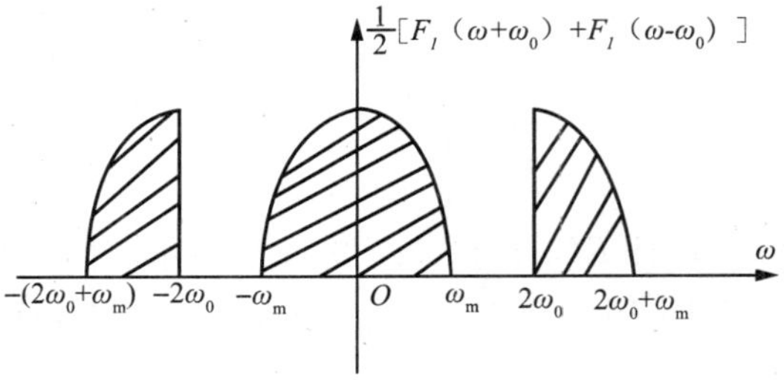

图 5－2－13

5－18　试证明图 5－2－14 所示之系统可以产生单边带信号。图中，信号 $g(t)$ 之频谱 $G(\omega)$ 受限于 $-\omega_m \sim +\omega_m$ 之间，$\omega_0 \gg \omega_m$；$H(j\omega)=-j\text{sgn}(\omega)$。设 $v(t)$ 之频谱为 $V(\omega)$，写出 $V(\omega)$ 表示式，并画出图形。

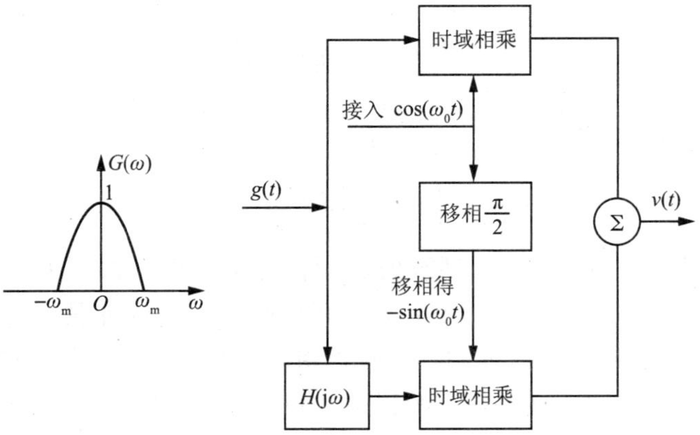

图 5－2－14

证明： 由图 5－2－14 可知

$$v(t)=[g(t)*h(t)]\cdot[-\sin(\omega_0 t)]+g(t)\cdot\cos(\omega_0 t)$$

取傅里叶变换，有

$$V(\omega)=\frac{1}{2\pi}G(\omega)*\{\pi[\delta(\omega+\omega_0)+\delta(\omega-\omega_0)]\}$$
$$+\frac{1}{2\pi}\{j\pi[\delta(\omega-\omega_0)-\delta(\omega+\omega_0)]\}*[G(\omega)\cdot H(\omega)]$$
$$=\frac{1}{2}[G(\omega+\omega_0)+G(\omega-\omega_0)]+\frac{j}{2}[-j\text{sgn}(\omega)\cdot G(\omega)]*[\delta(\omega-\omega_0)-\delta(\omega+\omega_0)]$$
$$=\frac{1}{2}G(\omega+\omega_0)[1-\text{sgn}(\omega+\omega_0)]+\frac{1}{2}G(\omega-\omega_0)[1+\text{sgn}(\omega-\omega_0)]$$
$$=G(\omega+\omega_0)u(-\omega-\omega_0)+G(\omega-\omega_0)u(\omega-\omega_0)$$

其图形如图 5－2－15 所示。

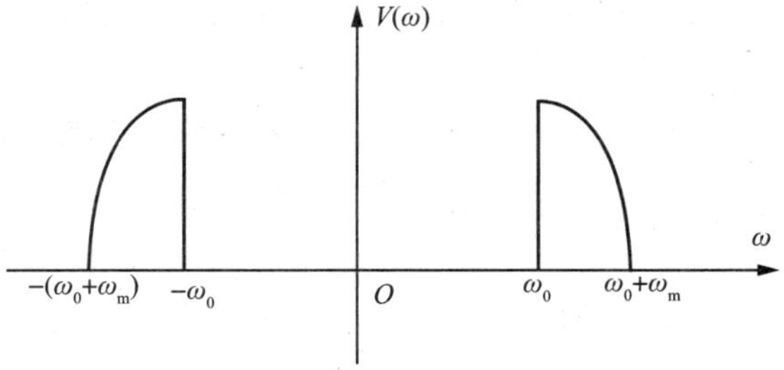

图 5－2－15

从图 5－2－15 可知，该系统可以产生单边带信号。

5－19　已知 $g(t)=\dfrac{\sin(\omega_c t)}{\omega_c t}$，$s(t)=\cos(\omega_0 t)$，设 $\omega_0\gg\omega_c$，将它们相乘得到 $f(t)=g(t)s(t)$，若 $f(t)$ 通过一个特性如题 5－10 中图 5－2－7 所示的理想带通滤波器，求输出信号 $f_1(t)$ 之表示式。

解： 因 $f(t)=g(t)\cdot s(t)$，由频域卷积特性，有

$$F(\omega)=\frac{1}{2\pi}\mathscr{F}[g(t)]*\mathscr{F}[s(t)]$$

而

$$\mathscr{F}[g(t)]=\mathscr{F}\left[\frac{\sin\omega_c t}{\omega_c t}\right]=\frac{\pi}{\omega_c}[u(\omega+\omega_c)-u(\omega-\omega_c)]$$
$$\mathscr{F}[s(t)]=\mathscr{F}[\cos\omega_0 t]=\pi[\delta(\omega+\omega_0)+\delta(\omega-\omega_0)]$$

所以

$$F(\omega)=\frac{\pi}{2\omega_c}[u(\omega+\omega_0+\omega_c)-u(\omega+\omega_0-\omega_c)+u(\omega-\omega_0+\omega_c)-u(\omega-\omega_0-\omega_c)]$$

又由图 5－2－7 可知

$$H(j\omega)=\begin{cases}e^{-j(\omega-\omega_0)t_0} & |\omega-\omega_0|\leqslant\omega_c\\ e^{-j(\omega+\omega_0)t_0} & |\omega+\omega_0|\leqslant\omega_c\\ 0 & \text{其他}\end{cases}$$

所以通过理想带通滤波器后的输出频谱

$$F_1(\omega)=F(\omega)H(j\omega)$$
$$=\frac{\pi e^{-j(\omega+\omega_0)t_0}}{2\omega_c}[u(\omega+\omega_0+\omega_c)-u(\omega+\omega_0-\omega_c)]+$$

$$\frac{\pi e^{-j(\omega-\omega_0)t_0}}{2\omega_c}[u(\omega-\omega_0+\omega_c)-u(\omega-\omega_0-\omega_c)]$$

经反变换，有

$$f_1(t)=\mathscr{F}^{-1}[F_1(\omega)]=\frac{\sin[\omega_c(t-t_0)]}{\omega_c(t-t_0)}\cdot\frac{1}{2}(e^{-j\omega_0 t}+e^{j\omega_0 t})$$
$$=\mathrm{Sa}[\omega_c(t-t_0)]\cos(\omega_0 t)$$

5－20　在图5－2－16所示系统中 $\cos(\omega_0 t)$ 是自激振荡器，理想低通滤波器的转移函数为

$$H_i(j\omega)=[u(\omega+2\Omega)-u(\omega-2\Omega)]e^{-j\omega t_0}\text{且 }\omega_0\gg\Omega。$$

(1)求虚框内系统的冲激响应 $h(t)$；

(2)若输入信号为 $e(t)=\left[\frac{\sin(\Omega t)}{\Omega t}\right]^2\cos(\omega_0 t)$，求系统输出信号 $r(t)$；

(3)若输入信号为 $e(t)=\left[\frac{\sin(\Omega t)}{\Omega t}\right]^2\sin(\omega_0 t)$，求系统输出信号 $r(t)$；

(4)虚框所示系统是否是线性时不变系统?

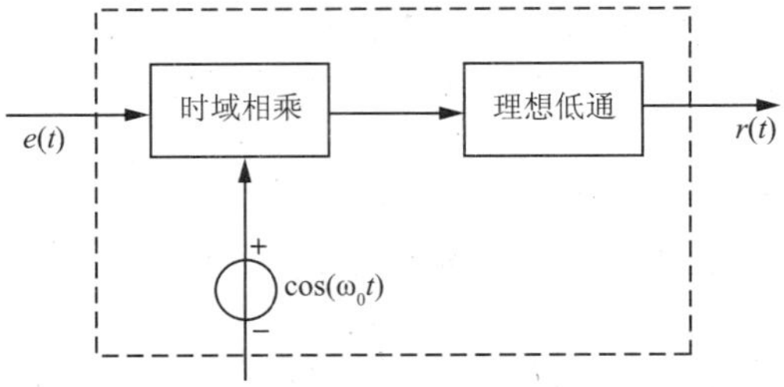

图5－2－16

解：(1)当 $e(t)=\delta(t)$ 时，输出即为冲激响应，即

$$h(t)=[\delta(t)\cdot\cos(\omega_0 t)]*h_i(t)=h_i(t)$$

故

$$h(t)=\mathscr{F}^{-1}[H_i(j\omega)]=\frac{\sin[2\Omega(t-t_0)]}{\pi(t-t_0)}$$

(2)当输入信号 $e(t)=[\frac{\sin\Omega t}{\Omega t}]^2\cdot\cos(\omega_0 t)$ 时

$$e(t)\cdot\cos(\omega_0 t)=[\frac{\sin\Omega t}{\Omega t}]^2\cdot\cos^2(\omega_0 t)=[\frac{\sin\Omega t}{\Omega t}]^2\cdot\frac{1+\cos(2\omega_0 t)}{2}$$

由于 $\omega_0\gg\Omega$，因此 $e(t)\cdot\cos(\omega_0 t)$ 中载波为 $2\omega_0$ 的频率经过低通滤波器必然被滤除，且 $\varphi(\omega)=-\omega t_0$，故 $r(t)=\frac{1}{2}[\frac{\sin\Omega(t-t_0)}{\Omega(t-t_0)}]^2$。

(3)当输入信号 $e(t)=[\frac{\sin\Omega t}{\Omega t}]^2\cdot\sin(\omega_0 t)$ 时

$$e(t)\cdot\cos(\omega_0 t)=[\frac{\sin\Omega t}{\Omega t}]^2\cdot\sin(\omega_0 t)\cos(\omega_0 t)=[\frac{\sin\Omega t}{\Omega t}]^2\cdot\frac{\sin(2\omega_0 t)}{2}$$

同理 $e(t)\cdot\cos(\omega_0 t)$ 中载波为 $2\omega_0$ 的频率经过低通滤波器被滤除，故 $r(t)=0$。

(4)根据(1)可知 $h_i(t)$ 是线性系统，则该系统是线性系统；再令激励信号为 $\delta(t-\tau)$，则输出为 $r(t)=\cos(\omega_0\tau)h_i(t-\tau)\neq h_i(t-\tau)$，所以系统时变，即系统是线性时变系统。

5－21　模拟电话话路的频带宽度为300～3400 Hz，若要利用此信道传送二进制的数据

信号需要接入调制解调器(MODEM)以适应信道通带要求，问 MODEM 在此完成了何种功能？请你试想一种可能实现 MODEM 系统的方案，画出简要的原理框图。(假定数据信号的速率为 1200 bit/s，波形为不归零矩形脉冲。)

解：根据题意，模拟电话话路的频带宽度为 300 ~ 3400 Hz。数据传输速率为 1200 bit/s，其双边带频谱宽度为 4800π，故系统调制的载频为 $2\pi \cdot \frac{300+3400}{2} = 3700\pi \text{rad/s}$ 时，即可以实现题中的要求。将信号在时域上与 $\cos(\omega_0 t)$ 相乘即实现调制，原理框图如图 5-2-17 所示。

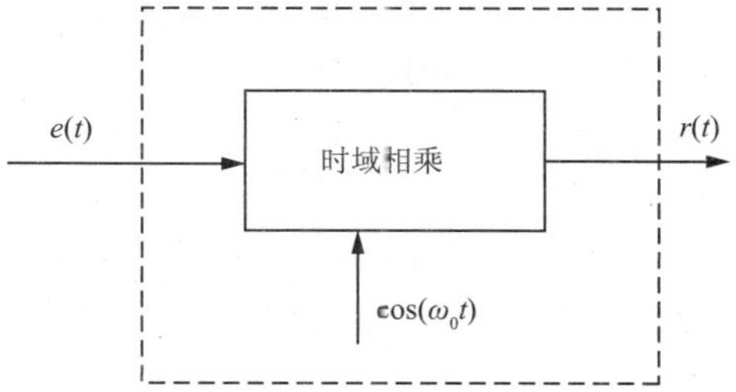

图 5-2-17

5-22　若 $x(t)$、$\psi(t)$ 都为实函数，连续函数小波变换的定义可简写为

$$WT_x(a,b) = \frac{1}{\sqrt{a}}\int_{-\infty}^{\infty} x(t)\psi\left(\frac{t-b}{a}\right)\mathrm{d}t$$

(1)若 $\mathscr{F}[x(t)] = X(\omega)$，$\mathscr{F}[\psi(t)] = \Psi(\omega)$，试证明以上定义式也可用下式给出

$$WT_x(a,b) = \frac{\sqrt{a}}{2\pi}\int_{-\infty}^{\infty} X(\omega)\Psi(-a\omega)\mathrm{e}^{\mathrm{j}\omega b}\mathrm{d}\omega$$

(2)讨论定义式中 a，b 参量的含义(参看教材例 5-5)。

解：(1)因为

$$\begin{aligned}
WT_x(a,b) &= \frac{\sqrt{a}}{2\pi}\int_{-\infty}^{\infty} X(\omega)\Psi(-a\omega)\mathrm{e}^{\mathrm{j}\omega b}\mathrm{d}\omega \\
&= \mathscr{F}^{1}\left[\frac{1}{\sqrt{a}}X(\omega)\cdot a\Psi(-a\omega)\right] \\
&= \frac{1}{\sqrt{a}}x(b) * \psi\left(-\frac{b}{a}\right) = \frac{1}{\sqrt{a}}\left[x(b) * \psi\left(-\frac{b}{a}\right)\right] \\
&= \frac{1}{\sqrt{a}}\left[x(t) * \psi\left(-\frac{t}{a}\right)\right]\Bigg|_{t=b} = \frac{1}{\sqrt{a}}\int_{-\infty}^{\infty} x(\tau)\psi\left(-\frac{t-\tau}{a}\right)d\tau\Bigg|_{t=b} \\
&\xlongequal{\text{令}\tau = t} \frac{1}{\sqrt{a}}\int_{-\infty}^{\infty} x(t)\psi\left(\frac{t-b}{a}\right)\mathrm{d}t
\end{aligned}$$

所以

$$WT_x(a,b) = \frac{1}{\sqrt{a}}\int_{-\infty}^{\infty} x(t)\psi\left(\frac{t-b}{a}\right)\mathrm{d}t = \frac{\sqrt{a}}{2\pi}\int_{-\infty}^{\infty} X(\omega)\psi(-a\omega)\mathrm{e}^{\mathrm{j}\omega b}\mathrm{d}\omega$$

(2)小波变换考虑了信号的时间和频率特性，将 $\psi\left(\frac{t-b}{a}\right)$ 看成一个时域窗，则参数 a 可调整窗口宽度，参数 b 可调整窗口位置，当时域窗口宽度变大时频域窗口变小。

5-23　在信号处理技术中应用的“短时傅里叶变换”有两种定义方式，假定信号源为 $x(t)$，时域窗函数为 $g(t)$，第一种定义方式为

$$X_1(\tau,\omega) = \int_{-\infty}^{\infty} x(t)g(t-\tau)\mathrm{e}^{-\mathrm{j}\omega t}\mathrm{d}t$$

第二种定义方式为

$$X_2(\tau,\omega)=\int_{-\infty}^{\infty}x(t+\tau)g(t)\mathrm{e}^{-\mathrm{j}\omega t}\mathrm{d}t$$

试从物理概念说明参变量τ的含义，比较二种定义结果有何联系与区别。

解：$g(t)$为时域窗函数，故$g(t-\tau)$表示中心为τ的时域窗函数，则$x(t)g(t-\tau)$表示$x(t)$在中心为τ，时域宽度为$g(t)$这一时间域上的信号$x_1(t)$，故

$$X_1(\tau,\omega)=\int_{-\infty}^{\infty}x(t)g(t-\tau)\mathrm{e}^{-\mathrm{j}\omega t}\mathrm{d}t=\mathscr{F}[x_1(t)]$$

第二种定义方式中，$x(t+\tau)$表示$x(t)$向左移τ个单位后的信号，则$x(t+\tau)g(t)$表示$x(t+\tau)$在中心为0，时域宽度为$g(t)$这一时间域上的信号$x_2(t)$，故

$$X_2(\tau,\omega)=\int_{-\infty}^{\infty}x(t+\tau)g(t)\mathrm{e}^{-\mathrm{j}\omega\tau}\mathrm{d}t=\mathscr{F}[x_2(t)]$$

分析得$x_1(t)=x_2(t-\tau)$，则由傅里叶变换的性质可得

$$\mathscr{F}[x_1(t)]=\mathrm{e}^{-\mathrm{j}\omega\tau}\mathscr{F}[x_2(t)]$$

即两种定义方式关系为：$X_1(\tau,\ \omega)=X_2(\tau,\ \omega)\mathrm{e}^{-\mathrm{j}\omega\tau}$。

5-24　若$x(t)=\cos(\omega_m t)$，$\delta_T(t)=\sum_{n=-\infty}^{\infty}\delta(t-nT)$，$T=\frac{2\pi}{\omega_s}$，分别画出以下情况$x(t)\cdot\delta_T(t)$波形及其频谱$\mathscr{F}[x(t)\delta_T(t)]$图形。讨论从$x(t)\delta_T(t)$能否恢复$x(t)$。注意比较(1)和(4)的结果。(建议画波形时保持T不变)

(1)$\omega_m=\frac{\omega_s}{8}=\frac{\pi}{4T}$;　(2)$\omega_m=\frac{\omega_s}{4}=\frac{\pi}{2T}$;(3)$\omega_m=\frac{\omega_s}{2}=\frac{\pi}{T}$;(4)$\omega_m=\frac{9}{8}\omega_s=\frac{9\pi}{4T}$。

解：画出$x(t)=\cos(\omega_m t)$的波形和频谱，如图5-2-18(a)所示。

(1)$\omega_m=\frac{\omega_s}{8}=\frac{\pi}{4T}$，$\omega_s=8\omega_m$，$x(t)\delta_T(t)$的波形及频谱如图5-2-18(b)所示。

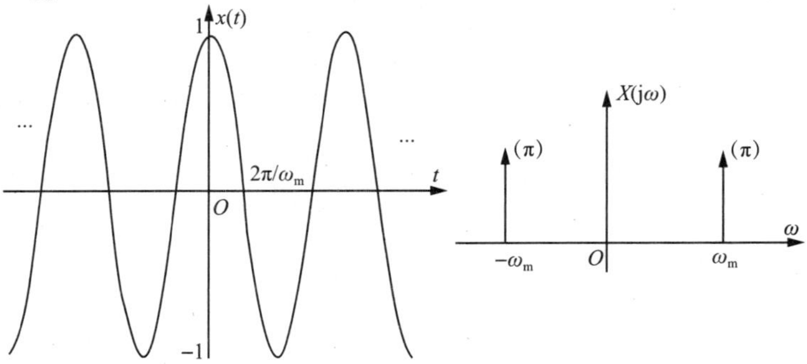

(a)

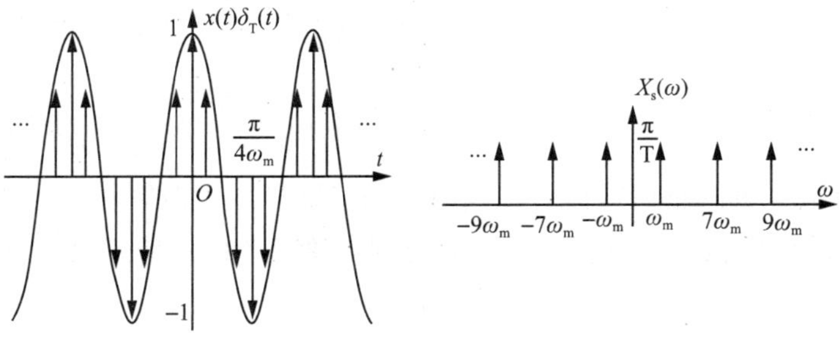

(b)

图5-2-18

(2) $\omega_m=\frac{\omega_s}{4}=\frac{\pi}{2T}$，$\omega_s=4\omega_m$，$x(t)\delta_T(t)$的波形及频谱如图 5－2－18(c)所示。

(3) $\omega_m=\frac{\omega_s}{2}=\frac{\pi}{T}$，$\omega_s=2\omega_m$，$x(t)\delta_T(t)$的波形及频谱如图 5－2－18(d)所示。

(4) $\omega_m=\frac{9}{8}\omega_s=\frac{9\pi}{4T}$，$\omega_s=\frac{8}{9}\omega_m$，$x(t)\delta_T(t)$的波形及频谱如图 5－2－18(e)所示。

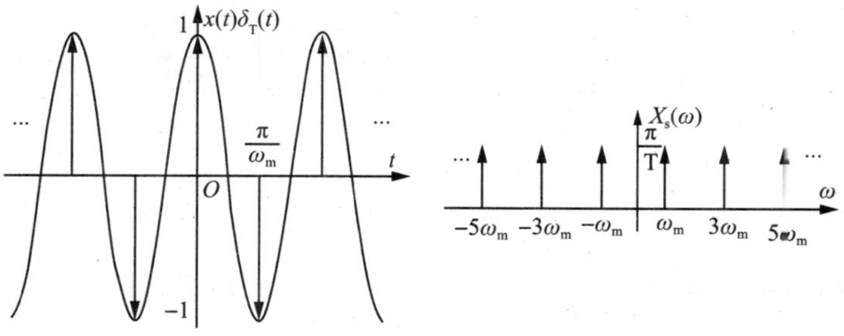

(c)

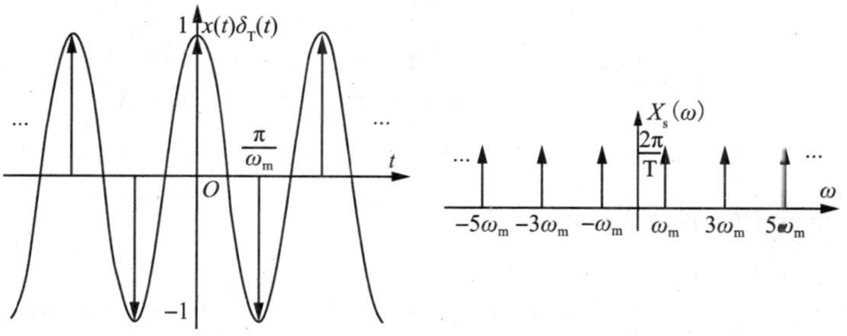

(d)

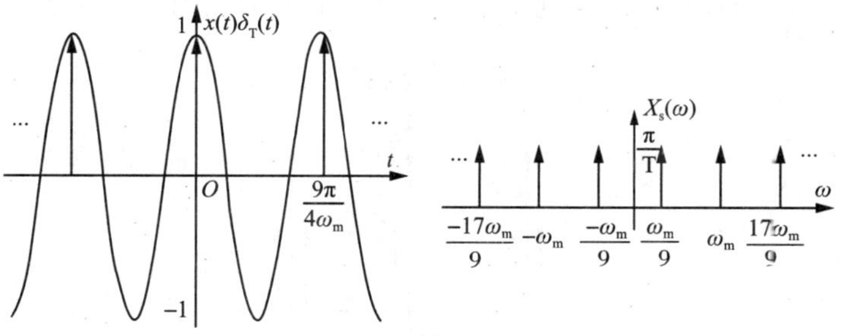

(e)

图 5－2－18

由图 5－2－18 可知，对于前三种情况抽样后的输出信号频谱未发生混叠，因为抽样频率$\omega_s\geqslant2\omega_m$，故可以从 $x(t)\delta_T(t)$ 中无失真恢复 $x(t)$，对于(4)的情况，由于 $\omega_s<2\omega_m$，频谱发生混叠，故此时无法无失真恢复 $x(t)$。

5－25　图 5－2－19 所示抽样系统

$$x(t)=A+B\cos\left(\frac{2\pi t}{T}\right),\ p(t)=\sum_{n=-\infty}^{\infty}\delta[t-n(T+\Delta)],\ T\gg\Delta,$$

理想低通系统函数表达式为

$$H(j\omega)=\begin{cases}1, & \text{当}\ |\omega|<\dfrac{1}{2(T+\Delta)}\\ 0, & \text{当}\ \omega\ \text{为其他}\end{cases}$$

输出端可得到 $y(t)=kx(at)$，其中 $a<1$，k 为实系数。求：

(1)画 $\mathscr{F}[p(t)x(t)]$ 的图形；

(2)为实现上述要求给出 Δ 取值范围；

(3)求 a，求 k；

(4)此系统在电子测量技术中可构成抽样(采样)示波器，试说明此种示波器的功能特点。

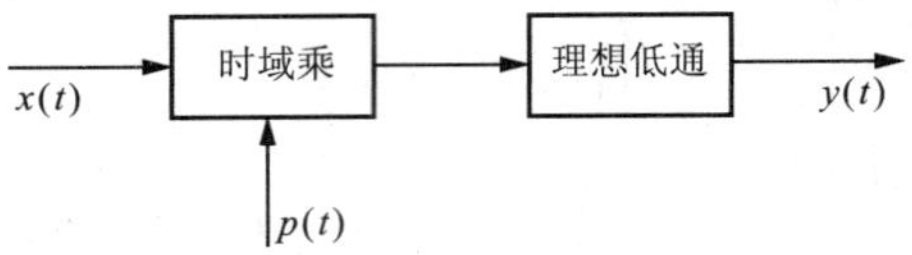

图 5－2－19

解：(1)因为 $x(t)=A+B\cos\left(\frac{2\pi}{T}t\right)$，$p(t)=\sum_{n=-\infty}^{\infty}\delta[t-n(T+\Delta)]$

所以 $X(\mathrm{j}\omega)=\mathscr{F}[x(t)]=2\pi A\delta(\omega)+\pi B\left[\delta\left(\omega+\frac{2\pi}{T}\right)+\delta\left(\omega-\frac{2\pi}{T}\right)\right]$

$$P(\mathrm{j}\omega)=\mathscr{F}[p(t)]=\frac{2\pi}{T+\Delta}\sum_{n=-\infty}^{\infty}\delta\left(\omega-n\frac{2\pi}{T+\Delta}\right)$$

则

$$\mathscr{F}[p(t)x(t)]=\frac{1}{2\pi}P(\mathrm{j}\omega)*X(\mathrm{j}\omega)$$

$$=\frac{\pi}{T+\Delta}\sum_{n=-\infty}^{\infty}\left\{2A\delta(\omega-n\omega_s)+B\left[\delta\left(\omega-\frac{2\pi}{T}-n\omega_s\right)+\delta\left(\omega+\frac{2\pi}{T}-n\omega_s\right)\right]\right\}$$

其中，$\omega_s=\frac{2\pi}{T+\Delta}$。假设 $B<A$，则 $\mathscr{F}[p(t)x(t)]$ 的波形如图 5－2－20 所示。

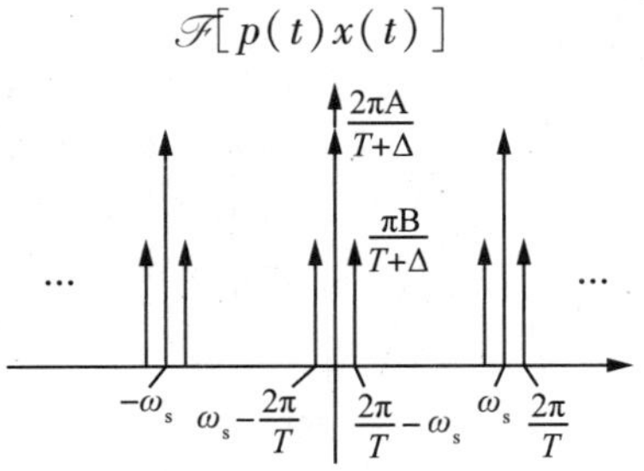

图 5－2－20

(2)要求输出为 $y(t)=kx(at)$，此时 $Y(\mathrm{j}\omega)=k\cdot\frac{1}{|a|}X\left(\frac{\mathrm{j}\omega}{a}\right)$。

由于 $H(\mathrm{j}\omega)$ 的截止角频率为 $\frac{1}{2(T+\Delta)}$，因此，要满足上述要求，必须有

$$\frac{2\pi}{T}-\frac{2\pi}{T+\Delta}<\frac{1}{2(T+\Delta)},\text{即}\ \Delta<\frac{T}{4\pi}$$

另外，必须有 $2\omega_s-\frac{2\pi}{T}>\frac{1}{2(T+\Delta)}\Rightarrow 2\pi\left(1-\frac{\Delta}{T}\right)>\frac{1}{2}$，$\omega_s=\frac{2\pi}{T+\Delta}$

由于 $\frac{\Delta}{T}\ll 1$，此项满足，因此 $\Delta<\frac{T}{4\pi}$。

(3) $Y(\mathrm{j}\omega)=\mathscr{F}[x(t)\cdot p(t)]\cdot H(\mathrm{j}\omega)$

当$|\omega| < \dfrac{1}{2(T+\Delta)}$时，$H(j\omega)=1$，再根据图 5－2－22 可得 $Y(j\omega)$表达式为

$$Y(j\omega)=\frac{2\pi A}{T+\Delta}\delta(\omega)+\frac{\pi B}{T+\Delta}\left[\delta\left(\omega-\omega_s+\frac{2\pi}{T+\Delta}\right)+\delta\left(\omega+\omega_s-\frac{2\pi}{T+\Delta}\right)\right]$$

对 $Y(j\omega)$取傅里叶逆变换得

$$\begin{aligned} y(t) &= \frac{A}{T+\Delta}+\frac{B}{T+\Delta}\cos\left[\left(\frac{2\pi}{T}-\omega_s\right)t\right] \\ &= \frac{1}{T+\Delta}\left\{A+B\cos\left[\left(\frac{2\pi}{T}-\omega_s\right)t\right]\right\} \\ &= kx(at)=k\left[A+B\cos\left(\frac{2\pi}{T}at\right)\right] \end{aligned}$$

由此可得

$$\begin{cases} k=\dfrac{1}{T+\Delta} \\ \dfrac{2\pi}{T}a=\dfrac{2\pi}{T}-\omega_s \end{cases} \Rightarrow \begin{cases} k=\dfrac{1}{T+\Delta} \\ a=\dfrac{\Delta}{T+\Delta} \end{cases}$$

（4）以这种系统构成的采样示波器，对原始信号按$(T+\Delta)$周期采样后，经过低通滤波器，输出 $y(t)=kx(at)$，对原始信号 $x(t)$进行了拉伸$\left(a=\dfrac{\Delta}{T+\Delta}<1\right)$，以便于观察短周期信号。

5－26　试设计一个系统使它可以产生图 5－2－21 所示的阶梯近似 Sa 函数波形（利用数字电路等课程知识）。近似函数宽度截取 $8T$（中心向左右对称），矩形窄脉冲宽度$\dfrac{T}{8}$。每当一个"1"码到来时（由速率为$\dfrac{2\pi}{T}$的窄脉冲控制）即出现 Sa 码波形（峰值延后 $4T$）。

（1）画出此系统逻辑框图和主要波形；

（2）考虑此系统是否容易实现；

（3）在得到上述信号之后，若要去除波形中的小阶梯，产生更接近连续 Sa 函数的波形需采取什么办法？

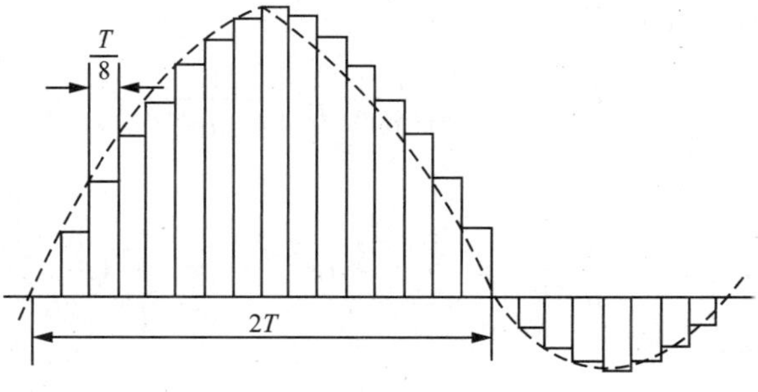

图 5－2－21

解：（1）电路主要包括控制电路、窄脉冲产生电路延时单元、倍乘单元、加法器。具体逻辑框图如图 5－2－22（a）所示。

其中 $k_n=\text{Sa}\left(\dfrac{nT}{8}-4\pi\right)$，$n=0,1,\cdots,63$。

输出端的波形如图 5－2－22（b）所示。

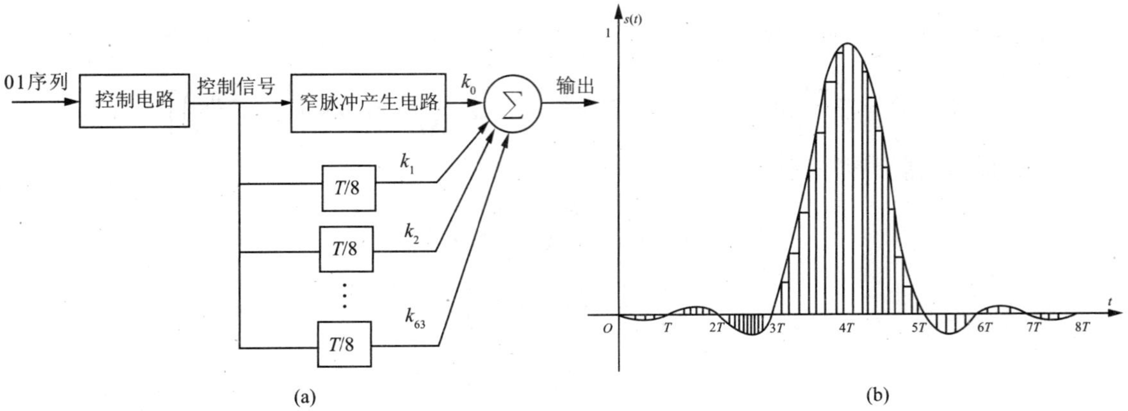

图 5－2－22

(2)除了窄脉冲产生电路无法产生严格意义上的矩形脉冲之外，其余都易于实现。

(3)对波形的平滑处理可以采用一个平滑滤波电路，滤除波形中的小阶梯，即可产生更接近连续 Sa 函数的波形。

5－27　本题继续讨论通信系统消除多径失真的原理。在教材 2.9 节和第四章习题4－51 已经分别采用时域和 s 域研究这个问题，此处，再从频域导出相同的结果。仍引用主教材式(2－77)，已知

$$\boldsymbol{r(t)=e(t)+ae(t-T)}$$

(1)对上式取傅里叶变换，求回波系统的系统函数 $H(\mathrm{j}\omega)$；

(2)令 $H(\mathrm{j}\omega)H_{\mathrm{i}}(\mathrm{j}\omega)=1$，设计一个逆系统，先求它的系统函数 $H_{\mathrm{i}}(\mathrm{j}\omega)$；

(3)再取 $H_{\mathrm{i}}(\mathrm{j}\omega)$ 的逆变换得到此逆系统的冲激响应 $h_{\mathrm{i}}(t)$，它应当与前两种方法求得的结果完全一致。

解：(1)$r(t)=e(t)+ae(t-T)$，对其做傅里叶变换得

$$R(\mathrm{j}\omega)=E(\mathrm{j}\omega)+aE(\mathrm{j}\omega)\mathrm{e}^{-\mathrm{j}\omega T}$$

可得回波系统的系统函数为

$$H(\mathrm{j}\omega)=\frac{R(\mathrm{j}\omega)}{E(\mathrm{j}\omega)}=1+a\mathrm{e}^{-\mathrm{j}\omega T}$$

(2)由 $H(\mathrm{j}\omega)H_{\mathrm{i}}(\mathrm{j}\omega)=1$ 可得

$$H_{\mathrm{i}}(\mathrm{j}\omega)=\frac{1}{H(\mathrm{j}\omega)}=\frac{1}{1+a\mathrm{e}^{-\mathrm{j}\omega T}}$$

(3)将 $H_{\mathrm{i}}(\mathrm{j}\omega)$ 展开为

$$H_{\mathrm{i}}(\mathrm{j}\omega)=\frac{1}{1+a\mathrm{e}^{-\mathrm{j}\omega T}}=\sum_{k=0}^{\infty}(-a\mathrm{e}^{-\mathrm{j}\omega T})^{k}=\sum_{k=0}^{\infty}(-a)^{k}\mathrm{e}^{-\mathrm{j}\omega kT}$$

取 $H_{\mathrm{i}}(\mathrm{j}\omega)$ 的逆变换有

$$h_{\mathrm{i}}(t)=\mathscr{F}^{-1}\left[\sum_{k=0}^{\infty}(-a)^{k}\mathrm{e}^{-\mathrm{j}\omega kT}\right]=\sum_{k=0}^{\infty}(-a)^{k}\delta(t-kT)$$

与教材 2.9 节和习题 4－51 的结果一致。

5.3 名校考研真题详解

一、选择题

1. 欲使信号通过线性系统不产生失真，则该系统应具有(　　)。[西南交通大学2014研]

A. 幅频特性为线性，相频特性也为线性

B. 幅频特性为线性，相频特性为常数

C. 幅频特性为常数，相频特性为线性

D. 系统的冲激响应为 $h(t)=ku(t-t_0)$

【答案】C

【解析】无失真传输的条件是：$y(t)=Kf(t-t_0)$，满足无失真传输系统的频谱函数为：$H(j\omega)=Ke^{-j\omega t_0}=|H(j\omega)|e^{j\varphi(\omega)}$，即 $\begin{cases}|H(j\omega)|=K\\ \varphi(\omega)=-\omega\cdot t_0\end{cases}$，可见，要使信号通过线性系统时不产生失真，则要求在信号的全部频带内，频响函数的幅频特性为一常数，相频特性是一过原点的直线。

2. 以下系统哪个可以进行无失真传输？(　　)[中国科学院大学2022研]

A. $H(j\omega)=(\omega-1)u(\omega-1)e^{j\omega}$

B. $H(j\omega)=3e^{-j3\omega}$

C. $H(j\omega)=\delta(\omega)e^{j3\omega}$

D. $H(j\omega)=\omega-1$ 且 $\varphi(\omega)=-6\omega$

【答案】B

【解析】无失真传输要求幅度谱是常数，相位谱是一条过原点的直线。

即 $H(j\omega)=Ke^{-j\omega t}$($K$ 为常数)。

3. 在工程上，从抽样信号恢复原始信号时需要通过的滤波器是(　　)。[武汉大学2015研]

A. 高通滤波器

B. 低通滤波器

C. 带通滤波器

D. 带阻滤波器

【答案】B

【解析】根据抽样定理可知，在接收端采用截止角频率满足 $\omega_m<\omega_c<(\omega_s-\omega_m)$ 的低通滤波器，才能无失真地恢复出原始信号。

二、填空题

无失真传输系统的幅度响应 $H(j\omega)=$______，相位响应 $\varphi(\omega)=$______。[北京交通大学2015研]

【答案】K；$-\omega t_0$

【解析】无失真传输是指响应信号与激励信号相比，只是信号的幅度大小和信号出现的时间不同，而无波形上的变化，在时域上满足 $r(t)=Ke(t-t_0)$，即无失真传输在频域应满足 $H(j\omega)=Ke^{-j\omega t_0}$。

三、简答题

阐述时域抽样定理的内容，并说明在实际中有何意义。[武汉大学2015研]

答：时域抽样定理：设时间连续信号 $f(t)$，其最高截止频率为 f_m，如果用时间间隔为 $T\leqslant\frac{1}{2f_m}$ 的开关信号对 $f(t)$ 进行抽样时，则 $f(t)$ 就可被样值信号唯一地表示。

抽样定理在通信系统中应用广泛，其中抽样步骤中即采用了抽样定理，例如语言信号频率为3400Hz，而采样选用8000Hz，满足抽样定理，因此在接收端可以无失真地恢复出原始语音信号。

四、计算题

1. 判断连续时间 LTI 系统 $H(j\omega)=3e^{-j2\pi t_0\omega}$ 是否为无失真传输系统，并求出系统的冲激响应。［西安电子科技大学2017研］

解： 根据 $H(j\omega)$ 的表达式可知，其幅度响应为 $|H(j\omega)|=3$，相频响应为 $\varphi(\omega)=-2\pi t_0\omega$。满足无失真传输系统所要求的幅频响应为常数，相频特性为线性相位的条件，因此该系统是无失真传输系统。其系统冲激响应为 $h(t)=3\delta(t-2\pi t_0)$。

2. 某系统的幅频响应 $|H(j\omega)|=2$，$-\infty<\omega<\infty$，相频响应如图5－3－1所示，问信号 $f(t)=\cos(10t)+\cos(70t)$ 通过此系统是否发生失真？并说明理由。［武汉科技大学2017研］

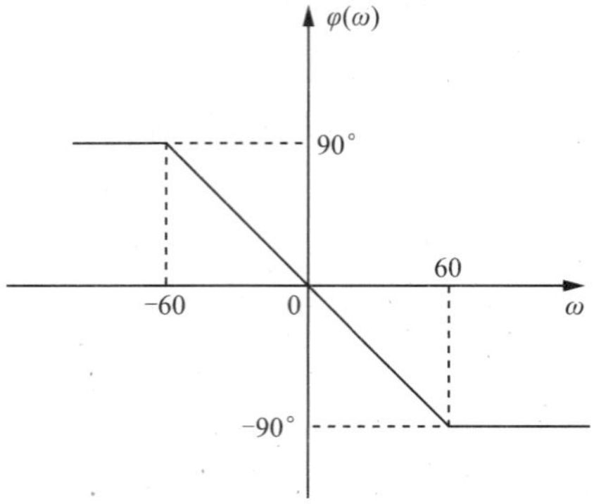

图5－3－1

解： 由 $f(t)$ 的傅里叶变换可知输入信号的频率在10～70之间，而根据系统的幅频相频响应图可知，在10～70的频带范围内，幅频特性为常数，相频特性并非线性的，不满足无失真传输要求，故该系统会产生相位失真。

3. 已知某系统的系统函数为 $H(\omega)=\dfrac{1-j\omega}{1+j\omega}$。

(1) 请画出该系统的幅频特性曲线；

(2) 请判断该系统是否为无失真传输系统。［北京邮电大学2016研］

解： (1) 系统函数 $H(\omega)=\dfrac{1-j\omega}{1+j\omega}$，则其幅频响应 $|H(\omega)|$ 为

$$|H(\omega)|=\left|\frac{1-j\omega}{1+j\omega}\right|=\sqrt{\frac{1^2+(-\omega)^2}{1^2+(\omega)^2}}=1$$

因此，该系统的幅频特性曲线如图5－3－2所示

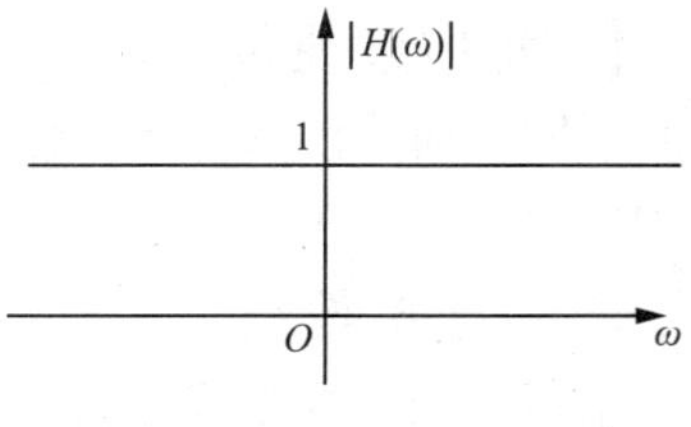

图5－3－2

(2) 无失真传输系统是指响应信号与激励信号相比，只是大小与出现的时间不同，无波形上的变化。无失真传输系统的系统函数 $H(\omega)$ 应满足 $H(\omega)=Ke^{-j\omega t_0}$。该系统的幅度谱满足该条件，而相位谱为

$$\varphi(\omega)=\arctan(-\omega)-\arctan\omega=-2\arctan\omega$$

显然其相位不满足线性相位的条件，因此该系统不是无失真传输系统。

4. 如图 5－3－3 所示调幅系统，当输入信号 $e(t)$ 和载波信号 $s(t)$ 加到乘法器后，其输出为 $y(t)=e(t)s(t)$，若 $e(t)=\frac{\sin t}{t}$，$s(t)=\cos(3t)$，求 $y(t)$ 的频谱，并画出其频谱图。

［武汉理工大学 2010 研］

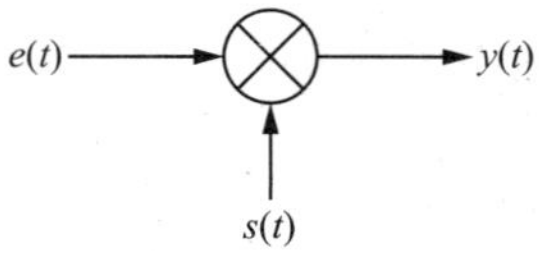

图 5－3－3

解： 依题意得

$$S(\omega)=\pi[\delta(\omega+3)+\delta(\omega-3)]$$

则由傅里叶变换的对称性得

$$E(\omega)=\pi g_2(\omega)$$

由傅里叶变换频域卷积性质得

$$Y(\omega)=\frac{1}{2\pi}E(\omega)*S(\omega)=\frac{1}{2\pi}\cdot\pi g_2(\omega)*\pi[\delta(\omega+3)+\delta(\omega-3)]$$

$$=\frac{\pi}{2}g_2(\omega)*[\delta(\omega+3)+\delta(\omega-3)]$$

$$=\frac{\pi}{2}[g_2(\omega+3)+g_2(\omega-3)]$$

频谱图如图 5－3－4 所示。

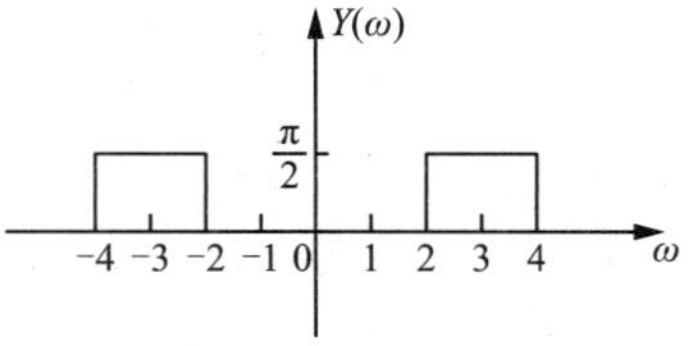

图 5－3－4

五、证明题

已知实信号 $f(t)$ 的希尔伯特变换可以表示为 $\hat{f}(t)=f(t)*\frac{1}{\pi t}$，请证明：

$$\int_{-\infty}^{\infty}f^2(t)\mathrm{d}t=\int_{-\infty}^{\infty}\hat{f}^2(t)\mathrm{d}t$$

［北京邮电大学 2016 研］

证明： 设 $f(t)\xleftrightarrow{\mathscr{F}}F_1(\omega)$，$\hat{f}(t)\xleftrightarrow{\mathscr{F}}F_2(\omega)$，根据帕塞瓦尔定理，信号 $f(t)$ 与 $\hat{f}(t)$ 的能量分别为

$$E_1=\int_{-\infty}^{\infty}f^2(t)\mathrm{d}t=\frac{1}{2\pi}\int_{-\infty}^{\infty}|F_1(\omega)|^2\mathrm{d}\omega$$

$$E_2=\int_{-\infty}^{\infty}\hat{f}^2(t)\mathrm{d}t=\frac{1}{2\pi}\int_{-\infty}^{\infty}|F_2(\omega)|^2\mathrm{d}\omega$$

即需证明 $\frac{1}{2\pi}\int_{-\infty}^{\infty}|F_1(\omega)|^2\mathrm{d}\omega=\frac{1}{2\pi}\int_{-\infty}^{\infty}|F_2(\omega)|^2\mathrm{d}\omega$

由于 $\hat{f}(t)=f(t)*\frac{1}{\pi t}$，$\frac{1}{\pi t}\xleftrightarrow{\mathscr{F}}-\mathrm{j}\,\mathrm{sgn}(\omega)$

所以 $F_2(\omega)=F_1(\omega)\times[-\mathrm{jsgn}(\omega)]$，故

$$|F_2(\omega)|^2=|F_1(\omega)\times[-\mathrm{jsgn}(\omega)]|^2=|F_1(\omega)|^2\times|[-\mathrm{jsgn}(\omega)]|^2=|F_1(\omega)|^2$$

因此 $\int_{-\infty}^{\infty}|F_1(\omega)|^2\mathrm{d}\omega=\int_{-\infty}^{\infty}|F_2(\omega)|^2\mathrm{d}\omega$

即证得 $\int_{-\infty}^{\infty}f^2(t)\mathrm{d}t=\int_{-\infty}^{\infty}\hat{f}^2(t)\mathrm{d}t$。

第 6 章　信号的矢量空间分析

6.1　复习笔记

一、信号矢量空间的基本概念

1. 线性空间

特点：①实质为集合；②任意两元素之和为此集合内的另一元素；③任一元素与任一数之积为此集合内的另一元素。

常见线性空间：N 维实数空间 R^N、复数空间 C^N、连续时间信号空间 L、离散时间信号空间 l。

2. 范数和赋范空间

线性空间中元素 $\boldsymbol{x}$ 的范数以符号 $\|\boldsymbol{x}\|$ 表示，范数满足以下公理：

(1) 正定性　$\|\boldsymbol{x}\| \geqslant 0$，当且仅当 $\boldsymbol{x}=\boldsymbol{0}$ 时 $\|\boldsymbol{x}\|=0$；

(2) 正齐性　对所有数量 α，有 $\|\alpha\boldsymbol{x}\| = |\alpha| \cdot \|\boldsymbol{x}\|$；

(3) 三角不等式　$\|\boldsymbol{x}+\boldsymbol{y}\| \leqslant \|\boldsymbol{x}\| + \|\boldsymbol{y}\|$。

常用的范数为 $\|\cdot\|_1$，$\|\cdot\|_2$ 和 $\|\cdot\|_\infty$，其中 $\|\cdot\|_2$ 又称为欧氏范数。一阶范数 $\|\cdot\|_1$ 表示信号的强度；二阶范数的平方 $\|\cdot\|_2^2$ 表示信号的能量；无穷阶范数 $\|\cdot\|_\infty$ 表示信号可测得的峰值。

3. 内积与内积空间

设 $\mathbb{R}$ 是实线性空间，如果对于 $\mathbb{R}$ 中任意两元素 $\boldsymbol{x}$，$\boldsymbol{y}$，均有一实数与之对应，此实数记为 $<\boldsymbol{x}, \boldsymbol{y}>$，它满足以下公理：

(1) 自内积正定性　$<\boldsymbol{x}, \boldsymbol{x}> \geqslant 0$，当且仅当 $\boldsymbol{x}=\boldsymbol{0}$ 时，$<\boldsymbol{x}, \boldsymbol{x}>=0$；

(2) 交换律　$<\boldsymbol{x}, \boldsymbol{y}> = <\boldsymbol{y}, \boldsymbol{x}>$；

(3) 齐性　$<\lambda\boldsymbol{x}, \boldsymbol{y}> = \lambda<\boldsymbol{x}, \boldsymbol{y}>$，$\lambda$ 为任意实数；

(4) 分配律　$<\boldsymbol{x}+\boldsymbol{y}, \boldsymbol{z}> = <\boldsymbol{x}, \boldsymbol{z}> + <\boldsymbol{y}, \boldsymbol{z}>$，$\boldsymbol{z}\in\mathbb{R}$，则 $<\boldsymbol{x}, \boldsymbol{y}>$ 称为 $\boldsymbol{x}$ 和 $\boldsymbol{y}$ 的内积，$\mathbb{R}$ 称为实内积空间（或欧几里得空间）。

4. 柯西 - 施瓦茨不等式

$$|<\boldsymbol{x}, \boldsymbol{y}>|^2 \leqslant <\boldsymbol{x}, \boldsymbol{x}><\boldsymbol{y}, \boldsymbol{y}>$$

二、信号的正交函数分解

1. 正交函数

两个函数在区间 (t_1, t_2) 内正交的条件：$\int_{t_1}^{t_2} f_1(t)f_2(t)\mathrm{d}t=0$。

2. 正交函数集

假设有 n 个函数 $g_1(t)$，$g_2(t)$，…，$g_n(t)$ 构成的一个函数集，这些函数在区间 (t_1, t_2) 内满足如下的正交特性

$$\begin{cases}\int_{t_1}^{t_2} g_i(t)g_j(t)\mathrm{d}t = 0, i \neq j \\ \int_{t_1}^{t_2} g_i^2(t)\mathrm{d}t = K_i, i = j\end{cases}$$

则称此函数集为正交函数集。

3. 完备正交函数集和帕塞瓦尔定理

常用的完备正交函数集有三角函数集、复指数函数集、勒让德多项式、拉德马赫函数集和沃尔什函数集等。对于完备正交函数与规格化完备正交函数应满足帕塞瓦尔方程

$$\int_{t_1}^{t_2} f^2(t)\,\mathrm{d}t = \sum_{r=1}^{\infty} c_r^2 K_r \text{ 或} \int_{t_1}^{t_2} f^2(t)\,\mathrm{d}t = \sum_{r=1}^{\infty} c_r^2$$

这一约束规律称为帕斯瓦尔定理。

三、相关

1. 能量信号与功率信号

信号$f(t)$的归一化能量定义为

$$E = \int_{-\infty}^{\infty} |f(t)|^2 \mathrm{d}t$$

通常把能量有限值的信号称为能量有限信号，简称能量信号。

信号$f(t)$在$[T_1, T_2]$的平均功率定义为

$$P = \frac{1}{T_2 - T_1}\int_{T_1}^{T_2} |f(t)|^2 \mathrm{d}t$$

在整个时间轴上的平均功率为

$$P = \lim_{T\to\infty} \frac{1}{T}\int_{-\frac{T}{2}}^{\frac{T}{2}} |f(t)|^2 \mathrm{d}t$$

通常把功率有限值的信号称为功率信号。

2. 相关系数与相关函数

如果$f_1(t)$和$f_2(t)$是能量有限信号且为实函数，它们之间的相关函数定义为

$$R_{12}(\tau) = \int_{-\infty}^{\infty} f_1(t) f_2(t-\tau)\,\mathrm{d}t = \int_{-\infty}^{\infty} f_1(t+\tau) f_2(t)\,\mathrm{d}t$$

$$R_{21}(\tau) = \int_{-\infty}^{\infty} f_1(t-\tau) f_2(t)\,\mathrm{d}t = \int_{-\infty}^{\infty} f_1(t) f_2(t+\tau)\,\mathrm{d}t$$

如果$f_1(t)$和$f_2(t)$是功率有限信号，相关函数定义为

$$R_{12}(\tau) = \lim_{T\to\infty}\left[\frac{1}{T}\int_{-\frac{T}{2}}^{\frac{T}{2}} f_1(t) f_2(t-\tau)\,\mathrm{d}t\right]$$

$$R_{21}(\tau) = \lim_{T\to\infty}\left[\frac{1}{T}\int_{-\frac{T}{2}}^{\frac{T}{2}} f_1(t-\tau) f_2(t)\,\mathrm{d}t\right]$$

两个能量有限信号的相关系数ρ_{12}定义为

$$\rho_{12} = \frac{\int_{-\infty}^{\infty} f_1(t) f_2(t)\,\mathrm{d}t}{\left[\int_{-\infty}^{\infty} f_1^2(t)\,\mathrm{d}t \int_{-\infty}^{\infty} f_2^2(t)\,\mathrm{d}t\right]^{\frac{1}{2}}}$$

3. 相关与卷积的比较

$$R_{12}(t) = f_1(t) * f_2(-t)$$

4. 相关定理

若已知$f_1(t) \leftrightarrow F_1(\omega)$，$f_2(t) \leftrightarrow F_2(\omega)$，则$R_{12}(\tau) \leftrightarrow F_1(\omega) F_2^*(\omega)$。

四、能量谱和功率谱

1. 能量谱

能量信号 $f(t)$ 的能量谱定义为 $\mathscr{E}(\omega) = |F(\omega)|^2$，且 $\mathscr{E}(\omega) \leftrightarrow R(\tau)$。

2. 功率谱

若 $f(t)$ 是功率信号，则功率谱为

$$\mathscr{P}(\omega) = \lim_{T\to\infty} \frac{|F_T(\omega)|^2}{T}$$

信号的功率谱函数与自相关函数是一对傅立叶变换，即维纳—辛钦公式。

五、匹配滤波器

匹配滤波器的转移函数为：$H(\mathrm{j}\omega) = kS(-\mathrm{j}\omega)\mathrm{e}^{-\mathrm{j}\omega t_m}$

冲激响应为：$h(t) = ks(t_m - t)$

取 $k=1$，$t_m = T$，则有 $h(t) = s(T-t)$，即匹配滤波器的冲激响应是所需信号 $s(t)$ 对垂直轴镜像并向右平移 T。

六、测不准原理（不定度原理）和码分复用、码分多址通信

测不准原理：对于实信号波形，系统的阶跃响应上升时间与带宽之乘积受到限制，这两个参量不可能同时达到任意小的数值。

所谓码分是指利用一组正交码序列来区分各路信号，它们占用的频带和时间都可重叠。实现码分复用的理论依据是利用自相关函数抑制互相关函数的特性来选取正交信号码组中的所需信号。码分复用也称为正交复用。利用码分复用的原理可进行码分多址通信，通常称为 CDMA。

6.2 课后习题详解

6－1 试证明在区间 $(0, 2\pi)$，图 6－2－1 的矩形波与信号 $\cos t$，$\cos(2t)$，…，$\cos(nt)$ 正交（n 为整数），也即此函数没有波形 $\cos(nt)$ 的分量。

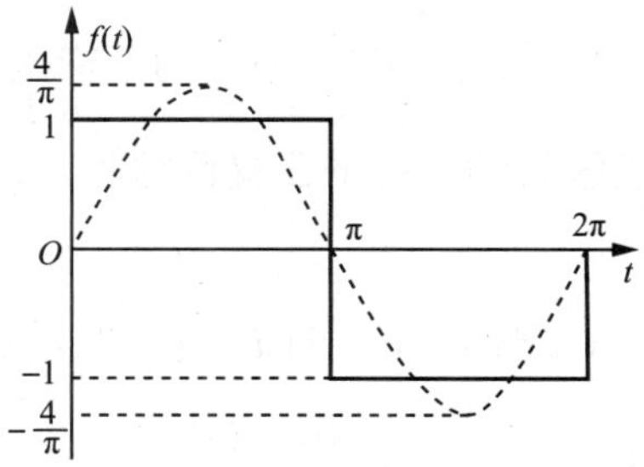

图 6－2－1

证明： 图 6－2－1 所示的矩形波可表示为

$$f(t) = \begin{cases} +1, & 0<t<\pi \\ -1, & \pi<t<2\pi \end{cases}$$

在 $[0, 2\pi]$ 内

$$\begin{aligned}\int_0^{2\pi} f(t)\cos(nt)\,\mathrm{d}t &= \int_0^{\pi}\cos(nt)\,\mathrm{d}t + \int_{\pi}^{2\pi}[-\cos(nt)]\,\mathrm{d}t \\ &= \frac{1}{n}\sin(nt)\Big|_0^{\pi} - \frac{1}{n}\sin(nt)\Big|_{\pi}^{2\pi} \\ &= 0 \quad (n = 1,2,3\cdots)\end{aligned}$$

故有$f(t)$与信号 $\cos t$，$\cos(2t)$，…，$\cos(nt)$都正交(n 为整数)，$f(t)$没有波形 $\cos(nt)$的分量。

6－2　试证明 $\cos t$，$\cos(2t)$，…，$\cos(nt)$(n 为整数)是在区间(0，2π)中的正交函数集。

证明：设 $n_1 \neq n_2$，且是不为 0 的整数，则在区间(0，2π)内，有

$$\int_0^{2\pi} \cos(n_1 t)\cos(n_2 t)\,dt$$

$$= \frac{1}{2}\int_0^{2\pi}[\cos(n_1+n_2)t + \cos(n_1-n_2)t]\,dt$$

$$= \frac{1}{2}\cdot\frac{1}{n_1+n_2}\sin[(n_1+n_2)t]\Big|_0^{2\pi} + \frac{1}{2}\cdot\frac{1}{n_1-n_2}\sin[(n_1-n_2)t]\Big|_0^{2\pi} = 0$$

$$\int_0^{2\pi}\cos^2(nt)\,dt = \int_0^{2\pi}\frac{1+\cos(2nt)}{2}\,dt = \int_0^{2\pi}\frac{1}{2}\,dt + \int_0^{2\pi}\frac{\cos(2nt)}{2}\,dt = \pi$$

满足正交函数集的条件，故 $\cos t$，$\cos(2t)$，…，$\cos(nt)$是区间(0，2π)中的正交函数集。

6－3　上题中的函数集是否是在区间$(0，\frac{\pi}{2})$中的正交函数集。

解：在区间$(0，\frac{\pi}{2})$内，任意 2 个函数 $\cos(n_1 t)$，$\cos(n_2 t)$，$n_1 \neq n_2$，且都不为 0 的整数。

$$\int_0^{\frac{\pi}{2}} \cos(n_1 t)\cos(n_2 t)\,dt$$

$$= \frac{1}{2}\int_0^{\frac{\pi}{2}}[\cos(n_1+n_2)t + \cos(n_1-n_2)t]\,dt$$

$$= \frac{1}{2}\cdot\frac{1}{n_1+n_2}[\sin(n_1+n_2)t]\Big|_0^{\frac{\pi}{2}} + \frac{1}{2}\cdot\frac{1}{n_1+n_2}[\sin(n_1+n_2)t]\Big|_0^{\frac{\pi}{2}}$$

只有当(n_1+n_2)和(n_1-n_2)均为偶数时，上式为 0，因此不满足函数之间的正交性条件，$\cos t$，$\cos(2t)$，…，$\cos(nt)$不是区间$(0，\frac{\pi}{2})$上的正交函数集。

6－4　1，x，x^2，x^3 是否是区间(0，1)的正交函数集。

解：在区间(0，1)内，有

$$\int_0^1 x^i x^j\,dx \ (i \neq j, 且\ i,j \in \{0,1,2,3\})$$

$$= \int_0^1 x^{i+j}\,dx = \frac{x^{i+j+1}}{i+j+1}\Big|_0^1 = \frac{1}{i+j+1} \neq 0$$

不满足正交函数集条件，因此 1，x，x^2，x^3 在区间(0，1)内不是正交函数集。

6－5　试证明 $\cos t$，$\cos(2t)$，…，$\cos(nt)$(n 为整数)不是区间(0，2π)内的完备正交函数集。

证明：由题 6－2 结论：$\cos t$，$\cos(2t)$，…，$\cos(nt)$在区间(0，2π)内是正交函数集。

取 $x(t) = \sin t$，在区间(0，2π)内

$$\int_0^{2\pi}\sin^2 t\,dt = \int_0^{2\pi}\frac{1-\cos(2t)}{2}\,dt = \pi < \infty$$

因 $\int_0^{2\pi}\sin t\cos(nt)\,dt = \frac{1}{2}\int_0^{2\pi}[\sin(n+1)t + \sin(1-n)t]\,dt$

$$= -\frac{1}{2}\frac{\cos(n+1)t}{n+1}\bigg|_0^{2\pi} - \frac{1}{2}\frac{\cos(1-n)}{1-n}t\bigg|_0^{2\pi} = 0$$

所以 $x(t)=\sin t$ 在 $(0,\ 2\pi)$ 内能量有限以及与 $\cos nt$（n 为任意正整数）正交，故 $\cos t$，$\cos(2t)$，…，$\cos(nt)$ 在 $(0,\ 2\pi)$ 内不是完备正交函数集。

6-6　将图 6-2-1 的矩形波用正弦函数的有限项级数来近似

$$f(t) \approx c_1\sin t + c_2\sin(2t) + \cdots + c_n\sin(nt)$$

分别求 $n=1,\ 2,\ 3,\ 4$ 四种情况下的方均误差 $\overline{\varepsilon^2}$。

解：（1）$n=1$ 时，$f(t)=c_1\sin t$，为使方均误差最小，c_1 应为

$$c_1 = \frac{\int_0^{2\pi} f(t)\sin t\mathrm{d}t}{\int_0^{2\pi}\sin^2 t\mathrm{d}t} = \frac{1}{\pi}\left[\int_0^{\pi}\sin t\mathrm{d}t + \int_{\pi}^{2\pi}(-\sin t)\mathrm{d}t\right] = \frac{4}{\pi}$$

此时，方均误差

$$\begin{aligned}
\varepsilon_1^2 &= \frac{1}{2\pi}\int_0^{2\pi}\left[f(t) - \frac{4}{\pi}\sin t\right]^2\mathrm{d}t \\
&= \frac{1}{2\pi}\int_0^{\pi}\left(1 - \frac{4}{\pi}\sin t\right)^2\mathrm{d}t + \frac{1}{2\pi}\int_{\pi}^{2\pi}\left(-1 - \frac{4}{\pi}\sin t\right)^2\mathrm{d}t \\
&= \frac{1}{2\pi}\int_0^{\pi}\left(1 + \frac{16}{\pi^2}\sin^2 t - \frac{8}{\pi}\sin t\right)\mathrm{d}t + \frac{1}{2\pi}\int_{\pi}^{2\pi}\left(1 + \frac{16}{\pi^2}\sin^2 t + \frac{8}{\pi}\sin t\right)\mathrm{d}t \\
&= 1 - \frac{8}{\pi^2} \approx 0.19
\end{aligned}$$

（2）$n=2$ 时，$f(t)=c_1\sin t + c_2\sin(2t)$，为使方均误差最小，$c_1$，$c_2$ 应为

$$c_1 = \frac{\int_0^{2\pi} f(t)\sin t\mathrm{d}t}{\int_0^{2\pi}\sin^2 t\mathrm{d}t} = \frac{4}{\pi}$$

$$c_2 = \frac{\int_0^{2\pi} f(t)\sin(2t)\mathrm{d}t}{\int_0^{2\pi}\sin^2(2t)\mathrm{d}t} = \frac{\int_0^{\pi}\sin(2t)\mathrm{d}t - \int_{\pi}^{2\pi}\sin(2t)\mathrm{d}t}{\int_0^{2\pi}\frac{1-\cos(4t)}{2}\mathrm{d}t} = 0$$

则 $\overline{\varepsilon_2^2} = \overline{\varepsilon_1^2} = 1 - \frac{8}{\pi^2} \approx 0.19$。

（3）$n=3$ 时，$f(t)=c_1\sin t + c_2\sin(2t) + c_3\sin(3t)$，由以上两步得

$$c_1 = \frac{4}{\pi},\quad c_2 = 0$$

$$c_3 = \frac{\int_0^{2\pi} f(t)\sin(3t)\mathrm{d}t}{\int_0^{2\pi}\sin^2(3t)\mathrm{d}t} = \frac{\int_0^{\pi}\sin(3t)\mathrm{d}t - \int_{\pi}^{2\pi}\sin(3t)\mathrm{d}t}{\int_0^{2\pi}\frac{1-\cos(6t)}{2}\mathrm{d}t} = \frac{4}{3\pi}$$

此时

$$\begin{aligned}
\overline{\varepsilon_3^2} &= \frac{1}{2\pi}\int_0^{2\pi}\left[f(t) - \frac{4}{\pi}\sin t - \frac{4}{3\pi}\sin(3t)\right]^2\mathrm{d}t \\
&= \frac{1}{2\pi}\int_0^{\pi}\left[1 - \frac{4}{\pi}\sin t - \frac{4}{3\pi}\sin(3t)\right]^2\mathrm{d}t + \frac{1}{2\pi}\int_{\pi}^{2\pi}\left[-1 - \frac{4}{\pi}\sin t - \frac{4}{3\pi}\sin(3t)\right]^2\mathrm{d}t
\end{aligned}$$

$$= 1 - \frac{8}{\pi^2} - \frac{8}{9\pi^2} \approx 0.1$$

(4) $n=4$ 时，$f(t) = c_1\sin t + c_2\sin(2t) + c_3\sin(3t) + c_4\sin(4t)$，由前三步可得

$$c_1 = \frac{4}{\pi},\ c_2 = 0,\ c_3 = \frac{4}{3\pi}$$

$$c_4 = \frac{\int_0^{2\pi} f(t)\sin(4t)\,\mathrm{d}t}{\int_0^{2\pi}\sin^2(4t)\,\mathrm{d}t} = \frac{1}{\pi}\left[\int_0^{\pi}\sin(4t)\,\mathrm{d}t - \int_{\pi}^{2\pi}\sin(4t)\,\mathrm{d}t\right] = 0$$

此时$\overline{\varepsilon_4^2} = \overline{\varepsilon_3^2} \approx 0.1$。

6-7 试证明前四个勒让德多项式在(-1，1)内是正交函数集。它是否规格化?

证明：前四个勒让德多项式为

$$P_0(t) = 1,\ P_1(t) = t,\ P_2(t) = \frac{3}{2}t^2 - \frac{1}{2},\ P_3(t) = \frac{5}{2}t^3 - \frac{3}{2}t$$

在区间(-1，1)内有

$$\int_{-1}^{1} P_0(t)P_1(t)\,\mathrm{d}t = \int_{-1}^{1} t\,\mathrm{d}t = \frac{t^2}{2}\bigg|_{-1}^{1} = 0$$

$$\int_{-1}^{1} P_0(t)P_2(t)\,\mathrm{d}t = \int_{-1}^{1}\left(\frac{3}{2}t^2 - \frac{1}{2}\right)\mathrm{d}t = \left(\frac{t^3}{2} - \frac{t}{2}\right)\bigg|_{-1}^{1} = 0$$

$$\int_{-1}^{1} P_0(t)P_3(t)\,\mathrm{d}t = \int_{-1}^{1}\left(\frac{5}{2}t^3 - \frac{3}{2}t\right)\mathrm{d}t = \left(\frac{5}{8}t^4 - \frac{3}{4}t^2\right)\bigg|_{-1}^{1} = 0$$

$$\int_{-1}^{1} P_1(t)P_2(t)\,\mathrm{d}t = \int_{-1}^{1}\left(\frac{3}{2}t^3 - \frac{1}{2}t\right)\mathrm{d}t = \left(\frac{3}{8}t^4 - \frac{1}{4}t^2\right)\bigg|_{-1}^{1} = 0$$

$$\int_{-1}^{1} P_1(t)P_3(t)\,\mathrm{d}t = \int_{-1}^{1}\left(\frac{5}{2}t^4 - \frac{3}{2}t^2\right)\mathrm{d}t = \left(\frac{t^5}{2} - \frac{t^3}{2}\right)\bigg|_{-1}^{1} = 0$$

$$\int_{-1}^{1} P_2(t)P_3(t)\,\mathrm{d}t = \int_{-1}^{1}\left(\frac{3}{2}t^2 - \frac{1}{2}\right)\left(\frac{5}{2}t^3 - \frac{3}{2}t\right)\mathrm{d}t = \frac{1}{4}\int_{-1}^{1}(15t^5 - 14t^3 + 3t)\,\mathrm{d}t$$

$$= \frac{1}{4}\left(\frac{15}{6}t^6 - \frac{14}{4}t^4 + \frac{3}{2}t^2\right)\bigg|_{-1}^{1} = 0$$

故两两函数之间满足内积的正交性。

又 $K_0 = \int_{-1}^{1} P_0^2(t)\,\mathrm{d}t = \int_{-1}^{1}\mathrm{d}t = 2 \neq 1$

$K_1 = \int_{-1}^{1} P_1^2(t)\,\mathrm{d}t = \int_{-}^{1} t^2\,\mathrm{d}t = \frac{t^3}{3}\bigg|_{-1}^{1} = \frac{2}{3} \neq 1$

$K_2 = \int_{-1}^{1} P_2^2(t)\,\mathrm{d}t = \int_{-1}^{1}\frac{1}{4}(9t^4 - 6t^2 + 1)\,\mathrm{d}t = \frac{2}{5} \neq 1$

$K_3 = \int_{-1}^{1} P_3^2(t)\,\mathrm{d}t = \int_{-1}^{1}\frac{1}{4}(25t^6 - 30t^4 + 9t^2)\,\mathrm{d}t = \frac{2}{7} \neq 1$

根据定义可知，$P_0(t)$，$P_1(t)$，$P_2(t)$，$P_3(t)$在(-1，1)内是正交函数集，但由于$K_i \neq 1$，故不是规格化正交函数集。

6-8 一矩形波如图 6-2-2 所示，将此函数用勒让德(傅里叶)级数表示

$$\boldsymbol{f(t) = c_0p_0(t) + c_1p_1(t) + \cdots + c_np_n(t)}$$

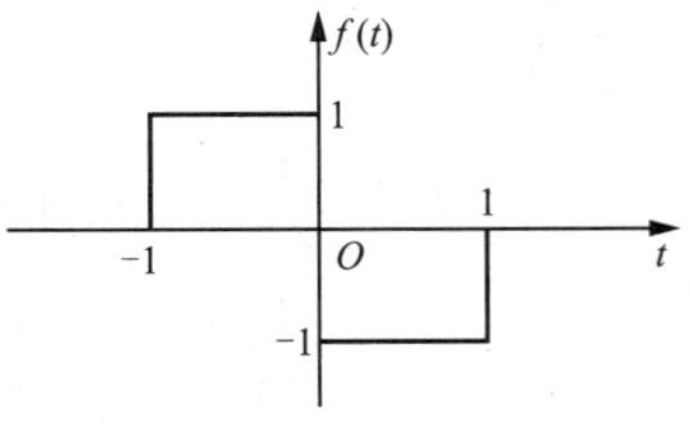

图 6-2-2

试求系数 c_0，c_1，c_2，c_3，c_4。

解： $f(t)$可近似表示为

$$f(t)=c_0p_0(t)+c_1p_1(t)+c_2p_2(t)+c_3p_3(t)+c_4p_4(t)$$

由于前五项勒让德多项式为

$$p_0(t)=1,\ p_1(t)=t,\ p_2(t)=\frac{3}{2}t^2-\frac{1}{2}$$

$$p_3(t)=\frac{5}{2}t^3-\frac{3}{2}t,\ p_4(t)=\frac{35}{8}t^4-\frac{15}{4}t^2+\frac{3}{8}$$

所以

$$c_0=\frac{\int_{-1}^{1}f(t)\cdot p_0(t)\mathrm{d}t}{\int_{-1}^{1}1^2\mathrm{d}t}=\frac{1}{2}\left[\int_{-1}^{0}\mathrm{d}t-\int_{0}^{1}\mathrm{d}t\right]=0$$

$$c_1=\frac{\int_{-1}^{1}f(t)\cdot p_1(t)\mathrm{d}t}{\int_{-1}^{1}p_1^2(t)\mathrm{d}t}=\frac{3}{2}\left[\int_{-1}^{0}t\mathrm{d}t-\int_{0}^{1}t\mathrm{d}t\right]=-\frac{3}{2}$$

$$c_2=\frac{\int_{-1}^{1}f(t)p_2(t)\mathrm{d}t}{\int_{-1}^{1}p_2^2(t)\mathrm{d}t}=\frac{\int_{-1}^{0}\left(\frac{3}{2}t^2-\frac{1}{2}\right)\mathrm{d}t+\int_{0}^{1}\left(\frac{1}{2}-\frac{3}{2}t^2\right)\mathrm{d}t}{\int_{-1}^{1}\left(\frac{3}{2}t^2-\frac{1}{2}\right)^2\mathrm{d}t}=0$$

$$c_3=\frac{\int_{-1}^{1}f(t)p_3(t)\mathrm{d}t}{\int_{-1}^{1}p_3^2(t)\mathrm{d}t}=\frac{7}{2}\left[\int_{-1}^{0}\left(\frac{5}{2}t^3-\frac{3}{2}t\right)\mathrm{d}t-\int_{0}^{1}\left(\frac{5}{2}t^3-\frac{3}{2}t\right)\mathrm{d}t\right]$$

$$=\frac{7}{2}\cdot\left(\frac{5}{8}t^4-\frac{3}{4}t^2\right)\Big|_{-1}^{0}-\frac{7}{2}\left(\frac{5}{8}t^4-\frac{3}{4}t^2\right)\Big|_{0}^{1}=\frac{7}{8}$$

$$c_4=\frac{\int_{-1}^{1}f(t)p_4(t)\mathrm{d}t}{\int_{-1}^{1}p_4^2(t)\mathrm{d}t}=\frac{9}{2}\left[\int_{-1}^{0}\left(\frac{35}{8}t^4-\frac{15}{4}t^2+\frac{3}{8}\right)\mathrm{d}t-\int_{0}^{1}\left(\frac{35}{8}t^4-\frac{15}{4}t^2+\frac{3}{8}\right)\mathrm{d}t\right]=$$

0

故$f(t)=-\frac{3}{2}p_1(t)+\frac{7}{8}p_3(t)$。

6-9　用二次方程 at^2+bt+c 来近似表示函数 e^t，区间在$(-1,1)$，使方均误差最小，求系数 a，b 和 c。

解： 令 $\mathrm{e}^t=at^2+bt+c$，则方均误差

$$\overline{\varepsilon^2}=\frac{1}{2}\int_{-1}^{1}(\mathrm{e}^t-at^2-bt-c)^2\mathrm{d}t$$

分别令$\frac{\partial\overline{\varepsilon^2}}{\partial a}=0$，$\frac{\partial\overline{\varepsilon^2}}{\partial b}=0$，$\frac{\partial\overline{\varepsilon^2}}{\partial c}=0$，则 $\frac{\partial\overline{\varepsilon^2}}{\partial a}=\frac{\partial}{\partial a}\left[\int_{-1}^{1}(\mathrm{e}^t-at^2-bt-c)^2\mathrm{d}t\right]=0$

得
$$\frac{4}{5}a+\frac{4}{3}c=2\mathrm{e}-10\mathrm{e}^{-1}\qquad ①$$

同理
$$\frac{4}{3}b=4\mathrm{e}^{-1}\qquad ②$$

$$4c+\frac{4}{3}a=2e-2e^{-1} \quad ③$$

联立式①②③可得

$$a=\frac{15}{4}(e-7e^{-1}),\ b=3e^{-1},\ c=\frac{1}{4}(-3e+33e^{-1})$$

6－10　试讨论图 6－2－3 所示拉德马赫函数集是否为完备的正交函数集。

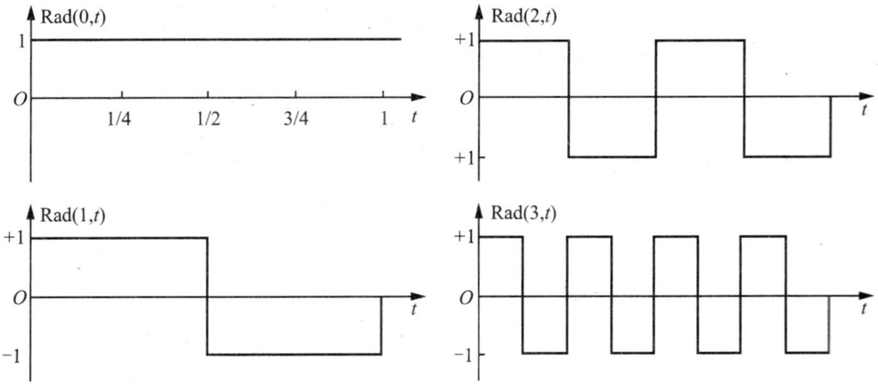

图 6－2－3　前 4 个拉德马赫函数波形

解： 取 $x(t)=\cos(2\pi t)$，$x(t)$ 满足 $0<\int_0^1 x^2(t)\,dt<\infty$。

在拉德马赫函数集中任取一函数 $\text{Rad}(n,t)$，波形如图 6－2－3 所示。

$$\int_0^1 x(t)\text{Rad}(n,t)\,dt=\int_0^{\frac{1}{2^n}}\cos(2\pi t)\,dt-\int_{\frac{1}{2^n}}^{\frac{2}{2^n}}\cos(2\pi t)\,dt+\cdots-\int_{\frac{2^n-1}{2^n}}^{1}\cos(2\pi t)\,dt$$

$$=\frac{1}{2\pi}\left(\sin\frac{\pi}{2^{n-1}}-\sin\frac{2\pi}{2^{n-1}}+\sin\frac{\pi}{2^{n-1}}+\sin\frac{3\pi}{2^{n-1}}-\sin\frac{2\pi}{2^{n-1}}-\cdots+\sin\frac{2^n-1}{2^{n-1}}\pi\right)$$

又因为末项 $\sin\left(\frac{2^n-1}{2^{n-1}}\pi\right)=\sin\left[2\pi-\frac{\pi}{2^{n-1}}\right]=-\sin\frac{\pi}{2^{n-1}}$，故上式的首项和末项相抵消，只剩下中间项为 $-\sin\left[\frac{\frac{(2^n-1)+1}{2}}{2^{n-1}}\right]\pi=-\sin\pi$，因此可得

$$\int_0^1 x(t)\text{Rad}(n,t)\,dt=\frac{1}{\pi}[-\sin\pi]=0(n\text{ 为任意自然数})$$

故存在这样的 $x(t)$，满足 $0<\int_{t_1}^{t_2}x^2(t)\,dt<\infty$，且 $\int_{t_1}^{t_2}x(t)\text{Rad}(n,t)\,dt=0$，因此拉德马赫函数集不是(0，1)的完备正交函数集。

6－11　若信号 $f_1(t)=\cos(\omega t)$，$f_2(t)=\sin(\omega t)$，试证明当两信号同时作用于单位电阻时所产生的能量等于 $f_1(t)$ 和 $f_2(t)$ 分别作用时产生的能量之和。如果改为 $f_1(t)=\cos(\omega t)$，$f_2(t)=\cos(\omega t+45°)$，上述结论是否成立？

解：(1)当 $f_1(t)=\cos(\omega t)$，$f_2(t)=\sin(\omega t)$ 时

①信号同时作用于单位电阻时，产生的能量

$$E=\int_{-\infty}^{\infty}[f_1(t)+f_2(t)]^2dt=\int_{-\infty}^{\infty}[\cos(\omega t)+\sin(\omega t)]^2dt=\int_{-\infty}^{\infty}[1+\sin(2\omega t)]\,dt$$

取一个时间周期(0，T)，其中 $T=\frac{2\pi}{\omega}$，则

$$E = \int_0^T [1 + \sin(2\omega t)] \mathrm{d}t = T$$

②信号分别作用于单位电阻时，产生的能量为

$$E_1 = \int_0^T [f_1(t)]^2 \mathrm{d}t = \int_0^T \cos^2(\omega t) \mathrm{d}t$$

$$= \int_0^T \frac{1 + \cos(2\omega t)}{2} \mathrm{d}t = \frac{T}{2}$$

$$E_2 = \int_0^T [f_2(t)]^2 \mathrm{d}t = \int_0^T \sin^2(\omega t) \mathrm{d}t$$

$$= \int_0^T \frac{1 - \cos(2\omega t)}{2} \mathrm{d}t = \frac{T}{2}$$

因此 $E = E_1 + E_2$，即两信号同时作用于单位电阻产生的能量等于两信号分别作用时产生的能量之和。

(2) 当 $f_1(t) = \cos(\omega t)$，$f_2(t) = \cos(\omega t + 45°)$ 时

①两信号同时作用于单位电阻时，产生的能量为

$$E = \int_0^T [\cos(\omega t) + \cos(\omega t + 45°)]^2 \mathrm{d}t$$

$$= \int_0^T \left[2\cos\left(\frac{2\omega t + 45°}{2}\right)\cos\left(\frac{45°}{2}\right)\right]^2 \mathrm{d}t$$

$$= 4\cos^2\frac{\pi}{8}\int_0^T \cos^2\left(\omega t + \frac{\pi}{8}\right) \mathrm{d}t$$

$$= 2T\cos^2\frac{\pi}{8}$$

②两信号分别作用于单位电阻时，产生的能量为

$$E_1 = \int_0^T \cos^2(\omega t) \mathrm{d}t = \frac{T}{2}$$

$$E_2 = \int_0^T \cos^2\left(\omega t + \frac{\pi}{4}\right) \mathrm{d}t = \int_0^T \left[\cos(\omega t)\cos\frac{\pi}{4} - \sin(\omega t)\sin\frac{\pi}{4}\right]^2 \mathrm{d}t$$

$$= \frac{1}{2}\int_0^T [\cos(\omega t) - \sin(\omega t)]^2 \mathrm{d}t = \frac{1}{2}\int_0^T [1 - \sin(2\omega t)] \mathrm{d}t$$

$$= \frac{T}{2}$$

显然，$E_1 + E_2 = T \neq E$，即当 $f_1(t) = \cos(\omega t)$，$f_2(t) = \cos(\omega t + 45°)$ 时，同时作用于单位电阻产生的能量不等于两信号分别作用时产生的能量之和，这是由于 $f_1(t)$ 与 $f_2(t)$ 不正交造成的。

6-12 以三角函数形式的定义写出序号 k 从 7 至 15 的沃尔什函数表示式，并画出它们的波形。

解： 三角函数形式的沃尔什函数表示为

$$\mathrm{Wal}(k,t) = \prod_{r=0}^{p-1} \mathrm{sgn}[\cos(k_r 2^r \pi t)], 0 \leqslant t \leqslant 1$$

其中，$k = \prod_{r=0}^{p-1} k_r 2^r$。

当 $k=7$ 时，因 $7 = 1 \times 2^2 + 1 \times 2^1 + 1 \times 2^0$，故 $k_2 = k_1 = k_0 = 1$，$p=3$。

$$\begin{aligned} Wal(7,t) &= \prod_{r=0}^{2} sgn[\cos(k_r 2^r \pi t)] \\ &= sgn[\cos(4\pi t)]sgn[\cos(2\pi t)]sgn[\cos(\pi t)] \\ &= Wal(4,\ t) \cdot Wal(2,\ t) \cdot Wal(1,\ t) \end{aligned}$$

同理

$$Wal(8,\ t) = sgn[\cos(8\pi t)]$$

$$Wal(9,\ t) = sgn[\cos(8\pi t)]sgn[\cos(\pi t)] = Wal(8,\ t) \cdot Wal(1,\ t)$$

$$Wal(10,\ t) = sgn[\cos(8\pi t)]sgn[\cos(2\pi t)] = Wal(8,\ t) \cdot Wal(2,\ t)$$

$$\begin{aligned} Wal(11,\ t) &= sgn[\cos(8\pi t)]sgn[\cos(2\pi t)]sgn[\cos(\pi t)] \\ &= Wal(8,\ t) \cdot Wal(2,\ t) \cdot Wal(1,\ t) \end{aligned}$$

$$Wal(12,\ t) = sgn[\cos(8\pi t)]sgn[\cos(4\pi t)] = Wal(8,\ t) \cdot Wal(4,\ t)$$

$$\begin{aligned} Wal(13,\ t) &= sgn[\cos(8\pi t)]sgn[\cos(4\pi t)]sgn[\cos(\pi t)] \\ &= Wal(8,\ t) \cdot Wal(4,\ t) \cdot Wal(1,\ t) \end{aligned}$$

$$\begin{aligned} Wal(14,\ t) &= sgn[\cos(8\pi t)]sgn[\cos(4\pi t)]sgn[\cos(2\pi t)] \\ &= Wal(8,\ t) \cdot Wal(4,\ t) \cdot Wal(2,\ t) \end{aligned}$$

$$\begin{aligned} Wal(15,\ t) &= sgn[\cos(8\pi t)]sgn[\cos(4\pi t)]sgn[\cos(2\pi t)]sgn[\cos(\pi t)] \\ &= Wal(8,\ t) \cdot Wal(4,\ t) \cdot Wal(2,\ t) \cdot Wal(1,\ t) \end{aligned}$$

波形如图 6－2－4 所示。

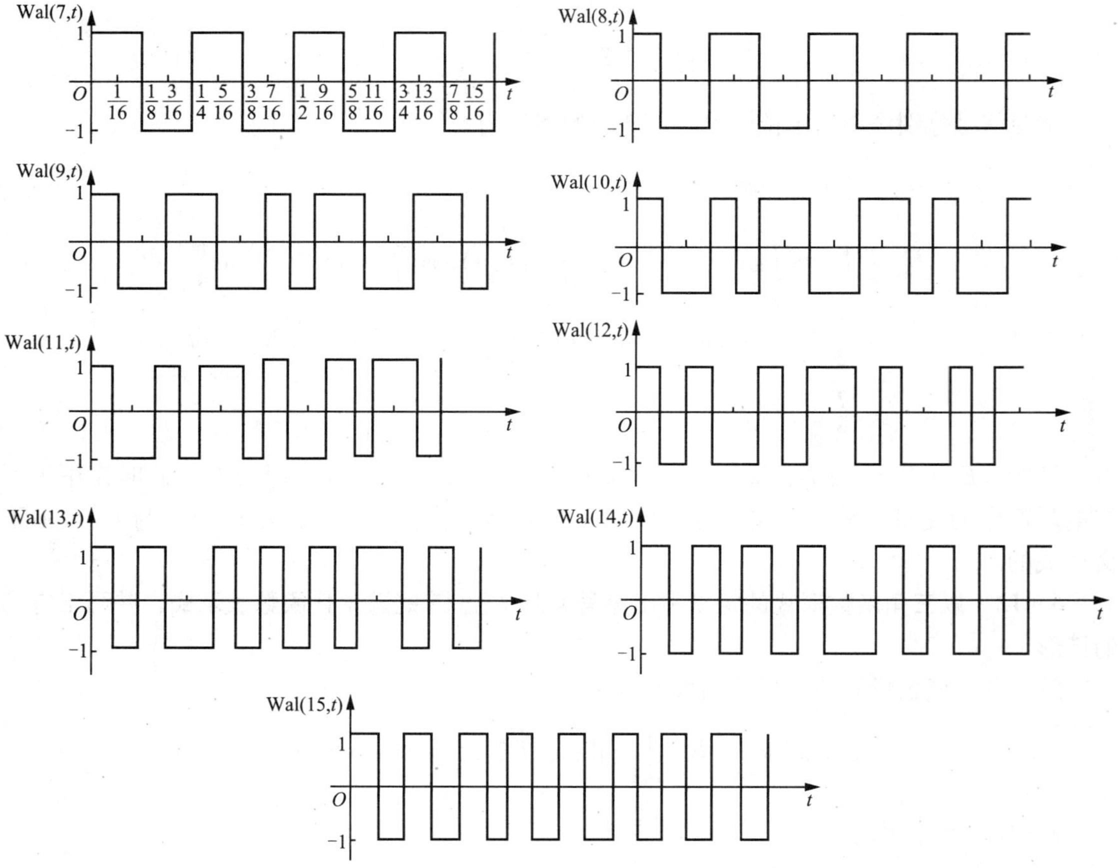

图 6－2－4

6－13　画出 sal(6, t) 和 cal(7, t) 的波形。

解： 由于

$$\mathrm{Wal}(k,\ t)=\begin{cases}\mathrm{sal}(m,\ t),\ k=2m-1,\ m=1,\ 2,\ 3,\ \cdots\\ \mathrm{cal}(m,\ t),\ k=2m,\ m=0,\ 1,\ 2,\ 3,\ \cdots\end{cases}$$

因此

$$\mathrm{sal}(6,\ t)=\mathrm{Wal}(11,\ t)\quad \mathrm{cal}(7,\ t)=\mathrm{Wal}(14,\ t)$$

其波形如图 6－2－5 所示。

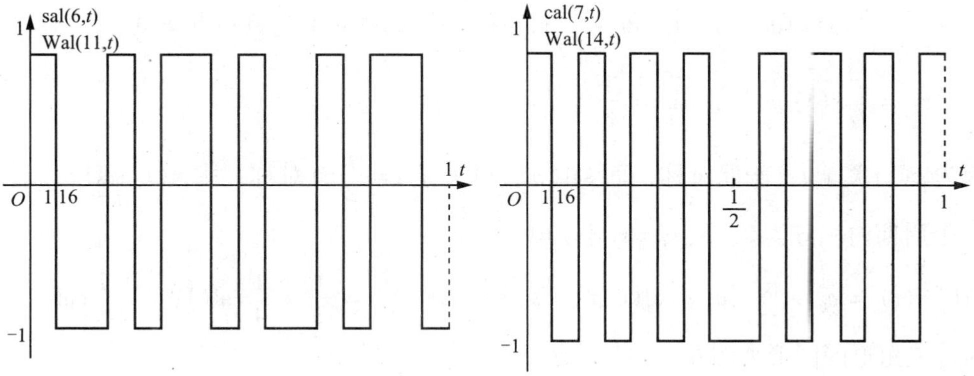

图 6－2－5

6－14　试证明： $\mathrm{sal}(i,\ t)\mathrm{sal}(j,\ t)=\mathrm{cal}[(i-1)\oplus(j-1),\ t]$

$\mathrm{sal}(i,\ t)\mathrm{cal}(j,\ t)=\mathrm{sal}\{[(i-1)\oplus j]+1,\ t\}$。

证明： 利用 Wal 的性质

$$\mathrm{Wal}(h\oplus k,\ t)=\mathrm{Wal}(h,\ t)\cdot\mathrm{Wal}(k,\ t),\ [\mathrm{Wal}(k,\ t)]^2=1$$

其中$\oplus$为模 2(不进位)加法运算。

$$\begin{aligned}\mathrm{sal}(i,\ t)\mathrm{sal}(j,\ t)&=\mathrm{Wal}[(2i-1),\ t]\cdot\mathrm{Wal}[(2j-1),\ t]\\&=\mathrm{Wal}[(2i-1)\oplus(2j-1)\cdot t]\quad \text{因}(2i-1)\oplus(2j-1)\text{必为偶数}\\&=\mathrm{cal}\left[\frac{(2i-1)\oplus(2j-1)}{2},\ t\right]\\&=\mathrm{cal}[(i-1)\oplus(j-1),\ t]\end{aligned}$$

$$\begin{aligned}\mathrm{sal}(i,\ t)\mathrm{cal}(j,\ t)&=\mathrm{Wal}[(2i-1),\ t]\cdot\mathrm{Wal}(2j,\ t)\\&=\mathrm{Wal}[(2i-1)\oplus 2j,\ t]\quad \text{因}(2i-1)\oplus 2j\text{必为奇数}\\&=\mathrm{sal}\left[\frac{(2i-1)\oplus 2j}{2}+1,\ t\right]\\&=\mathrm{sal}\{[(i-1)\oplus j]+1,\ t\}\end{aligned}$$

6－15　求图 6－2－6 所示周期性三角波的沃尔什级数展开系数 c_0，c_1，c_2，c_3 和 s_1，s_2，s_3 各等于多少？画出以上述结果综合逼近此三角波的图形。

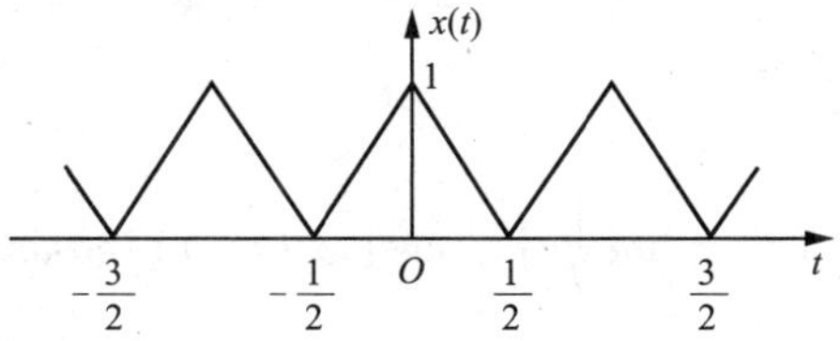

图 6－2－6

解： 由沃尔什级数的定义有

$$c_0=\int_0^1 x(t)\mathrm{cal}(0,t)\mathrm{d}t=\int_0^1 x(t)\mathrm{d}t=\int_0^{\frac{1}{2}}(1-2x)\mathrm{d}x+\int_{\frac{1}{2}}^1(2x-1)\mathrm{d}x=\frac{1}{2}$$

$$c_1=\int_0^1 x(t)\mathrm{cal}(1,t)\mathrm{d}t=\int_0^{\frac{1}{4}}x(t)\mathrm{d}t-\int_{\frac{1}{4}}^{\frac{3}{4}}x(t)\mathrm{d}t+\int_{\frac{3}{4}}^1 x(t)\mathrm{d}x=\frac{1}{4}$$

$$c_2=\int_0^1 x(t)\mathrm{cal}(2,t)\mathrm{d}t$$

$$=\int_0^{\frac{1}{8}}x(t)\mathrm{d}t-\int_{\frac{1}{8}}^{\frac{3}{8}}x(t)\mathrm{d}t+\int_{\frac{3}{8}}^{\frac{5}{8}}x(t)\mathrm{d}t-\int_{\frac{5}{8}}^{\frac{7}{8}}x(t)\mathrm{d}t+\int_{\frac{7}{8}}^1 x(t)\mathrm{d}t=0$$

$$c_3=\int_0^1 x(t)\mathrm{cal}(3,t)\mathrm{d}t=\frac{1}{8}$$

因为 $x(t)$ 关于 $t=\frac{1}{2}$ 偶对称，而 $\mathrm{sal}(m,\ t)$ 关于 $t=\frac{1}{2}$ 奇对称，则 $x(t)\mathrm{sal}(m,\ t)$ 在 $(0,$ $1)$ 的一个周期内积分为0，故 $s_1=s_2=s_3=0$。

所以 $x(t)=c_0+\sum_{m=1}^{\infty}[c_m\cdot\mathrm{cal}(m,t)+s_m\cdot\mathrm{sal}(m,t)]=\frac{1}{2}+\frac{1}{4}\mathrm{cal}(1,t)+\frac{1}{8}\mathrm{cal}(3,t)+\cdots$ 逼近三角形的图形如图6－2－7所示。

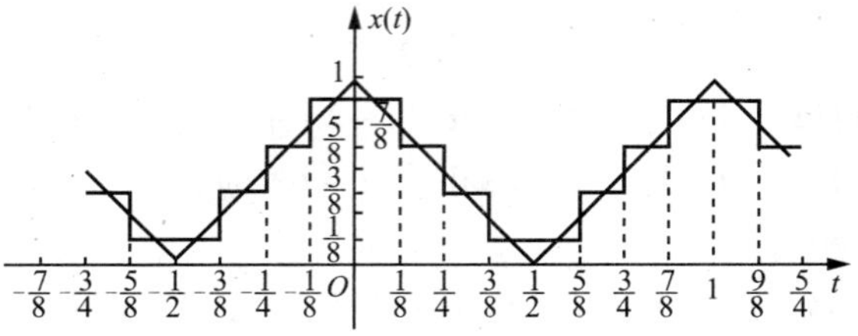

图6－2－7

6－16　求下列信号的自相关函数：

(1) $f(t)=\mathrm{e}^{-at}u(t)\ (a>0)$；(2) $f(t)=E\cos(\omega_0 t)u(t)$。

解： (1) 根据自相关函数定义

①当 $\tau>0$ 时，有

$$R(\tau)=\int_{-\infty}^{\infty}\mathrm{e}^{-at}u(t)\cdot\mathrm{e}^{-a(t-\tau)}u(t-\tau)\mathrm{d}t$$

$$=\mathrm{e}^{a\tau}\int_{-\infty}^{\infty}\mathrm{e}^{-2at}u(t)u(t-\tau)\mathrm{d}t$$

$$=\mathrm{e}^{a\tau}\int_{\tau}^{\infty}\mathrm{e}^{-2at}\mathrm{d}t=\mathrm{e}^{a\tau}\cdot\frac{1}{-2a}\mathrm{e}^{-2at}\Big|_{\tau}^{\infty}=\frac{1}{2a}\mathrm{e}^{-a\tau}$$

②当 $\tau<0$ 时，由于实函数的自相关函数关于是偶函数，故

$$R(\tau)=\frac{1}{2a}\mathrm{e}^{-a\cdot(-\tau)}$$

综上，可得 $R(\tau)=\frac{1}{2a}\mathrm{e}^{-a|\tau|}$。

(2) 已知 $E\cos(\omega_0 t)$ 的 $R_1(\tau)=\lim_{T\to\infty}\frac{1}{T}\int_{-\frac{T}{2}}^{\frac{T}{2}}\cos[\omega_0(t-\tau)]\cos\omega_0 t\mathrm{d}t=\frac{E^2}{2}\cos\omega_0\tau$，则 $f(t)$ 的自相关函数为 $R(\tau)=\lim_{T\to\infty}\frac{1}{T}\int_{t_0-\frac{T}{2}}^{t_0+\frac{T}{2}}f(t-\tau)f(t)\mathrm{d}t=\frac{1}{2}R_1(\tau)=\frac{E^2}{4}\cos\omega_0\tau$。

6－17　试确定下列信号的功率，并画出它们的功率谱：

(1)$A\cos(2000\pi t)+B\sin(200\pi t)$；(2)$[A+\sin(200\pi t)]\cos(2000\pi t)$；

(3)$A\cos(200\pi t)\cos(2000\pi t)$；(4)$A\sin(200\pi t)\cos(2000\pi t)$；

(5)$A\sin(300\pi t)\cos(2000\pi t)$；(6)$A\sin^2(200\pi t)\cos(2000\pi t)$。

解：信号的平均功率表达式为

$$P=\lim_{T\to\infty}\left[\frac{1}{T}\int_{-\frac{T}{2}}^{\frac{T}{2}}|f(t)|^2\mathrm{d}t\right]=\frac{1}{2\pi}\int_{-\infty}^{\infty}\mathscr{P}(\omega)\mathrm{d}\omega$$

若$f(t)=A\cos(\omega_0 t)$，则

$$R(\tau)=\frac{A^2}{2}\cos(\omega_0\tau)$$

$$\mathscr{P}(\omega)=\mathscr{F}[R(\tau)]=\frac{A^2}{2}\pi[\delta(\omega+\omega_0)+\delta(\omega-\omega_0)]$$

故$P=\dfrac{1}{2\pi}\int_{-\infty}^{\infty}\mathscr{P}(\omega)\mathrm{d}\omega=\dfrac{A^2}{2}$。

若$f(t)=A\sin(\omega_1 t)$，则同理可得

$$P=\frac{1}{2\pi}\int_{-\infty}^{\infty}\mathscr{P}(\omega)\mathrm{d}\omega=\frac{A^2}{2}$$

(1)$P=\dfrac{A^2}{2}+\dfrac{B^2}{2}$

功率谱密度

$$\mathscr{P}(\omega)=\frac{A^2}{2}\pi[\delta(\omega+2000\pi)+\delta(\omega-2000\pi)]+\frac{B^2}{2}\pi[\delta(\omega+200\pi)+\delta(\omega-200\pi)]$$

功率谱如图6－2－8(a)所示。

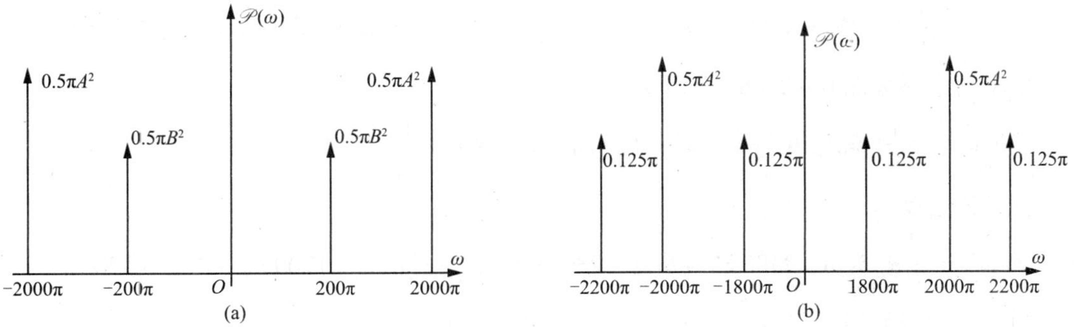

图6－2－8

(2)$f(t)=[A+\sin(200\pi t)]\cdot\cos(2000\pi t)$

$$=A\cos(2000\pi t)+\frac{1}{2}[\sin(2200\pi t)-\sin(1800\pi t)]$$

则$P=\dfrac{A^2}{2}+\dfrac{1}{4}$。

功率谱密度

$$\mathscr{P}(\omega)=\frac{A^2}{2}\pi[\delta(\omega+2000\pi)+\delta(\omega-2000\pi)]+\frac{\pi}{8}[\delta(\omega+2200\pi)+\delta(\omega-2200\pi)]$$

$$+\frac{\pi}{8}[\delta(\omega+1800\pi)+\delta(\omega-1800\pi)]$$

功率谱的图形如图 6－2－8(b)所示。

(3)$f(t)=A\cos(200\pi t)\cos(2000\pi t)=\dfrac{A}{2}[\cos(2200\pi t)+\cos(1800\pi t)]$

则 $P=\dfrac{A^2}{8}+\dfrac{A^2}{8}=\dfrac{A^2}{4}$。

功率谱密度

$$\mathscr{P}(\omega)=\frac{A^2}{8}\pi[\delta(\omega+2200\pi)+\delta(\omega-2200\pi)]+\frac{A^2}{8}\pi[\delta(\omega+1800\pi)+\delta(\omega-1800\pi)]$$

功率谱密度如图 6－2－8(c)所示。

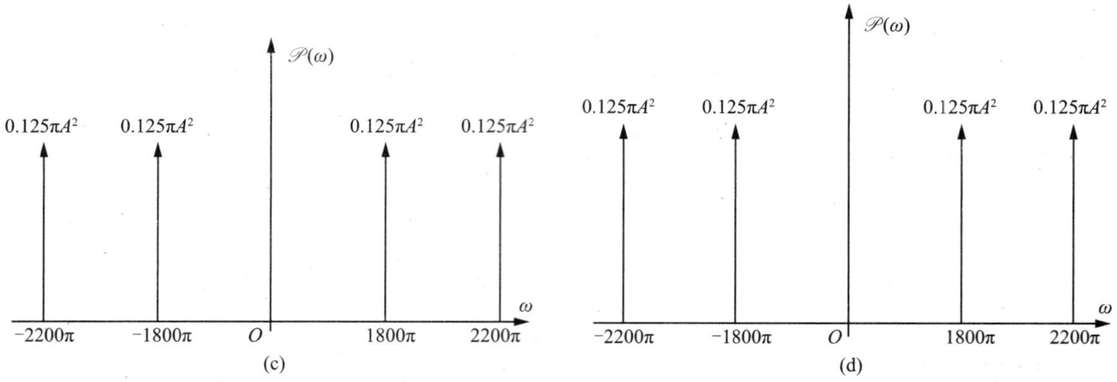

图 6－2－8

(4)$f(t)=\dfrac{A}{2}[\sin(2200\pi t)-\sin(1800\pi t)]$，则 $P=\dfrac{A^2}{8}\times 2=\dfrac{A^2}{4}$。

功率谱密度

$$\mathscr{P}(\omega)=\frac{A^2}{8}\pi[\delta(\omega+2200\pi)+\delta(\omega-2200\pi)]+\frac{A^2}{8}\pi[\delta(\omega+1800\pi)+\delta(\omega-1800\pi)]$$

功率谱波形如图 6－2－8(d)所示。

(5)$f(t)=\dfrac{A}{2}[\sin(2300\pi t)-\sin(1700\pi t)]$，则 $P=\dfrac{A^2}{8}\times 2=\dfrac{A^2}{4}$。

功率谱密度

$$\mathscr{P}(\omega)=\frac{A^2}{8}\pi[\delta(\omega+2300\pi)+\delta(\omega-2300\pi)]+\frac{A^2}{8}\pi[\delta(\omega+1700\pi)+\delta(\omega-1700\pi)]$$

功率谱波形如图 6－2－8(e)所示。

(6)$f(t)=A\cdot\dfrac{1-\cos(400\pi t)}{2}\cdot\cos(2000\pi t)$

$$=\frac{A}{2}\cos(2000\pi t)-\frac{A}{4}[\cos(2400\pi t)+\cos(1600\pi t)]$$

则 $P=\dfrac{A^2}{8}+\dfrac{A^2}{32}\times 2=\dfrac{3}{16}A^2$。

功率谱密度

$$\mathscr{P}(\omega)=\frac{A^2}{8}\pi[\delta(\omega+2000\pi)+\delta(\omega-2000\pi)]+\frac{A^2}{32}\pi[\delta(\omega+2400\pi)+\delta(\omega-2400\pi)]+$$

$$\frac{A^2}{32}\pi[\delta(\omega+1600\pi)+\delta(\omega-1600\pi)]$$

功率谱波形如图 6 - 2 - 8(f) 所示。

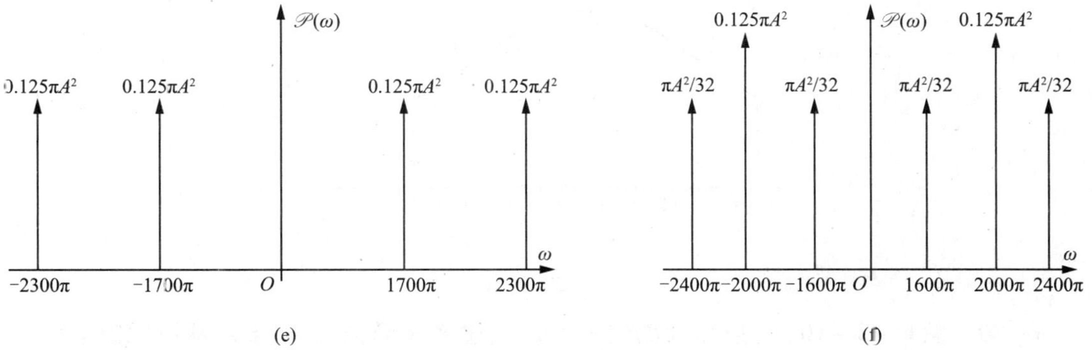

图 6 - 2 - 8

6 - 18　若信号 $f(t)$ 的功率谱为 $\mathscr{P}_f(\omega)$，试证明 $\frac{df(t)}{dt}$ 信号的功率谱为 $\omega^2\mathscr{P}_f(\omega)$

证明：由题意可知，$f(t)$ 的功率谱 $\mathscr{P}_f(\omega)=\lim\limits_{T\to\infty}\frac{|F_T(\omega)|^2}{T}$。

信号 $\frac{df(t)}{dt}$ 有截尾函数 $g_T(t)$

$$g_T(t)=\begin{cases}\frac{df(t)}{dt}, & |t|\leqslant\frac{T}{2}\\ 0, & \text{其他}\end{cases}$$

则 $\frac{df(t)}{dt}$ 的功率谱

$$\mathscr{P}_f(\omega)=\lim_{T\to\infty}\frac{|G_T(\omega)|^2}{T}$$

因为 $g_T(t)=\frac{d}{dt}f_T(t)$，所以 $G_T(\omega)=j\omega F_T(\omega)$，则

$$\mathscr{P}_f(\omega)=\lim_{T\to\infty}\frac{\omega^2|F_T(\omega)|^2}{T}=\omega^2\mathscr{P}_f(\omega)$$

6 - 19　信号 $e(t)=2e^{-t}u(t)$ 通过截止频率 $\omega_c=1$ 的理想低通滤波器，试求响应的能量谱密度，以图形示出。

解：由 $e(t)=2e^{-t}u(t)$，可知 $E(j\omega)=\mathscr{F}[e(t)]=\frac{2}{1+j\omega}$。

理想低通滤波器的系统函数

$$H(j\omega)=\begin{cases}1 & |\omega|\leqslant 1\\ 0 & |\omega|>1\end{cases}$$
$$=u(\omega+1)-u(\omega-1)$$

e(t) 的能量谱

$$\mathscr{E}_e(\omega)=|E(j\omega)|^2=\left|\frac{2}{1+j\omega}\right|^2=\frac{4}{1+\omega^2}$$

故 $\mathscr{E}_r(\omega)=|H(j\omega)|^2\cdot\mathscr{E}_e(\omega)=\frac{4}{1+\omega^2}[u(\omega+1)-u(\omega-1)]$。

图形如图 6 - 2 - 9 所示。

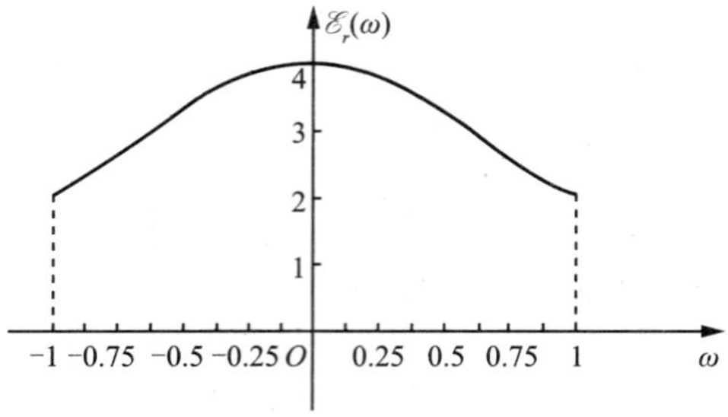

图 6－2－9

6－20　图 6－2－10(a)所示周期信号 $f(t)$ 通过系统函数为 $H(j\omega)$ 系统[如图 6－2－10(b)]，试求输出信号的功率谱和功率(方均值)。设 T 为以下二种情况：(1) $T=\frac{\pi}{3}$；(2) $T=\frac{\pi}{6}$。

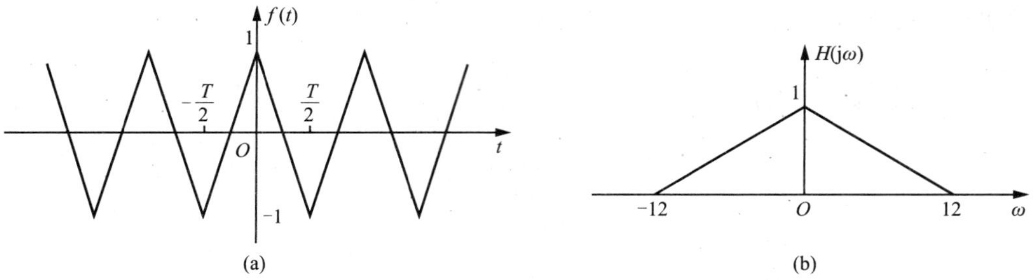

图 6－2－10

解：利用周期函数的功率谱公式

$$\mathscr{P}(\omega)=2\pi\sum_{n=-\infty}^{\infty}|F_n|^2\delta(\omega-n\omega_1)$$

查表可知图示三角周期信号的傅里叶级数为

$$f(t)=\sum_{n=1}^{\infty}\frac{8}{(n\pi)^2}\sin^2\left(\frac{n\pi}{2}\right)\cos\left(n\cdot\frac{2\pi}{T}t\right)\qquad(n=1,2,\cdots)$$

所以　$|F_n|=\frac{4}{(n\pi)^2}\sin^2(\frac{n\pi}{2})$，$n=0$，$\pm1$，$\pm2$，$\cdots$

则当 $n=2k$ 时，$|F_n|=0$；当 $n=2k+1$ 时，$|F_n|=\frac{4}{(n\pi)^2}$。

故 $\mathscr{P}_f(\omega)=2\pi\sum_{k=-\infty}^{\infty}\frac{16}{[(2k+1)\pi]^4}\cdot\delta\left[\omega-(2k+1)\frac{2\pi}{T}\right]$。

由已知可得，系统函数

$$H(j\omega)=\frac{1}{12}(\omega+12)[u(\omega+12)-u(\omega)]+\frac{1}{12}(12-\omega)[u(\omega)-u(\omega-12)]$$

则 $|H(j\omega)|^2=\frac{1}{144}(\omega+12)^2[u(\omega+12)-u(\omega)]+\frac{1}{144}(12-\omega)^2[u(\omega)-u(\omega-12)]$

利用输出信号的功率谱公式

$$\mathscr{P}_r(\omega)=|H(j\omega)|^2\cdot\mathscr{P}_f(\omega)$$

(1)当 $T=\frac{\pi}{3}$ 时，$\omega_1=\frac{2\pi}{T}=6$，$f(t)$ 通过 $H(j\omega)$ 后只剩 $\omega=\pm\frac{2\pi}{T}=\pm6$ 的成分。

$$\mathscr{P}_r(\omega)=2\pi\cdot\sum_{k=-1}^{0}\frac{16}{\pi^4}\cdot\delta[\omega-(2k+1)\cdot6]\cdot|H(j6)|^2$$
$$=2\pi\cdot\frac{16}{\pi^4}\cdot\left(\frac{1}{2}\right)^2\cdot[\delta(\omega+6)+\delta(\omega-6)]$$
$$=\frac{8}{\pi^3}[\delta(\omega+6)+\delta(\omega-6)]$$

功率 $P_r=\frac{1}{2\pi}\int_{-\infty}^{\infty}\mathscr{P}_r(\omega)\mathrm{d}\omega=\frac{1}{2\pi}\cdot\frac{8}{\pi^3}\cdot2=\frac{8}{\pi^4}$。

(2)当 $T=\frac{\pi}{6}$时，$\omega_1=\frac{2\pi}{T}=12$，$f(t)$通过 $H(j\omega)$后被滤除了所有频率分量，即 $\mathscr{P}_e(\omega)=0$，则功率 $P_r=0$。

6－21　若匹配滤波器输入信号为 $f(t)$，冲激响应为 $h(t)=s(T-t)$，求：

(1)给出描述输出信号 $r(t)$ 的表达式；

(2)求 $t=T$ 时刻的输出 $r(t)=r(T)$；

(3)由以上结果证明，可利用图 6－2－11 的框图来实现匹配滤波器之功能。

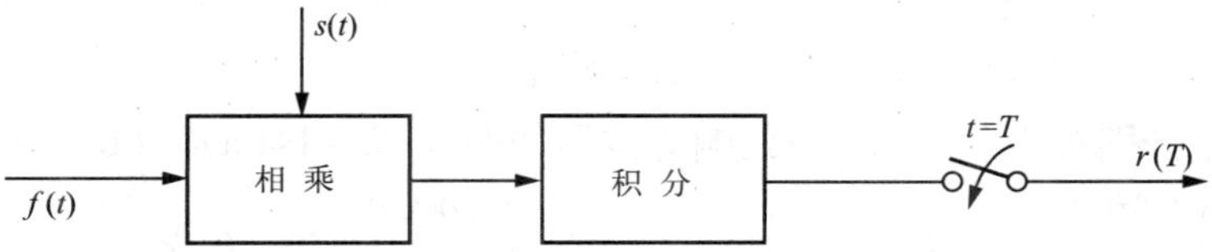

图 6－2－11

解：(1)$r(t)=f(t)*h(t)=\int_{-\infty}^{\infty}f(\tau)h(t-\tau)\mathrm{d}\tau$

因 $h(t)=s(T-t)$

所以
$$r(t)=\int_{-\infty}^{\infty}f(\tau)s(T+\tau-t)\mathrm{d}\tau$$

(2)当 $t=T$ 时
$$r(t)=r(T)=\int_{-\infty}^{\infty}f(\tau)s(T+\tau-T)\mathrm{d}\tau=\int_{-\infty}^{\infty}f(\tau)s(\tau)\mathrm{d}\tau$$

(3)由于 $h(t)=s(T-t)$是信号 $s(t)$的匹配滤波器的冲激响应，所以在 $t>T$ 时，$s(t)=0$，故
$$r(T)=\int_{-\infty}^{\infty}f(\tau)s(\tau)\mathrm{d}\tau=\int_{-\infty}^{T}f(\tau)s(\tau)\mathrm{d}\tau$$

即可以用图 6－2－11 的框图来实现匹配滤波器的功能。

6－22　图 6－2－12 示出信号 $x_0(t)$ 和 $x_1(t)$ 波形，若 M_0 表示对 $x_0(t)$ 的匹配滤波器，M_1 表示对 $x_1(t)$ 的匹配滤波器，求：

(1)分别画出 M_0 和 M_1 的冲激响应 $h_0(t)$ 和 $h_1(t)$ 的波形；

(2)分别粗略画出 M_0 对 $x_0(t)$ 和 $x_1(t)$ 的响应波形以及 M_1 对 $x_0(t)$ 和 $x_1(t)$ 的响应波形；

(3)比较这些响应在 $t=4$ 时的值，若保持 $x_1(t)$ 不变，如何修改 $x_0(t)$ 使接收机更容易区分 $x_0(t)$ 和 $x_1(t)$，也即使 M_0 对 $x_1(t)$ 的响应和 M_1 对 $x_0(t)$ 的响应在 $t=4$ 时为零值。

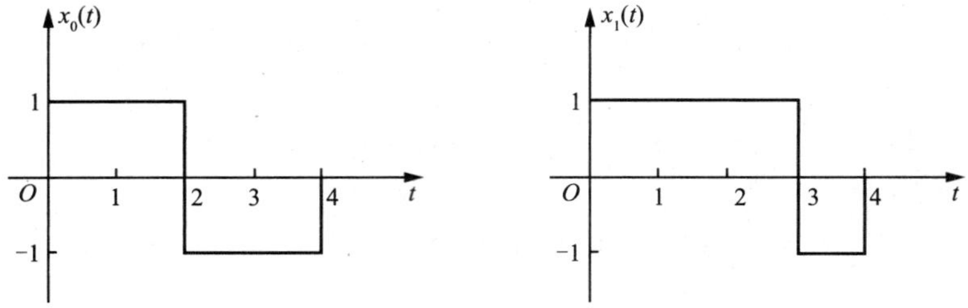

图 6－2－12

解：(1)$h_0(t)=x_0(4-t)$，$h_1(t)=x_1(4-t)$，波形如图 6－2－13 所示。

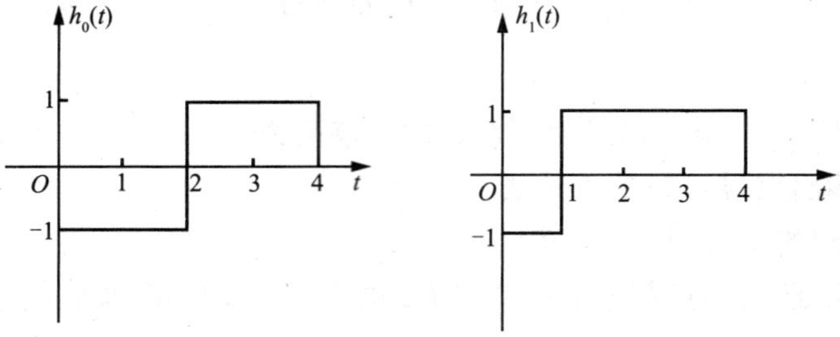

图 6－2－13

(2)M_0、M_1 分别对 $x_0(t)$、$x_1(t)$的响应波形如图 6－2－14(a)、(b)、(c)、(d)所示。

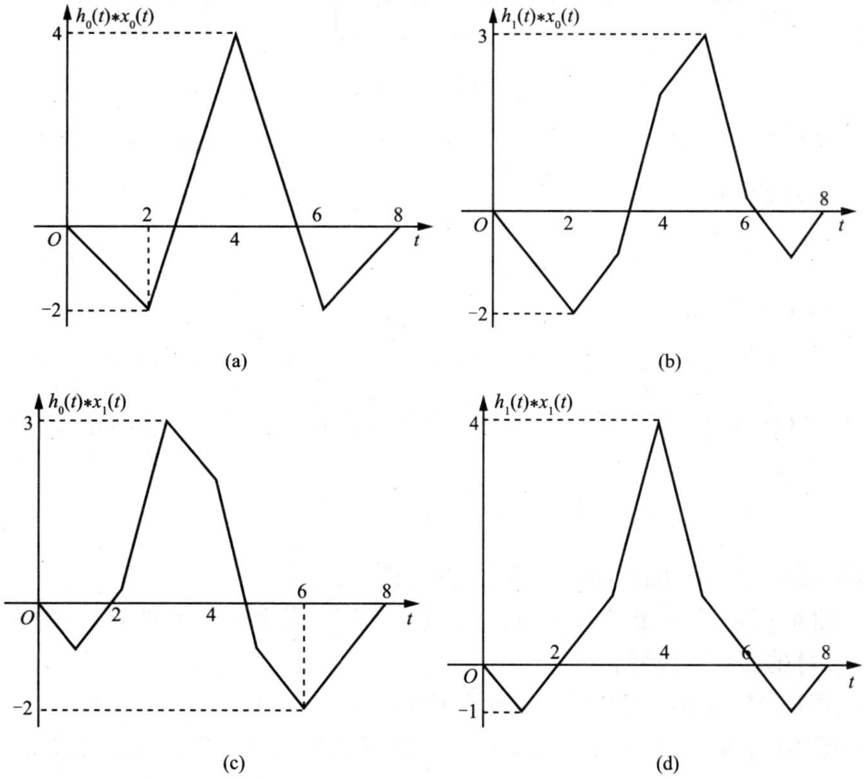

图 6－2－14

(3)由题(2)可知，M_0 对 $x_0(t)$在 $t=4$ 时的响应为 4；M_0 对 $x_1(t)$在 $t=4$ 时的响应为 2；M_1 对 $x_0(t)$在 $t=4$ 时的响应为 2；M_1 对 $x_1(t)$在 $t=4$ 时的响应为 4。

若改变 $x_0(t)$，使 $x_0(t)$与 $x_1(t)$正交，改变后的 $x_0(t)$及其匹配滤波器冲激响应 $h_0(t)$如

图 6－2－15(a)、(b)所示。

此时 M_1 对 x_0 的响应 $h_1(t)*x_0(t)$，M_0 对 $x_1(t)$ 的响应 $h_0(t)*x_1(t)$，波形如图 6－2－15(c)、(d)所示。

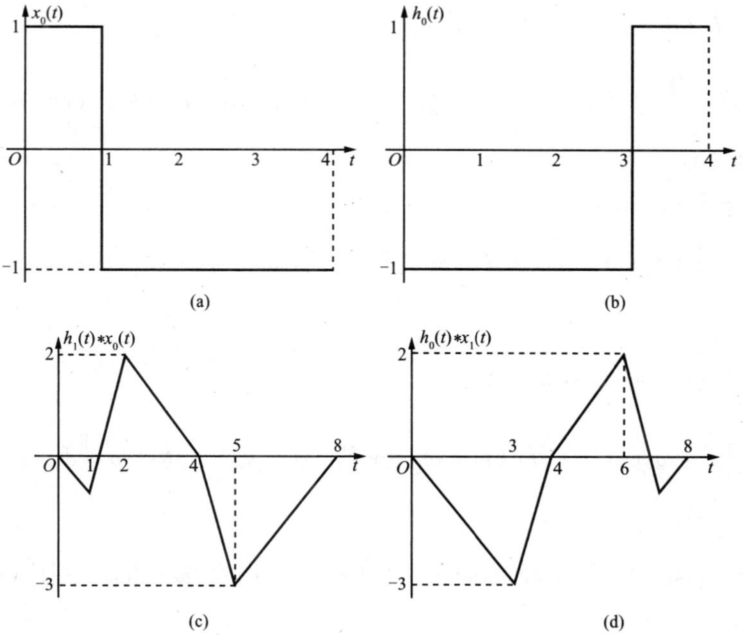

图 6－2－15

6－23　利用信号的频域表达式(取各信号的傅里叶变换)分析图 6－2－16 系统码分复用的工作原理。

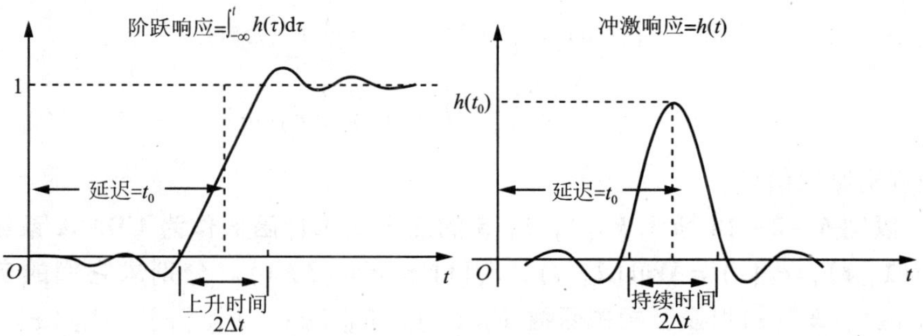

图 6－2－16

解：码分复用的工作原理图如图 6－2－17 所示。

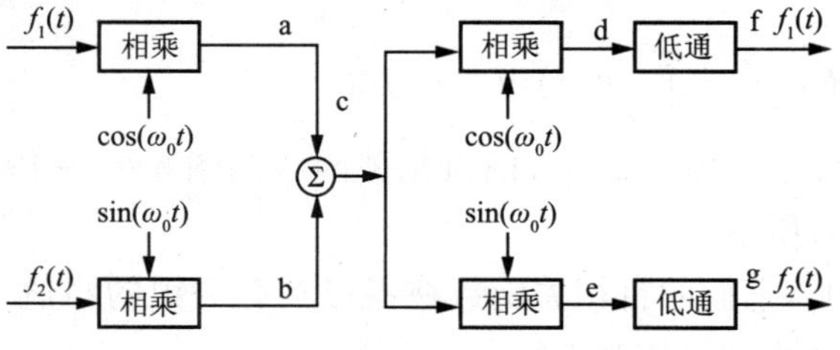

图 6－2－17

a、b 两点的输出分别为

$$F_a(\omega)=\frac{1}{2\pi}\mathscr{F}[f_1(t)]*\mathscr{F}[\cos(\omega_0 t)]=\frac{1}{2\pi}F_1(\omega)*\pi[\delta(\omega+\omega_0)+\delta(\omega-\omega_0)]$$

$$=\frac{1}{2}[F_1(\omega+\omega_0)+F_1(\omega-\omega_0)]$$

$$F_b(\omega)=\frac{1}{2\pi}\mathscr{F}[f_2(t)]*\mathscr{F}[\sin(\omega_0 t)]=\frac{j}{2}[F_2(\omega+\omega_0)-F_2(\omega-\omega_0)]$$

则 c 点的输出为

$$F_c(\omega)=F_a(\omega)+F_b(\omega)$$

$$=\frac{1}{2}[F_1(\omega+\omega_0)+jF_2(\omega+\omega_0)+F_1(\omega-\omega_0)-jF_2(\omega-\omega_0)]$$

d 点的输出为

$$F_d(\omega)=\frac{1}{2\pi}F_c(\omega)*\mathscr{F}[\cos(\omega_0 t)]$$

$$=\frac{1}{4\pi}[F_1(\omega+\omega_0)+jF_2(\omega+\omega_0)+F_1(\omega-\omega_0)-jF_2(\omega-\omega_0)]*\pi[\delta(\omega+\omega_0)$$

$$+\delta(\omega-\omega_0)]$$

$$=\frac{1}{4}[F_1(\omega+2\omega_0)+2F_1(\omega)+F_1(\omega-2\omega_0)+jF_2(\omega+2\omega_0)-jF_2(\omega-2\omega_0)]$$

e 点的输出为

$$F_e(\omega)=\frac{1}{4}[-F_2(\omega+2\omega_0)+2F_2(\omega)-F_2(\omega-2\omega_0)+jF_1(\omega+2\omega_0)-jF_1(\omega-2\omega_0)]$$

故经过低通滤波器后，f、g 两点的输出分别为

$$F_f(\omega)=\frac{1}{4}\times 2F_1(\omega)=\frac{1}{2}F_1(\omega)$$

$$F_g(\omega)=\frac{1}{4}\times 2F_2(\omega)=\frac{1}{2}F_2(\omega)$$

从而恢复出原始信号。

6-24　以图 6-2-18 所示 $k=1，2，3$ 的三个沃尔什函数作为 CDMA 系统的地址码 $c_1(t)=\mathrm{Wal}(1,t)$，$c_2(t)=\mathrm{Wal}(2,t)$，$c_3(t)=\mathrm{Wal}(3,t)$。分别求它们的自相关函数 $R_{11}(\tau)$，$R_{22}(\tau)$，$R_{33}(\tau)$ 以及互相关函数 $R_{12}(\tau)$，$R_{21}(\tau)$，$R_{13}(\tau)$，$R_{31}(\tau)$，$R_{23}(\tau)$，$R_{32}(\tau)$（粗略画图形即可）。由所得结果讨论此码组是否能用作地址码。

解： 自相关函数公式：$R(\tau)=\int_{-\infty}^{\infty}f(t)f(t-\tau)\mathrm{d}t$。

互相关函数公式：$R_{ij}(\tau)=\int_{-\infty}^{\infty}f_i(t)f_j(t-\tau)\mathrm{d}t$。

Wal(1，t)，Wal(2，t)，Wal(3，t)的自相关函数如图 6-2-19(a)所示，互相关函数的图形如图 6-2-19(b)所示。

由图 6-2-19 可知，它们的自相关函数在零点具有尖锐的峰值，而互相关函数在零点取值均为零，因此沃尔什函数可作为地址码。

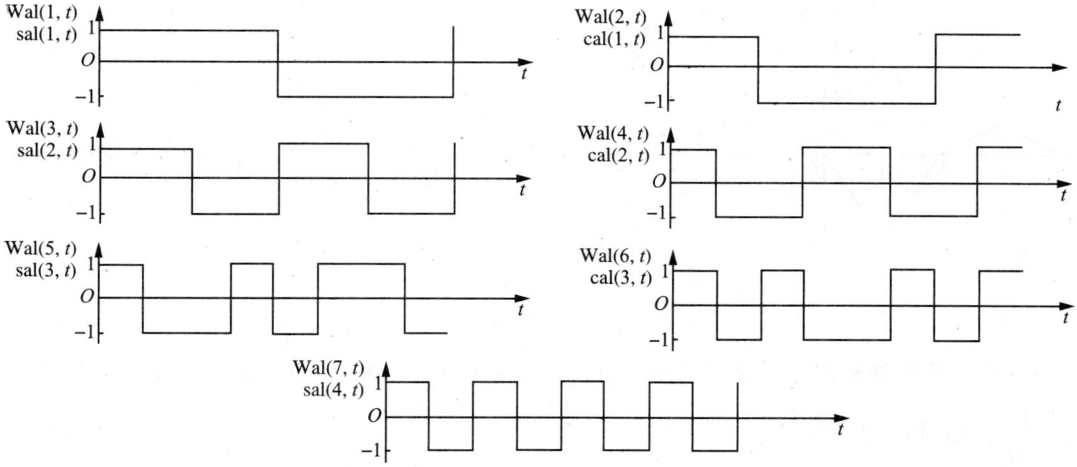

图 6－2－18

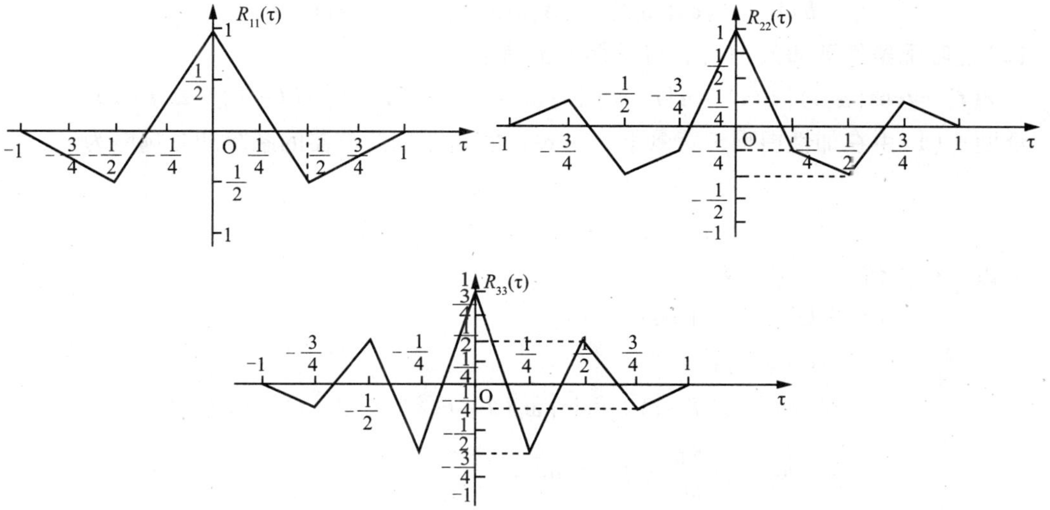

图 6－2－19(a)

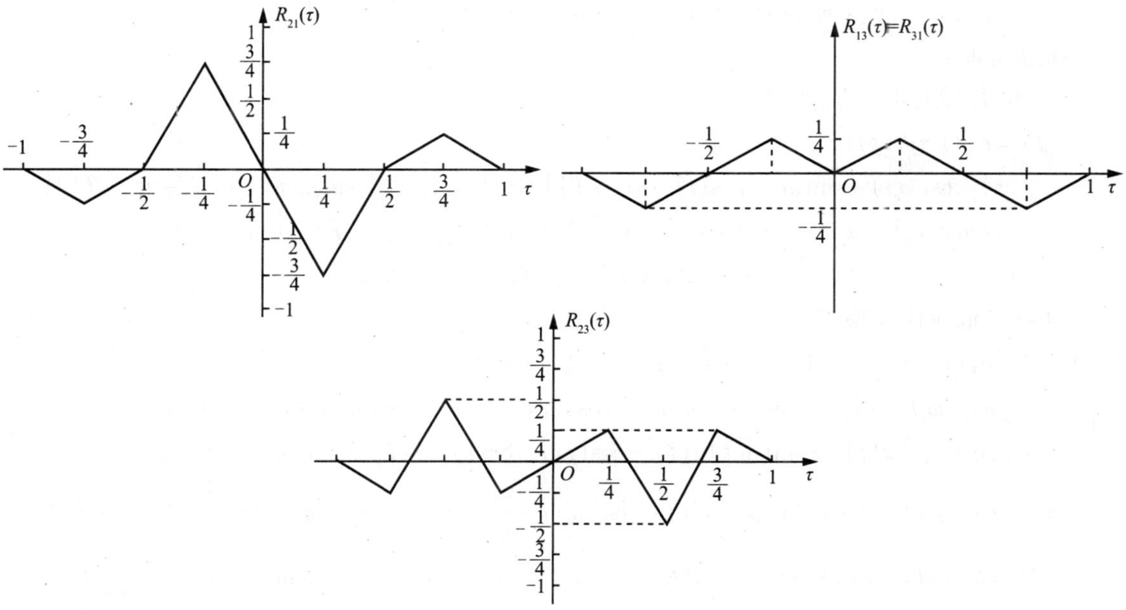

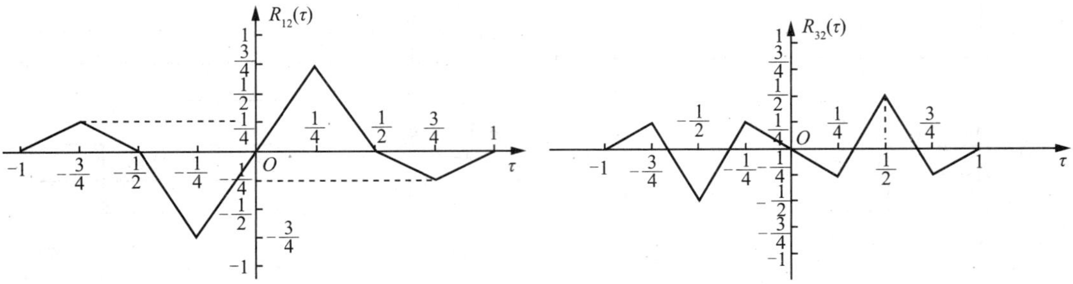

图 6-2-19(b)

6-25 **待传输标准信号表达式为 $e(t)=[\cos(\omega_c t)+\sin(\omega_c t)][u(t)-u(t-T)]$，其中 $T=\dfrac{8\pi}{\omega_c}$，试证明以下结论：**

(1)相应的匹配滤波器之冲激响应

$$h(t)=[\cos(\omega_c t)-\sin(\omega_c t)][u(t)-u(t-T)]$$

(2)在匹配条件下加入 $e(t)$，可求得输出信号

$$r(t)=t\cos(\omega_c t)[u(t)-u(t-T)]-(t-2T)\cos(\omega_c t)[u(t-T)-u(t-2T)]$$

证明：(1)由在加性白噪声背景下，对 $e(t)$ 实现匹配滤波器的系统冲激响应为

$$h(t)=ke^*(t_0-t)$$

$$H(\omega)=\mathscr{F}[h(t)]=kE^*(-\omega)e^{-j\omega t_0}$$

所以，待传信号为 $e(t)$ 时

$$\begin{aligned}h(t)&=ke^*(t_0-t)=ke(t_0-t)\\&=ke(T-t)\\&=\{\cos[\omega_c(T-t)]+\sin[\omega_c(T-t)]\}[u(T-t)-u(T-t-T)]\\&=\{\cos[\omega_c(\frac{8\pi}{\omega_c}-t)]+\sin[\omega_c(\frac{8\pi}{\omega_c}-t)]\}[u(T-t)-u(-t)]\\&=[\cos(8\pi-\omega_c t)+\sin(8\pi-\omega_c t)][u(T-t)-u(-t)]\\&=[\cos(\omega_c t)-\sin(\omega_c t)][u(t)-u(t-T)]\end{aligned}$$

命题得证。

(2)由第(2)问的结论可知

$$\begin{aligned}r(t)&=e(t)*h(t)\\&=\{[\cos(\omega_c t)+\sin(\omega_c t)][u(t)-u(t-T)]\}*\{[\cos(\omega_c t)-\sin(\omega_c t)][u(t)-u(t-T)]\}\\&=t\cos(\omega_c t)[u(t)-u(t-T)]-(t-2T)\cos(\omega_c t)[u(t-T)-u(t-2T)]\end{aligned}$$

$$r(t)=e(t)*h(t)\leftrightarrow R(s)=E(s)H(s)$$

对 $e(t)$ 取拉氏变换有

$$\begin{aligned}E(s)&=\mathscr{L}[e(t)]=\mathscr{L}[\cos(\omega_c t)+\sin(\omega_c t)][u(t)-u(t-T)]\\&=\mathscr{L}[\cos(\omega_c t)u(t)+\sin(\omega_c t)u(t)-\cos(\omega_c t)u(t-T)-\sin(\omega_c t)u(t-T)]\\&=\mathscr{L}[\cos(\omega_c t)u(t)+\sin(\omega_c t)u(t)-\cos(\omega_c t-8\pi)u(t-T)-\sin(\omega_c t-8\pi)u(t-T)]\\&=\mathscr{L}\{\cos(\omega_c t)u(t)+\sin(\omega_c t)u(t)-\cos[\omega_c(t-\frac{8\pi}{\omega_c})]u(t-T)-\sin[\omega_c(t-\frac{8\pi}{\omega_c})]u(t-T)\}\\&=\mathscr{L}\{\cos(\omega_c t)u(t)+\sin(\omega_c t)u(t)-\cos[\omega_c(t-T)]u(t-T)-\sin[\omega_c(t-T)]u(t-T)\}\end{aligned}$$

$$= \frac{s}{s^2+\omega_c^2} + \frac{\omega_c}{s^2+\omega_c^2} - \frac{s}{s^2+\omega_c^2}e^{-Ts} - \frac{\omega_c}{s^2+\omega_c^2}e^{-Ts}$$

$$= \left(\frac{s}{s^2+\omega_c^2} + \frac{\omega_c}{s^2+\omega_c^2}\right)(1-e^{-Ts})$$

同理

$$H(s) = \mathscr{L}[h(t)] = \mathscr{L}\{[\cos(\omega_c t) - \sin(\omega_c t)][u(t) - u(t-T)]\} = \left(\frac{s}{s^2+\omega_c^2} - \frac{\omega_c}{s^2+\omega_c^2}\right)(1-e^{-Ts})$$

所以

$$R(s) = \left[\frac{s^2}{(s^2+\omega_c^2)^2} - \frac{\omega_c^2}{(s^2+\omega_c^2)^2}\right](1-e^{-Ts})^2$$

$$= \left[\frac{s^2-\omega_c^2}{(s^2+\omega_c^2)^2}\right](1+e^{-2Ts}-2e^{-Ts})$$

由于 $\mathscr{L}^{-1}\left[\frac{s^2-\omega_c^2}{(s^2+\omega_c^2)^2}\right] = t\cos\omega_c t u(t)$，因此

$$\mathscr{L}^{-1}\left\{\left[\frac{s^2-\omega_c^2}{(s^2+\omega_c^2)^2}\right](1+e^{-2Ts}-2e^{-Ts})\right\}$$

$$= t\cos(\omega_c t)u(t) - 2(t-T)\cos[\omega_c(t-T)]u(t-T) + (t-2T)\cos[\omega_c(t-2T)]u(t-2T)$$

$$= t\cos(\omega_c t)u(t) - 2(t-T)\cos\left[\omega_c\left(t-\frac{8\pi}{\omega_c}\right)\right]u(t-T) + (t-2T)\cos\left[\omega_c\left(t-2\frac{8\pi}{\omega_c}\right)\right]u(t-2T)$$

$$= t\cos(\omega_c t)u(t) - 2(t-T)\cos[\omega_c t - 8\pi]u(t-T) + (t-2T)\cos[\omega_c t - 16\tau]u(t-2T)$$

$$= t\cos(\omega_c t)u(t) - (t-T)\cos(\omega_c t)u(t-T) + (t-2T)\cos(\omega_c t)u(t-2T)$$
$$- (t-2T)\cos(\omega_c t)u(t-T) - T\cos(\omega_c t)u(t-T)$$

$$= t\cos(\omega_c t)u(t) - t\cos(\omega_c t)u(t-T) + T\cos(\omega_c t)u(t-T)$$
$$+ (t-2T)\cos(\omega_c t)u(t-2T) - (t-2T)\cos(\omega_c t)u(t-T) - T\cos(\omega_c t)u(t-T)$$

$$= t\cos(\omega_c t)u(t) - t\cos(\omega_c t)u(t-T) + (t-2T)\cos(\omega_c t)u(t-2T)$$
$$- (t-2T)\cos(\omega_c t)u(t-T)$$

$$= t\cos(\omega_c t)[u(t) - u(t-T)] - (t-2T)\cos(\omega_c t)[u(t-T) - u(t-2T)]$$

命题得证。

6.3 名校考研真题详解

一、判断题

非周期信号一定是能量信号。(　　)[北京邮电大学 2016 研]

【答案】错

【解析】存在于无限时间内的非周期信号既可以是能量信号，也可以是功率信号，例如 $e^{-t}u(t)$ 是非周期的能量信号，而 $u(t)$ 则是非周期的功率信号。

二、计算题

1. $f_2(t) = \int_{-\infty}^{\infty} \mathrm{Sa}^2(at)\,\mathrm{d}t$（其中 a 为常数）。[西安电子科技大学 2017 研]

解： 已知 $\mathrm{Sa}(at) \xleftrightarrow{\mathscr{F}} \frac{\pi}{a}g_{2a}(\omega)$，则根据帕斯瓦尔定理可得

$$f_2(t)=\int_{-\infty}^{\infty}\mathrm{Sa}^2(at)\,\mathrm{d}t=\frac{1}{2\pi}\int_{-\infty}^{\infty}\left|\frac{\pi}{a}g_{2a}(\omega)\right|^2\mathrm{d}\omega=\frac{1}{2\pi}\cdot\frac{\pi^2}{a^2}\int_{-a}^{a}1^2\mathrm{d}\omega=\frac{\pi}{a}$$

2. 已知信号 $x(t)$ 的波形如图 6－3－1 所示。

(1) 计算并画出其能量谱密度 $E(\omega)$，请标明关键点坐标；

(2) 计算 $x(t)$ 的能量 E_x。［北京邮电大学 2016 研］

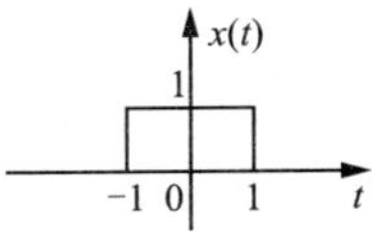

图 6－3－1

解：(1) 设 $x(t)\xleftrightarrow{\mathscr{F}}X(\omega)$，信号 $x(t)$ 的能量谱密度为 $E(\omega)$，则信号 $x(t)$ 的能量为

$$E=\frac{1}{2\pi}\int_{-\infty}^{\infty}E(\omega)\,\mathrm{d}\omega=\int_{-\infty}^{\infty}x^2(t)\,\mathrm{d}t=\frac{1}{2\pi}\int_{-\infty}^{\infty}|X(\omega)|^2\mathrm{d}\omega$$

因此能量谱密度为 $E(\omega)=|X(\omega)|^2$。又因为信号 $x(t)$ 为门宽为 2 的门函数，故

$$X(\omega)=2\mathrm{Sa}(\omega)$$

所以

$$E(\omega)=|X(\omega)|^2=4\mathrm{Sa}^2(\omega)=4\frac{\sin^2(\omega)}{\omega^2}$$

能量谱密度 $E(\omega)$ 的频谱图如图 6－3－2 所示

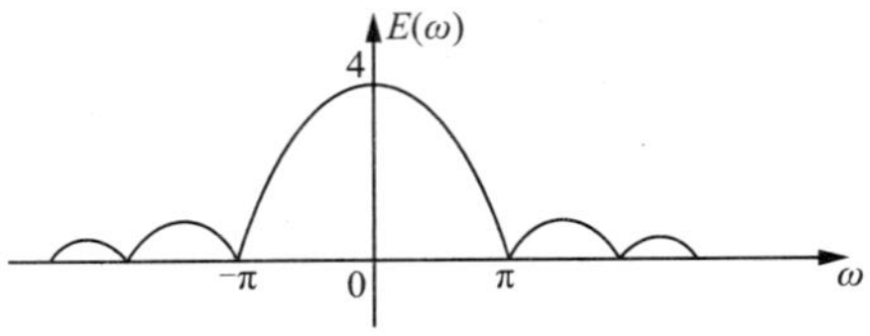

图 6－3－2

(2) 信号 $x(t)$ 的能量

$$E_x=\int_{-\infty}^{\infty}x^2(t)\,\mathrm{d}t=\int_{-1}^{1}1^2\mathrm{d}t=2$$

3. 求信号 $x(t)=u(t)-u(t-2)$ 与 $y(t)=\cos(\pi t)[u(t)-u(t-2)]$ 的互相关函数 $R_{xy}(t)$。［中国科学技术大学 2016 研］

解：根据互相关函数定义有

$$R_{xy}(\tau)=\int_{-\infty}^{+\infty}x(t+\tau)y(t)\,\mathrm{d}t=\int_{-\infty}^{+\infty}[u(t+\tau)-u(t+\tau-2)]\cos(\pi t)[u(t)-u(t-2)]\,\mathrm{d}t$$

由上式可知，若要此式不为零，则必须满足 $\begin{cases}2-\tau>0\\-\tau<2\end{cases}\Rightarrow -2<\tau<2$，则：

①若 $-2<\tau\leqslant 0$，则

$$R_{xy}(\tau)=\int_{-\tau}^{2}\cos(\pi t)\,\mathrm{d}t=\frac{1}{\pi}\sin\pi\tau$$

②若 $0<\tau<2$，则

$$R_{xy}(\tau)=\int_{0}^{2-\tau}\cos(\pi t)\,\mathrm{d}t=-\frac{1}{\pi}\sin\pi\tau$$

综上所述，可得 $x(t)$ 与 $y(t)$ 的互相关函数为

$$R_{xy}=\begin{cases}-\dfrac{1}{\pi}\sin\pi|\tau|, & |\tau|<2\\ 0, & \text{其他}\end{cases}$$

4. $x(t)=\mathrm{e}^{-at}u(t)$，$a>0$ 是否为能量信号或功率信号？［武汉大学 2015 研］

解：依题意 $x(t)$ 的能量为

$$\int_{-\infty}^{+\infty}|\mathrm{e}^{-at}u(t)|^2\mathrm{d}t=\int_0^{+\infty}\mathrm{e}^{-2at}\mathrm{d}t=-\frac{1}{2a}\mathrm{e}^{-2at}\Big|_0^{+\infty}=\frac{1}{2a}<\infty$$

因此 $x(t)$ 是能量信号。

第 7 章　离散时间系统的时域分析

7.1　复习笔记

一、离散时间信号——序列

1. 常用的序列运算

加法：$z(n)=x(n)+y(n)$

乘法：$z(n)=x(n)\cdot y(n)$

数乘：$z(n)=a\cdot x(n)$

移位：右移/后移　$z(n)=x(n-m)$

　　　左移/前移　$z(n)=x(n+m)$

反褶：$z(n)=x(-n)$（倒置）

累加：$z(n)=\sum_{k=-\infty}^{n}x(k)$

尺度压缩、扩展：$z(n)=x(an)$

差分：前向　$\Delta x(n)=x(n+1)-x(n)$

　　　后向　$\nabla x(n)=x(n)-x(n-1)$

　　　高阶　$\nabla^{m}x(n)=\nabla[\nabla^{m-1}x(n)]$

2. 几种典型序列之间的关系

单位样值信号：$\delta(n)=u(n)-u(n-1)$

阶跃序列：$u(n)=\delta(n)+\delta(n-1)+\delta(n-2)+\cdots=\sum_{k=0}^{\infty}\delta(n-k)$

矩形序列：$R_N(n)=u(n)-u(n-N)=\sum_{k=0}^{N-1}\delta(n-k)$

斜变序列：$nu(n)=\sum_{k=1}^{\infty}u(n-k)=\sum_{k=1}^{\infty}\sum_{l=0}^{\infty}\delta(n-k-l)$

二、常系数线性差分方程的求解（见表 7-1-1）

表 7-1-1　常系数线性差分方程的求解

要点		主要内容
表达式		$\sum_{k=0}^{N}a_k y(n-k)=\sum_{r=0}^{M}b_r s(n-r)$
求解方法	迭代法	手算逐次代入求解或利用计算机求解。该方法概念清楚，计算简便，但只能得到数值解，不能得到闭式解
	时域经典法	分别求齐次解与特解，然后代入边界和条件求待定系数。该方法便于从物理概念说明各响应分量之间的关系，但求解过程较麻烦（最常用）
	响应求解法	用求齐次解的方法求零输入响应，利用卷积和的方法求零状态响应
	交换域法	类似于拉氏变换方法，利用 z 变换方法解差分方程。该方法求解最为简便有效

三、离散时间系统的单位样值(单位冲激)响应

1. 单位样值响应：离散时间系统在 $\delta(n)$ 作用下的响应 $h(n)$ 。

2. 单位样值响应表示系统性能

类似于 $h(t)$ 对连续时间系统的意义。

因果性($n<0$ 时无响应)　　$h(n)=h(n)u(n)$

稳定性(绝对可和)　　$\sum_{n=-\infty}^{\infty}|h(n)|\leqslant M$

四、卷积(卷积和)

卷积和：$y(n)=x(n)*h(n)$

卷积和可以表述为反褶、平移、相乘、取和。

卷积和的性质：

交换律　　$x(n)*h(n)=h(n)*x(n)$

分配律　　$[x_1(n)+x_2(n)]*h(n)=x_1(n)*h(n)+x_2(n)*h(n)$

结合律　　$[x(n)*h_1(n)]*h_2(n)=x(n)*[h_1(n)*h_2(n)]$

筛选特性　　$x(n)*\delta(n)=x(n)$

五、解卷积(反卷积)

由 $y(n)=\sum_{m=0}^{n}h(m)x(n-m)$，解卷积，可得

$$x(n)=\left[y(n)-\sum_{m=0}^{n-1}h(n-m)x(m)\right]/h(0)$$

7.2 课后习题详解

7-1 分别绘出以下各序列的图形。

(1) $x(n)=(1/2)^n u(n)$；　　(2) $x(n)=2^n u(n)$；

(3) $x(n)=(-1/2)^n u(n)$；　　(4) $x(n)=(-2)^n u(n)$；

(5) $x(n)=2^{n-1}u(n-1)$；　　(6) $x(n)=(1/2)^{n-1}u(n)$。

解：各序列图形如图 7-2-1(a)～(f)所示。

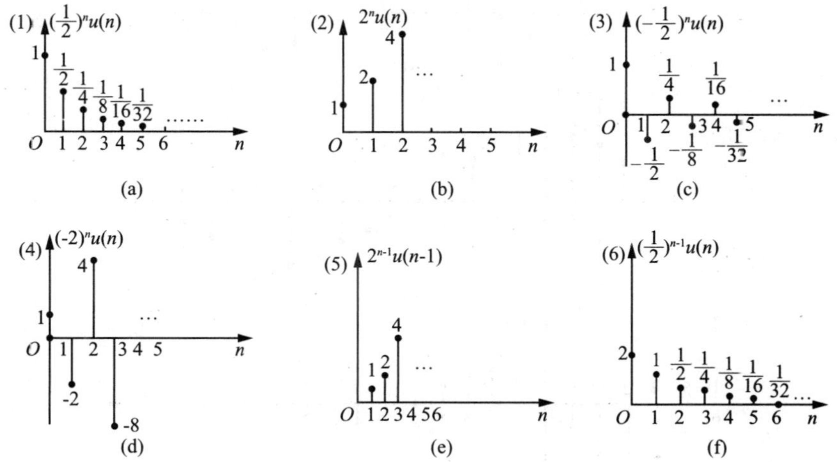

图 7-2-1

7-2　分别绘出以下各序列的图形。

(1) $x(n)=nu(n)$;　　**(2)** $x(n)=-nu(-n)$;

(3) $x(n)=2^{-n}u(n)$;　　**(4)** $x(n)=\left(-\frac{1}{2}\right)^{-n}u(n)$;

(5) $x(n)=-\left(\frac{1}{2}\right)^{n}u(-n)$;　　**(6)** $x(n)=\left(\frac{1}{2}\right)^{n+1}u(n+1)$。

解： 各序列图形如图 7-2-2(a)~(f)所示。

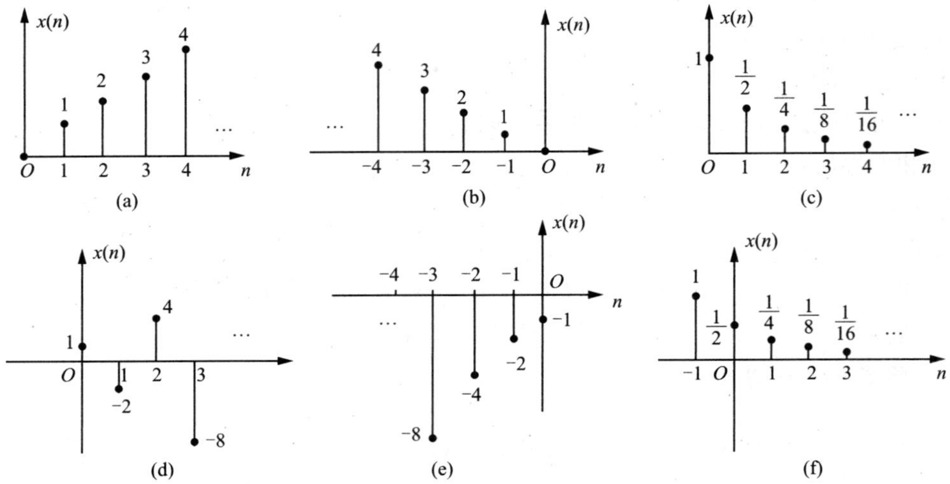

图 7-2-2

7-3　分别绘出以下各序列的图形。

(1) $x(n)=\sin\left(\frac{n\pi}{5}\right)$;　　**(2)** $x(n)=\cos\left(\frac{n\pi}{10}-\frac{\pi}{5}\right)$

(3) $x(n)=\left(\frac{5}{6}\right)^{n}\sin\left(\frac{n\pi}{5}\right)$。

解： 各序列图形如图 7-2-3(a)~(c)所示。

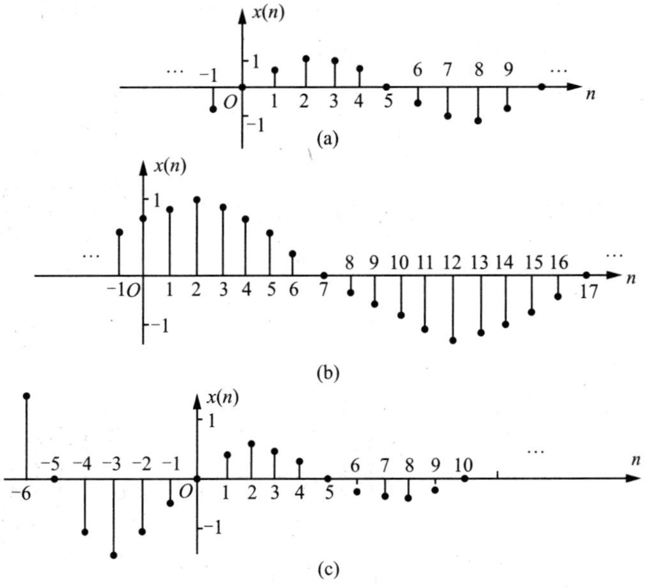

图 7-2-3

7－4　判断以下各序列是否周期性的，如果是周期性的，试确定其周期。

(1) $x(n)=A\cos\left(\frac{3\pi}{7}n-\frac{\pi}{8}\right)$　　　　**(2)** $x(n)=e^{j\left(\frac{n}{8}-\pi\right)}$

解：(1)由于 $\frac{2\pi}{\omega}=\frac{2\pi}{\frac{3\pi}{7}}=\frac{14}{3}$ 为有理数，因此 $x(n)$ 是周期性的，周期为14。

(2)由于 $\frac{2\pi}{\omega}=\frac{2\pi}{\frac{1}{8}}=16\pi$ 为无理数，因此 $x(n)$ 是非周期的。

7－5　列出图7－2－4所示系统的差分方程，已知边界条件 $y(-1)=0$。分别求输入为以下序列时的输出 $y(n)$，并绘出其图形(用逐次迭代方法求)。

(1) $x(n)=\delta(n)$；　　　　**(2)** $x(n)=u(n)$；

(3) $x(n)=u(n)-u(n-5)$。

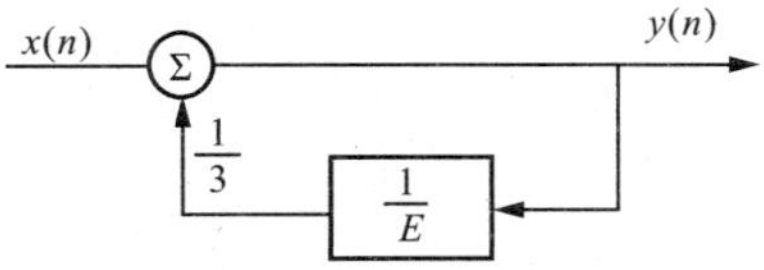

图7－2－4

解：根据图7－2－4可知，差分方程为

$$x(n)+\frac{1}{3}y(n-1)=y(n)$$

即 $y(n)=x(n)+\frac{1}{3}y(n-1)$，边界条件 $y(-1)=0$。

(1)当 $x(n)=\delta(n)$ 时，有

$$y(0)=\delta(0)+\frac{1}{3}y(-1)=1+\frac{1}{3}\times0=1$$

$$y(1)=\delta(1)+\frac{1}{3}y(0)=0+\frac{1}{3}\times1=\frac{1}{3}$$

$$y(2)=\delta(2)+\frac{1}{3}y(1)=0+\frac{1}{3}\times\frac{1}{3}=\left(\frac{1}{3}\right)^2$$

$$\vdots$$

$$y(n)=\delta(n)+\frac{1}{3}y(n-1)=\left(\frac{1}{3}\right)^n$$

所以 $y(n)=\left(\frac{1}{3}\right)^n u(n)$，波形图如图7－2－5(a)所示。

(2)当 $x(n)=u(n)$ 时，有

$$y(0)=u(0)+\frac{1}{3}y(-1)=1=\frac{3-\left(\frac{1}{3}\right)^0}{2}$$

$$y(1)=u(1)+\frac{1}{3}y(0)=\frac{4}{3}=\frac{3-\left(\frac{1}{3}\right)}{2}$$

$$y(2)=u(2)+\frac{1}{3}y(1)=1+\frac{4}{3}\times\frac{1}{3}=\frac{13}{9}=\frac{3-\left(\frac{1}{3}\right)^2}{2}$$

$$\vdots$$

$$y(n)=u(n)+\frac{1}{3}y(n-1)=\frac{3-\left(\frac{1}{3}\right)^n}{2}$$

所以 $y(n)=\left[\frac{3}{2}-\frac{1}{2}\left(\frac{1}{3}\right)^{n}\right]u(n)=\frac{3-3^{-n}}{2}u(n)$，波形图如图 7-2-5(b)所示。

(3)当 $x(n)=u(n)-u(n-5)$时，有

$$y(0)=x(0)+\frac{1}{3}y(-1)=1=\frac{3-\left(\frac{1}{3}\right)^{0}}{2}$$

$$y(1)=x(1)+\frac{1}{3}y(0)=\frac{4}{3}=\frac{3-\left(\frac{1}{3}\right)^{1}}{2}$$

$$y(2)=x(2)+\frac{1}{3}y(1)=\frac{13}{3^2}=\frac{3-\left(\frac{1}{3}\right)^{2}}{2}$$

$$y(3)=x(3)+\frac{1}{3}y(2)=\frac{3-\left(\frac{1}{3}\right)^{3}}{2}$$

$$y(4)=x(4)+\frac{1}{3}y(3)=\frac{3-\left(\frac{1}{3}\right)^{4}}{2}$$

$$y(5)=x(5)+\frac{1}{3}y(4)=0+\frac{1}{3}y(4)=\frac{1}{3}\times\frac{121}{3^4}=\frac{121}{3^5}$$

$$y(6)=x(6)+\frac{1}{3}y(5)=0+\frac{1}{3}y(5)=\frac{121}{3^6}$$

$$\vdots$$

$$y(n)=\frac{121}{3^n}(n\geqslant 5\text{ 时})$$

所以 $y(n)=\frac{3-3^{-n}}{2}[u(n)-u(n-5)]+\frac{121}{3^n}u(n-5)$，波形图如图 7-2-5(c)所示。

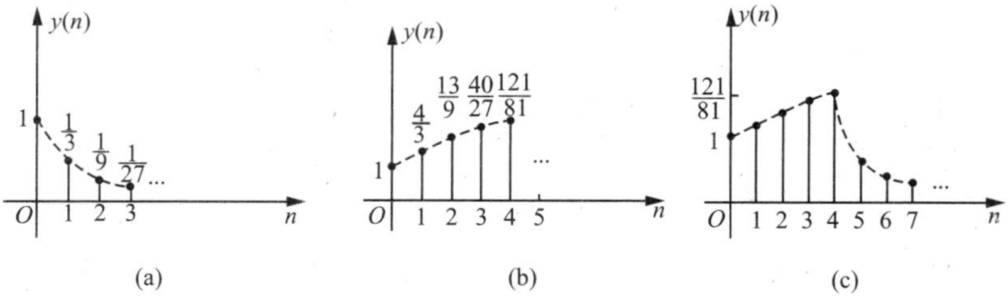

图 7-2-5

7-6　列出图 7-2-6 所示系统的差分方程，已知边界条件 $y(-1)=0$ 并限定当 $n<0$ 时，全部 $y(n)=0$，若 $x(n)=\delta(n)$，求 $y(n)$。比较本题与 7-5 题相应的结果。

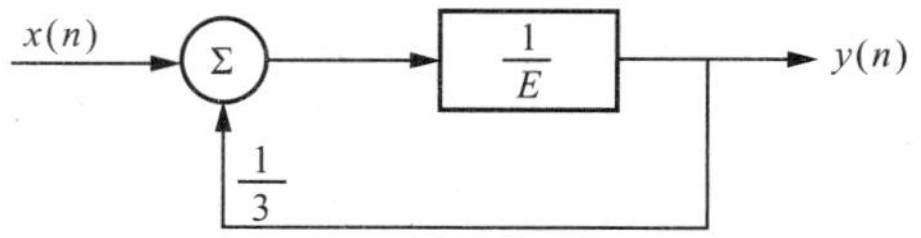

图 7-2-6

解：由图 7-2-6 可知 $y(n)=\frac{1}{3}y(n-1)+x(n-1)$，边界条件 $y(-1)=0$。

当 $x(n)=\delta(n)$时，有

$$y(0)=\delta(-1)+\frac{1}{3}y(-1)=0+\frac{1}{3}\times 0=0$$

$$y(1)=\delta(0)+\frac{1}{3}y(0)=1+0=1$$

$$y(2)=\delta(1)+\frac{1}{3}y(1)=0+\frac{1}{3}\times 1=\frac{1}{3}$$

$$y(3)=\delta(2)+\frac{1}{3}y(2)=0+\frac{1}{3}\times\frac{1}{3}=\left(\frac{1}{3}\right)^2$$

$$\vdots$$

$$y(n)=\left(\frac{1}{3}\right)^{n-1}u(n-1)$$

与题7－5(1)结果比较可知：题7－5(1)的第一个非0值位于 $n=0$ 处，而本题位于 $n=1$处，即本题中的 $y(n)$向左移一个单位得题7－5(1)中的 $y(n)$。二者框图唯一区别在于输出 $y(n)$的位置不同。

7－7　在习题7－5中，若限定当 $n>0$ 时，全部 $y(n)=0$，以 $y(1)=0$ 为边界条件，当 $x(n)=\delta(n)$时的响应 $y(n)$，这时，可以得到一个左边序列，试解释为什么会出现这种结果。

解：根据题7－5可知

$$y(n)=x(n)+\frac{1}{3}y(n-1)$$

当 $n>0$ 时，$y(n)=0$，$y(1)=0$。将差分方程改写为

$$y(n-1)=3y(n)-3x(n)$$

当 $x(n)=\delta(n)$时，迭代求出

$$y(0)=3[y(1)-\delta(1)]=0-0=0$$

$$y(-1)=3y(0)-3\delta(0)=0-3=-3$$

$$y(-2)=3y(-1)-3\delta(-1)=-3^2$$

$$\vdots$$

$$y(n)=-3^{-n}$$

所以 $y(n)=-3^{-n}u(-n-1)$为一个左边序列。

$y(n)$为左边序列是因为限定了 $n>0$ 时的所有 $y(n)=0$，因而 $y(n)$的第一个非0值只能出现在 $n<0$ 的范围内，否则无法满足边界条件。出现这种情况的原因在于差分方程的结构，即以递推的方式描述了输入序列和输出序列的局部(相对时间内)的约束关系，因而能够根据边界条件按时间顺序或逆序进行递归，所以可能得到右边或左边两种序列。

7－8　列出图7－2－7所示系统的差分方程，指出其阶次。

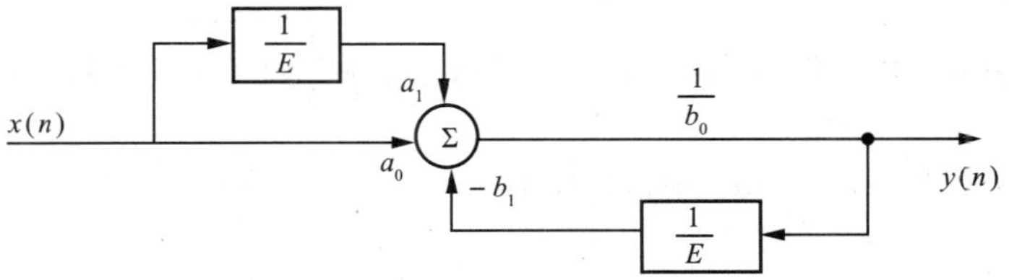

图7－2－7

解：由图 7－2－7 所示系统框图可写出差分方程

$$a_1x(n-1)+a_0x(n)-b_1y(n-1)=b_0y(n)$$

即 $b_0y(n)+b_1y(n-1)=a_0x(n)+a_1x(n-1)$，是一阶差分方程。

7－9　列出图 7－2－8 所示系统的差分方程，指出其阶次。

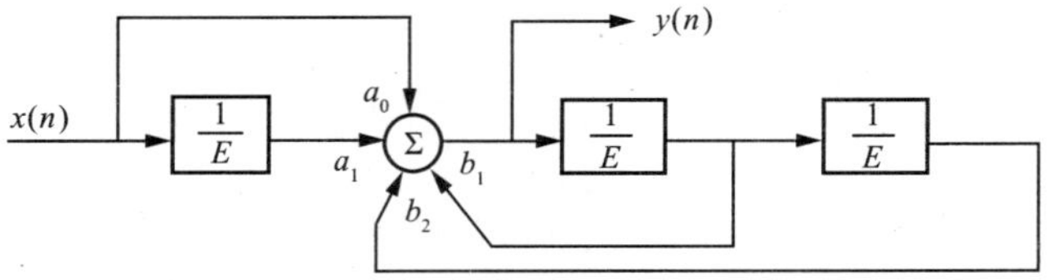

图 7－2－8

解：由图 7－2－8 所示系统框图可写出差分方程

$$a_0x(n)+a_1x(n-1)+b_1y(n-1)+b_2y(n-2)=y(n)$$

即 $y(n)-b_1y(n-1)-b_2y(n-2)=a_0x(n)+a_1x(n-1)$，是二阶差分方程。

7－10　已知描述系统的差分方程表示式为 $y(n)=\sum_{r=0}^{7}b_rx(n-r)$，试绘出此离散系统的方框图。如果 $x(n)=\delta(n)$，$y(-1)=0$，试求 $y(n)$，指出此时 $y(n)$ 有何特点，这种特点与系统的结构有何关系。

解：离散系统的方框图，如图 7－2－9 所示。

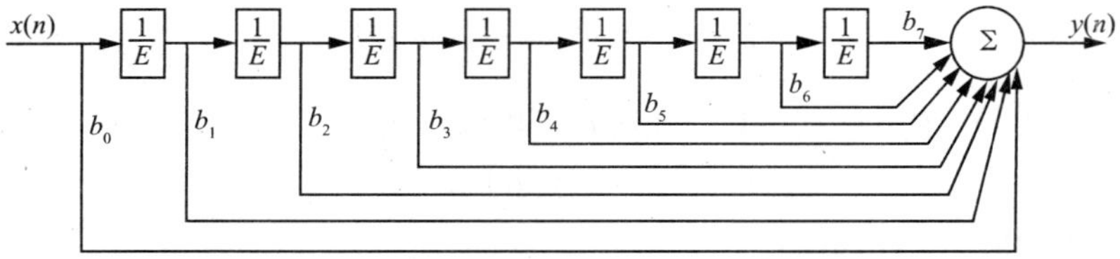

图 7－2－9

当 $x(n)=\delta(n)$ 时，$y(n)=\sum_{r=0}^{7}b_r\delta(n-r)$，则有

$$y(0)=b_0\quad y(1)=b_1\quad y(2)=b_2\quad y(3)=b_3$$

$$y(4)=b_4\quad y(5)=b_5\quad y(6)=b_6\quad y(7)=b_7$$

当 $n<0$ 或 $n>7$ 时，$y(n)=0$。

此时 $y(n)$ 是有限长序列，其非零值为 b_r（$r=0$，…7），它们是各前向支路的增益，这一特性是由于系统在结构上没有反馈支路而导致的。

7－11　解差分方程。

(1) $y(n)-\frac{1}{2}y(n-1)=0$，$y(0)=1$　　(2) $y(n)-2y(n-1)=0$，$y(0)=\frac{1}{2}$

(3) $y(n)+3y(n-1)=0$，$y(1)=1$　　(4) $y(n)+\frac{2}{3}y(n-1)=0$，$y(0)=1$

解：(1) 由特征方程 $\alpha-\frac{1}{2}=0$，解得特征根 $\alpha=\frac{1}{2}$，故可设齐次解为：$y(n)=C\cdot\left(\frac{1}{2}\right)^n$。

代入初始条件 $y(0)=1$，解得 $C=1$，所以 $y(n)=1\cdot\left(\frac{1}{2}\right)^nu(n)=\left(\frac{1}{2}\right)^nu(n)$。

(2) 由特征方程 $\alpha-2=0$，解得特征根 $\alpha=2$，故可设齐次解为：$y(n)=C\cdot 2^n$。

代入初始条件 $y(0)=\frac{1}{2}$，解得 $C=\frac{1}{2}$，所以 $y(n)=\frac{1}{2}\cdot 2^n u(n)=2^{n-1}u(n)$。

(3)由特征方程 $\alpha+3=0$，解得特征根 $\alpha=-3$，故可设齐次解为：$y(n)=C\cdot(-3)^n$。

代入初始条件 $y(1)=1$，解得 $C=-\frac{1}{3}$，所以

$$y(n)=-\frac{1}{3}\cdot(-3)^n u(n)=(-3)^{n-1}u(n)$$

(4)由特征方程 $\alpha+\frac{2}{3}=0$，解得特征根 $\alpha=-\frac{2}{3}$，故可设齐次解为：$y(n)=C\cdot\left(-\frac{2}{3}\right)^n$。

代入初始条件 $y(0)=1$，解得 $C=1$，所以 $y(n)=\left(-\frac{2}{3}\right)^n u(n)$。

7－12　解差分方程。

(1)$y(n)+3y(n-1)+2y(n-2)=0$，$y(-1)=2$，$y(-2)=1$；

(2)$y(n)+2y(n-1)+y(n-2)=0$，$y(0)=y(-1)=1$；

(3)$y(n)+y(n-2)=0$，$y(0)=1$，$y(1)=2$。

解：(1)由特征方程 $\alpha^2+3\alpha+2=0$，解得特征根 $\alpha_1=-1$，$\alpha_2=-2$，故可设齐次解为：$y(n)=C_1(-1)^n+C_2(-2)^n$。

代入初始条件 $y(-1)=2$，$y(-2)=1$，得

$$\begin{cases}-C_1-\frac{1}{2}C_2=2\\ C_1+\frac{1}{4}C_2=1\end{cases}\text{，解得}\quad\begin{cases}C_1=4\\ C_2=-12\end{cases}$$

所以 $y(n)=[4(-1)^n-12(-2)^n]u(n)$。

(2)由特征方程 $\alpha^2+2\alpha+1=0$，解得特征根 $\alpha_1=\alpha_2=-1$，故可设齐次解为：$y(n)=(C_1n+C_2)(-1)^n$。

代入初始条件 $y(0)=y(-1)=1$，得

$$\begin{cases}C_2=1\\ -(-C_1+C_2)=1\end{cases}\text{，解得}\quad\begin{cases}C_1=2\\ C_2=1\end{cases}$$

所以 $y(n)=(2n+1)(-1)^n u(n)$。

(3)由特征方程 $\alpha^2+1=0$，解得特征根 $\alpha_1=\mathrm{j}$，$\alpha_2=-\mathrm{j}$，故可设齐次解为：$y(n)=C_1(\mathrm{j})^n+C_2(-\mathrm{j})^n$。

代入初始条件 $y(0)=1$，$y(1)=2$，得

$$\begin{cases}C_1+C_2=1\\ -C_1+C_2=2\mathrm{j}\end{cases}\text{，解得}\quad\begin{cases}C_1=\frac{1}{2}-\mathrm{j}\\ C_2=\frac{1}{2}+\mathrm{j}\end{cases}$$

所以

$$\begin{aligned}y(n)&=\left(\frac{1}{2}-\mathrm{j}\right)\cdot(\mathrm{j})^n+\left(\frac{1}{2}+\mathrm{j}\right)\cdot(-\mathrm{j})^n\\&=\left(\frac{1}{2}-\mathrm{j}\right)\mathrm{e}^{\mathrm{j}\frac{n\pi}{2}}+\left(\frac{1}{2}+\mathrm{j}\right)\mathrm{e}^{-\mathrm{j}\frac{n\pi}{2}}\end{aligned}$$

$$=\frac{1}{2}(e^{j\frac{n\pi}{2}}+e^{-j\frac{n\pi}{2}})-j(e^{j\frac{n\pi}{2}}-e^{-j\frac{n\pi}{2}})$$

$$=\cos\left(\frac{n\pi}{2}\right)+2\sin\left(\frac{n\pi}{2}\right),\quad n\geqslant 0$$

7-13　解差分方程。

$$\boldsymbol{y(n)-7y(n-1)+16y(n-2)-12y(n-3)=0}$$

$$\boldsymbol{y(1)=-1,\ y(2)=-3,\ y(3)=-5}$$

解：根据差分方程，可得特征方程为

$$\alpha^3-7\alpha^2+16\alpha-12=0$$

则$(\alpha^3-7\alpha^2+12\alpha)+4(\alpha-3)=0$，即$(\alpha-3)(\alpha-2)^2=0$。

解得特征根为：$\alpha_1=3$，$\alpha_2=\alpha_3=2$。

故可设齐次解：$y(n)=C_1 3^n+(C_2\cdot n+C_3)2^n$。

代入初始条件 $y(1)=-1$，$y(2)=-3$，$y(3)=-5$，得

$$\begin{cases}3C_1+2(C_2+C_3)=-1\\9C_1+4(2C_2+C_3)=-3\\27C_1+8(3C_2+C_3)=-5\end{cases}，解得\quad\begin{cases}C_1=1\\C_2=-1\\C_3=-1\end{cases}$$

所以 $y(n)=[3^n-(n+1)2^n]u(n)$。

7-14　解差分方程 $\boldsymbol{y(n)=-5y(n-1)+n}$。已知边界条件 $\boldsymbol{y(-1)=0}$。

解：由差分方程可得特征方程为 $\alpha+5=0$，解得特征根 $\alpha=-5$，故可设齐次解为 $C(-5)^n$。根据自由项形式设特解为 $D_1 n+D_2$，将其代入原差分方程，则有

$$D_1 n+D_2+5[D_1(n-1)+D_2]=n$$

解得：$D_1=\frac{1}{6}$，$D_2=\frac{5}{36}$，故全解为：$y(n)=C(-5)^n+\frac{1}{6}n+\frac{5}{36}$

代入初始条件 $y(-1)=0$，解得：$C=-\frac{5}{36}$

所以 $y(n)=-\frac{5}{36}\cdot(-5)^n+\frac{1}{6}n+\frac{5}{36}=\frac{1}{36}[(-5)^{n+1}+6n+5]$，$n\geqslant 0$。

7-15　解差分方程 $\boldsymbol{y(n)+2y(n-1)=n-2}$，已知 $\boldsymbol{y(0)=1}$。

解：由差分方程可得特征方程为 $\alpha+2=0$，解得特征根 $\alpha=-2$，故可设齐次解为 $C(-2)^n$。根据自由项形式设特解为 $D_1 n+D_2$，将其代入原差分方程，则有

$$D_1 n+D_2+2D_1(n-1)+2D_2=n-2$$

解得：$D_1=\frac{1}{3}$，$D_2=-\frac{4}{9}$，故全解为：$y(n)=C(-2)^n+\frac{1}{3}n-\frac{4}{9}$

代入初始条件 $y(0)=1$，解得：$C=\frac{13}{9}$

所以 $y(n)=\left[\frac{13}{9}(-2)^n+\frac{n}{3}-\frac{4}{9}\right]u(n)$。

7-16　解差分方程 $\boldsymbol{y(n)+2y(n-1)+y(n-2)=3^n}$，已知 $\boldsymbol{y(-1)=0}$，$\boldsymbol{y(0)=0}$。

解：特征方程 $\alpha^2+2\alpha+1=0$，特征根 $\alpha_1=\alpha_2=-1$，故齐次解为：$(C_1 n+C_2)(-1)^n$。

设特解为 $D\cdot 3^n$，代入原方程有

$$D\cdot 3^n+2D\cdot 3^{n-1}+D\cdot 3^{n-2}=3^n$$

解得：$D=\dfrac{9}{16}$

所以全解为：$y(n)=(C_1 n+C_2)(-1)^n+\dfrac{9}{16}\cdot 3^n$

代入初始条件 $y(-1)=0$，$y(0)=0$，得

$$\begin{cases}0=-(-C_1+C_2)+\dfrac{9}{16}\times\dfrac{1}{3}\\ C_2+\dfrac{9}{16}=0\end{cases},\text{解得}\quad\begin{cases}C_1=-\dfrac{3}{4}\\ C_2=-\dfrac{9}{16}\end{cases}$$

所以 $y(n)=\left[\left(-\dfrac{3}{4}n-\dfrac{9}{16}\right)(-1)^n+\dfrac{9}{16}\cdot 3^n\right]u(n)$。

7－17　解差分方程 $y(n)+y(n-2)=\sin n$，已知 $y(-1)=0$，$y(-2)=0$。

解： 由特征方程 $\alpha^2+1=0$，解得特征根 $\alpha_1=\mathrm{j}$，$\alpha_2=-\mathrm{j}$。

设可齐次解为：$C_1\mathrm{j}^n+C_2(-\mathrm{j})^n=C_1\mathrm{e}^{\mathrm{j}\frac{n\pi}{2}}+C_2\mathrm{e}^{-\mathrm{j}\frac{n\pi}{2}}=A_1\cos\dfrac{n\pi}{2}+A_2\sin\dfrac{n\pi}{2}$

设特解为 $D_1\sin n+D_2\cos n$，代入原方程有

$$D_1\sin n+D_2\cos n+D_1\sin(n-2)+D_2\cos(n-2)=\sin n$$

展开得

$$D_1\sin n+D_2\cos n+D_1(\sin n\cos 2-\cos n\sin 2)+D_2(\cos n\cos 2+\sin n\sin 2)=\sin n$$

即 $\begin{cases}D_1+D_1\cos 2+D_2\sin 2=1\\ D_2-D_1\sin 2+D_2\cos 2=0\end{cases}$，解得 $\begin{cases}D_1=\dfrac{1}{2}\\ D_2=\dfrac{\sin 2}{2(1+\cos 2)}=\dfrac{1}{2}\tan 1\end{cases}$

故全解为：$y(n)=A_1\cos\dfrac{n\pi}{2}+A_2\sin\dfrac{n\pi}{2}+\dfrac{1}{2}\sin n+\dfrac{1}{2}\tan 1\cdot\cos n$

代入初始条件 $y(-1)=0$，$y(-2)=0$，解得：$A_1=-\dfrac{1}{2}\tan 1$，$A_2=0$

所以 $y(n)=\left[-\dfrac{1}{2}\tan 1\cdot\cos\dfrac{n\pi}{2}+\dfrac{1}{2}\sin n+\dfrac{1}{2}\tan 1\cdot\cos n\right]u(n)$。

7－18　解差分方程 $y(n)-y(n-1)=n$，已知 $y(-1)=0$。

(1)用迭代法逐次求出数值解，归纳一个闭式解答(对于 $n\geqslant 0$)；

(2)分别求齐次解与特解，讨论此题应如何假设特解函数式。

解： (1)由 $y(n)-y(n-1)=n$ 及 $y(-1)=0$，有

$$y(0)=y(-1)+0=0=\frac{0\times 1}{2}$$

$$y(1)=y(0)+1=0+1=\frac{1\times 2}{2}$$

$$y(2)=y(1)+2=1+2=\frac{2\times 3}{2}$$

$$y(3)=y(2)+3=1+2+3=\frac{3\times 4}{2}$$

$$\vdots$$

$$y(n)=\frac{n(n+1)}{2}\ (n\geqslant 0)$$

(2)由特征方程 $\alpha-1=0$，解得特征根 $\alpha=1$，所以齐次解为：$C\cdot(1)^n=C$。

设特解为 D_1n+D_2，代入原差分方程，有

$$D_1n+D_2-[D_1(n-1)+D_2]=n$$

此式无法确定出待定系数。为解决这个问题，可以套用微分方程求解的相关结论：如果 $\frac{\mathrm{d}}{\mathrm{d}t}y(t)=t$，则有 $y(t)=\frac{1}{2}t^2+C$。因此差分方程 $y(n)+y(n-1)=n$ 暗示着 $y(n)$ 中含有 n^2 分量，所以设特解为 $D_1n^2+D_2n$，代入原差分方程，有

$$D_1n^2+D_2n-D_1(n-1)^2-D_2(n-1)=n$$

整理得

$$2D_1n-(D_1-D_2)=n$$

解得：$D_1=D_2=\frac{1}{2}$，故全解为：$y(n)=C+\frac{1}{2}n^2+\frac{1}{2}n$

代入初始条件 $y(-1)=0$，解得：$C=0$

所以 $y(n)=\frac{1}{2}n^2+\frac{1}{2}n=\frac{n(n+1)}{2}(n\geqslant 0)$。

7-19　如果上题中方程式改为 $y(n)-y(n-1)=n^3$，重复回答上题所问。

解：(1)由 $y(n)=y(n-1)+n^3$ 及 $y(-1)=0$，迭代可得

$$y(0)=0$$
$$y(1)=y(0)+1^3=1^3$$
$$y(2)=y(1)+2^3=1^3+2^3$$
$$y(3)=y(2)+3^3=1^3+2^3+3^3$$
$$\vdots$$
$$y(n)=1^3+2^3+3^3+\cdots+n^3=\left[\frac{1}{2}n(n+1)\right]^2u(n)$$

(2)由特征方程 $\alpha-1=0$，解得特征根 $\alpha=1$，故齐次解为：$C\cdot(1)^n=C$

根据上题分析设特解为 $D_4n^4+D_3n^3+D_2n^2+D_1n$，代入原方程并整理得

$$4D_4n^3+(3D_3-6D_4)n^2+(4D_4-3D_3+2D_2)n+(D_1+D_3-D_2-D_4)=n^3$$

解得：$D_4=\frac{1}{4}$，$D_3=\frac{2}{4}$，$D_2=\frac{1}{4}$，$D_1=0$，故全解为：$y(n)=C+\frac{1}{4}n^4+\frac{2}{4}n^3+\frac{1}{4}n^2$

代入初始条件 $y(-1)=0$，解得：$C=0$

所以 $y(n)=\left(\frac{1}{4}n^4+\frac{2}{4}n^3+\frac{1}{4}n^2\right)u(n)=\left[\frac{1}{2}n(n+1)\right]^2u(n)$。

7-20　某系统的输入输出关系可用二阶常系数线性差分方程描述，如果相应于输入为 $x(n)=u(n)$ 的响应为 $y(n)=[2^n+3(5^n)+10]u(n)$。

(1)若系统起始为静止的，试确定此二阶差分方程。

(2)若激励为 $x(n)=2[u(n)-u(n-10)]$，求响应 $y(n)$。

解：(1)由响应 $y(n)=[2^n+3(5^n)+10]u(n)$ 可知

齐次解：$y_h(n)=(2^n+3\cdot 5^n)u(n)$

特解：$y_p(n)=10u(n)$

故有特征根：$\alpha_1=2$，$\alpha_2=5$，特征方程：$\alpha^2-7\alpha+10=0$。

可设二阶差分方程

$$y(n)-7y(n-1)+10y(n-2)=b_0x(n)+b_1x(n-1)+b_2x(n-2)$$

由于系统起始是静止的，因此，$y(-1)=0$，$y(-2)=0$。

将 $x(n)=u(n)$ 代入有：

①当 $n=0$ 时，$y(0)-7y(-1)+10y(-2)=b_0$

所以 $b_0=y(0)=2^0+3\cdot(5)^0+10=14$。

②当 $n=1$ 时，$y(1)-7y(0)+10y(-1)=b_0+b_1$

而 $y(1)=[2^n+3(5^n)+10]|_{n=1}=27$

所以 $b_1=y(1)-7y(0)-b_0=27-7\times14-14=-85$

③当 $n=2$ 时，$y(2)-7y(1)+10y(0)=b_0+b_1+b_2$

而 $y(2)=[2^n+3(5^n)+10]|_{n=2}=89$

所以 $b_2=y(2)-7y(1)+10y(0)-b_0-b_1=89-7\times27+10\times14-14+85=111$

故所求差分方程为

$$y(n)-7y(n-1)+10y(n-2)=14x(n)-85x(n-1)+111x(n-2),n\geqslant0$$

(2)该系统可由二阶常系数线性差分方程描述，因此是线性时不变系统。因而当激励为 $x(n)=2[u(n)-u(n-10)]$时，响应为

$$y(n)=2\{[2^n+3\cdot5^n+10]u(n)-[2^{n-10}+3\cdot5^{n-10}+10]u(n-10)\}$$

7-21　一个乒乓球从 H 米高度自由下落至地面，每次弹跳起的最高值是前一次最高值的 2/3。若以 $y(n)$ 表示第 n 次跳起的最高值，试列写描述此过程的差分方程式。又若给定 $H=2$m，解此差分方程。

解：设 $y(n)$ 为第 n 次弹起的最高值，且 $y(0)=H=2$，根据题意可列出差分方程

$$y(n)=\frac{2}{3}y(n-1)$$

即 $y(n)-\frac{2}{3}y(n-1)=0$

故齐次解为：$y(n)=C\left(\frac{2}{3}\right)^n$

代入初始条件 $y(0)=2$，解得：$C=2$

所以 $y(n)=2\left(\frac{2}{3}\right)^n u(n)$。

7-22　如果在第 n 个月初向银行存款 $x(n)$ 元，月利率为 a，每月利息不取出，试用差分方程写出第 n 个月初的本利和 $y(n)$。设 $x(n)=10$ 元，$a=0.003$，$y(0)=20$ 元，求 $y(n)$，若 $n=12$，$y(12)$ 为多少？

解：$y(n)$由三部分组成：本月存入 $x(n)$，上月结余 $y(n-1)$ 以及上月的利息 $ay(n-1)$，故可列出差分方程

$$y(n)=x(n)+y(n-1)+a\cdot y(n-1)$$

即 $y(n)-(1+a)y(n-1)=x(n)$。

故特征根为 $\alpha=1+a$，可设齐次解为 $C(1+a)^n$，特解为 D，则全解为

$$y(n)=C(1+a)^n+D$$

将特解代入原方程，有 $D=10+(1+a)D$，解得 $D=-\frac{10}{a}$，所以

$$y(n) = C(1+a)^n - \frac{10}{a}$$

根据题意有 $y(0)=20$，代入上式，解得 $C=20+\frac{10}{a}$，所以

$$y(n) = \left(20+\frac{10}{a}\right)(1+a)^n - \frac{10}{a}, n \geqslant 0$$

将 $a=0.003$，$n=12$ 代入，可得

$$y(12) = \left(20+\frac{10}{0.003}\right)(1+0.003)^{12} - \frac{10}{0.003} = 142.73(\text{元})$$

7-23　把 $x(n)$ 升的液体 A 和 $[100-x(n)]$ 升的液体 B 都倒入一容器中[限定 $x(n) \leqslant$ 100 升]，该容器内已有 900 升的 A 与 B 之混合液。均匀混合后，再从容器倒出 100 升混合液。如此重复上述过程，在第 n 个循环结束时，若 A 在混合液中所占百分比为 $y(n)$，试列出求 $y(n)$ 的差分方程。如果已知 $x(n)=50$，$y(0)=0$，解 $y(n)$，并指出其中的自由分量与强迫分量，当 $n \to \infty$ 时 $y(n)$ 为多少？再从直觉的概念解释此结果。

解：第 n 个循环开始前，第 $n-1$ 个循环结束后，容器内有 900 升液体，其中液体 A 有 $900y(n-1)$ 升。所以第 n 次循环结束时，A 在混合液中的百分比 $y(n)$ 为

$$y(n) = \frac{1}{1000}[900y(n-1)+x(n)]$$

即 $1000y(n)-900y(n-1)=x(n)$

故齐次解为：$y_h(n)=C\cdot\left(\frac{9}{10}\right)^n$。

设特解为 D，代入原方程有 $100D=x(n)=50$，解得 $D=\frac{1}{2}$，所以

$$y(n) = c\cdot\left(\frac{9}{10}\right)^n + \frac{1}{2}$$

将 $y(0)=0$ 代入上式，解得 $c=-\frac{1}{2}$，所以

$$y(n) = -\frac{1}{2}\cdot\left(\frac{9}{10}\right)^n + \frac{1}{2}$$

其中，自由分量为 $-\frac{1}{2}\cdot\left(\frac{9}{10}\right)^n$，强迫分量为 $\frac{1}{2}$。

当 $n\to\infty$ 时，$y(\infty)=\frac{1}{2}$。

从直观上看，当 $n\to\infty$ 时，相当于无限次倒入 A、B 各占 50% 的混合液、混匀、倒出的过程。因此无论原容器内 900 升混合液比例如何，在经过无数次上述过程后，容器中的混合液比例会和倒入的混合液相等，即最终 A 所占比例为 50%。

7-24　“开关电容”是在集成电路中用来替代电阻的一种基本单元，在图 7-2-10 中，开关 S_1、S_2（在集成芯片内由两只 MOS 晶体管实现）和电容 C_1 组成开关电容用以传送电荷，它们相当于连续系统中的电阻，再与另一电容 C_2 可构成离散系统中的一阶低通滤波器。

(1) 设 $t=nT$ 时刻输入与输出电压分别为 $x(t)=x(nT)$ 和 $y(t)=y(nT)$。在 $t=nT$ 时 S_1 通、S_2 断，$t=nT+\frac{T}{2}$ 时 S_1 断、S_2 通，利用电荷转移关系求 $y(nT+\frac{T}{2})$ 值。

(2)重复上述动作，当 $t=(n+1)T$ 时 S_1 通、S_2 断，当 $t=(n+1)T+\frac{T}{2}$ 时 S_1 断、S_2 通，……，列写描述 $y(n)$ 与 $x(n)$ 关系的差分方程式(令 $T=1$)。

(3)若 $x(t)=u(t)$，求系统的零状态响应 $y(n)$ 表达式，并画 $y(t)$ 波形。

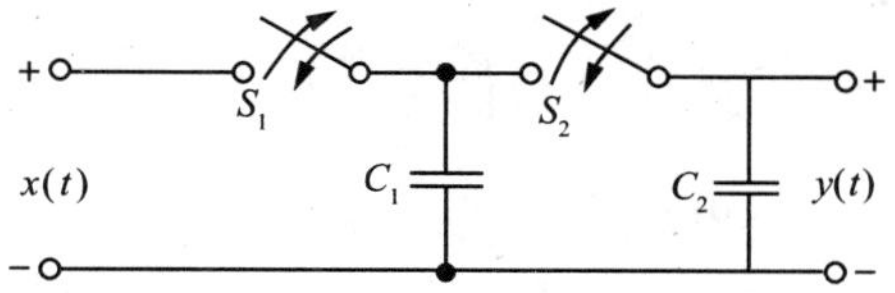

图 7-2-10

解：(1)在 $t=nT$ 时，S_1 通、S_2 断，C_1 两端电压为 $U_{C1}=x(nT)$，C_2 两端电压为 $U_{C2}=y(nT)$，电容 C_1 所带电荷 $Q_1=C_1U_{C1}=C_1x(nT)$，电容 C_2 所带电荷 $Q_2=C_2U_{C2}=C_2y(nT)$，总电荷 $Q=Q_1+Q_2=C_1x(nT)+C_2y(nT)$。

在 $t=nT+\frac{T}{2}$ 时，S_1 断、S_2 通，相当于 C_1 与 C_2 并联输出电压 $y(nT+\frac{T}{2})$，并联总电容 $C=C_1+C_2$，则

$$y(nT+\frac{T}{2})=\frac{Q}{C}=\frac{C_1x(nT)+C_2y(nT)}{C_1+C_2}$$

所以

$$y(nT+\frac{T}{2})=\frac{C_1}{C_1+C_2}x(nT)+\frac{C_2}{C_1+C_2}y(nT)$$

(2)由题意可知，$y[(n+1)T]=y\left(nT+\frac{T}{2}\right)$

所以

$$y[(n+1)T]=\frac{C_1}{C_1+C_2}x(nT)+\frac{C_2}{C_1+C_2}y(nT)$$

当 $T=1$ 时，可得差分方程为

$$y(n+1)=\frac{C_1}{C_1+C_2}x(n)+\frac{C_2}{C_1+C_2}y(n)$$

(3)上式差分方程的特征根为：$\alpha=\frac{C_2}{C_1+C_2}$，设齐次解为：$y(n)=C\left(\frac{C_2}{C_1+C_2}\right)^n$

因为 $x(t)=u(t)$，设特解为 D，代入差分方程，解得：$D=1$

所以全解为：$y(n)=C\left(\frac{C_2}{C_1+C_2}\right)^n+1$

代入 $y(0)=0$，解得：$C=-1$

所以系统的零状态响应为

$$y(n)=\left[1-\left(\frac{C_2}{C_1+C_2}\right)^n\right]u(n)$$

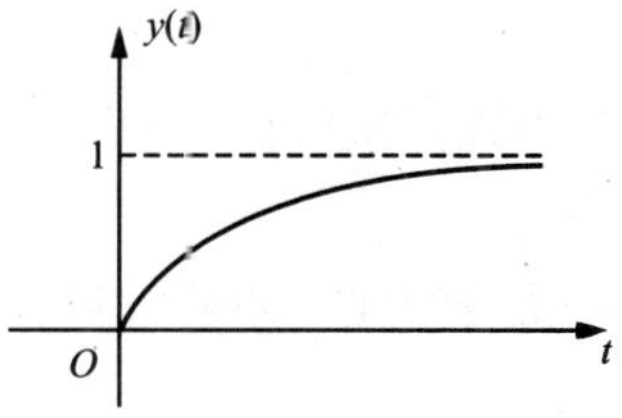

图 7-2-11

$y(t)$ 的波形如图 7-2-11 所示。

7-25　对于教材例 7-4 的电阻梯形网络，按所列方程式及给定之边界条件 $v(0)=E$，$v(N)=0$，求解 $v(n)$ 表示式(注意：答案中有系数 N)。如果 $N\to\infty$(无限节的梯形网络)，试写出 $v(n)$ 的近似式。

解：教材例 7－4 列出的差分方程为

$$v(n)-3v(n-1)+v(n-2)=0$$

特征方程 $\alpha^2-3\alpha+1=0$，解得特征根：$\alpha_1=\dfrac{3+\sqrt{5}}{2}$，$\alpha_2=\dfrac{3-\sqrt{5}}{2}$

故可设齐次解：$v(n)=C_1\left(\dfrac{3+\sqrt{5}}{2}\right)^n+C_2\left(\dfrac{3-\sqrt{5}}{2}\right)^n$

将边界条件 $v(0)=E$，$v(N)=0$ 代入上式，得

$$\begin{cases}C_1+C_2=E\\ C_1\left(\dfrac{3+\sqrt{5}}{2}\right)^N+C_2\left(\dfrac{3-\sqrt{5}}{2}\right)^N=0\end{cases}$$

解得：$C_1=-\dfrac{\left(\dfrac{3-\sqrt{5}}{2}\right)^N\cdot E}{\left(\dfrac{3+\sqrt{5}}{2}\right)^N-\left(\dfrac{3-\sqrt{5}}{2}\right)^N}$，$C_2=\dfrac{\left(\dfrac{3+\sqrt{5}}{2}\right)^N\cdot E}{\left(\dfrac{3+\sqrt{5}}{2}\right)^N-\left(\dfrac{3-\sqrt{5}}{2}\right)^N}$

所以

$$v(n)=\frac{-\left(\dfrac{3-\sqrt{5}}{2}\right)^N E}{\left(\dfrac{3+\sqrt{5}}{2}\right)^N-\left(\dfrac{3-\sqrt{5}}{2}\right)^N}\left(\frac{3+\sqrt{5}}{2}\right)^n+\frac{\left(\dfrac{3+\sqrt{5}}{2}\right)^N E}{\left(\dfrac{3+\sqrt{5}}{2}\right)^N-\left(\dfrac{3-\sqrt{5}}{2}\right)^N}\left(\frac{3-\sqrt{5}}{2}\right)^n$$

当 $N\to\infty$ 时，$\lim\limits_{N\to\infty}\left(\dfrac{3-\sqrt{5}}{2}\right)^N=0$，故 $v(n)=\left(\dfrac{3-\sqrt{5}}{2}\right)^n\cdot E$。

7－26　对于图 7－2－12 所示的 RC 低通网络，如果给定 $\dfrac{T}{RC}=0.1$，$x(n)=u(n)$，$y(0)=0$，求解教材差分方程式（7－28），画出完全响应 $y(n)$ 的图形，描出 10 个样本点。如果激励为阶跃信号 $x(t)=u(t)$，解微分方程求 $y(t)$，将 $y(t)$ 波形也画在 $y(n)$ 图形之同一坐标中以便比较。（注意，横坐标可取为 $t'=n\cdot\dfrac{T}{RC}$）

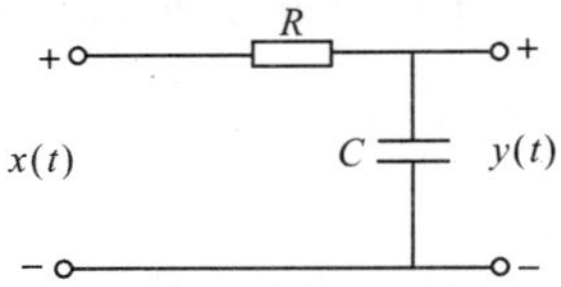

图 7－2－12

解：教材 7－28 式：$y(n+1)=\left(1-\dfrac{T}{RC}\right)y(n)+\dfrac{T}{RC}x(n)$

已知 $\dfrac{T}{RC}=0.1$，代入上式得

$$y(n+1)-0.9y(n)=0.1x(n)$$

可知齐次解为 $C_1(0.9)^n$，因激励为 $x(n)=u(n)$，设特解为 D，则完全解为

$$y(n)=C_1\cdot(0.9)^n+D$$

将特解代入差分方程有 $D-0.9D=0.1$，解得 $D=1$，所以

$$y(n)=C_1\cdot(0.9)^n+1$$

将 $y(0)=0$ 代入上式，解得 $C_1=-1$，所以

$$y(n)=[1-(0.9)^n]u(n)$$

对于微分方程

$$RC\frac{\mathrm{d}y(t)}{\mathrm{d}t}+y(t)=x(t)$$

当 $x(t)=u(t)$，$y(0)=0$ 时，可得 $y(t)=[1-\mathrm{e}^{-\frac{t}{RC}}]u(t)$。

$y(n)$的图形，如图 7－2－13 中所示 *，$y(t)$的图形，如图 7－2－13 中实线。

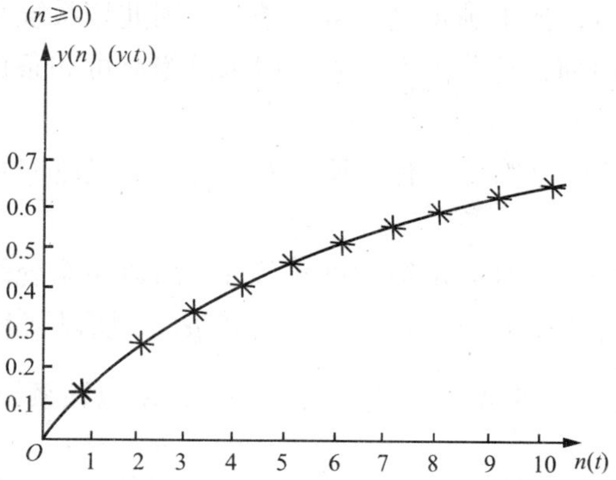

图 7－2－13

7－27　本题讨论一个饶有兴趣的“海诺塔”(Tower of Hanoi)问题。有若干个直径逐次增加的中心有孔的圆盘。起初，它们都套在同一个木桩上(见图 7－2－14)，尺寸最大的位于最下面，随尺寸减小依次向上排列。现在，将圆盘按下述规则转移到另外两个木桩上：(1)每次只准传递一个；(2)在传递过程中，不允许有大盘子位于小盘子之上；(3)可以在三个木桩之间任意传递。为使 n 个盘子转移到另一木桩，而保持其原始的上下相对位置不变，需要传递 $y(n)$次，列出求 $y(n)$的差分方程式，并求解。[提示：$y(0)=0$，$y(1)=1$，$y(2)=3$，$y(3)=7$，…。]

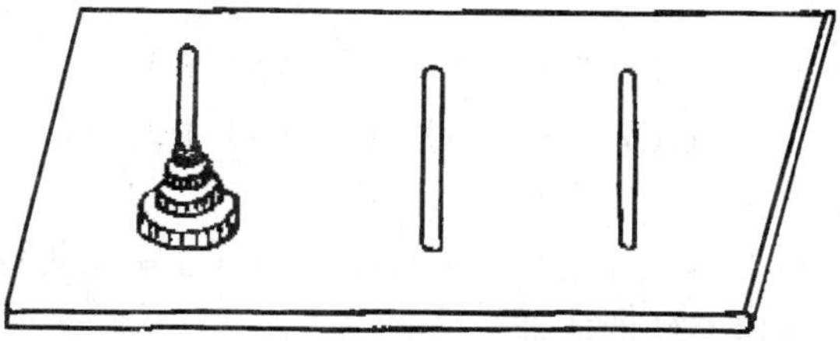

图 7－2－14

解：移动第 n 个圆盘之前，首先要将其上面的 $n-1$ 个圆盘移开，按规则需 $y(n-1)$次，然后将第 n 个移至另一木桩要 1 次，再将前 $n-1$ 个移至第 n 个盘之上又要 $y(n-1)$次，因此 $y(n)=2y(n-1)+1$，齐次解为 $y(n)=C\cdot 2^n$。

设特解为 D，代入原方程解得 $D=-1$，所以完全解的形式为 $y(n)=C\cdot 2^n-1$。

将 $y(0)=0$ 代入上式，解得 $C=1$，所以 $y(n)=(2^n-1)u(n)$。

7－28　以下各序列是系统的单位样值响应 $h(n)$，试分别讨论各系统的因果性与稳定性。

(1) $\delta(n)$	(2) $\delta(n-5)$	(3) $\delta(n+4)$
(4) $2u(n)$	(5) $u(3-n)$	(6) $2^n u(n)$
(7) $3^n u(-n)$	(8) $2^n[u(n)-u(n-5)]$	(9) $0.5^n u(n)$
(10) $0.5^n u(-n)$	(11) $\frac{1}{n}u(n)$	(12) $\frac{1}{n!}u(n)$

解：(1)$\delta(n)$是因果信号，且满足绝对可和条件，该系统是因果且稳定的。

(2)$\delta(n-5)$是因果信号，且满足绝对可和条件，该系统是因果且稳定的。

(3)$\delta(n+4)$是非因果信号，但满足绝对可和条件，因此该系统是非因果且稳定的。

(4)$2u(n)$是因果信号，但不满足绝对可和条件，因此该系统是因果但不稳定的。

(5)$u(3-n)$为左边序列，是非因果信号，且不满足绝对可和条件，因此该系统非因果且不稳定。

(6)$2^n u(n)$是因果信号，但不满足绝对可和条件，因此该系统是因果但不稳定的。

(7)$3^n u(-n)$为左边序列，是非因果信号，但满足绝对可和条件，所以该系统是非因果且稳定的。

(8)$2^n[u(n)-u(n-5)]$是因果、有限长序列，必定满足绝对可和条件，所以该系统因果且稳定。

(9)$0.5^n u(n)$是因果信号，且满足绝对可和条件，所以该系统因果且稳定。

(10)$0.5^n u(-n)$是非因果信号，且不满足绝对可和条件，所以该系统非因果且不稳定。

(11)$\frac{1}{n}u(n)$是因果信号，但不满足绝对可和条件，所以该系统是因果但不稳定的。

(12)$\frac{1}{n!}u(n)$是因果信号，且满足绝对可和条件，所以该系统是因果且稳定的。

7-29　以下每个系统 $x(n)$ 表示激励，$y(n)$ 表示响应。判断每个激励与响应的关系是否线性的，是否时不变的。

(1)$y(n)=2x(n)+3$　　　　**(2)$y(n)=x(n)\sin\left(\frac{2\pi}{7}n+\frac{\pi}{6}\right)$**

(3)$y(n)=[x(n)]^2$　　　　**(4)$y(n)=\sum_{m=-\infty}^{n}x(m)$**

解：(1)设

$$x_1(n)\to y_1(n)=2x_1(n)+3$$
$$x_2(n)\to y_2(n)=2x_2(n)+3$$

因为

$$k_1x_1(n)+k_2x_2(n)\to 2[k_1x_1(n)+k_2x_2(n)]+3\neq k_1y_1(n)+k_2y_2(n)$$

不满足线性叠加性，所以系统非线性。

又由于 $x(n-m)\to y(n-m)=2x(n-m)+3$，因此系统时不变。

(2)设

$$x_1(n)\to y_1(n)=x_1(n)\sin\left(\frac{2\pi}{7}n+\frac{\pi}{6}\right)$$

$$x_2(n)\to y_2(n)=x_2(n)\sin\left(\frac{2\pi}{7}n+\frac{\pi}{6}\right)$$

因为

$$k_1x_1(n)+k_2x_2(n)\to[k_1x_1(n)+k_2x_2(n)]\sin\left(\frac{2\pi}{7}n+\frac{\pi}{6}\right)=k_1y_1(n)+k_2y_2(n)$$

满足线性叠加性，所以系统是线性的。

又由于 $x(n-m)\to x(n-m)\sin\left(\frac{2\pi}{7}n+\frac{\pi}{6}\right)\neq y(n-m)=x(n-m)\sin\left(\frac{2\pi}{7}(n-m)+\frac{\pi}{6}\right)$，因此系统时变。

(3)设

$$x_1(n)\to y_1(n)=[x_1(n)]^2$$
$$x_2(n)\to y_2(n)=[x_2(n)]^2$$

因为

$$k_1x_1(n)+k_2x_2(n)\to[k_1x_1(n)+k_2x_2(n)]^2\neq k_1y_1(n)+k_2y_2(n)$$

不满足线性叠加性，所以系统非线性。

又由于 $x(n-m)\to y(n-m)=[x(n-m)]^2$，因此系统时不变。

(4)设 $x_1(n)\to y_1(n)=\sum\limits_{m=-\infty}^{n}x_1(m)$，$x_2(n)\to y_2(n)=\sum\limits_{m=-\infty}^{n}x_2(m)$

因为

$$k_1x_1(n)+k_2x_2(n)\to\sum_{m=-\infty}^{n}[k_1x_1(m)+k_2x_2(m)]=k_1y_1(n)+k_2y_2(n)$$

满足线性叠加性，所以系统是线性的。

又由于 $x(n-n_0)\to y(n-n_0)=\sum\limits_{m=-\infty}^{n-n_0}x(m)$，因此系统时不变。

7-30　对应于线性时不变系统：

(1)已知激励为单位阶跃信号之零状态响应(阶跃响应)是 $g(n)$，试求冲激响应 $h(n)$；

(2)已知冲激响应 $h(n)$，试求阶跃响应 $g(n)$。

解：(1)由于 $\delta(n)=u(n)-u(n-1)$，又系统是时不变的，则根据时不变特性，有

$$u(n)\to g(n),u(n-1)\to g(n-1)$$

因此系统的冲激响应为：$h(n)=g(n)-g(n-1)$。

(2)由于 $u(n)=\sum\limits_{m=0}^{\infty}\delta(n-m)$，则根据时不变特性，有

$$\delta(n-m)\to h(n-m)$$

因此系统的阶跃响应为：$g(n)=\sum\limits_{m=0}^{\infty}h(n-m)$。

7-31　以下各序列中，$x(n)$ 是系统的激励函数，$h(n)$ 是线性时不变系统的单位样值响应。分别求出各 $y(n)$，画出 $y(n)$ 图形(用卷积方法)。

(1)$x(n)$，$h(n)$ 见图 7-2-15(a)

(2)$x(n)$，$h(n)$ 见图 7-2-15(b)

(3)$x(n)=\alpha^n u(n)$　$0<\alpha<1$；$h(n)=\beta^n u(n)$　$0<\beta<1$，$\beta\neq\alpha$

(4)$x(n)=u(n)$；$h(n)=\delta(n-2)-\delta(n-3)$

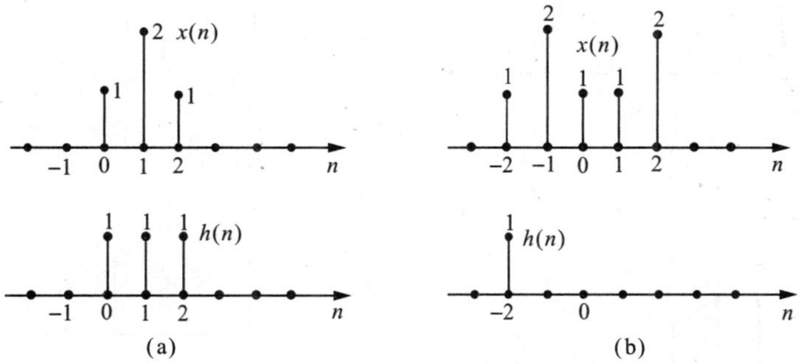

图 7-2-15

解：(1)由图 7-2-15(a)可知

$$x(n)=\delta(n)+2\delta(n-1)+\delta(n-2)$$

$$h(n)=\delta(n)+\delta(n-1)+\delta(n-2)$$

所以

$$\begin{aligned} y(n) &= x(n) * h(n) \\ &= [\delta(n) + 2\delta(n-1) + \delta(n-2)] * [\delta(n) + \delta(n-1) + \delta(n-2)] \\ &= \delta(n) + 2\delta(n-1) + \delta(n-2) + \delta(n-1) + 2\delta(n-2) + \delta(n-3) + \\ &\quad \delta(n-2) + 2\delta(n-3) + \delta(n-4) \\ &= \delta(n) + 3\delta(n-1) + 4\delta(n-2) + 3\delta(n-3) + \delta(n-4) \end{aligned}$$

$y(n)$的图形如图 7－2－16(a)所示。

(2)由图 7－2－15(b)可知

$$x(n) = \delta(n+2) + 2\delta(n+1) + \delta(n) + \delta(n-1) + 2\delta(n-2)$$
$$h(n) = \delta(n+2)$$

所以

$$\begin{aligned} y(n) &= x(n) * h(n) = x(n) * \delta(n+2) = x(n+2) \\ &= \delta(n+4) + 2\delta(n+3) + \delta(n+2) + \delta(n+1) + 2\delta(n) \end{aligned}$$

$y(n)$的图形如图 7－2－16(b)所示。

(3)
$$\begin{aligned} y(n) &= x(n) * h(n) = \sum_{m=-\infty}^{\infty} x(m)h(n-m) \\ &= u(n)\sum_{m=0}^{n} \alpha^m \beta^{n-m} = \beta^n u(n) \cdot \sum_{m=0}^{n} \left(\frac{\alpha}{\beta}\right)^m \\ &= \frac{\beta^n \cdot \left[1 - \left(\frac{\alpha}{\beta}\right)^{n+1}\right]}{\left(1 - \frac{\alpha}{\beta}\right)} u(n) = \frac{\beta^{n+1} - \alpha^{n+1}}{\beta - \alpha} u(n) \end{aligned}$$

$y(n)$的图形如图 7－2－16(c)所示。

(4)
$$\begin{aligned} y(n) &= x(n) * h(n) = u(n) * [\delta(n-2) - \delta(n-3)] \\ &= u(n-2) - u(n-3) = \delta(n-2) \end{aligned}$$

$y(n)$的图形如图 7－2－16(d)所示。

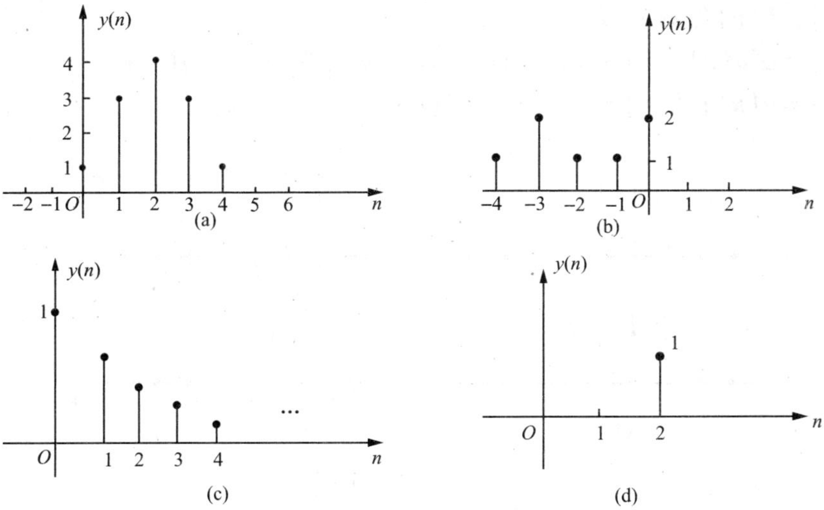

图 7－2－16

7－32　已知线性时不变系统的单位样值响应 $h(n)$ 以及输入 $x(n)$，求输出 $y(n)$，并绘

图示出 $y(n)$。

(1) $h(n)=x(n)=u(n)-u(n-4)$

(2) $h(n)=2^n[u(n)-u(n-4)]$，$x(n)=\delta(n)-\delta(n-2)$

(3) $h(n)=\left(\frac{1}{2}\right)^n u(n)$，$x(n)=u(n)-u(n-5)$

解：(1)因为 $h(n)=x(n)=u(n)-u(n-4)=\delta(n)+\delta(n-1)+\delta(n-2)+\delta(n-3)$

所以

$$y(n)=x(n)*h(n)$$
$$=[\delta(n)+\delta(n-1)+\delta(n-2)+\delta(n-3)]*[\delta(n)+\delta(n-1)+\delta(n-2)+\delta(n-3)]$$
$$=\delta(n)+2\delta(n-1)+3\delta(n-2)+4\delta(n-3)+3\delta(n-4)+2\delta(n-5)+\delta(n-6)$$

$y(n)$的图形如图 7－2－17(a)所示。

(2)
$$y(n)=x(n)*h(n)$$
$$=[\delta(n)-\delta(n-2)]*\{2^n[u(n)-u(n-4)]\}$$
$$=2^n[u(n)-u(n-4)]-2^{n-2}[u(n-2)-u(n-6)]$$

$y(n)$的图形如图 7－2－17(b)所示。

(3)
$$y(n)=x(n)*h(n)$$
$$=[u(n)-u(n-5)]*\left[\left(\frac{1}{2}\right)^n u(n)\right]$$
$$=\sum_{m=-\infty}^{\infty}[u(m)-u(m-5)]\left(\frac{1}{2}\right)^{n-m}u(n-m)$$
$$=(2-2^{-n})u(n)-[2-2^{-(n-5)}]u(n-5)$$

$y(n)$的图形如图 7－2－17(c)所示。

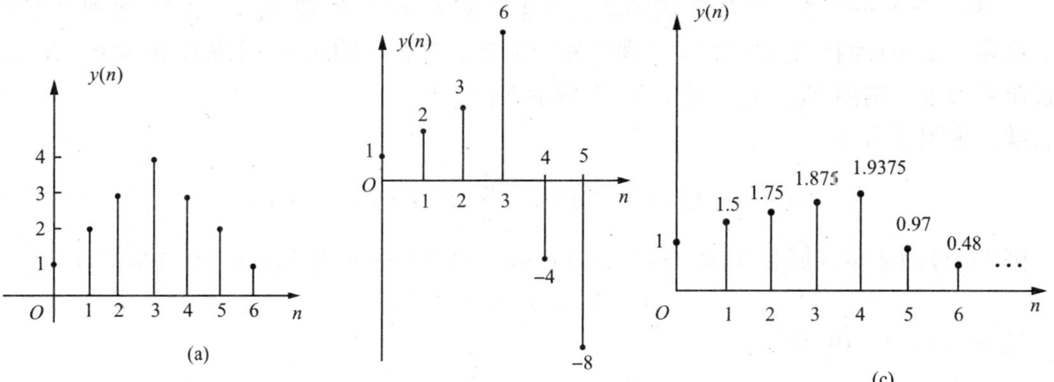

图 7－2－17

7－33 如图 7－2－18 所示的系统包括两个级联的线性时不变系统，它们的单位样值响应分别为 $h_1(n)$ 和 $h_2(n)$。已知 $h_1(n)=\delta(n)-\delta(n-3)$，$h_2(n)=(0.8)^n u(n)$。令 $x(n)=u(n)$。

(1)按下式求 $y(n)$

$$y(n)=[x(n)*h_1(n)]*h_2(n)$$

(2)按下式求 $y(n)$

$$y(n)=x(n)*[h_1(n)*h_2(n)]$$

两种方法的结果应当是一样的(卷积结合律)。

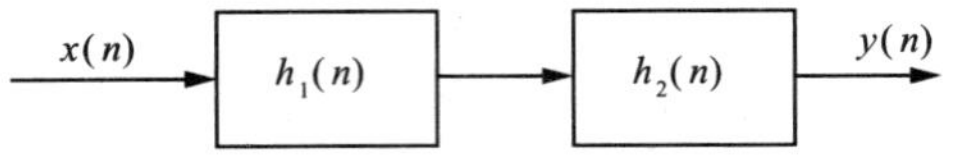

图 7-2-18

解：(1)

$$
\begin{aligned}
y(n) &= [x(n) * h_1(n)] * h_2(n) \\
&= \{u(n) * [\delta(n) - \delta(n-3)]\} * 0.8^n u(n) \\
&= [u(n) - u(n-3)] * 0.8^n u(n) \\
&= \sum_{m=-\infty}^{\infty} u(n-m) \cdot 0.8^m u(m) - \sum_{m=-\infty}^{\infty} u(n-m-3) \cdot 0.8^m u(m) \\
&= u(n)\sum_{m=0}^{n} 0.8^m - u(n-3)\sum_{m=0}^{n-3} 0.8^m \\
&= \frac{1-(0.8)^{n+1}}{1-0.8}u(n) - \frac{1-(0.8)^{n-2}}{1-0.8}u(n-3)
\end{aligned}
$$

(2)

$$
\begin{aligned}
y(n) &= x(n) * [h_1(n) * h_2(n)] \\
&= u(n) * \{[\delta(n) - \delta(n-3)] * 0.8^n u(n)\} \\
&= u(n) * [0.8^n u(n) - 0.8^{n-3} u(n-3)] \\
&= \sum_{m=-\infty}^{\infty} u(n-m) 0.8^m u(m) - \sum_{m=-\infty}^{\infty} u(m) \cdot 0.8^{n-m-3} u(n-m-3) \\
&= \frac{1-(0.8)^{n+1}}{1-0.8}u(n) - 0.8^{n-3} \cdot \frac{(0.8)^{3-n} - 0.8}{1-0.8}u(n-3) \\
&= \frac{1-(0.8)^{n+1}}{1-0.8}u(n) - \frac{1-(0.8)^{n-2}}{1-0.8}u(n-3)
\end{aligned}
$$

可见(1)(2)的计算结果一样，说明卷积满足结合律。

7-34　已知一线性时不变系统的单位样值响应 $h(n)$，除在 $N_0 \leqslant n \leqslant N_1$ 区间之外都为零。而输入 $x(n)$ 除在 $N_2 \leqslant n \leqslant N_3$ 区间之外均为零。这样，响应 $y(n)$ 除在 $N_4 \leqslant n \leqslant N_5$ 之外均被限制为零。试用 N_0，N_1，N_2，N_3 来表示 N_4 与 N_5。

解：根据定义有

$$
y(n) = h(n) * x(n) = \sum_{m=-\infty}^{\infty} h(m) \cdot x(n-m)
$$

因 $h(m)$ 的非零区域为 $N_0 \leqslant m \leqslant N_1$，$x(n-m)$ 的非零区域为 $N_2 \leqslant n-m \leqslant N_3$，即

$$
n - N_3 \leqslant m \leqslant n - N_2
$$

结合图 7-2-19 可以看出：

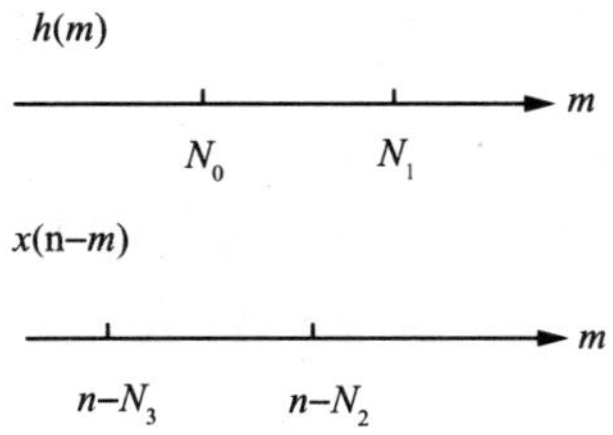

图 7-2-19

当 $n-N_2 \geqslant N_0$ 且 $n-N_3 \leqslant N_1$ 时，$y(n)$ 有非 0 值，此时 $N_0+N_2 \leqslant n \leqslant N_1+N_3$。

又因为 $y(n)$ 的非 0 值区域为 $N_4 \leqslant n \leqslant N_5$

所以 $N_4 = N_0 + N_2$，$N_5 = N_1 + N_3$。

7-35 **某地质勘探测试设备给出的发射信号 $x(n)=\delta(n)+\frac{1}{2}\delta(n-1)$，接收回波信号 $y(n)=\left(\frac{1}{2}\right)^n u(n)$，若地层反射特性的系统函数以 $h(n)$ 表示，且满足 $y(n)=h(n)*x(n)$。**

(1)求 $h(n)$；

(2)以延时、相加、倍乘运算为基本单元，试画出系统框图。

解：已知 $x(n)=\delta(n)+\frac{1}{2}\delta(n-1)$，$y(n)=\left(\frac{1}{2}\right)^n u(n)$。

(1)根据题意可得，$x(n)*h(n)=y(n)\Rightarrow\left[\delta(n)+\frac{1}{2}\delta(n-1)\right]*h(n)=\left(\frac{1}{2}\right)^n u(n)$

即 $h(n)+\frac{1}{2}h(n-1)=\left(\frac{1}{2}\right)^n u(n)$ ①

令特解为 $A\left(\frac{1}{2}\right)^n$，代入式①，得 $A=\frac{1}{2}$。

由式①知，特征根为 $-\frac{1}{2}$，故可令全响应为

$$h(n)=B\left(-\frac{1}{2}\right)^n+\left(\frac{1}{2}\right)^{n+1},\ n\geqslant 0$$

由于 $h(n)$ 是单位样值响应，满足因果性，即 $h(-1)=0$，代入上式得 $B=\frac{1}{2}$。

所以 $h(n)=\frac{1}{2}\left[\left(-\frac{1}{2}\right)^n+\left(\frac{1}{2}\right)^n\right]=\begin{cases}\left(\frac{1}{2}\right)^n, & n\text{ 为偶数}\\ 0, & n\text{ 为奇数}\end{cases}$。

(2)系统的单位样值响应相当于零输入响应，即差分方程的齐次解，所以齐次解为

$$h(n)=\begin{cases}\left(\frac{1}{2}\right)^n, & n\text{ 为偶数}\\ 0, & n\text{ 为奇数}\end{cases}=\frac{1}{2}\cdot\left(\frac{1}{2}\right)^n+\frac{1}{2}\cdot\left(-\frac{1}{2}\right)^n$$

特征根：$\alpha_1=\frac{1}{2}$，$\alpha_2=-\frac{1}{2}$

对应的差分方程为：$y(n)-\frac{1}{4}y(n-2)=0$

加上输入信号 $x(n)$，则 $y(n)-\frac{1}{4}y(n-2)=x(n)$。

其系统框图如图 7-2-20 所示。

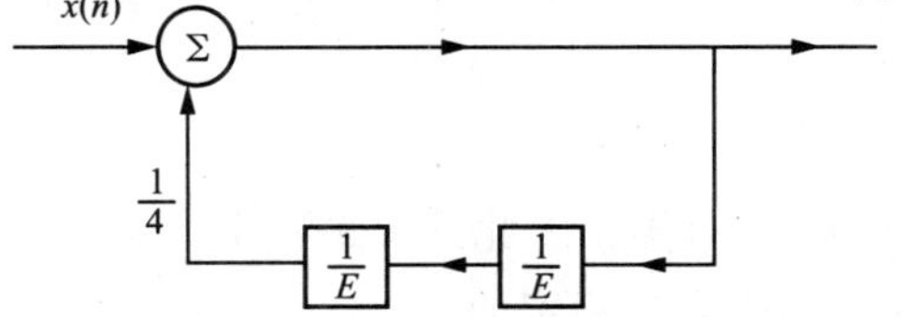

图 7-2-20

7.3 名校考研真题详解

一、选择题

1. 信号 $x(n)=2\delta(n)-5\delta(n-1)+3\delta(n-3)$ 与信号 $h(n)=6\delta(n)-3\delta(n-1)$ 的卷积和等于(　　)。[电子科技大学 2013 研]

A. {12, -24, 16, 8, -9}　　$n=0, 1, 2, 3, 4$

B. {12, -36, 33, -9, 0}　　$n=0, 1, 2, 3, 4$

C. {12, -36, 15, 18, -9}　　$n=0, 1, 2, 3, 4$

D. {12, -30, 10, 9, -9}　　$n=-1, 0, 1, 2, 3$

【答案】C

【解析】将 $x(n)$ 与 $y(n)$ 作卷积得

$$x(n)*y(n)=\{\delta(n)-5\delta(n-1)+3\delta(n-3)\}*6\delta(n)-3\delta(n-1)$$
$$=12\delta(n)-36\delta(n-1)+15\delta(n-2)+18\delta(n-3)-9\delta(n-4)$$

即{12, -36, 15, 18, -9}　　$n=0, 1, 2, 3, 4$。

2. 下述四个等式中，错误的是(　　)。[武汉科技大学 2017 研]

A. $\delta(n)=u(n)-u(n-1)$　　B. $\delta(n)=u(-n)-u(-n+1)$

C. $u(n)=\sum_{j=-\infty}^{n}\delta(j)$　　D. $u(-n)=\sum_{j=-\infty}^{0}\delta(n-j)$

【答案】B

【解析】B 项中 $u(-n)-u(-n+1)=-\delta(n-1)\neq\delta(n)$。

3. 输入输出方程为 $y(n)=x(\delta(n)\sin(n-1))$ 的系统是(　　)的系统。[武汉科技大学 2017 研]

A. 线性、因果、稳定　　B. 线性、非因果、稳定

C. 线性、非因果、不稳定　　D. 非线性、因果、不稳定

【答案】B

【解析】$y(n)$ 可表示为 $y(n)=x[-\sin 1\cdot\delta(n)]$，则

①线性

设系统算子为 T，则 $c_1x_1(n)+c_2x_2(n)$ 通过系统后的结果 $T[c_1x_1(n)+c_2x_2(n)]$ 为

$$c_1x_1[-\sin 1\cdot\delta(n)]+c_2x_2[-\sin 1\cdot\delta(n)]=c_1y_1(n)+c_2y_2(n)$$

因此系统是线性的。

②因果性

令 $n=-1$，则 $y(-1)=x(0)$，说明系统现在的响应与未来的激励有关，因此系统是非因果的。

③稳定性

若 $x(n)$ 有界，则显然 $y(n)$ 必有界，因此系统是稳定的。

综上所述，系统是线性、非因果、稳定的。

4. 信号 $x(n)=2\cos\left(\frac{\pi}{4}n\right)+\sin\left(\frac{\pi}{8}n\right)-2\cos\left(\frac{\pi}{2}n+\frac{\pi}{6}\right)$ 的周期是(　　)。[中山大学 2010 研]

A. 8　　B. 16　　C. 2　　D. 4

【答案】B

【解析】根据周期的定义 $T=\frac{2\pi}{\omega}$，$\cos\frac{\pi}{4}n$，$\sin\frac{\pi}{8}n$，$\cos\left(\frac{\pi}{2}n+\frac{\pi}{6}\right)$，的最小正周期分别为8、16、4，取最小公倍数，所以 $x(n)$ 的周期为16。

5. 序列和 $\sum_{i=-\infty}^{n}2^i\delta(i-2)=($　　$)$。[中山大学2010研]

A. $4u(n)$　　B. 4　　C. $4u(-n)$　　D. $4u(n-2)$

【答案】B

【解析】由单位样值信号的定义可知，$\delta(n)=\begin{cases}1 & (n=0)\\ 0 & (n\neq 0)\end{cases}$。当 $k\neq 2$，序列值恒为0；当 $k=2$，序列值为4，因此 $\sum_{i=-\infty}^{n}2^i\delta(i-2)=4$。

二、填空题

1. 离散信号 $\cos\frac{\pi}{3}n+\sin\frac{\pi}{4}n$ 的基波周期为______。[北京邮电大学2016研]

【答案】24

【解析】第一项周期 $T_1=2\pi/(\pi/3)=6$，第二项周期 $T_2=2\pi/(\pi/4)=8$，因此，取最小公倍数得基波周期 $T=24$。

2. 序列和 $\sum_{k=-\infty}^{n}u(k)=$______。[北京交通大学2015研]

【答案】$(n+1)u(n)$

【解析】$\sum_{k=-\infty}^{n}u(k)=\sum_{k=0}^{n}u(k)=\sum_{k=0}^{n}1=(n+1)u(n)$

3. 离散信号 $x(n)=\cos\left(\frac{\pi}{5}n\right)\cos\left(\frac{\pi}{4}n\right)$ 的基波周期为______。[华中科技大学2012研]

【答案】40

【解析】根据三角函数关系可知

$$\cos A\cos B=\frac{1}{2}[\cos(A+B)+\cos(A-B)]$$

则

$$x(n)=\cos\left(\frac{\pi}{5}n\right)\cos\left(\frac{\pi}{4}n\right)=\frac{1}{2}\left[\cos\left(\frac{9\pi}{20}n\right)+\cos\left(\frac{\pi}{20}n\right)\right]$$

第一项周期为 $N'=\frac{2\pi}{9\pi/20}=\frac{40}{9}$，取整数得 $N=40$，第二项周期为 $N=\frac{2\pi}{\pi/20}=40$，因此 $x(n)$ 的周期为40。

三、判断题

一个离散时间信号实际上就是一组序列值的结合 $\{x(n)\}$。(　　)[南京大学2010研]

【答案】对

【解析】离散时间函数，只有在某些离散时给出函数值，只是在某些离散瞬时给出函数值。因此，它是时间不连续的“序列”。

四、简答题

设系统差分方程为 $y(n)=x(n)+2x(n-1)+3x(n-2)$，其中 $x(n)$ 与 $y(n)$ 分别表示

系统输入和输出，判断系统是否是线性对不变的。[武汉大学2015研]

答： 该系统是线性时不变的。

(1)线性

设系统算子为 T，则 $c_1x_1(n)+c_2x_2(n)$ 通过系统后的结果 $T[c_1x_1(n)+c_2x_2(n)]$ 为

$$c_1x_1(n)+c_2x_2(n)+2c_1x_1(n-1)+2c_2x_2(n-1)+3c_1x_1(n-2)+3c_2x_2(n-2)$$

而 $x_1(n)$，$x_2(n)$ 通过系统后分别为 $T[x_1(n)]$，$T[x_2(n)]$，则 $c_1T[x_1(n)]+c_2T[x_2(n)]$ 为

$$c_1[x_1(n)+2x_1(n-1)+3x_1(n-2)]+c_2[x_2(n)+2x_2(n-1)+3x_2(n-2)]$$

对比上面两式，显然有 $T[c_1x_1(n)+c_2x_2(n)]=c_1T[x_1(n)]+c_2T[x_2(n)]$，因此系统是线性的。

(2)时不变

令 $n\to n-n_0$，则经过算子 T 后 $T[x(n-n_0)]$ 为

$$x(n-n_0)+2x(n-n_0-1)+3x(n-n_0-2)$$

而

$$y(n-n_0)=x(n-n_0)+2x(n-n_0-1)+3x(n-n_0-2)$$

比较以上两式有 $y(n-n_0)=T[x(n-n_0)]$，因此系统是时不变的。

五、计算题

1. 设 $h(n)=3\cdot\left(\frac{1}{2}\right)^n u(n)$ 为线性移不变系统的单位抽样响应，若输入 $x(n)=u(n)$，求 $\lim\limits_{n\to\infty}y(n)$，其中 $y(n)$ 为输出。[武汉大学2015研]

解： 方法一：

系统响应 $y(n)$ 为

$$y(n)=x(n)*h(n)=3\left(\frac{1}{2}\right)^n u(n)*u(n)=3\left(\frac{1-\left(\frac{1}{2}\right)^{n+1}}{1-\frac{1}{2}}\right)u(n)=6\left[1-\left(\frac{1}{2}\right)^{n+1}\right]u(n)$$

因此 $y(n)$ 的极限为

$$\lim_{n\to\infty}y(n)=\lim_{n\to\infty}6\left[1-\left(\frac{1}{2}\right)^{n+1}\right]u(n)=6$$

方法二：

$y(n)$ 的 z 变换为

$$Y(z)=H(z)\cdot X(z)=\frac{3z}{z-\frac{1}{2}}\cdot\frac{z}{z-1}$$

根据终值定理有

$$\lim_{n\to\infty}y(n)=\lim_{z\to1}(z-1)Y(z)=6$$

2. 某离散时间 LTI 系统的输入为 $x(n)=u(n+1)+u(n)-u(n-1)-u(n-2)$，输出为 $y(n)=\{-1,\ 0,\ 6,\ 8,\ 3\}$，$n=-1,\ 0,\ 1,\ 2,\ 3$，试求系统的单位脉冲响应 $h(n)$。[电子科技大学2012研]

解： 由于

$$x(n)=u(n+1)+u(n)-u(n-1)-u(n-2)$$
$$=\{u(n+1)-u(n-1)\}+\{u(n)-u(n-2)\}$$

此式又可以写成

$$x(n)=\delta(n+1)+2\delta(n)+\delta(n-1)$$

由此可知 $x(n)$ 的 z 变换为 $X(z)=z+2+z^{-1}$。

再由题意可知

$$y(n)=x(n)*h(n)=-\delta(n+1)+6\delta(n-1)+8\delta(n-2)+3\delta(n-3)$$

由此可知 $y(n)$ 的 z 变换为 $Y(z)=-z+6z^{-1}+8z^{-2}+3z^{-3}$。

则根据时域卷积定理可得

$$H(z)=\frac{Y(z)}{X(z)}=\frac{-z+6z^{-1}+8z^{-2}+3z^{-3}}{z+2+z^{-1}}$$

使用长除法可得

$$H(z)=-1+2z^{-1}+3z^{-2}$$

取逆变换可得

$$h(n)=-\delta(n)+2\delta(n-1)+3\delta(n-2)$$

上式也可写成：$h(n)=\{-1, 2, 3\}$，$n=0, 1, 2$

第 8 章　z 变换、离散时间系统的 z 域分析

8.1　复习笔记

一、z 变换定义及典型序列的 z 变换

1. z 变换定义

$$X(z)=\mathscr{Z}[x(n)]=\sum_{n=0}^{\infty}x(n)z^{-n}\qquad(\text{单边 } z \text{ 变换})$$

$$X(z)=\mathscr{Z}[x(n)]=\sum_{n=-\infty}^{\infty}x(n)z^{-n}\qquad(\text{双边 } z \text{ 变换})$$

2. 典型序列的 z 变换

(1)单位样值序列

$$\mathscr{Z}[\delta(n)]=\sum_{n=0}^{\infty}\delta(n)z^{-n}=1$$

(2)单位阶跃序列

$$\mathscr{Z}[u(n)]=\sum_{n=0}^{\infty}u(n)z^{-n}=\sum_{n=0}^{\infty}z^{-n}=\frac{1}{1-z^{-1}}=\frac{z}{z-1}\ (|z|>1)$$

(3)斜变序列

$$\mathscr{Z}[nu(n)]=\sum_{n=0}^{\infty}nz^{-n}=z^{-1}\frac{\mathrm{d}}{\mathrm{d}z^{-1}}\sum_{n=0}^{\infty}z^{-n}$$
$$=z^{-1}\frac{\mathrm{d}}{\mathrm{d}z^{-1}}\frac{1}{1-z^{-1}}=\frac{z}{(z-1)^2}\ (|z|>1)$$

(4)指数序列

$$\mathscr{Z}[a^nu(n)]=\sum_{n=0}^{\infty}a^nz^{-n}=\sum_{n=0}^{\infty}\left(\frac{z}{a}\right)^{-n}=\frac{1}{1-az^{-1}}=\frac{z}{z-a}\quad(|z|>|a|)$$

(5)正弦与余弦序列

$$\mathscr{Z}[\sin(\omega_0n)u(n)]=\frac{1}{2\mathrm{j}}\left(\frac{z}{z-\mathrm{e}^{\mathrm{j}\omega_0}}-\frac{z}{z-\mathrm{e}^{-\mathrm{j}\omega_0}}\right)=\frac{z\sin\omega_0}{z^2-2z\cos\omega_0+1}$$

$$\mathscr{Z}[\cos(\omega_0n)u(n)]=\frac{1}{2}\left(\frac{z}{z-\mathrm{e}^{\mathrm{j}\omega_0}}+\frac{z}{z-\mathrm{e}^{-\mathrm{j}\omega_0}}\right)=\frac{z(z-\cos\omega_0)}{z^2-2z\cos\omega_0+1}$$

二、z 变换的收敛域(见表 8-1-1)

表 8-1-1　z 变换收敛域

分类	具体内容
有限长序列	z 变换收敛域至少为 $0<\|z\|<\infty$，且可能还包括 $z=0$ 和 $z=\infty$，由序列 $x(n)$ 的形式决定
右边序列	z 变换收敛域是半径为 R_{x1} 的圆外部分，如果序列“起点”$n_1\geqslant0$，则还要包括 $z=\infty$
左边序列	z 变换收敛域是半径为 R_{x2} 的圆内部分，如果序列“终点”$n_1\leqslant0$，则收敛域包括 $z=0$
双边序列	z 变换的收敛域通常是环形，即 $R_{x1}<\|z\|<R_{x2}$。如果 $R_{x1}>R_{x2}$，则 $X(z)$ 不收敛

三、逆 z 变换

1. 围线积分法(留数法)

$$x(n) = \frac{1}{2\pi \mathrm{j}}\oint X(z)z^{n-1}\mathrm{d}z = \sum_{m}\mathrm{Res}[X(z)z^{n-1}]_{z=z_m}$$

其中 Res 表示极点的留数，z_m 是 $X(z)z^{n-1}$的极点。

2. 幂级数展开法(长除法)

由 $X(z)=\dfrac{N(z)}{D(z)}$，将 $X(z)$在给定的收敛域内展成 z^{-1}的幂级数，级数的系数即为序列 $x(n)$，注意当 $x(n)$为右边序列时，$N(z)$、$D(z)$幂序为降序，若 $x(n)$为左边序列时，$N(z)$、$D(z)$幂序为升序。

3. 部分分式展开法

序列的 z 变换通常是 z 的有理函数，可先将 $X(z)$展成一些简单而常见的部分分式之和，然后分别求出各部分分式的逆变换，把各逆变换相加即可得到 $x(n)$。

4. 利用 z 变换解差分方程

将差分方程两侧取单边 z 变换，可得 $H(z)=\dfrac{Y(z)}{X(z)}$，取逆 z 变换后有

$$y(n) = \mathscr{Z}^{-1}[X(z)H(z)]$$

四、z 变换的基本性质

1. 线性

已知 $X_1(z)=\mathscr{Z}[x_1(n)]$，$X_2(z)=\mathscr{Z}[x_2(n)]$，$a$、$b$ 是任意常数，则有

$$\mathscr{Z}[ax_1(n)+bx_2(n)] = aX_1(z)+bX_2(z)$$

2. 位移性(时移特性)

已知 $\mathscr{Z}[x(n)]=X(z)$，收敛域 $R_1<|z|<R_2$，则有

$$\mathscr{Z}[x(n-m)] = z^{-m}X(z)$$

收敛域不变。

3. 序列线性加权(z 域微分)

已知 $\mathscr{Z}[x(n)]=X(z)$，收敛域 $R_1<|z|<R_2$，则有

$$\mathscr{Z}[nx(n)] = -z\frac{\mathrm{d}}{\mathrm{d}z}X(z)$$

收敛域不变。

4. 序列指数加权(z 域尺度变换)

已知 $\mathscr{Z}[x(n)]=X(z)$，收敛域 $R_1<|z|<R_2$，则有

$$\mathscr{Z}[a^n x(n)] = X\left(\frac{z}{a}\right) \qquad R_1/|a|<|z|<R_2/|a|$$

5. 初值定理 $\boldsymbol{x(0)=\lim\limits_{z\to\infty}X(z)}$

6. 终值定理 $\boldsymbol{\lim\limits_{n\to\infty}x(n)=\lim\limits_{z\to 1}(z-1)X(z)}$

7. 时域卷积定理

已知 $\qquad \mathscr{Z}[x(n)]=X(z) \qquad R_{x1}<|z|<R_{x2}$

$$\mathscr{Z}[h(n)]=H(z) \qquad R_{h1}<|z|<R_{h2}$$

则有

$$\mathscr{Z}[x(n)*h(n)] = X(z)H(z)$$
$$\max(R_{x1},R_{h1}) <|z|< \min(R_{x2},R_{h2})$$

8. 序列相乘(z 域卷积定理)

已知

$$\mathscr{Z}[x(n)] = X(z) \qquad R_{x1} <|z|< R_{x2}$$
$$\mathscr{Z}[h(n)] = H(z) \qquad R_{h1} <|z|< R_{h2}$$

则有

$$\mathscr{Z}[x(n)h(n)] = \frac{1}{2\pi j}\oint_{C_1} X\left(\frac{z}{v}\right)H(v)v^{-1}dv$$
$$= \frac{1}{2\pi j}\oint_{C_2} H\left(\frac{z}{v}\right)X(v)v^{-1}dv$$
$$R_{x1}R_{h1} <|z|< R_{x2}R_{h2}$$

其中 C_1，C_2 分别是两收敛域重叠部分内逆时针旋转的围线。

五、z 变换与拉氏变换的关系

1. z 平面与 s 平面的映射关系

(1)s 平面上的虚轴($\sigma=0$，$s=j\omega$)映射到 z 平面上是单位圆，其右半平面映射到 z 平面是单位圆外部，左半平面映射到 z 平面是单位圆内部。

(2)s 平面上的实轴($\omega=0$，$s=\sigma$)映射到 z 平面上是正实轴，平行于实轴的直线(ω 为常数)映射到 z 平面是始于原点的辐射线，通过 $j\frac{k\omega_s}{2}$($k=\pm1$，$\pm3\cdots$)而平行于实轴的直线映射到 z 平面是负实轴。

(3)在 s 平面上沿虚轴移动对应于 z 平面上沿单位圆周期性旋转，每平移 ω_s，则沿单位圆转一圈。

2. z 变换与拉氏变换表达式

$$\begin{cases}\mathscr{Z}[x(nT)] = X(z)|_{z=e^{sT}} \xrightarrow{\Delta} X(s) = \mathscr{Z}[x(t)\cdot\delta_T(t)] \\ X(z) = \sum\limits_{m}\text{Res}\left[\dfrac{zX(s)}{z-e^{sT}}\right]_{s_m\text{为}X(s)\text{的极点}}\end{cases}$$

六、序列的傅里叶变换(DTFT)

1. 序列的傅里叶变换

$$\text{DTFT}[x(n)] = X(e^{j\omega}) = \sum_{n=-\infty}^{\infty}x(n)e^{-j\omega n} \quad \text{(正变换)}$$

$$\text{IDTFT}[X(e^{j\omega})] = x(n) = \frac{1}{2\pi}\int_{-\pi}^{\pi}X(e^{j\omega})e^{j\omega n}d\omega \quad \text{(逆变换)}$$

2. 离散系统的频率响应 $H(e^{j\omega})$，其表示式为

$$H(e^{j\omega}) = \sum_{n=-\infty}^{\infty}h(n)e^{-jn\omega} = |H(e^{j\omega})|e^{j\varphi(\omega)}$$

即 $H(e^{j\omega})$ 与 $h(n)$ 是一对傅里叶变换。$|H(e^{j\omega})|$ 称为幅度响应，$\varphi(\omega)$ 称为相位响应。

利用系统函数 $H(z)$ 在 z 平面上的零点分布，通过几何方法简便直观地求出离散系统的频率响应。

8.2 课后习题详解

8－1 求下列序列的 z 变换 $X(z)$，并标明收敛域，绘出 $X(z)$ 的零、极点分布图。

(1)$\left(\frac{1}{2}\right)^n u(n)$；(2)$\left(-\frac{1}{4}\right)^n u(n)$；(3)$\left(\frac{1}{3}\right)^{-n} u(n)$；

(4)$\left(\frac{1}{3}\right)^n u(-n)$；(5)$-\left(\frac{1}{2}\right)^n u(-n-1)$；(6)$\delta(n+1)$；

(7)$\left(\frac{1}{2}\right)^n [u(n)-u(n-10)]$；(8)$\left(\frac{1}{2}\right)^n u(n)+\left(\frac{1}{3}\right)^n u(n)$；(9)$\delta(n)-\frac{1}{8}\delta(n-3)$。

解：(1)$X(z)=\sum_{n=-\infty}^{\infty}\left(\frac{1}{2}\right)^n u(n)z^{-n}$

$$=\sum_{n=0}^{\infty}\left(\frac{1}{2z}\right)^n=\frac{1}{1-\frac{1}{2z}}=\frac{z}{z-\frac{1}{2}}\left(|z|>\frac{1}{2}\right)$$

$X(z)$ 的零、极点分布图如图 8－2－1(a)所示。

(2)$X(z)=\sum_{n=-\infty}^{\infty}\left(-\frac{1}{4}\right)^n u(n)z^{-n}$

$$=\sum_{n=0}^{\infty}\left(-\frac{1}{4z}\right)^n=\frac{1}{1-\left(-\frac{1}{4z}\right)}=\frac{z}{z+\frac{1}{4}}\left(|z|>\frac{1}{4}\right)$$

$X(z)$ 的零、极点分布图如图 8－2－1(b)所示。

(3) $X(z)=\sum_{n=-\infty}^{\infty}\left(\frac{1}{3}\right)^{-n} u(n)z^{-n}$

$$=\sum_{n=0}^{\infty}\left(\frac{3}{z}\right)^n=\frac{1}{1-\frac{3}{z}}=\frac{z}{z-3}\ (|z|>3)$$

$X(z)$ 的零、极点分布图如图 8－2－1(c)所示。

(4)$X(z)=\sum_{n=-\infty}^{\infty}\left(\frac{1}{3}\right)^n u(-n)z^{-n}$

$$=\sum_{n=-\infty}^{0}\left(\frac{1}{3z}\right)^n=\sum_{n=0}^{\infty}(3z)^n=\frac{1}{1-3z}=\frac{-\frac{1}{3}}{z-\frac{1}{3}}\left(|z|<\frac{1}{3}\right)$$

$X(z)$ 的零、极点分布图如图 8－2－1(d)所示。

(5)$X(z)=-\sum_{n=-\infty}^{\infty}\left(\frac{1}{2}\right)^n u(-n-1)z^{-n}$

$$=-\sum_{n=-\infty}^{-1}\left(\frac{1}{2}\right)^n z^{-n}=-\sum_{n=1}^{\infty}(2z)^n$$

$$=-\left[\sum_{n=0}^{\infty}(2z)^n-(2z)^0\right]$$

$$=1-\frac{1}{1-2z}=\frac{-2z}{1-2z}=\frac{z}{z-\frac{1}{2}}\left(|z|<\frac{1}{2}\right)$$

$X(z)$的零、极点分布图如图 8－2－1(e)所示。

$$(6)X(z)=\sum_{n=-\infty}^{\infty}\delta(n+1)z^{-n}=z\quad(|z|<+\infty)$$

$X(z)$的零、极点分布图如图 8－2－1(f)所示。

$$(7)\ X(z)=\sum_{n=-\infty}^{\infty}\left(\frac{1}{2}\right)^{n}[u(n)-u(n-10)]z^{-n}=\sum_{n=0}^{9}\left(\frac{1}{2}\right)^{n}z^{-n}$$

$$=\sum_{n=0}^{9}\left(\frac{1}{2z}\right)^{n}=\frac{1-\left(\frac{1}{2z}\right)^{10}}{1-\frac{1}{2z}}\quad(|z|>0)$$

$X(z)$的零、极点分布图如图 8－2－1(g)所示。

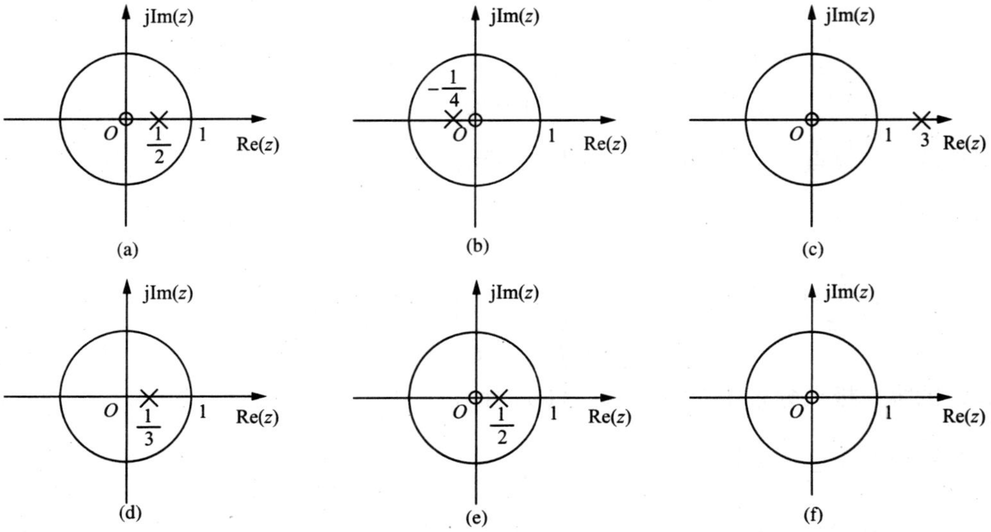

$$(8)X(z)=\sum_{n=-\infty}^{\infty}\left[\left(\frac{1}{2}\right)^{n}u(n)+\left(\frac{1}{3}\right)^{n}u(n)\right]z^{-n}$$

$$=\sum_{n=-\infty}^{\infty}\left(\frac{1}{2}\right)^{n}u(n)z^{-n}+\sum_{n=-\infty}^{\infty}\left(\frac{1}{3}\right)^{n}u(n)z^{-n}$$

$$=\sum_{n=0}^{\infty}\left(\frac{1}{2z}\right)^{n}+\sum_{n=0}^{\infty}\left(\frac{1}{3z}\right)^{n}$$

$$=\frac{z\left(2z-\frac{5}{6}\right)}{\left(z-\frac{1}{2}\right)\left(z-\frac{1}{3}\right)}\left(|z|>\frac{1}{2}\right)$$

$X(z)$的零、极点分布图如图 8－2－1(h)所示。

$$(9)X(z)=\sum_{n=-\infty}^{\infty}\left[\delta(n)-\frac{1}{8}\delta(n-3)\right]z^{-n}$$

$$=\sum_{n=-\infty}^{\infty}\delta(n)z^{-n}-\sum_{n=-\infty}^{\infty}\frac{1}{8}\delta(n-3)z^{-n}$$

$$=z^{-0}-\frac{1}{8}z^{-3}$$

$$= \frac{z^3 - \frac{1}{8}}{z^3} \quad (|z| > 0)$$

$X(z)$的零、极点分布图如图 8－2－1(i)所示。

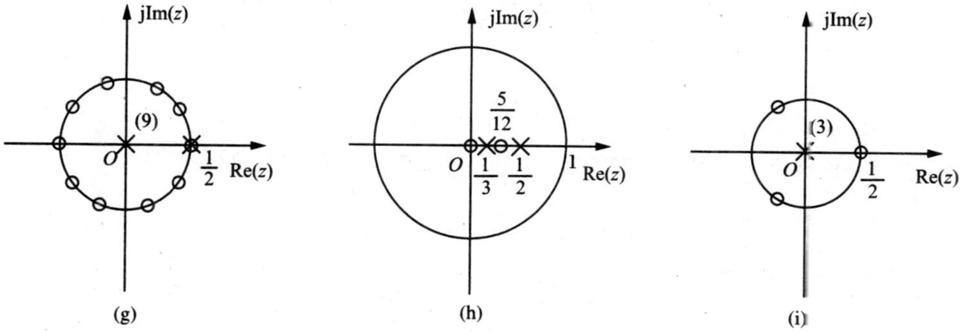

图 8－2－1

8－2 求双边序列 $x(n)=\left(\frac{1}{2}\right)^{|n|}$ 的 z 变换，并标明收敛域及绘出零、极点分布图。

解：根据定义，有

$$X(z) = \sum_{n=-\infty}^{\infty}\left(\frac{1}{2}\right)^{|n|} z^{-n}$$

$$= \sum_{n=0}^{\infty}\left(\frac{1}{2}\right)^{n} z^{-n} + \sum_{n=-\infty}^{-1}\left(\frac{1}{2}\right)^{-n} z^{-n}$$

$$= \sum_{n=0}^{\infty}\left(\frac{1}{2z}\right)^{n} + \sum_{n=1}^{\infty}\left(\frac{z}{2}\right)^{n}$$

$$= \frac{1}{1-\frac{1}{2z}} + \frac{\frac{z}{2}}{1-\frac{z}{2}} = \frac{-\frac{3}{2}z}{\left(z-\frac{1}{2}\right)(z-2)} \quad \left(\frac{1}{2} < |z| < 2\right)$$

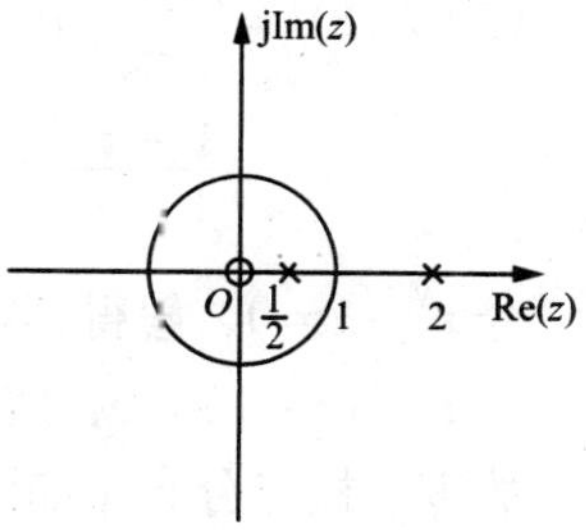

图 8－2－2

故其零点为 $z=0$，极点为 $z=\frac{1}{2}$，$z=2$。

$X(z)$的零极点分布图如图 8－2－2 所示。

8－3 求下列序列的 z 变换，并标明收敛域，绘出零、极点分布图。

(1) $x(n)=Ar^n\cos(n\omega_0+\phi)\cdot u(n) \quad (0<r<1)$

(2) $x(n)=R_N(n)=u(n)-u(n-N)$

解：(1) $x(n)=Ar^n\cos(n\omega_0+\phi)\cdot u(n)$

$$= Ar^n\cdot\frac{1}{2}\left[e^{jn\omega_0+j\phi}+e^{-jn\omega_0-j\phi}\right]u(n)$$

$$= \frac{1}{2}A\left[r^n\cdot e^{jn\omega_0}\cdot e^{j\phi}+r^n\cdot e^{-jn\omega_0}\cdot e^{-j\phi}\right]\cdot u(n)$$

$$= \frac{A}{2}\left[e^{j\phi}\cdot(re^{j\omega_0})^n+e^{-j\phi}\cdot(re^{-j\omega_0})^n\right]u(n)$$

$$= \frac{A}{2}\cdot e^{j\phi}\cdot(re^{j\omega_0})^n u(n)+\frac{A}{2}\cdot e^{-j\phi}(re^{-j\omega_0})^n u(n)$$

因为

$$(re^{j\omega_0})^n u(n) \leftrightarrow \frac{z}{z-re^{j\omega_0}} \qquad (|z|>r)$$

$$(re^{-j\omega_0})^n u(n) \leftrightarrow \frac{z}{z-re^{-j\omega_0}} \qquad (|z|>r)$$

所以

$$X(z)=\frac{A}{2}\cdot e^{j\phi}\cdot\frac{z}{z-re^{j\omega_0}}+\frac{\frac{A}{2}\cdot e^{-j\phi}\cdot z}{z-re^{-j\omega_0}} \qquad (|z|>r)$$

$$=\frac{\frac{A}{2}z^2(e^{j\phi}+e^{-j\phi})-\frac{A}{2}zr[e^{j(\phi-\omega_0)}+e^{-j(\phi-\omega_0)}]}{z^2-(re^{j\omega_0}+re^{-j\omega_0})z+r^2} \qquad (|z|>r)$$

$$=\frac{Az^2\cos\phi-Arz\cos(\omega_0-\phi)}{z^2-2rz\cos\omega_0+r^2} \qquad (|z|>r)$$

令 $Az^2\cos\phi-rAz\cos(\omega_0-\phi)=0$，解得零点为：$z_1=0$，$z_2=\dfrac{r\cos(\omega_0-\phi)}{\cos\phi}$

令 $z^2-2rz\cos\omega_0+r^2=0$，解得极点为：$p_1=re^{j\omega_0}$，$p_2=re^{-j\omega_0}$。

故零、极点分布图如图 8-2-3(a)所示。

(2) $X(z)=\sum\limits_{n=-\infty}^{\infty}[u(n)-u(n-N)]z^{-n}=\sum\limits_{n=0}^{N-1}z^{-n}$

$$=\frac{1-z^{-N}}{1-z^{-1}}=\frac{z^N-1}{z^{N-1}(z-1)} \quad (|z|>0)$$

令 $z^N-1=0$，解得其零点为：$z_k=e^{j\frac{2k\pi}{N}}(k=0,1,2,\cdots,N-1)$；

令 $z^{N-1}(z-1)=0$，解得其极点为：$p_1=0(N-1\text{ 阶})$，$p_2=1(1\text{ 阶})$。

故零、极点分布图如图 8-2-3(b)所示，其中零点画出了 $N=12$ 时的分布情况。

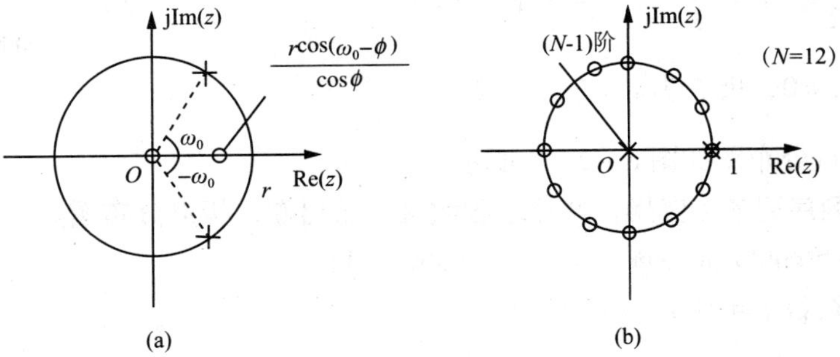

图 8-2-3

8-4 直接从下列 z 变换看出它们所对应的序列。

(1) $X(z)=1 \qquad (|z|\leqslant\infty)$

(2) $X(z)=z^3 \qquad (|z|<\infty)$

(3) $X(z)=z^{-1} \qquad (0<|z|\leqslant\infty)$

(4) $X(z)=-2z^{-2}+2z+1 \qquad (0<|z|<\infty)$

(5) $X(z)=\dfrac{1}{1-az^{-1}} \qquad (|z|>a)$

(6) $X(z)=\dfrac{1}{1-az^{-1}}$　　　　$(|z|<a)$

解： (1)$x(n)=\delta(n)$；(2)$x(n)=\delta(n+3)$；(3)$x(n)=\delta(n-1)$；

(4)$x(n)=-2\delta(n-2)+2\delta(n+1)+\delta(n)$；(5)$x(n)=a^nu(n)$；

(6)$x(n)=-a^nu(-n-1)$。

8-5　求下列 $X(z)$ 的逆变换 $x(n)$。

(1) $X(z)=\dfrac{1}{1+0.5z^{-1}}$ $(|z|>0.5)$　**(2)** $X(z)=\dfrac{1-0.5z^{-1}}{1+\frac{3}{4}z^{-1}+\frac{1}{8}z^{-2}}$ $\left(|z|>\frac{1}{2}\right)$

(3) $X(z)=\dfrac{1-\frac{1}{2}z^{-1}}{1-\frac{1}{4}z^{-2}}$ $\left(|z|>\frac{1}{2}\right)$　**(4)** $X(z)=\dfrac{1-az^{-1}}{z^{-1}-a}$ $\left(|z|>\left|\frac{1}{a}\right|\right)$

解： (1)由 $a^nu(n)\leftrightarrow\dfrac{1}{1-az^{-1}}=\dfrac{z}{z-a}$ $(|z|>|a|)$，可知 $x(n)=(-0.5)^nu(n)$。

(2)对 $X(z)$ 进行部分分式展开，有

$$X(z)=\frac{1-0.5z^{-1}}{1+\frac{3}{4}z^{-1}+\frac{1}{8}z^{-2}}=\frac{1-0.5z^{-1}}{\left(1+\frac{1}{2}z^{-1}\right)\left(1+\frac{1}{4}z^{-1}\right)}$$

$$=\frac{4}{1+\frac{1}{2}z^{-1}}-\frac{3}{1+\frac{1}{4}z^{-1}}\quad\left(|z|>\frac{1}{2}\right)$$

故其逆变换为 $x(n)=\left[4\left(-\frac{1}{2}\right)^n-3\left(-\frac{1}{4}\right)^n\right]u(n)$。

(3)因 $X(z)=\dfrac{1-\frac{1}{2}z^{-1}}{1-\frac{1}{4}z^{-2}}=\dfrac{1-\frac{1}{2}z^{-1}}{\left(1-\frac{1}{2}z^{-1}\right)\left(1+\frac{1}{2}z^{-1}\right)}=\dfrac{1}{1+\frac{1}{2}z^{-1}}\left(|z|>\frac{1}{2}\right)$

故其逆变换为 $x(n)=\left(-\frac{1}{2}\right)^nu(n)$。

(4)因 $X(z)=\dfrac{1-az^{-1}}{z^{-1}-a}=\dfrac{-a(z^{-1}-a)-a^2+1}{z^{-1}-a}$

$$=-a+\frac{1-a^2}{z^{-1}-a}=-a+\frac{-\frac{1}{a}+a}{1-\frac{1}{a}z^{-1}}\quad\left(|z|>\left|\frac{1}{a}\right|\right)$$

故其逆变换为 $x(n)=-a\delta(n)+\left(a-\frac{1}{a}\right)\left(\frac{1}{a}\right)^nu(n)$。

8-6　利用三种逆 z 变换方法求下列 $X(z)$ 的逆变换 $x(n)$。

$$X(z)=\frac{10z}{(z-1)(z-2)}\quad(|z|>2)$$

解： (1)留数法

令 $G(z)=X(z)z^{n-1}=\dfrac{10z^n}{(z-1)(z-2)}$，则

$$x(n)=\sum_m \mathrm{Res}\left[\frac{10z^n}{(z-1)(z-2)}\right]_{z=z_m}=\sum_m \mathrm{Res}[G(z)]$$

$G(z)$在 $n\geqslant 0$ 时仅在 $z=1$ 和 $z=2$ 处有一阶极点，故

$$\mathrm{Res}\left[\frac{10z^n}{(z-1)(z-2)}\right]_{z=1}=-10;\mathrm{Res}\left[\frac{10z^n}{(z-1)(z-2)}\right]_{z=2}=10\cdot 2^n$$

当 $n<0$ 时，在 $z=0$ 处还有 n 阶极点存在，可求得该点的留数和上述两极点处留数总和为0，故 $x(n)=10(2^n-1)u(n)$。

(2)部分分式展开法

因为 $X(z)=\dfrac{10z}{(z-1)(z-2)}=\dfrac{10z}{z-2}-\dfrac{10z}{z-1}(|z|>2)$，所以

$$x(n)=10(2^n-1)u(n)$$

(3)长除法

$X(z)$的收敛域为$|z|>2$，因而 $x(n)$必然是右边序列。将 $X(z)$按 z 的降幂排列成下列形式 $X(z)=\dfrac{10z}{z^2-3z+2}$，进行长除，可得

$$\begin{array}{r} 10z^{-1}+30z^{-2}+70z^{-3}+\cdots \\ z^2-3z+2\overline{)\ 10z\qquad\qquad\qquad\qquad} \\ \underline{10z-30+20z^{-1}} \\ 30-20z^{-1} \\ \underline{30-90z^{-1}+60z^{-1}} \\ 70z^{-1}-60z^{-2} \\ \underline{70z^{-1}-210z^{-2}+140z^{-3}} \\ 150z^{-2}-140z^{-3} \\ \vdots \end{array}$$

所以

$$X(z)=10z^{-1}+30z^{-2}+70z^{-3}+\cdots=\sum_{n=0}^{\infty}10(2^n-1)z^{-n}$$

即 $x(n)=10(2^n-1)u(n)$。

8-7 已知 $x(n)$的 z 变换为 $X(z)$，试证明下列关系。

(1)$\mathscr{Z}[a^n x(n)]=X\left(\dfrac{z}{a}\right)$　　(2)$\mathscr{Z}[\mathrm{e}^{-an}x(n)]=X(\mathrm{e}^a z)$

(3)$\mathscr{Z}[nx(n)]=-z\dfrac{\mathrm{d}X(z)}{\mathrm{d}z}$　　(4)$\mathscr{Z}[x^*(n)]=X^*(z^*)$

(对于以上各式可为单边，也可为双边 z 变换)

证明：(1)$\mathscr{Z}[a^n x(n)]=\displaystyle\sum_{n=-\infty}^{\infty}a^n x(n)z^{-n}=\sum_{n=-\infty}^{\infty}x(n)\left(\frac{z}{a}\right)^{-n}=X\left(\frac{z}{a}\right)$。

(2)$\mathscr{Z}[\mathrm{e}^{-an}x(n)]=\displaystyle\sum_{n=-\infty}^{\infty}\mathrm{e}^{-an}x(n)z^{-n}=\sum_{n=-\infty}^{\infty}x(n)(\mathrm{e}^a\cdot z)^{-n}=X(\mathrm{e}^a z)$。

(3)因为 $\mathscr{Z}[x(n)]=X(z)=\displaystyle\sum_{n=-\infty}^{\infty}x(n)z^{-n}$

两边对 z 进行微分，有$\dfrac{\mathrm{d}X(z)}{\mathrm{d}z}=-\displaystyle\sum_{n=-\infty}^{\infty}nx(n)z^{-n-1}$

即 $-z\frac{\mathrm{d}X(z)}{\mathrm{d}z}=\sum_{n=-\infty}^{\infty}nx(n)z^{-n}$

所以 $\mathscr{Z}[nx(n)]=-z\frac{\mathrm{d}X(z)}{\mathrm{d}z}$。

$$(4)\ \mathscr{Z}[x^*(n)]=\sum_{n=-\infty}^{\infty}x^*(n)z^{-n}$$
$$=\sum_{n=-\infty}^{\infty}[x(n)(z^*)^{-n}]^*=[X(z^*)]^*=X^*(z^*)$$

8-8　已知 $x(n)$ 的双边 z 变换为 $X(z)$，证明

$$\mathscr{Z}[x(-n)]=X(z^{-1})$$

证明：根据双边 z 变换定义有

$$\mathscr{Z}[x(-n)]=\sum_{n=-\infty}^{\infty}x(-n)z^{-n}\xrightarrow{m=-n}\sum_{m=-\infty}^{\infty}x(m)z^{m}$$
$$=\sum_{m=-\infty}^{\infty}x(m)(z^{-1})^{-m}=X(z^{-1})$$

8-9　利用幂级数展开法求 $X(z)=\mathrm{e}^z$，$(|z|<\infty)$ 所对应的序列 $x(n)$。

解：$X(z)$ 的泰勒展开式为

$$X(z)=\mathrm{e}^z=1+z+\frac{1}{2!}z^2+\frac{1}{3!}z^3+\cdots+\frac{1}{n!}z^n+\cdots$$
$$=\sum_{n=0}^{\infty}\frac{1}{n!}z^n=\sum_{n=-\infty}^{0}\frac{1}{(-n)!}z^{-n}$$

由 z 变换的定义，有

$$X(z)=\sum_{n=-\infty}^{\infty}x(n)z^{-n}$$

所以 $x(n)=\frac{1}{(-n)!}u(-n)$。

8-10　求下列 $X(z)$ 的逆变换 $x(n)$。

(1) $X(z)=\frac{10}{(1-0.5z^{-1})(1-0.25z^{-1})}$　　$(|z|>0.5)$

(2) $X(z)=\frac{10z^2}{(z-1)(z+1)}$　　$(|z|>1)$

(3) $X(z)=\frac{1+z^{-1}}{1-2z^{-1}\cos\omega+z^{-2}}$　　$(|z|>1)$

解：(1) 由收敛域 $|z|>0.5$ 可知，$x(n)$ 为右边序列。

$X(z)$ 进行部分分式展开，有

$$X(z)=\frac{10}{(1-0.5z^{-1})(1-0.25z^{-1})}=\frac{20}{1-0.5z^{-1}}+\frac{-10}{1-0.25z^{-1}}$$

逆变换可得：$x(n)=[20\cdot(0.5)^n-10\cdot(0.25)^n]u(n)$。

(2) 由收敛域 $|z|>1$ 可知，$x(n)$ 为右边序列。

$X(z)$ 进行部分分式展开，有

$$X(z)=\frac{10z^2}{(z-1)(z+1)}=\frac{5z}{z-1}+\frac{5z}{z+1}$$

逆变换可得：$x(n)=5[1+(-1)^n]u(n)$。

(3)由收敛域$|z|>1$可知，$x(n)$为右边序列。

$X(z)$进行部分分式展开，有

$$X(z)=\frac{1+z^{-1}}{1-2z^{-1}\cos\omega+z^{-2}}=\frac{z^2+z}{z^2-2z\cos\omega+1}=\frac{z(z+1)}{z^2-z(e^{j\omega}+e^{-j\omega})+1}$$

$$=\frac{z(z+1)}{(z-e^{j\omega})(z-e^{-j\omega})}=z\left[\frac{e^{j\omega}+1}{2j\sin\omega(z-e^{j\omega})}-\frac{e^{-j\omega}+1}{2j\sin\omega(z-e^{-j\omega})}\right]$$

$$=\frac{e^{j\omega}+1}{2j\sin\omega}\cdot\frac{z}{z-e^{j\omega}}-\frac{e^{-j\omega}+1}{2j\sin\omega}\cdot\frac{z}{z-e^{-j\omega}}$$

逆变换可得：$x(n)=\left[\frac{e^{j\omega}+1}{2j\sin\omega}(e^{j\omega})^n-\frac{e^{-j\omega}+1}{2j\sin\omega}(e^{-j\omega})^n\right]u(n)$

$$=\frac{\sin(n+1)\omega+\sin n\omega}{\sin\omega}u(n)$$

8-11　求下列 $X(z)$ 的逆变换 $x(n)$。

(1) $X(z)=\dfrac{z^{-1}}{(1-6z^{-1})^2}$　　　　$(|z|>6)$

(2) $X(z)=\dfrac{z^{-2}}{1+z^{-2}}$　　　　$(|z|>1)$

解：(1) $X(z)=\dfrac{z^{-1}}{(1-6z^{-1})^2}=\dfrac{z}{(z-6)^2}$　　　$(|z|>6)$

令 $X_1(z)=\dfrac{z}{z-6}$，则 $x_1(n)=6^n u(n)$。

由 z 变换的 z 域微分性质，有

$$\mathscr{Z}[n6^n u(n)]=-z\frac{dX_1(z)}{dz}=-z\frac{d\left(\frac{z}{z-6}\right)}{dz}$$

$$=\frac{6z}{(z-6)^2}\quad(|z|>6)$$

所以 $x(n)=\dfrac{1}{6}\cdot n\cdot 6^n u(n)=n6^{n-1}u(n)$。

(2) $X(z)$进行部分分式展开，有

$$X(z)=\frac{z^{-2}}{1+z^{-2}}=1-\frac{1}{1+z^{-2}}=1-\frac{1}{(j-z^{-1})(-j-z^{-1})}$$

$$=1-\frac{\frac{-1}{2j}}{j-z^{-1}}-\frac{\frac{1}{2j}}{-j-z^{-1}}=1-\frac{\frac{1}{2}z}{z+j}-\frac{\frac{1}{2}z}{z-j}$$

$$x(n)=\delta(n)-\frac{1}{2}[(-j)^n+(j)^n]u(n)$$

$$=\delta(n)-\frac{1}{2}[e^{-j\frac{\pi n}{2}}+e^{j\frac{\pi n}{2}}]u(n)$$

$$=\delta(n)-\cos\frac{n\pi}{2}u(n)$$

$$=-\cos\frac{n\pi}{2}u(n-1)$$

8－12 画出 $X(z)=\dfrac{-3z^{-1}}{2-5z^{-1}+2z^{-2}}$ 的零、极点分布图，在下列三种收敛域下，哪种情况对应左边序列、右边序列、双边序列？并求各对应序列。

(1) $|z|>2$；(2) $|z|<0.5$；(3) $0.5<|z|<2$。

解： $X(z)=\dfrac{-3z^{-1}}{2-5z^{-1}+2z^{-2}}=\dfrac{-3z^{-1}}{(2-z^{-1})(1-2z^{-1})}$

$=\dfrac{2}{2-z^{-1}}+\dfrac{-1}{1-2z^{-1}}=\dfrac{1}{1-\dfrac{1}{2}z^{-1}}-\dfrac{1}{1-2z^{-1}}$

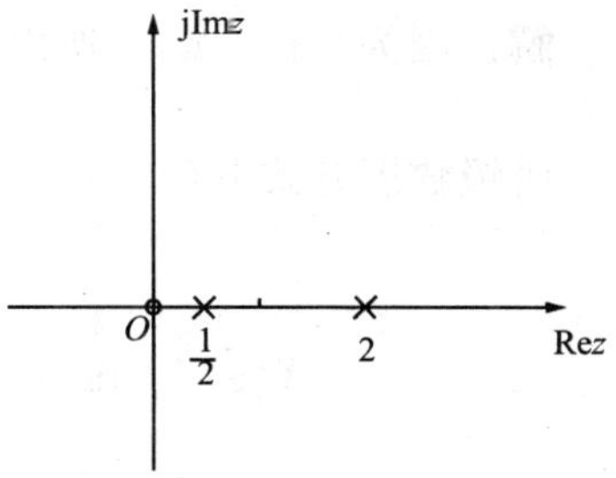

图 8－2－4

故其零点为0，极点为1/2、2，零极点如图 8－2－4 所示。

(1) 收敛域 $|z|>2$ 时，对应右边序列，则 $x(n)=\left[\left(\dfrac{1}{2}\right)^n-2^n\right]u(n)$；

(2) 收敛域 $|z|<0.5$ 时，对应左边序列，则 $x(n)=\left[2^n-\left(\dfrac{1}{2}\right)^n\right]u(-n-1)$；

(3) 收敛域 $0.5<|z|<2$ 时，对应双边序列，则 $x(n)=\left(\dfrac{1}{2}\right)^n u(n)+2^n u(-n-1)$。

8－13 已知因果序列的 z 变换 $X(z)$，求序列的初值 $x(0)$ 与终值 $x(\infty)$。

(1) $X(z)=\dfrac{1+z^{-1}+z^{-2}}{(1-z^{-1})(1-2z^{-1})}$

(2) $X(z)=\dfrac{1}{(1-0.5z^{-1})(1+0.5z^{-1})}$

(3) $X(z)=\dfrac{z^{-1}}{1-1.5z^{-1}+0.5z^{-2}}$

解：(1) 根据初值定理，有

$$x(0)=\lim_{z\to\infty}X(z)=\lim_{z\to\infty}\frac{1+z^{-1}+z^{-2}}{(1-z^{-1})(1-2z^{-1})}=1$$

虽然 $x(n)$ 为因果序列，但 $X(z)$ 有一个极点 $z=2$ 在单位圆外，故 $x(\infty)$ 不存在。

(2) 根据初值定理，有

$$x(0)=\lim_{z\to\infty}X(z)=\lim_{z\to\infty}\frac{1}{(1-0.5z^{-1})(1+0.5z^{-1})}=1$$

根据终值定理，有

$$x(\infty)=\lim_{z\to 1}[(z-1)X(z)]=\lim_{z\to 1}(z-1)\cdot\frac{z^2}{(z-0.5)(z+0.5)}=0$$

(3) 根据初值定理，有

$$x(0)=\lim_{z\to\infty}X(z)=\lim_{z\to\infty}\frac{z^{-1}}{1-1.5z^{-1}+0.5z^{-2}}=0$$

根据终值定理，有

$$\begin{aligned}x(\infty)&=\lim_{z\to 1}[(z-1)X(z)]\\&=\lim_{z\to 1}(z-1)\cdot\frac{z^{-1}}{1-1.5z^{-1}+0.5z^{-2}}\\&=\lim_{z\to 1}\frac{z}{z-0.5}=2\end{aligned}$$

8－14　已知 $X(z)=\ln\left(1+\frac{a}{z}\right)$，$(|z|>|a|)$，求对应的序列 $x(n)$。

$\left[\text{提示:利用级数展开式 } \ln(1+y)=\sum_{n=1}^{\infty}(-1)^{n+1}\frac{y^n}{n}, y<1\right]$

解： 因为 $|z|>|a|$，所以 $\left|\frac{a}{z}\right|<1$。

由级数展开式 $\ln(1+y)=\sum_{n=1}^{\infty}(-1)^{n+1}\frac{y^n}{n}, y<1$，可得

$$X(z)=\ln\left(1+\frac{a}{z}\right)=\sum_{n=1}^{\infty}(-1)^{n+1}\frac{\left(\frac{a}{z}\right)^n}{n}\qquad\left(\left|\frac{a}{z}\right|<1\right)$$

$$=\sum_{n=1}^{\infty}(-1)^{n+1}\frac{a^n}{n}z^{-n}$$

所以 $x(n)=(-1)^{n+1}\frac{a^n}{n}u(n-1)$。

8－15　证明教材表 8－5 中所列的和函数 z 变换公式，即：

已知　$\mathscr{Z}[x(n)]=X(z)$，则

$$\mathscr{Z}\left[\sum_{k=0}^{n}x(k)\right]=\frac{z}{z-1}X(z)$$

证明： 令 $g(n)=\sum_{k=0}^{n}x(k)$，则有

$$g(n+1)-g(n)=\sum_{k=0}^{n+1}x(k)-\sum_{k=0}^{n}x(k)=x(n+1)$$

两边取 z 变换 $zG(z)-G(z)=zX(z)$

则 $G(z)=\frac{z}{z-1}X(z)$，而 $G(z)=\mathscr{Z}\left[\sum_{k=0}^{n}x(k)\right]$

所以 $\mathscr{Z}\left[\sum_{k=0}^{n}x(k)\right]=\frac{z}{z-1}X(z)$。

8－16　试证明实序列的相关定理。

$$\mathscr{Z}\left[\sum_{m=-\infty}^{\infty}h(m)x(m-n)\right]=H(z)X\left(\frac{1}{z}\right)$$

其中：$H(z)=\mathscr{Z}[h(n)]$，$X(z)=\mathscr{Z}[x(n)]$。

证明： 因为 $h(n)*x(-n)=\sum_{m=-\infty}^{\infty}h(m)x[-(n-m)]=\sum_{m=-\infty}^{\infty}h(m)x(m-n)$

且 $\mathscr{Z}[x(-n)]=X\left(\frac{1}{z}\right)$

所以，由时域卷积定理得

$$\mathscr{Z}[h(n)*x(-n)]=H(z)\cdot\mathscr{Z}[x(-n)]=H(z)\cdot X\left(\frac{1}{z}\right)$$

8－17　利用卷积定理求 $y(n)=x(n)*h(n)$，已知

(1) $x(n)=a^nu(n)$　$h(n)=b^nu(-n)$

(2) $x(n)=a^nu(n)$　$h(n)=\delta(n-2)$

(3) $x(n)=a^nu(n)$　$h(n)=u(n-1)$

解：(1) $x(n)=a^n u(n) \quad h(n)=b^n u(-n)$

$$X(z)=\frac{z}{z-a} \quad (|z|>|a|)$$

$$H(z)=\mathscr{Z}[\delta(n)+b^n u(-n-1)]=\frac{b}{b-z} \quad (|z|<|b|)$$

根据卷积定理，得

$$\begin{aligned} y(n) &= \mathscr{Z}^{-1}\left[\frac{z}{z-a}\cdot\frac{b}{b-z}\right] \\ &= \mathscr{Z}^{-1}\left[\frac{b}{b-a}\left(\frac{z}{z-a}+\frac{z}{b-z}\right)\right] \\ &= \frac{b}{b-a}[a^n u(n)+b^n u(-n-1)](|a|<|z|<|b|) \end{aligned}$$

(2) $x(n)=a^n u(n) \quad h(n)=\delta(n-2)$

$$X(z)=\frac{z}{z-a} \quad (|z|>|a|)$$

$$H(z)=z^{-2} \quad (|z|>0)$$

根据卷积定理，得

$$y(n)=\mathscr{Z}^{-1}\left[\frac{z}{z-a}\cdot z^{-2}\right]=a^{n-2}u(n-2) \quad (|z|>|a|)$$

(3) $x(n)=a^n u(n) \quad h(n)=u(n-1)$

$$X(z)=\frac{z}{z-a} \quad (|z|>|a|)$$

$$H(z)=\frac{1}{z-1} \quad (|z|>1)$$

根据卷积定理，得

$$\begin{aligned} y(n) &= \mathscr{Z}^{-1}\left[\frac{z}{z-a}\cdot\frac{1}{z-1}\right] \\ &= \mathscr{Z}^{-1}\left[\frac{\frac{1}{a-1}\cdot z}{z-a}+\frac{\frac{1}{1-a}\cdot z}{z-1}\right] \\ &= \left(\frac{1}{a-1}\cdot a^n+\frac{1}{1-a}\right)u(n)=\frac{1-a^n}{1-a}u(n)(|z|>\max(|a|,1)) \end{aligned}$$

8-18　利用 z 变换求例 7-15 中给出的两序列的卷积，即求

$$y(n)=x(n)*h(n)$$

其中：$h(n)=a^n u(n) \quad (0<a<1)$

$x(n)=R_N(n)=u(n)-u(n-N)$

解：由于

$$H(z)=\frac{z}{z-a} \quad (|z|>a)$$

$$X(z)=\frac{z}{z-1}-\frac{z}{z-1}\cdot z^{-N} \quad (|z|>1)$$

根据时域卷积定理，有

$$Y(z)=H(z)\cdot X(z)$$

$$=\frac{z}{z-a}\cdot\left(\frac{z}{z-1}-\frac{z}{z-1}\cdot z^{-N}\right)$$

$$=\frac{z}{z-a}\cdot\frac{z}{z-1}-\frac{z}{z-a}\cdot\frac{z}{z-1}\cdot z^{-N}$$

$$=\frac{1}{a-1}\left(\frac{az}{z-a}-\frac{z}{z-1}\right)-\frac{1}{a-1}\left(\frac{az}{z-a}-\frac{z}{z-1}\right)z^{-N}$$

取 z 反变换，可得

$$y(n)=\frac{1}{a-1}(a\cdot a^{n}-1)u(n)-\frac{1}{a-1}(a\cdot a^{n-N}-1)u(n-N)$$

$$=\frac{a^{n+1}-1}{a-1}u(n)-\frac{a^{n+1-N}-1}{a-1}u(n-N)$$

8-19 已知下列 z 变换式 $X(z)$ 和 $Y(z)$，利用 z 域卷积定理求 $x(n)$ 与 $y(n)$ 乘积的 z 变换。

(1) $X(z)=\dfrac{1}{1-0.5z^{-1}}\qquad(|z|>0.5)$

$Y(z)=\dfrac{1}{1-2z}\qquad(|z|<0.5)$

(2) $X(z)=\dfrac{0.99}{(1-0.1z^{-1})(1-0.1z)}\qquad(0.1<|z|<10)$

$Y(z)=\dfrac{1}{1-10z}\qquad(|z|>0.1)$

(3) $X(z)=\dfrac{z}{z-e^{-b}}\qquad(|z|>e^{-b})$

$Y(z)=\dfrac{z\sin\omega_0}{z^2-2z\cos\omega_0+1}\qquad(|z|>1)$

解： (1) 由卷积定理，得

$$\mathscr{Z}[x(n)\cdot y(n)]=\frac{1}{2\pi j}\oint_c X(v)Y\left(\frac{z}{v}\right)\frac{dv}{v}$$

$$=\frac{1}{2\pi j}\oint_c\frac{1}{1-0.5v^{-1}}\cdot\frac{1}{1-2\cdot\frac{z}{v}}\cdot\frac{dv}{v}$$

$$=\frac{1}{2\pi j}\oint_c\frac{v}{v-0.5}\cdot\frac{1}{v-2z}\cdot dv$$

由于收敛域 $|v|>\max(0.5,|2z|)$，因此围线积分包含两个一阶极点，$v_1=0.5$，$v_2=2z$，故

$$\mathscr{Z}[x(n)\cdot y(n)]=\mathrm{Res}\left[\frac{v}{(v-0.5)(v-2z)}\right]\Bigg|_{v=0.5}+\mathrm{Res}\left[\frac{v}{(v-0.5)(v-2z)}\right]\Bigg|_{v=2z}$$

$$=\frac{0.5}{0.5-2z}+\frac{2z}{2z-0.5}$$

$$=1\qquad(|z|\geqslant 0)$$

(2) 由卷积定理，有

$$\mathscr{Z}[x(n)\cdot y(n)]=\frac{1}{2\pi j}\oint_c X(v)Y\left(\frac{z}{v}\right)\frac{dv}{v}$$

$$= \frac{1}{2\pi j}\oint_c \frac{0.99}{(1-0.1v^{-1})(1-0.1v)} \cdot \frac{1}{1-10\frac{z}{v}} \cdot \frac{dv}{v}$$

$$= \frac{1}{2\pi j}\oint_c \frac{-9.9v}{(v-0.1)(v-10)(v-10z)}dv$$

由于收敛域$0.1<|v|<\min(10,|10z|)$，因此围线积分只包含一个一阶极点$v=0.1$，故

$$\mathscr{Z}[x(n)\cdot y(n)] = \mathrm{Res}\left[\frac{-9.9v}{(v-0.1)(v-10)(v-10z)}\right]\Bigg|_{v=0.1}$$

$$= \frac{1}{1-100z} \quad (|z|>0.01)$$

(3)由卷积定理，有

$$\mathscr{Z}[x(n)\cdot y(n)] = \frac{1}{2\pi j}\oint_c Y(v)X\left(\frac{z}{v}\right)\frac{dv}{v}$$

$$= \frac{1}{2\pi j}\oint_c \frac{\frac{z}{v}}{\frac{z}{v}-e^{-b}} \cdot \frac{v\sin\omega_0}{v^2-2v\cos\omega_0+1} \cdot \frac{dv}{v}$$

$$= \frac{1}{2\pi j}\oint_c \frac{z}{z-ve^{-b}} \cdot \frac{\sin\omega_0}{(v-e^{j\omega_0})(v-e^{-j\omega_0})} \cdot dv$$

由于收敛域$1<|v|<|z|e^b$，因此围线积分包含两个一阶极点，$v_1=e^{j\omega_0}$和$v_2=e^{-j\omega_0}$，故

$$\mathscr{Z}[x(n)\cdot y(n)] = \mathrm{Res}\left[\frac{z}{z-ve^{-b}} \cdot \frac{\sin\omega_0}{(v-e^{j\omega_0})(v-e^{-j\omega_0})}\right]\Bigg|_{v=e^{j\omega_0}} +$$

$$\mathrm{Res}\left[\frac{z}{z-ve^{-b}} \cdot \frac{\sin\omega_0}{(v-e^{j\omega_0})(v-e^{-j\omega_0})}\right]\Bigg|_{v=e^{-j\omega_0}}$$

$$= \frac{z}{2j(z-e^{j\omega_0}e^{-b})} - \frac{z}{2j(z-e^{-j\omega_0}e^{-b})}$$

$$= \frac{e^{-b}z\sin\omega_0}{z^2-2e^{-b}z\cos\omega_0+e^{-2b}} \quad (|z|>e^{-b})$$

8-20 在教材第7章7.7节曾介绍利用时域特性的解卷积方法，实际问题中，往往也利用变换域方法计算解卷积。本题研究一种称为“同态滤波”的解卷积算法原理。在此，需要用到z变换性质和对数计算。设$x(n)=x_1(n)*x_2(n)$，若要直接把相互卷积的信号$x_1(n)$与$x_2(n)$分开将遇到困难。但是，对于两个相加的信号往往容易借助某种线性滤波方法使二者分离。图8-2-5示出用同态滤波解卷积的原理框图，其中各部分作用如下：

(1)D运算表示将$x(n)$取z变换、取对数和逆z变换，得到包含$x_1(n)$和$x_2(n)$信息的相加形式。

(2)L为线性滤波器，容易将两个相加项分离，取出所需信号。

(3)D^{-1}相当于D的逆运算，也即取z变换、指数以及逆z变换，至此，可从$x(n)$中按需要分离出$x_1(n)$或$x_2(n)$完成解卷积运算。

试写出以上各步运算的表达式。

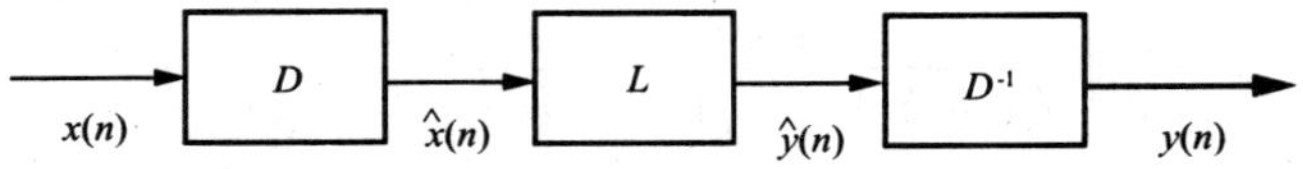

图 8-2-5

解：(1)已知 $x(n)=x_1(n)*x_2(n)$，根据题意可得，D 运算为

$$X(z)=X_1(z)\cdot X_2(z)$$

$$\ln[X(z)]=\ln[X_1(z)]+\ln[X_2(z)]$$

$$\mathscr{Z}^{-1}\{\ln[X(z)]\}=\hat{x}(n)=\hat{x}_1(n)+\hat{x}_2(n)$$

(2)L 运算：线性滤波后，将相加项分离，滤除 $\hat{x}_1(n)$ 得到 $\hat{x}_2(n)$，即

$$\hat{y}(n)=\hat{x}_2(n)$$

(3)D^{-1}运算为

$$\mathscr{Z}[\hat{x}_2(n)]=\hat{X}_2(z)$$

$$\exp[\hat{X}_2(z)]=X_2(z)$$

$$\mathscr{Z}^{-1}[X_2(z)]=x_2(n)$$

最终得到 $y(n)=x_2(n)$。

8-21　用单边 z 变换解下列差分方程。

(1)$y(n+2)+y(n+1)+y(n)=u(n)$

$y(0)=1$，$y(1)=2$

(2)$y(n)+0.1y(n-1)-0.02y(n-2)=10u(n)$

$y(-1)=4$，$y(-2)=6$

(3)$y(n)-0.9y(n-1)=0.05u(n)$

$y(-1)=0$

(4)$y(n)-0.9y(n-1)=0.05u(n)$

$y(-1)=1$

(5)$y(n)=-5y(n-1)+nu(n)$

$y(-1)=0$

(6)$y(n)+2y(n-1)=(n-2)u(n)$

$y(0)=1$

解：(1)差分方程两边取单边 z 变换，有

$$z^2[Y(z)-y(0)-y(1)z^{-1}]+z[Y(z)-y(0)]+Y(z)=\frac{z}{z-1}\quad(|z|>1)$$

代入 $y(0)=1$，$y(1)=2$，整理得

$$Y(z)=\frac{z^2+3z}{z^2+z+1}+\frac{z}{(z-1)(z^2+z+1)}$$

即

$$Y(z)=\frac{z^2+3z}{z^2+z+1}+\frac{\frac{1}{3}z}{z-1}-\frac{\frac{1}{3}z^2+\frac{2}{3}z}{z^2+z+1}$$

$$=\frac{\frac{1}{3}z}{z-1}+\frac{\frac{2}{3}z^2+\frac{7}{3}z}{z^2+z+1}$$

$$=\frac{\frac{1}{3}z}{z-1}+\frac{\left[\frac{2}{3}z\left(z-\cos\frac{2\pi}{3}\right)\right]+\left[\frac{2z}{\sin\frac{2}{3}\pi}\cdot\sin\frac{2}{3}\pi\right]}{z^2-2z\cos\frac{2}{3}\pi+1}$$

因收敛域为$|z|>1$，故反变换可得

$$y(n)=\left(\frac{1}{3}+\frac{2}{3}\cos\frac{2n\pi}{3}+\frac{4\sqrt{3}}{3}\sin\frac{2n\pi}{3}\right)u(n)$$

(2)差分方程两边取单边z变换，有

$$Y(z)+0.1z^{-1}[Y(z)+y(-1)z]-0.02z^{-2}[Y(z)+y(-1)z+y(-2)z^2]$$
$$=\frac{10z}{z-1}\ (|z|>1)$$

代入$y(-1)=4$，$y(-2)=6$，整理得

$$Y(z)=\frac{9.72z+0.36-0.08z^{-1}}{(z-1)(1+0.1z^{-1}-0.02z^{-2})}$$
$$=\frac{9.72z^3+0.36z^2-0.08z}{(z-1)(z+0.2)(z-0.1)}$$
$$\approx z\left[\frac{9.26}{z-1}+\frac{0.66}{z+0.2}-\frac{0.2}{z-0.1}\right]\quad(|z|>1)$$

因收敛域为$|z|>1$，故反变换可得

$$y(n)\approx[9.26+0.66\cdot(-0.2)^n-0.2\cdot(0.1)^n]u(n)$$

(3)差分方程两边取单边z变换，有

$$Y(z)-0.9z^{-1}[Y(z)+y(-1)z]=\frac{0.05z}{z-1}\quad(|z|>1)$$

代入$y(-1)=0$，整理得

$$Y(z)=\frac{0.05z^2}{(z-1)(z-0.9)}=\frac{0.5z}{z-1}-\frac{0.45z}{z-0.9}$$

因收敛域为$|z|>1$，所以反变换可得

$$y(n)=[0.5-0.45(0.9)^n]u(n)$$

(4)差分方程两边取单边z变换，有

$$Y(z)-0.9z^{-1}[Y(z)+y(-1)z]=\frac{0.05z}{z-1}\ (|z|>1)$$

代入$y(-1)=1$，整理得

$$Y(z)=\frac{0.05z^2}{(z-1)(z-0.9)}+\frac{0.9z}{z-0.9}=\frac{0.5z}{z-1}+\frac{0.45z}{z-0.9}$$

因收敛域为$|z|>1$，故反变换可得

$$y(n)=[0.5+0.45(0.9)^n]u(n)$$

(5)差分方程两边取单边z变换，有

$$Y(z)=-5z^{-1}[Y(z)+y(-1)z]+\frac{z}{(z-1)^2}\quad(|z|>1)$$

代入$y(-1)=0$，整理得

$$Y(z)=\frac{z^2}{(z+5)(z-1)^2}=\frac{z\left(\frac{5}{36}z+\frac{1}{36}\right)}{(z-1)^2}-\frac{5}{36}\cdot\frac{z}{z+5}$$

因收敛域为$|z|>5$，故反变换可得

$$y(n)=\left[\frac{5}{36}(n+1)+\frac{1}{36}n-\frac{5}{36}(-5)^n\right]u(n)$$

$$=\left[\frac{n}{6}+\frac{5}{36}-\frac{5}{36}(-5)^n\right]u(n)$$

(6)差分方程两边取单边z变换，有

$$Y(z)+2z^{-1}[Y(z)+y(-1)z]=\frac{z}{(z-1)^2}-\frac{2z}{z-1}\quad(|z|>1)$$

将$y(0)=1$代入原方程，可得$y(-1)=-\frac{3}{2}$。

再将$y(-1)=-\frac{3}{2}$代入z变换式整理可得

$$Y(z)=\frac{-2z^2+3z}{(z-1)^2(1+2z^{-1})}+\frac{3}{1+2z^{-1}}$$

$$=\frac{-\frac{4}{9}z^2+\frac{7}{9}z}{(z-1)^2}+\frac{\frac{13}{9}z}{z+2}$$

因收敛域为$|z|>2$，故反变换可得

$$y(n)=\left[-\frac{4}{9}(n+1)+\frac{7}{9}n+\frac{13}{9}(-2)^n\right]u(n)$$

$$=\frac{1}{9}[3n-4+13(-2)^n]u(n)$$

8－22　用z变换求解习题7－25电阻梯形网络结点电压的差分方程

$$\boldsymbol{v(n+2)-3v(n+1)+v(n)=0}$$

其中　$v(0)=E$

$v(N)=0$　（当$N\to\infty$）

$n=0,1,2\cdots,N$

解：差分方程为：$v(n+2)-3v(n+1)+v(n)=0$

两边取z变换，有

$$z^2[V(z)-v(0)-v(1)z^{-1}]-3z[V(z)-v(0)]+V(z)=0$$

将$v(0)=E$代入并整理得

$$V(z)=\frac{Ez^2+v(1)z-3Ez}{z^2-3z+1}=\frac{Ez^2+z[v(1)-3E]}{\left(z-\frac{3-\sqrt{5}}{2}\right)\left(z-\frac{3+\sqrt{5}}{2}\right)}$$

$V(z)$在单位圆外有一个极点$\frac{3+\sqrt{5}}{2}$。而根据题意，$\lim\limits_{N\to\infty}v(N)=0$，即所有极点都位于单位圆内，则$V(z)$必有一个零点$\frac{3+\sqrt{5}}{2}$，否则不能满足条件，故

$$Ez^2+[v(1)-3E]z=Ez\left[z-\frac{3+\sqrt{5}}{2}\right]$$

解得：$v(1)=\frac{3-\sqrt{5}}{2}E$

则 $V(z)=\dfrac{Ez}{z-\dfrac{3-\sqrt{5}}{2}}$

反变换可得：$v(n)=E\left(\dfrac{3-\sqrt{5}}{2}\right)^n$，$(n=0,1,2,\cdots,N)$。

8－23　因果系统的系统函数 $H(z)$ 如下所示，试说明这些系统是否稳定。

(1) $\dfrac{z+2}{8z^2-2z-3}$　　**(2)** $\dfrac{8(1-z^{-1}-z^{-2})}{2+5z^{-1}+2z^{-2}}$

(3) $\dfrac{2z-4}{2z^2+z-1}$　　**(4)** $\dfrac{1+z^{-1}}{1-z^{-1}+z^{-2}}$

解： (1) $H(z)=\dfrac{z+2}{8z^2-2z-3}=\dfrac{z+2}{(2z+1)(4z-3)}$

极点 $z_1=-\dfrac{1}{2}$，$z_2=\dfrac{3}{4}$，均在单位圆内，且系统是因果的，所以该系统稳定。

(2) $H(z)=\dfrac{8(1-z^{-1}-z^{-2})}{2+5z^{-1}+2z^{-2}}=\dfrac{8(z^2-z-1)}{(2z+1)(z+2)}$

极点 $z_1=-\dfrac{1}{2}$，$z_2=-2$，其中 z_2 在单位圆外，且系统是因果的，故该系统不稳定。

(3) $H(z)=\dfrac{2z-4}{2z^2+z-1}=\dfrac{2z-4}{(z+1)(2z-1)}$

极点 $z_1=-1$，$z_2=\dfrac{1}{2}$，z_2 在单位圆内，z_1 在单位圆上，且是一阶的，所以系统临界稳定。

(4) $H(z)=\dfrac{1+z^{-1}}{1-z^{-1}+z^{-2}}=\dfrac{z^2+z}{\left(z-\dfrac{1+\sqrt{3}\mathrm{j}}{2}\right)\left(z-\dfrac{1-\sqrt{3}\mathrm{j}}{2}\right)}$

极点 $z_1=\dfrac{1+\sqrt{3}\mathrm{j}}{2}$，$z_2=\dfrac{1-\sqrt{3}\mathrm{j}}{2}$，均在单位圆上，且是一阶的，所以该因果系统临界稳定。

8－24　已知一阶因果离散系统的差分方程为

$$y(n)+3y(n-1)=x(n)$$

试求：(1) 系统的单位样值响应 $h(n)$；(2) 若 $x(n)=(n+n^2)u(n)$，求响应 $y(n)$。

解： (1) 差分方程两边取 z 变换，有

$$Y(z)+3z^{-1}Y(z)=X(z)$$

整理可得系统函数为

$$H(z)=\frac{Y(z)}{X(z)}=\frac{1}{1+\dfrac{3}{z}}=\frac{z}{z+3}$$

从而单位样值响应为：$h(n)=(-3)^n u(n)$。

(2) 当 $x(n)=(n+n^2)u(n)$ 时，

$$X(z)=\frac{z}{(z-1)^2}+\frac{z(z+1)}{(z-1)^3}=\frac{2z^2}{(z-1)^3}$$

$$Y(z)=X(z)\cdot H(z)=\frac{2z^2\cdot z}{(z-1)^3(z+3)}$$

$$=\frac{-\frac{9}{32}z}{z+3}+\frac{\frac{1}{2}z}{(z-1)^3}+\frac{\frac{7}{8}z}{(z-1)^2}+\frac{\frac{9}{32}z}{z-1}$$

由于 $\mathscr{Z}^{-1}\left[\frac{\frac{1}{2}z}{(z-1)^3}\right]=\frac{1}{2}\cdot\frac{1}{2}n(n-1)u(n)$，因此 $Y(z)$ 经反变换，可得

$$y(n)=\left[-\frac{9}{32}(-3)^n+\frac{1}{2}\cdot\frac{1}{2}n(n-1)+\frac{7}{8}n+\frac{9}{32}\right]u(n)$$

$$=\frac{1}{32}[-9(-3)^n+8n^2+20n+9]u(n)$$

8-25　写出如图 8-2-6 所示离散系统的差分方程，并求系统函数 $H(z)$ 及单位样值响应 $h(n)$。

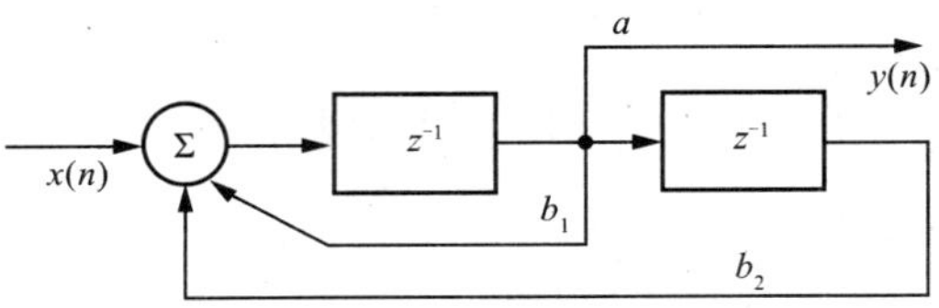

图 8-2-6

解：根据系统框图可知

$$\frac{1}{a}y(n)\cdot b_1+\frac{1}{a}y(n-1)\cdot b_2+x(n)=\frac{1}{a}y(n+1)$$

整理有

$$y(n)=b_1y(n-1)+b_2y(n-2)+ax(n-1)$$

两边取 z 变换，有

$$Y(z)=b_1z^{-1}Y(z)+b_2z^{-2}Y(z)+az^{-1}X(z)$$

所以系统函数为

$$H(z)=\frac{Y(z)}{X(z)}=\frac{az^{-1}}{1-b_1z^{-1}-b_2z^{-2}}=\frac{az}{z^2-b_1z-b_2}$$

进行部分分式展开，有

$$H(z)=\frac{az}{\left(z-\frac{b_1}{2}\right)^2-\left(b_2+\frac{b_1^2}{4}\right)}=\frac{az}{\left(z-\frac{b_1}{2}\right)^2-\left(\frac{\sqrt{b_1^2+4b_2}}{2}\right)^2}$$

$$=\frac{a}{\sqrt{b_1^2+4b_2}}\left[\frac{z}{z-\frac{b_1+\sqrt{b_1^2+4b_2}}{2}}-\frac{z}{z-\frac{b_1-\sqrt{b_1^2+4b_2}}{2}}\right]$$

取 z 反变换，则单位样值响应应为

$$h(n)=\mathscr{Z}^{-1}[H(z)]=\frac{a}{\sqrt{b_1^2+4b_2}}\left[\left(\frac{b_1+\sqrt{b_1^2+4b_2}}{2}\right)^n-\left(\frac{b_1-\sqrt{b_1^2+4b_2}}{2}\right)^n\right]u(n)$$

8-26　由下列差分方程画出离散系统的结构图，并求系统函数 $H(z)$ 及单位样值响应 $h(n)$。

(1) $3y(n)-6y(n-1)=x(n)$

(2) $y(n)=x(n)-5x(n-1)+8x(n-3)$

(3) $y(n)-\frac{1}{2}y(n-1)=x(n)$

(4)$y(n)-3y(n-1)+3y(n-2)-y(n-3)=x(n)$

(5)$y(n)-5y(n-1)+6y(n-2)=x(n)-3x(n-2)$

解：(1)系统结构图如图 8－2－7(a)所示。

对差分方程两边进行 z 变换，有

$$3Y(z)-6z^{-1}Y(z)=X(z)$$

整理可得系统函数为

$$H(z)=\frac{Y(z)}{X(z)}=\frac{1}{3-6z^{-1}}=\frac{1}{3}\cdot\frac{z}{z-2}$$

取逆变换，得单位样值响应为

$$h(n)=\mathscr{Z}^{1}[H(z)]=\frac{1}{3}\cdot 2^{n}u(n)$$

(2)系统结构图如图 8－2－7(b)所示。

对差分方程两边进行 z 变换，有

$$Y(z)=X(z)(1-5z^{-1}+8z^{-3})$$

整理可得系统函数为

$$H(z)=\frac{Y(z)}{X(z)}=1-5z^{-1}+8z^{-3}$$

取逆变换，得单位样值响应为

$$h(n)=\mathscr{Z}^{1}[H(z)]=\delta(n)-5\delta(n-1)+8\delta(n-3)$$

(3)系统结构图如图 8－2－7(c)所示。

对差分方程两边进行 z 变换，有

$$Y(z)-\frac{1}{2}z^{-1}Y(z)=X(z)$$

整理可得系统函数为

$$H(z)=\frac{Y(z)}{X(z)}=\frac{1}{1-\frac{1}{2}z^{-1}}=\frac{z}{z-\frac{1}{2}}$$

取逆变换，得单位样值响应为

$$h(n)=\mathscr{Z}^{1}[H(z)]=\left(\frac{1}{2}\right)^{n}u(n)$$

(4)系统结构图如图 8－2－7(d)所示。

对差分方程两边进行 z 变换，有

$$Y(z)(1-3z^{-1}+3z^{-2}-z^{-3})=X(z)$$

整理可得系统函数为

$$H(z)=\frac{Y(z)}{X(z)}=\frac{1}{1-3z^{-1}+3z^{-2}-z^{-3}}=\frac{z^{3}}{(z-1)^{3}}$$

取逆变换，得单位样值响应为

$$h(n)=\frac{1}{2}(n+1)(n+2)u(n)$$

(5)系统结构图如图 8－2－7(e)所示。

对差分方程两边进行 z 变换，有

$$Y(z)(1-5z^{-1}+6z^{-2})=X(z)(1-3z^{-2})$$

整理可得系统函数为

$$H(z) = \frac{Y(z)}{X(z)} = \frac{z^2 - 3}{z^2 - 5z + 6}$$

所以

$$\frac{H(z)}{z} = \frac{z^2 - 3}{z(z-2)(z-3)} = -\frac{1}{2z} - \frac{1}{2} \cdot \frac{1}{z-2} + \frac{2}{z-3}$$

即 $H(z) = -\frac{1}{2} - \frac{1}{2} \cdot \frac{z}{z-2} + \frac{2z}{z-3}$。

取逆变换，得单位样值响应为

$$h(n) = \mathscr{Z}^{-1}[H(z)] = -\frac{1}{2}\delta(n) - \frac{1}{2} \cdot 2^n u(n) + 2 \cdot 3^n u(n)$$

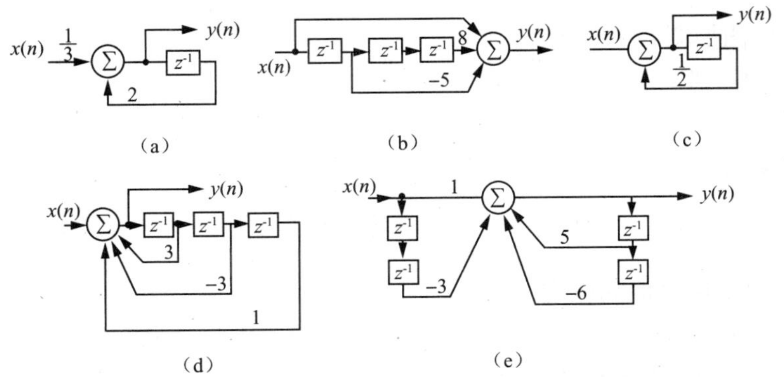

图 8-2-7

8-27　求下列系统函数在 $10 < |z| \leqslant \infty$ 及 $0.5 < |z| < 10$ 两种收敛域情况下系统的单位样值响应，并说明系统的稳定性与因果性。

$$\boldsymbol{H(z) = \frac{9.5z}{(z-0.5)(10-z)}}$$

解： $H(z) = \frac{9.5z}{(z-0.5)(10-z)} = \frac{z}{z-0.5} - \frac{z}{z-10}$

(1) 当收敛域 $10 < |z| \leqslant \infty$，单位样值响应为

$$h(n) = \mathscr{Z}^{-1}[H(z)] = (0.5^n - 10^n)u(n)$$

因为收敛域在两极点外侧，且含有 $z = \infty$ 点，所以系统为因果系统。由于收敛域不包含单位圆，所以系统不稳定。

(2) 当 $0.5 < |z| < 10$，单位样值响应为

$$h(n) = 0.5^n u(n) + 10^n u(-n-1)$$

因为收敛域是两极点之间的环形区域，不含 $z = \infty$ 点，所以系统不是因果系统。由于收敛域包含单位圆，所以系统稳定。

8-28　在语音信号处理技术中，一种描述声道模型的系统函数具有如下形式

$$\boldsymbol{H(z)} = \frac{1}{1 - \sum_{i=1}^{P} a_i z^{-i}}$$

若取 $P=8$，试画出此声道模型的结构图。

解： 当 $P=8$ 时，

$$H(z)=\frac{1}{1-\sum_{i=1}^{8}a_iz^{-i}}$$

该声道模型的差分方程为

$$y(n)=x(n)+a_1y(n-1)+a_2y(n-2)+a_3y(n-3)+a_4y(n-4)$$
$$+a_5y(n-5)+a_6y(n-6)+a_7y(n-7)+a_8y(n-8)$$

该声道模型结构图如图 8 -2 -8 所示。

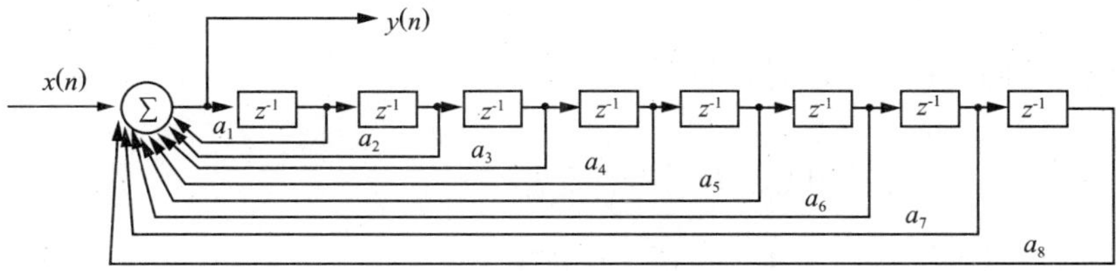

图 8 -2 -3

8 -29　对于下列差分方程所表示的离散系统

$$\boldsymbol{y(n)+y(n-1)=x(n)}$$

(1)求系统函数 $H(z)$ 及单位样值响应 $h(n)$，并说明系统的稳定性。

(2)若系统起始状态为零，如果 $x(n)=10u(n)$，求系统的响应。

解：(1)对差分方程两边取 z 变换，有

$$Y(z)(1+z^{-1})=X(z)$$

得系统函数：$H(z)=\dfrac{Y(z)}{X(z)}=\dfrac{z}{z+1}$。

故单位样值响应为：$h(n)=\mathscr{Z}^{-1}[H(z)]=(-1)^nu(n)$。

可知该系统是因果的，又由于 $H(z)$ 只有一个一阶极点 $z=-1$，在单位圆上，所以系统是临界稳定的。

(2)若系统起始状态为0，响应为零状态响应。

当 $x(n)=10u(n)$时，有

$$Y_{zs}(z)=X(z)\cdot H(z)=\frac{10z}{z-1}\cdot\frac{z}{z+1}=\frac{5z}{z-1}+\frac{5z}{z+1}$$

反变换，可得：$y(n)=\mathscr{Z}^{-1}[Y_{zs}(z)]=5[1+(-1)^n]u(n)$。

8 -30　对于图 8 -2 -9 所示的一阶离散系统($0<a<1$)，求该系统在单位阶跃序列 $u(n)$ 或复指数序列 $e^{jn\omega}u(n)$ 激励下的响应、瞬态响应及稳态响应。

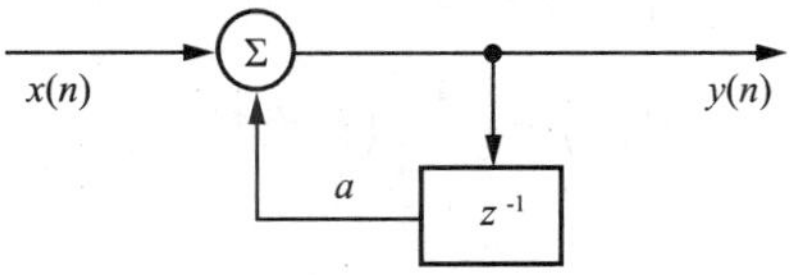

图 8 -2 -9

解：由图 8 -2 -9 可得差分方程：$y(n)-ay(n-1)=x(n)$

两侧进行 z 变换得：$Y(z)-az^{-1}Y(z)=X(z)$

故系统函数为：$H(z)=\dfrac{Y(z)}{X(z)}=\dfrac{1}{1-az^{-1}}=\dfrac{z}{z-a}$。

(1) 当激励 $x(n)=u(n)$ 时，有 $X(z)=\frac{z}{z-1}\quad(|z|>1)$，故

$$Y(z)=X(z)H(z)=\frac{z}{z-a}\cdot\frac{z}{z-1}=\frac{1}{a-1}\left(\frac{az}{z-a}-\frac{z}{z-1}\right)\quad(|z|>1)$$

反变换得：$y(n)=\mathscr{Z}^{-1}[Y(z)]=\frac{1}{a-1}(a^{n+1}-1)u(n)$。

其中，瞬态响应：$\frac{1}{a-1}a^{n+1}u(n)$；稳态响应：$-\frac{1}{a-1}u(n)$。

(2) 当激励 $x(n)=e^{jn\omega}u(n)$ 时，有 $X(z)=\frac{z}{z-e^{j\omega}}$，故

$$Y(z)=X(z)H(z)=\frac{z}{z-e^{j\omega}}\cdot\frac{z}{z-a}$$

$$=\frac{1}{a-e^{j\omega}}\left(\frac{az}{z-a}-\frac{e^{j\omega}z}{z-e^{j\omega}}\right)$$

反变换：$y(n)=\mathscr{Z}^{-1}[Y(z)]=\frac{a}{a-e^{j\omega}}a^{n}u(n)-\frac{e^{j\omega}}{a-e^{j\omega}}e^{jn\omega}u(n)$。

其中，瞬态响应：$\frac{a}{a-e^{j\omega}}a^{n}u(n)$；稳态响应：$-\frac{e^{j\omega}}{a-e^{j\omega}}e^{jn\omega}u(n)$。

8-31　用计算机对测量的随机数据 $x(n)$ 进行平均处理，当收到一个测量数据后，计算机就把这一次输入数据与前三次输入数据进行平均。试求这一运算过程的频率响应。

解： 由题意可列出差分方程为

$$y(n)=\frac{x(n)+x(n-1)+x(n-2)+x(n-3)}{4}=\frac{1}{4}\sum_{i=0}^{3}x(n-i)$$

两边取 z 变换，有

$$Y(z)=\frac{1}{4}[X(z)+z^{-1}X(z)+z^{-2}X(z)+z^{-3}X(z)]$$

则系统函数为

$$H(z)=\frac{Y(z)}{X(z)}=\frac{1}{4}(1+z^{-1}+z^{-2}+z^{-3})$$

令 $z=e^{j\omega}$，得系统频率响应为

$$H(e^{j\omega})=\frac{1}{4}(1+e^{-j\omega}+e^{-2j\omega}+e^{-3j\omega})$$

$$=e^{-\frac{3}{2}j\omega}\cos\omega\cdot\cos\left(\frac{\omega}{2}\right)$$

8-32　已知系统函数

$$H(z)=\frac{z}{z-k}(k\text{ 为常数})$$

(1) 写出对应的差分方程；

(2) 画出该系统的结构图；

(3) 求系统的频率响应，并画出 $k=0，0.5，1$ 三种情况下系统的幅度响应和相位响应。

解： (1) 根据题意可得

$$H(z)=\frac{Y(z)}{X(z)}=\frac{z}{z-k}=\frac{1}{1-kz^{-1}}$$

则 $Y(z)-kz^{-1}Y(z)=X(z)$。

两边取逆 z 变换，可得：$y(n)-ky(n-1)=x(n)$。

(2)系统结构图如图 8－2－10(a)所示。

(3)令 $z=e^{j\omega}$，则系统的频率响应为

$$H(e^{j\omega})=\frac{e^{j\omega}}{e^{j\omega}-k}=\frac{1}{1-ke^{-j\omega}}$$

$$=\frac{1}{(1-k\cos\omega)+jk\sin\omega}$$

故其幅度响应：$|H(e^{j\omega})|=\dfrac{1}{\sqrt{1+k^2-2k\cos\omega}}$

相位响应：$\varphi(\omega)=-\arctan\dfrac{k\sin\omega}{1-k\cos\omega}$

①当 $k=0$ 时，$|H(e^{j\omega})|=1$，$\varphi(\omega)=0$；

②当 $k=0.5$ 时，$|H(e^{j\omega})|=\dfrac{1}{\sqrt{1.25-\cos\omega}}$，$\varphi(\omega)=-\arctan\left(\dfrac{\sin\omega}{2-\cos\omega}\right)$；

③当 $k=1$ 时，$|H(e^{j\omega})|=\dfrac{1}{2\left|\sin\dfrac{\omega}{2}\right|}$，$\varphi(\omega)=-\arctan\dfrac{\sin\omega}{1-\cos\omega}=\dfrac{\omega}{2}-\dfrac{\pi}{2}$。

幅频、相频响应如图 8－2－10(b)、(c)、(d)所示。

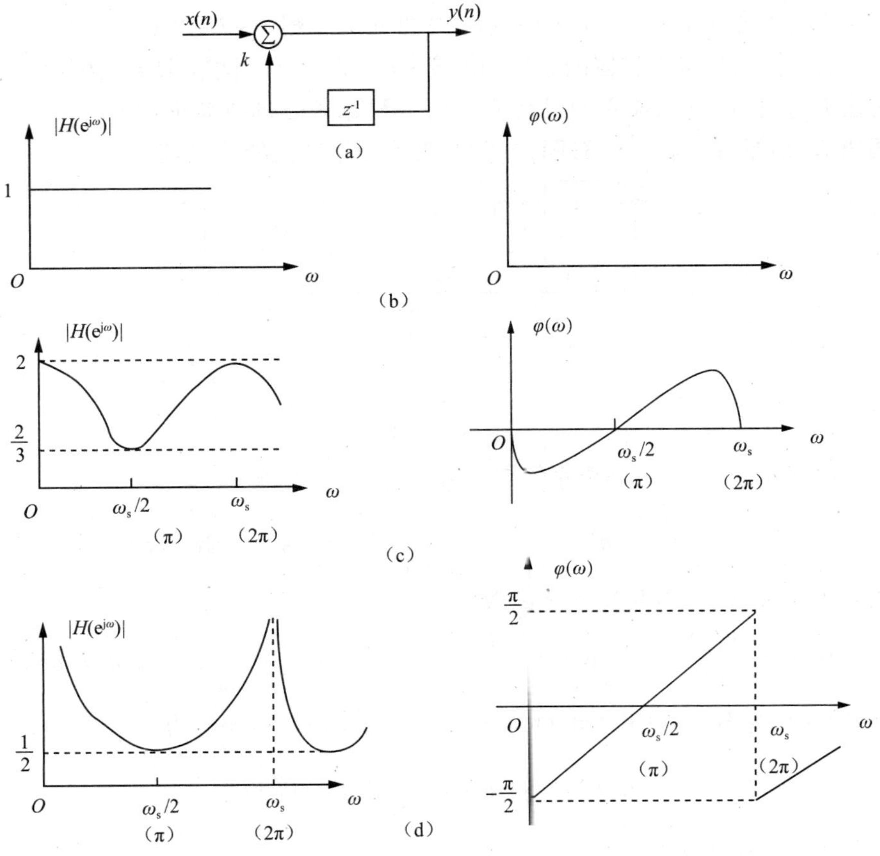

图 8－2－10

8－33　利用 z 平面零极点矢量作图方法大致画出下列系统函数所对应的系统幅度响应。

(1) $H(z)=\dfrac{1}{z-0.5}$　**(2)** $H(z)=\dfrac{z}{z-0.5}$　**(3)** $H(z)=\dfrac{z+0.5}{z}$

解：(1)零极点分布如图 8－2－11(a)所示，幅度响应如图 8－2－11(b)所示。

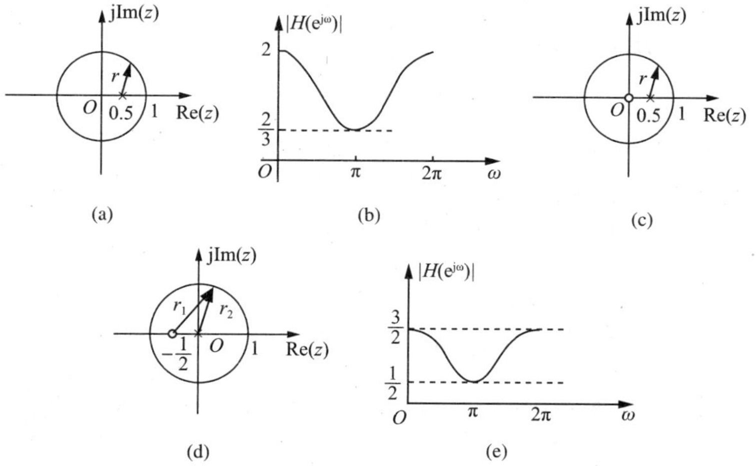

图 8－2－11

(2)零极点分布如图 8－2－11(c)所示，图(c)与图(a)基本相同，只是多了一个原点处的零点，此零点不影响幅度响应，所以此系统的幅度响应同题(1)。

(3)零极点分布如图 8－2－11(d)所示，幅度响应如图 8－2－11(e)所示。

8－34　已知横向数字滤波器的结构如图 8－2－12 所示。试以 $M=8$ 为例

(1)写出差分方程；(2)求系统函数 $H(z)$；(3)求单位样值响应 $h(n)$；

(4)画出 $H(z)$ 的零、极点分布图；(5)粗略画出系统的幅度响应。

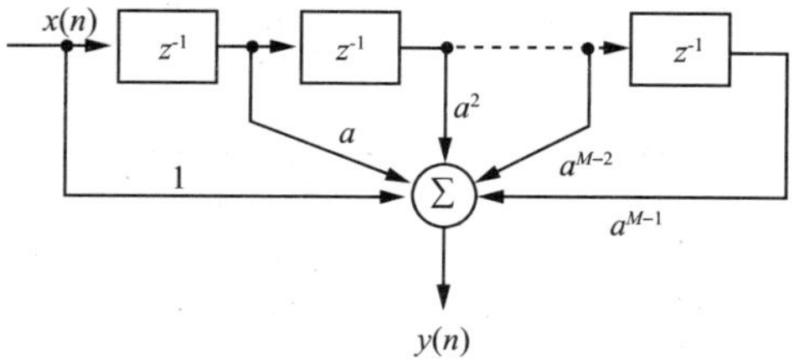

图 8－2－12

解：(1)由图 8－2－12 可列出系统差分方程为

$$y(n)=\sum_{k=0}^{M-1}a^k x(n-k)=\sum_{k=0}^{7}a^k x(n-k)\quad (M=8)$$

(2)对上式两边取 z 变换可得系统函数为

$$H(z)=\frac{Y(z)}{X(z)}=\sum_{k=0}^{M-1}a^k z^{-k}=\frac{1-(az^{-1})^M}{1-az^{-1}}=\frac{1-(az^{-1})^8}{1-az^{-1}}\quad (M=8)$$

(3)令(1)中的差分方程中的 $x(n)=\delta(n)$，可得单位样值响应为

$$h(n)=y(n)=\sum_{k=0}^{7}a^k\delta(n-k)$$

(4)极点 $p_{1-7}=0$，$p_8=a$

令 $z^8-a^8=0$，可得零点 $z_k=|a|\mathrm{e}^{\mathrm{j}\frac{2k\pi}{8}}(k=0,1,\cdots,7)$。

零、极点分布图如图 8－2－13(a)所示。

(5)因为 $H(z)=\dfrac{1-a^8z^{-8}}{1-az^{-1}}=(1+a^4z^{-4})(1+a^2z^{-2})(1+az^{-1})$

令 $z=\mathrm{e}^{\mathrm{j}\omega}$，则频率响应为

$$H(\mathrm{e}^{\mathrm{j}\omega})=(1+a^4\mathrm{e}^{-\mathrm{j}4\omega})+(1+a^2\mathrm{e}^{-\mathrm{j}2\omega})(1+a\mathrm{e}^{-\mathrm{j}\omega})$$

幅度响应 $|H(\mathrm{e}^{\mathrm{j}\omega})|$ 图如图 8－2－13(b)所示。

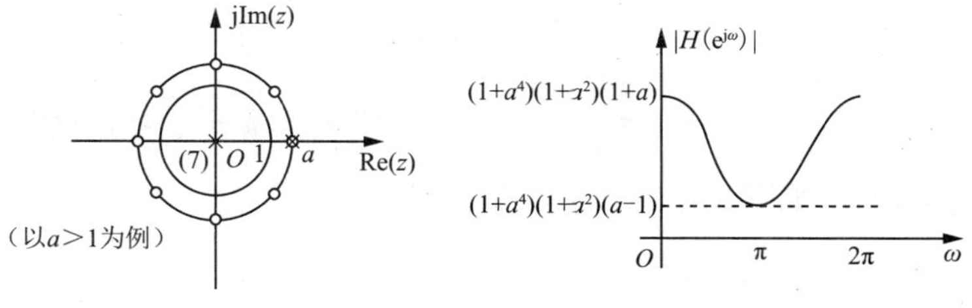

(a)　　(b)

图 8－2－13

8－35　求图 8－2－14 所示系统的差分方程、系统函数及单位样值响应。并大致画出系统函数 $H(z)$ 的零、极点分布图及系统的幅度响应。

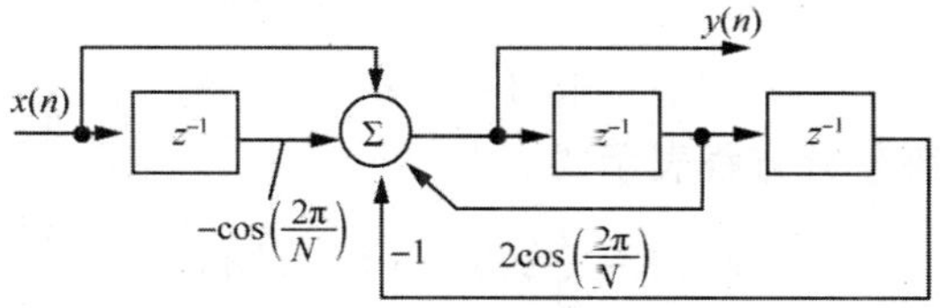

图 8－2－14

解： 根据系统框图可写出差分方程为

$$y(n)=x(n)-\cos\left(\frac{2\pi}{N}\right)x(n-1)+2\cos\left(\frac{2\pi}{N}\right)y(n-1)-y(n-2)$$

即 $y(n)-2\cos\left(\dfrac{2\pi}{N}\right)y(n-1)+y(n-2)=x(n)-\cos\left(\dfrac{2\pi}{N}\right)x(n-1)$。

取 z 变换，有

$$\left[1-2\cos\left(\frac{2\pi}{N}\right)z^{-1}+z^{-2}\right]Y(z)=\left[1-\cos\left(\frac{2\pi}{N}\right)z^{-1}\right]X(z)$$

整理得系统函数为

$$H(z)=\frac{Y(z)}{X(z)}=\frac{1-\cos\left(\frac{2\pi}{N}\right)z^{-1}}{1-2\cos\left(\frac{2\pi}{N}\right)z^{-1}+z^{-2}}=\frac{z\left[z-\cos\left(\frac{2\pi}{N}\right)\right]}{z^2-2\cos\left(\frac{2\pi}{N}\right)z+1}$$

单位样值响应

$$h(n)=\mathscr{Z}^{-1}[H(z)]=\cos\left(\frac{2\pi}{N}n\right)u(n)$$

将系统函数变换为

$$H(z)=\frac{1-\cos\left(\frac{2\pi}{N}\right)z^{-1}}{(1-\mathrm{e}^{\mathrm{j}\frac{2\pi}{N}}\cdot z^{-1})(1-\mathrm{e}^{-\mathrm{j}\frac{2\pi}{N}}\cdot z^{-1})}$$

由此可得系统零点 $z_1=0$，$z_2=\cos\left(\frac{2\pi}{N}\right)$，极点 $p_{1,2}=\cos\left(\frac{2\pi}{N}\right)\pm \mathrm{j}\sin\left(\frac{2\pi}{N}\right)$，故 $H(z)$ 的零、极点分布图如图 8－2－15(a)所示。

系统频率响应

$$H(\mathrm{e}^{\mathrm{j}\omega})=\frac{1-\cos\left(\frac{2\pi}{N}\right)\mathrm{e}^{-\mathrm{j}\omega}}{1-2\cos\left(\frac{2\pi}{N}\right)\mathrm{e}^{-\mathrm{j}\omega}+\mathrm{e}^{-\mathrm{j}2\omega}}$$

当 $\omega=0$ 和 $\omega=\pi$ 时，$|H(\mathrm{e}^{\mathrm{j}\omega})|=\frac{1}{2}$；当 $\omega=\frac{2\pi}{N}$ 和 $\omega=2\pi-\frac{2\pi}{N}$ 时，$|H(\mathrm{e}^{\mathrm{j}\omega})|\to\infty$。

大致画出其幅度响应如图 8－2－15(b)所示。

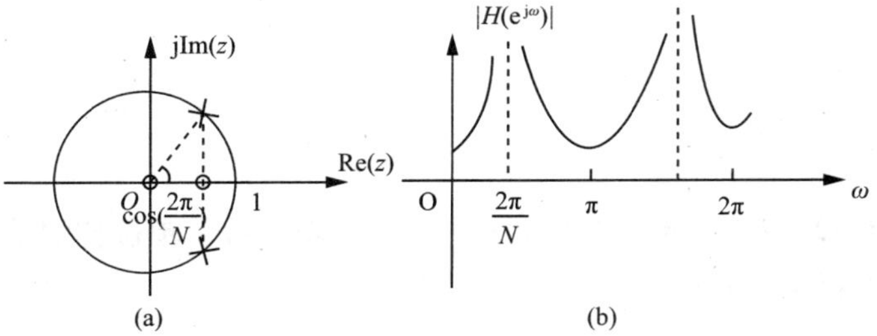

图 8－2－15

8－36　已知离散系统差分方程表示式

$$\boldsymbol{y(n)-\frac{1}{3}y(n-1)=x(n)}$$

(1)求系统函数和单位样值响应；

(2)若系统的零状态响应为 $y(n)=3\left[\left(\frac{1}{2}\right)^n-\left(\frac{1}{3}\right)^n\right]u(n)$，求激励信号 $x(n)$；

(3)画系统函数的零、极点分布图；

(4)粗略画出幅频响应特性曲线；

(5)画系统的结构框图。

解：(1)差分方程：$y(n)-\frac{1}{3}y(n-1)=x(n)$

两边取 z 变换，有

$$Y(z)-\frac{1}{3}z^{-1}Y(z)=X(z)$$

故系统函数为：$H(z)=\frac{Y(z)}{X(z)}=\frac{1}{1-\frac{1}{3}z^{-1}}=\frac{z}{z-\frac{1}{3}}\qquad\left(|z|>\frac{1}{3}\right)$

单位样值响应：$h(n)=\mathscr{Z}^{-1}[H(z)]=\left(\frac{1}{3}\right)^n u(n)$。

(2)已知零状态响应：$y(n)=3\left[\left(\frac{1}{2}\right)^n-\left(\frac{1}{3}\right)^n\right]u(n)$，则其 z 变换为

$$Y(z)=\frac{3z}{z-\frac{1}{2}}-\frac{3z}{z-\frac{1}{3}}=\frac{\frac{1}{2}z}{\left(z-\frac{1}{2}\right)\left(z-\frac{1}{3}\right)}\ \left(|z|>\frac{1}{2}\right)$$

所以 $X(z)=\dfrac{Y(z)}{H(z)}=\dfrac{\dfrac{1}{2}}{z-\dfrac{1}{2}}\quad\left(|z|>\dfrac{1}{2}\right)$

则激励：$x(n)=\mathscr{Z}^{-1}[X(z)]=\left(\dfrac{1}{2}\right)^{n}u(n-1)$。

(3)因 $H(z)=\dfrac{z}{z-\dfrac{1}{3}}$，有一个零点 0，一个一阶极点 1/3，故零、极点分布图如图 8－2－16(a)所示。

(4)系统频率响应

$$H(e^{j\omega})=\frac{e^{j\alpha}}{e^{j\omega}-\dfrac{1}{3}}$$

当 $\omega=0$ 时，$|H(e^{j\omega})|=\dfrac{3}{2}$；当 $\omega=\pi$ 时，$|H(e^{j\omega})|=\dfrac{3}{4}$。

大致画出其幅频响应如图 8－2－16(b)所示。

(5)系统结构框图如图 8－2－16(c)所示。

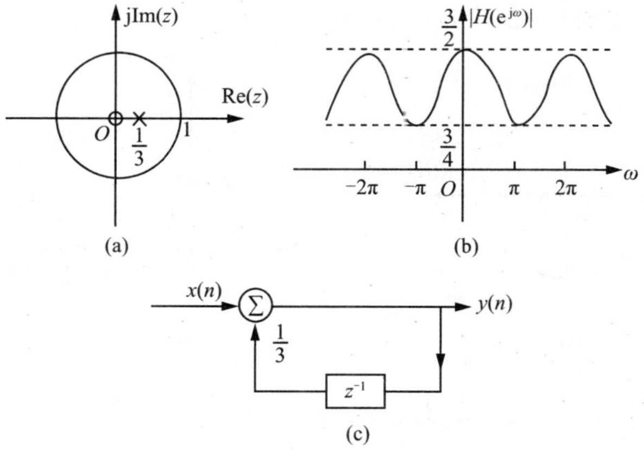

图 8－2－16

8－37　已知离散系统差分方程表示式

$$y(n)-\frac{3}{4}y(n-1)+\frac{1}{8}y(n-2)=x(n)+\frac{1}{3}x(n-1)$$

(1)求系统函数和单位样值响应；(2)画系统函数的零、极点分布图；
(3)粗略画出幅频响应特性曲线；(4)画系统的结构框图。

解： (1)差分方程两边取 z 变换，整理可得系统函数

$$H(z)=\frac{Y(z)}{X(z)}=\frac{1+\dfrac{1}{3}z^{-1}}{1-\dfrac{3}{4}z^{-1}+\dfrac{1}{8}z^{-2}}=\frac{z\left(z+\dfrac{1}{3}\right)}{z^{2}-\dfrac{3}{4}z+\dfrac{1}{8}}$$

$$=\frac{10}{3}\left(\frac{z}{z-\dfrac{1}{2}}\right)-\frac{7}{3}\left(\frac{z}{z-\dfrac{1}{4}}\right)\qquad\left(|z|>\frac{1}{2}\right)$$

单位样值响应

$$h(n)=\mathscr{Z}^{-1}[H(z)]=\left[\frac{10}{3}\left(\frac{1}{2}\right)^n-\frac{7}{3}\left(\frac{1}{4}\right)^n\right]u(n)$$

(2) $H(z)$有两个一阶零点 $z_1=0$，$z_2=-\frac{1}{3}$，两个一阶极点 $p_1=\frac{1}{2}$，$p_2=\frac{1}{4}$，其零极点分布图如图 8－2－17(a)。

(3)系统的频率响应为

$$H(e^{j\omega})=\frac{e^{j\omega}\left(e^{j\omega}+\frac{1}{3}\right)}{\left(e^{j\omega}-\frac{1}{2}\right)\left(e^{j\omega}-\frac{1}{4}\right)}$$

幅度特性

$$|H(e^{j\omega})|=\frac{\left|e^{j\omega}+\frac{1}{3}\right|}{\left|e^{j\omega}-\frac{1}{2}\right|\left|e^{j\omega}-\frac{1}{4}\right|}$$

当 $\omega=0$、2π 时，$|H(e^{j\omega})|=\frac{32}{9}$；当 $\omega=\pi$ 时，$|H(e^{j\omega})|=\frac{16}{45}$。

大致画出其幅频响应如图 8－2－17(b)所示。

(4)系统结构框图如图 8－2－17(c)所示。

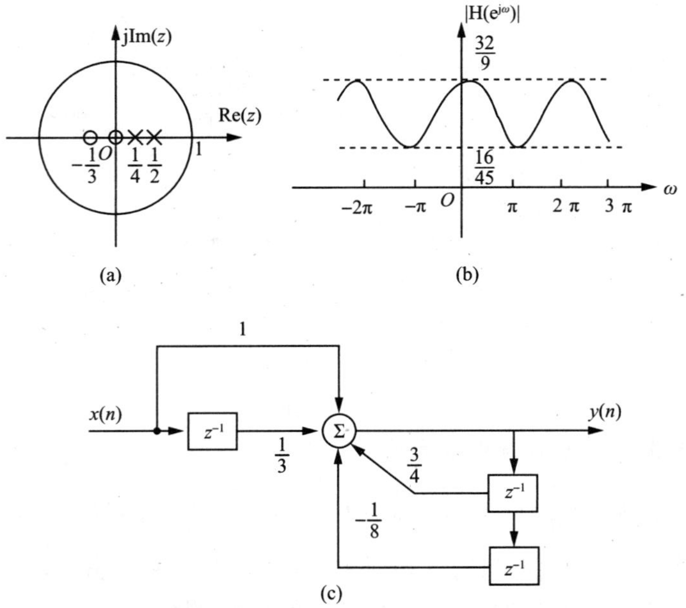

图 8－2－17

8－38　已知系统函数

$$H(z)=\frac{z^2-(2a\cos\omega_0)z+a^2}{z^2-(2a^{-1}\cos\omega_0)z+a^{-2}},\ (a>1)$$

(1)画出 $H(z)$ 在 z 平面的零、极点分布图；

(2)借助 $s\sim z$ 平面的映射规律，利用 $H(s)$ 的零、极点分布特性说明此系统具有全通特性。

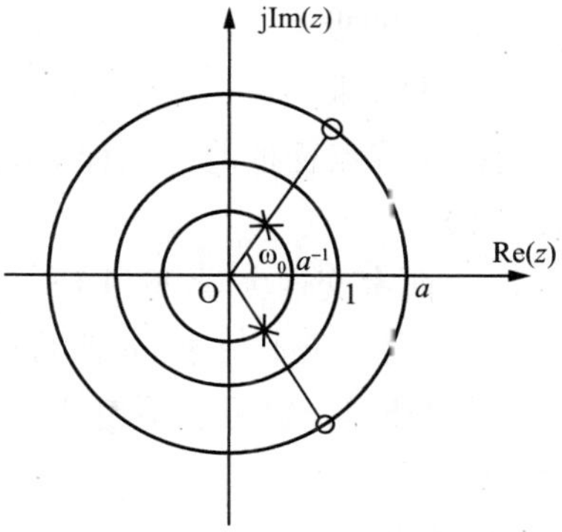

图 8－2－18

解：(1)将 $H(z)$ 变换为 $H(z)=\frac{(z-ae^{j\omega_0})(z-ae^{-j\omega_0})}{(z-a^{-1}e^{j\omega_0})(z-a^{-1}e^{-j\omega_0})}$，系统有两个一阶复零点：$z_1=ae^{j\omega_0}$，$z_2=ae^{-j\omega_0}$，两个一阶复极点：$p_1=a^{-1}e^{j\omega_0}$，$p_2=a^{-1}e^{-j\omega_0}$，零极点分布图如图 8－2－18 所示。

(2)$s-z$ 平面的映射关系为 $z=e^{sT}$ 或 $s=\frac{1}{T}\ln z$。

令 $T=1$，z 平面上的零、极点在 s 平面上分别为：

零点 $s_{z1}=\ln a+j\omega_0$，$s_{z2}=\ln a-j\omega_0$；

极点 $s_{p1}=-\ln a+j\omega_0$，$s_{p2}=-\ln a-j\omega_0$。

由于 s 平面上零极点关于虚轴镜像对称，所以系统全通。

8.3 名校考研真题详解

一、选择题

1．序列 $x(n)=\begin{cases}2^n, & n\leqslant 0，且 n\ even\\ 0, & n\ odd\end{cases}$ 的傅里叶变换为(　　)。[华中科技大学 2012 研]

A. $\frac{1}{1-2e^{j\omega/2}}$　　B. $\frac{1}{1-0.5e^{j2\omega}}$　　C. $\frac{1}{1-0.5e^{-j2\omega}}$　　D. $\frac{1}{1-0.25e^{j2\omega}}$

【答案】D

【解析】根据 DTFT 定义有

$$\sum_{n=-\infty}^{+\infty}x(n)e^{-j\omega n}=\sum_{k=-\infty}^{0}2^{2k}e^{-j2\omega k}=\sum_{k=-\infty}^{0}(4e^{-j2\omega})^k=\sum_{k=0}^{\infty}\left(\frac{1}{4}e^{j2\omega}\right)^k=\frac{1}{1-0.25e^{j2\omega}}$$

2．z 变换具有移位性质。当序列发生移位时，其 z 变换收敛域的变化规律是(　　)。[武汉科技大学 2017 研]

A．序列左移收敛域扩大，右移收敛域缩小

B．序列右移收敛域扩大，左移收敛域缩小

C．无论左移右移收敛域均不变

D．视序列的具体情况而定

【答案】D

【解析】根据 z 变换的时移特性可知

$$x(n-n_0)\stackrel{z}{\longleftrightarrow}z^{-n_0}X(z)$$

当 $n_0>0$ 时，可能会引入一个 $z=0$ 的极点，因此收敛域会除掉原点；而当 $n_0<0$ 时，可能会引入一个 $z=0$ 的零点，因此收敛域会除掉 $z=\infty$；而也有可能无论 n_0 为正或负，都不会引入零极点，因为可能与对应的极点零点相抵消，这种情况的收敛域不会发生改变。因此 z 变换的收敛域视序列的具体情况而定。

3．以下说法错误的是(　　)。[西南交通大学 2014 研]

A．右边信号的收敛域位于 S 平面内一条平行于 $j\omega$ 轴的直线的右边

B．右边序列的收敛域是某个圆的外部，但可能不包括 $|z|=\infty$

C．时限信号的收敛域是整个 S 平面

D．有限长序列的收敛域是整个 Z 平面

【答案】D

【解析】有限长序列的收敛域是除 0 及 ∞ 两个点以外的整个 Z 平面：$0<|z|<\infty$。

4．设有一离散系统。系统函数为 $H(z)=\dfrac{z}{z-3(k-1)}$，则使得该系统稳定的取值范围为(　　)。[武汉大学 2015 研]

A．$\dfrac{2}{3}<k<\dfrac{4}{3}$　　B．$k<\dfrac{4}{3}$　　C．$k>\dfrac{2}{3}$　　D．$-\infty<k<+\infty$

【答案】A

【解析】若系统是稳定的，则其收敛域必定包含单位圆，而 $H(z)$ 的收敛域为 $|z|>3(k-1)$，故应满足条件

$$|3(k-1)|<1\Rightarrow\frac{2}{3}<k<\frac{4}{3}$$

5．对于因果离散 LTI 系统 $H(z)=\dfrac{z-10/3}{z-0.3}$，下面说法不对的是(　　)。[华中科技大学 2012 研]

A．这是一个一阶系统　　B．这是一个最小相位系统

C．这是一个稳定系统　　D．这是一个全通系统

【答案】B

【解析】A 项，系统只有 $z=0.3$ 一个一阶极点，因此系统是一阶系统；B 项，最小相位系统的零极点全部位于单位圆内，显然该系统不是最小相位系统；C 项，因为该系统是因果系统，所以收敛域为 $|z|>0.3$，包含单位圆，故系统稳定；D 项，全通系统的零极点对都是在 z 平面复共轭的，而该系统满足这一条件。

二、填空题

1．离散系统的输入信号 $x(n)$ 和输出信号 $y(n)$ 的关系表示为 $y(n)=\sum\limits_{k=-\infty}^{n}x(k)$，则该系统的单位样植响应为 $h(n)=$______。[北京邮电大学 2016 研]

【答案】$u(n)$

【解析】由 z 变换的部分和性质 $\sum\limits_{k=-\infty}^{n}x(k)\overset{z}{\longleftrightarrow}\dfrac{z}{z-1}X(z)$ 可知，对离散系统

$$y(n)=\sum_{k=-\infty}^{n}x(k)\overset{z}{\longleftrightarrow}Y(z)=\frac{z}{z-1}X(z)$$

则系统函数 $H(z)=\dfrac{Y(z)}{X(z)}=\dfrac{z}{z-1}$，即 $h(n)=u(n)$。

2. 信号 $x(n)=n2^{n-1}u(n)$的 z 变换等于______。[北京邮电大学 2016 研]

【答案】$\dfrac{z}{(z-2)^2}$，$|z|>2$

【解析】由于

$$n2^{n-1}u(n)=\frac{1}{2}n2^nu(n),\ 2^nu(n)\stackrel{z}{\longleftrightarrow}\frac{z}{z-2}$$

根据 z 域微分性质即可得

$$n2^nu(n)\stackrel{z}{\longleftrightarrow}-z\frac{\mathrm{d}[\frac{z}{z-2}]}{\mathrm{d}z}=\frac{2z}{(z-2)^2},\ |z|>2$$

3. 已知 $F(z)=\dfrac{z}{z-a}$，$|z|>a$，$(a>0)$，则$f(0)$为______。[武汉大学 2015 研]

【答案】1

【解析】由初值定理可知

$$f(0)=\lim_{z\to\infty}F(z)=\lim_{z\to\infty}\frac{z}{z-a}=1$$

4. 若离散序列 $x(n)$的频谱为 $X(\mathrm{e}^{\mathrm{j}\Omega})$，则 $x(n)\cos(0.5\pi n)$的频谱为______。[北京交通大学 2015 研]

【答案】$\dfrac{1}{2}X(\mathrm{e}^{\mathrm{j}(\Omega-\frac{\pi}{2})})+\dfrac{1}{2}X(\mathrm{e}^{\mathrm{j}(\Omega+\frac{\pi}{2})})$

【解析】根据欧拉公式有

$$x(n)\cos\frac{\pi n}{2}=\frac{1}{2}\mathrm{e}^{\mathrm{j}\frac{\pi}{2}n}x(n)-\frac{1}{2}\mathrm{e}^{-\mathrm{j}\frac{\pi}{2}n}x(n)$$

再根据 DTFT 的频移特性可知

$$x(n)\cos\frac{\pi n}{2}\stackrel{\mathrm{DTFT}}{\longleftrightarrow}\frac{1}{2}X(\mathrm{e}^{\mathrm{j}(\Omega-\frac{\pi}{2})})+\frac{1}{2}X(\mathrm{e}^{\mathrm{j}(\Omega+\frac{\pi}{2})})$$

三、计算题

1. 设 $X(\mathrm{e}^{\mathrm{j}\omega})$ 是 $x(n)$ 的傅里叶变换，试求下列序列的傅里叶变换：

(1)$x^*(n)$；

(2)$x(-n)$；

(3)$nx(n)$；

(4)$x_e(n)$。[武汉科技大学 2017 研]

解：(1)由离散时间傅里叶变换的定义可知

$$\mathrm{DTFT}[x^*(n)]=\sum_{n=-\infty}^{\infty}x^*(n)\mathrm{e}^{-\mathrm{j}\omega n}=\left[\sum_{n=-\infty}^{\infty}x(n)\mathrm{e}^{-\mathrm{j}\omega n}\right]^*=X^*(\mathrm{e}^{-\mathrm{j}\omega})$$

(2)同理由定义知

$$\mathrm{DTFT}[x(-n)]=\sum_{n=-\infty}^{\infty}x(-n)\mathrm{e}^{-\mathrm{j}\omega n}$$

令 $n'=-n$，则

$$\mathrm{DTFT}[x(-n)]=\sum_{n=-\infty}^{\infty}x(n')\mathrm{e}^{\mathrm{j}\omega n'}=X(\mathrm{e}^{-\mathrm{j}\omega})$$

(3)因为 $X(\mathrm{e}^{\mathrm{j}\omega})=\sum_{n=-\infty}^{\infty}x(n)\mathrm{e}^{-\mathrm{j}\omega n}$，上式两边对 ω 求导，得到

$$\frac{\mathrm{d}X(\mathrm{e}^{\mathrm{j}\omega})}{\mathrm{d}\omega}=-\mathrm{j}\sum_{n=-\infty}^{\infty}nx(n)\mathrm{e}^{-\mathrm{j}\omega n}=-\mathrm{j}\mathrm{DTFT}[nx(n)]$$

因此 $\mathrm{DTFT}[nx(n)]=\mathrm{j}\frac{\mathrm{d}X(\mathrm{e}^{\mathrm{j}\omega})}{\mathrm{d}\omega}$。

(4)由序列傅里叶变换的对称性得

$$x_e(n)=\frac{1}{2}[x(n)+x^*(-n)]$$

则

$$x_e(n)\xleftrightarrow{\mathrm{DTFT}}\frac{1}{2}[X(\mathrm{e}^{\mathrm{j}\omega})+X^*(\mathrm{e}^{\mathrm{j}\omega})]=X_R(\mathrm{e}^{\mathrm{j}\omega})$$

2. 一个因果线性时不变系统用如下差分方程来描述

$$\boldsymbol{y(n)-y(n-1)+\frac{1}{4}y(n-2)=x(n)+\frac{1}{4}x(n-1)-\frac{1}{8}x(n-2)}$$

求其逆系统的系统函数，并确定原系统是否存在一个稳定的因果逆系统。[北京邮电大学2016研]

解：对差分方程两边同时进行 z 变换，有

$$Y(z)-z^{-1}Y(z)+\frac{1}{4}z^{-2}Y(z)=X(z)+\frac{1}{4}z^{-1}X(z)-\frac{1}{8}z^{-2}X(z)$$

系统函数 $H(z)$ 为

$$H(z)=\frac{Y(z)}{X(z)}=\frac{1+\frac{1}{4}z^{-1}-\frac{1}{8}z^{-2}}{1-z^{-1}+\frac{1}{4}z^{-2}}$$

逆系统的系统函数 $H_1(z)$ 为

$$H_1(z)=H^{-1}(z)=\frac{X(z)}{Y(z)}=\frac{1-z^{-1}+\frac{1}{4}z^{-2}}{1+\frac{1}{4}z^{-1}-\frac{1}{8}z^{-2}}=\frac{z^2-z+\frac{1}{4}}{z^2+\frac{1}{4}z-\frac{1}{8}}=\frac{\left(z-\frac{1}{2}\right)^2}{\left(z+\frac{1}{2}\right)\left(z-\frac{1}{4}\right)}$$

由于逆系统的系统函数 $H_1(z)$ 的极点 $z_1=-\frac{1}{2}$，$z_2=\frac{1}{4}$，均在单位圆内，则原系统存在一个稳定的因果逆系统。

3. 差分方程 $\boldsymbol{y(n)-0.5y(n-1)=x(n)}$ 描述一个起始松弛的离散时间系统，试求当输入信号 $\boldsymbol{x(n)=1+(-1)^n}$，$\boldsymbol{-\infty<n<\infty}$ 时系统的输出 $\boldsymbol{y(n)}$。[中国科学技术大学2016研]

解：由于系统是起始松弛的，故两边取单边 z 变换有

$$Y(z)-\frac{1}{2}z^{-1}Y(z)=X(z)$$

则系统函数为

$$H(z)=\frac{z}{z-\frac{1}{2}}$$

输入信号 $x(n)=1^n+(-1)^n$，$-\infty<n<\infty$，则

$$y(n)=H(1)\cdot 1^n+H(-1)\cdot(-1)^n=2+\frac{2}{3}(-1)^n$$

4．已知一离散系统差分方程为：

$$\boldsymbol{y(n)-5y(n-1)+6y(n-2)=x(n-1)}$$

试求：

(1)系统函数 $H(z)$；

(2)系统极点，并判断系统稳定性；

(3)系统的单位序列响应 $h(n)$。［武汉大学 2015 研］

解：(1)对该差分方程两边取 z 变换得

$$(1-5z^{-1}+6z^{-2})Y(z)=z^{-1}X(z)$$

则 $H(z)$ 为

$$H(z)=\frac{Y(z)}{X(z)}=\frac{z^{-1}}{1-5z^{-1}+6z^{-2}}=\frac{z}{z^2-5z+6}$$

(2)易知 $H(z)$ 的极点为 $z_1=2$，$z_2=3$，故收敛域为 $|z|>3$，而此收敛域不包含有单位圆，因而该系统是不稳定的。

(3)将 $H(z)$ 部分分式展开得

$$H(z)=\frac{-z}{z-2}+\frac{z}{z-3}$$

则 $h(n)$ 为

$$h(n)=(3^n-2^n)u(n)$$

5．已知 $x(n)=a^nu(n)$，$0<a<1$，分别求：

(1)$nx(n)$ 的 z 变换；

(2)$a^{-n}u(-n)$ 的 z 变换。［武汉大学 2015 研］

解：(1)已知 $a^nu(n)\xleftrightarrow{z}\frac{z}{z-a}$，$|z|>a$，则根据 z 变换的频域微分性质可知

$$nx(n)=na^nu(n)\xleftrightarrow{z}\frac{az}{(z-a)^2},\quad |z|>a$$

(2)已知 $a^{-n}u(-n)=x(-n)$，根据 z 变换的反转特性可知 $x(-n)\xleftrightarrow{z}X\left(\frac{1}{z}\right)$，则

$$x(-n)\xleftrightarrow{z}\frac{\frac{1}{z}}{\frac{1}{z}-a}=\frac{1}{1-az},\quad |z|<a$$

6．已知象函数 $F(z)=\frac{z^2}{(z+1)(z-2)}$，求不同收敛域下的逆 z 变换。其收敛域分别为：

(1)$|z|>2$；

(2)$|z|<1$；

(3)$1<|z|<2$。［武汉大学 2015 研］

解：将象函数 $F(z)$ 部分分式展开为

$$F(z)=\frac{z^2}{(z+1)(z-2)}=\frac{1}{3}\cdot\frac{z}{z+1}+\frac{2}{3}\cdot\frac{z}{z-2}$$

(1)若$|z|>2$，即右边序列，故

$$f(n)=\frac{1}{3}(-1)^n u(n)+\frac{2}{3}\cdot 2^n u(n)=\frac{1}{3}[(-1)^n+2^{n+1}]u(n)$$

(2)若$|z|<1$，即左边序列，故

$$f(n)=-\frac{1}{3}(-1)^n u(-n-1)-\frac{2}{3}\cdot 2^n u(-n-1)=-\frac{1}{3}[(-1)^n+2^{n+1}]u(-n-1)$$

(2)若$1<|z|<2$，即双边序列，故

$$f(n)=\frac{1}{3}(-1)^n u(n)-\frac{2}{3}\cdot 2^n u(-n-1)$$

7. 设一阶系统为$y(n)-\frac{1}{3}y(n-1)=f(n)$，

(1)求单位响应$h(n)$；

(2)若系统的零状态响应为$y(n)=3\left[\left(\frac{1}{2}\right)^n-\left(\frac{1}{3}\right)^n\right]u(n)$，试求输入信号。[武汉大学2015研]

解：(1)对差分方程两边取z变换得

$$Y(z)-\frac{1}{3}\cdot z^{-1}Y(z)=F(z)$$

从而可得$H(z)$为

$$H(z)=\frac{Y(z)}{F(z)}=\frac{z}{z-\frac{1}{3}}$$

则$h(n)$为

$$h(n)=\left(\frac{1}{3}\right)^n u(n)$$

(2)对$y(n)$取z变换有

$$Y(z)=\frac{3z}{z-\frac{1}{2}}-\frac{3z}{z-\frac{1}{3}}=\frac{\frac{1}{2}z}{\left(z-\frac{1}{2}\right)\left(z-\frac{1}{3}\right)}$$

又因为

$$F(z)\cdot H(z)=Y(z)\Rightarrow F(z)=\frac{\frac{1}{2}z}{\left(z-\frac{1}{2}\right)\left(z-\frac{1}{3}\right)}\cdot\frac{z-\frac{1}{3}}{z}=\frac{\frac{1}{2}}{z-\frac{1}{2}}$$

则输入信号$x(n)$为

$$x(n)=\left(\frac{1}{2}\right)^n u(n-1)$$

8. 有一离散线性时不变系统，差分方程为

$$y(n)-0.6y(n-1)-2.8y(n-2)=x(n-1)$$

(1)求该系统的系统函数$H(z)$，并画出零、极点图；

(2)限定系统是因果的，写出$H(z)$的收敛域，并求单位冲激响应$h(n)$；

(3)限定系统是稳定的，写出$H(z)$的收敛域，并求单位冲激响应$h(n)$；

(4)分别画出系统的直接形式、并联形式的模拟框图。［西南交通大学2014研］

解：(1)差分方程两边同时进行 z 变换，有

$$Y(z)-0.6z^{-1}Y(z)-2.8z^{-2}Y(z)=z^{-1}X(z)$$

也即

$$Y(z)(1-0.6z^{-1}-2.8z^{-2})=X(z)\cdot z^{-1}$$

$$H(z)=\frac{Y(z)}{X(z)}=\frac{z^{-1}}{(1-0.6z^{-1}-2.8z^{-2})}=\frac{z}{z^2-0.6z-2.8}=\frac{z}{(z-2)(z+1.4)}$$

极点：$p_1=2$，$p_2=-1.4$，零点：$z_1=0$。其零极点图如图8－3－1所示。

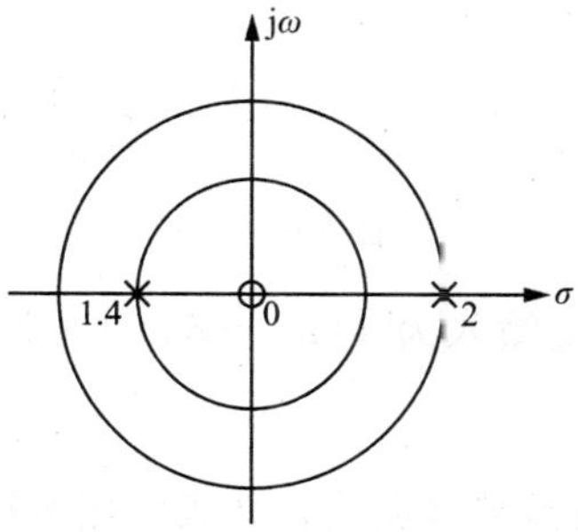

图8－3－1

(2)因果系统，收敛域在圆外：$|z|>2$

$$H(z)=\frac{\frac{5}{17}z}{(z-2)}-\frac{\frac{5}{17}z}{(z+1.4)}$$

$$h(n)=\frac{5}{17}2^nu(n)-\frac{5}{17}(-1.4)^nu(n)$$

(3)系统稳定，则收敛域包含单位圆，故其收敛域为 $1.4<|z|<2$，冲激响应为

$$h(n)=-\frac{5}{17}2^nu(-n-1)-\frac{5}{17}(-1.4)^nu(n)$$

(4)将 $H(z)$ 化为直接式

$$H(z)=\frac{z^{-1}}{1-0.6z^{-1}-2.8z^{-2}}$$

直接形式的模拟框图如图8－3－2所示。

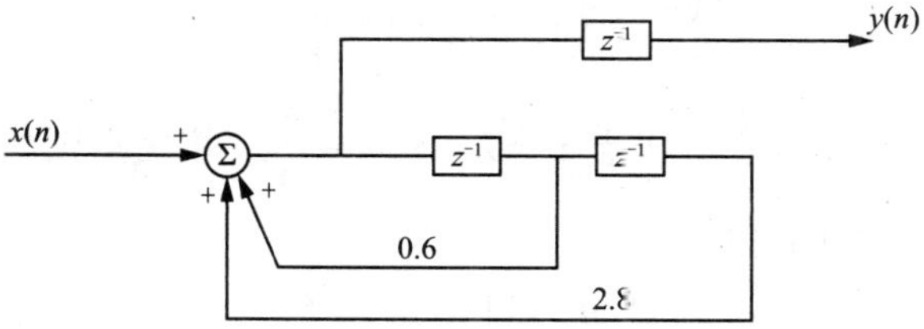

图8－3－2

将 $H(z)$ 化为并联式

$$H(z)=\frac{\frac{5}{17}}{1-2z^{-1}}-\frac{\frac{5}{17}}{1+1.4z^{-1}}$$

并联形式的模拟框图如图8－3－3所示。

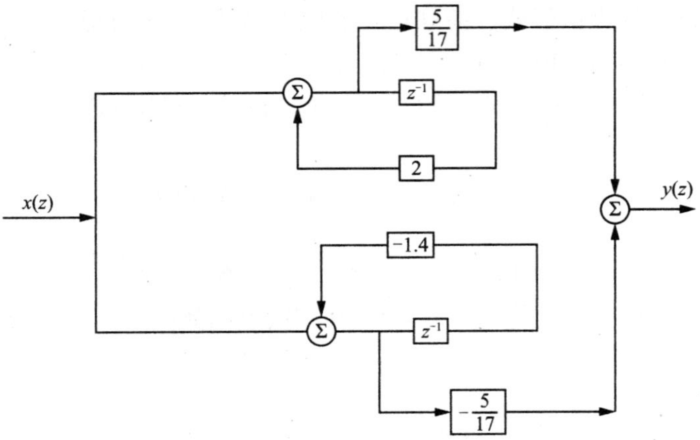

图 8－3－3

9. 已知离散线性时不变系统输入为 $x(n)=\delta(n)+2\left(\frac{1}{3}\right)^n u(n-1)$ 时，输出 $y(n)=-2^n u(-n-1)$

(1)计算系统函数 $H(z)$，画出零极点图，并表示出系统的收敛域；

(2)求系统的单位冲激响应，判断系统的稳定性和因果性；

(3)若输入信号 $x(n)=\cos\pi n$，求系统的输出 $y(n)$；

(4)写出描述系统的线性常系数差分方程。［电子科技大学2013研］

解：(1)对 $x(n)$ 取 z 变换得

$$X(z)=1+\frac{2}{3}\cdot\frac{1}{z-\frac{1}{3}}=\frac{z+\frac{1}{3}}{z-\frac{1}{3}}\quad |z|>\frac{1}{3}$$

对 $y(n)$ 取 z 变换为

$$Y(z)=\frac{z}{z-2}\quad |z|<2$$

因此可得

$$H(z)=\frac{Y(z)}{X(z)}=\frac{z\left(z-\frac{1}{3}\right)}{(z-2)\left(z+\frac{1}{3}\right)}\quad \frac{1}{3}<|z|<2$$

系统函数零点 $z_1=0$，$z_2=\frac{1}{3}$，极点 $z_1=2$，$z_2=-\frac{1}{3}$，零极点图如图 8－3－4 所示。

(2)将 $H(z)$ 部分分式展开得

$$H(z)=\frac{z\left(z-\frac{1}{3}\right)}{(z-2)\left(z+\frac{1}{3}\right)}=\frac{\frac{5}{7}z}{z-2}+\frac{\frac{2}{7}z}{z+\frac{1}{3}}$$

取逆变换得

$$h(n)=\frac{2}{7}\left(-\frac{1}{3}\right)^n u(n)-\frac{5}{7}\cdot 2^n u(-n-1)$$

显然 $h(n)$ 为双边序列，且收敛域包含单位圆，因此系统是非因果稳定的。

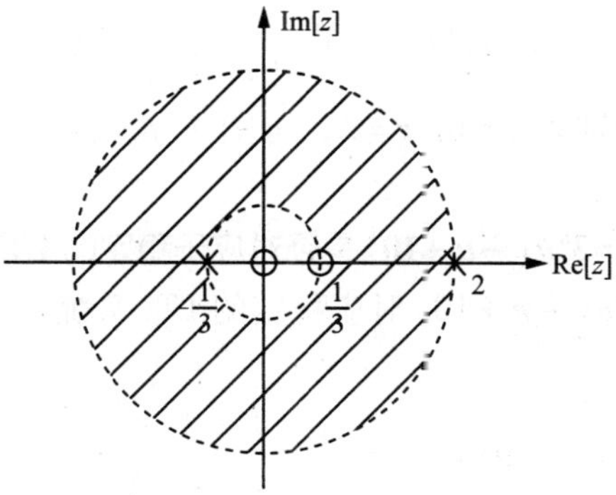

图 8-3-4

(3)因为 $\cos(\pi n)=(-1)^n$，故输出响应为

$$y(n)=(-1)^n H(-1)=\frac{2}{3}(-1)^n$$

(4)系统函数可表述为 $H(z)=\dfrac{1-\frac{1}{3}z^{-1}}{1-\frac{5}{3}z^{-1}-\frac{2}{3}z^{-2}}$，则可写出线性常系数差分方程为

$$y(n)-\frac{5}{3}y(n-1)-\frac{2}{3}y(n-2)=x(n)-\frac{1}{3}x(n-1)$$

10. 已知 $x(n)=a^n u(-n)$ 且 $x(n)*x(-n)=\frac{4}{3}[(0.5)^n u(n)+2^n u(-n-1)]$，确定 a 的值并求出 $x(n)$ 的 z 变换 $X(z)$。［华中科技大学 2012 研］

解：已知 $x(n)=a^n u(-n)=a^n u(-n-1)+\delta(n)$，则

$$X(z)=\frac{-z}{z-a}+1=\frac{-a}{z-a}$$

再根据 z 变换的反转性质有

$$X\left(\frac{1}{z}\right)=\frac{z}{z-\frac{1}{a}}$$

根据时域卷积定理可知

$$x(n)*x(-n)\stackrel{z}{\longleftrightarrow}\frac{-az}{(z-a)\left(z-\frac{1}{a}\right)}=\frac{4}{3}\left[\frac{z}{z-\frac{1}{2}}+\frac{-z}{z-2}\right]$$

解得 $a=2$，故

$$X(z)=\frac{-2}{z-2},\quad |z|<2$$

11. 求因果序列的初值和终值，已知该序列 z 变换为 $X(z)=\dfrac{1+z^{-1}+z^{-2}}{(1-z^{-1})(1-2z^{-1})}$。［中国科学院研究生院 2012 研］

解：已知 $X(z)=\dfrac{1+z^{-1}+z^{-2}}{(1-z^{-1})(1-2z^{-1})}=\dfrac{z^2+z^1+1}{(z-1)(z-2)}$，则

$$x(0)=\lim_{z\to\infty}X(z)=\lim_{z\to\infty}\frac{z^2+z^1+1}{(z-1)(z-2)}=1$$

由于 $X(z)$ 的两个极点分别为 $z=1$，$z=2$，可知 $X(z)$ 的收敛域不包含单位圆，则该序列无终值。

12. 判断冲激响应 $h(n)=3^n u(-n+10)$ 是否对应于稳定的 LTI 系统。［中山大学 2011 研］

解： 冲激响应 $h(n)=3^n u(-n+10)$ 对应稳定的 LTI 系统。

对 $h(n)$ 作 z 变换得

$$H(z)=-3^{11}\cdot\frac{1}{z^{10}(z-3)}$$

可知系统的极点 $z_1=0$，$z_2=3$，收敛域 $0<|z|<3$ 包含单位圆，所以系统稳定。

13. 设信号 $x(n)$ 的 z 域表达式为 $X(z)=\dfrac{z+2}{2z^2-7z+3}$，求：

(1) $X(z)$ 对应的左边序列；

(2) $X(z)$ 对应的右边序列；

(3) $X(z)$ 对应的双边序列。［南开大学 2018 研］

解： 对 $X(z)$ 部分分式展开有

$$X(z)=\frac{z+2}{2z^2-7z+3}=\frac{z+2}{(z-3)(2z-1)}=\frac{1}{3}\cdot\frac{z}{z-3}+\frac{-2z}{2z-1}+\frac{2}{3}$$

(1) 若 $x(n)$ 是左边序列，则收敛域为 $|z|<\dfrac{1}{2}$，有

$$x(n)=-\frac{1}{3}\cdot 3^n u(-n-1)+\left(\frac{1}{2}\right)^n u(-n-1)+\frac{2}{3}\delta(n)=\left[\left(\frac{1}{2}\right)^n-3^{n-1}\right]u(-n)$$

(2) 若 $x(n)$ 是右边序列，则收敛域为 $|z|>3$，有

$$x(n)=\frac{1}{3}\cdot 3^n u(n)-\left(\frac{1}{2}\right)^n u(n)+\frac{2}{3}\delta(n)=\left[3^{n-1}-\left(\frac{1}{2}\right)^n\right]u(n-1)$$

(3) 若 $x(n)$ 是双边序列，则收敛域为 $\dfrac{1}{2}<|z|<3$，有

$$x(n)=-\frac{1}{3}\cdot 3^n u(-n-1)-\left(\frac{1}{2}\right)^n u(n)+\frac{2}{3}\delta(n)=-3^{n-1}u(-n)-\left(\frac{1}{2}\right)^n u(n-1)$$

14. 已知某离散时间系统的单位阶跃响应为

$$y_u(n)=\left[\frac{4}{3}-\frac{3}{7}(0.5)^n+\frac{2}{21}(-0.2)^n\right]u(n)$$

(1) 求系统函数 $H(z)$；

(2) 画出系统直接型模拟框图；

(3) 当零状态响应为 $y_{zs}(n)=\dfrac{10}{7}[(0.5)^n-(-0.2)^n]u(n)$，求系统输入信号 $e(n)$。

［武汉理工大学 2010 研］

解： (1) 依题意得

$$\begin{aligned}h(n)&=[u(n)-u(n-1)]*h(n)=y_u(n)-y_u(n-1)\\&=\left[\frac{4}{3}-\frac{3}{7}(0.5)^n+\frac{2}{21}(-0.2)^n\right]u(n)-\left[\frac{4}{3}-\frac{3}{7}(0.5)^{n-1}+\frac{2}{21}(-0.2)^{n-1}\right]u(n-1)\end{aligned}$$

则可得

$$H(z)=\frac{\frac{4}{3}z}{z-1}-\frac{3}{7}\cdot\frac{z}{z-0.5}+\frac{2}{21}\cdot\frac{z}{z+0.2}-\left(\frac{\frac{4}{3}}{z-1}-\frac{3}{7}\cdot\frac{1}{z-0.5}+\frac{2}{21}\cdot\frac{1}{z+0.2}\right)$$

$$=\frac{z^3-\frac{1}{5}z^2}{(z-1)\left(z-\frac{1}{2}\right)\left(z+\frac{1}{5}\right)}-\frac{z^2-\frac{1}{5}z}{(z-1)\left(z-\frac{1}{2}\right)\left(z+\frac{1}{5}\right)}$$

$$=\frac{z\left(z-\frac{1}{5}\right)}{\left(z-\frac{1}{2}\right)\left(z+\frac{1}{5}\right)}$$

(2) $H(z)$ 可表示为

$$H(z)=\frac{1-0.2z^{-1}}{1-0.3z^{-1}-0.1z^{-2}}$$

则系统的直接型模拟框图如图 8－3－5 所示。

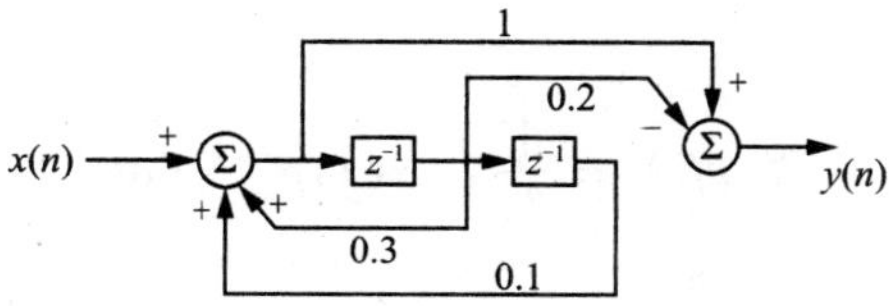

图 8－3－5

(3) 依题意得

$$Y_{zs}(z)=\frac{10}{7}\left[\frac{z}{z-0.5}-\frac{z}{z+0.2}\right]=\frac{z}{\left(z+\frac{1}{5}\right)\left(z-\frac{1}{2}\right)}$$

由 $H(z)E(z)=Y_{zs}(z)$ 可得

$$E(z)=\frac{z}{\left(z+\frac{1}{5}\right)\left(z-\frac{1}{2}\right)}\cdot\frac{\left(z-\frac{1}{2}\right)\left(z+\frac{1}{5}\right)}{z\left(z-\frac{1}{5}\right)}=\frac{1}{z-\frac{1}{5}}$$

取拉氏逆变换得 $e(n)=(0.2)^{n-1}u(n-1)$。

第 9 章　离散傅里叶变换以及其他离散正交变换

9.1　复习笔记

一、傅里叶变换的离散性与周期性

傅里叶变换的离散性与周期性在时域与变换域中表现出巧妙的对称关系，可能出现四种类型的时域和变换域组合。

1. 连续时间与连续频率

$$X(f) = \int_{-\infty}^{\infty} x(t)\mathrm{e}^{-\mathrm{j}2\pi ft}\mathrm{d}t \quad x(t) = \int_{-\infty}^{\infty} X(f)\mathrm{e}^{\mathrm{j}2\pi ft}\mathrm{d}f$$

$x(t)$、$X(f)$连续、非周期。

2. 连续时间与离散频率

$$X(kf_1) = \frac{1}{T_1}\int_{T_1} x(t)\mathrm{e}^{-\mathrm{j}2\pi kf_1t}\mathrm{d}t$$

$$x(t) = \sum_{k=-\infty}^{\infty} X(kf_1)\mathrm{e}^{\mathrm{j}2\pi kf_1t} \quad 其中 f_1 = \frac{1}{T_1}$$

即周期性的连续时间函数对应于非周期性的离散频率变换函数。

3. 离散时间与连续频率

$$X(f) = \sum_{n=-\infty}^{\infty} x(nT_S)\mathrm{e}^{-\mathrm{j}2\pi nfT_S}$$

$$x(nT_S) = \frac{1}{f_S}\int_{f_S} X(f)\mathrm{e}^{\mathrm{j}2\pi nfT_S}\mathrm{d}f \quad 其中 f_S = \frac{1}{T_S}$$

即非周期的离散时间函数对应于周期性的连续频率变换函数。

4. 离散时间与离散频率

$$X(kf_1) = \sum_{n=0}^{N-1} x(nT_S)\mathrm{e}^{-\mathrm{j}\left(\frac{2\pi}{N}\right)nk}$$

$$x(nT_S) = \frac{1}{N}\sum_{k=0}^{N-1} X(kf_1)\mathrm{e}^{\mathrm{j}\left(\frac{2\pi}{N}\right)nk} \quad 其中 T_1f_S = N$$

即周期性离散时间函数对应于周期性离散频率变换函数。

二、从离散傅里叶级数到离散傅里叶变换

1. 离散傅里叶级数变换对

$$\mathrm{DFS}[x_p(n)] = X_p(k) = \sum_{n=0}^{N-1} x_p(n)W^{nk}$$

$$\mathrm{IDFS}[X_p(k)] = x_p(n) = \frac{1}{N}\sum_{k=0}^{N-1} X_p(k)W^{-nk}$$

其中，W 定义为 $e^{-j\left(\frac{2\pi}{N}\right)}$。

2. 离散傅里叶变换关系式

$$X(k) = \mathrm{DFT}[x(n)] = \sum_{n=0}^{N-1} x(n) W^{nk} \quad (0 \leqslant k \leqslant N-1)$$

$$x(n) = \mathrm{IDFT}[X(k)] = \frac{1}{N}\sum_{k=0}^{N-1} X(k) W^{-nk} \quad (0 \leqslant n \leqslant N-1)$$

三、离散傅里叶变换的性质

1. 线性性质

$$\mathrm{DFT}[ax(n) + by(n)] = aX(k) + bY(k)$$

2. 时移性质

若 $y(n) = x((n-m))_N R_N(n)$（圆移 m 位），$\mathrm{DFT}[x(n)] = X(k)$，则

$$\mathrm{DFT}[y(n)] = W^{mk} X(k)$$

3. 频移性质

若 $\mathrm{DFT}[x(n)] = X(k)$，$Y(k) = X((k-l))_N R_N(k)$，则

$$\mathrm{IDFT}[Y(k)] = x(n) W^{-ln}$$

4. 时域圆周卷积(圆卷积)

若 $Y(k) = X(k)H(k)$，则

$$\begin{aligned} y(n) &= \mathrm{IDFT}[Y(k)] = \sum_{m=0}^{N-1} x(m) h((n-m))_N R_N(n) \\ &= \sum_{m=0}^{N-1} h(m) x((n-m))_N R_N(n) \end{aligned}$$

5. 频域圆卷积

若 $y(n) = x(n)h(n)$，则

$$\begin{aligned} Y(k) &= \mathrm{DFT}[y(n)] = \frac{1}{N}\sum_{l=0}^{N-1} X(l) H((k-l))_N R_N(k) \\ &= \frac{1}{N}\sum_{l=0}^{N-1} H(l) X((k-l))_N R_N(k) \end{aligned}$$

6. 奇偶虚实性

表 9-1-1 DFT 的奇偶虚实特性

$x(n)$	$X(k)$	$x(n)$	$X(k)$
实函数	实部为偶、虚部为奇	虚函数	实部为奇、虚部为偶
实偶函数	实偶函数	虚偶函数	虚偶函数
实奇函数	虚奇函数	虚奇函数	实奇函数

7. 相关特性

$$\begin{cases} r_{12}(n) = \sum_{m=0}^{N-1} x_1(m) x_2((m-n))_N R_N(n) \\ \mathscr{R}_{12}(k) = X_1(k) X_2^*(k) \end{cases}$$

$$\begin{cases} r_{21}(n) = \sum_{m=0}^{N-1} x_2(m) x_1((m-n))_N R_N(n) \\ \mathscr{R}_{21}(k) = X_2(k) X_1^*(k) \end{cases}$$

8. 帕塞瓦尔定理

若 DFT$[x(n)]=X(k)$，则

$$\sum_{n=0}^{N-1}|x(n)|^2=\frac{1}{N}\sum_{k=0}^{N-1}|X(k)|^2$$

四、离散傅里叶变换与 z 变换的关系

1. $X(z)\Big|_{z=W^{-k}}=\sum_{n=0}^{N-1}x(n)W^{nk}=\text{DFT}[x(n)]$

2. $X(z)=\sum_{k=0}^{N-1}X(k)\left(\frac{1}{N}\cdot\frac{1-z^{-N}}{1-W^{-k}z^{-1}}\right)=\sum_{k=0}^{N-1}X(k)\phi_k(z)$

其中，括号部分以符号 $\phi_k(z)$ 表示，称为“内插函数”。

3. $X(e^{j\omega})=\sum_{k=0}^{N-1}X(k)\phi_k(e^{j\omega})=\sum_{k=0}^{N-1}X(k)\varphi\left(\omega-k\frac{2\pi}{N}\right)$

其中，$\varphi(\omega)=\frac{1}{N}\frac{\sin\left(\frac{\omega N}{2}\right)}{\sin\left(\frac{\omega}{2}\right)}\cdot e^{-j\omega\left(\frac{N-1}{2}\right)}$，满足 $\phi_k(e^{j\omega})=\varphi\left(\omega-k\frac{2\pi}{N}\right)$。

9.2 课后习题详解

9-1 图9-2-1所示周期序列 $x_p(n)$，周期 $N=4$，求 DFS$[x_p(n)]=X_p(k)$。

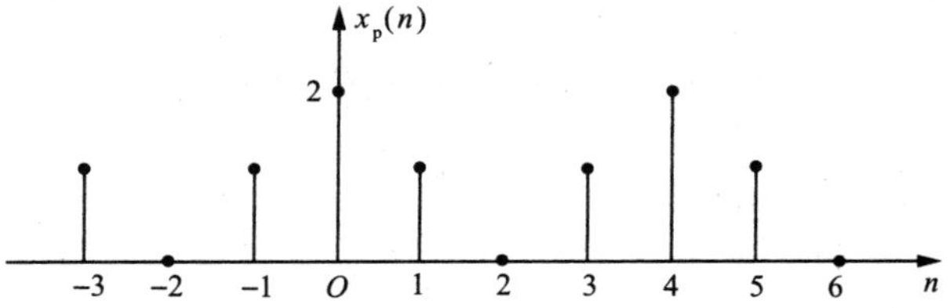

图9-2-1

解：周期 $N=4$，则根据定义有

$$X_p(k)=\sum_{n=0}^{N-1}x_p(n)e^{-j\left(\frac{2\pi}{N}\right)nk}=\sum_{n=0}^{3}x_p(n)e^{-j\left(\frac{2\pi}{4}\right)nk}$$

$$=2+1\cdot e^{-j\left(\frac{2\pi}{4}\right)k}+0+1\cdot e^{-j\left(\frac{3\pi}{2}\right)k}=2\left(1+\cos\frac{\pi k}{2}\right)$$

9-2 若周期序列 $x_p(n)$ 为实数序列，则 DFS$[x_p(n)]=X_p(k)$ 呈共轭对称性，即 $X_p(k)=X_p^*(-k)$。试证明此特性。

证明：设周期序列 $x_p(n)$ 的周期为 N，则

$$X_p(k)=\sum_{n=0}^{N-1}x_p(n)e^{-j\left(\frac{2\pi}{N}\right)nk}$$

$$X_p^*(k)=\left[\sum_{n=0}^{N-1}x_p(n)e^{-j\left(\frac{2\pi}{N}\right)nk}\right]^*=\sum_{n=0}^{N-1}[x_p(n)]^*\left(e^{-j\left(\frac{2\pi}{N}\right)nk}\right)^*$$

因 $x_p(n)$ 为实数序列，所以 $[x_p(n)]^*=x_p(n)$。

又因 $\left[e^{-j\left(\frac{2\pi}{N}\right)nk}\right]^*=e^{j\left(\frac{2\pi}{N}\right)nk}$，所以 $X_p^*(k)=\sum_{n=0}^{N-1}x_p(n)e^{j\left(\frac{2\pi}{N}\right)nk}$

即 $X_p^*(-k)=\sum_{n=0}^{N-1}x_p(n)e^{-j(\frac{2\pi}{N})nk}=X_p(k)$。

9-3　若实数周期序列 $x_p(n)$ 是 n 的偶函数，则 $X_p(k)$ 也是实数序列且为 k 的偶函数。试证明此特性。

证明：设序列 $x_p(n)$ 的周期为 N，则

$$X_p(k)=\sum_{n=0}^{N-1}x_p(n)e^{-j(\frac{2\pi}{N})nk}$$

$$X_p^*(k)=\sum_{n=0}^{N-1}x_p^*(n)e^{j(\frac{2\pi}{N})nk}=\sum_{n=0}^{N-1}x_p(n)e^{(\frac{2\pi}{N})nk}$$

$$\xlongequal{令m=-n}\sum_{m=1-N}^{0}x_p(-m)e^{-j(\frac{2\pi}{N})mk}$$

$$=\sum_{m=1-N}^{0}x_p(m)e^{-j(\frac{2\pi}{N})mk}$$

$$\xlongequal{令n=m+N-1}\sum_{n=0}^{N-1}x_p(n+1-N)e^{-j(\frac{2\pi}{N})(n+1-N)k}$$

$$=\sum_{n=0}^{N-1}x_p(n+1)e^{-j(\frac{2\pi}{N})(n+1)k}\quad(x_p(n)\text{的周期性质以及 }e^{-j(\frac{2\pi}{N})N}=1)$$

$$=x_p(N)+\sum_{n=1}^{N-1}x_p(n)e^{-j(\frac{2\pi}{N})nk}\quad(\text{利用 }x_p(k)\text{的周期性：}x_p(N)=x_p(0))$$

$$=x_p(0)+\sum_{n=1}^{N-1}x_p(n)e^{-j(\frac{2\pi}{N})nk}$$

$$=\sum_{n=0}^{N-1}x_p(n)e^{-j(\frac{2\pi}{N})nk}=X_p(k)$$

又根据题 9-2 的结论，$X_p^*(-k)=X_p(k)$

所以 $X_p(-k)=X_p^*(k)=X_p(k)$

即 $X_p(k)$ 是实数序列且为 k 的偶函数。

9-4　周期性实序列 $x_p(n)$ 如图 9-2-2 所示，判断下述各论点是否正确：

(1) $X_p(k)=X_p(k+10)$；(2) $X_p(k)=X_p(-k)$；

(3) $X_p(0)=0$；(4) $X_p(k)e^{j(\frac{2\pi}{5})k}$，对于所有的 k 此式为实数。

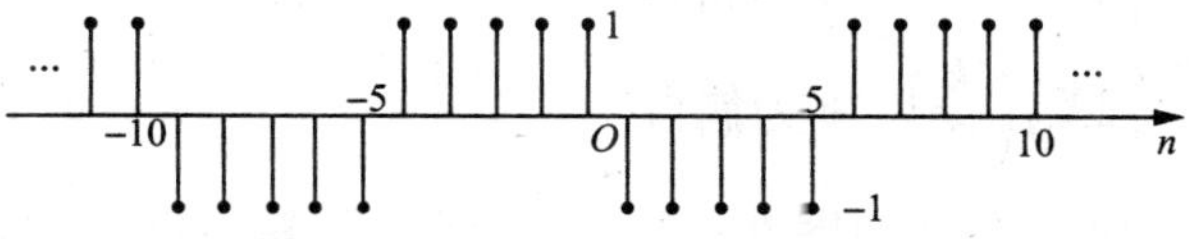

图 9-2-2

解：(1) 由图 9-2-2 可知，$x_p(n)$ 的周期为 10，则 $X_p(k)=X_p(k+10)$，故命题正确。

(2) 对于实序列只能得出 $X_p(k)=X_p^*(-k)$，只有当 $x_p(n)$ 为实偶函数时才有 $X_p(k)=X_p(-k)$，本题中，$x_p(-n)\neq x_p(n)$，故命题不正确。

(3) $X_p(0)=\sum_{n=0}^{9}x_p(n)e^{-j(\frac{2}{10}\pi)\cdot n\cdot 0}=\sum_{n=0}^{9}x_p(n)=5-5=0$，故命题正确。

(4) $X_p(k)=\sum_{n=0}^{9}x_p(n)e^{-j\frac{\pi}{5}nk}$

$$
\begin{aligned}
X_p(k)\cdot e^{j\frac{2}{5}k\pi} &= \sum_{n=0}^{9} x(n)e^{j\frac{k\pi}{5}(2-n)} \\
&= \sum_{n=1}^{5}\left[-e^{j\frac{k\pi}{5}(2-n)}\right] + \sum_{n=6}^{9} e^{j\frac{k\pi}{5}(2-n)} + e^{j\frac{2k\pi}{5}} \\
&= \sum_{n=1}^{5}\left[-e^{j\frac{k\pi}{5}(2-n)}\right] + \sum_{m=1}^{4}\left[e^{j\frac{k\pi}{5}(2-m)}\cdot e^{-jk\pi}\right] + e^{j\frac{2}{5}k\pi} \\
&= \sum_{n=1}^{5}\left[e^{j\frac{k\pi}{5}(2-n)}(e^{-jk\pi}-1)\right]
\end{aligned}
$$

当 k 为偶数量，上式为0，为实数；

当 k 为奇数时，上式不是实数，故原命题不正确。

但是，当在上式中用 $-2-n$ 代替 $2-n$ 后，所得结果即为实数，而不论 k 为何值。这相当于 $e^{-j\left(\frac{2\pi}{5}\right)k}$ 取代命题中的 $e^{j\left(\frac{2\pi}{5}\right)k}$ 项。

9－5　如果 $x_p(n)$ 是一个周期为 N 的序列，也是周期为 $2N$ 的序列，令 $X_{p1}(k)$ 表示当周期为 N 时的 DFS 系数，$X_{p2}(k)$ 是当周期为 $2N$ 时的 DFS 系数。试以 $X_{p1}(k)$ 表示 $X_{p2}(k)$。

解： 当序列 $x_p(n)$ 的周期为 N 时，有

$$X_{p1}(k) = \sum_{n=0}^{N-1} x_p(n)e^{-j\left(\frac{2\pi}{N}\right)nk}$$

当序列 $x_p(n)$ 的周期为 $2N$ 时，有

$$
\begin{aligned}
X_{p2}(k) &= \sum_{n=0}^{2N-1} x_p(n)e^{-j\left(\frac{\pi}{N}\right)nk} \\
&= \sum_{n=0}^{N-1} x_p(n)e^{-j\frac{2\pi}{N}\cdot n\cdot\frac{k}{2}} + \sum_{n=N}^{2N-1} x_p(n)e^{-j\frac{2\pi}{N}\cdot n\cdot\frac{k}{2}} \\
&= X_{p1}\left(\frac{k}{2}\right) + \sum_{m=0}^{N-1} x_p(m+N)e^{-j\frac{2\pi}{N}\cdot(m+N)\frac{k}{2}} \\
&= X_{p1}\left(\frac{k}{2}\right) + \sum_{m=0}^{N-1}\left[x_p(m)e^{-j\frac{2\pi}{N}\cdot m\cdot\frac{k}{2}}\right]\cdot e^{-j\pi k} \quad \text{（利用 } x_p(n) \text{ 周期为 } N\text{）} \\
&= X_{p1}\left(\frac{k}{2}\right)(1+e^{-jk\pi}) \\
&= \begin{cases} 0 & k\ \text{为奇数} \\ 2X_{p1}\left(\frac{k}{2}\right) & k\ \text{为偶数} \end{cases}
\end{aligned}
$$

9－6　已知周期序列 $x_p(n)$ 如图 9－2－1 所示，取其主值序列构成一个有限长序列 $x(n)=x_p(n)R_N(n)$，求 $x(n)$ 的离散傅里叶变换 $X(k)=\mathrm{DFT}[x(n)]$。

解： 根据 DFT 定义，有

$$X(k)=\mathrm{DFT}[x(n)]=X_p(k)R_N(k)$$

由题 9－1 知，$X_p(k)=2\left(1+\cos\frac{\pi k}{2}\right)$，$N=4$

则 $X(k)=2\left(1+\cos\frac{\pi k}{2}\right)R_4(k)$

故 $X(0)=4$，$X(1)=2$，$X(2)=0$，$X(3)=2$。

9－7　任意假设一个实周期序列 $x_p(n)$，其周期为 N。若 $x(n)=x_p(n)R_N(n)$，绘出

$x((-n))_N$**序列。**

解： 设 $x_p(n)$ 如图 9-2-3(a) 所示，由定义有 $x((-n))_N=x_p(-n)$，即 $x((-n))_N$ 序列为 $x_p(n)$ 序列以 $n=0$ 为轴反转所得，如图 9-2-3(b) 所示。

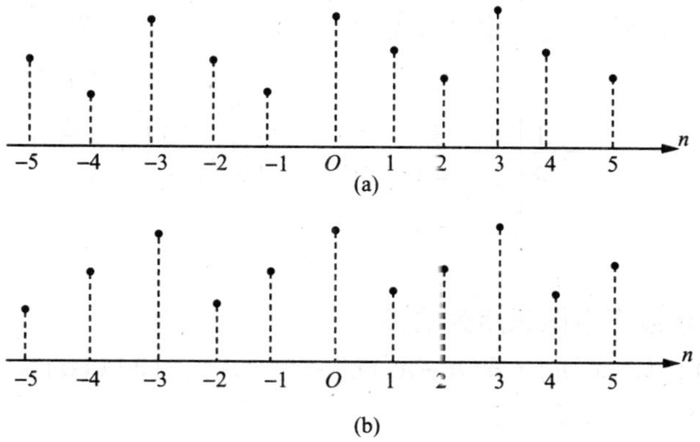

图 9-2-3

9-8　若已知有限长序列 $x(n)$ 如下式

$$x(n)=\begin{cases}1 & (n=0)\\ 2 & (n=1)\\ -1 & (n=2)\\ 3 & (n=3)\end{cases}$$

求 DFT[$x(n)$] = $X(k)$，再由所得结果求 IDFT[$X(k)$] = $x(n)$，验证你的计算是正确的。建议写作矩阵形式。

解： 根据定义 $X(k)=\sum_{n=0}^{3}x(n)W^{nk}$，可写出矩阵形式

$$\begin{bmatrix}X(0)\\X(1)\\X(2)\\X(3)\end{bmatrix}=\begin{bmatrix}W^0 & W^0 & W^0 & W^0\\ W^0 & W^1 & W^2 & W^3\\ W^0 & W^2 & W^4 & W^6\\ W^0 & W^3 & W^6 & W^9\end{bmatrix}\begin{bmatrix}x(0)\\x(1)\\x(2)\\x(3)\end{bmatrix}$$

因为 $W=e^{-j\left(\frac{2\pi}{N}\right)}$，$N=4$，所以

$W^0=1$，$W^1=-j$，$W^2=-1$

$W^3=j$，$W^4=1$，$W^6=W^2=-1$

$W^9=W^1=-j$

故

$$\begin{bmatrix}X(0)\\X(1)\\X(2)\\X(3)\end{bmatrix}=\begin{bmatrix}1 & 1 & 1 & 1\\ 1 & -j & -1 & j\\ 1 & -1 & 1 & -1\\ 1 & j & -1 & -j\end{bmatrix}\begin{bmatrix}1\\2\\-1\\3\end{bmatrix}=\begin{bmatrix}5\\2+j\\-5\\2-j\end{bmatrix}$$

再利用上述结果，求得其 IDFT 为

$$\begin{bmatrix}x(0)\\x(1)\\x(2)\\x(3)\end{bmatrix}=\frac{1}{4}\begin{bmatrix}W^0 & W^0 & W^0 & W^0\\W^0 & W^{-1} & -W^0 & -W^{-1}\\W^0 & -W^0 & W^0 & -W^0\\W^0 & -W^{-1} & -W^0 & W^{-1}\end{bmatrix}\begin{bmatrix}X(0)\\X(1)\\X(2)\\X(3)\end{bmatrix}$$

$$=\frac{1}{4}\begin{bmatrix}1 & 1 & 1 & 1\\1 & j & -1 & -j\\1 & -1 & 1 & -1\\1 & -j & -1 & j\end{bmatrix}\begin{bmatrix}5\\2+j\\-5\\2-j\end{bmatrix}=\begin{bmatrix}1\\2\\-1\\3\end{bmatrix}$$

与原 $x(n)$ 一致。

9-9　用闭式表示以下有限长序列的 DFT。

(1) $x(n)=\delta(n)$；(2) $x(n)=\delta(n-n_0)\,(0<n_0<N)$；(3) $x(n)=a^nR_N(n)$。

解： 设序列长度为 N，由定义有

$$(1)\ X(k)=\sum_{n=0}^{N-1}\delta(n)(e^{-j\frac{2\pi}{N}})^{nk}=1,\ 0\leqslant k\leqslant N-1;$$

$$(2)\ X(k)=\sum_{n=0}^{N-1}\delta(n-n_0)e^{-j(\frac{2\pi}{N})nk}=e^{-j(\frac{2\pi}{N})n_0k},\ 0\leqslant k\leqslant N-1;$$

$$(3)\ X(k)=\sum_{n=0}^{N-1}a^ne^{-j(\frac{2\pi}{N})nk}=\sum_{n=0}^{N-1}(ae^{-j\frac{2\pi}{N}k})^n$$

$$=\frac{1-(ae^{-j\frac{2\pi}{N}k})^N}{1-ae^{-j\frac{2\pi k}{N}}}=\frac{1-a^N}{1-ae^{-j\frac{2\pi k}{N}}},\ 0\leqslant k\leqslant N-1。$$

9-10　用闭式表达以下有限长序列的 DFT。

(1) $x(n)=e^{j\omega_0 n}R_N(n)$

(2) $x(n)=\sin(\omega_0 n)R_N(n)$

(3) $x(n)=\cos(\omega_0 n)R_N(n)$

(4) 对于 $\omega_0=\frac{2\pi}{N}$ 的特定条件，重复以上各问。

解：
$$(1)\ X(k)=\sum_{n=0}^{N-1}e^{j\omega_0 n}\cdot e^{-j(\frac{2\pi}{N})nk}=\sum_{n=0}^{N-1}e^{j(\omega_0-\frac{2\pi}{N}k)n}$$

$$=\frac{1-e^{j\omega_0 N}}{1-e^{j(\omega_0-\frac{2\pi}{N}k)}},\ 0\leqslant k\leqslant N-1$$

$$(2)\ X(k)=\sum_{n=0}^{N-1}\sin(\omega_0 n)e^{-j(\frac{2\pi}{N})nk}$$

$$=\sum_{n=0}^{N-1}\frac{1}{2j}(e^{j\omega_0 n}-e^{-j\omega_0 n})e^{-j\frac{2\pi}{N}nk}$$

$$=\frac{1}{2j}\cdot\left[\frac{1-e^{j\omega_0 N}}{1-e^{j(\omega_0-\frac{2\pi}{N}k)}}-\frac{1-e^{-j\omega_0 N}}{1-e^{-j(\omega_0+\frac{2\pi}{N}k)}}\right]$$

$$=\frac{\sin\omega_0 e^{-j\frac{2\pi}{N}k}-\sin(\omega_0 N)+\sin(\omega_0 N-\omega_0)e^{-j\frac{2\pi}{N}k}}{1-2\cos\omega_0 e^{-j\frac{2\pi}{N}k}+e^{-j\frac{4\pi}{N}k}},\ (0\leqslant k\leqslant N-1)$$

$$(3)\ X(k)=\sum_{n=0}^{N-1}\cos(\omega_0 n)e^{-j(\frac{2\pi}{N}nk)}$$

$$= \sum_{n=0}^{N-1} \frac{1}{2}(e^{j\omega_0 n} + e^{-j\omega_0 n}) e^{-j\frac{2\pi}{N}nk}$$

$$= \frac{1}{2}\left[\frac{1 - e^{j\omega_0 N}}{1 - e^{j(\omega_0 - \frac{2\pi}{N}k)}} + \frac{1 - e^{-j\omega_0 N}}{1 - e^{-j(\omega_0 + \frac{2\pi}{N}k)}}\right]$$

$$= \frac{1 - \cos\omega_0 e^{-j\frac{2\pi}{N}k} - \cos(\omega_0 N) + \cos(\omega_0 N - \omega_0) e^{-j\frac{2\pi}{N}k}}{1 - 2\cos\omega_0 e^{-j\frac{2\pi}{N}k} + e^{-j\frac{4\pi}{N}k}}, 0 \leqslant k \leqslant N-1$$

(4)将 $\omega_0 = \frac{2\pi}{N}$代入上述各式

①对于(1)

当 $k \neq 1$ 时，$X(k) = \frac{1 - e^{j\omega_0 N}}{1 - e^{j(\omega_0 - \frac{2\pi k}{N})}} = \frac{1 - e^{j2\pi}}{1 - e^{j(1-k)\frac{2\pi}{N}}} = 0$

当 $k = 1$ 时，$X(1) = \sum_{n=0}^{N-1} e^{j\cdot\frac{2\pi}{N}\cdot n} \cdot e^{-j(\frac{2\pi}{N})n} = \sum_{n=0}^{N-1} 1 = N$

综上，有 $X(k) = N\delta(k-1) \quad 0 \leqslant k \leqslant N-1$。

②对于(2)

当 $k=1$ 时，$X(k) = \sum_{n=0}^{N-1} \sin\left(\frac{2\pi}{N}n\right) e^{-j(\frac{2\pi}{N}n)}$

$$= \frac{1}{2j} \cdot \sum_{n=0}^{N-1} [e^{j(\frac{2\pi}{N})n} - e^{-j(\frac{2\pi}{N})n}] e^{-j\frac{2\pi}{N}n}$$

$$= \frac{1}{2j} \sum_{n=0}^{N-1} [1 - e^{-j(\frac{4\pi}{N})n}]$$

$$= \frac{N}{2j} - \frac{1}{2j} \cdot \frac{1 - e^{-j\frac{4\pi}{N}\cdot N}}{1 - e^{-j\frac{4\pi}{N}}} = \frac{N}{2j}$$

当 $k = N-1$ 时，$X(k) = \sum_{n=0}^{N-1} \frac{1}{2j}[e^{j(\frac{2\pi}{N})n} - e^{-j(\frac{2\pi}{N})n}] \cdot e^{-j\frac{2\pi}{N}(N-1)\cdot n}$

$$= \frac{1}{2j} \cdot \sum_{n=0}^{N-1} [e^{j(\frac{4\pi}{N})n} - 1]$$

$$= \frac{1}{2j} \cdot \frac{1 - e^{j(\frac{4\pi}{N})\cdot N}}{1 - e^{j(\frac{4\pi}{N})}} - \frac{N}{2j} = -\frac{N}{2j}$$

当 $k \neq N-1$，$k \neq 1$ 时，$X(k) = \frac{1}{2j} \cdot \sum_{n=0}^{N-1} (e^{j\frac{2\pi n}{N}} - e^{-j\frac{2\pi n}{N}}) e^{-j\frac{2\pi}{N}kn}$

$$= \frac{1}{2j} \sum_{n=0}^{N-1} [e^{j\frac{2\pi}{N}n(1-k)} - e^{-j\frac{2\pi}{N}n(1+k)}]$$

$$= \frac{1}{2j}\left[\frac{1 - e^{j\frac{2\pi}{N}\cdot(1-k)\cdot N}}{1 - e^{j\frac{2\pi}{N}\cdot(1-k)}} - \frac{1 - e^{-j\frac{2\pi}{N}(1+k)\cdot N}}{1 - e^{-j\frac{2\pi}{N}\cdot(1+k)}}\right]$$

$$= 0$$

综上，可得 $X(k) = \frac{N}{2j}\delta(k-1) - \frac{N}{2j}\delta(k-N+1)$，$0 \leqslant k \leqslant N-1$。

③对于(3)

$$X(k) = \sum_{n=0}^{N-1} \frac{1}{2}(e^{j\frac{2\pi}{N}n} + e^{-j\frac{2\pi}{N}n})e^{-j(\frac{2\pi}{N})nk}$$

$$= \frac{1}{2}\sum_{n=0}^{N-1}[e^{j\frac{2\pi}{N}n(1-k)} + e^{-j\frac{2\pi}{N}n(1+k)}]$$

当 $k=1$ 时，$X(k) = \frac{1}{2}\cdot\sum_{n=0}^{N-1}1 + 0 = \frac{N}{2}$；

当 $k=N-1$ 时，$X(k) = \frac{1}{2}\cdot 0 + \frac{1}{2}\cdot\sum_{n=0}^{N-1}1 = \frac{N}{2}$；

当 $k\neq N-1$，$k\neq 1$ 时，$X(k)=0+0=0$。

综上，可得 $X(k)=\frac{N}{2}\delta(k-1)+\frac{N}{2}\delta(k-N+1)$，$0\leqslant k\leqslant N-1$。

9－11　一有限长序列 $x(n)$ 如图 9－2－4 所示，绘出 $x_1(n)$ 和 $x_2(n)$ 序列，其中 $x_1(n)=x((n-2))_4R_4(n)$，$x_2(n)=x((-n))_4R_4(n)$。

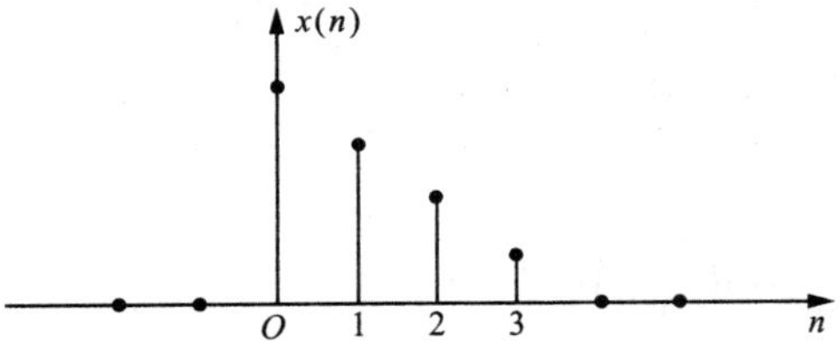

图 9－2－4

解： 序列 $x_1(n)$ 如图 9－2－5(a)所示，序列 $x_2(n)$ 如图 9－2－5(b)所示。

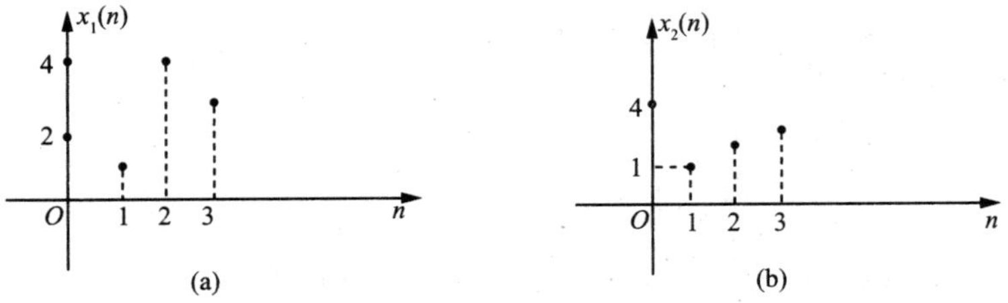

图 9－2－5

9－12　两个有限长序列 $x(n)$ 与 $h(n)$ 如图 9－2－6 所示，绘出长度为 6 的圆卷积。

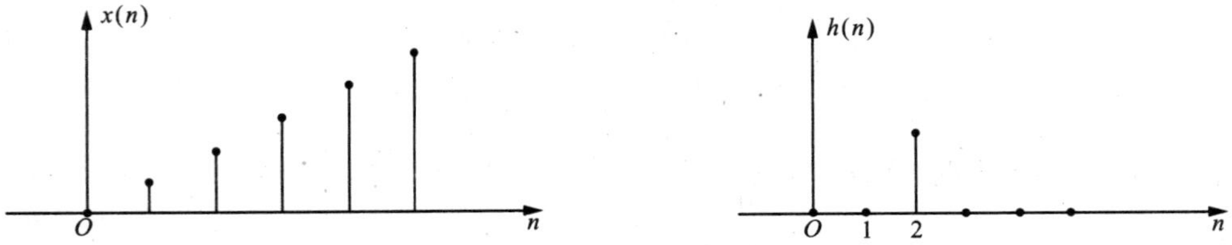

图 9－2－6

解： 根据圆卷积定义，有

$$x(n) \circledast h(n) = \sum_{m=0}^{5} h(m)x((n-m))_6R_6(n)$$

$$= \sum_{m=0}^{5}\delta(m-2)x((n-m))_6R_6(n)$$

$$= x((n-2))_6R_6(n)$$

图形如图 9－2－7 所示。

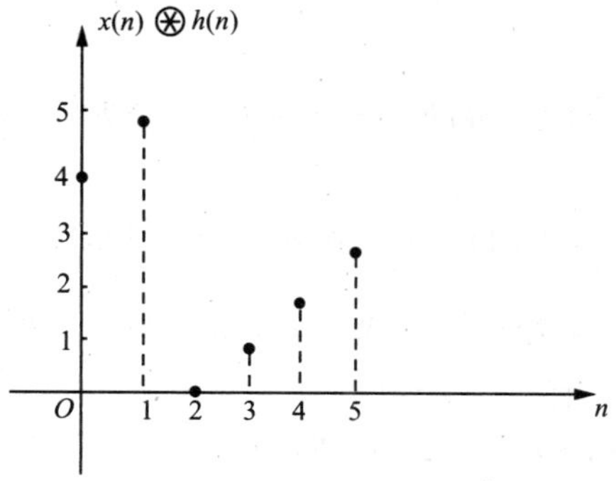

图 9－2－7

9－13　证明频移定理：若 DFT[$x(n)$] = $X(k)$，$Y(k)=X((k-l))_N R_N(k)$，则 IDFT[$Y(k)$] = $x(n)W^{-ln}$。

证明： 令 $m=k-l$，则

$$\text{IDFT}[Y(k)]=\frac{1}{N}\sum_{m=-l}^{N-1-l}X((m))_N W^{-nm}\cdot W^{-nl}$$

$$=W^{-nl}\cdot\left[\frac{1}{N}\sum_{m=-l}^{N-1-l}X((m))_N W^{-nm}\right]$$

由于 $X((m))_N$ 及 W^{-nm} 都是以 N 为周期的函数，所以

$$\text{IDFT}[Y(k)]=W^{-nl}\cdot\left[\frac{1}{N}\sum_{m=0}^{N-1}X((m))_N W^{-nm}\right]=x(n)W^{-nl}$$

9－14　已知有限长序列 $x(n)$，DFT[$x(n)$] = $X(k)$，试利用频移定理求：

(1) DFT$\left[x(n)\cos\left(\frac{2\pi ln}{N}\right)\right]$；(2) DFT$\left[x(n)\sin\left(\frac{2\pi ln}{N}\right)\right]$。

解： (1)
$$\text{DFT}\left[x(n)\cos\left(\frac{2\pi ln}{N}\right)\right]=\text{DFT}\left[x(n)\cdot\frac{1}{2}\left(e^{j\frac{2\pi ln}{N}}+e^{-j\frac{2\pi ln}{N}}\right)\right]$$

$$=\text{DFT}\left[x(n)\frac{W^{-ln}+W^{ln}}{2}\right]$$

$$=\frac{1}{2}[X((k-l))_N+X((k+l))_N]R_N(k)$$

(2)
$$\text{DFT}\left[x(n)\sin\left(\frac{2\pi ln}{N}\right)\right]=\text{DFT}\left[x(n)\cdot\frac{1}{2j}\left(e^{j\frac{2\pi ln}{N}}-e^{-j\frac{2\pi ln}{N}}\right)\right]$$

$$=\frac{1}{2j}\text{DFT}[x(n)(W^{-ln}-W^{ln})]$$

$$=\frac{1}{2j}[X((k-l))_N-X((k+l))_N]R_N(k)$$

9－15　利用教材例 9－3 的结果，分别求该例中的 DFT[$x(n)$]、DFT[$h(n)$]、DFT[$y(n)$]，验证时域圆卷积定理。

解： $x(n)=(n+1)R_4(n)$，$h(n)=(4-n)R_4(n)$

$$y(n)=x(n)⊛h(n)=24\delta(n)+22\delta(n-1)+24\delta(n-2)+30\delta(n-3)$$

根据 DFT 定义，有

$$\mathrm{DFT}[x(n)] = \sum_{n=0}^{3}(n+1)W^{nk} = 1 + 2W^{k} + 3W^{2k} + 4W^{3k}$$

$$\mathrm{DFT}[h(n)] = \sum_{n=0}^{3}(4-n)W^{nk} = 4 + 3W^{k} + 2W^{2k} + W^{3k}$$

$$\mathrm{DFT}[y(n)] = \sum_{n=0}^{3}[24\delta(n) + 22\delta(n-1) + 24\delta(n-2) + 30\delta(n-3)]W^{nk}$$

$$= 24 + 22W^{k} + 24W^{2k} + 30W^{3k} \quad (k = 0,1,2,3)$$

而根据时域圆卷积定理，有

$$\begin{aligned}\mathrm{DFT}[y(n)] &= \mathrm{DFT}[x(n)] \cdot \mathrm{DFT}[h(n)] \\ &= (1+2W^{k}+3W^{2k}+4W^{3k})(4+3W^{k}+2W^{2k}+W^{3k}) \\ &= 4+11W^{k}+20W^{2k}+30W^{3k}+20W^{4k}+11W^{5k}+4W^{6k} \\ &= 4+11W^{k}+20W^{2k}+30W^{3k}+20\cdot 1+11W^{k}\cdot 1+4W^{2k}\cdot 1 \\ &= 24+22W^{k}+24W^{2k}+30W^{3k},\ 0\leqslant k\leqslant 3\end{aligned}$$

两种方法结果一致。

9－16　证明频域圆卷积定理：若 $y(n)=x(n)h(n)$，则

$$\boldsymbol{Y(k)=\frac{1}{N}\sum_{l=0}^{N-1}H(l)X((k-l))_{N}R_{N}(k)}。$$

证明：根据 DFT 定义，有

$$\mathrm{DFT}[y(n)] = \sum_{n=0}^{N-1}y(n)W^{nk} = \sum_{n=0}^{N-1}x(n)h(n)W^{nk} \qquad ①$$

又 $x(n) = \mathrm{IDFT}[X(k)] = \dfrac{1}{N}\sum_{n=0}^{N-1}X(k)W^{-nk}$

所以 $Y(k) = \mathrm{DFT}[y(n)] = \sum_{n=0}^{N-1}\left[\dfrac{1}{N}\sum_{l=0}^{N-1}X(l)W^{-nl}\right]W^{nk}\cdot h(n)$

$$= \frac{1}{N}\sum_{l=0}^{N-1}X(l)\left[\sum_{n=0}^{N-1}h(n)W^{(k-l)n}\right]$$

$$= \frac{1}{N}\sum_{l=0}^{N-1}X(l)H((k-l))_{N}R_{N}(k)$$

同理，将 $h(n) = \dfrac{1}{N}\sum_{k=0}^{N-1}H(k)W^{-nk}$ 代 入式①，得

$$Y(k) = \frac{1}{N}\sum_{l=0}^{N-1}H(l)X((k-l))_{N}R_{N}(k)$$

9－17　图 9－2－8 示出 $N=4$ 的有限长序列 $x(n)$，试绘图解答：

(1) $x(n)$ 与 $x(n)$ 之线性卷积；

(2) $x(n)$ 与 $x(n)$ 之 4 点圆卷积；

(3) $x(n)$ 与 $x(n)$ 之 10 点圆卷积；

(4) 欲使 $x(n)$ 与 $x(n)$ 的圆卷积和线性卷积相同，求长度 L 之最小值。

解：(1)线卷积 $x_1(n) = x(n) * x(n) = \sum_{m=-\infty}^{\infty}x(m)x(n-m)$

结果如图 9－2－9(a)所示。

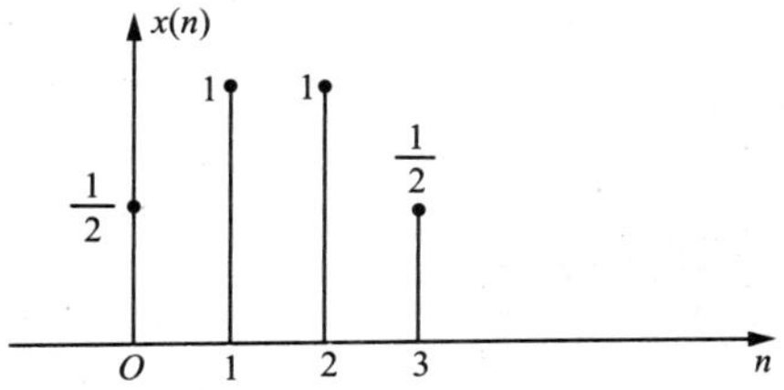

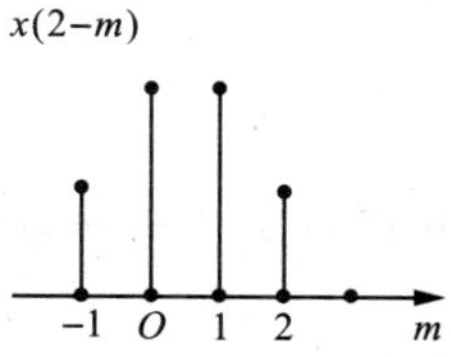

图 9－2－8

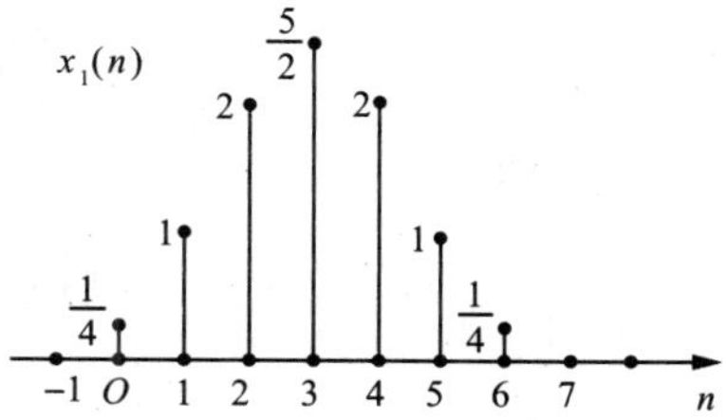

图 9－2－9(a)

(2)4 点圆卷积 $x_2(n) = x(n) ⊛ x(n) = \sum_{m=0}^{3} x(m) \cdot x((n-m))_4 R_4(n)$

结果如图 9－2－9(b)所示。

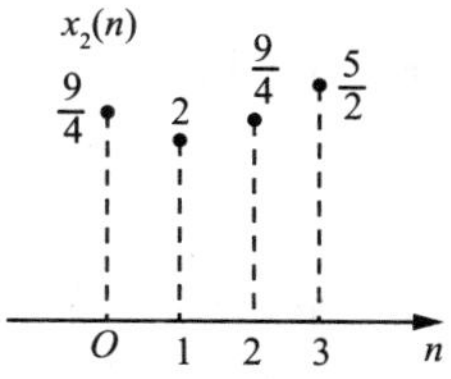

图 9－2－9(b)

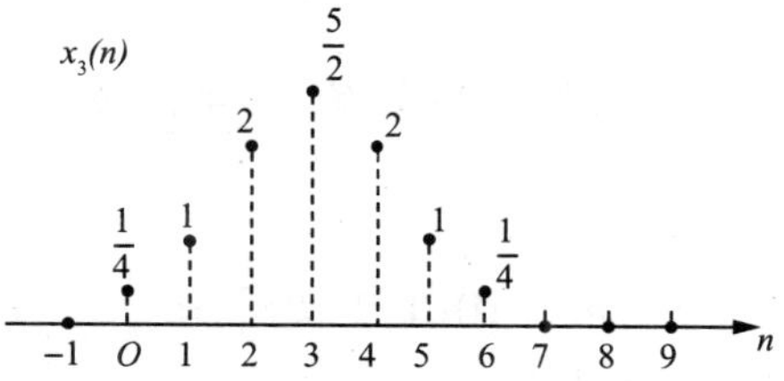

图 9－2－9(c)

(3)10 点圆卷积 $x_3(n) = \sum_{m=0}^{9} x(m) \cdot x((n-m))_{10} R_{10}(n)$

结果如图 9－2－9(c)所示。

(4)当对有限长序列补零扩展后的长度 $L \geqslant 4+4-1=7$ 时，线卷积和与圆卷积结果相同，即长度 L 的最小值为 7。

9－18　已知两有限长序列：

$$x(n) = \cos\left(\frac{2\pi n}{N}\right) R_N(n) \quad h(n) = \sin\left(\frac{2\pi n}{N}\right) R_N(n)$$

用直接卷积和 DFT 两种方法分别求：

(1)$y(n)=x(n) ⊛ h(n)$；(2)$y(n)=x(n) ⊛ x(n)$；(3)$y(n)=h(n) ⊛ h(n)$(圆卷积长度仍取 N 点循环)。

解：(1)①直接卷积法

$$\begin{aligned}
y(n) &= x(n) ⊛ h(n) = \sum_{m=-\infty}^{\infty} x(m) h((n-m))_N R_N(n) \\
&= \sum_{m=0}^{N-1} \cos\left(\frac{2\pi m}{N}\right) \sin\left[\frac{2\pi(n-m)}{N}\right] R_N(n) \\
&= \sum_{m=0}^{N-1} \frac{e^{j\frac{2\pi m}{N}} + e^{-j\frac{2\pi m}{N}}}{2} \cdot \frac{e^{j\frac{2\pi(n-m)}{N}} - e^{-j\frac{2\pi(n-m)}{N}}}{2j} R_N(n) \\
&= \sum_{m=0}^{N-1} \frac{1}{4j}\left[e^{j\frac{2\pi n}{N}} - e^{-j\frac{2\pi(n-2m)}{N}} + e^{j\frac{2\pi(n-2m)}{N}} - e^{-j\frac{2\pi n}{N}}\right] R_N(n) \\
&= \left[\sum_{m=0}^{N-1} \frac{1}{2}\sin\frac{2\pi n}{N} + \frac{1}{4j}\left(e^{j\frac{2\pi n}{N}} \sum_{m=0}^{N-1} e^{-j\frac{4\pi}{N}m} - e^{-j\frac{2\pi n}{N}} \sum_{m=0}^{N-1} e^{j\frac{4\pi}{N}m}\right)\right] R_N(n) \\
&= \left[\frac{N}{2}\sin\frac{2\pi n}{N} + \frac{1}{4j}\left(e^{j\frac{2\pi n}{N}} \cdot \frac{1-e^{-j\frac{4\pi}{N}N}}{1-e^{-j\frac{4\pi}{N}}} - e^{-j\frac{2\pi n}{N}} \frac{1-e^{j\frac{4\pi}{N}N}}{1-e^{j\frac{4\pi}{N}}}\right)\right] R_N(n)
\end{aligned}$$

$$= \frac{N}{2}\sin\frac{2\pi n}{N}R_N(n)$$

②DFT 法

$$X(k) = \text{DFT}[x(n)] = \text{DFT}\left[\cos\frac{2\pi n}{N}R_N(n)\right]$$

$$= \frac{N}{2}[\delta(k-1) + \delta(k-N+1)]$$

$$H(k) = \text{DFT}[h(n)] = \text{DFT}\left[\sin\frac{2\pi n}{N}R_N(n)\right]$$

$$= \frac{N}{2\text{j}}[\delta(k-1) - \delta(k-N+1)]$$

$$Y(k) = X(k)H(k) = \frac{N^2}{4\text{j}}[\delta(k-1) - \delta(k-N+1)]$$

所以

$$y(n) = \text{IDFT}[Y(k)] = \frac{1}{N}\sum_{k=0}^{N-1}Y(k)W^{-nk}R_N(n)$$

$$= \frac{1}{N}\sum_{k=0}^{N-1}\frac{N^2}{4\text{j}}[\delta(k-1) - \delta(k-N+1)]W^{-nk}R_N(n)$$

$$= \frac{N}{4\text{j}}[W^{-n} - W^{-n(N-1)}]R_N(n)$$

$$= \frac{N}{4\text{j}}[\text{e}^{\text{j}\frac{2\pi}{N}n} - \text{e}^{\text{j}\frac{2\pi n}{N}(N-1)}]R_N(n)$$

$$= \frac{N}{2}\sin\frac{2\pi n}{N}R_N(n)$$

(2)①直接卷积法

$$y(n) = x(n) \circledast x(n)$$

$$= \sum_{m=-\infty}^{\infty}x(m)x((n-m))_N R_N(n)$$

$$= \sum_{m=0}^{N-1}\cos\frac{2\pi m}{N}\cdot\cos\frac{2\pi(n-m)}{N}R_N(n)$$

$$= \sum_{m=0}^{N-1}\frac{1}{4}\left[(\text{e}^{\text{j}\frac{2\pi m}{N}} + \text{e}^{-\text{j}\frac{2\pi m}{N}})(\text{e}^{\text{j}\frac{2\pi(n-m)}{N}} + \text{e}^{-\text{j}\frac{2\pi(n-m)}{N}})\right]\cdot R_N(n)$$

$$= \frac{N}{2}\cos\frac{2\pi n}{N}R_N(n)$$

②DFT 法

$$X(k) = \frac{N}{2}[\delta(k-1) + \delta(k-N+1)]$$

$$Y(k) = X(k)\cdot X(k) = \frac{N^2}{4}[\delta(k-1) + \delta(k-N+1)]$$

所以

$$y(n) = \text{IDFT}[Y(k)] = \frac{1}{N}\sum_{k=0}^{N-1}Y(k)W^{-nk}R_N(n)$$

$$= \frac{1}{N}\sum_{k=0}^{N-1}\frac{N^2}{4}[\delta(k-1)+\delta(k-N+1)]W^{-nk}R_N(n)$$

$$= \frac{N}{4}(e^{j\frac{2\pi n}{N}}+e^{j\frac{2\pi n}{N}(N-1)})R_N(n)$$

$$= \frac{N}{2}\cos\frac{2\pi n}{N}R_N(n)$$

(3)①直接卷积法

$$y(n) = \sum_{m=-\infty}^{\infty} h(m)h((n-m))_N R_N(n)$$

$$= \sum_{m=0}^{N-1}\sin\frac{2\pi m}{N}\sin\frac{2\pi(n-m)}{N}R_N(n)$$

$$= \sum_{m=0}^{N-1}\frac{1}{2j}(e^{j\frac{2\pi m}{N}}-e^{-j\frac{2\pi m}{N}})\cdot\frac{1}{2j}\left[e^{j\frac{2\pi(n-m)}{N}}-e^{-j\frac{2\pi(n-m)}{N}}\right]R_N(n)$$

$$= -\frac{1}{4}\sum_{m=0}^{N-1}\left[e^{j\frac{2\pi n}{N}}+e^{-j\frac{2\pi n}{N}}-e^{-j\frac{2\pi(n-2m)}{N}}-e^{j\frac{2\pi(n-2m)}{N}}\right]R_N(n)$$

$$= -\frac{N}{2}\cos\frac{2\pi n}{N}R_N(n)$$

②DFT 法

$$H(k) = \frac{N}{2j}[\delta(k-1)-\delta(k-N+1)]$$

$$Y(k) = H(k)\cdot H(k) = -\frac{N^2}{4}[\delta(k-1)+\delta(k-N+1)]$$

所以

$$y(n) = \mathrm{IDFT}[Y(k)] = \frac{1}{N}\sum_{k=0}^{N-1}Y(k)W^{-nk}R_N(n)$$

$$= -\frac{1}{N}\sum_{k=0}^{N-1}\frac{N^2}{4}[\delta(k-1)+\delta(k-N+1)]W^{-nk}R_N(n)$$

$$= -\frac{N}{4}[e^{j\frac{2\pi}{N}n}+e^{j\frac{2\pi}{N}n(N-1)}]R_N(n)$$

$$= -\frac{N}{4}[e^{j\frac{2\pi}{N}n}+e^{-j\frac{2\pi}{N}n}]R_N(n)$$

$$= -\frac{N}{2}\cos\frac{2\pi n}{N}R_N(n)$$

9－19 若 $x(n)$ 为纯虚序列，DFT$[x(n)]=X(k)$，分解为实部与虚部写作 $X(k)=X_r(k)+jX_i(k)$。试证明 $X_r(k)$ 是 k 的奇函数，$X_i(k)$ 是 k 的偶函数。

证明：令 $x(n)=jx_0(n)$，其中 $x_0(n)$ 是一个实序列，则

$$X(k) = \mathrm{DFT}[jx_0(n)] = \sum_{n=0}^{N-1}[jx_0(n)]\cdot[e^{-j\frac{2\pi}{N}kn}]$$

$$= \sum_{n=0}^{N-1}\left[jx_0(n)\cdot\cos\left(\frac{2\pi}{N}nk\right)+(-j^2)x_0(n)\cdot\sin\left(\frac{2\pi}{N}nk\right)\right]$$

$$= \sum_{n=0}^{N-1}jx_0(n)\cos\left(\frac{2\pi}{N}nk\right)+\sum_{n=0}^{N-1}x_0(n)\sin\left(\frac{2\pi}{N}nk\right)$$

故

$$X_r(k)=\sum_{n=0}^{N-1}x_0(n)\sin\left(\frac{2\pi}{N}nk\right)=-\sum_{n=0}^{N-1}x_0(n)\cdot\sin\left(\frac{2\pi}{N}n\cdot(-k)\right)=-X_r(-k)$$

$$X_i(k)=\sum_{n=0}^{N-1}x_0(n)\cos\left(\frac{2\pi}{N}nk\right)=\sum_{n=0}^{N-1}x_0(n)\cdot\cos\left[\frac{2\pi}{N}n\cdot(-k)\right]=X_i(-k)$$

$X_r(k)$为 k 的奇函数，$X_i(k)$为 k 的偶函数。

9－20　证明教材表 9－2 中除第 1 行以外的其余几条性质。

证明：

$$X(k)=\sum_{n=0}^{N-1}x(n)e^{-j\frac{2\pi}{N}kn}=\sum_{n=0}^{N-1}x(n)\cos\frac{2\pi}{N}nk-j\sum_{n=0}^{N-1}x(n)\sin\frac{2\pi}{N}nk$$

①当 $x(n)$是实偶函数时，由于 $\sin\frac{2\pi}{N}nk$ 为 n 的实奇函数，它们的积 $x(n)\sin\frac{2\pi}{N}nk$ 也是实奇函数，它在一周期内的和为 0，所以

$$X(k)=\sum_{n=0}^{N-1}x(n)\cos\frac{2\pi}{N}kn$$

为 k 的实偶函数，即 $X(k)$为 k 的实偶函数。

②当 $x(n)$为实奇函数时，$x(n)\cos\frac{2\pi}{N}kn$ 为 n 的实奇函数，它在一周期内的和为 0，所以

$$X(k)=-j\sum_{n=0}^{N-1}x(n)\sin\frac{2\pi}{N}kn$$

为 k 的虚奇函数，即 $X(k)$为 k 的虚奇函数。

③当 $x(n)$为虚奇函数时，$x(n)\cos\frac{2\pi}{N}kn$ 为 n 的虚奇函数，它在一周期内的和为 0，所以

$$X(k)=-j\sum_{n=0}^{N-1}x(n)\sin\frac{2\pi}{N}nk$$

即 $X(k)$为 k 的实奇函数。

④当 $x(n)$为虚偶函数时，$x(n)\sin\frac{2\pi}{N}nk$ 为 n 的虚奇函数，它在一周期内的和为 0，所以

$$X(k)=\sum_{n=0}^{N-1}x(n)\cos\frac{2\pi}{N}nk$$

即 $X(k)$为 k 的虚偶函数。

9－21　若已知实数有限长序列 $x_1(n)$、$x_2(n)$，其长度都为 N：

$$\mathrm{DFT}[x_1(n)]=X_1(k)\quad \mathrm{DFT}[x_2(n)]=X_2(k)$$

$$x_1(n)+jx_2(n)=x(n)\quad \mathrm{DFT}[x(n)]=X(k)$$

试证明下列关系式成立：

$$X_1(k)=\frac{1}{2}[X(k)+X^*(N-k)]\quad X_2(k)=\frac{1}{2j}[X(k)-X^*(N-k)]$$

解：因为 $x(n)=x_1(n)+jx_2(n)$，则 $x^*(n)=x_1(n)-jx_2(n)$，所以

$$x_1(n)=\frac{1}{2}[x(n)+x^*(n)],\quad x_2(n)=\frac{1}{2j}[x(n)-x^*(n)]$$

$$\mathrm{DFT}[x_1(n)]=X_1(k)=\frac{1}{2}\{\mathrm{DFT}[x(n)]+\mathrm{DFT}[x^*(n)]\}$$

$$\mathrm{DFT}[x_2(n)]=X_2(k)=\frac{1}{2j}\{\mathrm{DFT}[x(n)]-\mathrm{DFT}[x^*(n)]\}$$

又因为

$$\begin{aligned}\mathrm{DFT}[x^*(n)] &= \sum_{n=0}^{N-1}x^*(n)W^{nk} = [\sum_{n=0}^{N-1}x(n)\cdot W^{-nk}]^* \\ &= [\sum_{n=0}^{N-1}x(n)W^{(N-k)n}]^* = X^*(N-k)\end{aligned}$$

所以 $X_1(k)=\frac{1}{2}[X(k)+X^*(N-k)]$，$X_2(k)=\frac{1}{2j}[X(k)-X^*(N-k)]$。

9-22　已知 $x(n)=R_N(n)$，求 $X(k)=\mathrm{DFT}[x(n)]$，利用所得到的结果验证帕塞瓦尔定理。

解：由定义可得

$$X(k) = \mathrm{DFT}[x(n)] = \sum_{n=0}^{N-1}R_N(n)W^{nk} = \sum_{n=0}^{N-1}W^{nk}$$

当 $k\neq 0$ 时，$X(k)=\dfrac{1-W^{kN}}{1-W^k}=\dfrac{1-e^{-j2\pi k}}{1-e^{-j\frac{2\pi}{N}k}}=0$

当 $k=0$ 时，$X(k)=\sum_{n=0}^{N-1}\cdot 1=N$

故 $X(k)=N\delta(k)$。

又因 $\sum_{n=0}^{N-1}|x(n)|^2=\sum_{n=0}^{N-1}1^2=N$

$$\frac{1}{N}\sum_{k=0}^{N-1}|X(k)|^2=\frac{1}{N}\sum_{k=0}^{N-1}|N\delta(k)|^2=\frac{1}{N}\cdot N^2\cdot 1=N$$

所以 $\sum_{n=0}^{N-1}|x(n)|^2=\frac{1}{N}\sum_{k=0}^{N-1}|X(k)|^2$

帕塞瓦尔定理成立。

9-23　证明 DFT 的对称性质：若 $\mathrm{DFT}[x(n)]=X(k)$，则 $\mathrm{DFT}[X(n)]=Nx((-k))_NR_N(k)$。

证明：由逆变换定义，有 $x(n)R_N(n)=\frac{1}{N}\sum_{k=0}^{N-1}X(k)W^{-nk}$

所以 $x((-n))_NR_N(n)=\frac{1}{N}\sum_{k=0}^{N-1}X(k)W^{nk}$。

互换 n、k，则 $Nx((-k))_NR_N(k)=\sum_{n=0}^{N-1}X(n)W^{nk}$

即 $\mathrm{DFT}[X(n)]=Nx((-k))_NR_N(k)$。

9-24　若 $x(n)=R_N(n)$（矩形序列），求：

(1) $\mathscr{Z}[x(n)]$；(2) $\mathrm{DFT}[x(n)]$；(3) 求频响特性 $X(e^{j\omega})$，作幅度特性曲线图。

解：(1) 根据 z 变换定义，有

$$\mathscr{Z}[x(n)] = \sum_{n=0}^{\infty} x(n)z^{-n} = \sum_{n=0}^{\infty} R_N(n)z^{-n} = \sum_{n=0}^{N-1} z^{-n} = \frac{1-z^{-N}}{1-z^{-1}}, \qquad |z| > 0$$

(2)由题9－22结果，有

$$\text{DFT}[x(n)] = \sum_{n=0}^{N-1} R_N(n) W^{nk} = N\delta(k) \quad (0 \leqslant k \leqslant N-1)$$

$$(3)X(e^{j\omega}) = X(z)|_{z=e^{j\omega}} = \frac{1-e^{-jN\omega}}{1-e^{-j\omega}} = \frac{e^{-j\frac{\omega N}{2}}(e^{j\frac{\omega N}{2}} - e^{-j\frac{\omega N}{2}})}{e^{-j\frac{\omega}{2}}(e^{j\frac{\omega}{2}} - e^{-j\frac{\omega}{2}})} = \frac{\sin\left(\frac{\omega N}{2}\right)}{\sin\left(\frac{\omega}{2}\right)} \cdot e^{-j\frac{\omega}{2}(N-1)}$$

幅度特性

$$|X(e^{j\omega})| = \left|\frac{\sin\left(\frac{\omega N}{2}\right)}{\sin\left(\frac{\omega}{2}\right)}\right|$$

令 $N=6$，其幅度特性曲线如图9－2－10所示。

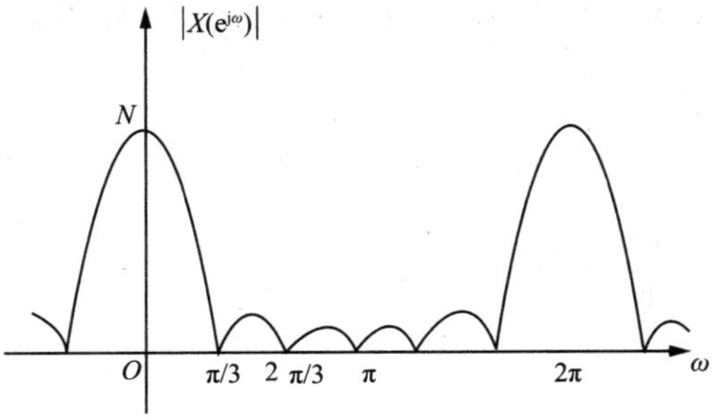

图9－2－10

9－25　设 $x(n)$ 为一有限长序列，当 $n<0$ 和 $n \geqslant N$ 时 $x(n)=0$，且 N 等于偶数。已知 $\text{DFT}[x(n)]=X(k)$，试利用 $X(k)$ 来表示以下各序列的 DFT。

(1) $x_1(n) = x(N-1-n)$

(2) $x_2(n) = (-1)^n x(n)$

(3) $x_3(n) = \begin{cases} x(n) & (0 \leqslant n \leqslant N-1) \\ x(n-N) & (N \leqslant n \leqslant 2N-1) \\ 0 & (n\text{ 为其他值}) \end{cases}$　**(k 为偶数)**

(4) $x_4(n) = \begin{cases} x(n) + x\left(n+\frac{N}{2}\right) & \left(0 \leqslant n \leqslant \frac{N}{2}-1\right) \\ 0 & (n\text{ 为其他值}) \end{cases}$

(5) $x_5(n) = \begin{cases} x(n) & (0 \leqslant n \leqslant N-1) \\ 0 & (N \leqslant n \leqslant 2N-1) \\ 0 & (n\text{ 为其他值}) \end{cases}$

(DFT 有限长度取 $2N$，k 取偶数)

(6) $x_6(n) = \begin{cases} x\left(\frac{n}{2}\right) & (n\text{ 为偶数}) \\ 0 & (n\text{ 为奇数}) \end{cases}$

(DFT 有限长度取 $2N$)

(7) $x_7(n)=x(2n)$ $\left(\text{DFT 有限长度取}\dfrac{N}{2}\right)$

解：(1) $$\mathrm{DFT}[x_1(n)] = \sum_{n=0}^{N-1} x(N-1-n)W^{nk} = \sum_{m=0}^{N-1} x(m)W^{(N-1-m)k}$$

$$= W^{(N-1)k}\sum_{n=0}^{N-1} x(m)W^{-mk} = W^{-k}X(-k)$$

(2) $$\mathrm{DFT}[x_2(n)] = \sum_{n=0}^{N-1}(-1)^n x(n)W^{nk} = \sum_{n=0}^{N-1} x(n)W^{-\frac{nN}{2}}W^{nk}$$

$$= \sum_{n=0}^{N-1} x(n)W^{n\left(k-\frac{N}{2}\right)} = X\left(k-\frac{N}{2}\right)$$

(3) $$\mathrm{DFT}[x_3(n)] = \sum_{n=0}^{2N-1} x_3(n)W_{2N}^{nk} = \sum_{n=0}^{2N-1} x_3(n)W^{n\frac{k}{2}}$$

$$= \sum_{n=0}^{N-1} x(n)W^{\frac{nk}{2}} + \sum_{n=N}^{2N-1} x(n-N)W^{\frac{nk}{2}}$$

$$= X\left(\frac{k}{2}\right) + \sum_{m=0}^{N-1} x(m)W^{\frac{(N+m)}{2}k}$$

$$= \left(1+W^{\frac{Nk}{2}}\right)\cdot X\left(\frac{k}{2}\right)$$

$$= [1+(-1)^k]X\left(\frac{k}{2}\right) \quad (k\text{ 为偶数})$$

(4) $$\mathrm{DFT}[x_4(n)] = \sum_{n=0}^{\frac{N}{2}-1}\left[x(n)+x\left(n+\frac{N}{2}\right)\right]W_{\frac{N}{2}}^{nk}$$

$$= \sum_{n=0}^{\frac{N}{2}-1}\left[x(n)+x\left(n+\frac{N}{2}\right)\right]W^{2nk}$$

$$= \sum_{n=0}^{\frac{N}{2}-1} x(n)W^{2nk} + \sum_{n=\frac{N}{2}}^{N-1} x(n)W^{2nk}W^{-Nk}$$

$$= \sum_{n=0}^{N-1} x(n)W^{2nk} = X(2k) \quad (\text{因为 } W^{-Nk}=1)$$

(5) $$\mathrm{DFT}[x_5(n)] = \sum_{n=0}^{2N-1} x_5(n)W_{2N}^{nk} = \sum_{n=0}^{N-1} x(n)\cdot W^{\frac{nk}{2}} = X\left(\frac{k}{2}\right)$$

(6) $$\mathrm{DFT}[x_6(n)] = \sum_{n=0}^{N-1} x_6(n)W^{nk} = \sum_{n=0}^{2N-1} x\left(\frac{n}{2}\right)W_{2N}^{nk}$$

$$= \sum_{n=0,2,4}^{2(N-1)} x\left(\frac{n}{2}\right)W_{2N}^{nk} = \sum_{m=0}^{N-1} x(m)W_{2N}^{2mk}$$

$$= \sum_{m=0}^{N-1} x(m)W^{mk} = X(k)$$

(7) $$\mathrm{DFT}[x_7(n)] = \sum_{n=0}^{\frac{N}{2}-1} x(2n)W_{\frac{N}{2}}^{nk}$$

$$= \sum_{n=0}^{N-1} x(n)\left[\frac{1+(-1)^n}{2}\right]W_{\frac{N}{2}}^{\frac{nk}{2}}$$

$$= \sum_{n=0}^{N-1} x(n)\left[\frac{1+(-1)^n}{2}\right]W^{nk}$$

$$= \frac{1}{2}\left[X(k)+X\left(k-\frac{N}{2}\right)\right]$$ （利用第(2)小题结果）

9－26　库利－图基 FFT 算法也可解释为 W 矩阵的分解简化，例如 $N=4$ 可写出

$$\begin{bmatrix} X(0) \\ X(2) \\ X(1) \\ X(3) \end{bmatrix} = \begin{bmatrix} 1 & W^0 & 0 & 0 \\ 1 & -W^0 & 0 & 0 \\ 0 & 0 & 1 & W^1 \\ 0 & 0 & 1 & -W^1 \end{bmatrix} \begin{bmatrix} 1 & 0 & W^0 & 0 \\ 0 & 1 & 0 & W^0 \\ 1 & 0 & -W^0 & 0 \\ 0 & 1 & 0 & -W^0 \end{bmatrix} \begin{bmatrix} x(0) \\ x(1) \\ x(2) \\ x(3) \end{bmatrix}$$

试证明此矩阵表示式与教材式(9－76)一致。并指出此矩阵相乘的过程与前面哪一张 FFT 流程图相对应。

证明：

$$\begin{bmatrix} X(0) \\ X(2) \\ X(1) \\ X(3) \end{bmatrix} = \begin{bmatrix} 1 & W^0 & 0 & 0 \\ 1 & -W^0 & 0 & 0 \\ 0 & 0 & 1 & W^1 \\ 0 & 0 & 1 & -W^1 \end{bmatrix} \begin{bmatrix} 1 & 0 & W^0 & 0 \\ 0 & 1 & 0 & W^0 \\ 1 & 0 & -W^0 & 0 \\ 0 & 1 & 0 & -W^0 \end{bmatrix} \begin{bmatrix} x(0) \\ x(1) \\ x(2) \\ x(3) \end{bmatrix}$$

$$= \begin{bmatrix} 1 & W^0 & W^0 & W^0 \\ 1 & -W^0 & W^0 & -W^0 \\ 1 & W^1 & -W^0 & -W^1 \\ 1 & -W^1 & -W^0 & W^1 \end{bmatrix} \begin{bmatrix} x(0) \\ x(1) \\ x(2) \\ x(3) \end{bmatrix}$$

由于 W 以 4 为周期，所以

$$W^0 = W^4 = -W^2 = -W^6 = 1$$

$$W^3 = -W^1,\ W^9 = W^1$$

$$\begin{bmatrix} X(0) \\ X(1) \\ X(2) \\ X(3) \end{bmatrix} = \begin{bmatrix} W^0 & W^0 & W^0 & W^0 \\ W^0 & W^1 & W^2 & W^3 \\ W^0 & W^2 & W^4 & W^6 \\ W^0 & W^3 & W^6 & W^9 \end{bmatrix} \begin{bmatrix} x(0) \\ x(1) \\ x(2) \\ x(3) \end{bmatrix}$$

与教材式(9－76)一致。

由矩阵相乘过程及输入输出码位顺序，可知此过程与教材图 9－17 相对应，如图 9－2－11 所示。

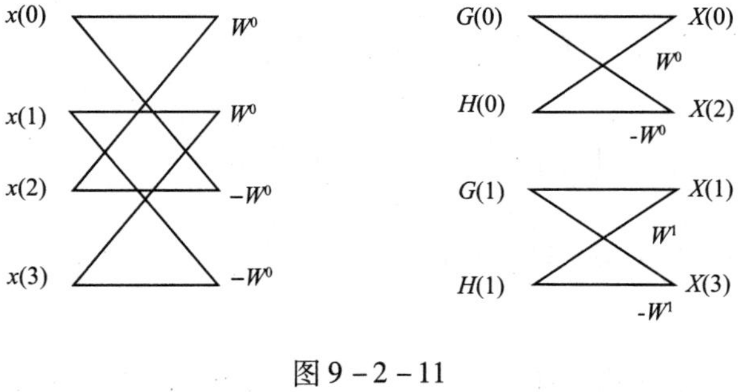

图 9－2－11

9－27　修改教材流程图 9－15，仍要求 $N=8$，但输入序列为自然顺序，输出序列为码位倒读顺序。

解： 将教材图 9－15 的输入输出码位顺序调整之后，中间的运算过程流图只需进行相应的重排，即可得到新的流程图，如图 9－2－12 所示。

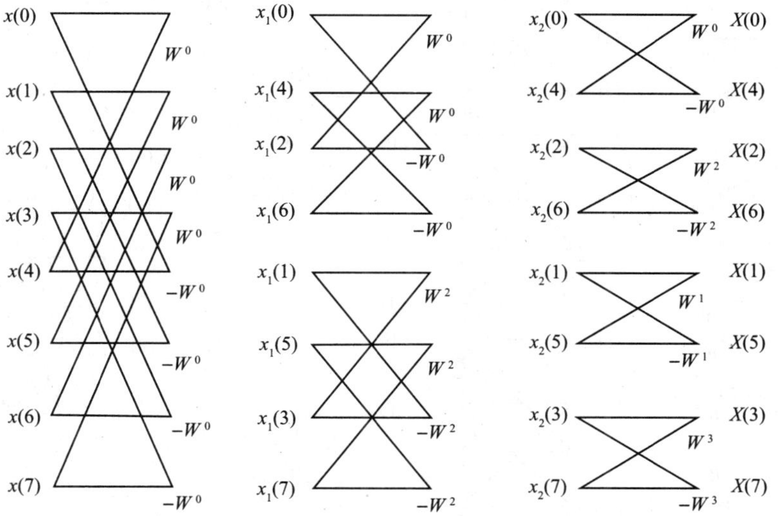

图 9－2－12

9－28　同习题 9－27，但输入、输出序列都为自然顺序。这种算法有何缺陷。

解： 改后流程图如图 9－2－13 所示。缺陷是不能实行"即位运算"，需要较多存储器供中间变量使用。

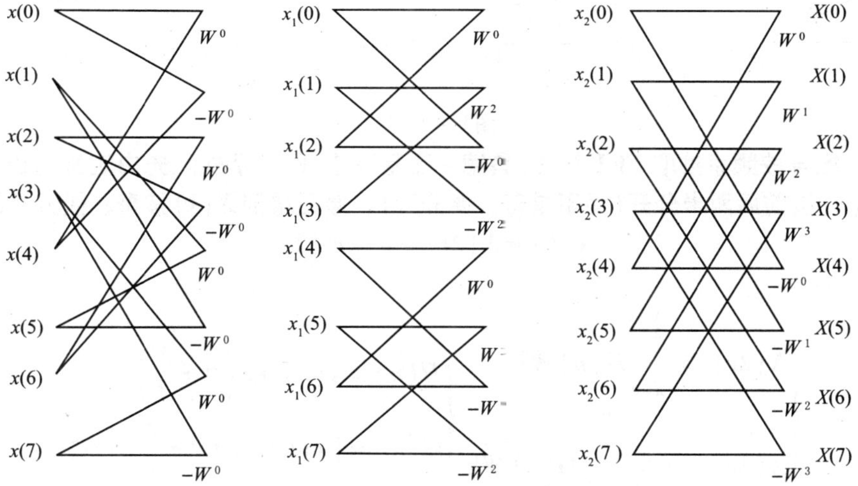

图 9－2－13

9－29　画出 $N=16$ 的库利－图基 FFT 流程图，输入序列按码位倒读顺序排列，输出为自然顺序排列。

解： 输入序列按码位倒读顺序排列，如表 9－2－1 所示。

表 9－2－1

自然顺序	0	1	2	3	4	5	6	7	8	9	10	11	12	13	14	15
码位倒读顺序	0	8	4	12	2	10	6	14	1	9	5	13	3	11	7	15

流程图如图 9－2－14 所示。

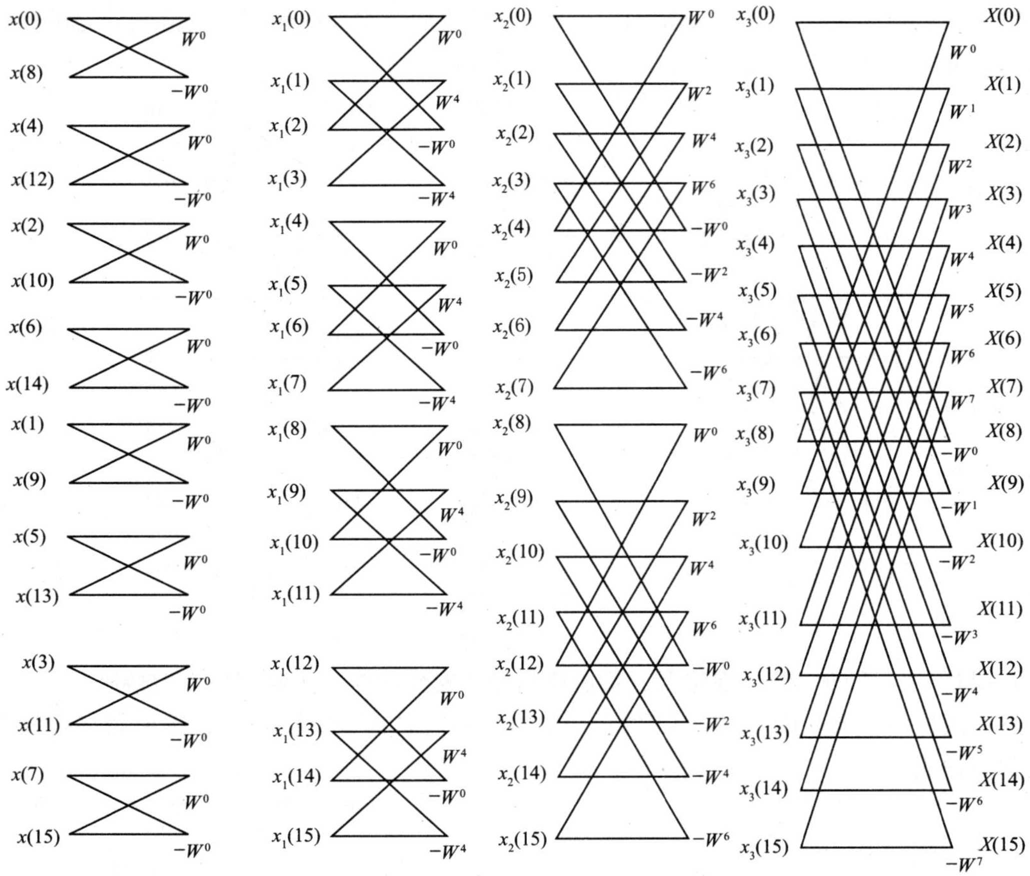

图 9－2－14

9－30　推导按频率抽取 FFT 算法(桑德－图基算法〉的表示式。先由定义写出 $X(k)$，再将其中的 $x(n)$ 按前后两半分开(而不是奇、偶分开)，最后得到 $X(k)$ 按奇、偶分开的两部分：

$$X(k)=X(2r)+X(2r+1)$$

其中

$$\begin{cases}X(2r)=\sum_{n=0}^{\frac{N}{2}-1}H(n)W_{\frac{N}{2}}^{nr}\\X(2r+1)=\sum_{n=0}^{\frac{N}{2}-1}G(n)W_{\frac{N}{2}}^{nr}\end{cases}\quad\begin{cases}H(n)=x(n)+x\left(n+\frac{N}{2}\right)\\G(n)=\left[x(n)-x\left(n+\frac{N}{2}\right)\right]W_N^n\end{cases}$$

$$\left(\text{其中 } n=0,\ 1,\ \cdots,\ \frac{N}{2}-1\right)$$

解： 根据定义，有

$$\begin{aligned}X(k)&=\sum_{n=0}^{N-1}x(n)W_N^{nk}=\sum_{n=0}^{\frac{N}{2}-1}x(n)W_N^{nk}+\sum_{n=N/2}^{N-1}x(n)W_N^{nk}\\&=\sum_{n=0}^{\frac{N}{2}-1}x(n)W_N^{nk}+\sum_{n=0}^{\frac{N}{2}-1}x\left(n+\frac{N}{2}\right)W_N^{\left(n+\frac{N}{2}\right)k}\\&=\sum_{n=0}^{\frac{N}{2}-1}\left[x(n)+(-1)^k\cdot x\left(n+\frac{N}{2}\right)\right]W_N^{nk}\end{aligned}$$

当 k 为偶数时，即 $k=2r$ 时，$(-1)^k=1$，此时

$$X(2r)=\sum_{n=0}^{\frac{N}{2}-1}\left[x(n)+x\left(n+\frac{N}{2}\right)\right]W_N^{n\cdot 2r}$$
$$=\sum_{n=0}^{\frac{N}{2}-1}H(n)W_{\frac{N}{2}}^{nr}$$

当 $k=2r+1$ 时，$(-1)^k=-1$，此时

$$X(2r+1)=\sum_{n=0}^{\frac{N}{2}-1}\left[x(n)-x\left(n+\frac{N}{2}\right)\right]\cdot W_N^{n(2r+1)}$$
$$=\sum_{n=0}^{\frac{N}{2}-1}\left[x(n)-x\left(n+\frac{N}{2}\right)\right]\cdot W_N^{n}\cdot W_{\frac{N}{2}}^{nr}=\sum_{n=0}^{\frac{N}{2}-1}G(n)\cdot W_{\frac{N}{2}}^{nr}$$

所以 $X(k)=X(2r)+X(2r+1)$。

9－31　$N=4$ 的桑德－图基算法方框图如图 9－2－15 所示，试根据习题 9－30 导出的结果，将此方框图画为蝶形流程图。

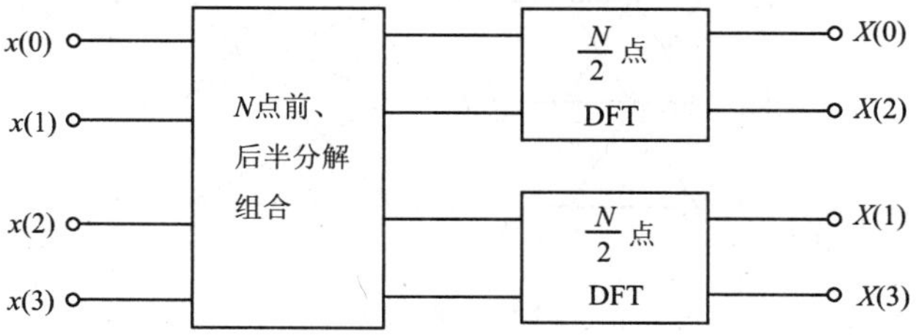

图 9－2－15

解：由题 9－30 的结果，可得

$$X(0)=\sum_{n=0}^{1}H(n)=H(0)+H(1)\qquad X(2)=\sum_{n=0}^{1}H(n)W_2^n=H(0)+H(1)W_2^1$$

$$X(1)=\sum_{n=0}^{1}G(n)=G(0)+G(1)\qquad X(3)=\sum_{n=0}^{1}G(n)W_2^n=G(0)+G(1)W_2^1$$

$$\begin{cases}H(0)=x(0)+x(2)\\H(1)=x(1)+x(3)\\G(0)=[x(0)-x(2)]W_4^0\\G(1)=[x(1)-x(3)]W_4^1\end{cases}$$

其蝶形流程图如图 9－2－16 所示。

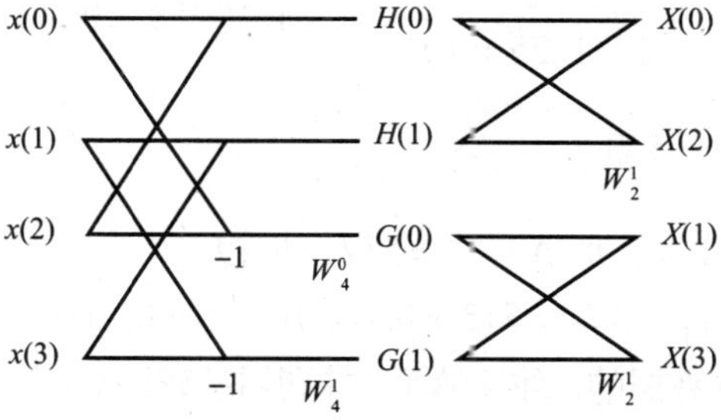

图 9－2－16

9－32　将习题9－31的结果修改为输出自然顺序、输入为码位倒读顺序的流程图。

解： 重组、修改后的流程图如图9－2－17所示。

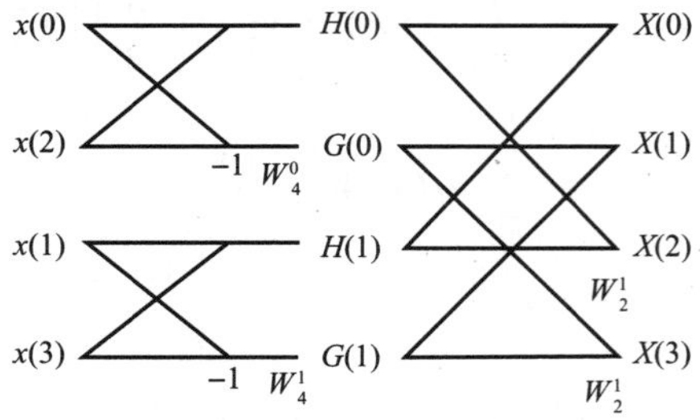

图9－2－17

9－33　将习题9－31的结果修改为输入、输出都按自然顺序排列的流程图。讨论(比较)以上三种桑德－图基FFT算法的优劣。

解： 重组、修改后的流程图如图9－2－18所示。

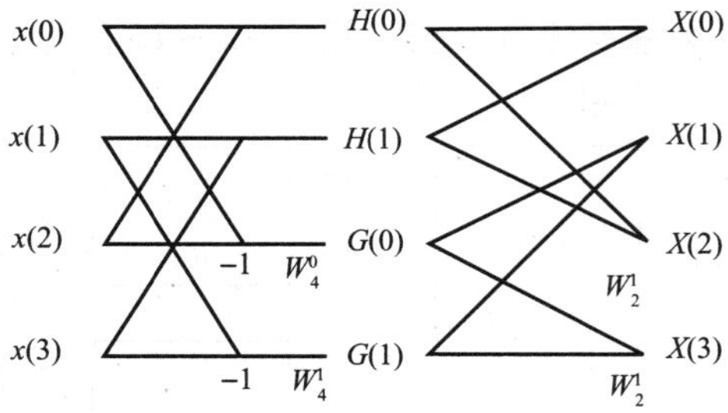

图9－2－18

题9－31和9－32的流程图可进行"即位"运算，所需存储器少，但它们的输入或输出存在混序。而题9－33的算法虽输入输出不存在混序，但它不能进行"即位"运算，需较多的存储器。

9－34　有一FFT处理器，用来估算实数信号的频谱。要求指标

(1)频率间的分辨力$f_1 \leqslant 5$ Hz；(2)信号的最高频率$\leqslant 1.25$ kHz；(3)点数N必须是2的整数次方。

试确定：(1)记录长度T_1；(2)抽样点间的时间间隔T_S；(3)一个记录过程的点数N。

解： (1)$T_1=\dfrac{1}{f_1}\geqslant\dfrac{1}{5}=0.2$ s。

(2)$T_S\leqslant\dfrac{1}{2f_n}$，其中$f_n$为最高频率，$f_n=1.25$kHz，所以

$$T_S\leqslant\frac{1}{2\times1.25\times10^3}=0.4\times10^{-3}\ \text{s}=0.4\ \text{ms}$$

(3)$N=\dfrac{T_1}{T_S}\geqslant\dfrac{0.2}{0.4\times10^{-3}}=500$

一般要求N为2的整数幂，取$N=2^9=512$，所以

$$T_1=NT_S=512\times0.4\times10^{-3}\ \text{s}=0.2048\ \text{s}$$

9－35　分别求下示二维数据的二维DWT，并利用基础图分析、讨论所得变换数据之特点。

(1)$x=\begin{bmatrix}1&2\\1&2\end{bmatrix}$；(2)$x=\begin{bmatrix}1&1\\2&2\end{bmatrix}$；(3)$x=\begin{bmatrix}1&2\\2&1\end{bmatrix}$。

解：对于二维 DWT，当 $N=2$ 时，有

$$W_N = W_2 = \begin{bmatrix} 1 & 1 \\ 1 & -1 \end{bmatrix}$$

故根据定义，有 $\boldsymbol{X}=\frac{1}{N^2}\boldsymbol{W}_N\boldsymbol{x}\boldsymbol{W}_N$。

$$(1)\boldsymbol{X} = \frac{1}{4}\begin{bmatrix} 1 & 1 \\ 1 & -1 \end{bmatrix}\begin{bmatrix} 1 & 2 \\ 1 & 2 \end{bmatrix}\begin{bmatrix} 1 & 1 \\ 1 & -1 \end{bmatrix}$$

$$= \frac{1}{4}\begin{bmatrix} 2 & 4 \\ 0 & 0 \end{bmatrix}\begin{bmatrix} 1 & 1 \\ 1 & -1 \end{bmatrix} = \begin{bmatrix} \frac{3}{2} & -\frac{1}{2} \\ 0 & 0 \end{bmatrix}$$

$$(2)\boldsymbol{X} = \frac{1}{4}\begin{bmatrix} 1 & 1 \\ 1 & -1 \end{bmatrix}\begin{bmatrix} 1 & 1 \\ 2 & 2 \end{bmatrix}\begin{bmatrix} 1 & 1 \\ 1 & -1 \end{bmatrix}$$

$$= \frac{1}{4}\begin{bmatrix} 3 & 3 \\ -1 & -1 \end{bmatrix}\begin{bmatrix} 1 & 1 \\ 1 & -1 \end{bmatrix} = \begin{bmatrix} \frac{3}{2} & 0 \\ -\frac{1}{2} & 0 \end{bmatrix}$$

$$(3)\boldsymbol{X} = \frac{1}{4}\begin{bmatrix} 1 & 1 \\ 1 & -1 \end{bmatrix}\begin{bmatrix} 1 & 2 \\ 2 & 1 \end{bmatrix}\begin{bmatrix} 1 & 1 \\ 1 & -1 \end{bmatrix}$$

$$= \frac{1}{4}\begin{bmatrix} 3 & 3 \\ -1 & 1 \end{bmatrix}\begin{bmatrix} 1 & 1 \\ 1 & -1 \end{bmatrix} = \begin{bmatrix} \frac{3}{2} & 0 \\ 0 & -\frac{1}{2} \end{bmatrix}$$

题(1)，基础图(0，1)、(1，1)的加权系数 $\boldsymbol{X}(0,\ 1)=0$，$\boldsymbol{X}(1,\ 1)=0$，表示给定二维数据中不包括这两个分量，而(0，0)，(1，0)的加权系数 $\boldsymbol{X}(0,\ 0)=\frac{3}{2}$，$\boldsymbol{X}(1,\ 0)=-\frac{1}{2}$，故数据 x 给出的图像是基础图(0，0)与(1，0)的加权组合。

同理，对题(2)而言，X 给出的图像为基础图(0，0)与(0，1)的加权组合；对题(3)而言，X 给出的图像为基础图(0，0)与(1，1)的加权组合。

9－36　在教材 9.10 节给出了利用 DFT 计算 DCT 的方法，在该方法中，将 N 点的时间序列补零延拓至 $2N$ 点。另一种用 DFT 求 DCT 的方法是将 N 点序列延拓至 $4N$ 点(注意考虑如何补零)。试导出计算公式并说明这样做有何好处。

解：将 $x(n)$ 做如下时延拓展 $x_e(n)$

$$x_e(n) = \begin{cases} x(n) & n=0,\ 1,\ 2,\ \cdots,\ N-1 \\ 0 & n=N,\ N+1,\ \cdots,\ 4N-1 \end{cases}$$

DCT 定义表达式可改写为

$$C(0) = \frac{1}{\sqrt{N}}\sum_{n=0}^{4N-1} x_e(n)$$

$$C(k) = \sqrt{\frac{2}{N}}\sum_{n=0}^{4N-1} x_e(n)\cos\left[\frac{(2n+1)}{2N}k\pi\right]$$

$$= \sqrt{\frac{2}{N}}\mathrm{Re}\left[\sum_{n=0}^{4N-1} x_e(n)\mathrm{e}^{-\mathrm{j}\frac{(2n+1)}{2N}k\pi}\right]$$

$$=\sqrt{\frac{2}{N}}\mathrm{Re}\left[\sum_{n=0}^{2N-1}x_e(n)\mathrm{e}^{-\mathrm{j}\frac{(2n+1)}{2N}k\pi}+\sum_{n=2N}^{4N-1}x_e(n)\mathrm{e}^{-\mathrm{j}\frac{(2n+1)}{2N}k\pi}\right]$$

$$=\sqrt{\frac{2}{N}}\mathrm{Re}\left[\sum_{n=0}^{2N-1}x_e(n)\mathrm{e}^{-\mathrm{j}\frac{(2n+1)}{2N}k\pi}+\sum_{m=0}^{2N-1}x_e(m+2N)\mathrm{e}^{-\mathrm{j}\frac{(2m+4N+1)}{2N}k\pi}\right]$$

$$=\sqrt{\frac{2}{N}}\mathrm{Re}\left\{\sum_{n=0}^{2N-1}[x_e(n)+x_e(n+2N)]\mathrm{e}^{-\mathrm{j}\frac{(2n+1)}{2N}k\pi}\right\}$$

令 $g(n)=x_e(n)+x_e(n+2N)$，则

$$C(k)=\sqrt{\frac{2}{N}}\mathrm{Re}[\mathrm{e}^{-\mathrm{j}\frac{k\pi}{2N}}C_1(k)]$$

式中，$C_1(k)$为$g(n)$的$2N$点DFT。

为求DCT正变换，可先求序列$g(n)$的$2N$点DFT，这样可省去复数乘法运算，降低计算复杂度。

9.3 名校考研真题详解

一、填空题

设 $\tilde{X}(m)=\mathrm{DFS}[\tilde{x}(n)]$，$\tilde{Y}(m)=\mathrm{DFS}[\tilde{y}(n)]$，已知 $\tilde{Y}(m)=W_4^{-m}\tilde{X}(m)$，若 $\tilde{x}(n)=\{\cdots\overset{\downarrow}{4},3,2,1,\cdots\}$，则 $\tilde{y}(n)$主值区间$=\{$______；$n=0,1,2,3\}$。[北京交通大学2015研]

【答案】3，2，1，4

【解析】已知 $\tilde{Y}(m)=\mathrm{e}^{\mathrm{j}\frac{2\pi}{4}m}\tilde{X}(m)$，根据DFS的时移特性可知

$$\tilde{y}(n)=\tilde{x}(n+1)$$

因此 $\tilde{y}(n)$的主值区间相较于 $\tilde{x}(n)$左移了一位。

二、计算题

已知 $\tilde{x}(n)$是周期为4的周期序列，且已知8点序列 $x(n)=\tilde{x}(n)\ (0\leqslant n\leqslant 7)$ 的8点DFT系数为：$X(0)=X(2)=X(4)=X(6)=1$，k为其他值时，$X(k)=0$。试求：

(1)周期序列 $\tilde{x}(n)$，并大概画出它的序列图形；

(2)该周期序列 $\tilde{x}(n)$通过单位冲激响应为 $h(n)=(-1)^n\frac{\sin^2(\pi n/2)}{\pi^2 n^2}$的数字滤波器后的输出$y(n)$，并大概画出它的序列图形。[中国科学院研]

解：(1)先利用IDFT求$x(n)$，$0\leqslant n\leqslant 7$，即

$$x(n)=\frac{1}{8}\sum_{k=0}^{7}X(k)\mathrm{e}^{\mathrm{j}\frac{2\pi}{8}nk}=\frac{1}{8}[1+(-1)^n+(\mathrm{j})^n+(-\mathrm{j})^n]=\frac{1}{8}\left[1+(-1)^n+2\cos\frac{\pi n}{2}\right]$$

则

$$x(n)=\begin{cases}0.5, & n=0,4\\ 0, & n\neq 0,4\end{cases},\ 0\leqslant n\leqslant 7$$

$\tilde{x}(n)$是$x(n)$以周期为8的周期延拓，它的序列图形如图9-3-1所示。

即 $\tilde{x}(n)=\sum_{l=-\infty}^{\infty}x(n-8l)=\frac{1}{2}\sum_{l=-\infty}^{\infty}\delta(n-4l)$。

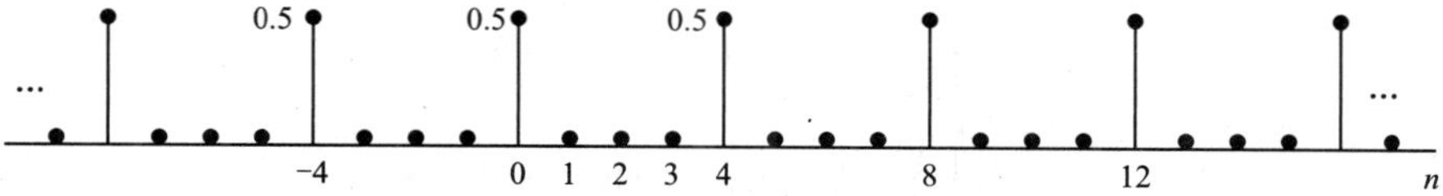

图 9－3－1

或者，由于 $\tilde{x}(n)$ 是周期为 4 的周期序列，8 点序列 $x(n)=\tilde{x}(n)(0\leqslant n\leqslant 7)$ 包含了 $\tilde{x}(n)$ 的两个完整的周期。根据 DFT 的性质，4 点序列 $x_0(n)=\tilde{x}(n)(0\leqslant n\leqslant 3)$ 的 4 点 DFT 系数为

$$X_0(k)=0.5X(2k)=0.5(0\leqslant k\leqslant 3)$$

其中，$X(k)(0\leqslant k\leqslant 7)$ 为已知的 8 点 DFT 系数。

再利用 4 点序列的序列值

$$x_0(0)=0.5,\ x_0(n)=0(1\leqslant n\leqslant 3)$$

$\tilde{x}(n)$ 是 $x_0(n)$ 以周期为 4 的周期延拓，其序列图形如图 9－3－1 所示。

(2) 先求离散时间 LTI 系统的频率响应 $\tilde{H}(\mathrm{e}^{\mathrm{j}\Omega})$。

令 $h_1(n)=\dfrac{\sin(\pi n/2)}{\pi n}\xleftrightarrow{\text{DTFT}}\tilde{H}_1(\mathrm{e}^{\mathrm{j}\Omega})$ 和 $h(n)=(-1)^n h_1^2(n)\xleftrightarrow{\text{DTFT}}\tilde{H}(\mathrm{e}^{\mathrm{j}\Omega})$，则

$$\tilde{H}_1(\mathrm{e}^{\mathrm{j}\Omega})=\begin{cases}1, & |\Omega|<\dfrac{\pi}{2}\\[2mm] 0, & |\Omega|>\dfrac{\pi}{2}\end{cases}$$

在主值区间 $(-\pi,\pi)$ 内。$\tilde{H}(\mathrm{e}^{\mathrm{j}\Omega})$ 图形如图 9－3－2 所示。

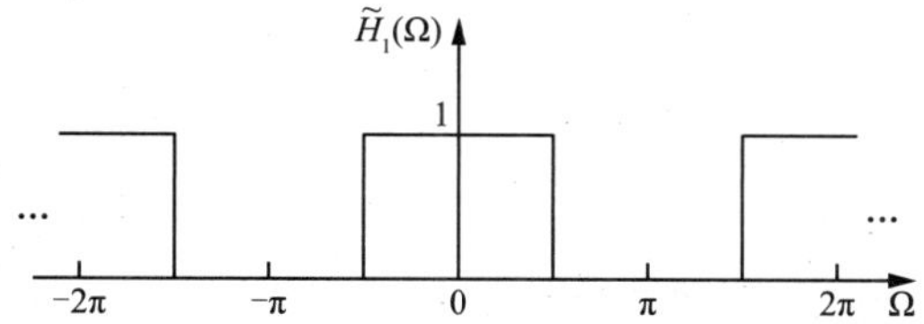

图 9－3－2

根据频域卷积性质和频移性质，有

$$\tilde{H}(\mathrm{e}^{\mathrm{j}\Omega})=\frac{1}{2\pi}\tilde{H}_1(\mathrm{e}^{\mathrm{j}\Omega})*\tilde{H}_1(\mathrm{e}^{\mathrm{j}\Omega})*\delta(\Omega-\pi)$$

$\tilde{H}(\mathrm{e}^{\mathrm{j}\Omega})$ 的图形如图 9－3－3 所示。

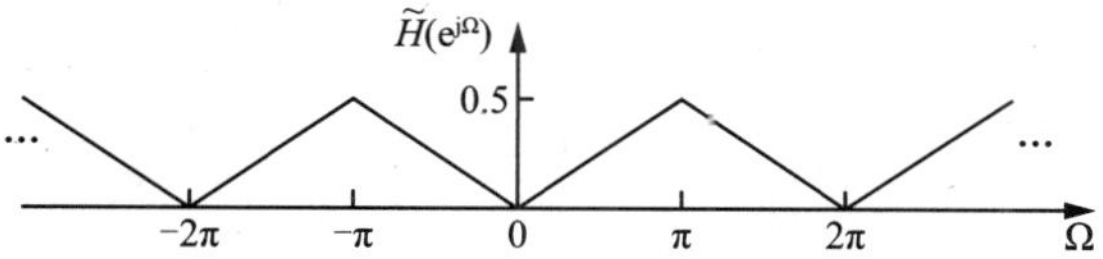

图 9－3－3

因此，$\tilde{x}(n)$ 的 DFS 系数为 $\tilde{X}_k=\dfrac{1}{8}$，$k=0,\ \pm1,\ \pm2,\ \pm3\cdots$，谱线间隔为 $\Omega=\dfrac{\pi}{2}$。

$\tilde{x}(n)$ 通过 $\tilde{H}(\mathrm{e}^{\mathrm{j}\Omega})$ 后的输出 $y(n)$ 也是周期为 4 的周期序列，它的 DFS 系数为

$$\tilde{Y}_k=\begin{cases}\dfrac{1}{32}, & k=\pm 1,\ \pm 3,\ \pm 5,\ \cdots\\ \dfrac{1}{16}, & k=\pm 2,\ \pm 6,\ \pm 10,\ \cdots\end{cases}$$

谱线间隔为：$\Omega=\dfrac{\pi}{2}$。

由 DFS 的合成公式或 DTFT 反变换，输出序列 $y(n)$ 为

$$y(n)=\frac{1}{16}e^{j\pi n}+\frac{1}{32}\left[e^{j(\pi/2)n}+e^{-j(\pi/2)n}\right]=\frac{1}{16}\left[(-1)^n+\cos\left(\frac{\pi n}{2}\right)\right]$$

它的序列图形如图 9－3－4 所示。

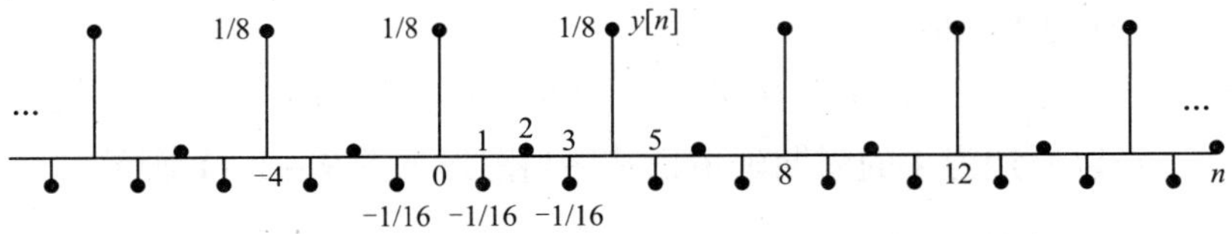

图 9－3－4

第10章　模拟与数字滤波器

10.1　复习笔记

一、一端口和二端口网络

1. 一端口网络

激励和响应在网络的同一端口，它的系统函数称为策动点函数。

策动点阻抗函数　$Z(s)=V(s)/I(s)$

策动点导纳函数　$Y(s)=I(s)/V(s)$

2. LC一端口网络的两种综合方法

(1)福斯特(Foster)综合法：对$Z(s)$或$Y(s)$表达式作部分分式展开，展开后的每一项对应简单的电路结构，经相加组合即可实现所需网络结构。

(2)考尔(Cauer)综合法：它的电路结构呈梯形网络，可分为Ⅰ型和Ⅱ型分别对应不同表达式的写法。

3. 二端口网络综合设计原理

采用“插入衰减法”或“工作参数法”：第一步，按给定频率响应特性寻求一种可实现的有理函数$H_a(s)$，即“逼近”(approximation)；第二步，由选定的$H_a(s)$实现二端口网络的电路结构和参数值。

二、模拟滤波器设计

给定频率特性模平方$|H_a(j\Omega)|^2$，求系统函数$H_a(s)$，目前两种应用最广的典型$H_a(s)$逼近函数。

1. 巴特沃思(Butterworth)滤波器，最平响应特性滤波器。

其幅频特性模平方为

$$|H_a(j\Omega)|^2=\left(\frac{1}{\sqrt{1+\left(\frac{\Omega}{\Omega_c}\right)^{2N}}}\right)^2$$

其中，N为滤波器阶数；Ω_c为滤波器截止角频率。当$\Omega=\Omega_c$时，$|H_a(j\Omega)|^2=\frac{1}{2}$，所以$\Omega_c$是滤波器的电压$-3$dB点或半功率点。

2. 切比雪夫(Chebyshev)Ⅰ型滤波器，通带等波纹滤波器。

幅频特性模平方为

$$|H_a(j\Omega)|^2=\left(\frac{1}{\sqrt{1+\varepsilon^2T_N^2\left(\frac{\Omega}{\Omega_c}\right)}}\right)^2$$

其中，ε决定通带内起伏大小的波纹参数，$T_N(x)$是第一类切比雪夫多项式，定义为

$$T_N(x)=\begin{cases}\cos(N\arccos x) & |x|\leqslant 1\\ \cosh(N\operatorname{arcosh}x) & |x|>1\end{cases}$$

三、无限冲激响应(IIR)数字滤波器

线性时不变离散系统的系统函数 $H(z)$ 是 z^{-1} 的有理函数，即

$$H(z) = \frac{\sum_{r=0}^{M} b_r z^{-r}}{1 + \sum_{k=1}^{N} a_k z^{-k}}$$

当 $a_k \neq 0$ 时，对应的单位样值响应 $h(n)$ 是无限长的，这种数字滤波器称为无限冲激响应滤波器(IIR)。

1. 设计方法

(1)冲激响应不变法(简称冲激不变法)：原理是把 $H_a(s)$ 部分分式展开式中的 $\frac{1}{s-s_k}$ 代之以 $\frac{1}{1-e^{s_kT}z^{-1}}$ 即得 $H(z)$。

(2)双线性变换法：思想是算法逼近，用差分近似微分，用相邻两个采样的平均值近似微分方程中的瞬时值，将 AF(Andoy filter)的微分方程变为差分方程，经 z 变换得 $H(z)$。

2. IIR 数字滤波器的结构实现

主要包括直接型实现(包含形式Ⅰ和形式Ⅱ)、级联型实现和并联型实现等，基本运算部件是加法器、乘法器和延时单元。

四、有限冲激响应(FIR)数字滤波器

$$H(z) = \sum_{k=0}^{N-1} b_k z^{-k} = \sum_{n=0}^{N-1} h(n) z^{-n}$$

采用"窗函数法"设计：首先给出希望逼近的理想滤波器频响函数 $H_d(e^{j\omega})$；其次要求熟悉各种常用窗函数的技术指标和加窗后对滤波特性的影响，根据设计指标正确选择窗函数类型及长度 N。

优点：系统稳定、严格线性相移。

滤波特性分类，如表 10－1－1 所示。

表 10－1－1　四种线性相位 FIR 滤波特性

<table>
<tr><td>情况1</td><td rowspan="2">$h(n)$ 偶对称
$h(n)=h(N-1-n)$
$H(e^{j\omega})=H_g(\omega)e^{-j\alpha\omega}$
$\alpha=\frac{N-1}{2}$
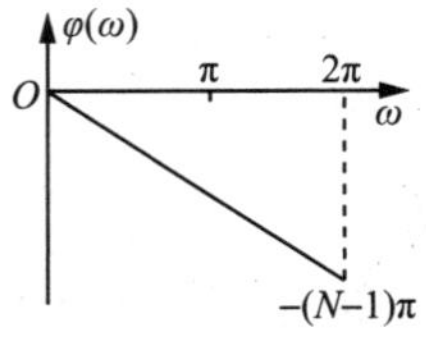</td><td>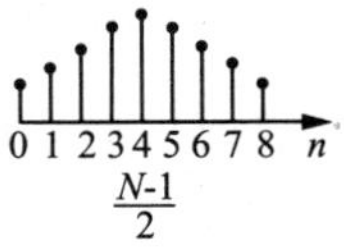</td><td>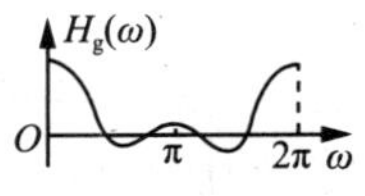</td></tr>
<tr><td>情况2</td><td>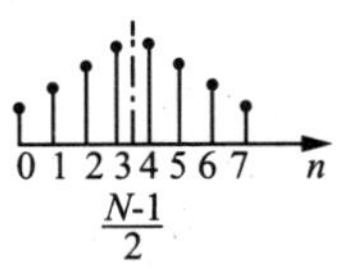</td><td>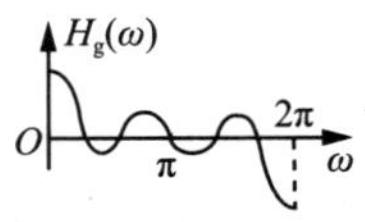</td></tr>
</table>

情况3	$h(n)$奇对称 $h(n)=-h(N-1-n)$ $H(e^{j\omega})=H_g(\omega)e^{j\left(\frac{\pi}{2}-\alpha\omega\right)}$ $\alpha=\frac{N-1}{2}$	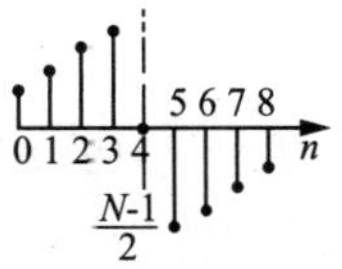	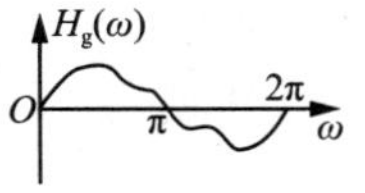
情况4	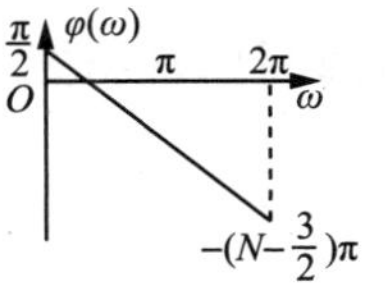	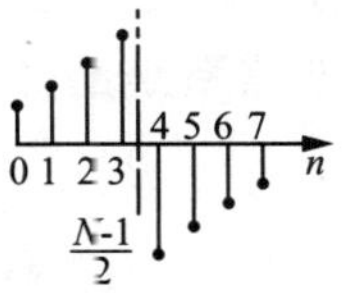	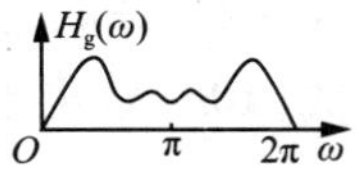

10.2　课后习题详解

10－1　研究两种典型逼近函数在滤波器阻带的衰减性能：

(1)对巴特沃思滤波器，当 $\Omega \gg \Omega_c$ 时，证明其衰减速度为 $20N$ dB/dec(N 为阶数)；

(2)对切比雪夫滤波器，重复(1)所问。

(提示：利用 $\Omega \gg \Omega_c$ 之条件作近似简化求证；衰减速度为 $20N$ dB/dec 表示频率值从 Ω 增大到 10Ω 时，频响特性改变 $-20N$ dB，dec 表示 10 倍频。)

证明：(1)巴特沃思滤波器有

$$|H_a(j\cdot 10\Omega)|^2=\left[\frac{1}{\sqrt{1+\left(\frac{10\Omega}{\Omega_c}\right)^{2N}}}\right]^2$$

$$10\lg\frac{|H_a(j\cdot 10\Omega)|^2}{|H_a(j\Omega)|^2}=10\lg\left[\frac{\sqrt{1+\left(\frac{\Omega}{\Omega_c}\right)^{2N}}}{\sqrt{1+\left(\frac{10\Omega}{\Omega_c}\right)^{2N}}}\right]^2=10\lg\left[\frac{\sqrt{\Omega_c^{2N}+\Omega^{2N}}}{\sqrt{\Omega_c^{2N}+(10\Omega)^{2N}}}\right]^2$$

因为 $\Omega \gg \Omega_c$，所以

$$10\lg\frac{|H_a(j\cdot 10\Omega)|^2}{|H_a(j\Omega)|^2}=10\lg\frac{1}{10^{2N}}=-20N\text{dB}$$

即 N 阶巴特沃斯滤波器的高频衰减为每十倍频 $20N$ 分贝。

(2)切比雪夫滤波器有

$$|H_a(j\cdot 10\Omega)|^2=\left[\frac{1}{\sqrt{1+\varepsilon^2T_N^2\left(\frac{10\Omega}{\Omega_c}\right)}}\right]^2$$

$$10\lg\frac{|H_a(j\cdot 10\Omega)|^2}{|H_a(j\Omega)|^2}=10\lg\left[\frac{\sqrt{1+\varepsilon^2T_N^2\left(\frac{\Omega}{\Omega_c}\right)}}{\sqrt{1+\varepsilon^2T_N^2\left(\frac{10\Omega}{\Omega_c}\right)}}\right]^2$$

其中切比雪夫多项式

$$T_N(x)=\sum_{k=0}^{N}a_kx^k$$

故

$$T_N^2(x) = \sum_{n=0}^{2N} b_n x^n$$

又因为 $\Omega \gg \Omega_c$，所以

$$10\lg \frac{|H_a(\mathrm{j}\cdot 10\Omega)|^2}{|H_a(\mathrm{j}\Omega)|^2} = 10\lg \frac{1}{10^{2N}} = -20N\mathrm{dB}$$

即 N 阶切比雪夫滤波器的高频衰减为每十倍频 20N 分贝。

10－2　证明巴特沃思滤波器系统函数之极点表达式可以写作教材式(10－7)，也即从教材式(10－3)导出以下结论：

$$s_k = \Omega_c e^{\mathrm{j}\left[\frac{(2k-1)\pi}{2N}+\frac{\pi}{2}\right]} \qquad \text{教材式(10－7)}$$

(其中，$k=1, 2, 3, \cdots, 2N$，而 N 值可为奇或偶。)

证明：巴特沃思滤波器的系统函数表达式为

$$|H_a(\mathrm{j}\Omega)|^2\Big|_{\Omega=\frac{s}{\mathrm{j}}} = H_a(s)H_a(-s) = \frac{1}{1+(-1)^N\left(\frac{s}{\Omega_c}\right)^{2N}} \qquad \text{教材式(10－3)}$$

可知上述函数的极点等距离地分布在半径为 Ω_c 的圆上，即

$$(-1)^N\left(\frac{s}{\Omega_c}\right)^{2N} = -1,\ -\left(\frac{s}{\Omega_c}\right)^2 = (-1)^{\frac{1}{N}} = e^{\frac{\mathrm{j}(2k-1)\pi}{N}},\quad k=1,2,3,\cdots,N$$

因此

$$s_k = \Omega_c e^{\frac{\mathrm{j}\pi}{2}} e^{\frac{\mathrm{j}(2k-1)\pi}{2N}} = \Omega_c e^{\mathrm{j}\left[\frac{(2k-1)\pi}{2N}+\frac{\pi}{2}\right]},k=1,2,3,\cdots,2N$$

命题得证。

10－3　设计满足下列技术指标的低通滤波器：

通带内允许起伏 －1 dB　$0 \leqslant f \leqslant 10$ kHz

阻带衰减 $\leqslant -20$ dB　20 kHz $\leqslant f < \infty$

(1)以巴特沃思逼近函数构成，求阶数 N、－3 dB 点频率值 Ω_c 以及系统函数 $H_a(s)$；

(2)以切比雪夫逼近函数构成，选定波纹参数 ε，求阶数 N 以及系统函数 $H_a(s)$。

解：(1)巴特沃思逼近

①求阶数 N，如图 10－2－1 所示。

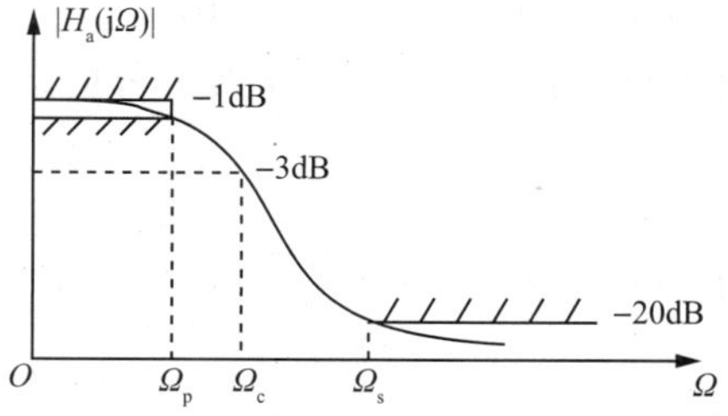

图 10－2－1

由给定条件写出 $|H_a(\mathrm{j}\Omega)|$ 在 Ω_p，Ω_s 两特定点的方程式，由此联立方程求解 N，Ω_c。

$$\Omega_p = 2\pi f_p = 2\pi \times 10^4 \text{ rad/s}$$

$$\Omega_s = 2\pi f_s = 2\pi \times 2 \times 10^4 \text{ rad/s}$$

－1 dB 对应 $10^{-\frac{1}{20}}$，－20 dB 对应 10^{-1}，故

$$|H_a(j\Omega_p)| = \frac{1}{\sqrt{1+(\frac{2\pi\times10^4}{\Omega_c})^{2N}}} = 10^{-\frac{1}{20}}$$

$$|H_a(j\Omega_s)| = \frac{1}{\sqrt{1+(\frac{2\pi\times2\times10^4}{\Omega_c})^{2N}}} = 10^{-1}$$

$$N = \frac{\lg\left(\frac{10^2-1}{10^{\frac{1}{10}}-1}\right)}{2\lg\left(\frac{2\pi\times2\times10^4}{2\pi\times10^4}\right)} = 4.29\text{，取 } N=5$$

②求 -3 dB 截止角频率 Ω_c，将 $N=5$ 代入 $|H_a(j\Omega)|$ 表达式

$$|H_a(j\Omega)| = \frac{1}{\sqrt{1+(\frac{2\pi\times2\times10^4}{\Omega_c})^{10}}} = 10^{-1}$$

解得

$$\Omega_c = \frac{2\pi\times2\times10^4}{\sqrt[10]{10^2-1}} = 2\pi\times1.263\times10^4\ \text{rad/s}$$

③求滤波器系统函数 $H_a(s)$，由教材表 10-1 得 $N=5$ 的巴特沃思多项式 $B_N(s')$，即可写出 $H_a(s')$，解归一化，令 $\frac{s}{\Omega_c}=s'$，代入 $H_a(s')$后得

$$H_a(s) = 3.149\times10^{24}(s^5+2.568\times10^5s^4+3.298\times10^{10}s^3+2.618\times10^{15}s^2 +1.284\times10^{20}s+3.149\times10^{24})^{-1}$$

(2)切比雪夫逼近

①求波纹参数 ε

$$|H_a(j\Omega_c)| = \frac{1}{\sqrt{1+\varepsilon^2}} = 10^{-\frac{1}{20}}$$

解得：$\varepsilon=0.50885$。

②求阶数 N

通带边缘角频率：$\Omega_c=2\pi\times10\times10^3=2\pi\times10^4$ rad/s

阻带边缘角频率：$\Omega_s=2\pi\times20\times10^3=4\pi\times10^4$ rad/s

按衰减要求有

$$|H_a(j\Omega_s)| = \frac{1}{\sqrt{1+\varepsilon^2T_N^2(\frac{4\pi\times10^4}{2\pi\times10^4})}} = 10^{-\frac{20}{20}} = 10^{-1}$$

$$T_N(2) = \cosh(N\operatorname{arcosh}2) = \frac{1}{\varepsilon}\sqrt{10^2-1} = 19.5536$$

$$N = \frac{\operatorname{arcosh}19.5536}{\operatorname{arcosh}2} = 2.783\quad,\quad\text{取 } N=3$$

③按本题要求，1 dB 波纹，$N=3$，查教材表 10-4，同时利用

$$A = \frac{\Omega_c^N}{\varepsilon\cdot2^{N-1}}$$

解得：$A=0.4913$。

故归一化的切比雪夫逼近函数为

$$H_a(s')=\frac{0.4913}{(s')^3+0.9883(s')^2+1.2384s'+0.4913}$$

令$\frac{s}{\Omega_c}=s'$，代入去归一化求得

$$H_a(s)=\frac{1.2187\times10^{14}}{s^3+6.2104\times10^4s^2+4.8893\times10^9s+1.2187\times10^{14}}$$

10－4　图 10－2－2 所示两个网络，哪个网络可以等效为一端口无源网络？

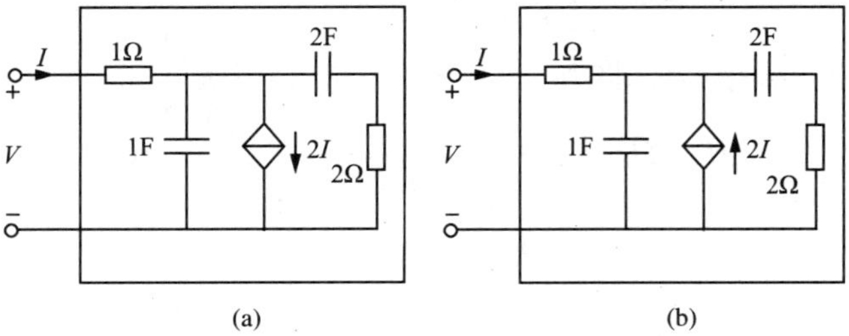

图 10－2－2

解：(1)对于图 10－2－2(a)，可得系统函数

$$H_a(s)=\frac{V(s)}{I(s)}=\frac{4s^2-s-1}{4s^2+3s}$$

由于$H_a(s)$有一个零点$z_0=\frac{1+\sqrt{17}}{8}$在右半平面，不是霍尔维茨多项式。因此$H_a(s)$不是策动点阻抗函数，故图 10－2－2(a)中的网络不可以等效为一端口网络。

(2)对于图 10－2－2(b)，可得系统函数

$$H_b(s)=\frac{4s^2+15s+3}{4s^2+3s}$$

两个零点$z_0=\frac{-15+\sqrt{177}}{8}$，$z_1=\frac{-15-\sqrt{177}}{8}$，均在左半平面。有两个极点，其中$s_0=-\frac{3}{4}$位于左半平面，$s_1=0$位于虚轴上，但是单阶的，所以分子、分母均为霍尔维茨多项式，$H_b(s)$是策动点阻抗函数，故图 10－2－2(b)中的网络可以等效为一端口网络。

10－5　(1)为使$F(s)=\frac{s+a}{s^2+bs+c}$是正实函数，确定$a$，$b$，$c$都应满足什么条件？

(2)检验下列函数哪个是正实函数？

$$F_1(s)=\frac{s+2}{s^2+3s+2};\qquad F_2(s)=\frac{s+1}{s^2+2};\qquad F_3(s)=\frac{s+4}{s^2+3s+1}。$$

解：(1)要使$F(s)=\frac{s+a}{s^2+bs+c}$是正实函数，则要求分子和分母多项式都为霍尔维茨多项式。即$s=-a\leqslant0$且s^2+bs+c的所有零点在左半开平面上或是虚轴上，则$a\geqslant0$，$b\geqslant0$，$c\geqslant0$。

将$s=\mathrm{j}\Omega$代入$F(s)$，得

$$F(\mathrm{j}\Omega)=\frac{\mathrm{j}\Omega+a}{-\Omega^2+b\mathrm{j}\Omega+c}$$

$$\text{Re}[F(\text{j}\Omega)] = \frac{a(c-\Omega^2)+b\Omega^2}{(c-\Omega^2)^2+b^2\Omega^2}$$

因为对所有 Ω，应有 $\text{Re}[F(\text{j}\Omega)] \geqslant 0$，则 $c \geqslant 0$。

当 $c=0$ 时，$\text{Re}[F(\text{j}\Omega)] \geqslant 0$，则 $b \geqslant a$。

综上，$b \geqslant a \geqslant 0$，$c \geqslant 0$。

(2) $F_1(s)$ 中，$a=2$，$b=3$，$c=2$，满足条件 $b \geqslant a \geqslant 0$，$c \geqslant 0$，是正实函数。

$F_2(s)$ 中，$b=0<a=1$，不满足条件，不是正实函数。

$F_3(s)$ 中，$b=3<a=4$，不满足条件，不是正实函数。

10－6　判断函数的正实性：$F_1(s)=\dfrac{3s^2+5}{s(s^2+1)}$；$F_2(s)=\dfrac{s^2+s+2}{s^2+2}$。

解：(1) s 为实数时，$F_1(s)$ 为实数，即 $F_1(s)$ 为实函数。

$F_1(s)$ 分母多项式的零点 $s=0$，$\pm\text{j}$，均为 $\text{j}\Omega$ 轴上的单阶零点，但因为

$$\text{Res}[F_1(s)]_{s=\text{j}} = \text{Res}\left[\frac{3s^2+5}{s(s^2+1)}\right]_{s=\text{j}} = -1 < 0$$

即不具有正实留数，所以 $F_1(s)$ 不是正实函数。

(2) s 为实数时，$F_2(s)$ 为实数，即 $F_2(s)$ 为实函数。

$F_2(s)$ 分母多项式的零点 $s=\pm\sqrt{2}\text{j}$，均为 $\text{j}\Omega$ 轴上的单阶零点，且

$$\text{Res}[F_2(s)]_{s=\sqrt{2}\text{j}} = \text{Res}[F_2(s)]_{s=-\sqrt{2}\text{j}} = \frac{1}{2} > 0$$

且 $\text{Re}[F_2(\text{j}\Omega)] = \dfrac{2-\Omega^2}{2-\Omega^2} = 1 > 0$

所以 $F_2(s)$ 是正实函数。

10－7　本题证明 LC 无损一端口网络策动点阻抗函数 $Z(s)$ 或[导纳函数 $Y(s)$]的一些性质。

对一般多项式 $F(s)$，定义所有由 s 偶次方项构成的多项式称为 $F(s)$ 的偶部，记为 $F_e(s^2)$，所有由 s 奇次方项构成的多项式称为 $F(s)$ 的奇部，记为 $F_o(s)=sF_o^1(s^2)$，则 $F(s)=F_e(s^2)+F_o(s)$。

(1) 证明：若一端口 LC 网络是无损的，即 $\text{Re}[Z(\text{j}\Omega)]=0$，则 $Z(s)$ 一定是奇次多项式和偶次多项式的比值，即 $Z(s)$ 是 s 的奇函数；

(2) $Z(s)$[或 $Y(s)$]的零、极点只能是位于 $\text{j}\Omega$ 轴上的单阶零点或极点，且 $Z(s)$ 在极点处的留数是正实数；

(3) $Z(s)$ 是 s 的奇函数，因而 $Z(\text{j}\Omega)$ 是纯电抗(或电纳)且记为 $Z(\text{j}\Omega)=\text{j}X(\Omega)$，$X(\Omega)$ 是 Ω 的实函数，证明 $\dfrac{\text{d}}{\text{d}\Omega}X(\Omega)>0$，即电抗函数的斜率永远为正。

(4) $Z(s)$ 在 $\text{j}\Omega$ 轴上的零、极点分布必须交替出现。

证明：(1) 反证法。

假定 $Z(s)$ 为偶函数，设 $Z(s)=\dfrac{F_{e1}(s^2)}{F_{e2}(s^2)}$

由于可实现网络函数分子与分母幂次之差不超过一次，所以 $Z(s)$ 表示为

$$Z(s) = \frac{a_0+a_1s^2+\cdots+a_ns^{2n}}{b_0+b_1s^2+\cdots+b_ns^{2n}}$$

令 $s=\mathrm{j}\Omega$，则有

$$Z(\mathrm{j}\Omega)=\frac{a_0-a_1\Omega^2+\cdots+(-1)^n a_n\Omega^{2n}}{b_0-b_1\Omega^2+\cdots+(-1)^n b_n\Omega^{2n}}$$

不能保证 $\mathrm{Re}[Z(\mathrm{j}\Omega)]=0$，故原假设不成立，所以 $Z(s)$ 为 s 的奇函数。

(2) 根据网络的可实现性，$Z(s)$ 的分子、分母多项式必须均为霍尔维茨多项式，再根据 $Z(s)$ 的性质，可知其零极点均在虚轴上，并且为单阶的。

对 $Z(s)$ 进行部分分式展开，有

$$Z(s)=\frac{k_0}{s}+\frac{2k_2 s}{s^2+\omega_2^2}+\frac{2k_4 s}{s^2+\omega_4^2}+\cdots+\frac{2k_{2i}s}{s^2+\omega_{2i}^2}+\cdots+k_\infty s$$

其中 $s=\mathrm{j}\omega_{2i}$ 为极点，k_{2i} 为极点的留数。

因为极点位于 $\mathrm{j}\Omega$ 轴上，且 $Z(s)$ 为正实函数，所以这些极点的留数必须为正实数。

(3) 由 (1) 可知 $\mathrm{Re}[Z(\mathrm{j}\Omega)]=0$，所以

$$Z(\mathrm{j}\Omega)=\mathrm{j}\left(\frac{-k_0}{\Omega}+\frac{2k_2\Omega}{\omega_2^2-\Omega^2}+\frac{2k_4\Omega}{\omega_4^2-\Omega^2}+\cdots+\frac{2k_{2i}\Omega}{\omega_{2i}^2-\Omega^2}+\cdots+k_\infty\Omega\right)=\mathrm{j}X(\Omega)$$

显然，$X(\Omega)$ 的表达式为实数，即 $X(\Omega)$ 是 Ω 的实函数。

$$\frac{\mathrm{d}}{\mathrm{d}\Omega}X(\Omega)=\frac{k_0}{\Omega^2}+\cdots+\frac{2k_2(\Omega^2+\omega_2^2)}{(\omega_2^2-\Omega^2)^2}+\cdots+k_\infty$$

由 (2) 可知所有留数 k_{2i} 均为正实数，故 $\frac{\mathrm{d}}{\mathrm{d}\Omega}X(\Omega)>0$。

(4) 反证法。

假设存在两个连续的零点，其间没有极点，则由于 $\frac{\mathrm{d}X(\Omega)}{\mathrm{d}\Omega}>0$ 与连续函数两零点之间必存在导数等于零的点相矛盾，故假设不成立，即不存在两个连续的零点。同理可知，不存在两个连续的极点，即 $X(\Omega)$ 的零点与极点总是交替出现，从而 $Z(s)$ 在 $\mathrm{j}\Omega$ 轴上的零极点也是交替出现。

10-8　已知无损 LC 阻抗函数 $Z(s)=\frac{(s^2+1)(s^2+9)}{s(s^2+4)(s^2+16)}$，试分别用考尔 I 型、II 型实现。

解： (1) 考尔 I 型

$$Z(s)=\frac{s^4+10s^2+9}{s^5+20s^3+64s}$$

$$\begin{array}{l}
s^4+10s^2+9\;\big)\;s^5+20s^3+64s\;\Rightarrow\; s \\
\quad s^5+10s^3+9s \\
\quad \overline{10s^3+55s}\;\big)\;s^4+10s^2+9\;\Rightarrow\;\frac{1}{10}s \\
\qquad s^4+5.5s^2 \\
\qquad \overline{4.5s^2+9}\;\big)\;10s^3+55s\;\Rightarrow\;\frac{20}{9}s \\
\qquad\quad 10s^3+20s \\
\qquad\quad \overline{35s}\;\big)\;4.5s^2+9\;\Rightarrow\;\frac{9}{70}s \\
\qquad\qquad 4.5s^2 \\
\qquad\qquad \overline{9}\;\big)\;35s\;\Rightarrow\;\frac{35}{9}s \\
\qquad\qquad\quad 35s \\
\qquad\qquad\quad \overline{0}
\end{array}$$

故 $Z(s)=\cfrac{1}{s+\cfrac{1}{\cfrac{1}{10}s+\cfrac{1}{\cfrac{20}{9}s+\cfrac{1}{\cfrac{9}{70}s+\cfrac{1}{\cfrac{35}{9}s}}}}}$

其实现如图 10－2－3(a)所示。

(2)考尔Ⅱ型

$Z(s)=\dfrac{9+10s^2+s^4}{64s+20s^3+s^5}$

$$\begin{aligned}
&64s+20s^3+s^5\ \big)\ 9+10s^2+s^4 \quad \text{商 } \frac{1}{7.11s}\\
&\qquad 9+2.81s^2+0.141s^4\\
&\qquad\overline{7.19s^2+0.859s^4}\ \big)\ 64s+20s^3+s^5 \quad \text{商 } \frac{1}{0.112s}\\
&\qquad\qquad 64s+7.652s^3\\
&\qquad\qquad\overline{12.348s^3+s^5}\ \big)\ 7.19s^2+0.86s^4 \quad \text{商 } \frac{1}{1.718s}\\
&\qquad\qquad\qquad 7.19s^2+0.5825s^4\\
&\qquad\qquad\qquad\overline{0.278s^4}\ \big)\ 12.35s^3+s^5 \quad \text{商 } \frac{1}{0.022s}\\
&\qquad\qquad\qquad\qquad 12.35s^3\\
&\qquad\qquad\qquad\qquad\overline{s^5}\ \big)\ 0.278s^4 \quad \text{商 } \frac{1}{3.61s}\\
&\qquad\qquad\qquad\qquad\qquad 0.278s^4\\
&\qquad\qquad\qquad\qquad\qquad\overline{0}
\end{aligned}$$

故 $Z(s)=\cfrac{1}{7.11s}+\cfrac{1}{\cfrac{1}{0.112s}+\cfrac{1}{\cfrac{1}{1.718s}+\cfrac{1}{\cfrac{1}{0.022s}+\cfrac{1}{\cfrac{1}{3.61s}}}}}$

其实现如图 10－2－3(b)所示。

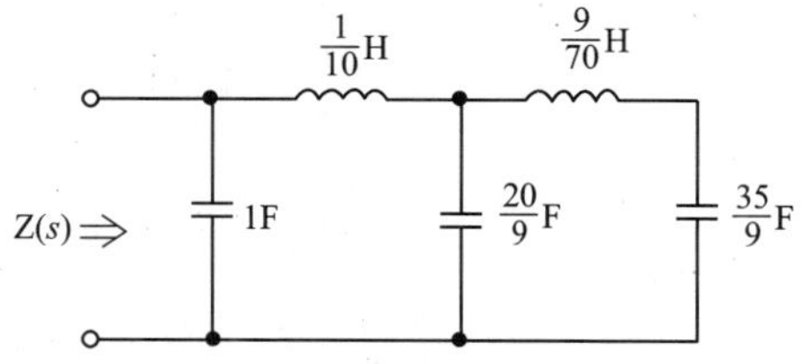

(a) Z(s)的考尔Ⅰ型实现

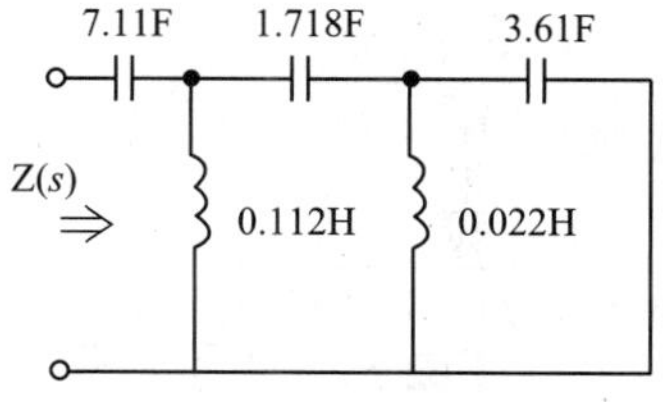

(b) Z(s)的考尔Ⅱ型实现

图 10－2－3

10－9 (1)求图 10－2－4 所示网络的策动点阻抗函数 Z(s)；

(2)试分别用考尔Ⅰ型、Ⅱ型实现图示网络的 Z(s)。

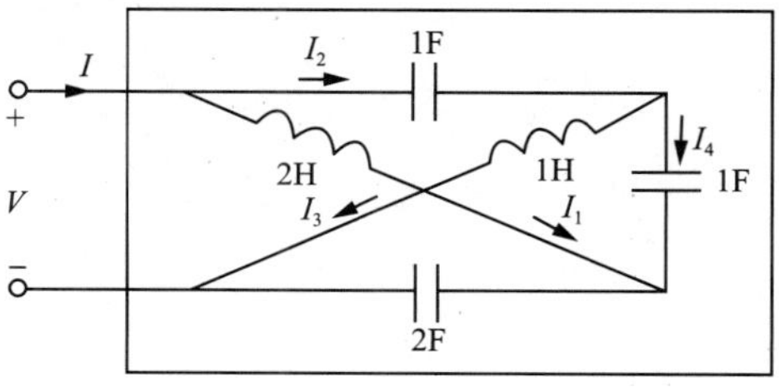

图 10－2－4

解：(1)假定图中网络右上方节点电压为 V_1，右下方节点电压为 V_2，则依据电路理论，可列出方程

$$\begin{cases} s\cdot(V-V_1)=\dfrac{1}{s}\cdot V_1+s\cdot(V_1-V_2) \\ s\cdot(V_1-V_2)=2s\cdot V_2-\dfrac{1}{2s}\cdot(V-V_2) \\ \dfrac{1}{s}\cdot V_1+2s\cdot V_2=I \end{cases}$$

整理得：$Z(s)=\dfrac{V}{I}=\dfrac{10s^4+8s^2+1}{4s^5+10s^3+4s}$。

(2)①考尔Ⅰ型

$$Z(s)=\frac{10s^4+8s^2+1}{4s^5+10s^3+4s}$$

$$\begin{array}{l}
10s^4+8s^2+1 \;\big)\; 4s^5+10s^3+4s \quad \text{商 } 0.4s \\
\quad 4s^5+3.2s^3+0.4s \\
\quad \overline{\qquad 6.8s^3+3.6s} \;\big)\; 10s^4+8s^2+1 \quad \text{商 } 1.47s \\
\qquad\qquad 10s^4+5.292s^2 \\
\qquad\qquad \overline{\qquad 2.708s^2+1} \;\big)\; 6.8s^3+3.6s \quad \text{商 } 2.513s \\
\qquad\qquad\qquad 6.8s^3+2.513s \\
\qquad\qquad\qquad \overline{\qquad 1.087s} \;\big)\; 2.708s^2+1 \quad \text{商 } 2.489s \\
\qquad\qquad\qquad\qquad 2.708s^2 \\
\qquad\qquad\qquad\qquad \overline{\qquad 1} \;\big)\; 1.087s \quad \text{商 } 1.087s \\
\qquad\qquad\qquad\qquad\qquad 1.087s \\
\qquad\qquad\qquad\qquad\qquad \overline{\qquad 0}
\end{array}$$

故 $Z(s)=\cfrac{1}{0.4s+\cfrac{1}{1.47s+\cfrac{1}{2.513s+\cfrac{1}{2.489s+\cfrac{1}{1.087s}}}}}$

其实现如图 10－2－5(a)所示。

②考尔Ⅱ型

$$Z(s)=\frac{1+8s^2+10s^4}{4s+10s^3+4s^5}$$

$$\begin{array}{l}
4s+10s^3+4s^5 \;\big)\; 1+8s^2+10s^4 \quad \text{商 } \frac{1}{4s} \\
\quad 1+2.5s^2+s^4 \\
\quad \overline{\qquad 5.5s^2+9s^4} \;\big)\; 4s+10s^3+4s^5 \quad \text{商 } \frac{1}{1.375s} \\
\qquad\qquad 4s+6.545s^3 \\
\qquad\qquad \overline{\qquad 3.455s^3+4s^5} \;\big)\; 5.5s^2+9s^4 \quad \text{商 } \frac{1}{0.628s} \\
\qquad\qquad\qquad 5.5s^2+6.369s^4 \\
\qquad\qquad\qquad \overline{\qquad 2.631s^4} \;\big)\; 3.455s^3+4s^5 \quad \text{商 } \frac{1}{0.762s} \\
\qquad\qquad\qquad\qquad 3.455s^3 \\
\qquad\qquad\qquad\qquad \overline{\qquad 4s^5} \;\big)\; 2.631s^4 \quad \text{商 } \frac{1}{1.52s} \\
\qquad\qquad\qquad\qquad\qquad 2.631s^4 \\
\qquad\qquad\qquad\qquad\qquad \overline{\qquad 0}
\end{array}$$

故 $Z(s)=\dfrac{1}{4s}+\cfrac{1}{\cfrac{1}{1.375s}+\cfrac{1}{\cfrac{1}{0.628s}+\cfrac{1}{\cfrac{1}{0.762s}+\cfrac{1}{\cfrac{1}{1.52s}}}}}$

其实现如图 10－2－5(b)所示。

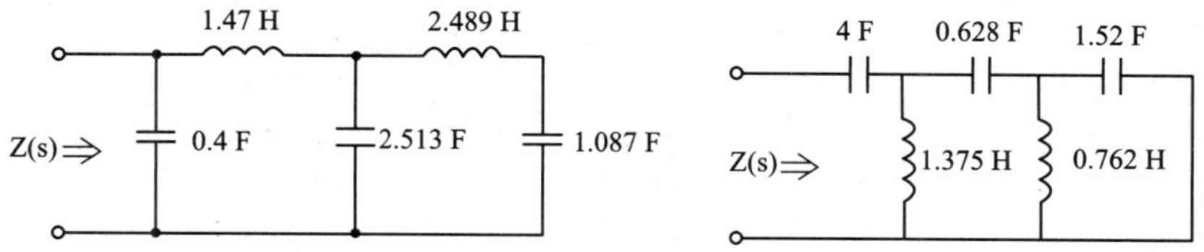

(a) Z(s)的考尔 I 型实现　　(b) Z(s)的考尔 II 型实现

图 10－2－5

10－10　福斯特型一端口无源网络综合方法是将给定的策动点阻抗或导纳函数用部分分式展开，例如，若 $Z(s)=\dfrac{s(s^2+2)}{(s^2+1)(s^2+3)}$，可展开为 $Z(s)=\dfrac{\frac{1}{2}s}{s^2+1}+\dfrac{\frac{1}{2}s}{s^2+3}$。

式中两项各对应一个并联谐振回路，画出实现它的等效电路图，注明图中 L，C 元件值。

解： 写成考尔 I 型连分式结构，得

$$Z(s)=\frac{\frac{1}{2}s}{s^2+1}+\frac{\frac{1}{2}s}{s^2+3}=\frac{1}{2s+\frac{2}{s}}+\frac{1}{2s+\cfrac{1}{\frac{1}{6}s}}$$

等效电路图如图 10－2－6 所示。图中第①部分对应 $Z(s)$ 第一项，第②部分对应 $Z(s)$ 第二项。

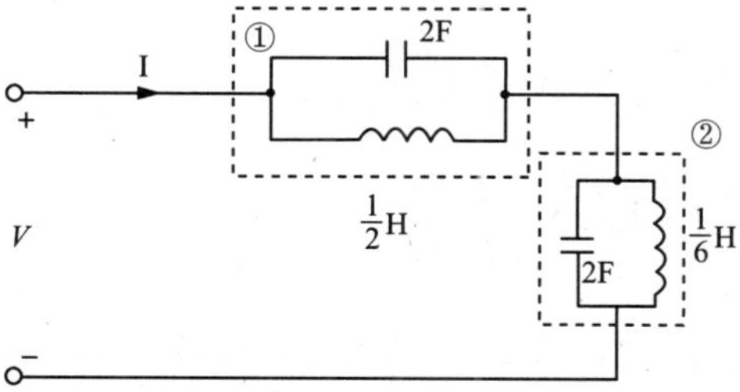

图 10－2－6

10－11　已知系统函数

$$H_a(s)=\frac{k}{s^2+3s+1}$$

用两端接电阻的无损二端口网络实现，信源内阻 $R_S=1\ \Omega$，分别求负载电阻为：(1) $R_L=1\ \Omega$；(2) $R_L=2\ \Omega$；(3) $R_L=0.5\ \Omega$ 时的三种电路实现。

解： 由给定 $H_a(s)$ 得出，系统传输零点位于 $s=\infty$ 处，在 $s=0$ 时有

$$H_a(0)=\frac{R_L}{R_S+R_L}=k$$

(1) 当 $R_L=1\ \Omega$ 时，$k=\frac{1}{1+1}=\frac{1}{2}$，此时

$$\rho(s)\rho(-s)=1-\frac{4R_S}{R_L}H_a(s)H_a(-s)$$

$$=1-4\frac{\frac{1}{2}}{s^2+3s+1}\cdot\frac{\frac{1}{2}}{s^2-3s+1}$$

$$=\frac{s^4-7s^2}{(s^2+3s+1)(s^2-3s+1)}$$

$$=\frac{s(s+\sqrt{7})}{s^2+3s+1}\cdot\frac{-s(-s+\sqrt{7})}{s^2-3s+1}$$

从 $\rho(s)\rho(-s)$ 的零极点分布可以看出，为使结果满足最小相位函数的条件，应选择第一项作为 $\rho(s)$，于是有 $\rho(s)=\frac{s(s+\sqrt{7})}{s^2+3s+1}$。

可实现的策动点阻抗函数有两个

$$Z_{11}(s)=\frac{1+\rho(s)}{1-\rho(s)}R_S=\left[1+\frac{s(s+\sqrt{7})}{s^2+3s+1}\right]\Big/\left[1-\frac{s(s+\sqrt{7})}{s^2+3s+1}\right]=5.6458s+\frac{1}{0.3543s+1}$$

$$Z'_{11}(s)=\frac{1}{Z_{11}(s)}=\left[1-\frac{s(s+\sqrt{7})}{s^2+3s+1}\right]\Big/\left[1+\frac{s(s+\sqrt{7})}{s^2+3s+1}\right]=\frac{1}{5.6458s+\frac{1}{0.3543s+1}}$$

用考尔 I 型实现的电路图如图 10－2－7(a)、(b) 所示。

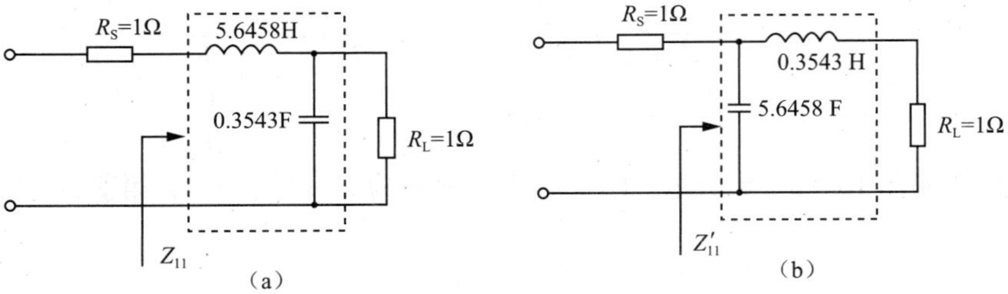

图 10－2－7

(2) 当 $R_L=2\ \Omega$ 时，$k=\frac{2}{2+1}=\frac{2}{3}$，此时

$$\rho(s)\rho(-s)=1-4\cdot\frac{1}{2}\cdot\frac{\frac{2}{3}}{s^2+3s+1}\cdot\frac{\frac{2}{3}}{s^2-3s+1}$$

$$=\frac{s^4-7s^2+\frac{1}{9}}{(s^2+3s+1)(s^2-3s+1)}$$

$$=\frac{s^2+2.7689s+0.3333}{s^2+3s+1}\cdot\frac{s^2-2.7689s+0.3333}{s^2-3s+1}$$

则最小相位解为：$\rho(s)=\frac{s^2+2.7689s+0.3333}{s^2+3s+1}$

对应：$Z_{11}(s)=\dfrac{1+\rho(s)}{1-\rho(s)}R_S=8.6533s+\dfrac{1}{0.1743s+\dfrac{1}{2}}$

$$Z'_{11}(s)=\frac{1}{Z_{11}(s)}=\frac{1}{8.6533s+\dfrac{1}{0.1743s+\dfrac{1}{2}}}$$

当 $s=0$ 时，$Z_{11}(0)=2$，$Z'_{11}(0)=\dfrac{1}{2}$，所以只有 $Z_{11}(s)$ 满足要求，用考尔 I 型实现的电路图如图 10－2－7(c)所示。

(3)当 $R_L=0.5\ \Omega$ 时，$k=\dfrac{1}{3}$，此时

$$\rho(s)\rho(-s)=1-\frac{4}{0.5}\cdot\frac{\frac{1}{3}}{s^2+3s+1}\cdot\frac{\frac{1}{3}}{s^2-3s+1}$$

$$=\frac{s^2+2.7689s+0.3333}{s^2+3s+1}\cdot\frac{s^2-2.7689s+0.3333}{s^2-3s+1}$$

则最小相位解为：$\rho(s)=\dfrac{s^2+2.7689s+0.3333}{s^2+3s+1}$

对应：$Z_{11}(s)=\dfrac{1+\rho(s)}{1-\rho(s)}R_S=8.6533s+\dfrac{1}{0.1743s+\dfrac{1}{2}}$

$$Z'_{11}(s)=\frac{1}{Z_{11}(s)}=\frac{1}{8.6533s+\dfrac{1}{0.1743s+\dfrac{1}{2}}}$$

由于 $Z'_{11}(0)=0.5=R_L$，而 $Z_{11}(0)=2\neq R_L$，所以只有 $Z'_{11}(s)$ 满足要求，用考尔 I 型实现的电路图如图 10－2－7(d)所示。

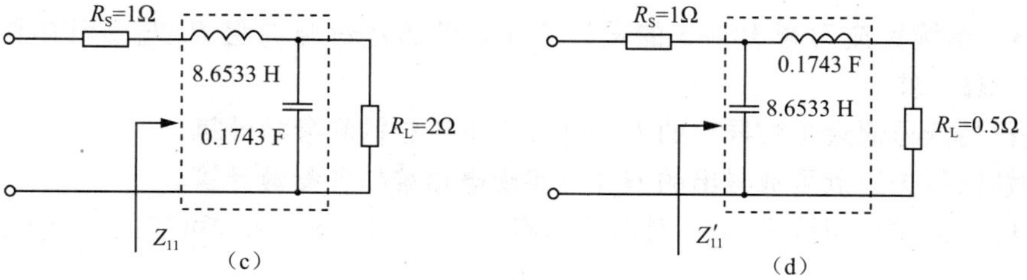

图 10－2－7

10－12　已知系统函数 $H_a(s)=\dfrac{ks^2}{s^2+3s+1}$，用两端接电阻的无损二端口网络实现，信源内阻 $R_S=1\ \Omega$，求负载电阻为 $R_L=1\ \Omega$ 时的电路实现。

解：在 $s=\infty$ 处，有 $H_a(\infty)=k=\dfrac{R_L}{R_S+R_L}$。

当 $R_S=R_L=1\ \Omega$ 时，有 $k=0.5$，从而

$$\rho(s)\rho(-s)=1-4\cdot\frac{1}{1}\cdot\frac{\frac{1}{2}s^2}{s^2+3s+1}\cdot\frac{\frac{1}{2}s^2}{s^2-3s+1}$$

$$=\frac{\sqrt{7}\left(s+\frac{1}{\sqrt{7}}\right)}{s^2+3s+1}\cdot\frac{\sqrt{7}\left(-s+\frac{1}{\sqrt{7}}\right)}{s^2-3s+1}$$

则最小相位解为：$\rho(s)=\frac{\sqrt{7}\left(s+\frac{1}{\sqrt{7}}\right)}{s^2+3s+1}=\frac{2.6458s+1}{s^2+3s+1}$

对应

$$Z_{11}(s)=\frac{1+\rho(s)}{1-\rho(s)}R_S=\left(1+\frac{2.6458s+1}{s^2+3s+1}\right)\Big/\left(1-\frac{2.6458s+1}{s^2+3s+1}\right)$$

$$=\frac{1}{0.1771s}+\frac{1}{\frac{1}{2.8229s}+1}$$

$$Z'_{11}(s)=\frac{1}{Z_{11}(s)}=\frac{1}{\frac{1}{0.1771s}+\frac{1}{\frac{1}{2.8229s}+1}}$$

在 $s=\infty$ 处，$Z_{11}(\infty)=Z'_{11}(\infty)=1$ 均满足要求，其考尔Ⅱ型电路实现如图 10－2－8 所示。

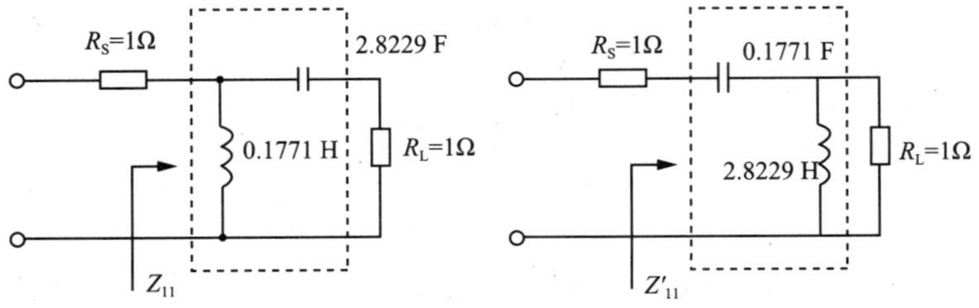

图 10－2－8

10－13　继续完成习题 10－3 的设计工作。若给定信源内阻 R_S 与负载电阻 R_L 相等，$R_S=R_L=1$ kΩ，求

(1) 按巴特沃思逼近函数导出的 $H_a(s)$ 实现电路结构和参数计算；

(2) 按切比雪夫逼近函数导出的 $H_a(s)$ 实现电路结构和参数计算。

解： (1) 把策动点阻抗 $Z_{11}(s')$ 对信源内阻归一化，电路有两种可能的综合形式

$$\frac{Z_{11}(s')}{R_S}=\frac{B_5(s')\pm(s')^5}{B_5(s')\mp(s')^5}$$

$$B_5(s')=(s')^5+3.2361(s')^4+5.2361(s')^3+5.2361(s')^2+3.2361s'+1$$

第一种实现

$$\frac{Z_{11}(s')}{R_S}=\frac{2(s')^5+3.2361(s')^4+5.2361(s')^3+5.2361(s')^2+3.2361s'+1}{3.2361(s')^4+5.2361(s')^3+5.2361(s')^2+3.2361s'+1}$$

$$=0.618s'+\cfrac{1}{1.618s'+\cfrac{1}{2.000s'+\cfrac{1}{1.618s'+\cfrac{1}{0.618s'+1}}}}$$

实现电路图如图 10-2-9(a)所示。

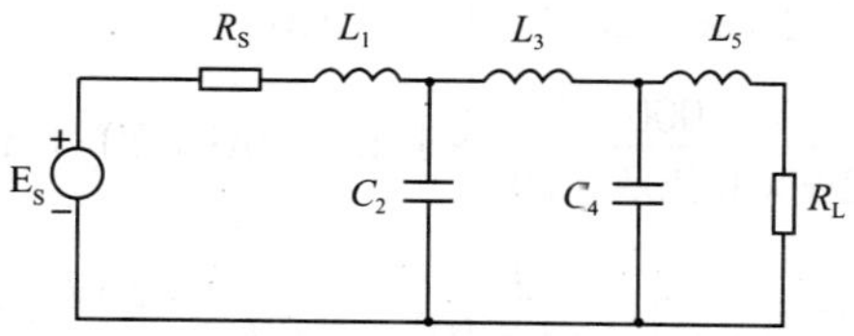

图 10-2-9(a)　T 型实现

对各元件去归一化

$$L_1=\frac{R_S}{\Omega_c}L'_1=\frac{1000}{2\pi\times1.263\times10^4}\times0.618\ \text{mH}=7.79\ \text{mH}$$

$$C_2=\frac{1}{\Omega_cR_S}C'_2=\frac{1}{2\pi\times1.263\times10^4\times1000}\times1.618\ \mu\text{F}=0.0204\ \mu\text{F}$$

$$L_3=\frac{R_S}{\Omega_c}L'_3=\frac{1000}{2\pi\times1.263\times10^4}\times2.000\ \text{mH}=25.20\ \text{mH}$$

$$C_4=\frac{1}{\Omega_cR_S}C'_4=\frac{1}{2\pi\times1.263\times10^4\times1000}\times1.618\ \mu\text{F}=0.0204\ \mu\text{F}$$

$$L_5=\frac{R_S}{\Omega_c}L'_5=\frac{1000}{2\pi\times1.263\times10^4}\times0.618\ \text{mH}=7.79\ \text{mH}$$

第二种实现

$$\frac{Z_{11}(s')}{R_S}=\frac{B_5(s')-(s')^5}{B_5(s')+(s')^5}$$

$$=\frac{3.2361(s')^4+5.2361(s')^3+5.2361(s')^2+3.2361s'+1}{2(s')^5+3.2361(s')^4+5.2361(s')^3+5.2361(s')^2+3.2361s'+1}$$

$$=\cfrac{1}{0.618s'+\cfrac{1}{1.618s'+\cfrac{1}{2.000s'+\cfrac{1}{1.618s'+\cfrac{1}{0.618s'+1}}}}}$$

实现电路图如图 10-2-9(b)所示。

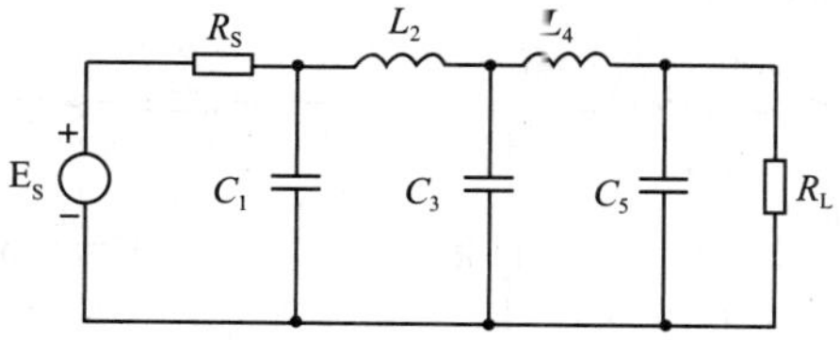

图 10-2-9(b)　Π 型实现

对各元件去归一化

$$C_1=\frac{1}{\Omega_cR_S}C'_1=\frac{1}{2\pi\times1.263\times10^4\times1000}\times0.618\ \mu\text{F}=0.0078\ \mu\text{F}$$

$$L_2=\frac{R_S}{\Omega_c}L'_2=\frac{1000}{2\pi\times1.263\times10^4}\times1.618\ \text{mH}=20.4\ \text{mH}$$

$$C_3=\frac{1}{\Omega_c R_S}C'_3=\frac{1}{2\pi\times1.263\times10^4\times1000}\times2.000\ \mu F=0.0252\ \mu F$$

$$L_4=\frac{R_S}{\Omega_c}L'_4=\frac{1000}{2\pi\times1.263\times10^4}\times1.618\ mH=20.4\ mH$$

$$C_5=\frac{1}{\Omega_c R_S}C'_5=\frac{1}{2\pi\times1.263\times10^4\times1000}\times0.618\ \mu F=0.0078\ \mu F$$

（2）由 $H_a(0)=\frac{R_L}{R_S+R_L}=\frac{1}{2}$，求得

$$\rho(s')=\frac{(s')^3+0.7500s'}{(s')^3+0.9883(s')^2+1.2384s'+0.4913}$$

策动点阻抗的两种可能形式为

$$\frac{Z_{11}(s')}{R_S}=\frac{1+\rho(s')}{1-\rho(s')}=\frac{2(s')^3+0.9883(s')^2+1.9884s'+0.4913}{0.9883(s')^2+0.4884s'+0.4913}$$

$$=2.0236s'+\cfrac{1}{0.9941s'+\cfrac{1}{2.0236s'+1}}$$

$$\frac{Z_{11}(s')}{R_S}=\frac{1-\rho(s')}{1+\rho(s')}$$

$$=\cfrac{1}{2.0236s'+\cfrac{1}{0.9941s'+\cfrac{1}{2.0236s'+1}}}$$

分别去归一化得

$$Z_{11}(s)=32.2\times10^{-3}s+\cfrac{1}{0.016\times10^{-6}s+\cfrac{1}{32.2\times10^{-3}+1}}$$

$$Z'_{11}(s)=\cfrac{1}{0.032\times10^{-6}s+\cfrac{1}{15.82\times10^{-3}s+\cfrac{1}{0.032\times10^{-6}s+1}}}$$

实现电路图如图 10－2－10 所示。

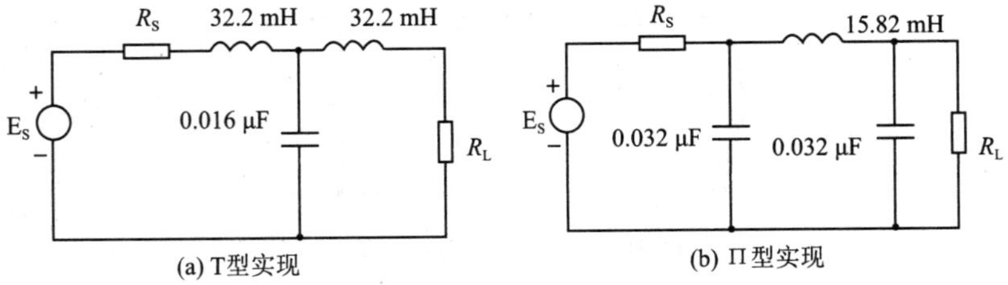

图 10－2－10

10－14　通带允许起伏为 1dB 的切比雪夫滤波器：

（1）求 $N=2$ 时低通原型滤波器系统函数 $H_{a1}(s')$；

（2）若归一化负载电阻为 $R'_L=R_L/R_S=0.25$，求低通原型电路实现，并说明实现电路时有何限制。

解：（1）1dB 波纹起伏参数 $\varepsilon=0.50885$，则

$$A=\frac{1}{\varepsilon\cdot 2^{N-1}}=\frac{1}{0.50885\times 2^{2-1}}=0.9826$$

查教材表 10－3 可得 $H_{al}(s')=\dfrac{0.9826}{(s')^2+1.0977s'+1.1025}$。

(2) $N=2$，$\dfrac{R_L}{R_S}=0.25$，查主教材表 10－5 可得 $L'_1=3.7779$，$C'_2=0.3001$。由于 $N=2$ 为偶数，此时只有用Ⅱ型实现低通原型电路，如图 10－2－11 所示。

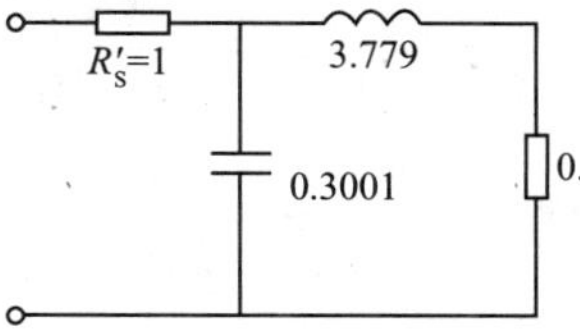

图 10－2－11

10－15　通带允许起伏为 3dB 的切比雪夫滤披器：

(1) 求 $N=2$ 时低通原型滤波器系统函数 $H_{al}(s')$；

(2) 若归一化负载电阻为 $R'_L=0.15$，求低通原型电路实现。

解：(1) 由于

$$|H_a(j\Omega_c)|=\frac{1}{\sqrt{1+\varepsilon^2}}=10^{-\frac{3}{20}}$$

因此可得波纹起伏参数 $\varepsilon=0.9976$

$H_{al}(s')$ 的分子：$A=\dfrac{1}{\varepsilon\cdot 2^{N-1}}=0.5012$

查教材表 10－3 得：$H_{al}(s')=\dfrac{0.5012}{(s')^2+0.6449s'+0.7079}$。

(2) N 为偶数，故只能用 Π 型实现低通原型。

$$H_{al}(0)=\frac{R_L}{R_S+R_L}=\frac{0.15}{1+0.15}=\frac{3}{23}$$

$$\rho(s')\rho(-s')=1-4\frac{R_S}{R_L}\times\left(\frac{3}{23}\right)^2\times 0.5012^2\times[(s')^2+0.6449s'+0.7079]^{-1}\times[(s')^2-0.6449s'+0.7079]^{-1}$$

解得最小相位解及Ⅱ型结构策动点阻抗函数为

$$\rho(s')=\frac{(s')^2+0.2157s'+0.5233}{(s')^2+0.6449s'+0.7079}$$

$$Z_{11}(s')=\frac{1-\rho(s')}{1+\rho(s')}=\cfrac{1}{4.650s'+\cfrac{1}{0.3486s'+0.15}}$$

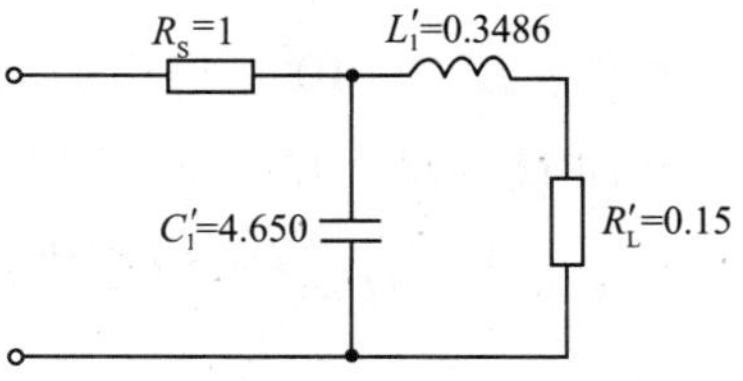

图 10－2－12

具体实现如图 10－2－12 所示。

10－16　设计并实现满足下列技术指标的巴特沃思高通滤波器。

通带允许起伏：－1 dB　　1 MHz≤f＜∞

阻带衰减：≤－20 dB　　0≤f≤500 kHz

信源内阻和负载电阻相等：$R_S=R_L=1$ kΩ。

解：(1)求出高通滤波器的各个归一化频率 λ_p，λ_s 及 λ_c，令参考频率为 ω_c，则

$$\lambda_p = \Omega_p/\Omega_c = 2\pi\times10^6/\Omega_c$$

$$\lambda_s = \Omega_s/\Omega_c = 2\pi\times5\times10^5/\Omega_c$$

$$\lambda_c = \Omega_c/\Omega_c = 1$$

(2)求出低通原型滤波器的相应参数，由于低通归一化频率 Ω' 与高通归一化频率 λ 的对应关系为 Ω' 为 $\lambda\Omega' = -1$，故

$$\Omega'_p = -\frac{1}{\lambda_p} = -\frac{\Omega_c}{2\pi\times10^6}$$

$$\Omega'_s = -\frac{1}{\lambda_s} = -\frac{\Omega_c}{2\pi\times5\times10^5}$$

$$\Omega'_c = \frac{1}{\lambda_c} = 1$$

因而有

$$|H_{al}(j\Omega'_p)| = 1\Big/\sqrt{1+\left(\frac{\Omega_c}{2\pi\times10^6}\right)^{2N}} = 10^{-\frac{1}{20}}$$

$$|H_{al}(j\Omega'_s)| = 1\Big/\sqrt{1+\left(\frac{\Omega_c}{2\pi\times5\times10^5}\right)^{2N}} = 10^{-1}$$

(3)求低通原型系统函数 $H_{al}(s')$

确定滤波器阶数 N

$$N = \frac{\lg[(10^2-1)/(10^{0.1}-1)]}{2\times\lg\left(\frac{2\pi\times10^6}{2\pi\times5\times10^5}\right)} = 4.29 \qquad 取整得 N = 5$$

查教材中表(10－1)可得 $H_{al}(s)$ 的表达式

$$H_{al}(s') = \frac{1}{(s')^5+3.2361(s')^4+5.2361(s')^3+5.2361(s')^2+3.2361s'+1}$$

(4)实现电路

通过低通原型来确定参考频率 Ω_c，利用阻带频率 Ω'_s，有

$$|H_{al}(j\Omega'_s)| = \frac{1}{\sqrt{1+(\Omega'_s)^{2\times5}}} = 10^{-1}$$

解得：$\Omega'_s = (10^2-1)^{\frac{1}{10}} = 1.583$

从而 $\Omega_c = \Omega_s\cdot\Omega'_s = 2\pi\times5\times10^5\times1.583 = 2\pi\times7.916\times10^5\,\text{rad/s}$

将 $s' = \frac{1}{s}\cdot\Omega_c = \frac{2\pi\times7.916\times10^5}{s}$ 代入 $H_{al}(s')$，得高通滤波器

$$H_a(s) = \frac{s^5}{s^5+1.610\times10^7s^4+1.295\times10^{14}s^3+6.443\times10^{20}s^2+1.981\times10^{27}s+3.044\times10^{33}}$$

查表得归一化低通元件值为

$$L'_1 = 0.6180,\ C'_2 = 1.6180,\ L'_3 = 2.0000,\ C'_4 = 1.6180,\ L'_5 = 0.6180$$

又 $R_S = 1\ \text{k}\Omega$，求得所需高通电路元件值如下

$$C_1=\frac{1}{R_S\Omega_c L'_1}=\frac{1}{0.61802\times2\pi\times7.916\times10^8}\text{ pF}=325.3\text{ pF}$$

$$L_2=\frac{R_S}{C'_2\Omega_c}=124.3\ \mu\text{H},\ C_3=\frac{1}{R_S\Omega_c L'_3}=100.5\text{ pF}$$

$$L_4=\frac{R_S}{\Omega_c C'_4}=124.3\ \mu\text{H},\ C_5=\frac{1}{R_S\Omega_c L'_5}=325.3\text{ pF}$$

实现电路如图 10－2－13 所示。

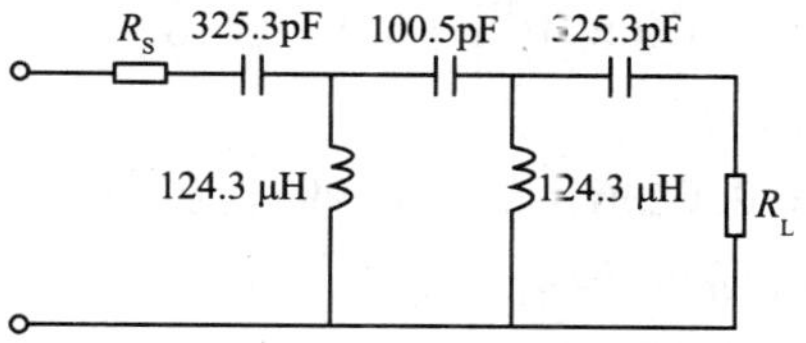

图 10－2－13

10－17　设计并实现满足下列技术指标的带通滤波器：

通带内要求具有等波纹起伏特性，允许起伏：－1 dB　0.95 MHz≤f≤1.05 MHz

阻带衰减：≤－40 dB　0≤f≤0.75 MHz，1.25 MHz≤f<∞

信源内阻和负载电阻相等：$R_S=R_L=150\ \Omega$。

解：(1)求归一化带通频率

取通带宽度为参考频率

$$\Omega_r=\Omega_{p2}-\Omega_{p1}=2\pi\times1.05\times10^6-2\pi\times0.95\times10^6=2\pi\times10^5\text{rad/s}$$

$$\lambda_{p1}=\frac{\Omega_{p1}}{\Omega_r}=9.5\quad \lambda_{p2}=\frac{\Omega_{p2}}{\Omega_r}=10.5$$

$$\lambda_{s1}=\frac{\Omega_{s1}}{\Omega_r}=7.5\quad \lambda_{s2}=12.5$$

$$\lambda_0=\sqrt{\lambda_{p1}\lambda_{p2}}=9.9875$$

(2)求低通原型各归一化频率，由于低通归一化频率 Ω' 与高通归一化频率 λ 的对应关系为 $\Omega'=\dfrac{\lambda^2-\lambda_0^2}{\lambda}$，故

$$\Omega'_{p1}=\frac{\lambda_{p1}^2-\lambda_0^2}{\lambda_{p1}}=\frac{9.5^2-9.9875^2}{9.5}=-1\qquad \Omega'_{p2}=\frac{\lambda_{p2}^2-\lambda_0^2}{\lambda_{p2}}=1$$

$$\Omega'_{s1}=\frac{\lambda_{s1}^2-\lambda_0^2}{\lambda_{s1}}=-5.8\qquad \Omega'_{s2}=\frac{\lambda_{s2}^2-\lambda_0^2}{\lambda_{s2}}=4.52$$

(3)由于要求通带内具有等波纹起伏特性，由于

$$|H_{al}(j\Omega'_c)|=\frac{1}{\sqrt{1+\varepsilon^2}}=10^{-\frac{1}{20}}$$

故波纹参数 $\varepsilon=0.50885$。

(4)求阶数 N

由于 $|\Omega'_{s1}|\neq|\Omega'_{s2}|$，为保证指标要求取较小值，即 $\Omega'_{s2}=4.52$

$$|H_{al}(j\Omega'_{s2})|=\frac{1}{\sqrt{1+\varepsilon^2T_N^2(4.52)}}=10^{-2}$$

从而 $N=\operatorname{arcosh}\left(\frac{1}{\varepsilon}\sqrt{10^4-1}\right)/\operatorname{arcosh}4.52=2.729$，取 $N=3$。

(5)查表得：$H_{\text{al}}(s')=\dfrac{0.4913}{(s')^3+0.9883(s')^2+1.2384s'+0.4913}$。

(6)将 $s'=\dfrac{s^2+\Omega_0^2}{s(\Omega_{\text{p2}}-\Omega_{\text{p1}})}$代入 $H_{\text{al}}(s')$，得

$$H_{\text{a}}(s)=1.2187\times10^{17}s^3(s^6+6.210\times10^6s^5+1.186\times10^{14}s^4+4.903\times10^{19}s^3+4.672\times10^{27}s^2+9.630\times10^{32}s+6.107\times10^{40})^{-1}$$

(7)查表求得归一化元件值为

$$L'_1=2.0236, C'_2=0.9941, L'_3=2.0236$$

将其转换为带通滤波器电路的元件值，得

①电感 L'_1 转换为电感 L_1 和电容 C_1 串联

$$L_1=\frac{R_{\text{S}}}{\Omega_{\text{r}}}L'_1\approx0.4833\ \text{mH}, C_1=\frac{\Omega_{\text{r}}}{R_{\text{S}}\Omega_0^2L'_1}\approx52.590\ \text{pF}$$

②电容 C'_2 转换为电容 C_2 和电感 L_2 并联

$$C_2=\frac{C'_2}{R_{\text{S}}\Omega_{\text{r}}}\approx0.011\ \mu\text{F}, L_2=\frac{R_{\text{S}}\Omega_{\text{r}}}{\Omega_0^2C'_2}\approx2.408\ \mu\text{H}$$

③电感 L'_3 转换为电感 L_3 和电容 C_3 串联

$$L_3=\frac{R_{\text{S}}L'_3}{\Omega_{\text{r}}}\approx0.4833\ \text{mH}, C_3=\frac{\Omega_{\text{r}}}{R_{\text{S}}\Omega_0^2L'_3}\approx52.590\ \text{pF}$$

实现电路如图 10-2-14 所示。

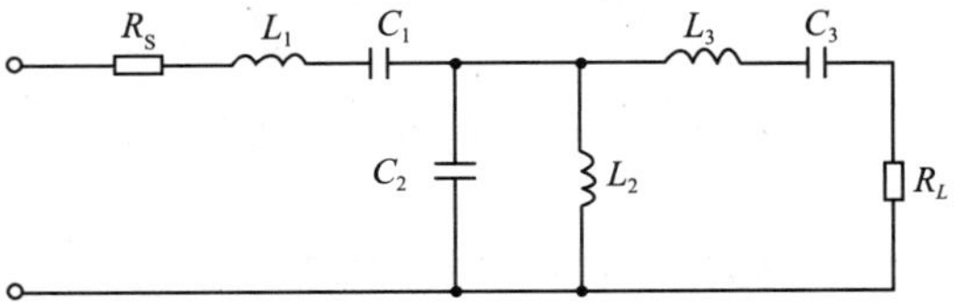

图 10-2-14

10-18 如图 10-2-15 所示模拟信号的数字处理系统，已知限带滤波器和平滑滤波器的截止角频率都为 $\frac{\pi}{T}$ rad/s，数字滤波器截止角频率为 $\frac{\pi}{8}$ rad/s，三者都为理想低通滤被器，问(1)抽样频率为 10 kHz；(2)抽样频率为 20 kHz 两种情况下等效模拟滤波器带宽是多少？

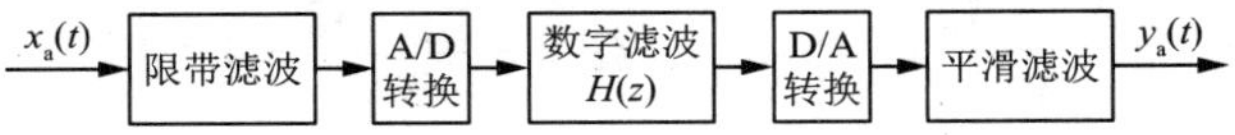

图 10-2-15

解：(1)限带滤波器和平滑滤波器的截止频率为

$$f=\frac{\pi}{T}/2\pi=\frac{1}{2T}=5\ \text{kHz}$$

数字滤波器的等效模拟滤波器带宽为

$$f_{\text{C}}=\frac{\omega}{T}/2\pi=\frac{1}{16T}=625\ \text{Hz}$$

因为三个滤波器串联，所以等效带宽为其中最小的带宽，故系统等效模拟滤波器带宽为 625 Hz。

(2)限带滤波器和平滑滤波器的截止频率为

$$f = \frac{\pi}{T}/2\pi = \frac{1}{2T} = 10\ \text{kHz}$$

数字滤波器的等效模拟滤波器带宽为

$$f_C = \frac{\omega}{T}/2\pi = \frac{1}{16T} = 1250\ \text{Hz}$$

故系统等效模拟滤波器带宽为 1250 Hz。

10-19　用冲激不变法求相应的数字滤波器系统函数 $H(z)$。

(1) $H_a(s) = \frac{s+3}{s^2+3s+2}$；(2) $H_a(s) = \frac{s+1}{s^2+2s+4}$

解：(1)将 $H_a(s)$ 部分分式展开

$$H_a(s) = \frac{s+3}{s^2+3s+2} = \frac{s+3}{(s+2)(s+1)} = \frac{2}{s+1} - \frac{1}{s+2}$$

由 s 域和 z 域极点映射关系 $\frac{1}{s-s_k} \Rightarrow \frac{1}{1-e^{s_kT}z^{-1}}$，有

$$H(z) = \frac{2}{1-e^{-T}z^{-1}} - \frac{1}{1-e^{-2T}z^{-1}}$$
$$= \frac{1+e^{-T}(1-2e^{-T})z^{-1}}{1-e^{-T}(1+e^{-T})z^{-1}+e^{-3T}z^{-2}}$$

(2)部分分式展开，有

$$H_a(s) = \frac{s+1}{s^2+2s+4} = \frac{s+1}{(s+1+\sqrt{3}j)(s+1-\sqrt{3}j)}$$
$$= \frac{\frac{1}{2}}{s+1+\sqrt{3}j} + \frac{\frac{1}{2}}{s+1-\sqrt{3}j}$$

s 域和 z 域极点映射关系 $\frac{1}{s-s_k} \Rightarrow \frac{1}{1-e^{s_kT}z^{-1}}$，有

$$H(z) = \frac{\frac{1}{2}}{1-e^{-(1+\sqrt{3}j)T}z^{-1}} + \frac{\frac{1}{2}}{1-e^{-(1-\sqrt{3}j)T}z^{-1}}$$
$$= \frac{1-e^{-T}\cos(\sqrt{3}T)z^{-1}}{1-2e^{-T}\cos(\sqrt{3}T)z^{-1}+e^{-2T}z^{-2}}$$

10-20　试证明对 $H_a(s) = \frac{1}{s+a}(a>0)$ 和 $H_a(s) = \frac{s+a}{(s+a)^2+\left(\frac{2\pi}{T}\right)^2}(a>0)$ 分别用冲激不变法变换成数字滤波器的系统函数 $H(z)$，两者具有相同的 $H(z)$；从物理概念上解释这一结果(其中 T 为抽样周期)。

证明：因为 $\frac{1}{s-s_k} \Rightarrow \frac{1}{1-e^{s_kT}z^{-1}}$

对 $H_a(s) = \frac{1}{s+a}$ 进行转换，有 $H(z) = \frac{1}{1-e^{-aT}z^{-1}}$

对 $H_a(s) = \frac{s+a}{(s+a)^2+(2\pi/T)^2}$ 进行转换，有

$$H(z)=\frac{\frac{1}{2}}{1-\mathrm{e}^{-(a+2\pi\mathrm{j}/T)T}z^{-1}}+\frac{\frac{1}{2}}{1-\mathrm{e}^{-(a-2\pi\mathrm{j}/T)T}z^{-1}}$$

$$=\frac{\frac{1}{2}}{1-\mathrm{e}^{-aT}\mathrm{e}^{-\mathrm{j}2\pi}z^{-1}}+\frac{\frac{1}{2}}{1-\mathrm{e}^{-aT}\mathrm{e}^{\mathrm{j}2\pi}z^{-1}}$$

$$=\frac{\frac{1}{2}}{1-\mathrm{e}^{-aT}z^{-1}}+\frac{\frac{1}{2}}{1-\mathrm{e}^{-aT}z^{-1}}=\frac{1}{1-\mathrm{e}^{-aT}z^{-1}}$$

所以二者具有相同的系统函数 $H(z)$。

$H_{\mathrm{a}}(s)=\frac{1}{s+a}$对应的单位冲激响应：$h_{\mathrm{a}}(t)=\mathrm{e}^{-at}u(t)$

$H_{\mathrm{a}}(s)=\frac{s+a}{(s+a)^2+(2\pi/T)^2}$对应的单位冲激响应：$h'_{\mathrm{a}}(t)=\cos\left(\frac{2\pi}{T}t\right)\cdot\mathrm{e}^{-at}u(t)$

冲激响应不变法的实质是把模拟滤波器的冲激响应 $h_{\mathrm{a}}(t)$ 进行等间隔抽样，其样值 $h_{\mathrm{a}}(nT)$ 作为数字滤波器的单位值响应 $h(n)$，T 为抽样周期，故只要在抽样点上的冲激响应值相同，即可对应相同的 $H(z)$ 表达式，而不论其他点上的值是否相同。

10－21　(1)用双线性变换法把 $H_{\mathrm{a}}(s)=\frac{s}{s+a}(a>0)$ 变换成数字滤波器的系统函数 $H(z)$，并求数字滤波器的单位样值响应 $h(n)$(设 $T=2$)。

(2)对(1)中给出的 $H_{\mathrm{a}}(s)$ 能否用冲激不变法转换成数字滤波器 $H(z)$？为什么？

解：(1)因为 $T=2$，所以

$$z=\frac{1+(sT/2)}{1-(sT/2)}=\frac{1+s}{1-s}\qquad s=\frac{z-1}{z+1}$$

$$H(z)\Big|_{s=\frac{z-1}{z+1}}=\frac{\frac{z-1}{z+1}}{\frac{z-1}{z+1}+a}=\frac{1-z^{-1}}{(1+a)-(1-a)z^{-1}}$$

$$=\frac{1}{1-a}-\frac{2a}{1-a^2}\cdot\frac{1}{1-\frac{1-a}{1+a}z^{-1}}$$

则滤波器的单位样值响应 $h(n)$ 为

$$h(n)=\mathscr{Z}^{1}[H(z)]=\frac{1}{1-a}\delta(n)-\frac{2a}{1-a^2}\left(\frac{1-a}{1+a}\right)^n u(n)$$

(2)不能用冲激不变法来将题(1)中 $H_{\mathrm{a}}(s)=\frac{s}{s+a}$转换为数字滤波器。因为冲激响应不变法的实质是把模拟滤波器的冲激响应 $h_{\mathrm{a}}(t)$ 以 T 为周期进行等间隔抽样，其样值 $h_{\mathrm{a}}(nT)$ 作为数字滤波器的单位样值响应 $h(n)$，$h(n)$ 进行 z 变换得到 $H(z)$，因而就频率特性而言存在频谱混叠，使高端严重失真，从而无法正确地模拟原系统函数。题示滤波器为高通滤波器，所以不可能用冲激不变法转换成数字滤波器。

10－22　要求通过模拟滤波器设计数字低通滤波器，给定指标：－3 dB 截止角频率 $\omega_{\mathrm{c}}=\frac{\pi}{2}$，通带内 $\omega_{\mathrm{p}}=0.4\pi$ 处起伏不超过 －1 dB，阻带内 $\omega_{\mathrm{s}}=0.8\pi$ 处衰减不大于 －20 dB，

用巴特沃思滤波特性实现：

(1)用冲激不变法，最少需要多少阶？

(2)用双线性变换法，最少需要多少阶？

解：(1)冲激不变法

求模拟滤波器技术指标

$$\Omega_p = \frac{\omega_p}{T} = \frac{0.4\pi}{T}\ \text{rad/s} \qquad \Omega_s = \frac{\omega_s}{T} = \frac{0.8\pi}{T}\ \text{rad/s} \qquad \Omega_c = \frac{\omega_c}{T} = \frac{0.5\pi}{T}\ \text{rad/s}$$

按通带指标

$$\frac{1}{\sqrt{1+\left(\frac{\Omega_p}{\Omega_c}\right)^{2N}}} = 10^{-\frac{1}{20}} \qquad N = \frac{\lg(10^{0.1}-1)}{2\lg\left(\frac{0.4\pi}{0.5\pi}\right)} = 3.0277 \approx 3$$

按阻带指标

$$\frac{1}{\sqrt{1+\left(\frac{\Omega_s}{\Omega_c}\right)^{2N}}} = 10^{-1} \qquad N = \frac{\lg(10^2-1)}{2\lg\left(\frac{0.8\pi}{0.5\pi}\right)} = 4.89 \qquad 取整，N=5$$

取两者中较大的值得 $N=5$。

因为 $\left[\frac{1}{\sqrt{1+\left(\frac{\Omega_p}{\Omega_c}\right)^{2N}}}\right]^2$ 是 N 的增函数(因 $\Omega_p<\Omega_c$)，故若取 $N=5$ 时通带指标不满足要求；而 $\left[\frac{1}{\sqrt{1+\left(\frac{\Omega_s}{\Omega_c}\right)^{2N}}}\right]^2$ 是 N 的减函数(因 $\Omega_s>\Omega_c$)，故取 $N=3$ 时阻带指标不满足要求。经过计算，$N=5$ 阻带指标偏离小一点，故取 $N=5$。

(2)双线性变换法

求模拟滤波器技术指标

根据映射关系 $\Omega = \frac{2}{T}\tan\left(\frac{\omega}{2}\right)$，有

$$\Omega_c = \frac{2}{T}\tan\frac{\omega_c}{2} = \frac{2}{T}\tan\frac{\pi}{4}\ \text{rad/s} = \frac{2}{T}\ \text{rad/s}$$

$$\Omega_p = \frac{2}{T}\tan\frac{\omega_p}{2} = \frac{2}{T}\tan(0.2\pi)\ \text{rad/s} = \frac{1.453}{T}\ \text{rad/s}$$

$$\Omega_s = \frac{2}{T}\tan\frac{\omega_s}{2} = \frac{2}{T}\tan(0.4\pi)\ \text{rad/s} = \frac{6.1554}{T}\ \text{rad/s}$$

按通带指标

$$\frac{1}{\sqrt{1+\left(\frac{\Omega_p}{\Omega_c}\right)^{2N}}} = 10^{-\frac{1}{20}} \qquad N = \frac{\lg(10^{0.1}-1)}{2\lg\left(\frac{1.4531/T}{2/T}\right)} = 2.115, \qquad 取整\ N=3$$

按阻带指标

$$\frac{1}{1+\left(\frac{\Omega_s}{\Omega_c}\right)^{2N}}=10^{-1} \qquad N=\frac{\lg(10^2-1)}{2\lg\left(\frac{6.1554/T}{2/T}\right)}=2.0438\approx 2$$

根据计算，取 $N=3$。

10－23　给定如图 10－2－16 所示的数字滤波器频率特性：

(1) 用冲激不变法，试求原型模拟滤波器频率响应；

(2) 用双线性变换法，试求原型模拟滤波器频率响应。

(本题可以用图解法，画出原型模拟滤波器频率响应。)

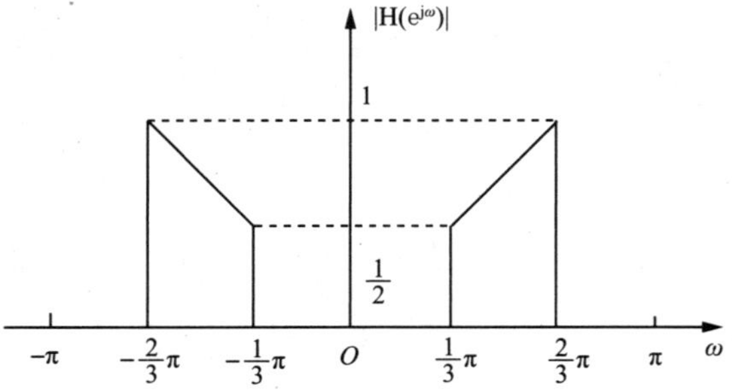

图 10－2－16

解：(1) 冲激不变法

由于 $\Omega=\frac{\omega}{T}$，故原型滤波器频率特性与数字滤波器基本相同，仅仅是横轴坐标不同而已。如图 10－2－17(a) 所示。

(2) 双线性变换法

$\Omega=\frac{2}{T}\tan\left(\frac{\omega}{2}\right)$，其中 $\Omega_1=\frac{2}{T}\tan\left(\frac{1}{2}\times\frac{1}{3}\pi\right)$，$\Omega_2=\frac{2}{T}\tan\left(\frac{1}{2}\times\frac{2}{3}\pi\right)$。

幅度特性可根据对称性得出。如图 10－2－17(b) 所示。

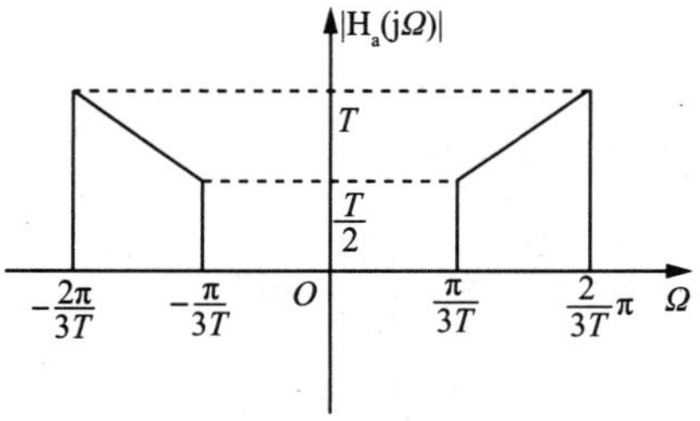

(a)

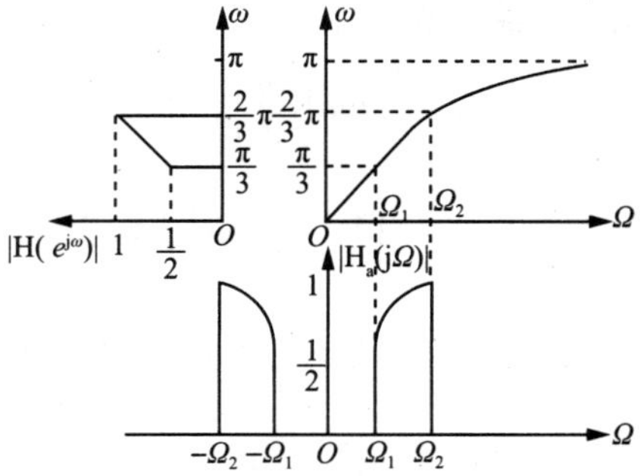

(b)

图 10－2－17

10－24　数字带通滤波器可以通过双线性变换用模拟带通滤波器进行设计。设已经求得相应的模拟低通原型滤波器 $H_{al}(s')$，则可以用模拟归一化复频率 s' 与 z 的映射关系 $s'=f(z)$ 直接得出要求的数字带通滤波器 $H(z)$。

(1) 证明：从模拟低通原型到数字带通滤波器，s' 与 z 的映射关系为

$$s'=A\frac{1-2Bz^{-1}+z^{-2}}{1-z^{-2}}$$

模拟低通原型归一化模拟角频率 Ω' 与数字带通滤波器的数字角频率 ω 间的关系为

$$\boldsymbol{\Omega' = A \cdot \frac{B - \cos\omega}{\sin\omega}}$$

并求常数 A，B 与数字带通指标间的关系。

(2) 设计并实现数字巴特沃思型带通滤波器，给定技术指标为

-3 dB 通带范围：$0.3\pi \leqslant \omega \leqslant 0.4\pi$

阻带衰减：$\leqslant -15$ dB　$0 \leqslant \omega \leqslant 0.2\pi$，$0.5\pi \leqslant \omega \leqslant \pi$

求该滤波器的系统函数 $H(z)$，并画出实现的结构框图。

解：(1) 由 $s = \frac{2}{T}\left(\frac{1-z^{-1}}{1+z^{-1}}\right)$ 代入 $s' = \frac{s^2 + \Omega_0^2}{s(\Omega_{p2} - \Omega_{p1})}$ 可得

$$s' = \frac{\frac{4}{T^2}\left(\frac{1-z^{-1}}{1+z^{-1}}\right)^2 + \Omega_0^2}{\frac{2}{T}\left(\frac{1-z^{-1}}{1+z^{-1}}\right)(\Omega_{p2} - \Omega_{p1})}$$

双线性变换关系 $\Omega = \frac{2}{T}\tan\frac{\omega}{2}$，且 $\Omega_0^2 = \Omega_{p2}\Omega_{p1}$，代入上式

$$s' = \frac{\frac{4}{T^2}\left(\frac{1-z^{-1}}{1+z^{-1}}\right)^2 + \frac{4}{T^2}\tan\frac{\omega_{p1}}{2}\tan\frac{\omega_{p2}}{2}}{\frac{4}{T^2}\left(\frac{1-z^{-1}}{1+z^{-1}}\right)\left(\tan\frac{\omega_{p2}}{2} - \tan\frac{\omega_{p1}}{2}\right)}$$

其中，ω_{p2}、ω_{p1} 分别为数字带通滤波器的上边界和下边界频率，整理得

$$s' = \frac{(1-z^{-1})^2 + \tan\frac{\omega_{p1}}{2}\tan\frac{\omega_{p2}}{2}(1+z^{-1})^2}{\left(\tan\frac{\omega_{p2}}{2} - \tan\frac{\omega_{p1}}{2}\right)(1-z^{-2})}$$

$$= \frac{\tan\frac{\omega_{p1}}{2}\tan\frac{\omega_{p2}}{2} + 1}{\tan\frac{\omega_{p2}}{2} - \tan\frac{\omega_{p1}}{2}} \cdot \frac{1 - 2\frac{1 - \tan\frac{\omega_{p1}}{2}\tan\frac{\omega_{p2}}{2}}{1 + \tan\frac{\omega_{p1}}{2}\tan\frac{\omega_{p2}}{2}}z^{-1} + z^{-2}}{1 - z^{-2}}$$

$$= A \cdot \frac{1 - 2Bz^{-1} + z^{-2}}{1 - z^{-2}}$$

其中，$A = \frac{\tan\frac{\omega_{p1}}{2}\tan\frac{\omega_{p2}}{2} + 1}{\tan\frac{\omega_{p2}}{2} - \tan\frac{\omega_{p1}}{2}} = \cot\left(\frac{\omega_{p2}}{2} - \frac{\omega_{p1}}{2}\right)$　$B = \frac{1 - \tan\frac{\omega_{p1}}{2}\tan\frac{\omega_{p2}}{2}}{1 + \tan\frac{\omega_{p1}}{2}\tan\frac{\omega_{p2}}{2}} = \frac{\cos\left(\frac{\omega_{p2} + \omega_{p1}}{2}\right)}{\cos\left(\frac{\omega_{p2} - \omega_{p1}}{2}\right)}$

又因为 $\Omega' = \frac{\lambda^2 - \lambda_0^2}{\lambda} = \frac{\left(\frac{\Omega}{\Omega_{p2} - \Omega_{p1}}\right)^2 - \frac{\Omega_{p2} \cdot \Omega_{p1}}{(\Omega_{p2} - \Omega_{p1})^2}}{\frac{\Omega}{\Omega_{p2} - \Omega_{p1}}} = \frac{\Omega^2 - \Omega_{p2}\Omega_{p1}}{\Omega(\Omega_{p2} - \Omega_{p1})}$

将 $\Omega = \frac{2}{T}\tan\frac{\omega}{2}$ 代入，可得

$$\Omega' = \frac{\Omega^2 - \Omega_{p2}\Omega_{p1}}{\Omega(\Omega_{p2} - \Omega_{p1})} = \frac{\tan^2\frac{\omega}{2} - \tan\frac{\omega_{p1}}{2}\tan\frac{\omega_{p2}}{2}}{\tan\frac{\omega}{2}\left(\tan\frac{\omega_{p2}}{2} - \tan\frac{\omega_{p1}}{2}\right)}$$

利用关系 $\tan\frac{\omega}{2} = \frac{\sin\omega}{1+\cos\omega}$，则有

$$\Omega' = \frac{\frac{\sin^2\omega}{(1+\cos\omega)^2} - \tan\frac{\omega_{p1}}{2}\tan\frac{\omega_{p2}}{2}}{\frac{\sin\omega}{(1+\cos\omega)}\cdot\left(\tan\frac{\omega_{p2}}{2} - \tan\frac{\omega_{p1}}{2}\right)}$$

$$= \frac{(1-\cos\omega) - \tan\frac{\omega_{p1}}{2}\tan\frac{\omega_{p2}}{2}(1+\cos\omega)}{\sin\omega\left(\tan\frac{\omega_{p2}}{2} - \tan\frac{\omega_{p1}}{2}\right)} = A\cdot\frac{B-\cos\omega}{\sin\omega}\text{（}A\text{、}B\text{ 与上式同）}$$

(2)已知 $\omega_{s1}=0.2\pi$，$\omega_{s2}=0.2\pi$，$\omega_{p1}=0.3\pi$，$\omega_{p2}=0.4\pi$，则

$$A = \cot\left(\frac{\omega_{p2}-\omega_{p1}}{2}\right) = \cot\left(\frac{0.1\pi}{2}\right) = 6.314$$

$$B = \frac{\cos\left(\frac{\omega_{p2}+\omega_{p1}}{2}\right)}{\cos\left(\frac{\omega_{p2}-\omega_{p1}}{2}\right)} = \frac{\cos(0.35\pi)}{\cos(0.05\pi)} = 0.460$$

所以

$$\Omega'_{s1} = A\frac{B-\cos(0.2\pi)}{\sin(0.2\pi)} = -3.749,\ \Omega'_{p1} = -1$$

$$\Omega'_{s2} = A\frac{B-\cos(0.5\pi)}{\sin(0.5\pi)} = 2.904,\ \Omega'_{p2} = 1$$

由于 $|\Omega'_{s1}| \neq |\Omega'_{s2}|$，故取低通原型的阻带边界频率 $\Omega'_s = \min(\Omega'_{s1},\ \Omega'_{s2})$ 来确定巴特沃思滤波器的设计，有

$$|H_{al}(j\Omega'_{s2})| = \frac{1}{\sqrt{1+(2.904)^{2N}}} = 10^{-\frac{15}{20}}$$

解得：$N = \frac{\lg(10^{1.5}-1)}{2\lg(2.904)} = 1.605$，取 $N=2$

所以 $H_{al}(s') = \frac{1}{(s')^2+\sqrt{2}s'+1}$

再根据(1)的结果，将 $s' = A\cdot\frac{1-2Bz^{-1}+z^{-2}}{1-z^{-2}}$ 代入上式，则

$$H(z) = \frac{1}{\left(A\cdot\frac{1-2Bz^{-1}+z^{-2}}{1-z^{-2}}\right)^2 + \sqrt{2}\left(A\cdot\frac{1-2Bz^{-1}+z^{-2}}{1-z^{-2}}\right)+1}$$

$$= \frac{0.02(1-2z^{-2}+z^{-4})}{1-1.6368z^{-1}+2.2376z^{-2}-1.3071z^{-3}+0.6414z^{-4}}$$

对应框图如图 10－2－18 所示。

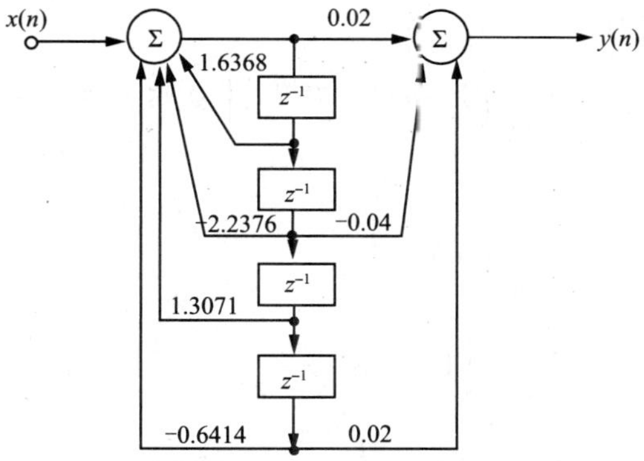

图 10－2－18

10－25　完整推导证明窗函数法设计准则教材式(10－110)和式(10－111)。

$$\varepsilon^2=\frac{1}{2\pi}\int_{-\pi}^{\pi}\left|\sum_{n=0}^{\infty}h_d(n)e^{-j\omega n}-\sum_{n=0}^{N-1}h(n)e^{-j\omega n}\right|^2 d\omega$$

$$=\frac{1}{2\pi}\int_{-\pi}^{\pi}\left\{\left[\sum_{n=0}^{N-1}(h_d(n)-h(n))e^{-j\omega n}+\sum_{n=N}^{\infty}h_d(n)e^{-j\omega n}\right]\cdot\left[\sum_{m=0}^{N-1}(h_d(m)-h(m))e^{-j\omega m}+\sum_{m=N}^{\infty}h_d(m)e^{-j\omega m}\right]^*\right\}d\omega=\min$$

式(10－110)

$$h(n)=h_d(n)R_N(n)$$

式(10－111)

证明：

$$\varepsilon^2=\frac{1}{2\pi}\int_{-\pi}^{\pi}\left|\sum_{n=0}^{\infty}h_d(n)e^{-j\omega n}-\sum_{n=0}^{N-1}h(n)e^{-j\omega n}\right|^2 d\omega$$

$$=\frac{1}{2\pi}\int_{-\pi}^{\pi}\left|\left\{\sum_{n=0}^{N-1}[h_d(n)-h(n)]\cos\omega n-\sum_{n=0}^{N-1}[h_d(n)-h(n)]j\sin\omega n+\sum_{n=N}^{\infty}h_d(n)\cos\omega n-j\sum_{n=N}^{\infty}h_d(n)\sin\omega n\right\}\right|^2 d\omega$$

$$=\frac{1}{2\pi}\int_{-\pi}^{\pi}\left\{\sum_{n=0}^{N-1}[h_d(n)-h(n)]\cos\omega n+\sum_{n=N}^{\infty}h_d(n)\cos\omega n\right\}^2 d\omega+\frac{1}{2\pi}\int_{-\pi}^{\pi}\left\{\sum_{n=0}^{N-1}[h_d(n)-h(n)]\sin\omega n+\sum_{n=N}^{\infty}h_d(n)\sin\omega n\right\}^2 d\omega$$

$$=\frac{1}{2\pi}\int_{-\pi}^{\pi}\left\{\sum_{n=0}^{N-1}[h_d(n)-h(n)]\cos\omega n\right\}^2+\left[\sum_{n=N}^{\infty}h_d(n)\cos\omega n\right]^2+\left\{\sum_{n=0}^{N-1}[h_d(n)-h(n)]\sin\omega n\right\}^2+\left[\sum_{n=N}^{\infty}h_d(n)\sin\omega n\right]^2 d\omega$$

教材式(10－110)

显然，当被积函数最小时，积分所得结果也达到最小。

式中第 2 项和第 4 项确定，要使第 1 项和第 3 项的平方最小，只要使 n 在 $N-1$ 时 $h_d(n)=h(n)$，即可达到最小零，即 $h(n)=h_d(n)R_N(n)$ 教材式(10－111)。

10－26　试求汉宁窗窗函数的傅里叶变换，并解释旁瓣电平降低的原因。

解： 汉宁窗的窗函数为

$$\omega(n)=\frac{1}{2}\left[1-\cos\left(\frac{2\pi n}{N-1}\right)\right],0\leqslant n\leqslant N-1$$

所以其傅里叶变换为

$$\begin{aligned}W_H(\mathrm{e}^{\mathrm{j}\omega})&=\sum_{n=-\infty}^{\infty}\omega(n)\mathrm{e}^{-\mathrm{j}\omega n}\\&=\sum_{n=0}^{N-1}\frac{1}{2}\left[1-\cos\frac{2\pi n}{N-1}\right]\mathrm{e}^{-\mathrm{j}\omega n}\\&=\frac{1}{2}\sum_{n=0}^{N-1}\mathrm{e}^{-\mathrm{j}\omega n}-\frac{1}{4}\sum_{n=0}^{N-1}\left[\mathrm{e}^{\mathrm{j}\left(\frac{2\pi n}{N-1}-\omega n\right)}+\mathrm{e}^{-\mathrm{j}\left(\frac{2\pi n}{N-1}+\omega n\right)}\right]\\&=\frac{1}{2}\cdot\frac{1-\mathrm{e}^{-\mathrm{j}\omega N}}{1-\mathrm{e}^{-\mathrm{j}\omega}}-\frac{1}{4}\sum_{n=0}^{N-1}\left[\mathrm{e}^{\mathrm{j}\left(\frac{2\pi n}{N-1}-\omega n\right)}+\mathrm{e}^{-\mathrm{j}\left(\frac{2\pi n}{N-1}+\omega n\right)}\right]\\&=\frac{1}{2}W_R(\mathrm{e}^{\mathrm{j}\omega})-\frac{1}{4}W_R\left[\mathrm{e}^{\mathrm{j}\left(\omega-\frac{2\pi}{N-1}\right)}\right]-\frac{1}{4}W_R\left[\mathrm{e}^{\mathrm{j}\left(\omega+\frac{2\pi}{N-1}\right)}\right]\end{aligned}$$

其中，$W_R(\mathrm{e}^{\mathrm{j}\omega})=\mathrm{DTFT}[R_N(n)]=\mathrm{e}^{-\mathrm{j}\left(\frac{N-1}{2}\right)\omega}\cdot\dfrac{\sin\left(\frac{N}{2}\omega\right)}{\sin\left(\frac{\omega}{2}\right)}$。

汉宁窗时域波形为升余弦形，两端平缓下降，其频域特性的旁瓣电平相应的减小，但其代价是增加了主瓣和过渡带的宽度。

10－27　已知 FIR 滤波器的系统函数为

$$\boldsymbol{H(z)=\frac{1}{10}(1+2z^{-1}+4z^{-2}+2z^{-3}+z^{-4})}$$

(1) 求 $H(\mathrm{e}^{\mathrm{j}\omega})$ 的表示式，粗略画出频域幅度特性；

(2) 画出乘法次数最少的结构框图表示。

解： (1)令 $z=\mathrm{e}^{\mathrm{j}\omega}$，则

$$\begin{aligned}H(\mathrm{e}^{\mathrm{j}\omega})&=\frac{1}{10}(1+2\mathrm{e}^{-\mathrm{j}\omega}+4\mathrm{e}^{-\mathrm{j}2\omega}+2\mathrm{e}^{-\mathrm{j}3\omega}+\mathrm{e}^{-\mathrm{j}4\omega})\\&=\left[\frac{2}{5}+\frac{2}{5}\cos\omega+\frac{1}{5}\cos(2\omega)\right]\mathrm{e}^{-\mathrm{j}2\omega}\\&=|H(\mathrm{e}^{\mathrm{j}\omega})|\mathrm{e}^{-\mathrm{j}2\omega}\end{aligned}$$

当 $\omega=2k\pi$ 时，$|H(\mathrm{e}^{\mathrm{j}\omega})|=1$；

当 $\omega=(2k+1)\pi$ 时，$|H(\mathrm{e}^{\mathrm{j}\omega})|=0.2$；

当 $\omega=\dfrac{2k+1}{2}\pi$ 时，$|H(\mathrm{e}^{\mathrm{j}\omega})|=0.2$。

其中，k 为整数。其频域幅度特性如图 10－2－19(a)所示。

(2)线性相位直接型结构所需乘法次数最少，其框图如图 10－2－19(b)所示。

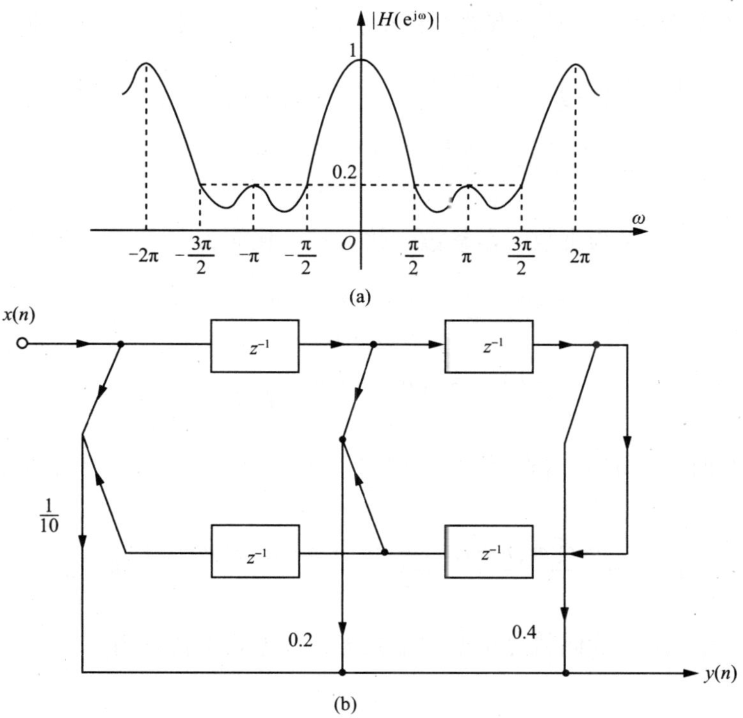

图 10－2－19

10－28　用矩形加窗设计一线性相位带通 FIR 滤波器

$$\boldsymbol{H_d(e^{j\omega})=\begin{cases}e^{-j\omega\alpha} & -\omega_c\leqslant\omega-\omega_0\leqslant\omega_c\\ 0 & 0\leqslant\omega<\omega_0-\omega_c,\ \omega_0+\omega_c<\omega\leqslant\pi\end{cases}}$$

(1)计算 N 为奇数时的 $h(n)$；(2)计算 N 为偶数时的 $h(n)$。

解： $H_d(e^{j\omega})=\begin{cases}e^{-j\omega\alpha} & -\omega_c\leqslant\omega-\omega_0\leqslant\omega_c\\ 0 & 0\leqslant\omega<\omega_0-\omega_c \text{ 或 } \omega_0+\omega_c<\omega\leqslant\pi\end{cases}$

由于 $h(n)$ 为实序列，故 $H_d(e^{j\omega})$ 的幅频特性呈周期偶对称，相频特性呈周期奇对称，故

$$\begin{aligned}h_d(n)&=\frac{1}{2\pi}\int_{-\pi}^{\pi}H_d(e^{j\omega})\cdot e^{j\omega n}d\omega\\&=\frac{1}{2\pi}\int_{\omega_0-\omega_c}^{\omega_0+\omega_c}e^{j\omega(n-\alpha)}d\omega+\frac{1}{2\pi}\int_{-\omega_0-\omega_c}^{-\omega_0+\omega_c}e^{j\omega(n-\alpha)}d\omega\\&=\frac{1}{\pi}\cdot\frac{\sin[\omega_c(n-\alpha)]}{n-\alpha}\cdot[e^{j\omega_0(n-\alpha)}+e^{-j\omega_0(n-\alpha)}]\\&=\frac{2}{\pi}\cdot\frac{\sin[\omega_c(n-\alpha)]\cos[\omega_0(n-\alpha)]}{n-\alpha}\end{aligned}$$

$$h(n)=R_N(n)\cdot h_d(n)=2\cos[\omega_0(n-\alpha)]\cdot\frac{\sin[\omega_c(n-\alpha)]}{\pi(n-\alpha)}R_N(n),\quad \alpha=\frac{N-1}{2}$$

N 取奇数或偶数结果相同。

10－29　用矩形窗设计一线性相位高通 FIR 滤波器

$$\boldsymbol{H_d(e^{j\omega})=\begin{cases}e^{-j\omega\alpha} & \pi-\omega_c\leqslant\omega\leqslant\pi\\ 0 & 0\leqslant\omega<\pi-\omega_c\end{cases}}$$

(1)计算 N 为奇数时的 $h(n)$；(2)计算 N 为偶数时的 $h(n)$。

解：(1) N 为奇数时，$h(n)$ 具有偶对称性。此时 $H(e^{j\omega}) = H_d(e^{j\omega})$，则

$$h(n) = \frac{1}{2\pi}\int_{-\pi}^{-\pi+\omega_c} e^{-j\omega\alpha}\cdot e^{j\omega n}d\omega + \frac{1}{2\pi}\int_{\pi-\omega_c}^{\pi} e^{-j\omega\alpha}\cdot e^{j\omega n}d\omega$$

$$= \frac{\sin[\pi(n-\alpha)] - \sin[(\pi-\omega_c)(n-\alpha)]}{\pi(n-\alpha)}R_N(n)$$

又因为 $\alpha = \frac{N-1}{2}$ 在 N 为奇数时是整数，故上式可化简为

$$h(n) = \frac{-\cos[\pi(n-\alpha)]\sin[-\omega_c(n-\alpha)]}{\pi(n-\alpha)}R_N(n)$$

$$= \frac{(-1)^{n-\alpha}\sin[\omega_c(n-\alpha)]}{\pi(n-\alpha)}R_N(n)$$

(2) N 为偶数时，$h(n)$ 具有奇对称性，此时 $H(e^{j\omega}) = H_d[e^{j(\frac{\pi}{2\alpha}-\omega)}]$，故同理可得其逆变换 $h(n)$ 为

$$h(n) = \frac{\cos[\pi(n-\alpha)] - \cos[(\pi-\omega_c)(n-\alpha)]}{\pi(n-\alpha)}R_N(n)$$

又因为 $\alpha = \frac{N-1}{2}$ 在 N 为偶数时是 $\frac{1}{2}$ 的整数倍，故上式可化简为

$$h(n) = \frac{(-1)^{n-\frac{N}{2}+1}\sin[\omega_c(n-\alpha)]}{\pi(n-\alpha)}R_N(n)$$

10－30　利用图 10－2－20 所示的模拟低通滤波器为原型，设计一个如图 10－2－21 所示的二阶 SCF 电路。给定电路参数为 $L=0.1126$ H，$C=0.2247$ μF，$R_T=1$ kΩ，时钟频率 $f_c=100$ kHz。

(1) 求三组电容比值 $\frac{C_C}{C_0}$、$\frac{C_L}{C_0}$、$\frac{C_R}{C_0}$；(2) 试选 $C_0=1$ pF，求 C_C、C_L、C_R 值。

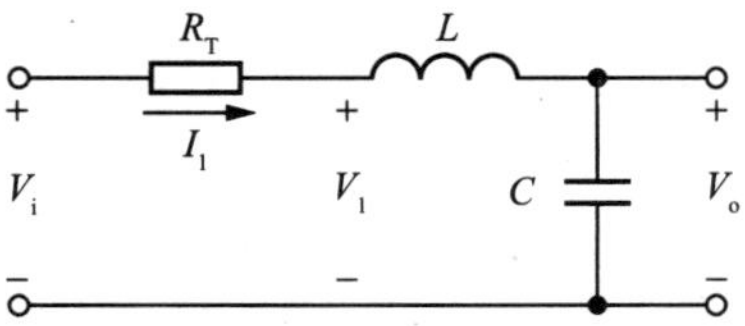

图 10－2－20

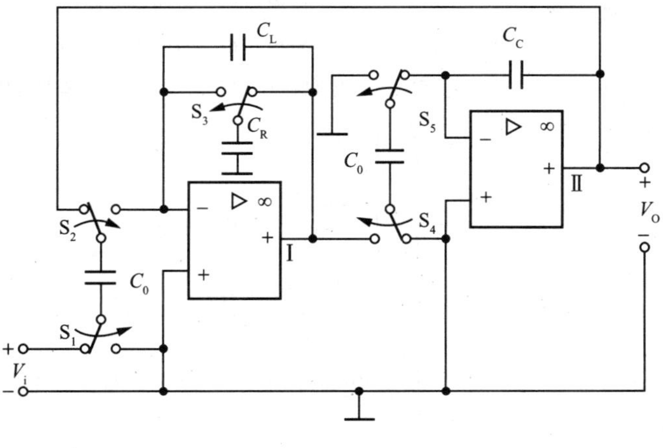

图 10－2－21

解：(1) 根据教材式(10－165)～(10－169)，可得：$R_S = \sqrt{\frac{L}{C}} = 707.9\ \Omega$。

所以 $\frac{C_C}{C_0} = \frac{C_L}{C_0} = CR_Sf_C = 15.91$，$\frac{C_R}{C_0} = \frac{R_T}{R_S} = \frac{1000}{707.9} = 1.413$。

(2) $C_L = C_C = C_0\cdot\frac{C_C}{C_0} = 15.91$ pF，$C_R = \frac{C_R}{C_0}\cdot C_0 = 1.413$ pF。

10.3　名校考研真题详解

一、判断题

所有的 FIR 滤波器都是稳定的。(　　)［南京大学 2010 研］

【答案】对

【解析】对于任何一个 FIR 滤波器均有

$$H(Z)=\sum_{k=0}^{N-1}b_k z^{-k}=\sum_{n=0}^{N-1}h(n)z^{-n}$$

二、计算题

1. 图 10－3－1 所示的 RC 滤波器，$RC=\frac{1}{2}$。输入信号为 $x(t)$，输出信号为 $y(t)$。求该系统的系统函数 $H(s)$，并画出零极点图。［北京邮电大学 2016 研］

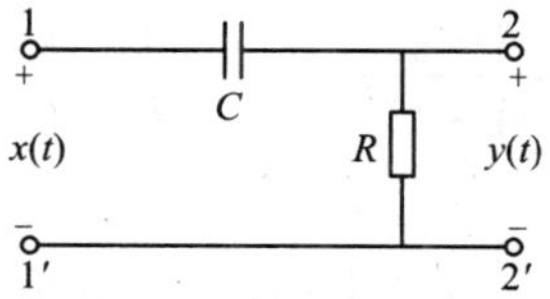

图 10－3－1

解：系统的 s 域电路模型如图 10－3－2 所示。

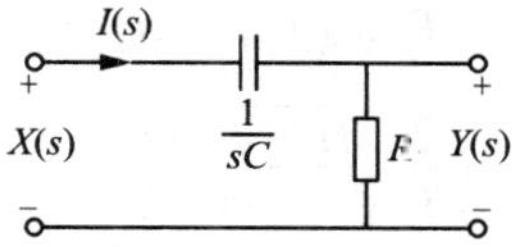

图 10－3－2

分析电路，有

$$Y(s)=\frac{R}{\frac{1}{sC}+R}X(s)=\frac{sRC}{1+sRC}X(s)=\frac{\frac{1}{2}s}{1+\frac{1}{2}s}X(s)=\frac{s}{2+s}X(s)$$

因此系统函数为

$$H(s)=\frac{Y(s)}{X(s)}=\frac{s}{2+s}$$

$H(s)$ 的零点为 $s_1=0$，极点为 $s_2=-2$，零极点图如图 10－3－3 所示。

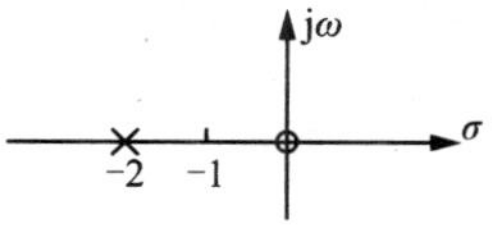

图 10－3－3

2. 微分器可以看作一个连续线性时不变系统，其系统函数为

$$H_c(s)=s$$

由

$$s=\frac{2}{T_s}\cdot\frac{1-z^{-1}}{1+z^{-1}}$$

替换则可以设计离散时间 LTI 系统，这种方法称为双线性变换法，$T_s>0$。

(1)画出上述离散系统的框图。

(2)确定离散时间系统的频率响应 $H_d(e^{j\Omega})$，此处 Ω 指数字角频率，并大致画出 $\Omega\in(-\pi,\pi)$ 的幅频特性曲线。［北京邮电大学 2016 研］

解：由题目可知，该离散系统的系统函数 $H_d(z)=\dfrac{2}{T_s}\cdot\dfrac{1-z^{-1}}{1+z^{-1}}$

(1)系统框图如图 10－3－4 所示。

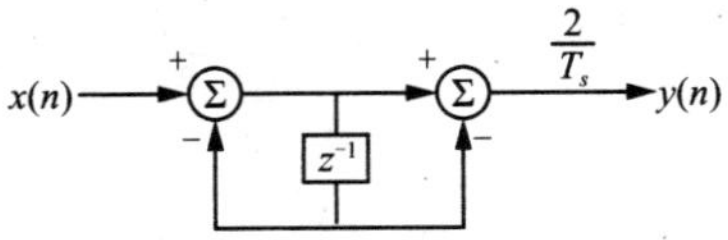

图 10－3－4

(2)频率响应

$$H_d(e^{j\Omega})=H_d(z)\big|_{z=e^{j\Omega}}=\frac{2}{T_s}\cdot\frac{1-z^{-1}}{1+z^{-1}}\bigg|_{z=e^{j\Omega}}=\frac{2}{T_s}\cdot\frac{1-e^{-j\Omega}}{1+e^{-j\Omega}}=\frac{2}{T_s}\cdot\frac{1-\cos\Omega+j\sin\Omega}{1+\cos\Omega-j\sin\Omega}$$

幅频响应为

$$\begin{aligned}|H_d(e^{j\Omega})|&=\left|\frac{2}{T_s}\frac{1-\cos\Omega+j\sin\Omega}{1+\cos\Omega-j\sin\Omega}\right|\\&=\frac{2}{T_s}\sqrt{\frac{(1-\cos\Omega)^2+\sin^2\Omega}{(1+\cos\Omega)^2+(-\sin\Omega)^2}}\\&=\frac{2}{T_s}\sqrt{\frac{1-\cos\Omega}{1+\cos\Omega}}\\&=\frac{2}{T_s}\left|\tan\frac{\Omega}{2}\right|\end{aligned}$$

幅频特性曲线如图 10－3－5 所示。

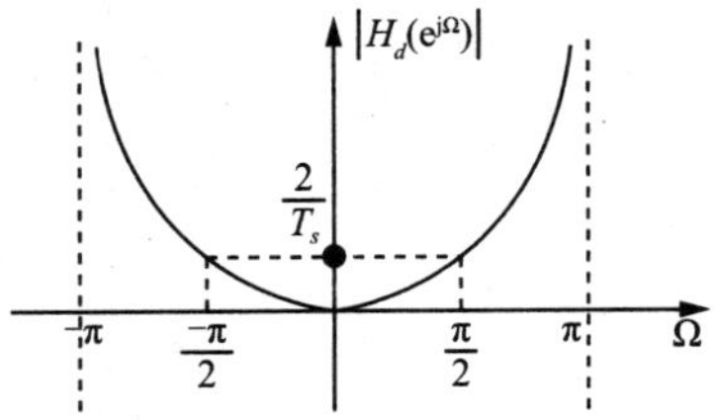

图 10－3－5

第11章 反馈系统

11.1 复习笔记

一、反馈系统

1. 利用系统的输出去控制或调整系统自身的输入即可产生反馈效应。连续时间信号反馈系统模型如图11-1-1所示。

负反馈系统的系统函数为

$$H(s)=\frac{A(s)}{1+F(s)A(s)}$$

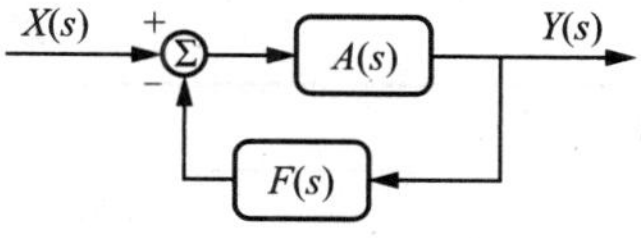

图11-1-1 连续时间信号反馈系统模型

当 $|F(s)A(s)|\gg 1$ 时，有

(1)前馈通路系统函数 $A(s)$ 对整个系统函数 $H(s)$ 的影响可忽略不计；

(2)整个的系统函数 $H(s)$ 近似等于反馈通路系统函数 $F(s)$ 的倒数。

2. 反馈系统的特性及应用

(1)改善系统的灵敏度：反馈技术可以削弱电子线路组成系统中某些部件参数不稳定对整个系统函数的影响。

(2)改善系统频响特性：利用反馈可以调整系统的动态特性，如适当降低放大器的增益来展宽放大器的频带。

(3)逆系统设计：利用原系统组成反馈系统，可以求得逆系统。

(4)使不稳定系统成为稳定系统。

3. 连续信号正反馈系统产生自激振荡的条件为：$F(s)A(s)=1$，即 $F(s)A(s)$ 的模量等于1和辐角为 2π。

二、根轨迹

根轨迹是指闭环系统函数式中某种参量变动时，特征方程的根(极点)在 s 平面内移动的轨迹(路径)。

1. 根轨迹法的模量条件和幅角条件

(1)模量条件

$$\frac{\prod_{k=1}^{n}|s-p_k|}{\prod_{i=1}^{m}|s-z_i|}=\frac{\prod_{k=1}^{n}M_k}{\prod_{i=1}^{m}N_i}=|K|$$

(2)幅角条件

$$\sum_{i=1}^{m}\varphi_i-\sum_{k=1}^{n}\theta_k=r\pi\quad\begin{cases}K>0\text{ 时 } r\text{ 为奇数}\\K<0\text{ 时 } r\text{ 为偶数}\end{cases}$$

2. 开环特性稳定条件下的奈奎斯特判断依据

当 ω 由 $-\infty$ 到 $+\infty$ 改变时，在 $A(j\omega)F(j\omega)$ 平面中的奈奎斯特图顺时针绕 $(-1+j0)$ 点

的次数等于系统函数分母 $G(s)=1+F(s)A(s)$ 在 s 右半平面内的零点数(即系统函数 $H(s)$ 的极点数)。此奈奎斯特图若不包围($-1+j0$)点，则系统稳定，否则系统不稳定。

三、信号流图

信号流图是指用一些点和支路来描述系统，如图 11－1－2 所示。

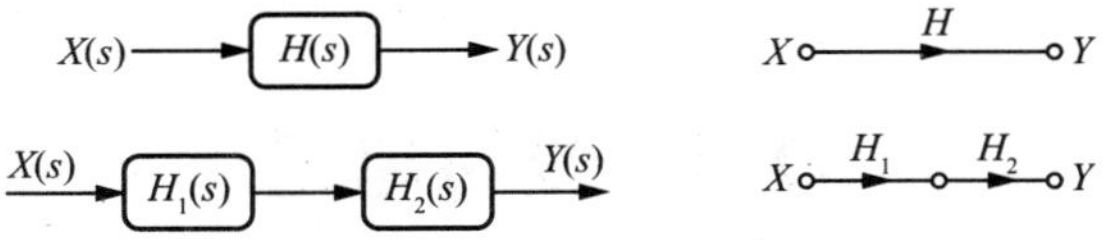

图 11－1－2　用信号流图表示框图

信号流图的优点是图形表示简化，直接写出转移函数，流图中代表信号的点就是状态变量。流图中的一些术语如表 11－1－1 所示。

表 11－1－1　流图中的一些术语

名称	英文	解释
结点	Node	变量或者信号
转移函数	Transfer Function	结点间增益
支路	Branch	连接两个结点之间的有向线段，其增益即转移函数
源点	Source Node	只有输出支路
阱点	Sink Node	只有输入支路
混合结点	Mixed Node	既有输入又有输出的结点

1. 信号流图的性质

(1)支路表示了一个信号与另一信号的函数关系，信号只能沿支路上的箭头方向通过；

(2)结点可以把所有输入支路的信号叠加，并把总和信号传送到所有输出支路；

(3)具有输入和输出支路的混合结点，通过增加一个具有单位传输的支路，可以把它变成输出结点来处理；

(4)给定系统，信号流图形式不唯一；

(5)流图转置后，其转移函数保持不变。

2. 信号流图的代数运算

流图代表某一线性系统，因而可以和系统方框图表示一样，可以按一些代数运算规则加以简化。在图 11－1－3 中列出了基本的简化规则。

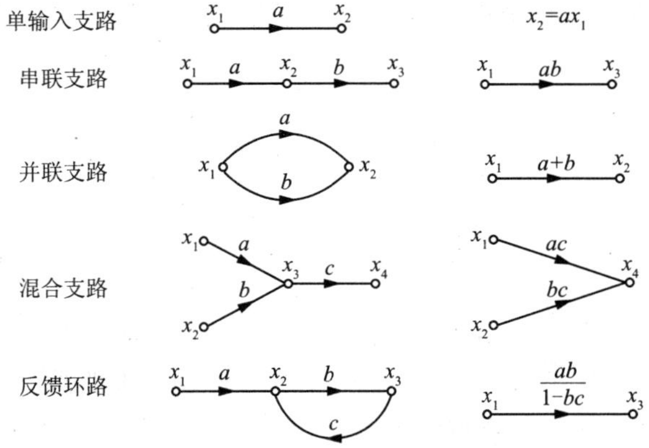

图 11－1－3

3. 梅森公式

利用梅森增益公式可根据流图方便求得输入与输出间的转移函数，其表达式为

$$H = \frac{1}{\Delta}\sum_k g_k \Delta_k$$

式中，g_k 为由源点到阱点之间第 k 条前向通路的增益，其中，前向通路由源到阱通过任何结点不多于一次。

Δ_k 为第 k 条前向通路特征行列式的余因子，是除去与第 k 条前向通路接触的环路外余下的特征行列式；只留下与该通路不接触者，若都接触，则 $\Delta_k = 1$。

Δ 为特征行列式，只与环路有关。

$$\Delta = 1 - \sum_a L_a + \sum_{b,c} L_b L_c - \sum_{d,e,f} L_d L_e L_f + \cdots$$

即 1 - 各环路增益之和 + 每两个互不接触的环路增益乘积之和 - 每三个互不接触的环路增益之和 + …。

11.2 课后习题详解

11-1　若图 11-1-1 所示反馈系统中 $A(s)=\frac{1}{s+1}$，$F(s)=s-\beta$（β 为实数），为使系统稳定，求 β 值范围。

解：由题意可知，反馈系统函数

$$H(s) = \frac{A(s)}{1+F(s)A(s)} = \frac{\frac{1}{s+1}}{1+\frac{s-\beta}{s+1}} = \frac{1}{2s-\beta+1}$$

若系统稳定，则极点全部位于 s 平面的左半平面。

令 $2s-\beta+1=0 \Rightarrow s=\frac{\beta-1}{2}<0$，则 $\beta<1$。

11-2　若上题中 $A(s)$ 改为 $A(s)=\frac{1}{s-1}$，其他条件不变，重复所问。

解：反馈系统函数

$$H(s) = \frac{A(s)}{1+F(s)A(s)} = \frac{\frac{1}{s-1}}{1+\frac{s-\beta}{s-1}} = \frac{1}{2s-\beta-1}$$

令 $2s-\beta-1=0 \Rightarrow s=\frac{\beta+1}{2}<0$，则 $\beta<-1$。

11-3　若图 11-2-1 所示反馈系统中 $A(z)=\frac{z}{z-\frac{1}{2}}$，$F(z)=1-\beta z^{-1}$（$\beta$ 为实数），为使系统稳定，求 β 值范围。

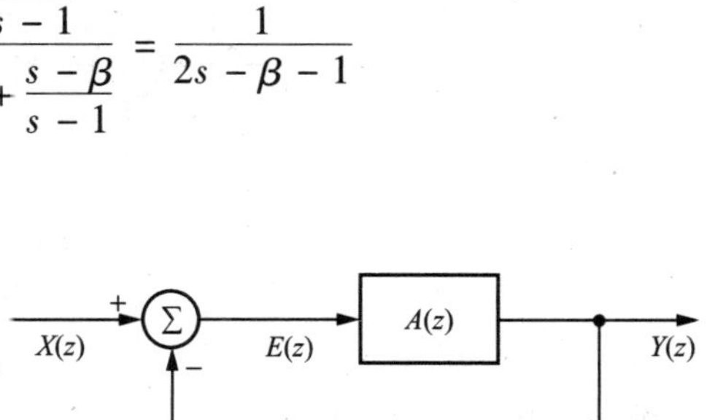

图 11-2-1

解：由图 11-2-1，可得反馈系统函数

$$H(z)=\frac{A(z)}{1+F(z)A(z)}=\frac{\dfrac{z}{z-\dfrac{1}{2}}}{1+\dfrac{z}{z-\dfrac{1}{2}}(1-\beta z^{-1})}=\frac{z}{z-\dfrac{1}{2}+z-\beta}=\frac{z}{2z-\dfrac{1}{2}-\beta}$$

系统极点为 $z_0=\frac{1}{2}\beta+\frac{1}{4}$，为使系统稳定，极点全部位于单位圆内，必须有 $|z_0|<1$，故 $\left|\frac{1}{2}\beta+\frac{1}{4}\right|<1$，解得 $-\frac{5}{2}<\beta<\frac{3}{2}$。

11－4　试写出图 11－2－2 所示互联系统的系统函数 $H(s)=\dfrac{Y(s)}{X(s)}$ 的表达式。

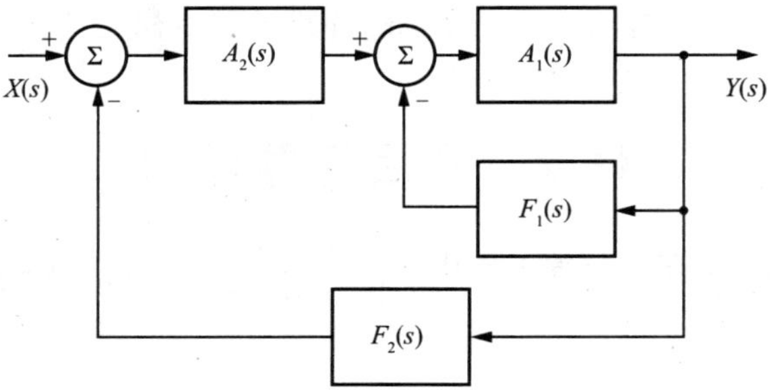

图 11－2－2

解： 由图 11－2－2 可知

$$\{[X(s)-F_2(s)Y(s)]A_2(s)-F_1(s)Y(s)\}A_1(s)=Y(s)$$

整理得　$A_1(s)A_2(s)X(s)-A_1(s)A_2(s)F_2(s)Y(s)-A_1(s)F_1(s)Y(s)=Y(s)$

所以　$H(s)=\dfrac{Y(s)}{X(s)}=\dfrac{A_1(s)A_2(s)}{1+A_1(s)F_1(s)+A_1(s)A_2(s)F_2(s)}$

11－5　试写出图 11－2－3 所示互联系统的系统函数 $H(z)=\dfrac{Y(z)}{X(z)}$ 的表达式。

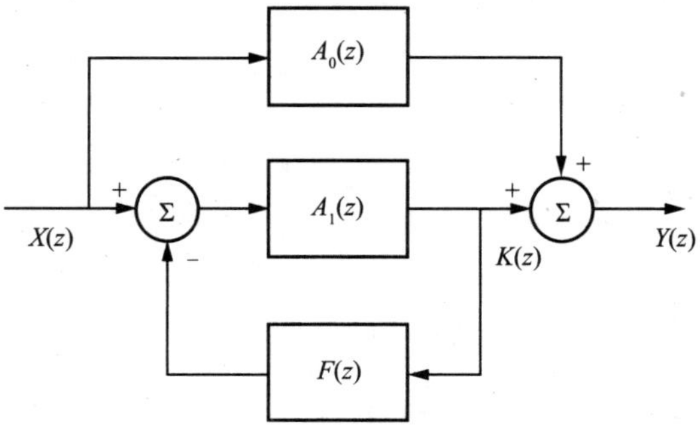

图 11－2－3

解： 由图 11－2－3 可设

$$Y(z)=X(z)A_0(z)+K(z)$$

又 $K(z)=[X(z)-F(z)K(z)]A_1(z)$

则 $K(z)=\dfrac{X(z)A_1(z)}{1+F(z)A_1(z)}$。

所以

$$Y(z)=X(z)A_0(z)+K(z)=X(z)\left[A_0(z)+\frac{A_1(z)}{1+F(z)A_1(z)}\right]$$

$$\Rightarrow H(z)=\frac{Y(z)}{X(z)}=A_0(z)+\frac{A_1(z)}{1+F(z)A_1(z)}$$

11－6　电阻分压器如图 11－2－4 所示，此电路可以看作负反馈系统，若以 $V_1(s)$ 作输入、$V_2(s)$ 作输出，画出与图 11－1－1 对应的反馈系统框图，求 $A(s)$，$F(s)$。

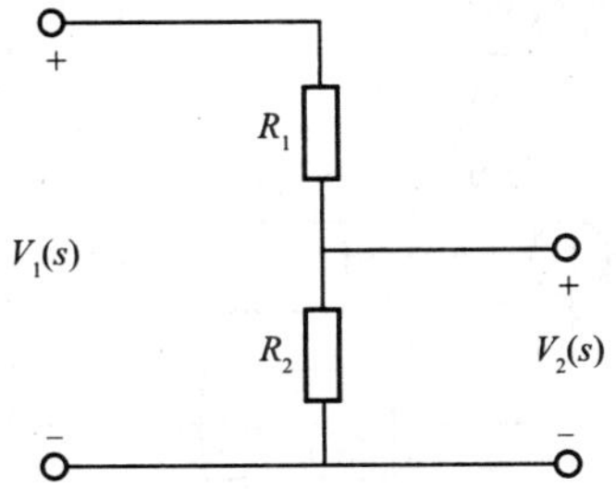

图 11－2－4

解：由图 11－2－4 可知

$$\frac{V_2(s)}{V_1(s)}=\frac{R_2}{R_1+R_2}=\frac{R_2/R_1}{1+R_2/R_1}=H(s)$$

则 $H(s)=\dfrac{A(s)}{1+F(s)A(s)}=\dfrac{R_2/R_1}{1+R_2/R_1}$。

故 $A(s)=R_2/R_1$，$F(s)=1$。

反馈系统框图，如图 11－2－5 所示。

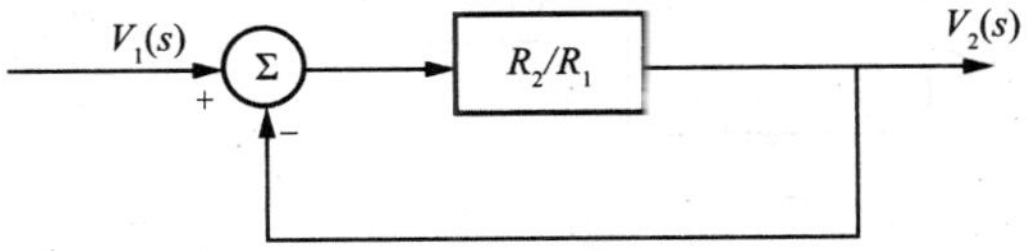

图 11－2－5

11－7　同相运算放大器电路如图 11－2－6 所示，若以 $V_1(s)$ 作输入、$V_2(s)$ 作输出，画出与图 11－1－1 对应的反馈系统框图，求 $A(s)$，$F(s)$。

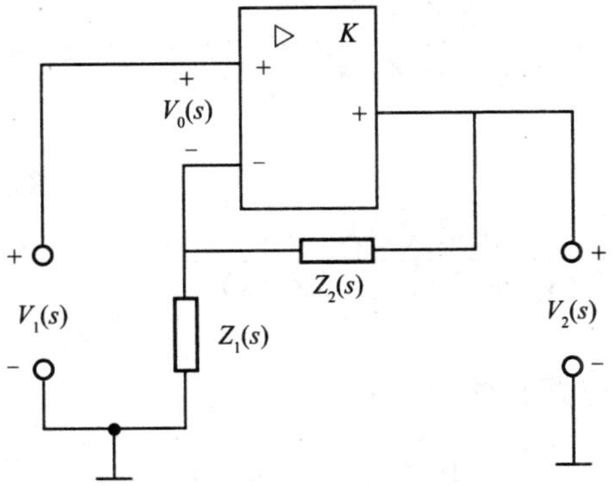

图 11－2－6

解：由图 11－2－6 可得

$$\begin{cases} V_2(s)\dfrac{Z_1(s)}{Z_1(s)+Z_2(s)}+V_0(s)=V_1(s) \\ V_2(s)=KV_0(s) \end{cases}$$

联立方程组得

$$H(s)=\frac{V_2(s)}{V_1(s)}=\frac{K}{\dfrac{KZ_1(s)}{Z_1(s)+Z_2(s)}+1}=\frac{A(s)}{1+F(s)A(s)}$$

所以 $A(s)=K$，$F(s)=\dfrac{Z_1(s)}{Z_1(s)+Z_2(s)}$。

反馈系统框图，如图 11－2－7 所示。

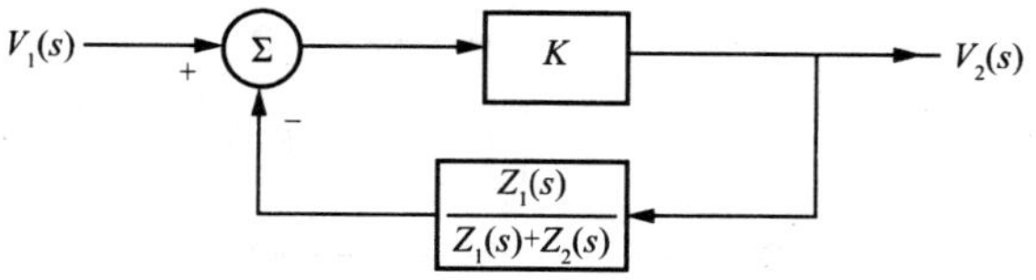

图 11－2－7

11－8　反相运算放大器电路如图 11－2－8 所示，若以 $V_1(s)$ 作输入、$V_2(s)$ 作输出，画出与图 11－1－1 类似的反馈系统框图。(注意答案不是惟一的。)

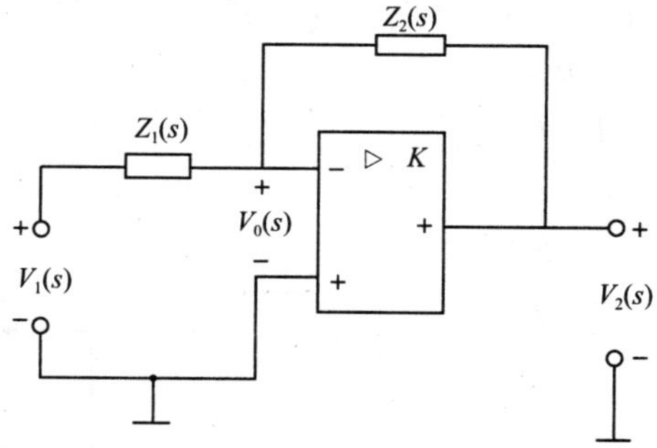

图 11－2－8

解：由图 11－2－8 可得

$$\begin{cases} V_2(s)=-KV_0(s) \\ V_0(s)=\dfrac{Z_2(s)}{Z_1(s)+Z_2(s)}[V_1(s)-V_2(s)]+V_2(s) \end{cases}$$

联立方程组得

$$\frac{V_2(s)}{V_1(s)}=\frac{-Z_2(s)K}{Z_1(s)+Z_2(s)+KZ_1(s)}=\frac{-\dfrac{KZ_2(s)}{Z_1(s)+Z_2(s)}}{1+\dfrac{KZ_1(s)}{Z_1(s)+Z_2(s)}}$$

用反馈系统框图实现该电路有两种可能：

(1) $H_1(s)=\dfrac{K}{1+\dfrac{KZ_1(s)}{Z_1(s)+Z_2(s)}}$，其中 $A(s)=K$，$F(s)=\dfrac{Z_1(s)}{Z_1(s)+Z_2(s)}$。

且输入信号要经过子系统 $-\dfrac{Z_2(s)}{Z_1(s)+Z_2(s)}=B(s)$。

(2) $H_2(s)=\dfrac{KZ_2(s)/[Z_1(s)+Z_2(s)]}{1+KZ_1(s)/[Z_1(s)+Z_2(s)]}$

其中 $A(s)=\dfrac{KZ_2(s)}{Z_1(s)+Z_2(s)}$，$F(s)=\dfrac{Z_1(s)}{Z_2(s)}$。

且输入信号要经过子系统 $B(s)=-1$。

反馈系统框图，如图 11－2－9 所示。

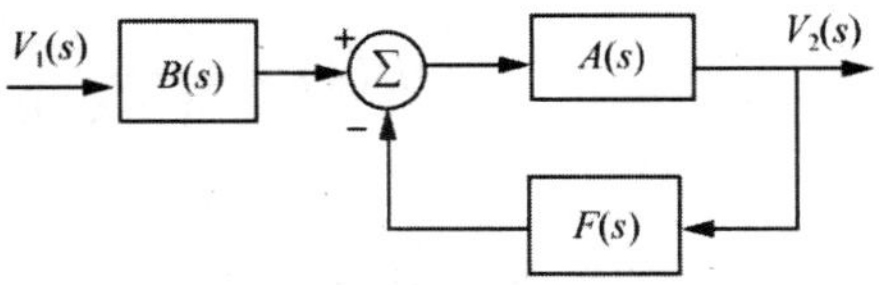

图 11－2－9

11－9　若在上题中 $K\gg1$，求证 $H(s)$ 可近似表示为 $H(s)\approx-\dfrac{Z_2(s)}{Z_1(s)}$。

证明： 当 $K\gg1$ 时，$\dfrac{1}{K}\to0$，此时

$$H(s)=\frac{\dfrac{-KZ_2(s)}{Z_1(s)+Z_2(s)}}{1+\dfrac{KZ_1(s)}{Z_1(s)+Z_2(s)}}=\frac{-\dfrac{Z_2(s)}{Z_1(s)+Z_2(s)}}{\dfrac{1}{K}+\dfrac{Z_1(s)}{Z_1(s)+Z_2(s)}}\approx-\frac{Z_2(s)}{Z_1(s)}$$

命题得证。

11－10　利用运算放大器构成的积分器电路如图 11－2－10 所示。此电路是图 11－2－8 取 $Z_1(s)=R$，$Z_2(s)=\dfrac{1}{sC}$ 而得到的。利用该题结果证明这是一个近似的积分器电路，给出近似条件（K、R、C 参数之条件）。

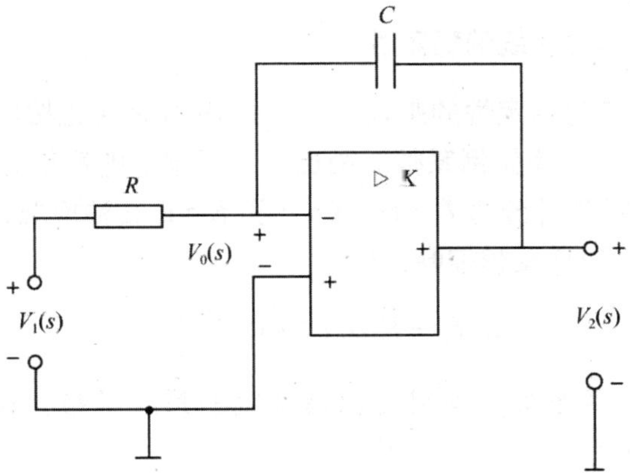

图 11－2－10

解： 将 $Z_1(s)=R$，$Z_2(s)=\dfrac{1}{sC}$ 代入 $H(s)=\dfrac{\dfrac{-KZ_2(s)}{Z_1(s)+Z_2(s)}}{1+\dfrac{KZ_1(s)}{Z_1(s)+Z_2(s)}}$，有

$$H(s)=\frac{\dfrac{-K\cdot\dfrac{1}{sC}}{R+\dfrac{1}{sC}}}{1+\dfrac{KR}{R+\dfrac{1}{sC}}}=\frac{-K}{(1+K)RCs+1}$$

而积分器系统函数具有形式 $H(s)=\dfrac{a}{s}$，要使上式近似为一个积分器，必须有

$$H(s)=\frac{-K}{(1+K)RCs+1}=\frac{-1}{\left(1+\frac{1}{K}\right)RCs+\frac{1}{K}}\approx-\frac{1}{RCs}$$

考查系统频响特性，代入 $s=\mathrm{j}\omega$，可知：要求 $K\gg1$，且 $\left(1+\frac{1}{K}\right)RC\omega\gg\frac{1}{K}$，即 $(1+K)RC\omega\gg1$。

11－11　在教材 11.1 节曾介绍的倒立摆系统重绘于图 11－2－11。图中，摆长为 L，不计长杆质量，末端小球质量为 m，$\theta(t)$ 是偏离垂线之角度，重力加速度为 g，$a(t)$ 是小车加速度，$x(t)$ 表示扰动（如风吹）引起的角加速度。质量沿垂直于杆方向的加速度 $L\frac{\mathrm{d}^2\theta}{\mathrm{d}t^2}$ 应等于沿此方向施加之各种加速度之和，包括重力加速度、小车加速度和扰动加速度，按此要求建立的系统动态方程如下

$$L\frac{\mathrm{d}^2\theta(t)}{\mathrm{d}t^2}=g\sin[\theta(t)]-a(t)\cos[\theta(t)]+Lx(t)$$

此模型为非线性微分方程，在摆处于垂直位置附近，即 $\theta(t)$ 很小的情况下，取如下近似：$\sin[\theta(t)]\approx\theta(t)$，$\cos[\theta(t)]\approx1$，得到如下简化的线性方程

$$L\frac{\mathrm{d}^2\theta(t)}{\mathrm{d}t^2}=g[\theta(t)]-a(t)+Lx(t)$$

（1）设 $x(t)$ 为激励信号，$\theta(t)$ 是响应信号，若小车不动，即 $a(t)=0$，写出系统函数 $H(s)=\frac{\theta(s)}{X(s)}$ 表达式，并讨论系统的稳定性。

（2）研究适当移动小车对稳定性的影响。假定随 $\theta(t)$ 之变化按比例反馈作用使小车产生加速度，即 $a(t)=K\theta(t)$，K 为比例系数。画出引入反馈后的系统方框图，并求反馈系统的系统函数。讨论系统的稳定性（分为 $K<g$、$K=g$ 和 $K>g$ 三种情况）。

（3）改用比例－微分（PD）反馈控制，即

$$a(t)=K_1\theta(t)+K_2\frac{\mathrm{d}\theta(t)}{\mathrm{d}t}$$

其中 K_1 和 K_2 都为正实系数。写出此反馈系统的系统函数，讨论为使系统稳定，K_1，K_2 应满足何种约束条件？

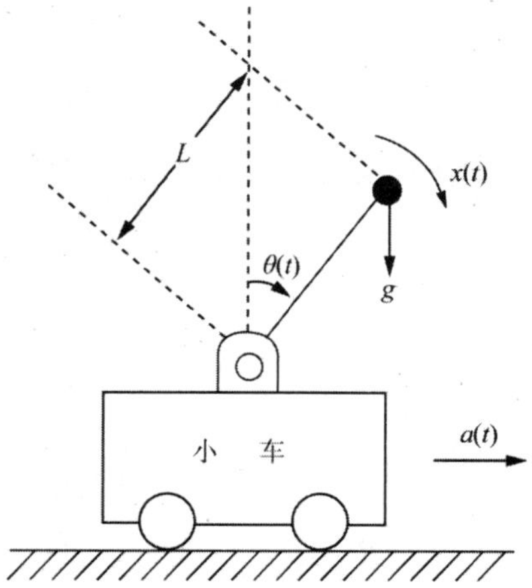

图 11－2－11

解： 对 $L\dfrac{d^2\theta(t)}{dt^2}=g[\theta(t)]-a(t)+Lx(t)$ 进行拉氏变换得

$$Ls^2\Theta(s)=g\cdot\Theta(s)-A(s)+L\cdot X(s)$$

(1)若 $a(t)=0$，则 $A(s)=0$。

故 $Ls^2\Theta(s)=g\cdot\Theta(s)+L\cdot X(s)$，可得系统函数为

$$H(s)=\frac{\Theta(s)}{X(s)}=\frac{L}{Ls^2-g}=\frac{1}{s^2-(g/L)}$$

极点为：$s_p=\pm\sqrt{g/L}$。

由于 $s_{p1}=\sqrt{g/L}$，位于右半平面，故系统不稳定。

(2)若 $a(t)=K\theta(t)$，则 $A(s)=K\Theta(s)$。

故 $Ls^2\Theta(s)=(g-K)\Theta(s)+LX(s)$，可得系统函数为

$$H(s)=\frac{L}{Ls^2-g+K}=\frac{1}{s^2-(g/L)+(K/L)}$$

极点为：$s_p=\pm\sqrt{(g-K)/L}$。

当 $K<g$ 时，$s_{p1}=\sqrt{(g-K)/L}$ 位于右半平面，故系统不稳定；

当 $K=g$ 时，$s_p=0$ 为二阶极点，故系统不稳定；

当 $K>g$ 时，s_p 为 $H(s)$ 在 $j\omega$ 轴上的共轭极点，故系统处于边界稳定状态。

(3)若 $a(t)=K_1\theta(t)+K_2\dfrac{d\theta(t)}{dt}$，则 $A(s)=K_1\Theta(s)+K_2s\Theta(s)$。

故 $Ls^2\Theta(s)=(g-K_1)\Theta(s)-K_2\Theta(s)\cdot s+LX(s)$，可得系统函数为

$$H(s)=\frac{1}{s^2-\dfrac{g-K_1}{L}+\dfrac{K_2}{L}s}$$

极点为：$s_p=\dfrac{-K_2\pm\sqrt{K_2^2-4L(K_1-g)}}{2L}$。

若要系统稳定，则需 s_p 全位于左平面，故 $K_2>0$ 且 $K_1>g$。

11-12　在图 11-2-12 所示的跟踪系统中 $A_2(s)$ 作为补偿器用来改善 $A_1(s)$ 的性能。其作用是保证系统稳定，并使误差信号 $e(t)=x(t)-y(t)$ 随时间增长而衰减到零。

(1)若 $A_1(s)=\dfrac{\alpha}{s+\alpha}$，$\alpha$ 为正实系数。选 $A_2(s)=K$(比例控制，K 为实系数)。求为使系统稳定 K 值应满足何种条件。分别求 $x(t)$ 为单位冲激或单位阶跃时，误差信号 $e(t)$ 的终值 $\lim\limits_{t\to\infty}e(t)$。(提示：借助拉氏变换的终值定理。)

(2)若 $A_1(s)$ 仍如(1)问，而 $A_2(s)$ 改为比例积分(PI)控制 $A_2(s)=K_1+\dfrac{K_2}{s}$。为使系统稳定，求实系数 K_1、K_2 的范围。求 $x(t)$ 为单位阶跃时误差信号 $e(t)$ 的终值。比较以上二种情况下系统的跟踪性能。

(3)若 $A_1(s)=\dfrac{1}{(s-1)^2}$，试讨论若 $A_2(s)$ 为 PI 控制时系统不稳定，而改用比例-积分-微分(PID)控制时 $A_2(s)=K_1+\dfrac{K_2}{s}+K_3s$，可使系统稳定。并讨论系统对阶跃信号作用的跟

踪性能，求 $e(t)$ 的终值。

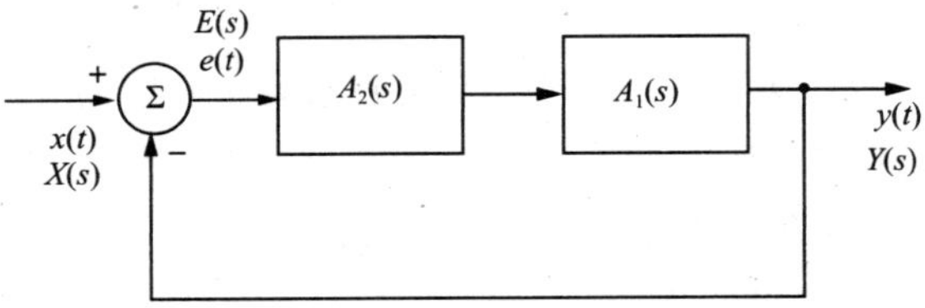

图 11－2－12

解：由题意知：$\dfrac{Y(s)}{X(s)}=\dfrac{A_1(s)A_2(s)}{1+A_1(s)A_2(s)}$

(1)当 $A_1(s)=\dfrac{\alpha}{s+\alpha}$，$A_2(s)=K$ 时，有

$$H(s)=\frac{\alpha K}{s+\alpha+\alpha K}(\alpha\text{ 为正实系数})$$

故极点为：$s_p=-\alpha-\alpha K$。

为使系统稳定，则 $s_p<0\Rightarrow K>-1$。

又 $E(s)=X(s)-Y(s)=\dfrac{X(s)}{1+A_1(s)A_2(s)}=\dfrac{s+\alpha}{s+\alpha+\alpha K}X(s)$

由终值定理得

$$\lim_{t\to\infty}e(t)=\lim_{s\to 0}sE(s)=\lim_{s\to 0}\frac{s(s+\alpha)}{s+\alpha+\alpha K}X(s)$$

$x(t)=\delta(t)$ 时，$\lim\limits_{t\to\infty}e(t)=\lim\limits_{s\to 0}\dfrac{s(s+\alpha)}{s+\alpha+\alpha K}=0$；

$x(t)=u(t)$ 时，$\lim\limits_{t\to\infty}e(t)=\lim\limits_{s\to 0}\dfrac{s(s+\alpha)}{s(s+\alpha+\alpha K)}=\dfrac{1}{1+K}$。

(2)当 $A_1(s)=\dfrac{\alpha}{s+\alpha}$，$A_2(s)=K_1+\dfrac{K_2}{s}$ 时，有

$$H(s)=\frac{Y(s)}{X(s)}=\frac{\alpha(sK_1+K_2)}{s^2+\alpha s(1+K_1)+\alpha K_2}$$

为使系统稳定，极点 s_{p1} 与 s_{p2} 应位于左半平面，有

$$s_{p1}+s_{p2}=-\alpha(1+K_1)<0,s_{p1}\cdot s_{p2}=\alpha K_2>0$$

由于 α 为正实数，故 $K_1>-1$ 且 $K_2>0$。

又 $E(s)=X(s)-Y(s)=\dfrac{s^2+\alpha s}{s^2+\alpha s(1+K_1)+\alpha K_2}X(s)$

$x(t)$ 为单位阶跃信号时，有

$$E(s)=\frac{s^2+\alpha s}{s[s^2+\alpha s(1+K_1)+\alpha K_2]}$$

$$\lim_{t\to\infty}e(t)=\lim_{s\to 0}sE(s)=\lim_{s\to 0}\frac{s^2+\alpha s}{s^2+\alpha s(1+K_1)+\alpha K_2}=0$$

$e(t)$ 随时间增长衰减为 0 表明误差可消失，即系统可跟踪输入信号。故题(1)中系统不能跟踪阶跃信号，题(2)中系统可跟踪阶跃信号。

(3)当 $A_1(s)=\dfrac{1}{(s-1)^2}$，$A_2(s)=K_1+\dfrac{K_2}{s}$ 时，有

$$H(s)=\frac{sK_1+K_2}{s^3-2s^2+(1+K_1)s+K_2}$$

由于 $H(s)$ 分母多项式系数不同号，根据罗斯判据可知系统不稳定。

当 $A_2(s)=K_1+\frac{K_2}{s}+K_3s$ 时，有

$$H(s)=\frac{K_3s^2+K_1s+K_2}{s^3+(K_3-2)s^2+(K_1+1)s+K_2}$$

若要系统稳定，则有

$$\begin{cases}K_3-2>0\\K_1+1>0\\K_2>0\\(K_1+1)(K_3-2)>K_2\end{cases}$$

可得最终结果为

$$\begin{cases}K_3>2\\K_1>-1\\K_2>0\\(K_1+1)(K_3-2)>K_2\end{cases}$$

由 $E(s)=X(s)-Y(s)=\frac{s^3-2s^2+s}{s^3+(K_3-2)s^2+(K_1+1)s+K_2}X(s)$ 得

当 $x(t)=u(t)$ 时，$\lim\limits_{t\to\infty}e(t)=\lim\limits_{s\to0}sE(s)=0$。

即系统可跟踪阶跃信号。

11－13　反馈系统的开环系统函数表达式如下，分别画出其根轨迹图。

(1) $A(s)F(s)=\frac{K}{s+2}\qquad(K>0)$

(2) $A(s)F(s)=\frac{K}{(s+1)(s+3)}\qquad(K>0)$

解：(1)此反馈系统的特征方程表达式为

$$1+\frac{K}{s+2}=0$$

则模量与幅角条件为：$|s+2|=|K|$，$-\theta=\pi$。

式中，θ 为矢量 $(s+2)$ 的幅角，$K>0$。

开环极点位于 $p=-2$，跟轨迹始于此点。

对应 $K=0$，$s=-2$；$K\to\infty$ 时，$s\to-\infty$。

在此根轨迹右边的实轴上，开环极点与零点数目总和为奇数，根轨迹如图 11－2－13(a)所示。

(2)该反馈系统的特征方程为：$(s+1)(s+3)=-K$。

开环极点：$p_1=-1$，$p_2=-3$。

故根轨迹有 2 条，起点分别为 $s=-1$ 和 $s=-3$，终点趋于无穷大。

因为 K 从 0 增加时两分支都在实轴上移动，所以当 $-3<s<-1$ 时符合根轨迹作图规则(4)，在 $s=-2$ 处出现重根。根轨迹如图 11－2－13(b)所示。

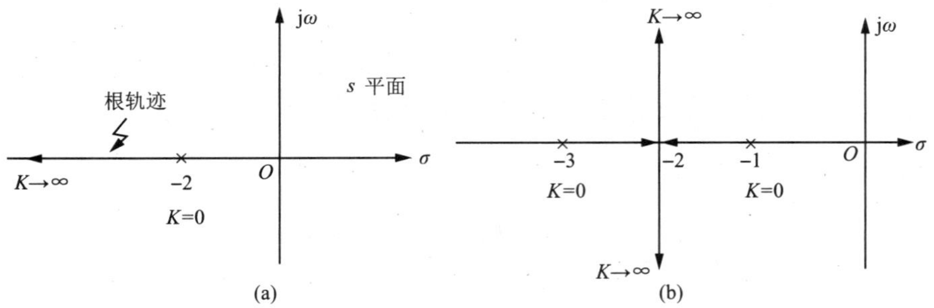

图 11－2－13

11－14　反馈系统的开环系统函数表达式为

$$A(s)F(s)=\frac{K}{(s+1)(s+3)(s+5)}\qquad (K>0)$$

(1)求各条渐近线与实轴之交角；(2)求各渐近线交点值；(3)画出根轨迹。

解：(1)$A(s)F(s)=\dfrac{K}{(s+1)(s+3)(s+5)}$

极点个数 $n=3$，零点个数 $m=0$，各渐近线与实轴交角为$\dfrac{l\pi}{n-m}$，即$\dfrac{l\pi}{3}$，$l=1, 3, 5$。

(2)各极点值：$p_1=-1$，$p_2=-3$，$p_3=-5$。

与实轴交点 $\sigma_0=\dfrac{p_1+p_2+p_3}{n-m}$，即 $\sigma_0=-3$。

(3)三个分支的交汇点满足

$$\frac{\mathrm{d}}{\mathrm{d}s}[A(s)F(s)]=\frac{\mathrm{d}}{\mathrm{d}s}\left[\frac{K}{(s+1)(s+3)(s+5)}\right]=0$$

则 $3s^2+18s+23=0$

故 $s_1=-3+\dfrac{2}{3}\sqrt{3}$，$s_2=-3-\dfrac{2}{3}\sqrt{3}$(舍)

即分支交汇点为：$s=-3+\dfrac{2}{3}\sqrt{3}=-1.85$。

由 $1+A(\mathrm{j}\omega)F(\mathrm{j}\omega)=0$，得

$$(\mathrm{j}\omega)^3+9(\mathrm{j}\omega)^2+23(\mathrm{j}\omega)+15+K=0$$

令实部、虚部分别为0，则有

$$\begin{cases}15+K-9\omega^2=0\\ \omega^2-23=0\end{cases}\Rightarrow\begin{cases}\omega=\pm\sqrt{23}\\ K=192\end{cases}$$

对应的根轨迹如图 11－2－14 所示。

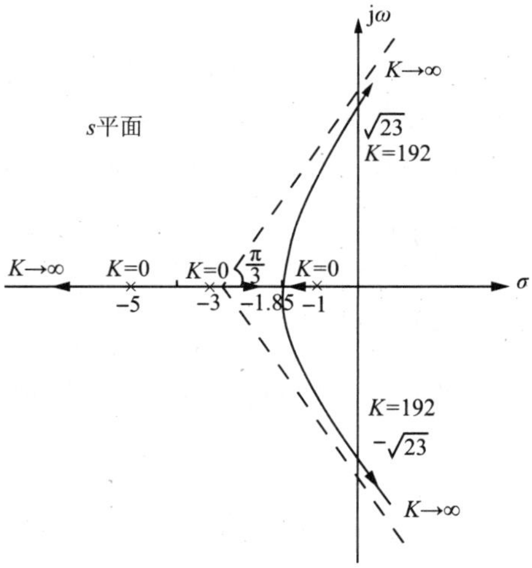

图 11－2－14

11－15　反馈系统的开环系统函数表达式为

$$A(s)F(s)=\frac{K}{s(s+1)(s+4)}\qquad (K>0)$$

(1)画出根轨迹；(2)为保证系统稳定求 *K* 值范围。

解：(1)由题意可知：$A(s)F(s)=\dfrac{K}{s(s+1)(s+4)}$

三个极点分别为 $p_1=0$，$p_2=-1$，$p_3=-4$，无有限零点，故根轨迹有三条，始于 0，－1，－4，止于无穷。

渐近线重心：$\sigma_0 = \dfrac{(p_1 + p_2 + \cdots + p_n) - (z_1 + z_2 + \cdots + z_m)}{n - m} = \dfrac{-1-4}{3} = -\dfrac{5}{3}$。

渐近线与实轴交角：$\dfrac{l\pi}{n-m} = \dfrac{l\pi}{3}$，$l = 1$，3，5。

由$\dfrac{\mathrm{d}}{\mathrm{d}s}[A(s)F(s)] = \dfrac{\mathrm{d}}{\mathrm{d}s}\left[\dfrac{K}{s(s+1)(s+4)}\right] = 0$，得：$3s^2 + 10s + 4 = 0$。

即 $s_1 = \dfrac{-5 + \sqrt{13}}{3}$，$s_2 = \dfrac{-5 - \sqrt{13}}{3}$。

由于当 $s = \dfrac{-5 - \sqrt{13}}{3}$时，$K < 0$，不满足条件；

故交汇点为：$s = \dfrac{-5 + \sqrt{13}}{3} = -0.465$。

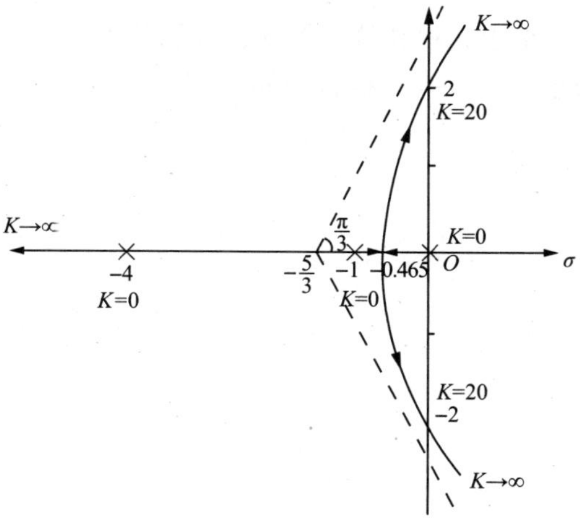

图 11-2-15

由 $1 + A(\mathrm{j}\omega) \cdot F(\mathrm{j}\omega) = 0$，得：$(\mathrm{j}\omega)^3 + 5(\mathrm{j}\omega)^2 + 4(\mathrm{j}\omega) + K = 0$

令实部、虚部分别为0，则

$$\begin{cases} K - 5\omega^2 = 0 \\ \omega^2 - 4 = 0 \end{cases} \Rightarrow \begin{cases} \omega = \pm 2 \\ K = 20 \end{cases}$$

综上得根轨迹如图 11-2-15 所示。

(2)由根轨迹与虚轴交会处对应 $K = 20$ 可知，$K > 20$ 时，根位于右半平面，系统不稳定；$K = 20$ 时，系统临界稳定；$0 < K < 20$ 时，系统稳定。。

11-16　反馈系统的开环系统函数表达式为

$$\boldsymbol{A(s)F(s) = \dfrac{K(s+2)}{s^2 + 2s + 4} \qquad (K > 0)}$$

(1)画出根轨迹；

(2)求两分支的交点值；

(3)要使闭环系统的冲激响应不呈现振荡，求 K 值范围。

解：(1)由题意可知：$A(s)F(s) = \dfrac{K(s+2)}{s^2 + 2s + 4}$

其系统极点为：$p_1 = -1 + \sqrt{3}\mathrm{j}$，$p_2 = -1 - \sqrt{3}\mathrm{j}$。

有限零点：$z_1 = -2$。

渐进线重心：$\sigma_0 = \dfrac{\sum\limits_{k=1}^{n} p_k - \sum\limits_{k=1}^{m} z_k}{n - m} = \dfrac{(-2) - (-2)}{2 - 1} = 0$。

渐进线与实轴交角：$\dfrac{l\pi}{n-m} = \dfrac{\pi}{2-1} = \pi$。

$$\frac{\mathrm{d}}{\mathrm{d}s}[1 + F(s)A(s)] = \frac{\mathrm{d}}{\mathrm{d}s}[F(s)A(s)] = 0$$

两分支会合点：$\dfrac{K(s^2 + 2s + 4) - K(s+2)(2s+2)}{(s^2 + 2s + 4)^2} = 0$。

即 $Ks^2+4Ks=0$，故 $s_1=0$，$s_2=-4$。

其中，$s_1=0$ 代入原特征方程得 $K<0$，故舍掉。$s_2=-4$ 为两分支会合点。

综上，根轨迹共两支，分别起于 $p_1=-1+\sqrt{3}\mathrm{j}$，$p_2=-1-\sqrt{3}\mathrm{j}$，一条止于无穷远，另一条止于 $s=-2$。根轨迹如图 11-2-16 所示。

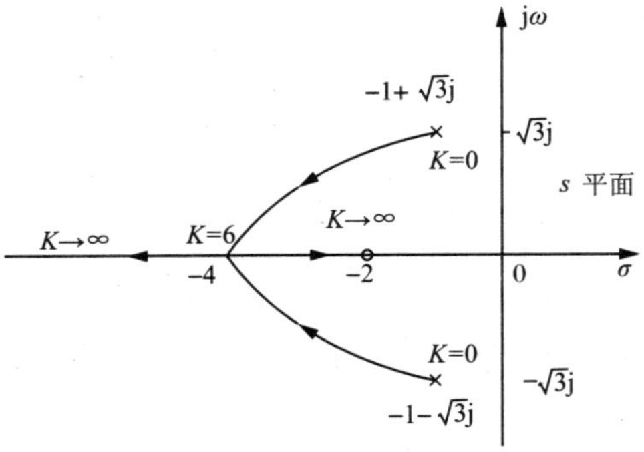

图 11-2-16

(2)由(1)可知 $s=-4$。

(3)将 $s=-4$ 代入特征方程有

$$1+\frac{K(-4+2)}{(-4)^2-8+4}=0$$

解得：$K=6$。

当 $K>6$ 时，根轨迹落于实轴，闭环系统中的冲激响应不呈现振荡。

11-17　在教材 11.3 节中关于根轨迹作图规则都是针对 $K>0$ 条件给出的，讨论 $K<0$ 应如何修改相应的规则。分别绘制以下各种情况的根轨迹。

(1) $A(s)F(s)=\dfrac{K}{s+2}\quad(K<0)$

(2) $A(s)F(s)=\dfrac{K}{(s+1)(s+3)}\quad(K<0)$

(3) $A(s)F(s)=\dfrac{K(s+2)}{s^2+2s+4}\quad(K<0)$

解：对于规则(1)、(2)、(3)均与 K 值无关，故不需要改变；

对于规则(4)，当 $K<0$ 时，应改为：若有一段实轴，在其右边的实轴上，$A(s)F(s)$ 的极点与零点的总个数为偶数，则其为根轨迹的一部分；

对于规则(5)、(6)，不需要改变；

对于规则(7)，渐近线与实轴的交角应为 $\dfrac{l\pi}{n-m}$，其中 $l=0,\ 2,\ \cdots,\ 2(n-m-1)$，共 $n-m$ 个偶数；

对于规则(8)，不需要改变。

根据上述结果，可作以下函数的根轨迹($K<0$)：

(1)根轨迹如图 11-2-17(a)所示。

(2)两分支无交点，根轨迹图 11-2-17(b)所示。

(3)由 $\dfrac{\mathrm{d}}{\mathrm{d}s}[A(s)F(s)]=0$ 可得 $s_1=0$，$s_2=-4$，其中 $s_2=-4$ 时，$K>0$，不符合要求，

故根轨迹如图 11－2－17(c)所示。

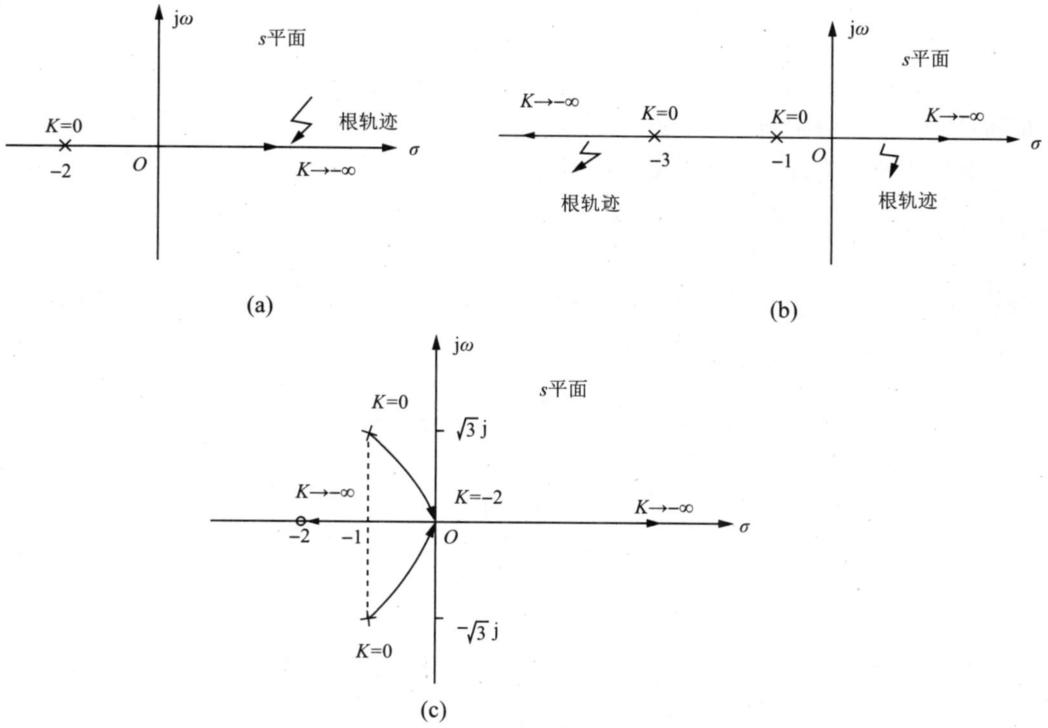

图 11－2－17

11－18　在教材例 11－9 中根轨迹图形的一部分是以原点为圆心的圆，此特征方程的形式为 $z^2-bz+c+Kz=0$，其中 b，c，K 均为正实系数。试讨论在参数 b，c，K 之间满足何种约束的条件下此方程的根在 z 平面呈圆形，求圆的半径值。

解： 设 $z=x+yj$ 是特征方程的根，则将其代入方程并化简得

$$x^2+y^2+(K-b)x+c+[2xy+(K-b)y]\mathrm{j}=0$$

令上面方程的实部和虚部分别为 0，化简得

$$\begin{cases}x^2+y^2=c\\ y^2=c-\dfrac{(K-b)^2}{4}\end{cases}$$

因此可得

$$c-\frac{(K-b)^2}{4}>0，\text{即}(K-b)^2<4c$$

此时方程的根在 z 平面呈圆形，由 $x^2+y^2=c$ 可知圆的半径为$\sqrt{c}$。

11－19　若离散时间信号反馈系统的开环系统函数表达式为

$$A(z)F(z)=\frac{K\left(z-\frac{1}{4}\right)\left(z-\frac{1}{2}\right)}{z(z-p_1)(z-p_2)}$$

其中极点 $p_1=\frac{7}{8}\mathrm{e}^{\mathrm{j}\frac{\pi}{4}}$，$p_2=\frac{7}{8}\mathrm{e}^{-\mathrm{j}\frac{\pi}{4}}$，$K>0$。

(1) 在 z 平面画根轨迹图；

(2) 求为保证系统稳定的 K 值范围。

解：(1)极点：$p_0=0$，$p_1=\frac{7}{8}e^{j\frac{\pi}{4}}$，$p_2=\frac{7}{8}e^{-j\frac{\pi}{4}}$；

零点：$z_1=\frac{1}{4}$，$z_2=\frac{1}{2}$。

根轨迹有三支，分别始于 p_0、p_1、p_2，终止于 z_1、z_2 和无穷。

因为共轭根轨迹为圆形，所以交会点不可能在 $z<0$ 的实轴上，且由极点 p_1、p_2 起始的两支根轨迹必交于$\frac{1}{4}$到$\frac{1}{2}$间。

由$\frac{d}{dz}[A(z)F(z)]=0$ 以及 $K>0$ 可确定根轨迹的交点为 $z=0.3625$，对应 $K=10.56$。

根轨迹如图 11－2－18 所示。

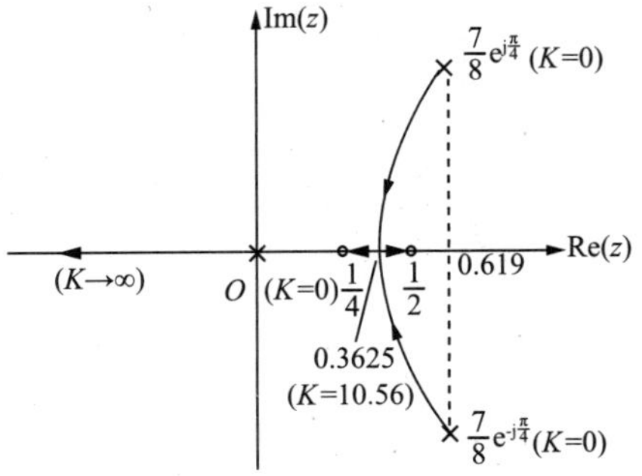

图 11－2－18

(2)若系统稳定，则 $|z|<1$，结合根轨迹图，当 $z=-1$ 时临界稳定。故将 $z=-1$ 代入特征方程，得

$$1+\frac{K\left(-1-\frac{1}{4}\right)\left(-1-\frac{1}{2}\right)}{-(-1-p_1)(-1-p_2)}=0$$

化简得：$K=\frac{8}{15}+\frac{49}{15\times 8}+\frac{7}{15}\sqrt{2}\approx 1.6$

故 $0<K<1.6$ 时，系统稳定。

11－20　若反馈系统的开环系统函数表达式如下(都满足 $K>0$)，分别画出奈奎斯特图，并求为使系统稳定的 K 值范围。

(1)$A(s)F(s)=\frac{K}{s+1}$；　　(2)$A(s)F(s)=\frac{K}{(s+1)^2}$；

(3)$A(s)F(s)=\frac{K}{(s+1)^4}$；　　(4)$A(s)F(s)=\frac{K}{s^2+2s+2}$。

解：(1)$A(j\omega)F(j\omega)=\frac{K}{j\omega+1}=\frac{K}{1+\omega^2}-\frac{jK\omega}{1+\omega^2}$

复轨迹的点满足方程

$$\left(\frac{K}{1+\omega^2}-\frac{K}{2}\right)^2+\left(\frac{\omega K}{1+\omega^2}\right)^2=\left(\frac{K}{2}\right)^2$$

因此奈奎斯特图是一个圆心在$-\frac{K}{2}$，半径为$\frac{K}{2}$的圆，如图 11－2－19(a)所示。

因为系统稳定条件为奈奎斯特图不含点$(-1+j0)$，所以 $K>0$ 即可。

(2) $A(\mathrm{j}\omega)F(\mathrm{j}\omega)=\dfrac{K}{(\mathrm{j}\omega+1)^2}$

当 $\omega=0$ 时，$A(\mathrm{j}0)F(\mathrm{j}0)=K$；当 $\omega=\infty$ 时，轨迹止于 0 点。

即轨迹与实轴仅交于 0 和 K 点。随 $\omega\uparrow$，曲线在实轴下方左旋。对称可画出 ω 为负值的曲线，奈奎斯特图如图 11－2－19(b) 所示。

同理 $K>0$ 时不含 $(-1+\mathrm{j}0)$ 点，系统稳定。

(3) $A(\mathrm{j}\omega)F(\mathrm{j}\omega)=\dfrac{K}{(\mathrm{j}\omega+1)^4}$

当 $\omega=0$ 时，$A(\mathrm{j}0)F(\mathrm{j}0)=K$；当 $\omega=\infty$ 时，轨迹止于 0 点；当 $\omega=\pm1$ 时，构成幅角为 π，$A(\mathrm{j}\omega)F(\mathrm{j}\omega)=-\dfrac{K}{4}$。

随 $\omega\uparrow$，曲线在实轴上方右旋。奈奎斯特图如图 11－2－19(c) 所示。

因为系统稳定要求奈奎斯特图不含点 $(-1+\mathrm{j}0)$，即 $-\dfrac{K}{4}>-1\Rightarrow 0<K<4$。

(4) $A(\mathrm{j}\omega)F(\mathrm{j}\omega)=\dfrac{K}{2\mathrm{j}\omega+2-\omega^2}$

当 $\omega=0$ 时，$A(\mathrm{j}0)F(\mathrm{j}0)=\dfrac{K}{2}$；当 $\omega=\infty$ 时，轨迹止于 0 点。

轨迹与实轴只有两个交点：0 点和 $A(\mathrm{j}0)F(\mathrm{j}0)=\dfrac{K}{2}$，且随 $\omega\uparrow$，曲线在实轴下方左旋。根轨迹图如图 11－2－19(d) 所示 。

同理，系统稳定条件为 $K>0$。

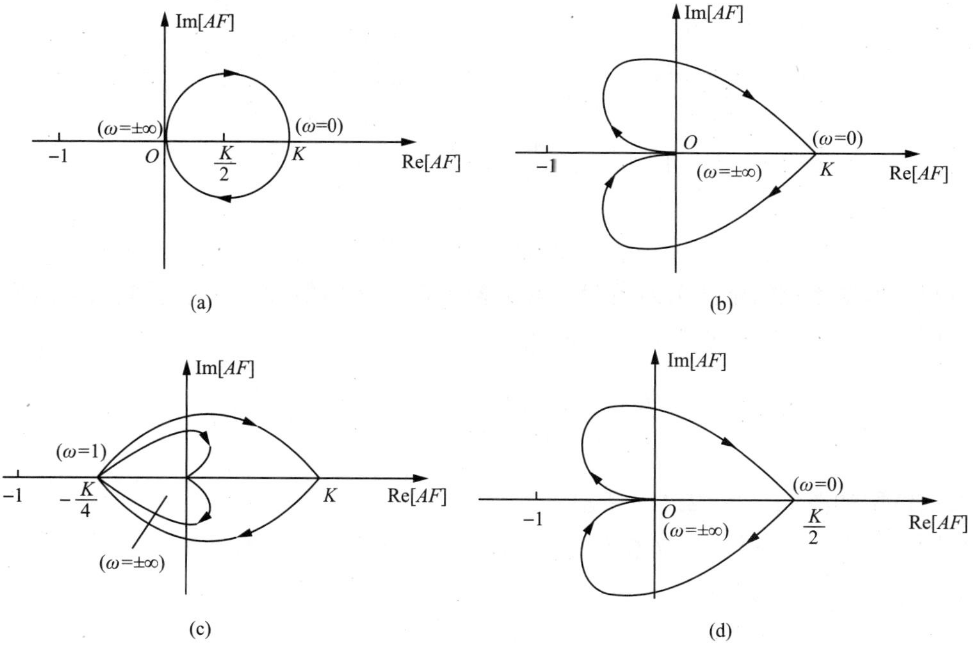

图 11－2－19

11－21　反馈系统的开环系统函数表达式如下（都满足 $K>0$）分别画出奈奎斯特图，并求为使系统稳定的 K 值范围，注意本题中 $A(s)F(s)$ 在 s 右半平面内有极点（即 $n_p\neq0$）。

(1) $A(s)F(s)=\dfrac{K}{s-1}$；(2) $A(s)F(s)=\dfrac{K(s+1)}{s^2-2s+2}$。

解：(1) $A(j\omega)F(j\omega)=\dfrac{K}{j\omega-1}=\dfrac{K(-1-j\omega)}{1+\omega^2}$

复轨迹的点满足方程

$$\left(\frac{-K}{1+\omega^2}+\frac{K}{2}\right)^2+\left(\frac{-K\omega}{1+\omega^2}\right)^2=\left(\frac{K}{2}\right)^2$$

随着 ω 增大，曲线如图 11－2－20(a)所示方向旋转。

由于 $A(s)F(s)$ 在右半平面有一个极点，无零点，要使系统稳定，奈奎斯特围线应逆时针绕 $(-1+j0)$ 点一次。因此有 $-K<-1$，即 $K>1$。

(2) $A(j\omega)F(j\omega)=\dfrac{K(1+j\omega)}{-\omega^2-2j\omega+2}$

当 $\omega=0$ 时，$A(j0)F(j0)=\dfrac{K}{2}$；当 $\omega=\infty$ 时，轨迹终止于 0 点。

又由计算可知轨迹与实轴只相交于 0 点和 $\dfrac{K}{2}$ 两点。

曲线在实轴上边随 ω 增大向左旋转，按照对于实轴镜像的原理可绘出 ω 为负值的曲线，如图 11－2－20(b)所示。

由于 $A(s)F(s)$ 在右半平面有两个极点，无零点，要使系统稳定，奈奎斯特围线应逆时针绕 $(-1+j0)$ 点两次。因此有 $-\dfrac{K}{2}<-1$，即 $K>2$。

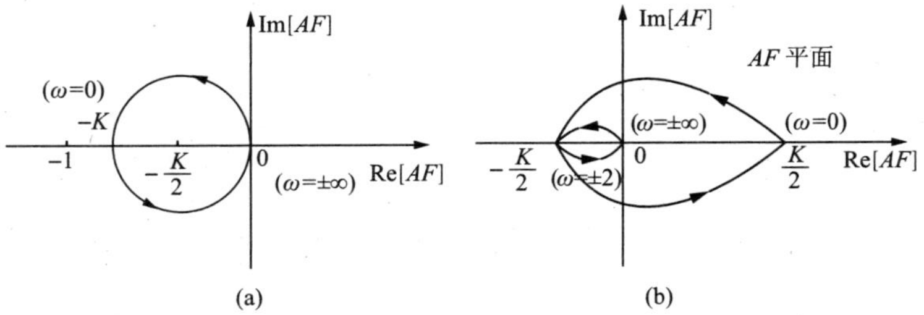

图 11－2－20

11－22　如果给定的条件仍如题 11－20，但限定 K 为负值($K<0$)，重复该题所问。

解：(1) 由题意可知，对 $A(j\omega)F(j\omega)$ 有

$$\left(\frac{K}{1+\omega^2}-\frac{K}{2}\right)^2+\left(\frac{\omega K}{1+\omega^2}\right)^2=\left(\frac{K}{2}\right)^2\quad(K<0)$$

奈奎斯特图如图 11－2－21(a)所示。

因该图不含点 $(-1+j0)$，故系统稳定，即 $-1<K<0$ 时，系统稳定。

(2) $A(j\omega)F(j\omega)=\dfrac{K}{(j\omega+1)^2}$

当 $\omega=0$ 时，$A(j0)F(j0)=K$；当 $\omega=\infty$ 时，轨迹止于 0 点。

又因轨迹与实轴只有 0 和 K 两个交点，且随 $\omega\uparrow$，曲线在实轴上方右旋，奈奎斯特图如图 11－2－21(b)所示。

因 $K<0$ 且系统稳定，则 $-1<K<0$。

(3) $A(\mathrm{j}\omega)F(\mathrm{j}\omega)=\dfrac{K}{(\mathrm{j}\omega+1)^4}$

因为 $K<0$，故奈奎斯特图与图 11－2－19(c) 关于虚轴对称，如图 11－2－21(c) 所示。又 $K<0$ 且系统稳定，故 $-1<K<0$。

(4) $A(\mathrm{j}\omega)F(\mathrm{j}\omega)=\dfrac{K}{2\mathrm{j}\omega+2-\omega^2}$

奈奎斯特图与图 11－2－19(d) 关于虚轴对称，如图 11－2－21(d) 所示。

因 $K<0$ 且系统稳定，故 $-1<\dfrac{K}{2}<0$，即 $-2<K<0$。

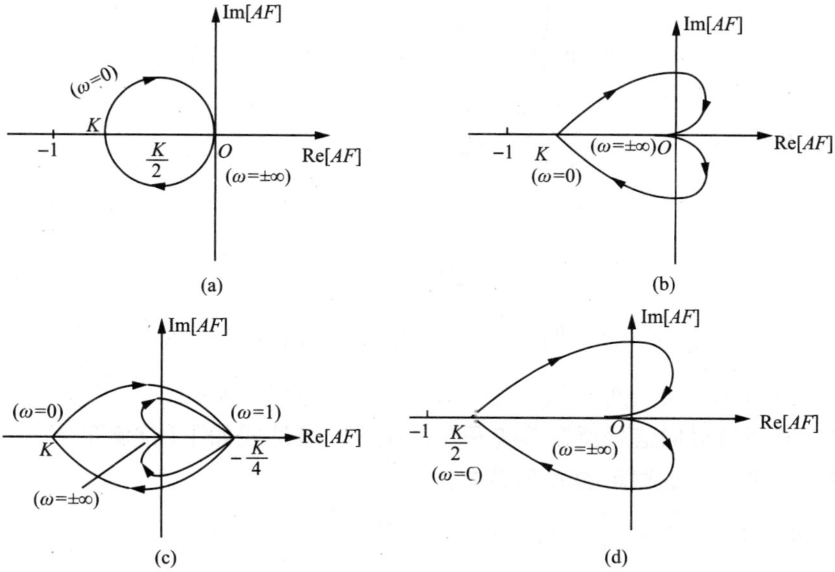

图 11－2－21

11－23　若反馈系统开环系统函数表达式为

$$A(s)F(s)=\frac{K}{s(s+1)(s+4)}$$

(1) 画出奈奎斯特图；(2) 求使系统稳定的 K 值范围。

注意到本题特点是 $A(s)F(s)$ 函数的分母包含 s 项，也即在 s 平面 $\mathrm{j}\omega$ 轴上 $\omega=0$ 处有一极点，当 s 沿 $\mathrm{j}\omega$ 轴变化时需要从右侧绕过此点，为此，设置一个小半圆作为此段路径，如图 11－2－22 所示。小半圆上的 s 值为 $s=re^{\mathrm{j}\theta}$，r 为任意小的半径值，θ 为辐角。当 s 变化沿此路径走过时，θ 由 $-\dfrac{\pi}{2}$ 变到 $\dfrac{\pi}{2}$。沿此半圆对应的 $A(s)F(s)$ 式当 $r\to0$ 时近似为

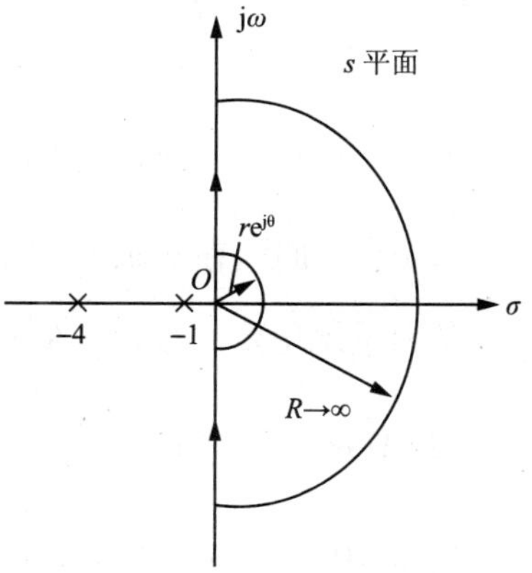

图 11－2－22

$$A(s)F(s)=\frac{K}{re^{\mathrm{j}\theta}(re^{\mathrm{j}\theta}+1)(re^{\mathrm{j}\theta}+4)}\approx\frac{K}{4r}e^{-\mathrm{j}\theta}$$

对应 s 沿小半圆变化，映射到 $A(\mathrm{j}\omega)F(\mathrm{j}\omega)$ 复轨迹图上为半径等于 $\dfrac{K}{4r}$ 的半圆。当 $r\to0$ 时，此半圆的半径趋于 ∞，此即 $\omega\to0$ 时的部分奈奎斯特图。请补足奈奎斯特图的其他部分

图形，完成此题。

解：$A(j\omega)F(j\omega)=\dfrac{K}{j\omega(j\omega+1)(j\omega+4)}$

当 $\omega=\infty$ 时，轨迹止于 0 点；当 $\omega=\pm2$ 时幅角为 π，$A(j\omega)F(j\omega)=-\dfrac{K}{20}$。

因随 $\omega\uparrow$，曲线在实轴下方左旋，如图 11－2－23 所示。

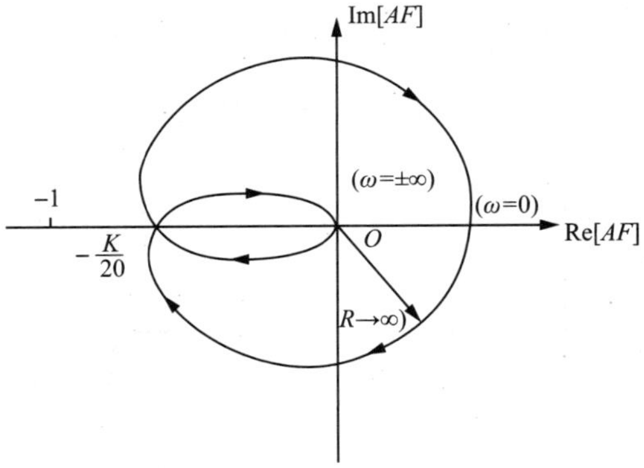

图 11－2－23

又因 s 域内 s 沿半径为 r 的小半圆变化，映射到 AF 复轨迹图上为半径$\dfrac{K}{4r}$的半圆，故有$K>0$。

由系统稳定可知，奈奎斯特图不含$(-1+j0)$点，故 $0<K<20$。

11－24　若离散时间信号反馈系统开环系统函数表达式如下(都满足 $K>0$)，分别画出奈奎斯特图，并求使系统稳定的 K 值范围。

(1)$A(z)F(z)=\dfrac{K}{z-\dfrac{1}{2}}$；(2)$A(z)F(z)=\dfrac{K}{z-2}$；(3)$A(z)F(z)=\dfrac{K}{\left(z+\dfrac{1}{2}\right)\left(z-\dfrac{3}{2}\right)}$

解：(1)$A(e^{j\omega})F(e^{j\omega})=\dfrac{K}{e^{j\omega}-\dfrac{1}{2}}$

当 $\omega=0$ 时，$A(e^{j0})F(e^{j0})=2K$，幅角为 0；当 $\omega=\pi$ 时，轨迹与负实轴交于 $-\dfrac{2}{3}K$ 处。

随 $\omega\uparrow$，曲线在实轴下方左旋，奈奎斯特图如图 11－2－24(a)所示。

又因系统稳定，故 $-\dfrac{2}{3}K>-1$，即 $0<K<\dfrac{3}{2}$。

(2)$A(e^{j\omega})F(e^{j\omega})=\dfrac{K}{e^{j\omega}-2}$

当 $\omega=0$ 时，$A(e^{j0})F(e^{j0})=-K$，幅角为 π；当 $\omega=\pi$ 时，轨迹与负实轴交于 $-\dfrac{K}{3}$处。

又随 $\omega\uparrow$，曲线在实轴下方右旋。奈奎斯特图如图 11－2－24(b)所示。

由于 $A(z)F(z)$ 在单位圆外有一个极点，要使系统稳定，奈奎斯特围线应逆时针绕$(-1+j0)$点一次，因此有 $-K<-1<-\dfrac{1}{3}K$，即 $1<K<3$。

(3)$A(e^{j\omega})F(e^{j\omega})=\dfrac{K}{e^{2j\omega}-e^{j\omega}-\dfrac{3}{4}}$

当 $\omega=0$ 时，$A(\mathrm{e}^{\mathrm{j}0})F(\mathrm{e}^{\mathrm{j}0})=-\frac{4}{3}K$。

随 $\omega\uparrow$，曲线在实轴下方左旋，轨迹与实轴交于 A 点，$A(\mathrm{j}\omega)F(\mathrm{j}\omega)=-\frac{4}{7}K$，此时对应 $\omega=\frac{\pi}{3}$；ω 再↑，曲线在实轴上方右旋，轨迹再次与正实轴交于$\frac{4}{5}K$ 处，此时对应 $\omega=\pi$。

故奈奎斯特图如图 11－2－24(c)所示。

由于 $A(z)F(z)$ 在单位圆外有一个极点，要使系统稳定，奈奎斯特围线应逆时针绕$(-1+\mathrm{j}0)$点一次，因此有 $-\frac{4}{3}K<-1<-\frac{4}{7}K$，即$\frac{3}{4}<K<\frac{7}{4}$。

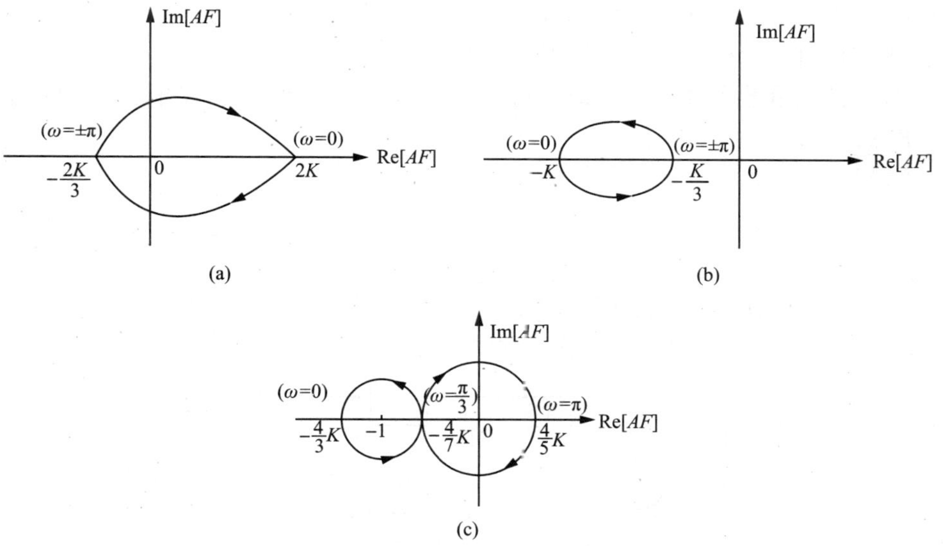

图 11－2－24

11－25　若反馈系统的奈奎斯特图刚好经过$(-1+\mathrm{j}0)$点，此闭环系统函数的极点分布和冲激响应各有何特点？分别讨论连续系统和离散系统二种情况。

解：(1)对于连续系统有：

$H(s)$的极点全都位于 s 左平面时系统稳定，此时奈奎斯特图不包围$(-1+\mathrm{j}0)$点；

$H(s)$在 s 右平面内的极点数即为奈奎斯特图顺时针绕$(-1+\mathrm{j}0)$点的次数。

临界状态下，若奈奎斯特图刚好经过$(-1+\mathrm{j}0)$点，对应的 $H(s)$ 极点应在虚轴上，此时的冲激响应 $h(t)$ 含有等幅振荡的部分。

(2)对于离散系统有：

$H(z)$的极点全部位于单位圆内时系统稳定，此时奈奎斯特图不包围$(-1+\mathrm{j}0)$点；

$H(z)$在单位圆外的极点数就是奈奎斯特图顺时针绕$(-1+\mathrm{j}0)$点的次数。

临界状态下，奈奎斯特图刚好经过$(-1+\mathrm{j}0)$点，对应的 $H(z)$ 的极点应在单位圆上，此时冲激响应 $h(n)$ 含有等幅振荡的部分。

11－26　在反馈系统稳定性研究中，有时还应用"罗斯(Routh)判据(或准则)"，利用它可确定多项式的根是否都位于 s 左半平面。这里只说明对二、三阶多项式的判据。二阶多项式 $s^2+\alpha s+\beta$ 的根都位于左半平面的充分必要条件是所有项的系数具有相同的符号；对三阶多项式 $s^3+\alpha s^2+\beta s+\gamma$，除上述系数同号条件外，还应满足 $\alpha\beta>\gamma$。根据上述说明，试判

断下列各多项式的根是否都位于 s 左半平面：

(1) s^2-3s+2； **(2) s^2+6s+2；**

(3) $s^3+s^2-4s+30$； **(4) $s^3+s^2+4s+30$；**

(5) s^3+2s^2+3s+5； **(6) s^3+2s^2+3s。**

解：(1)二阶多项式系数不同号，故多项式的根不都是位于 s 左平面；

(2)二阶多项式系数同号，故多项式的根都位于 s 左平面；

(3)三阶多项式系数不同号，故多项式的根不是都位于 s 左平面；

(4)三阶多项式系数同号，但 $\alpha\beta=4<\gamma=30$，故多项式的根不是都位于 s 左平面；

(5)三阶多项式系数同号，且 $\alpha\beta=2\times3=6>5=\gamma$，故多项式的根都位于 s 左平面；

(6) $s^3+6s^2+3s=s(s^2+6s+3)$，由于 s^2+6s+3 的系数同号，故它的根都位于 s 左平面，另外原多项式还有一个根为 $s=0$，位于虚轴上。

11－27　分别画出图 11－2－25(a)、(b)所示各方框图的流图，并求各转移函数 $H(s)=\dfrac{Y(s)}{X(s)}$。

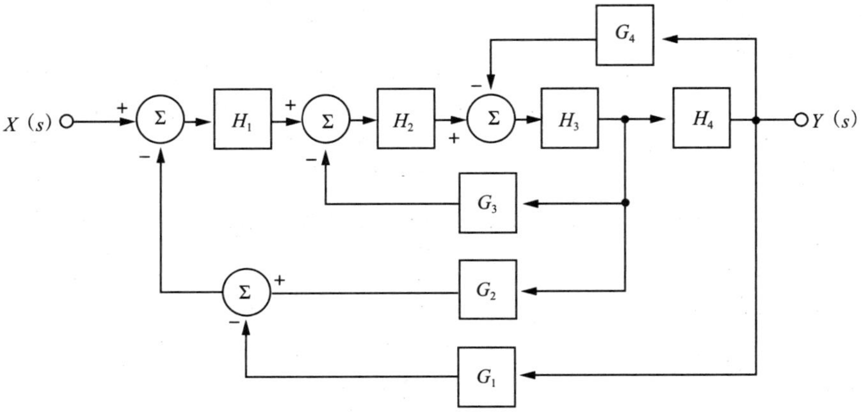

(a)

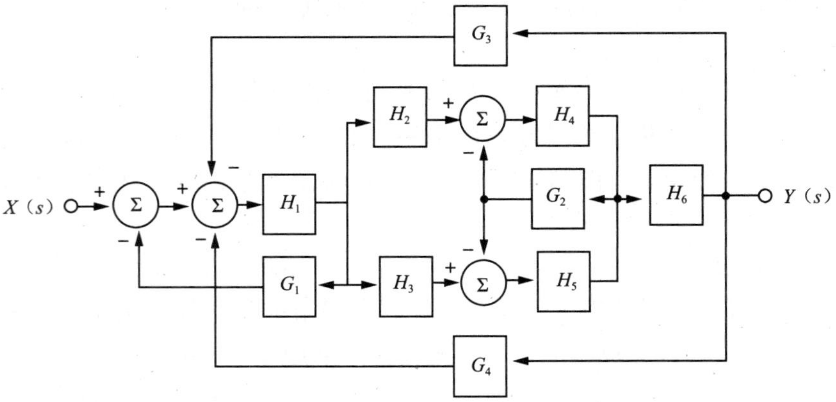

(b)

图 11－2－25

解：(1)由方框图画出信号流图，如图 11－2－26(a)所示。

由图知各结点方程为

$$X_1 = X - G_2X_4 + G_1X_5 \qquad X_2 = X_1H_1 - X_4G_3$$

$$X_3 = X_2H_2 - X_5G_4 \qquad X_4 = X_3H_3 \qquad X_5 = X_4H_4 = Y$$

解得 $H(s) = \dfrac{Y(s)}{X(s)} = \dfrac{H_1H_2H_3H_4}{1 + H_2H_3G_3 + H_3H_4G_4 + H_1H_2H_3G_2 - H_1H_2H_3H_4G_1}$。

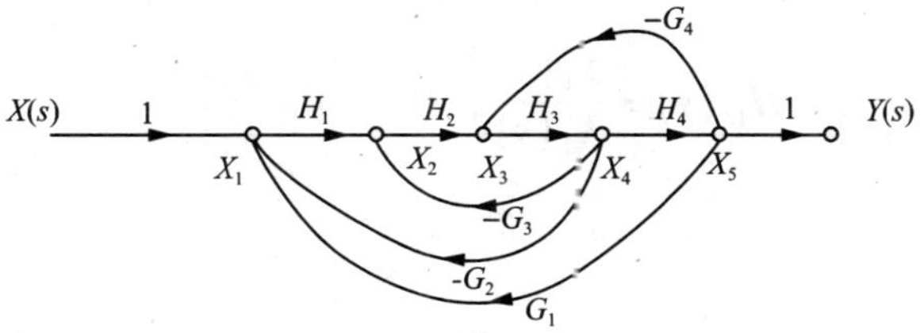

(a)

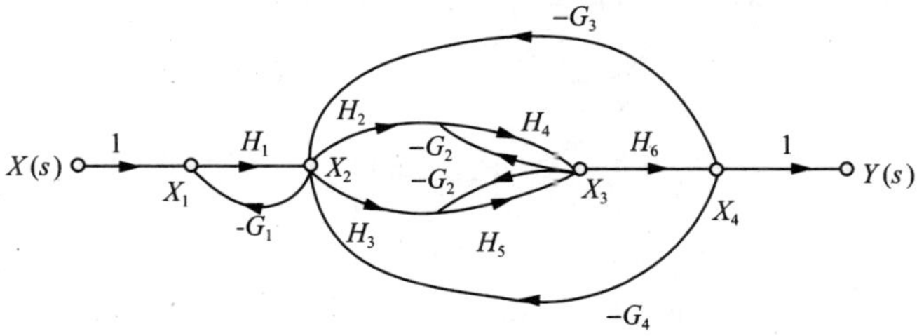

(b)

图 11－2－26

(2)由方框图画出信号流图，如图 11－2－26(b)所示。

由图知各结点方程为

$$X_1 = X - G_1X_2 \qquad X_2 = X_1H_1 - (G_3 + G_4)X_4$$

$$X_3 = (X_2H_2 - X_3G_2)H_4 + (X_2H_3 - X_3G_2)H_5 \qquad X_4 = X_3H_6 = Y$$

解得：$H(s) = H_1H_6(H_2H_4 + H_3H_5)/[1 + G_1H_1 + G_2(H_4 + H_5) + G_3H_1H_6(H_2H_4 + H_3H_5) + G_4H_1H_6(H_2H_4 + H_3H_5) + G_1G_2H_1(H_4 + H_5)]$

11－28　分别求图 11－2－27(a)、(b)流图所示系统的转移函数 $H(s) = \dfrac{Y(s)}{X(s)}$，$H_1(s) = \dfrac{Y(s)}{X_1(s)}$和 $H_2(s) = \dfrac{Y(s)}{X_2(s)}$。

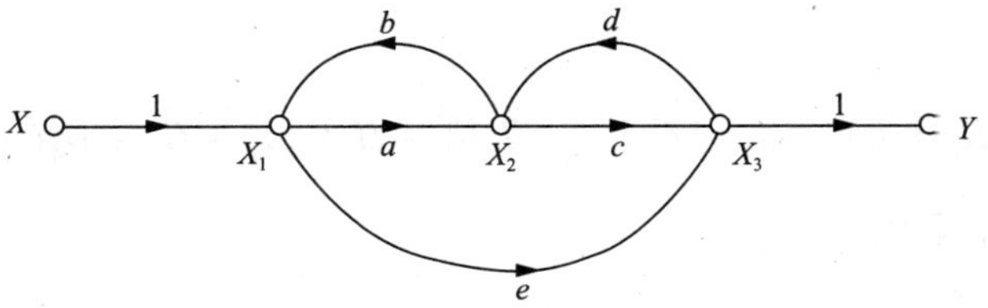

(a)

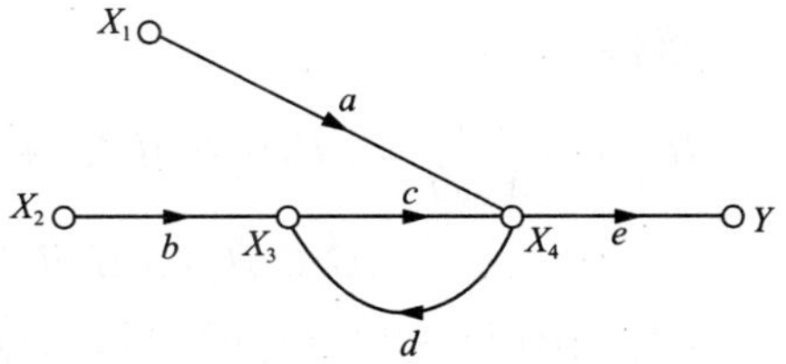

(b)

图 11－2－27

解：(1)由图 11－2－27(a)可得结点方程

$$X_1 = X + bX_2 \qquad X_2 = aX_1 + dX_3 \qquad X_3 = cX_2 + eX_1 = Y$$

解得：$H(s) = \dfrac{Y(s)}{X(s)} = \dfrac{ac + e}{1 - ab - cd - ebd}$

(2)由图 11－2－27(b)可得结点方程

$$X_3 = bX_2 + dX_4 \qquad X_4 = aX_1 + cX_3 \qquad Y = eX_4$$

解得：$H_1(s) = \dfrac{Y(s)}{X_1(s)} = \dfrac{ae}{1-cd}$，$H_2(s) = \dfrac{Y(s)}{X_2(s)} = \dfrac{bce}{1-cd}$

11－29　分别求图 11－2－28(a)、(b)流图所示系统的转移函数 $H(s)=\dfrac{Y(s)}{X(s)}$，$H_{11}(s)=\dfrac{Y_1(s)}{X_1(s)}$，$H_{21}(s)=\dfrac{Y_2(s)}{X_1(s)}$，$H_{12}(s)=\dfrac{Y_1(s)}{X_2(s)}$，$H_{22}(s)=\dfrac{Y_2(s)}{X_2(s)}$。

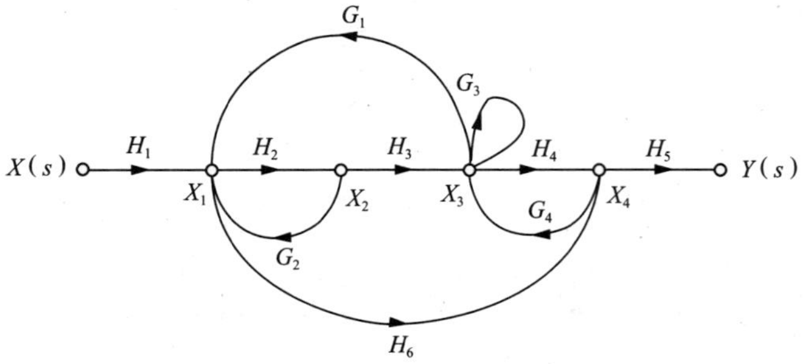

(a)

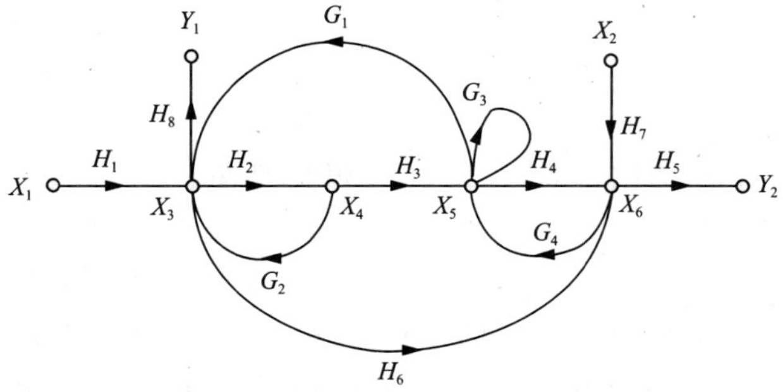

(b)

图 11－2－28

解：(1)由图 11－2－28(a)可得结点方程

$$X_1 = XH_1 + X_2G_2 + X_3G_1 \qquad X_2 = X_1H_2$$

$$X_3 = X_2H_3 + X_3G_3 + X_4G_4 \qquad X_4 = X_1H_6 + X_3H_4$$

$$Y = H_5X_4$$

解得

$$H(s) = \frac{Y(s)}{X(s)} = [H_1H_2H_3H_4H_5 + H_1H_5H_6(1-G_3)]/[1-(H_2G_2 + H_2H_3G_1 + G_3 + H_4G_4 + G_1G_4H_6) + H_2H_4G_2G_4 + H_2G_2G_3]$$

(2)由图 11－2－28(b)可得结点方程

$$X_3 = X_1H_1 + G_2X_4 + X_5G_1 \qquad X_4 = X_3H_2$$

$$X_5 = X_4H_3 + X_5G_3 + X_6G_4 \qquad X_6 = X_5H_4 + X_2H_7 + X_3H_6$$

$$Y_1 = X_3H_8 \qquad Y_2 = X_6H_5$$

解得

$$H_{11}(s) = [H_1H_8(1-H_4G_4-G_3)]/[1-(H_2G_2 + G_1H_2H_3 + G_3 + H_4G_4 + G_1G_4H_6) + H_2H_4G_2G_4 + H_2G_2G_3]$$

$$H_{21}(s)=[H_1H_2H_3H_4H_5+H_1H_5H_6(1-G_3)]/$$
$$[1-(H_2G_2+G_1H_2H_3+G_3+H_4G_4+G_1G_4H_6)+H_2H_4G_2G_4+H_2G_2G_3]$$
$$H_{12}(s)=H_7G_1G_4H_8/$$
$$[1-(H_2G_2+G_1H_2H_3+G_3+H_4G_4+G_1G_4H_6)+H_2H_4G_2G_4+H_2G_2G_3]$$
$$H_{22}(s)=[H_5H_7(1-G_3-H_2G_2-G_1H_2H_3+G_2H_2G_3)]/$$
$$[1-(H_2G_2+G_1H_2H_3+G_3+H_4G_4+G_1G_4H_6)+H_2H_4G_2G_4+H_2G_2G_3]$$

11-30　根据下面的源点与阱点间转移函数，画出系统的流图表示，在每一支路上标明相应的转移函数。

$$H=\frac{Y}{X}=\frac{ah(1-cf-dg)}{(1-be)(1-dg)-fc}$$

解： $H=\dfrac{Y}{X}=\dfrac{ah(1-fc-dg)}{(1-be)(1-dg)-fc}=\dfrac{ah(1-fc-dg)}{1-be-dg-fc+bedg}$

对照梅森公式可知该系统有三个环路，即

$$L_1=be, L_2=dg, L_3=fc$$

其中，L_1、L_2 互不接触。

前向通路为 $G_1=ah$，与环路 L_2、L_3 不接触。

系统的信号流图如图 11-2-29 所示。

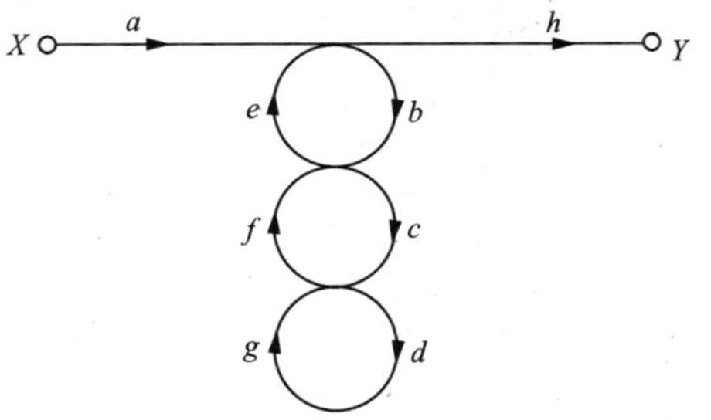

图 11-2-29

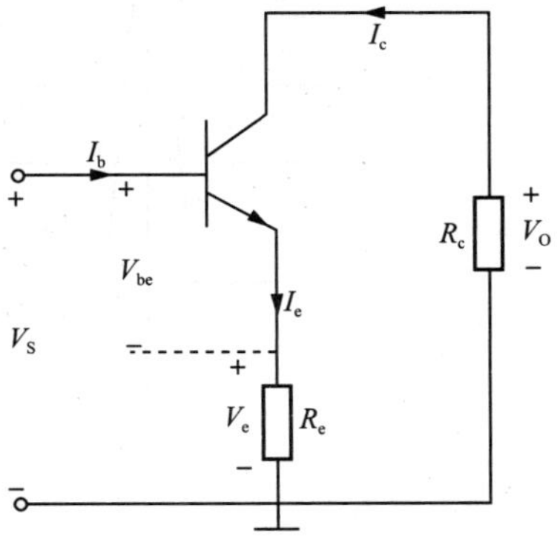

图 11-2-30

11-31　图 11-2-30 示出射极有负反馈电阻的单管放大器，各电压、电流之间满足以下约束方程：

$$V_O=-R_cI_c,\ I_c=\beta I_b,\ I_b=\frac{V_{be}}{r_{be}},\ V_{be}=V_S-V_e,$$

$$V_e=R_eI_e,\ I_e=\frac{1+\beta}{\beta}I_c$$

画出此系统的信号流图，求转移函数$\dfrac{V_O}{V_S}$(即电压放大倍数)。

解： 由题意可得，转移函数为

$$V_o=-R_cI_c=-R_c\cdot\beta I_b=-R_c\beta\cdot\frac{V_{be}}{r_{be}}=-R_c\beta\cdot\frac{V_S-V_e}{r_{be}}$$

$$=-R_c\beta\cdot\frac{V_S-R_eI_e}{r_{be}}=-R_c\beta\frac{V_S-R_e\cdot\dfrac{1+\beta}{\beta}\cdot\left(-\dfrac{V_o}{R_c}\right)}{r_{be}}$$

整理得：$\frac{V_O}{V_S}=-\frac{R_c\beta}{r_{be}+R_e(1+\beta)}=-\frac{R_c\beta}{r_{be}}\Big/\left[1+\frac{R_e}{r_{be}}(1+\beta)\right]$

故系统只有一个环路，即 $L=-\frac{R_e}{r_{be}}(1+\beta)$

一条前向通路：$G=-\frac{R_c\beta}{r_{be}}$

系统信号流图如图 11－2－31 所示。

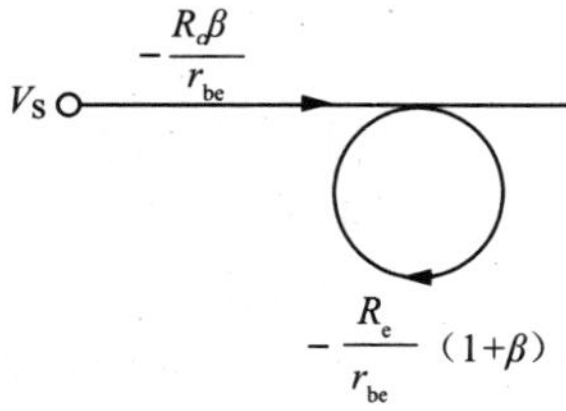

图 11－2－31

11－32　图 11－2－32 是数字滤波器的两种直接实现形式，利用信号流图证明两者具有相同的转移函数。(参看教材第 10 章图 10－41。)

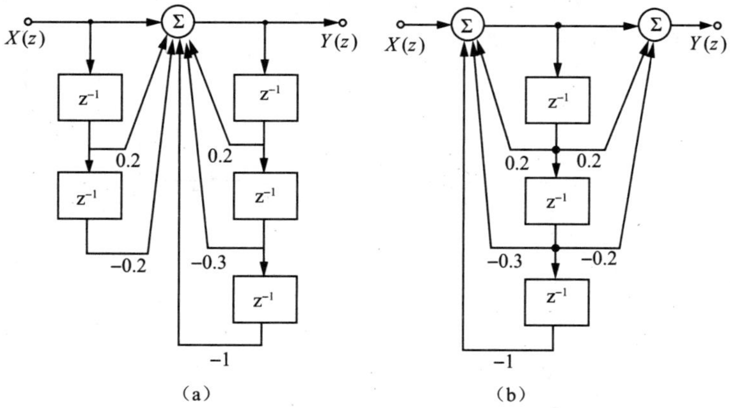

图 11－2－32

证明：由方框图画出信号流图，如图 11－2－33 所示。

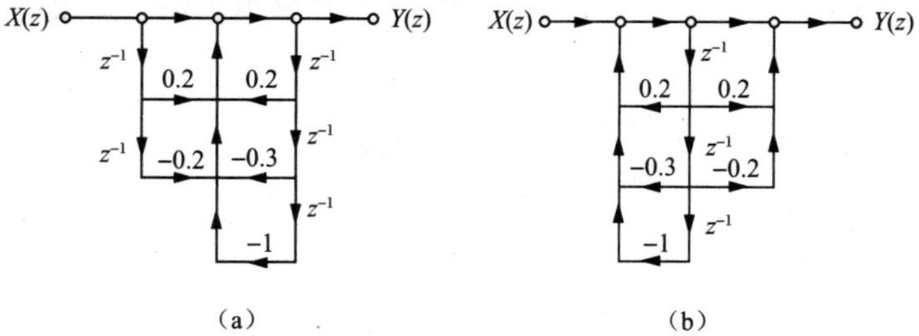

图 11－2－33

由图 11－2－33 可知，(a)、(b)均有三个回路，且增益相同。其中

$$L_1=0.2z^{-1},L_2=-0.3z^{-2},L_3=-z^{-3}$$

因所有环路均互相接触，故 $\Delta=1-0.2z^{-1}+0.3z^{-2}+z^{-3}$。

同时，两个系统中三条前向通路是相同的，其中

$$G_1=1,G_2=0.2z^{-1},G_3=-0.2z^{-2}$$

因所有环路与通路相接触，故 $\Delta_1=1$，$\Delta_2=1$，$\Delta_3=1$。

所以(a)、(b)对应的系统转移函数相同，则

$$H(z)=\frac{Y(z)}{X(z)}=\frac{1+0.2z^{-1}-0.2z^{-2}}{1-0.2z^{-1}+0.3z^{-2}+z^{-3}}$$

11.3 名校考研真题详解

一、选择题

系统函数为 $H(s)=\frac{s}{s^2+s+1}$，该系统的幅度特性近似为(　　)。[华中科技大学2012研]

A. 低通　　B. 高通

C. 带阻　　D. 带通

【答案】D

【解析】由 $H(s)$ 表达式可画出其零极点图如图11－3－1所示，通过利用零极点分析频响特性的方法，如下图所示，ω 沿着 $j\omega$ 轴从0到无穷大时，幅度从0到某一最大值，在无穷大时趋于零，因此该系统的幅度特性近似为带通滤波器。

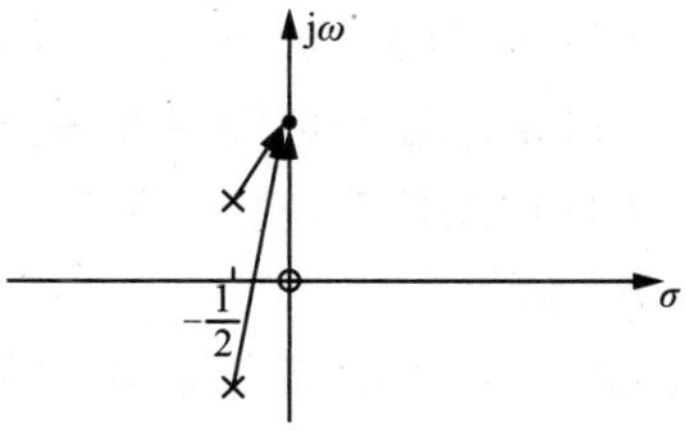

图11－3－1

二、计算题

1. 线性因果连续系统的微分方程为 $y''(t)+2y'(t)+y(t)=f'(t)+f(t)$，初始状态为 $y(0_-)=1$，$y'(0_-)=2$，激励 $f(t)=e^{-t}u(t)$。

(1)画出直接形式的信号流图；

(2)求全响应 $y(t)$；

(3)判断系统的稳定性。[西安电子科技大学2017研]

解：(1)对系统微分方程两边取拉氏变换得

$$s^2Y(s)+2sY(s)+Y(s)=sF(s)+F(s)$$

则系统函数为

$$H(s)=\frac{s^{-1}+s^{-2}}{1+2s^{-1}+s^{-2}}=\frac{s^{-1}}{1+s^{-1}}$$

故直接形式的信号流图如图11－3－2所示。

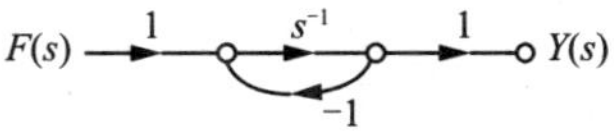

图11－3－2

(2)对系统微分方程两边取单边拉氏变换得

$$s^2Y(s)-sy(0_-)-y'(0_-)+2[sY(s)-y(0_-)]+Y(s)=sF(s)+F(s)$$

$$Y(s)=\frac{sy(0_-)+y'(0_-)+2y(0_-)}{s^2+2s+1}+\frac{s+1}{s^2+2s+1}F(s)$$

$$Y(s)=\frac{s+4}{(s+1)^2}+\frac{1}{(s+1)^2}=\frac{1}{s+1}+\frac{4}{(s+1)^2}$$

取拉氏逆变换得

$$y(t)=(4t+1)e^{-t}u(t)$$

(3)由(1)可知系统函数极点为 $p=-1$，而系统是因果的，故其收敛域为 $\mathrm{Re}[s]>-1$，因此系统是稳定的。

2. 图 11-3-3 所示为一离散 LTI 系统。

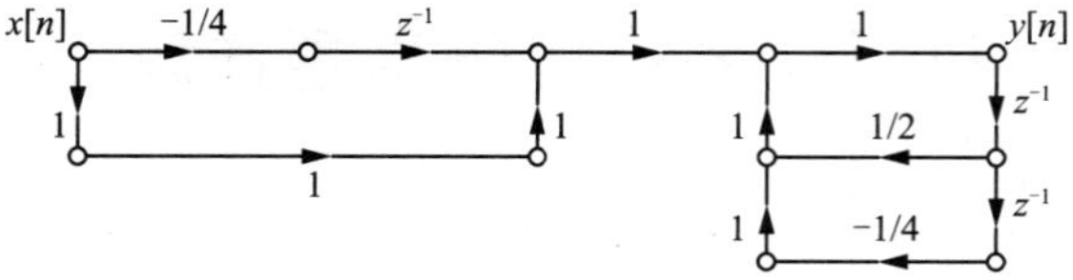

图 11-3-3

(1)写出系统方程；

(2)求系统函数 $H(z)$，画出零、极点分布图；

(3)求单位函数响应 $h(n)$；

(4)若保持系统特性不变，试画出一种使用延时器数量最少的模拟框图。[华中科技大学 2012 研]

解：(1)根据系统流图可写出 z 域关系式有

$$\left(-\frac{1}{4}z^{-1}\right)X(z)+X(z)+Y(z)\left(\frac{1}{2}z^{-1}-\frac{1}{4}z^{-2}\right)=Y(z)$$

方程两边取逆变换有

$$-\frac{1}{4}x(n-1)+x(n)+\frac{1}{2}y(n-1)-\frac{1}{4}y(n-2)=y(n)$$

得系统方程为

$$y(n)-\frac{1}{2}y(n-1)+\frac{1}{4}y(n-2)=x(n)-\frac{1}{4}x(n-1)$$

(2)根据(1)可知

$$H(z)=\frac{Y(z)}{X(z)}=\frac{1-\frac{1}{4}z^{-1}}{1-\frac{1}{2}z^{-1}+\frac{1}{4}z^{-2}}=\frac{z^2-\frac{1}{4}z}{z^2-\frac{1}{2}z+\frac{1}{4}}=\frac{z\left(z-\frac{1}{4}\right)}{\left(z-\frac{1}{4}-\mathrm{j}\frac{\sqrt{3}}{4}\right)\left(z-\frac{1}{4}+\mathrm{j}\frac{\sqrt{3}}{4}\right)},\quad |z|>\frac{1}{2}$$

故系统零点：$z_1=0$，$z_2=\frac{1}{4}$，极点：$p_1=\frac{1}{4}+\mathrm{j}\frac{\sqrt{3}}{4}=\frac{1}{2}e^{\mathrm{j}\frac{\pi}{3}}$，$p_2=\frac{1}{4}-\mathrm{j}\frac{\sqrt{3}}{4}=\frac{1}{2}e^{-\mathrm{j}\frac{\pi}{3}}$。

其零极点图如图 11-3-4 所示。

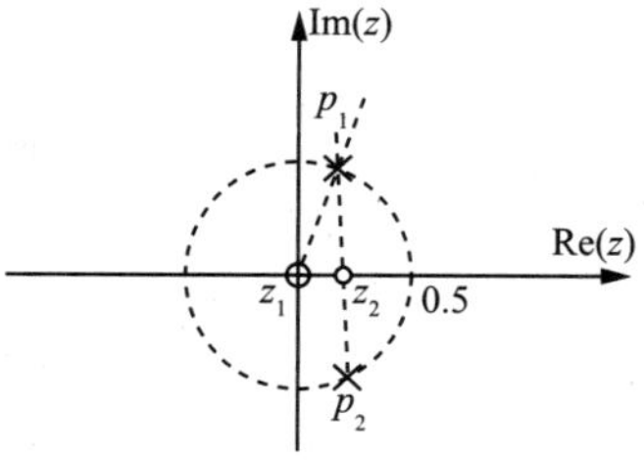

图 11-3-4

(3)将 $H(z)$ 部分分式展开得

$$H(z)=\frac{\frac{1}{2}z}{z-\frac{1}{2}e^{\mathrm{j}\frac{\pi}{3}}}+\frac{\frac{1}{2}z}{z-\frac{1}{2}e^{-\mathrm{j}\frac{\pi}{3}}}$$

取逆变换得

$$h(n)=\frac{1}{2}\left(\frac{1}{2}e^{\mathrm{j}\frac{\pi}{3}}\right)^n u(n)+\frac{1}{2}\left(\frac{1}{2}e^{-\mathrm{j}\frac{\pi}{3}}\right)^n u(n)=\left(\frac{1}{2}\right)^n\cos\left(\frac{\pi}{3}n\right)u(n)$$

(4)根据 $H(z)=\dfrac{1-\frac{1}{4}z^{-1}}{1-\frac{1}{2}z^{-1}+\frac{1}{4}z^{-2}}$ 画出直接形式的系统框图如图 11-3-5 所示。

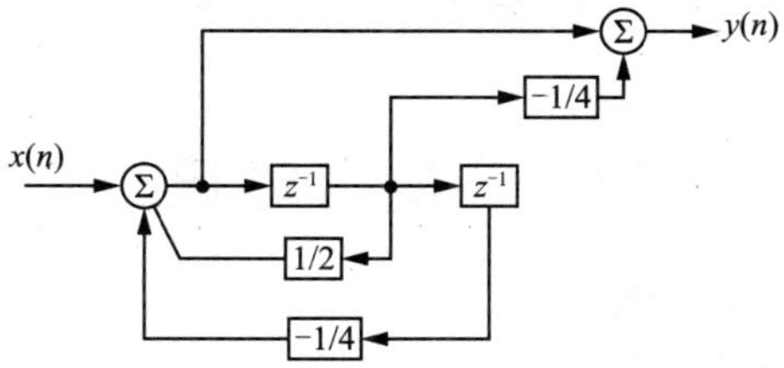

图 11-3-5

3. 设系统的函数函数为 $H(s)=\dfrac{s+2}{s^2+2s+2}$，求：

(1)系统的零极点图；

(2)系统的幅频特性曲线；

(3)该系统的滤波器特性(带通、带阻、低通或高通)。［南开大学 2018 研］

解：(1)已知系统函数为

$$H(s)=\frac{s+2}{s^2+2s+2}=\frac{s+2}{(s+1+\mathrm{j})(s+1-\mathrm{j})}$$

则系统的零点：$s=-2$，极点：$p_1=-1+\mathrm{j}$、$p_2=-1-\mathrm{j}$，则系统的零点图如图 11-3-6 所示。

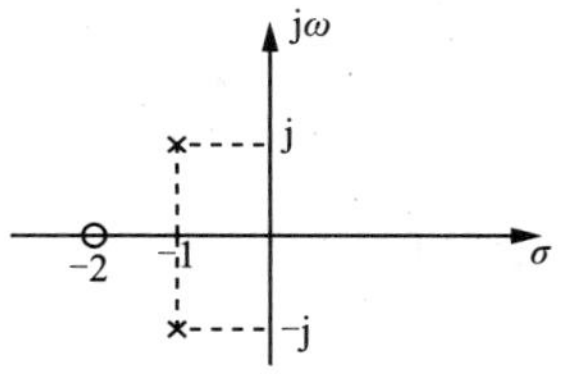

图 11-3-6

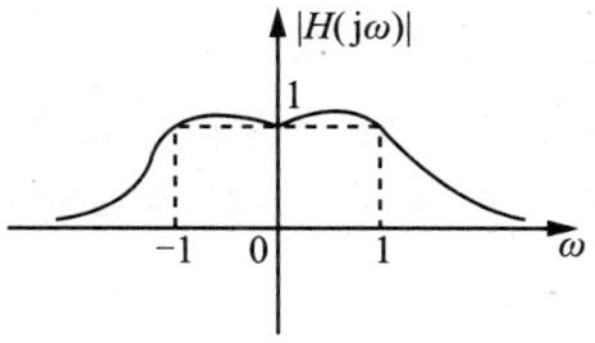

图 11-3-7

(2)根据根轨迹的作图规则，有：

①当 $\omega=0$ 时，$|H(\mathrm{j}\omega)|=\dfrac{2}{\sqrt{2}\cdot\sqrt{2}}=1$；

②当 $0<\omega<1$ 时，$|H(\mathrm{j}\omega)|=\dfrac{\sqrt{4+\omega^2}}{\sqrt{1+(\omega+1)^2}\cdot\sqrt{1+(1-\omega)^2}}=\sqrt{\dfrac{4+\omega^2}{4+\omega^4}}>1$；

③当 $\omega=1$ 时，$|H(\mathrm{j}\omega)|=\dfrac{\sqrt{1+2^2}}{\sqrt{1+(1+1)^2}\cdot\sqrt{1+(1-1)^2}}=1$；

④当 $\omega>1$ 时，$|H(\mathrm{j}\omega)|=\sqrt{\dfrac{4+\omega^2}{4+\omega^4}}<1$；

⑤当 $\omega\to\infty$ 时，$|H(\mathrm{j}\omega)|=\lim\limits_{\omega\to\infty}\sqrt{\dfrac{4+\omega^2}{4+\omega^4}}=0$。

因此系统的幅频特性曲线如图 11-3-7 所示。

(3)根据系统的幅频特性可知，该系统具有低通滤波器的特性。

第12章　系统的状态变量分析

12.1　复习笔记

一、状态变量分析法基本概念

状态：表示系统的一组最少变量。

状态变量：能够表示系统状态的那些变量。

状态矢量：能够完全描述一个系统行为的 k 个状态变量，可以看作矢量 $\boldsymbol{\lambda}(t)$ 的各个分量的坐标，$\boldsymbol{\lambda}(t)$ 即为状态矢量。

状态空间：状态矢量 $\boldsymbol{\lambda}(t)$ 所在的空间。

状态轨迹：在状态空间中状态矢量端点随时间变化而描出的路径称为状态轨迹。

二、连续系统

1. 连续线性时不变系统状态方程

$$\begin{cases}\text{状态方程}:\left[\dfrac{\mathrm{d}}{\mathrm{d}t}\boldsymbol{\lambda}(t)\right]_{k\times 1}=\boldsymbol{A}_{k\times k}\boldsymbol{\lambda}_{k\times 1}(t)+\boldsymbol{B}_{k\times m}\boldsymbol{e}_{m\times 1}(t)\\ \text{输出方程}:[\boldsymbol{r}(t)]_{r\times 1}=\boldsymbol{C}_{r\times k}\boldsymbol{\lambda}_{k\times 1}(t)+\boldsymbol{D}_{r\times m}\boldsymbol{e}_{m\times 1}(t)\end{cases}$$

2. 建立方法

(1)由电路图直接建立状态方程；

(2)由系统的输入—输出方程或流图建立状态方程；

(3)将传输算子表达式(或系统函数)分解，建立状态方程。

3. 求解方法

(1)拉普拉斯变换法：对给定方程两边取拉氏变换，代入初始条件求解；

(2)时域法(矢量微分方程求解)；

(3)由状态方程求系统函数

$$H(s)=\frac{R(s)}{E(s)}=\boldsymbol{C}(s\boldsymbol{I}-\boldsymbol{A})^{-1}\boldsymbol{B}+\boldsymbol{D}=\boldsymbol{C}\frac{\operatorname{adj}(s\boldsymbol{I}-\boldsymbol{A})}{|s\boldsymbol{I}-\boldsymbol{A}|}\boldsymbol{B}+\boldsymbol{D}$$

4. 状态转移矩阵 e^{At} ($\boldsymbol{\Phi}(t)$)的性质

(1)$\boldsymbol{\Phi}(t_1+t_2)=\boldsymbol{\Phi}(t_1)\boldsymbol{\Phi}(t_2)$

(2)$[\boldsymbol{\Phi}(t_2-t_1)][\boldsymbol{\Phi}(t_1-t_0)]=\boldsymbol{\Phi}(t_2-t_0)=[\boldsymbol{\Phi}(t_1-t_0)][\boldsymbol{\Phi}(t_2-t_1)]$

(3)$\dfrac{\mathrm{d}}{\mathrm{d}t}\boldsymbol{\Phi}(t)=\boldsymbol{A}\boldsymbol{\Phi}(t)=\boldsymbol{\Phi}(t)\boldsymbol{A}$

三、离散系统

1. 离散线性时不变系统状态方程

$$\begin{cases}\text{状态方程}:\boldsymbol{\lambda}_{k\times 1}(n+1)=\boldsymbol{A}_{k\times k}\boldsymbol{\lambda}_{k\times 1}(n)+\boldsymbol{B}_{k\times m}\boldsymbol{x}_{m\times 1}(n)\\ \text{输出方程}:\boldsymbol{Y}_{r\times 1}(n)=\boldsymbol{C}_{r\times k}\boldsymbol{\lambda}_{k\times 1}(n)+\boldsymbol{D}_{r\times m}\boldsymbol{x}_{m\times 1}(n)\end{cases}$$

2. 建立方法

(1)间接法：由系统的输入—输出差分方程建立；由给定系统的方框图或流图建立。

(2)直接法：由研究对象的运动规律直接建立状态方程。

3. 求解方法

(1)时域求解：代入初始条件迭代求解，或计算状态转移矩阵 $\boldsymbol{A}^n$，即 $\boldsymbol{\Phi}(n)$ 求解。

(2)z 变换法求解：对状态方程和输出方程两边作 z 变换求解。

四、系统的状态度量分析

1. 状态矢量的线性变换

$\boldsymbol{\lambda}$ 为原状态变量，$\boldsymbol{\gamma}$ 为新状态变量，若有 $\boldsymbol{\gamma}=\boldsymbol{P\lambda}$，$\frac{\mathrm{d}}{\mathrm{d}t}\boldsymbol{\lambda}(t)=\boldsymbol{A\lambda}(t)+\boldsymbol{B}e(t)$，则

$$\boldsymbol{\lambda}=\boldsymbol{P}^{-1}\boldsymbol{\gamma},\boldsymbol{P}^{-1}\frac{\mathrm{d}}{\mathrm{d}t}\boldsymbol{\gamma}(t)=\boldsymbol{AP}^{-1}\boldsymbol{\gamma}(t)+\boldsymbol{B}e(t)$$

在新状态变量下，状态方程与输出方程中的系数矩阵满足

$$\begin{cases}\hat{\boldsymbol{A}}=\boldsymbol{PAP}^{-1}\\ \hat{\boldsymbol{B}}=\boldsymbol{PB}\\ \hat{\boldsymbol{C}}=\boldsymbol{CP}^{-1}\\ \hat{\boldsymbol{D}}=\boldsymbol{D}\end{cases}$$

2. 由状态方程判断系统稳定性

连续系统：$\boldsymbol{A}$ 的特征值 $\mathrm{Re}[a_i]<0$ 时系统稳定。

离散系统：$\boldsymbol{A}$ 的特征值 $|a_i|<1$ 时系统稳定。

3. 系统的可控性与可观性

控制系统是否必然可使系统在有限时间内，从起始状态指引到所要求状态，这就是可控制性问题。

控制系统是否可以做到通过观测有限时间内的输出量，而识别出系统的起始状态，因为一旦能够根据输出量识别出起始状态，则任一状态也就唯一确定。这就是可观测性问题。

系统可控性与可观性的判定：满秩判别法。

12.2 课后习题详解

12-1 如图 12-2-1 所示电路，输出量取 $r(t)=v_{C2}(t)$，状态变量取 C_1 和 C_2 上的电压 $\lambda_1(t)=v_{C1}(t)$ 和 $\lambda_2(t)=v_{C2}(t)$，且有 $C_1=C_2=1$ F，$R_0=R_1=R_2=1$ Ω。列写系统的状态方程和输出方程。

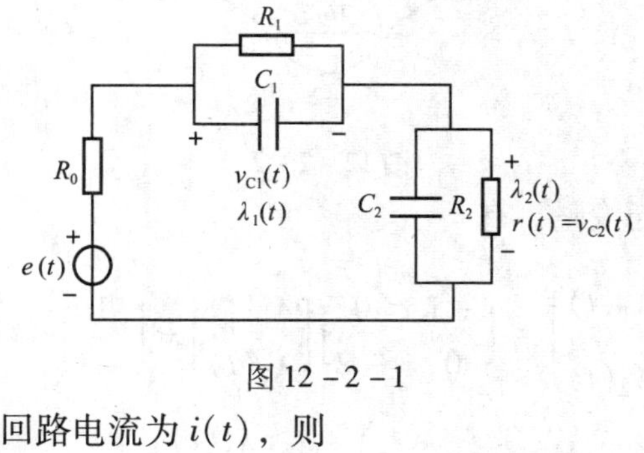

图 12-2-1

解：根据题意，可设回路电流为 $i(t)$，则

$$\begin{cases} i(t) = C_1 \dfrac{\mathrm{d}v_{C1}(t)}{\mathrm{d}t} + \dfrac{v_{C1}(t)}{R_1} = C_2 \dfrac{\mathrm{d}v_{C2}(t)}{\mathrm{d}t} + \dfrac{v_{C2}(t)}{R_2} & ① \\ R_0 i(t) + v_{C1}(t) + v_{C2}(t) = e(t) & ② \end{cases}$$

由式①②可得

$$\begin{cases} R_0 C_1 \dfrac{\mathrm{d}v_{C1}(t)}{\mathrm{d}t} + \dfrac{R_0}{R_1} v_{C1}(t) + v_{C1}(t) + v_{C2}(t) = e(t) \\ R_0 C_2 \dfrac{\mathrm{d}v_{C2}(t)}{\mathrm{d}t} + \dfrac{R_0}{R_2} v_{C2}(t) + v_{C2}(t) + v_{C1}(t) = e(t) \end{cases}$$

将状态变量 $\lambda_1(t) = v_{C1}(t)$，$\lambda_2(t) = v_{C2}(t)$ 及各参数代入上述方程组，得

$$\begin{cases} \dot{\lambda}_1(t) = -2\lambda_1(t) - \lambda_2(t) + e(t) \\ \dot{\lambda}_2(t) = -\lambda_1(t) - 2\lambda_2(t) + e(t) \end{cases}$$

输出方程：$r(t) = v_{C2}(t) = \lambda_2(t)$。

写成矩阵形式，有

$$\begin{bmatrix} \dot{\lambda}_1(t) \\ \dot{\lambda}_2(t) \end{bmatrix} = \begin{bmatrix} -2 & -1 \\ -1 & -2 \end{bmatrix} \begin{bmatrix} \lambda_1(t) \\ \lambda_2(t) \end{bmatrix} + \begin{bmatrix} 1 \\ 1 \end{bmatrix} e(t)$$

$$r(t) = \begin{bmatrix} 0 & 1 \end{bmatrix} \begin{bmatrix} \lambda_1(t) \\ \lambda_2(t) \end{bmatrix}$$

12-2　已知系统的传输算子表达式为

$$\boldsymbol{H(p) = \frac{1}{(p+1)(p+2)}}$$

试建立一个二阶状态方程，使其 A 矩阵具有对角阵形式并画出系统的流图。

解：将 $H(p)$ 作部分分式展开，可得

$$H(p) = \frac{1}{(p+1)(p+2)} = \frac{1}{p+1} + \frac{-1}{p+2}$$

表示成信号流图如图 12-2-2 所示。

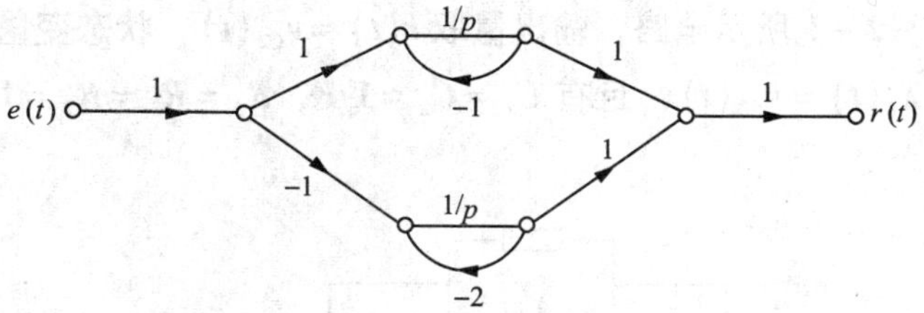

图 12-2-2

取积分器的输出为状态变量，有

$$\begin{bmatrix} \dot{\lambda}_1(t) \\ \dot{\lambda}_2(t) \end{bmatrix} = \begin{bmatrix} -1 & 0 \\ 0 & -2 \end{bmatrix} \begin{bmatrix} \lambda_1(t) \\ \lambda_2(t) \end{bmatrix} + \begin{bmatrix} 1 \\ -1 \end{bmatrix} e(t)$$

$$r(t) = \begin{bmatrix} 1 & 1 \end{bmatrix} \begin{bmatrix} \lambda_1(t) \\ \lambda_2(t) \end{bmatrix}$$

即 $\boldsymbol{A}=\begin{bmatrix} -1 & 0 \\ 0 & -2 \end{bmatrix}$　$\boldsymbol{B}=\begin{bmatrix} 1 \\ -1 \end{bmatrix}$　$\boldsymbol{C}=[1 \quad 1]$。

12-3　给定系统微分方程表达式如下：

$$a\frac{\mathrm{d}^3}{\mathrm{d}t^3}y(t)+b\frac{\mathrm{d}^2}{\mathrm{d}t^2}y(t)+c\frac{\mathrm{d}}{\mathrm{d}t}y(t)+dy(t)=0$$

选状态变量为：

$$\lambda_1(t)=ay(t)$$

$$\lambda_2(t)=a\frac{\mathrm{d}}{\mathrm{d}t}y(t)+by(t)$$

$$\lambda_3(t)=a\frac{\mathrm{d}^2}{\mathrm{d}t^2}y(t)+b\frac{\mathrm{d}}{\mathrm{d}t}y(t)+cy(t)$$

输出量取

$$r(t)=\frac{\mathrm{d}}{\mathrm{d}t}y(t)$$

列写状态方程和输出方程。

解：根据题意，分别对 $\lambda_1(t)$、$\lambda_2(t)$、$\lambda_3(t)$ 求导，得

$$\frac{\mathrm{d}}{\mathrm{d}t}\lambda_3(t)=a\frac{\mathrm{d}^3}{\mathrm{d}t^3}y(t)+b\frac{\mathrm{d}^2}{\mathrm{d}t^2}y(t)+c\frac{\mathrm{d}}{\mathrm{d}t}y(t)=-dy(t)=\frac{-d}{a}\lambda_1(t)$$

$$\frac{\mathrm{d}}{\mathrm{d}t}\lambda_2(t)=a\frac{\mathrm{d}^2}{\mathrm{d}t^2}y(t)+b\frac{\mathrm{d}}{\mathrm{d}t}y(t)=\lambda_3(t)-cy(t)=-\frac{c}{a}\lambda_1(t)+\lambda_3(t)$$

$$\frac{\mathrm{d}}{\mathrm{d}t}\lambda_1(t)=a\frac{\mathrm{d}}{\mathrm{d}t}y(t)=\lambda_2(t)-by(t)=-\frac{b}{a}\lambda_1(t)+\lambda_2(t)$$

则状态方程为

$$\begin{bmatrix} \dot{\lambda}_1(t) \\ \dot{\lambda}_2(t) \\ \dot{\lambda}_3(t) \end{bmatrix}=\begin{bmatrix} -\frac{b}{a} & 1 & 0 \\ -\frac{c}{a} & 0 & 1 \\ -\frac{d}{a} & 0 & 0 \end{bmatrix}\begin{bmatrix} \lambda_1(t) \\ \lambda_2(t) \\ \lambda_3(t) \end{bmatrix}$$

由 $r(t)=\frac{\mathrm{d}}{\mathrm{d}t}y(t)=\frac{1}{a}\dot{\lambda}_1(t)=\frac{1}{a}\left(-\frac{b}{a}\lambda_1(t)+\lambda_2(t)\right)=-\frac{b}{a^2}\lambda_1(t)+\frac{1}{a}\lambda_2(t)$，可得输出方程为

$$r(t)=\begin{bmatrix} -\frac{b}{a^2} & \frac{1}{a} & 0 \end{bmatrix}\begin{bmatrix} \lambda_1(t) \\ \lambda_2(t) \\ \lambda_3(t) \end{bmatrix}$$

12-4　给定系统流图如图 12-2-3 所示，列写状态方程和输出方程。

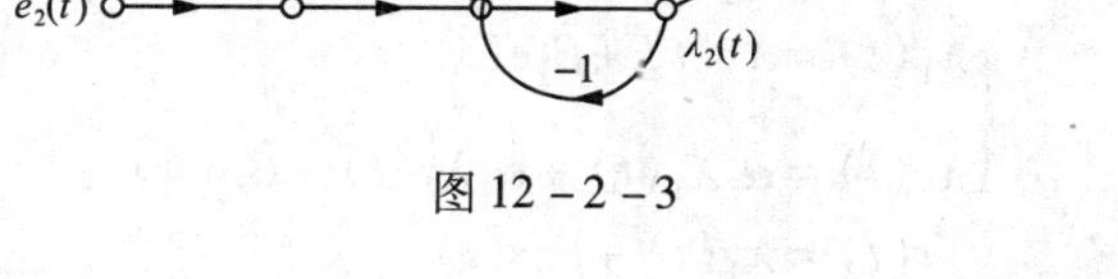

图 12-2-3

解：根据题意，可得状态方程

$$\begin{cases}\dot{\lambda}_1(t) = -3\lambda_1(t) + 8e_1(t) + 7e_2(t)\\ \dot{\lambda}_2(t) = 2\lambda_1(t) - \lambda_2(t) + 4e_1(t) + e_2(t)\end{cases}$$

输出方程为：$r(t)=2\lambda_1(t)+3\lambda_2(t)$。

12 -5　给定离散时间系统框图如图 12 -2 -4 所示，列写状态方程和输出方程。

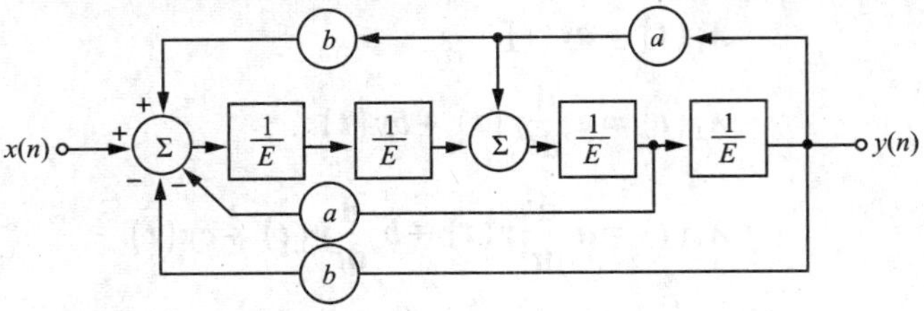

图 12 -2 -4

解：首先由系统方框图 12 -2 -4 画出系统信号流图，如图 12 -2 -5 所示。

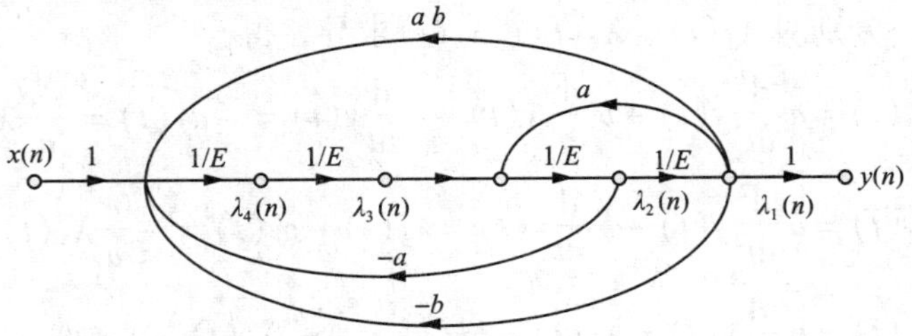

图 12 -2 -5

选各延时器的输出作为状态变量 λ_1、λ_2、λ_3、λ_4，可得状态方程为

$$\begin{cases}\lambda_1(n+1) = \lambda_2(n)\\ \lambda_2(n+1) = a\lambda_1(n) + \lambda_3(n)\\ \lambda_3(n+1) = \lambda_4(n)\\ \lambda_4(n+1) = ab\lambda_1(n) - a\lambda_2(n) - b\lambda_1(n) + x(n) = (a-1)b\lambda_1(n) - a\lambda_2(n) + x(n)\end{cases}$$

输出方程为：$y(n)=\lambda_1(n)$。

12 -6　(1) 给定系统用微分方程描述为

$$\frac{\mathrm{d}^2}{\mathrm{d}t^2}r(t)+a_1\frac{\mathrm{d}}{\mathrm{d}t}r(t)+a_2r(t)=b_0\frac{\mathrm{d}^2}{\mathrm{d}t^2}e(t)+b_1\frac{\mathrm{d}}{\mathrm{d}t}e(t)+b_2e(t)$$

用图 12 -2 -6 的流图形式模拟该系统，列写对应于图 12 -2 -6 形式的状态方程，并求 α_1，α_2，β_0，β_1，β_2 与原方程系数之间的关系。

(2) 给定系统用微分方程描述为

$$\frac{\mathrm{d}^2}{\mathrm{d}t^2}r(t)+4\frac{\mathrm{d}}{\mathrm{d}t}r(t)+3r(t)=\frac{\mathrm{d}^2}{\mathrm{d}t^2}e(t)+6\frac{\mathrm{d}}{\mathrm{d}t}e(t)+8e(t)$$

求对应于(1)问所示状态方程的各系数。

解：(1) 由图 12 -2 -6 可知状态方程为

$$\begin{cases}\dot{\lambda}_1(t)=\lambda_2(t)+\beta_1e(t)\\ \dot{\lambda}_2(t)=\alpha_2\lambda_1(t)+\alpha_1\lambda_2(t)+\beta_2e(t)\end{cases}$$

$$r(t)=\lambda_1(t)+\beta_0e(t)$$

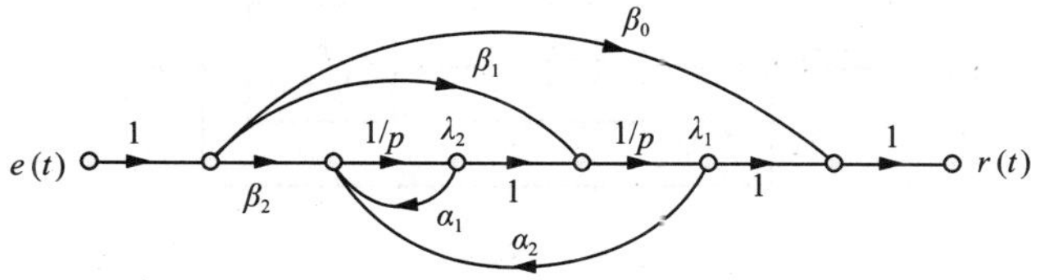

图 12－2－6

利用梅森公式可得，图 12－2－6 所示系统的系统函数为

$$H(s)=\frac{R(s)}{E(s)}=\frac{\beta_0 s^2+(\beta_1-\alpha_1\beta_0)s+(\beta_2-\alpha_1\beta_1-\alpha_2\beta_0)}{s^2-\alpha_1 s-\alpha_2}$$

其对应的微分方程为

$$\frac{d^2r(t)}{dt^2}-\alpha_1\frac{dr(t)}{dt}-\alpha_2 r(t)$$
$$=(\beta_2-\alpha_1\beta_1-\alpha_2\beta_0)e(t)+(\beta_1-\alpha_1\beta_0)\frac{de(t)}{dt}+\beta_0\frac{d^2e(t)}{dt^2}$$

对比原方程得

$$\begin{cases}\alpha_1=-a_1,\alpha_2=-a_2,\beta_0=b_0\\ \beta_1-\alpha_1\beta_0=b_1\\ \beta_2-\alpha_1\beta_1-\alpha_2\beta_0=b_2\end{cases}$$

解方程组得

$$\begin{cases}\alpha_1=-a_1\\ \alpha_2=-a_2\\ \beta_0=b_0\\ \beta_1=b_1-a_1b_0\\ \beta_2=b_2-a_1b_1-a_2b_0+a_1^2b_0\end{cases}$$

(2)由题(1)的结论，将 $a_1=4$，$a_2=3$，$b_0=1$，$b_1=6$，$b_2=8$ 代入得

$$\alpha_1=-4,\ \alpha_2=-3,\ \beta_0=1,\ \beta_1=2,\ \beta_2=-3$$

12－7　试将图 12－2－7(a)、(b)分别改画为以一阶流图组合的形式，一阶流图的结构如题图 12－2－7(c)所示，并列写系统的状态方程和输出方程。在图 12－2－7(c)中传输算子为 $H(p)=\dfrac{b_1+\dfrac{b_0}{p}}{1+\dfrac{a_0}{p}}$。考虑图中结点 λ 之后增益为 1 的通路在本题中能否省去？

解：(1)①对图 12－2－7(a)

$$\frac{s+a}{s+c}=\frac{1+\frac{a}{s}}{1+\frac{c}{s}},\quad \frac{K}{s(s+c)}=\frac{K}{s}\cdot\frac{\frac{1}{s}}{1+\frac{c}{s}}$$

其信号流图如图 12－2－8(a)所示。

②对图 12－2－7(b)

$$\frac{s+b}{s+a}=\frac{1+\frac{b}{s}}{1+\frac{a}{s}},\quad \frac{s+c}{s+b}=\frac{1+\frac{c}{s}}{1+\frac{b}{s}},\quad \frac{1}{s+c}=\frac{\frac{1}{s}}{1+\frac{c}{s}}$$

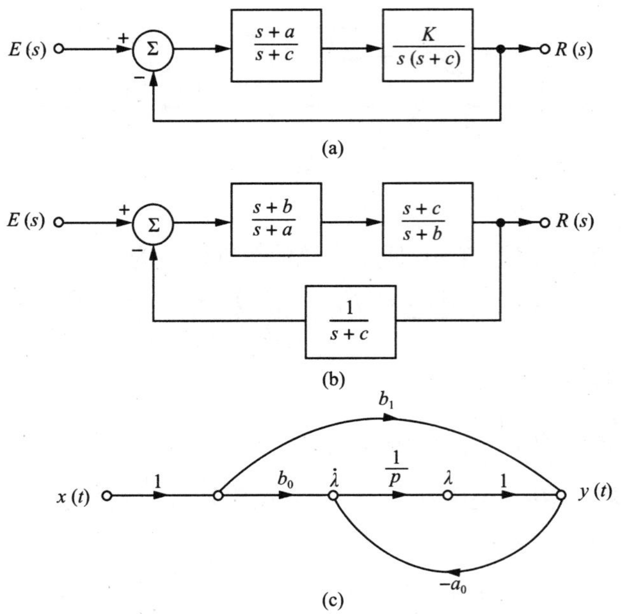

图 12－2－7

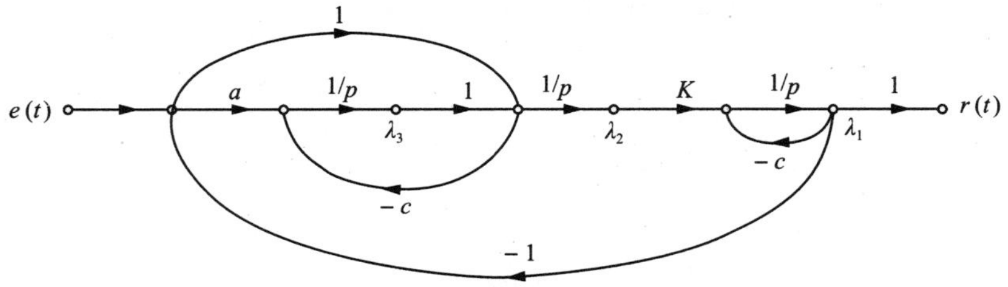

图 12－2－8(a)

其信号流图如图 12－2－8(b)所示。

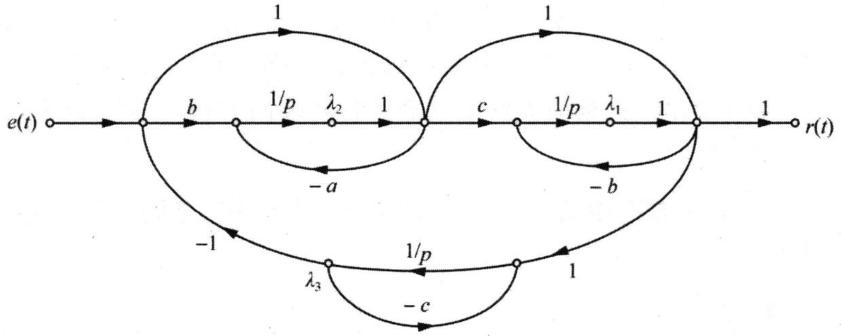

图 12－2－8(b)

(2)①对图 12－2－7(a)，状态变量如图 12－2－8(a)所示，分别为三个积分器的输出，状态方程为

$$\begin{cases}\dot{\lambda}_1(t) = -c\lambda_1(t) + K\lambda_2(t) \\ \dot{\lambda}_2(t) = -\lambda_1(t) + \lambda_3(t) + e(t) \\ \dot{\lambda}_3(t) = (-a+c)\lambda_1(t) - c\lambda_3(t) + (a-c)e(t)\end{cases}$$

输出方程为：$r(t) = \lambda_1(t)$。

②对图 12-2-7(b)，状态变量如图 12-2-8(b)所示，状态方程为

$$\begin{cases}\dot{\lambda}_1(t)=-b\lambda_1(t)+(c-b)\lambda_2(t)+(b-c)\lambda_3(t)+(c-b)e(t)\\ \dot{\lambda}_2(t)=-a\lambda_2(t)+(a-b)\lambda_3(t)+(b-a)e(t)\\ \dot{\lambda}_3(t)=\lambda_1(t)+\lambda_2(t)-(c+1)\lambda_3(t)+e(t)\end{cases}$$

输出方程为：$r(t)=\lambda_1(t)+\lambda_2(t)-\lambda_3(t)+e(t)$。

(3)节点 λ 之后增益为 1 的通路不能省去。因为状态变量是积分器的输出，所以对标为状态变量的节点只能有一条输入支路，这样有时就需要在积分器后加一条单独支路，其增益为 1。

12-8　列写图 12-2-9 所示网络的状态方程和输出方程表示。

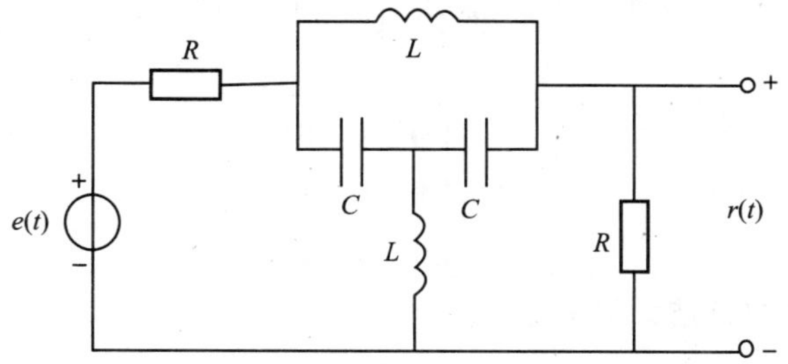

图 12-2-9

解：由图 12-2-9 可知，可选电容两端的电压、流经电感的电流为状态变量，分别设为 $\lambda_1(t)$、$\lambda_2(t)$、$\lambda_3(t)$、$\lambda_4(t)$，如图 12-2-10 所示。设三个回路电流分别为 $i_1(t)$、$i_2(t)$、$i_3(t)$，则有

$$\begin{cases}\lambda_1(t)=i_1(t)-i_3(t)\\ \lambda_2(t)=i_2(t)\\ \lambda_3(t)=\dfrac{1}{C}\int[i_1(t)-i_2(t)]\mathrm{d}t\\ \lambda_4(t)=\dfrac{1}{C}\int[i_3(t)-i_2(t)]\mathrm{d}t\end{cases}$$

由 KCL 得方程组

$$\begin{cases}Ri_1(t)+\dfrac{1}{C}\int[i_1(t)-i_2(t)]\mathrm{d}t+L\dfrac{\mathrm{d}}{\mathrm{d}t}[i_1(t)-i_3(t)]=e(t)\\ L\dfrac{\mathrm{d}}{\mathrm{d}t}i_2(t)-\dfrac{1}{C}\int[i_3(t)-i_2(t)]\mathrm{d}t-\dfrac{1}{C}\int[i_1(t)-i_2(t)]\mathrm{d}t=0\\ Ri_3(t)-L\dfrac{\mathrm{d}}{\mathrm{d}t}[i_1(t)-i_3(t)]+\dfrac{1}{C}\int[i_3(t)-i_2(t)]\mathrm{d}t=0\end{cases}$$

整理得状态方程

$$\begin{cases}\dot{\lambda}_1(t)=\dfrac{1}{2L}[-R\lambda_1(t)-\lambda_3(t)+\lambda_4(t)+e(t)]\\ \dot{\lambda}_2(t)=\dfrac{1}{L}[\lambda_3(t)+\lambda_4(t)]\\ \dot{\lambda}_3(t)=\dfrac{1}{2C}\left[\lambda_1(t)-2\lambda_2(t)-\dfrac{1}{R}\lambda_3(t)-\dfrac{1}{R}\lambda_4(t)+\dfrac{1}{R}e(t)\right]\\ \dot{\lambda}_4(t)=\dfrac{1}{2C}\left[-\lambda_1(t)-2\lambda_2(t)-\dfrac{1}{R}\lambda_3(t)-\dfrac{1}{R}\lambda_4(t)+\dfrac{1}{R}e(t)\right]\end{cases}$$

输出方程为：$r(t)=-\frac{R}{2}\lambda_1(t)-\frac{1}{2}\lambda_3(t)-\frac{1}{2}\lambda_4(t)+\frac{1}{2}e(t)$。

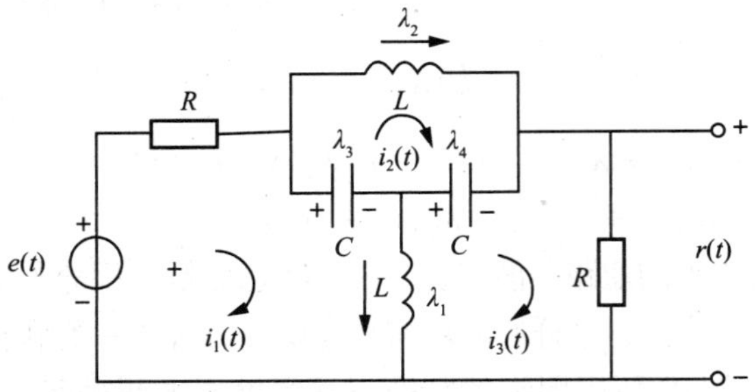

图 12－2－10

12－9　已知

$$A=\begin{bmatrix}0&1&0\\0&0&1\\0&1&0\end{bmatrix}$$

借助拉式变换求逆的方法计算 e^{At}。

解：

$$sI-A=\begin{bmatrix}s&-1&0\\0&s&-1\\0&-1&s\end{bmatrix}$$

$$(sI-A)^{-1}=\frac{1}{s^3-s}\begin{bmatrix}s^2-1&s&1\\0&s^2&s\\0&s&s^2\end{bmatrix}=\begin{bmatrix}\frac{1}{s}&\frac{1}{s^2-1}&\frac{1}{s(s^2-1)}\\0&\frac{s}{s^2-1}&\frac{1}{s^2-1}\\0&\frac{1}{s^2-1}&\frac{s}{s^2-1}\end{bmatrix}$$

取拉氏逆变换，得

$$\Phi(t)=e^{At}=\mathscr{L}^{-1}[(sI-A)^{-1}]$$

$$=\begin{bmatrix}1&\frac{1}{2}(e^t-e^{-t})&\frac{1}{2}(e^t+e^{-t})-1\\0&\frac{1}{2}(e^t+e^{-t})&\frac{1}{2}(e^t-e^{-t})\\0&\frac{1}{2}(e^t-e^{-t})&\frac{1}{2}(e^t+e^{-t})\end{bmatrix}u(t)$$

12－10　给定系统的状态方程和初始条件为

$$\begin{bmatrix}\dot{\lambda}_1(t)\\\dot{\lambda}_2(t)\end{bmatrix}=\begin{bmatrix}1&-2\\1&4\end{bmatrix}\begin{bmatrix}\lambda_1(t)\\\lambda_2(t)\end{bmatrix};\ \begin{bmatrix}\lambda_1(0_-)\\\lambda_2(0_-)\end{bmatrix}=\begin{bmatrix}3\\2\end{bmatrix}$$

用拉氏变换方法求解该系统。

解： $sI-A=\begin{bmatrix}s-1&2\\-1&s-4\end{bmatrix}$

$$\mathscr{L}[e^{At}]=(s\boldsymbol{I}-\boldsymbol{A})^{-1}=\begin{bmatrix} s-1 & 2 \\ -1 & s-4 \end{bmatrix}^{-1}=\frac{1}{(s-2)(s-3)}\begin{bmatrix} s-4 & -2 \\ 1 & s-1 \end{bmatrix}$$

$$=\begin{bmatrix} \frac{-1}{s-3}+\frac{2}{s-2} & \frac{-2}{s-3}+\frac{2}{s-2} \\ \frac{1}{s-3}-\frac{1}{s-2} & \frac{2}{s-3}-\frac{1}{s-2} \end{bmatrix}$$

取拉氏逆变换，所以

$$e^{At}=\mathscr{L}^{-1}\begin{bmatrix} \frac{-1}{s-3}+\frac{2}{s-2} & \frac{-2}{s-3}+\frac{2}{s-2} \\ \frac{1}{s-3}-\frac{1}{s-2} & \frac{2}{s-3}-\frac{1}{s-2} \end{bmatrix}=\begin{bmatrix} -e^{3t}+2e^{2t} & -2e^{3t}+2e^{2t} \\ e^{3t}-e^{2t} & 2e^{3t}-e^{2t} \end{bmatrix}$$

$$\lambda(t)=e^{At}\lambda(0_-)=\begin{bmatrix} -7e^{3}+10e^{2t} \\ 7e^{3t}-5e^{2t} \end{bmatrix}u(t)$$

12－11　若每年从外地进入某城市的人口是上一年外地人口的 α 倍，而离开该市人口是上一年该市人口的 β 倍，全国每年人口的自然增长率为 γ 倍(α、β、γ 都以百分比表示)。试建立一个离散时间系统的状态方程，描述该城市和外地人口的动态发展规律。为了预测未来若干年后的人口数量，还需要知道哪些数据?

解：设 $\lambda_1(n)$ 为该城人口数，$\lambda_2(n)$ 为外地人口数，年份为 n，由题意知，次年总人口为原来人口数减去离去人口数，再加上外来人口，最后考虑人口的自然增长率，则

$$\lambda_1(n+1)=(1+\gamma)[(1-\beta)\lambda_1(n)+\alpha\lambda_2(n)] \qquad ①$$

单从人口自然增长的角度看，有关系式

$$\lambda_1(n+1)+\lambda_2(n+1)=(1+\gamma)[\lambda_1(n)+\lambda_2(n)] \qquad ②$$

式②－①得

$$\lambda_2(n+1)=(1+\gamma)[\beta\lambda_1(n)+(1-\alpha)\lambda_2(n)]$$

综上，系统的状态方程为

$$\begin{cases}\lambda_1(n+1)=(1+\gamma)[(1-\beta)\lambda_1(n)+\alpha\lambda_2(n)] \\ \lambda_2(n+1)=(1+\gamma)[\beta\lambda_1(n)+(1-\alpha)\lambda_2(n)]\end{cases}$$

由状态方程可知，预测未来人口数，还需要知道起始年份的人口数 $\lambda_1(n_0)$ 和 $\lambda_2(n_0)$。

12－12　一离散系统如图 12－2－11 所示

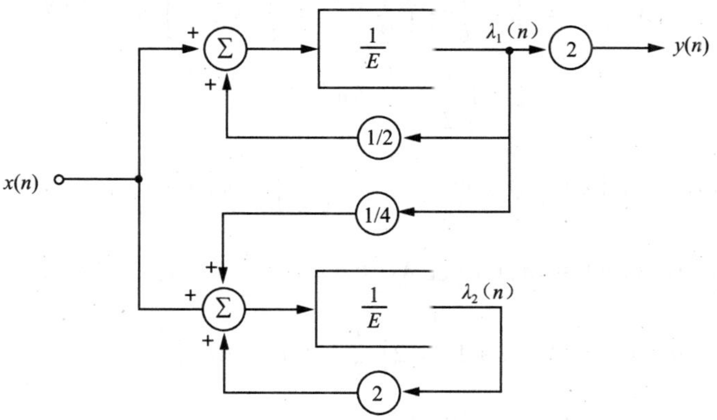

图 12－2－11

(1) 当输入 $x(n)=\delta(n)$ 时，求 $\lambda_1(n)$ 和 $\lambda_2(n)$ 及 $y(n)=h(n)$；

(2) 列出系统的差分方程。

解：(1) 由图 12－2－11 可知，系统的状态方程和输出方程

$$\begin{cases}\lambda_1(n+1)=\dfrac{1}{2}\lambda_1(n)+x(n)\\ \lambda_2(n+1)=\dfrac{1}{4}\lambda_1(n)+2\lambda_2(n)+x(n)\\ y(n)=2\lambda_1(n)\end{cases}$$

则

$$\boldsymbol{A}=\begin{bmatrix}\dfrac{1}{2} & 0\\ \dfrac{1}{4} & 2\end{bmatrix},\ \boldsymbol{B}=\begin{bmatrix}1\\1\end{bmatrix},\ \boldsymbol{C}=[20],\ \boldsymbol{D}=0,\ X(z)=1$$

由于初始状态为零，所以

$$\boldsymbol{\Lambda}(z)=(z\boldsymbol{I}-\boldsymbol{A})^{-1}\boldsymbol{B}X(z)$$

$$Y(z)=\boldsymbol{C}(z\boldsymbol{I}-\boldsymbol{A})^{-1}\boldsymbol{B}X(z)+\boldsymbol{D}X(z)$$

故

$$\boldsymbol{\Lambda}(z)=\begin{bmatrix}z-\dfrac{1}{2} & 0\\ -\dfrac{1}{4} & z-2\end{bmatrix}^{-1}\begin{bmatrix}1\\1\end{bmatrix}\cdot 1=\begin{bmatrix}\dfrac{1}{z-\frac{1}{2}}\\ \dfrac{-\frac{1}{6}}{z-\frac{1}{2}}+\dfrac{\frac{7}{6}}{z-2}\end{bmatrix}$$

$$Y(z)=[2\quad 0]\boldsymbol{\Lambda}(z)=\frac{2}{z-\frac{1}{2}}$$

取逆变换可得

$$\begin{cases}\lambda_1(n)=\left(\dfrac{1}{2}\right)^{n-1}u(n-1)\\ \lambda_2(n)=\left[-\dfrac{1}{6}\cdot\left(\dfrac{1}{2}\right)^{n-1}+\dfrac{7}{6}\cdot 2^{n-1}\right]u(n-1)\end{cases}$$

$$y(n)=2\cdot\left(\frac{1}{2}\right)^{n-1}u(n-1)$$

因为 $x(n)=\delta(n)$，所以 $h(n)=y(n)=2\cdot\left(\dfrac{1}{2}\right)^{n-1}u(n-1)$。

(2) 由题(1)可知，$y(n)=2\lambda_1(n)$ 且 $\lambda_1(n+1)=\dfrac{1}{2}\lambda_1(n)+x(n)$，则

$$\begin{aligned}y(n+1)&=2\lambda_1(n+1)=2\left[\frac{1}{2}\lambda_1(n)+x(n)\right]\\&=\lambda_1(n)+2x(n)\\&=\frac{1}{2}y(n)+2x(n)\end{aligned}$$

所以差分方程为：$y(n)-\frac{1}{2}y(n-1)=2x(n-1)$。

12－13　已知一离散系统的状态方程和输出方程表示为

$$\begin{bmatrix}\boldsymbol{\lambda}_1(n+1)\\ \boldsymbol{\lambda}_2(n+1)\end{bmatrix}=\begin{bmatrix}1 & -2\\ a & b\end{bmatrix}\begin{bmatrix}\boldsymbol{\lambda}_1(n)\\ \boldsymbol{\lambda}_2(n)\end{bmatrix}+\begin{bmatrix}1\\ 0\end{bmatrix}x(n)$$

$$y(n)=\begin{bmatrix}1 & 1\end{bmatrix}\begin{bmatrix}\boldsymbol{\lambda}_1(n)\\ \boldsymbol{\lambda}_2(n)\end{bmatrix}$$

给定当 $n\geqslant 0$ 时，$x(n)=0$ 和 $y(n)=8(-1)^n-5(-2)^n$，求：
(1) 常数 a，b；(2) $\boldsymbol{\lambda}_1(n)$ 和 $\boldsymbol{\lambda}_2(n)$ 的闭式解。

解：(1) 当 $n\geqslant 0$ 时，$x(n)=0$，有

$$\begin{aligned}Y(z)&=\boldsymbol{C}(z\boldsymbol{I}-\boldsymbol{A})^{-1}z\boldsymbol{\lambda}(0_-)\\
&=\begin{bmatrix}1 & 1\end{bmatrix}\cdot\begin{bmatrix}z-1 & 2\\ -a & z-b\end{bmatrix}^{-1}\cdot z\cdot\begin{bmatrix}\lambda_1(0_-)\\ \lambda_2(0_-)\end{bmatrix}\\
&=\begin{bmatrix}1 & 1\end{bmatrix}\cdot\begin{bmatrix}z(z-b) & -2z\\ az & z(z-1)\end{bmatrix}\cdot\begin{bmatrix}\lambda_1(0_-)\\ \lambda_2(0_-)\end{bmatrix}\cdot\frac{1}{(z-1)(z-b)+2a}\\
&=\frac{[z^2+(a-b)z]\lambda_1(0_-)+(z^2-3z)\lambda_2(0_-)}{z^2-(b+1)z+b+2a}\end{aligned}\qquad ①$$

由题意知 $y(n)=[8(-1)^n-5(-2)^n]u(n)$，故有

$$Y(z)=\frac{8z}{z+1}-\frac{5z}{z+2}=\frac{3z^2+11z}{z^2+3z+2}\qquad ②$$

对比①②式分母系数，得

$$\begin{cases}-(b+1)=3\\ 2a+b=2\end{cases}\Rightarrow\begin{cases}a=3\\ b=-4\end{cases}$$

(2) 对比①②式分子系数，得

$$\begin{cases}\lambda_1(0_-)+\lambda_2(0_-)=3\\ 7\lambda_1(0_-)-3\lambda_2(0_-)=11\end{cases}\Rightarrow\begin{cases}\lambda_1(0_-)=2\\ \lambda_2(0_-)=1\end{cases}$$

又由题意知，系数矩阵为 $\boldsymbol{A}=\begin{bmatrix}1 & -2\\ 3 & -4\end{bmatrix}$，而 $\boldsymbol{\lambda}(0_-)=\begin{bmatrix}2\\ 1\end{bmatrix}$，故

$$\lambda(n)=\mathscr{L}^{-1}\{[(z\boldsymbol{I}-\boldsymbol{A})^{-1}z]\boldsymbol{\lambda}(0_-)\}=\mathscr{L}^{-1}\begin{bmatrix}\dfrac{z(2z+6)}{z^2+3z+2}\\ \dfrac{z(z+5)}{z^2+3z+2}\end{bmatrix}$$

$$=\mathscr{L}^{-1}\begin{bmatrix}\dfrac{4z}{z+1}-\dfrac{2z}{z+2}\\ \dfrac{4z}{z+1}-\dfrac{3z}{z+2}\end{bmatrix}=\begin{bmatrix}4(-1)^n-2(-2)^n\\ 4(-1)^n-3(-2)^n\end{bmatrix}u(n)$$

即 $\lambda_1(n)$ 和 $\lambda_2(n)$ 的闭式解为

$$\begin{cases}\lambda_1(n)=[4(-1)^n-2(-2)^n]u(n)\\ \lambda_2(n)=[4(-1)^n-3(-2)^n]u(n)\end{cases}$$

12－14　已知一离散系统的状态方程和输出方程表示为

$$\begin{cases}\boldsymbol{\lambda}_1(n+1)=\boldsymbol{\lambda}_1(n)-\boldsymbol{\lambda}_2(n)\\ \boldsymbol{\lambda}_2(n+1)=-\boldsymbol{\lambda}_1(n)-\boldsymbol{\lambda}_2(n)\end{cases}$$
$$y(n)=\boldsymbol{\lambda}_1(n)\boldsymbol{\lambda}_2(n)+x(n)$$

(1)给定 $\lambda_1(0)=2$，$\lambda_2(0)=2$，求状态方程的零输入解；

(2)求系统的差分方程表示式；

(3)给定(1)的起始条件，且给定 $x(n)=2^n$，$n\geqslant 0$。求输出响应 $y(n)$，并求(2)中差分方程的特解。

解：(1)由题意可知，系数矩阵为

$$\boldsymbol{A}=\begin{bmatrix}1 & -1\\ -1 & -1\end{bmatrix}$$

则状态方程的零输入解为

$$\begin{bmatrix}\lambda_1(n)\\ \lambda_2(n)\end{bmatrix}=\mathscr{L}^{-1}[(z\boldsymbol{I}-\boldsymbol{A})^{-1}z\boldsymbol{\lambda}(0)]=\mathscr{L}^{-1}\left\{\begin{bmatrix}1-\frac{1}{z} & \frac{1}{z}\\ \frac{1}{z} & 1+\frac{1}{z}\end{bmatrix}^{-1}\begin{bmatrix}2\\2\end{bmatrix}\right\}$$

$$=\mathscr{L}^{-1}\left\{\begin{bmatrix}\frac{z(z+1)}{z^2-2} & \frac{-z}{z^2-2}\\ \frac{-z}{z^2-2} & \frac{z(z-1)}{z^2-2}\end{bmatrix}\begin{bmatrix}2\\2\end{bmatrix}\right\}=\mathscr{L}^{-1}\begin{bmatrix}\frac{z}{z+\sqrt{2}}+\frac{z}{z-\sqrt{2}}\\ \frac{(1+\sqrt{2})z}{z+\sqrt{2}}+\frac{(1-\sqrt{2})z}{z-\sqrt{2}}\end{bmatrix}$$

$$=\begin{bmatrix}[1+(-1)^n](\sqrt{2})^n\\ [1-\sqrt{2}+(-1)^n(1+\sqrt{2})](\sqrt{2})^n\end{bmatrix}u(n)$$

(2)因为 $y(n)-x(n)=\lambda_1(n)\cdot\lambda_2(n)$，所以

$$\begin{aligned}y(n+1)-x(n+1)&=\lambda_1(n+1)\cdot\lambda_2(n+1)\\&=[\lambda_1(n)-\lambda_2(n)][-\lambda_1(n)-\lambda_2(n)]\\&=\lambda_2^2(n)-\lambda_1^2(n)\\ y(n+2)-x(n+2)&=\lambda_2^2(n+1)-\lambda_1^2(n+1)\\&=[\lambda_2(n+1)+\lambda_1(n+1)][\lambda_2(n+1)-\lambda_1(n+1)]\\&=(-2)\lambda_2(n)\cdot(-2)\lambda_1(n)\\&=4\lambda_1(n)\lambda_2(n)=4[y(n)-x(n)]\end{aligned}$$

故系统差分方程为：$y(n)-4y(n-2)=x(n)-4x(n-2)$。

(3)由状态方程知 $\boldsymbol{B}=0$，所以状态方程的零输入解为完全解。

$$\begin{aligned}y(n)&=\lambda_1(n)\lambda_2(n)+x(n)\\&=[1+(-1)^n](\sqrt{2})^n[1-\sqrt{2}+(-1)^n(1+\sqrt{2})](\sqrt{2})^n+2^n\\&=3\cdot 2^n+2(-2)^n\qquad n\geqslant 0\end{aligned}$$

当 $x(n)=2^n u(n)$ 时，题(2)中的差分方程变为

$$x(n)-4x(n-2)=\delta(n)+2\delta(n-1)$$

故差分方程特解为0。

12－15　已知两个系统有这样的关系

$$\begin{cases}\dot{\boldsymbol{\lambda}}(t)=\boldsymbol{A\lambda}(t)+\boldsymbol{B}e(t)\\ r_1(t)=\boldsymbol{C\lambda}(t)\end{cases}\qquad\begin{cases}\dot{\boldsymbol{\gamma}}(t)=-\boldsymbol{A}^T\boldsymbol{\gamma}(t)+\boldsymbol{C}^T e(t)\\ r_2(t)=\boldsymbol{B}^T\boldsymbol{\gamma}(t)\end{cases}$$

证明：如果系统起始是静止的，则这两个系统的输出冲激响应有下列关系

$$h_1(t)=h_2(-t)$$

证明：对状态方程

$$\begin{cases}\dot{\boldsymbol{\lambda}}(t) = \boldsymbol{A}\boldsymbol{\lambda}(t) + \boldsymbol{B}e(t)\\ r_1(t) = \boldsymbol{C}\boldsymbol{\lambda}(t)\end{cases}$$

则 $h_1(t)=\boldsymbol{C}e^{At}\boldsymbol{B}+\boldsymbol{D}\delta(t)=\boldsymbol{C}e^{At}\boldsymbol{B}$。

对状态方程

$$\begin{cases}\dot{\boldsymbol{\gamma}}(t) = -\boldsymbol{A}^T\boldsymbol{\gamma}(t) + \boldsymbol{C}^T e(t)\\ r_2(t) = \boldsymbol{B}^T\boldsymbol{\gamma}(t)\end{cases}$$

则 $h_2(t)=\boldsymbol{B}^T e^{-A^Tt}\boldsymbol{C}^T$。

因为冲激响应 $h_2(t)$ 是一个关于 t 的多项式，故有

$$[h_2(t)]^T = h_2(t) = \boldsymbol{C}[e^{-A^Tt}]^T\boldsymbol{B} = \boldsymbol{C}e^{-At}\boldsymbol{B}$$

所以 $h_2(-t)=\boldsymbol{C}e^{At}\boldsymbol{B}=h_1(t)$。

12－16　给定线性时不变系统的状态方程和输出方程

$$\begin{cases}\dot{\boldsymbol{\lambda}}(t)=\boldsymbol{A}\boldsymbol{\lambda}(t)+\boldsymbol{B}e(t)\\ r(t)=\boldsymbol{C}\boldsymbol{\lambda}(t)\end{cases}$$

其中

$$\boldsymbol{A}=\begin{bmatrix}-2 & 2 & -1\\ 0 & -2 & 0\\ 1 & -4 & 0\end{bmatrix}\quad \boldsymbol{B}=\begin{bmatrix}0\\1\\1\end{bmatrix}$$

$$\boldsymbol{C}=[1\quad 0\quad 0]$$

(1)检查该系统的可控性和可观性；(2)求系统的转移函数。

解：(1)$\boldsymbol{AB}=\begin{bmatrix}-2 & 2 & -1\\ 0 & -2 & 0\\ 1 & -4 & 0\end{bmatrix}\begin{bmatrix}0\\1\\1\end{bmatrix}=\begin{bmatrix}1\\-2\\-4\end{bmatrix}$

$$\boldsymbol{A}^2\boldsymbol{B}=\boldsymbol{A}\cdot(\boldsymbol{AB})=\begin{bmatrix}-2 & 2 & -1\\ 0 & -2 & 0\\ 1 & -4 & 0\end{bmatrix}\begin{bmatrix}1\\-2\\-4\end{bmatrix}=\begin{bmatrix}-2\\4\\9\end{bmatrix}$$

由系统可控性判据 $\boldsymbol{M}=(\boldsymbol{B}\quad \boldsymbol{AB}\quad \boldsymbol{A}^2\boldsymbol{B})$ 得

$$\boldsymbol{M}=\begin{bmatrix}0 & 1 & -2\\ 1 & -2 & 4\\ 1 & -4 & 9\end{bmatrix}$$

由于 $\mathrm{rank}(\boldsymbol{M})=3$，即 $\boldsymbol{M}$ 是满秩矩阵，所以系统完全可控。

由系统客观性判据得

$$\boldsymbol{N}=\begin{bmatrix}\boldsymbol{C}\\ \boldsymbol{CA}\\ \boldsymbol{CA}^2\end{bmatrix}=\begin{bmatrix}1 & 0 & 0\\ -2 & 2 & -1\\ 3 & -4 & 2\end{bmatrix}=\begin{bmatrix}1 & 0 & 0\\ -2 & 2 & 2\cdot\left(-\frac{1}{2}\right)\\ 3 & -4 & -4\cdot\left(-\frac{1}{2}\right)\end{bmatrix}$$

由于 rank$(\boldsymbol{N})=2<3$，矩阵 $\boldsymbol{N}$ 不满秩，所以系统不完全可观。

$$(2)\boldsymbol{H}(s)=\boldsymbol{C}(s\boldsymbol{I}-\boldsymbol{A})^{-1}\boldsymbol{B}=[1\quad 0\quad 0]\begin{bmatrix}s+2 & -2 & 1\\ 0 & s+2 & 0\\ -1 & 4 & s\end{bmatrix}^{-1}\begin{bmatrix}0\\1\\1\end{bmatrix}$$

$$=\frac{s+2}{(s+2)(s+1)^2}=\frac{1}{(s+1)^2}$$

12－17　判断习题 12－1 的可控性与可观性，并求系统函数。

解： 由习题 12－1 可知

$$\boldsymbol{A}=\begin{bmatrix}-2 & -1\\ -1 & -2\end{bmatrix},\ \boldsymbol{B}=\begin{bmatrix}1\\1\end{bmatrix},\ \boldsymbol{C}=[\boldsymbol{0}\quad \boldsymbol{1}],\ \boldsymbol{D}=0$$

①可控性判断

$$\boldsymbol{M}=(\boldsymbol{B}\quad \boldsymbol{AB})=\begin{bmatrix}1 & -3\\ 1 & -3\end{bmatrix}$$

由于 rank$(\boldsymbol{M})=1<2$，即 $\boldsymbol{M}$ 矩阵不满秩，所以系统不完全可控。

②可观性判断

$$\boldsymbol{N}=\begin{pmatrix}\boldsymbol{C}\\ \boldsymbol{CA}\end{pmatrix}=\begin{bmatrix}0 & 1\\ -1 & -2\end{bmatrix}$$

由于 rank$(\boldsymbol{N})=2$，矩阵 $\boldsymbol{N}$ 是满秩矩阵，所以系统完全可观。

③系统函数

$$\boldsymbol{H}(s)=\boldsymbol{C}(s\boldsymbol{I}-\boldsymbol{A})^{-1}\boldsymbol{B}$$

$$=[0\quad 1]\begin{bmatrix}s+2 & 1\\ 1 & s+2\end{bmatrix}^{-1}\begin{bmatrix}1\\1\end{bmatrix}=\frac{s+1}{(s+3)(s+1)}=\frac{1}{s+3}$$

12－18　已知线性时不变系统状态方程的参数矩阵为

$$\boldsymbol{A}=\begin{bmatrix}\boldsymbol{1} & \boldsymbol{0} & \boldsymbol{0} & \boldsymbol{0}\\ \boldsymbol{0} & \boldsymbol{2} & \boldsymbol{0} & \boldsymbol{0}\\ \boldsymbol{-6} & \boldsymbol{-2} & \boldsymbol{3} & \boldsymbol{0}\\ \boldsymbol{-3} & \boldsymbol{-2} & \boldsymbol{0} & \boldsymbol{4}\end{bmatrix}\quad \boldsymbol{B}=\begin{bmatrix}\boldsymbol{1}\\ \boldsymbol{0}\\ \boldsymbol{3}\\ \boldsymbol{2}\end{bmatrix}$$

$$\boldsymbol{C}=[\boldsymbol{-4}\quad \boldsymbol{-3}\quad \boldsymbol{1}\quad \boldsymbol{1}]$$

求：(1)将参数矩阵化为 $\boldsymbol{A}$ 对角线形式；(2)判断系统可控性与可观性；(3)系统函数 $\boldsymbol{H(s)}$。

解： (1)$\boldsymbol{A}$ 的特征方程

$$|\alpha\boldsymbol{I}-\boldsymbol{A}|=\begin{vmatrix}\alpha-1 & 0 & 0 & 0\\ 0 & \alpha-2 & 0 & 0\\ 6 & 2 & \alpha-3 & 0\\ 3 & 2 & 0 & \alpha-4\end{vmatrix}=(\alpha-1)(\alpha-2)(\alpha-3)(\alpha-4)=0$$

得特征值：$\alpha_1=1$，$\alpha_2=2$，$\alpha_3=3$，$\alpha_4=4$。

设属于 $\alpha_1=1$ 的特征矢量为 $\boldsymbol{\xi}_1=[C_{11}\quad C_{21}\quad C_{31}\quad C_{41}]^T$，则有

$$\begin{bmatrix}0 & 0 & 0 & 0\\ 0 & 1 & 0 & 0\\ -6 & -2 & 2 & 0\\ -3 & -2 & 0 & 3\end{bmatrix}\begin{bmatrix}C_{11}\\ C_{21}\\ C_{31}\\ C_{41}\end{bmatrix}=0$$

得：$C_{21}=0$，$C_{31}=3C_{11}$，$C_{41}=C_{11}$

可见 $\boldsymbol{\alpha}_1$ 的特征矢量多解，取其中一解：$\boldsymbol{\xi}=[1\quad 0\quad 3\quad 1]^T$

同理，$\boldsymbol{\xi}_2=[0\quad 1\quad 2\quad 1]^T$，$\boldsymbol{\xi}_3=[0\quad 0\quad 1\quad 0]^T$，$\boldsymbol{\xi}_4=[0\quad 0\quad 0\quad 1]^T$，故

$$\boldsymbol{P}^{-1}=[\boldsymbol{\xi}_1\boldsymbol{\xi}_2\boldsymbol{\xi}_3\boldsymbol{\xi}_4]=\begin{bmatrix}1&0&0&0\\0&1&0&0\\3&2&1&0\\1&1&0&1\end{bmatrix}$$

$$\boldsymbol{P}=\begin{bmatrix}1&0&0&0\\0&1&0&0\\-3&-2&1&0\\-1&-1&0&1\end{bmatrix}$$

所以对角化矩阵

$$\hat{\boldsymbol{A}}=\boldsymbol{PAP}^{-1}=\begin{bmatrix}1&0&0&0\\0&2&0&0\\0&0&3&0\\0&0&0&4\end{bmatrix}$$

$$\hat{\boldsymbol{B}}=\boldsymbol{PB}=\begin{bmatrix}1\\0\\0\\1\end{bmatrix},\quad \hat{\boldsymbol{C}}=\boldsymbol{CP}^{-1}=[0\quad 0\quad 1\quad 1]$$

(2)因为 $\boldsymbol{A}$ 的特征值互不相同，且状态方程 A 的对角化形式中，$\hat{\boldsymbol{B}}$ 和 $\hat{\boldsymbol{C}}$ 都含有零元素。所以系统既不完全可控又不完全可观。

(3)$H(s)=\boldsymbol{C}(s\boldsymbol{I}-\boldsymbol{A})^{-1}\boldsymbol{B}=\hat{\boldsymbol{C}}(s\boldsymbol{I}-\hat{\boldsymbol{A}})^{-1}\hat{\boldsymbol{B}}$

$$=[0\quad 0\quad 1\quad 1]\begin{bmatrix}s-1&0&0&0\\0&s-2&0&0\\0&0&s-3&0\\0&0&0&s-4\end{bmatrix}^{-1}\begin{bmatrix}1\\0\\0\\1\end{bmatrix}$$

$$=[0\quad 0\quad 1\quad 1]\begin{bmatrix}\frac{1}{s-1}&0&0&0\\0&\frac{1}{s-2}&0&0\\0&0&\frac{1}{s-3}&0\\0&0&0&\frac{1}{s-4}\end{bmatrix}\begin{bmatrix}1\\0\\0\\1\end{bmatrix}=\frac{1}{s-4}$$

12-19　考虑可控且可观的两个单输入—单输出系统 S_1 和 S_2，它们的状态方程和输出方程分别为

$$\boldsymbol{S_1}:\dot{\lambda}_1(t)=\boldsymbol{A}_1\lambda_1(t)+\boldsymbol{B}_1e_1(t)$$

$$r_1(t)=\boldsymbol{C}_1\lambda_1(t)$$

其中 $\boldsymbol{A}_1=\begin{bmatrix}0&1\\-3&-4\end{bmatrix}\quad \boldsymbol{B}_1=\begin{bmatrix}0\\1\end{bmatrix}\quad \boldsymbol{C}_1=[2\quad 1]$

$$S_2: \dot{\lambda}_2(t) = A_2\lambda_2(t) + B_2e_2(t)$$
$$r_2(t) = C_2\lambda_2(t)$$

其中 $A_2 = -2$，$B_2 = 1$，$C_2 = 1$。

现在考虑串联系统如图 12 -2 -12 所示。

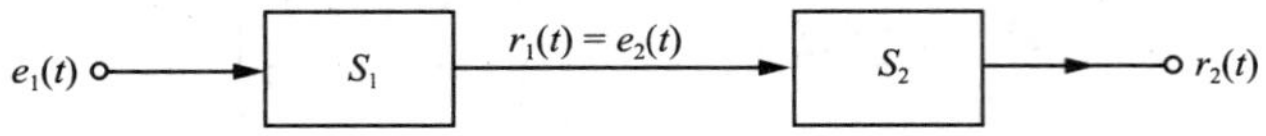

图 12 -2 -12

(1) 求串联系统的状态方程和输出方程，令

$$\boldsymbol{\lambda}(t) = \begin{bmatrix} \lambda_1(t) \\ \lambda_2(t) \end{bmatrix}$$

(2) 检查串联系统的可控性和可观性；

(3) 求系统 S_1 和 S_2 分别的转移函数及串联系统的转移函数；串联系统转移函数有无零极点相消现象？(2) 的结果说明什么？

解：(1) 因为 $\begin{cases} \dot{\lambda}_1(t) = \boldsymbol{A}_1\boldsymbol{\lambda}_1(t) + \boldsymbol{B}_1e_1(t) \\ \dot{\lambda}_2(t) = A_2\lambda_2(t) + B_2e_2(t) \end{cases}$，而在串联系统中，$e_2(t) = r_1(t) = C_1\boldsymbol{\lambda}_1(t)$，所以 $\dot{\lambda}_2(t) = A_2\lambda_2(t) + B_2\boldsymbol{C}_1\boldsymbol{\lambda}_1(t)$。

则此串联系统的状态方程为

$$\dot{\boldsymbol{\lambda}}(t) = \begin{bmatrix} \dot{\lambda}_1(t) \\ \dot{\lambda}_2(t) \end{bmatrix} = \begin{bmatrix} \boldsymbol{A}_1 & 0 \\ B_2\boldsymbol{C}_1 & A_2 \end{bmatrix} \begin{bmatrix} \lambda_1(t) \\ \lambda_2(t) \end{bmatrix} + \begin{bmatrix} \boldsymbol{B}_1 \\ 0 \end{bmatrix} e_1(t)$$

$$= \left[\begin{array}{cc:c} 0 & 1 & 0 \\ -3 & -4 & 0 \\ \hdashline 2 & 1 & -2 \end{array}\right] \begin{bmatrix} \lambda_1(t) \\ \lambda_2(t) \end{bmatrix} + \begin{bmatrix} 0 \\ 1 \\ 0 \end{bmatrix} e_1(t)$$

输出方程：$r_2(t) = [\boldsymbol{0} \quad C_2] \begin{bmatrix} \lambda_1(t) \\ \lambda_2(t) \end{bmatrix} = [0 \quad 0 \quad 1] \begin{bmatrix} \lambda_1(t) \\ \lambda_2(t) \end{bmatrix}$。

(2) 由于 $\boldsymbol{A} = \begin{bmatrix} 0 & 1 & 0 \\ -3 & -4 & 0 \\ 2 & 1 & -2 \end{bmatrix}$，$\boldsymbol{B} = \begin{bmatrix} 0 \\ 1 \\ 0 \end{bmatrix}$，$\boldsymbol{C} = [0 \quad 0 \quad 1]$

$$\boldsymbol{A}^2 = \begin{bmatrix} -3 & -4 & 0 \\ 12 & 13 & 0 \\ -7 & -4 & 4 \end{bmatrix}$$

故 $\boldsymbol{M} = [\boldsymbol{B} \quad \boldsymbol{AB} \quad \boldsymbol{A}^2\boldsymbol{B}] = \begin{bmatrix} 0 & 1 & -4 \\ 1 & -4 & 13 \\ 0 & 1 & -4 \end{bmatrix}$

由于 $\text{rank}(\boldsymbol{M}) = 2 < 3$，即 $\boldsymbol{M}$ 不是满秩矩阵，所以串联系统不完全可控。

又 $\boldsymbol{N} = \begin{bmatrix} \boldsymbol{C} \\ \boldsymbol{CA} \\ \boldsymbol{CA}^2 \end{bmatrix} = \begin{bmatrix} 0 & 0 & 1 \\ 2 & 1 & -2 \\ -7 & -4 & 4 \end{bmatrix}$

由于 rank$(\boldsymbol{N})=3$，即 N 是满秩矩阵，所以系统完全可观。

(3)由 $H(s)=\boldsymbol{C}(s\boldsymbol{I}-\boldsymbol{A})^{-1}\boldsymbol{B}+\boldsymbol{D}$ 可得

$$H_1(s)=\begin{bmatrix}2 & 1\end{bmatrix}\begin{bmatrix}s & -1\\ 3 & s+4\end{bmatrix}^{-1}\begin{bmatrix}0\\1\end{bmatrix}=\begin{bmatrix}2 & 1\end{bmatrix}\frac{1}{(s+1)(s+3)}\begin{bmatrix}s+4 & 1\\ -3 & s\end{bmatrix}\begin{bmatrix}0\\1\end{bmatrix}=\frac{s+2}{(s+1)(s+3)}$$

$$H_2(s)=\boldsymbol{C}_2(s\boldsymbol{I}-\boldsymbol{A}_2)^{-1}\boldsymbol{B}_2+\boldsymbol{D}_2=[1][s+2]^{-1}[1]=\frac{1}{s+2}$$

故串联系统的系统函数为

$$H(s)=H_1(s)H_2(s)=\frac{s+2}{(s+1)(s+3)}\cdot\frac{1}{s+2}=\frac{1}{(s+1)(s+3)}$$

由 $H(s)$ 可知串联后有零极点相消现象。由题(2)的结果说明可控可观的系统经串联后组成的系统不一定仍可控可观。

12-20　已知线性时不变系统的状态方程和输出方程表示为

$$\dot{\boldsymbol{\lambda}}_{k\times 1}(t)=\boldsymbol{A}_{k\times k}\boldsymbol{\lambda}_{k\times 1}(t)+\boldsymbol{B}_{k\times 1}e(t)$$
$$r(t)=\boldsymbol{C}_{1\times k}\boldsymbol{\lambda}_{k\times 1}+\boldsymbol{D}e(t)$$

且有 $\boldsymbol{CB}=0$，$\boldsymbol{CAB}=0$，…，$\boldsymbol{CA}^{k-1}\boldsymbol{B}=0$。

证明：该系统不可能同时完全可控和完全可观。

证明：由可控与可观性判据公式知：$\boldsymbol{M}=\begin{bmatrix}\boldsymbol{B} & \boldsymbol{AB} & \cdots & \boldsymbol{A}^{k-1}\boldsymbol{B}\end{bmatrix}$

$$\boldsymbol{N}=\begin{bmatrix}\boldsymbol{C}\\ \boldsymbol{CA}\\ \vdots\\ \boldsymbol{CA}^{k-}\end{bmatrix}$$

$$\boldsymbol{NM}=\begin{bmatrix}\boldsymbol{C}\\ \boldsymbol{CA}\\ \vdots\\ \boldsymbol{CA}^{k-1}\end{bmatrix}\begin{bmatrix}\boldsymbol{B} & \boldsymbol{AB} & \cdots & \boldsymbol{A}^{k-1}\boldsymbol{B}\end{bmatrix}=\begin{bmatrix}\boldsymbol{CB} & \boldsymbol{CAB} & \cdots & \boldsymbol{CA}^{k-1}\boldsymbol{B}\\ \boldsymbol{CAB} & \boldsymbol{CA}^2\boldsymbol{B} & \cdots & \boldsymbol{CA}^{k}\boldsymbol{B}\\ \vdots & \vdots & \cdots & \cdots\\ \boldsymbol{CA}^{k-1}\boldsymbol{B} & \boldsymbol{CA}^{k}\boldsymbol{B} & \cdots & \boldsymbol{CA}^{2k-2}\boldsymbol{B}\end{bmatrix}$$

$$=\begin{bmatrix}0 & 0 & \cdots & 0\\ 0 & 0 & \cdots & \boldsymbol{CA}^{k}\boldsymbol{B}\\ \vdots & \vdots & \ddots & \vdots\\ 0 & \boldsymbol{CA}^{k}\boldsymbol{B} & \cdots & \boldsymbol{CA}^{2k-2}\boldsymbol{B}\end{bmatrix}$$

其中 $\boldsymbol{CA}^i\boldsymbol{B}=0$，$i=0,1,\cdots,k-1$，可知 $\det(\boldsymbol{NM})=|\boldsymbol{NM}|=0$。

而 $\det(\boldsymbol{NM})=\det(\boldsymbol{N})\cdot\det(\boldsymbol{M})=0$，故 $\boldsymbol{N}$，$\boldsymbol{M}$ 至少有一个不满秩，即系统不可能同时完全可控和完全可观。

12-21　利用状态变量方法分析前文习题 11-11(图 11-2-10)所示倒立摆系统之稳定性(采用比例-微分反馈控制)：

(1)建立该系统的状态方程，建议选状态变量 $\boldsymbol{\lambda}_1=\boldsymbol{\theta}$，$\boldsymbol{\lambda}_2=\dfrac{\mathrm{d}\boldsymbol{\theta}}{\mathrm{d}t}$；

(2)利用 A 矩阵求特征矢量和特征值 $\boldsymbol{\alpha}_1$、$\boldsymbol{\alpha}_2$；

(3)为使系统稳定，K_1、K_2 应满足什么条件？(其结果应与习题 11-11 之答案相同。)

解： $L\frac{\mathrm{d}^2\theta(t)}{\mathrm{d}t^2}=g\theta(t)-K_1\theta(t)-K_2\frac{\mathrm{d}\theta(t)}{\mathrm{d}t}+Lx(t)$

(1)令 $\lambda_1=\theta$，$\lambda_2=\frac{\mathrm{d}\theta}{\mathrm{d}t}$，则

$$\begin{bmatrix}\dot{\lambda}_1(t)\\ \dot{\lambda}_2(t)\end{bmatrix}=\begin{bmatrix}0 & 1\\ \frac{g-K_1}{L} & -\frac{K_2}{L}\end{bmatrix}\begin{bmatrix}\lambda_1(t)\\ \lambda_2(t)\end{bmatrix}+\begin{bmatrix}0\\1\end{bmatrix}x(t)$$

(2)因为 $A=\begin{bmatrix}0 & 1\\ \frac{g-K_1}{L} & -\frac{K_2}{L}\end{bmatrix}$，故

$$|\alpha\boldsymbol{I}-\boldsymbol{A}|=\begin{vmatrix}\alpha & -1\\ \frac{K_1-g}{L} & \alpha+\frac{K_2}{L}\end{vmatrix}=\alpha^2+\frac{K_2}{L}\alpha+\frac{K_1-g}{L}=0$$

得特征值为 $\alpha_1=\frac{-K_2+\sqrt{K_2^2-4L(K_1-g)}}{2L}$，$\alpha_2=\frac{-K_2-\sqrt{K_2^2-4L(K_1-g)}}{2L}$

令属于 α_1 的特征矢量为 $\boldsymbol{\xi}_1=\begin{bmatrix}C_{11}\\C_{21}\end{bmatrix}$，则

$$\begin{bmatrix}\frac{K_2-\sqrt{K_2^2-4L(K_1-g)}}{2L} & 1\\ \frac{g-K_1}{L} & \frac{-K_2-\sqrt{K_2^2-4L(K_1-g)}}{2L}\end{bmatrix}\begin{bmatrix}C_{11}\\C_{21}\end{bmatrix}=0$$

得 $C_{21}=-\frac{K_2-\sqrt{K_2^2-4L(K_1-g)}}{2L}$，$C_{11}=1$。

这里属于 α_1 的特征矢量是多解的，其中之一可表示为

$$\boldsymbol{\xi}_1=\begin{bmatrix}1\\ -\frac{K_2-\sqrt{K_2^2-4L(K_1-g)}}{2L}\end{bmatrix}$$

令属于 α_2 的特征矢量为 $\boldsymbol{\xi}_2=\begin{bmatrix}C_{12}\\C_{22}\end{bmatrix}$，则

$$\begin{bmatrix}\frac{K_2+\sqrt{K_2^2-4L(K_1-g)}}{2L} & 1\\ \frac{g-K_1}{L} & \frac{-K_2+\sqrt{K_2^2-4L(K_1-g)}}{2L}\end{bmatrix}\begin{bmatrix}C_{12}\\C_{22}\end{bmatrix}=0$$

得 $C_{22}=-\frac{K_2+\sqrt{K_2^2-4L(K_1-g)}}{2L}$，$C_{12}=1$。

这里属于 α_2 的特征矢量是多解的，其中之一可表示为

$$\boldsymbol{\xi}_2=\begin{bmatrix}1\\ -\frac{K_2+\sqrt{K_2^2-4L(K_1-g)}}{2L}\end{bmatrix}$$

(3)若要系统稳定，所有特征值小于0，所以 $K_2>0$ 且 $K_1>g$。

和习题11－11结论完全相同。

12.3 名校考研真题详解

计算题

1. 已知连续因果系统的状态方程和输出方程分别可以表示为

$$\begin{cases}\dot{\lambda}_1(t)=\lambda_1(t)+x(t)\\ \dot{\lambda}_2(t)=\lambda_1(t)-3\lambda_2(t)\end{cases}$$

$$y(t)=-\frac{1}{4}\lambda_1(t)+\lambda_2(t)$$

请判断该系统的稳定性。［北京邮电大学2016研］

解：将系统的状态方程与输出方程写成矩阵形式为

$$\begin{bmatrix}\dot{\lambda}_1(t)\\ \dot{\lambda}_2(t)\end{bmatrix}=\begin{bmatrix}1 & 0\\ 1 & -3\end{bmatrix}\begin{bmatrix}\lambda_1(t)\\ \lambda_2(t)\end{bmatrix}+\begin{bmatrix}1\\ 0\end{bmatrix}x(t)$$

$$y(t)=\begin{bmatrix}-\frac{1}{4} & 1\end{bmatrix}\begin{bmatrix}\lambda_1(t)\\ \lambda_2(t)\end{bmatrix}+0\cdot x(t)$$

又因为系统函数 $H(s)$ 为

$$\begin{aligned}H(s)&=C(sI-A)^{-1}B+D\\ &=\begin{bmatrix}-\frac{1}{4} & 1\end{bmatrix}\begin{bmatrix}s-1 & 0\\ -1 & s+3\end{bmatrix}^{-1}\begin{bmatrix}1\\ 0\end{bmatrix}+0\\ &=\frac{1}{(s-1)(s+3)}\begin{bmatrix}-\frac{1}{4} & 1\end{bmatrix}\begin{bmatrix}s+3 & 0\\ 1 & s-1\end{bmatrix}\begin{bmatrix}1\\ 0\end{bmatrix}\\ &=\frac{-\frac{1}{4}}{s+3}\end{aligned}$$

系统函数 $H(s)=\dfrac{Y(s)}{X(s)}=\dfrac{-\frac{1}{4}}{s+3}$，有且仅有一个极点 $s_1=-3$ 在复平面的左半平面，因此该系统是稳定的。

2. 给定连续时间系统如图12－3－1所示，其中 $e_1(t)$ 和 $e_2(t)$ 是激励，$y_1(t)$ 和 $y_2(t)$ 是响应。选取积分器的输出为状态变量，写出系统的状态方程和输出方程。［武汉理工大学2010研］

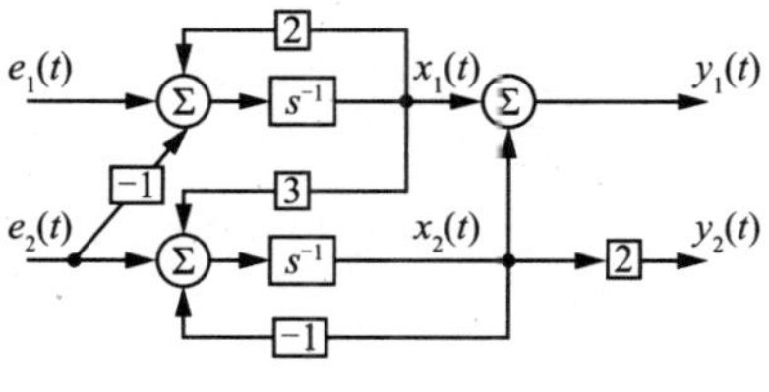

图12－3－1

解： 依题意得

$$\begin{cases} sX_1(s) = E_1(s) + 2X_1(s) - E_2(s) \\ sX_2(s) = E_2(s) + 3X_1(s) - X_2(s) \end{cases}$$

$$\begin{cases} y_1(t) = x_1(t) + x_2(t) \\ y_2(t) = 2x_2(t) \end{cases}$$

即

$$\begin{cases} \dot{x}_1(t) = e_1(t) + 2x_1(t) - e_2(t) \\ \dot{x}_2(t) = e_2(t) + 3x_1(t) - x_2(t) \end{cases}$$

$$\begin{cases} y_1(t) = x_1(t) + x_2(t) \\ y_2(t) = 2x_2(t) \end{cases}$$

则状态方程和输出方程的矩阵形式为

$$\begin{bmatrix} \dot{x}_1(t) \\ \dot{x}_2(t) \end{bmatrix} = \begin{bmatrix} 2 & 0 \\ 3 & -1 \end{bmatrix} \begin{bmatrix} x_1(t) \\ x_2(t) \end{bmatrix} + \begin{bmatrix} 1 & -1 \\ 0 & 1 \end{bmatrix} \begin{bmatrix} e_1(t) \\ e_2(t) \end{bmatrix}$$

$$\begin{bmatrix} y_1(t) \\ y_2(t) \end{bmatrix} = \begin{bmatrix} 1 & 1 \\ 0 & 2 \end{bmatrix} \begin{bmatrix} x_1(t) \\ x_2(t) \end{bmatrix}$$